吉林省自然科学基金长白山自然与人文主题引导项目"长白山边境地区族群变迁与自然环境响应关系研究"（20170101012JC）成果

松江丛书

丛书主编：姜维公

长白山地区人地关系辑录

农业卷（上册）

刘海洋　编

科学出版社

北京

内 容 简 介

　　长白山地处东北亚地理中心，是鸭绿江、图们江、松花江的发源地，也是"白山黑水"东北文化重要的发祥地，地理位置和史学价值十分重要。本书主要以长白山地区的农业发展为线索，以古代典籍为资料来源，将涉及长白山农业发展的资料进行整理，对长白山地区农业发展脉络和族群的演变进行关联性的思考。一方面为这一地区农业发展研究提供资料支撑，另一方面为农业与其他相关研究提供证明材料。

　　本书可供农业史、历史地理学方向的读者参考阅读。

图书在版编目（CIP）数据

　　长白山地区人地关系辑录. 农业卷 / 刘海洋编. —北京：科学出版社，2021.7

　　（松江丛书）

　　ISBN 978-7-03-069268 -9

　　Ⅰ. ①长… Ⅱ. ①刘… Ⅲ. ①东北地区-地方史 ②农业史-东北地区 Ⅳ. ①K293 ②S-092

　　中国版本图书馆 CIP 数据核字（2021）第 121721 号

责任编辑：王 媛 杨 静 / 责任校对：王晓茜
责任印制：张 伟 / 封面设计：润一文化

科 学 出 版 社 出版

北京东黄城根北街 16 号

邮政编码：100717

http://www.sciencep.com

北京盛通商印快线网络科技有限公司印刷

科学出版社发行　各地新华书店经销

*

2021 年 7 月第 一 版　开本：720×1000　1/16

2021 年 7 月第一次印刷　印张：40

字数：675 000

定价：258.00 元（全两册）

（如有印装质量问题，我社负责调换）

凡　例

1. 本书分为上下两编，分别按照史书中有明确纪年的内容和没有明确纪年的内容编辑。上编是以明确纪年为标准辑录的有关东北农业的史书编年资料，下编是古代东北农业史料杂编。上编收录有明确纪年的东北农业史料，依据史书记载可见东北农业存在萌芽阶段、发展阶段、鼎盛阶段和成熟阶段四个阶段，以此为基础将东北农业历史划分为两汉至魏晋南北朝及隋唐、宋辽金、元明和清四个时期，上限时间为汉武帝元封四年（公元前 107 年），下限为清末帝宣统元年（公元 1909 年）。下编为没有明确纪年的史料杂编，同样依据四个发展阶段划分不同时期，但因史料无明确时间，故以史籍划分。因史料体量的不同，杂编和编年在时期分配上略有不同。

2. 本书中有关"东北"的概念，主要指现今的东三省，由于古代历史中，部分有关东北地区的史料收录在东北之外的"幽州""冀州"内容中，本书也将相关的史料收录其中。

3. 为便于引用者精准查找各条史料的原文，本书辑录史料中，除明确标注史料作者、古籍名、出版者、出版时间外，凡有明确页码的，均标注出原文页码。原文未标明页码者，则准确标出原文献的卷数。

4. 本书所需史料以正史为主，稗官杂记亦收录其中，即按时间顺序排列包括正史、编年、纪事本末、帝王实录、传记等史籍；在同一史体中，则以各史籍所记载的内容时间先后为序。

5. 本书编辑史料，以帝王本纪为主，志与传的记载附于其后，金石文字材料在最末予以辑录。

6. 本书辑录的部分史料，从精简的原则出发，将原文献内容中与东北农业不直接相关的内容予以删减，以利于理解和阅读。

7. 正文中的史料内容均使用简体字，并依据现代标点规则进行点校，但史料中出现的人名和地名的异体字则按原文收录。

8.注释性文字用"〔 〕"来表示，补充说明的文字用"（）"来表示，史料内残缺且无法辨认的文字，本书辑录时，用"□"表示，按语部分则用"【】"表示。

9. 本书编年部分的编辑是以纪年为纲，以时间先后编排史料，杂编部分则是以史书出现的先后顺序编排史料。书中所采用的纪年，均是按照朝代、政权不同，采用年号纪年，对涉及多个政权的年份，多个政权年号纪年并用，并在年号纪年后标注出公元纪年。纪月、纪日法，主体采用中国传统王朝的天干地支法，若原文用数字纪月、纪日，均循用阴历。

目 录

上编 古代东北农业历史编年

第一章 两汉魏晋南北朝及隋唐时期东北农业史料

汉武帝元封四年（公元前107年）

汉武帝元封四年，灭朝鲜，置玄菟郡，以高句丽为县以属之。汉时赐衣帻朝服鼓吹，常从玄菟郡受之。后稍骄，不复诣郡，但于东界筑小城受之，遂名此城为帻沟溇。"沟溇"者，句丽"城"名也。王莽初，发高句丽兵以伐胡，而不欲行，莽强迫遣之，皆出塞为寇盗。州郡归咎于句丽侯驺，严尤诱而斩之。莽大悦，更名高句丽，高句丽侯。光武建武八年，高句丽遣使朝贡。

（唐）李延寿：《北史》卷九十四《高丽传》，北京：中华书局，1974年，第3111页。

东汉桓帝延熹九年（公元166年）

延熹九年正月，诏曰："比岁不登，人多饥穷，又有水旱疾疫之困。盗贼征发，南州尤甚。灾异日食，谴告累至。政乱在予，仍获咎征。其令大司农绝今岁调度追求，及前年所调未毕者，勿复收责。其灾旱盗贼之郡，勿收租，余郡悉半入。"三月癸巳，京师有火光转行，人相惊噪。司隶、豫州饥死者什四五，至有灭户者，遣三府掾赈禀之。

（宋）徐天麟：《东汉会要》卷三十《民政下》，上海：上海古籍出版社，2006 年，第 442 页。

东汉桓帝永康元年（公元 167 年）

永康元年八月，六州大水，勃海海溢。诏州郡赐溺死者七岁以上钱，人二千；一家被害者，悉为收敛；其亡失谷食，禀人三斛。

（宋）徐天麟：《东汉会要》卷三十《民政下》，上海：上海古籍出版社，2006 年，第 442—443 页。

西晋武帝太康六年（公元 285 年）

（太康）六年三月，青、梁、幽、冀郡国旱。

（唐）房玄龄等：《晋书》卷二十八《五行志中》，北京：中华书局，1974 年，第 839 页。

太康六年三月，青、凉、幽、冀郡国旱。

（南朝梁）沈约：《宋书》卷三十一《五行志二》，北京：中华书局，1974 年，第 906 页。

太康六年三月，青、凉、幽、冀郡国十五大水。

（南朝梁）沈约：《宋书》卷三十三《五行志四》，北京：中华书局，1974 年，第 952 页。

西晋武帝太康七年（公元286年）

（太康）七年春正月甲寅朔，日有蚀之。乙卯，诏曰："比年灾异屡发，日蚀三朝，地震山崩。邦之不臧，实在朕躬。公卿大臣各上封事，极言其故，勿有所讳。"夏五月，郡国十三旱。鲜卑慕容廆寇辽东。秋七月，朱提山崩，犍为地震。八月，东夷十一国内附。京兆地震。九月戊寅，骠骑将军、扶风王骏薨。郡国八大水。冬十一月壬子，以陇西王泰都督关中诸军事。十二月，遣侍御史巡遭水诸郡……己亥，河阴雨赤雪二顷。是岁，扶南等二十一国、马韩等十一国遣使来献。

（唐）房玄龄等：《晋书》卷三《世祖武帝纪》，北京：中华书局，1974年，第76—77页。

西晋惠帝永宁二年（公元302年）

晋惠帝永宁元年，自夏及秋，青、徐、幽、并四州旱。是年春，三王讨赵王伦，六旬之中，大小数十战，死者十余万人。十二月，郡国十二又旱。

（南朝梁）沈约：《宋书》卷三十一《五行志二》，北京：中华书局，1974年，第907页。

东晋元帝永昌二年（公元323年）

永昌二年十二月，幽、冀、并三州大雨。

（唐）房玄龄等：《晋书》卷二十九《五行志下》，北京：中华书局，1974

年，第 875 页。

晋元帝永昌二年十二月，幽、冀、并三州大雪。

（南朝梁）沈约：《宋书》卷三十三《五行志四》，北京：中华书局，1974
年，第 963 页。

东晋明帝太宁元年（公元 323 年）

晋明帝太宁元年十二月，幽、冀、并州大雪。

（南朝梁）沈约：《宋书》卷三十三《五行志四》，北京：中华书局，1974
年，第 963 页。

北魏太武帝太延三年（公元 437 年）

（太延）三年二月行幸幽州，存恤孤老，问民疾苦，还幸上谷，遂至代，
所过复田租之半。

（宋）王钦若等编纂，周勋初等校订：《册府元龟》卷一一二《帝王部
下·巡幸》，南京：凤凰出版社，2006 年，第 1224 页。

太延三年二月，行幸幽州，还幸上谷，遂至代。所过复田租之半。

（宋）王钦若等编纂，周勋初等校订：《册府元龟》卷四九〇《邦计部·蠲
复第二》，南京：凤凰出版社，2006 年，第 5554 页。

北魏孝文帝承明元年（公元 476 年）

承明元年九月，幽州民齐渊家杜树结实既成，一朝尽落，花叶复生，七日

之中，蔚如春状。

（北齐）魏收：《魏书》卷一一二上《灵征志上》，北京：中华书局，1974年，第2912页。

北魏孝文帝太和元年（公元477年）

太和元年春正月乙酉，改元。辛亥，起太和、安昌二殿。己酉，秦州略阳人王元寿聚众，自号冲天王。云中饥，开仓振恤。二月辛未，秦益二州刺史、武都公尉洛侯讨破王元寿。三月庚子，以雍州刺史、东阳王丕为司徒。丙午，诏曰："去年牛疫，死伤太半。今东作既兴，人须肄业，其敕在所督课田农，有牛者加勤于常岁，无牛者倍庸于余年。一夫制田四十亩，中男二十亩，无令人有余力，地有遗利。"夏四月，乐安王良薨。诏复前东郡王陆定国官爵。五月，车驾祈雨于武州山，俄而澍雨大洽。秋七月壬辰，京兆王子推薨。庚子，定三等死刑。己酉，起朱明、思贤门。是月，宋人杀其主昱。八月壬子，大赦。丙子，诏曰："工商皂隶，各有厥分，而有司纵滥，或染清流。自今户内有工役者，唯止本部丞已下准次而授。若阶藉元勋以劳定国者，不从此制。"戊寅，宋人来聘。九月乙酉，诏群臣定律令于太华殿。庚子，起永乐游观殿于北苑，穿神泉池。冬十月辛亥朔，日有蚀之。癸酉，宴京邑耆老年七十已上于太华殿，赐以衣服。诏七十已上一子不从役。宋葭芦戍主杨文度遣弟鼠袭陷仇池。十一月丁亥，怀州人伊祁苟自称尧后，应王，聚众于重山。洛州刺史冯熙讨平之。闰月庚午，诏员外散骑常侍李长仁使于宋。十二月壬寅，征西将军皮喜攻陷葭芦，斩杨文度，传首京师。丁未，州郡八水旱蝗，人饥，诏开仓振恤。是岁，高丽、契丹、库莫奚、蠕蠕、车多罗、西天竺、舍卫、叠伏罗、栗杨婆、员阔等国并遣使朝贡。

（唐）李延寿：《北史》卷三《孝文帝本纪》，北京：中华书局，1974年，第93—94页。

北魏孝文帝太和三年（公元 479 年）

太和三年，高句丽窃与蠕蠕谋，欲取地豆于以分之。契丹惧其侵轶，其莫弗贺勿于率其部落车三千乘、众万余口，驱徙杂畜，求入内附，止于白狼水东。自此岁常朝贡。后告饥，高祖矜之，听其入关市籴。及世宗、肃宗时，恒遣使贡方物。熙平中，契丹使人祖真等三十人还，灵太后以其俗嫁娶之际，以青毡为上服，人给青毡两匹，赏其诚款之心，余依旧式。朝贡至齐受禅常不绝。

（北齐）魏收：《魏书》卷一〇〇《契丹传》，北京：中华书局，1974 年，第 2223—2224 页。

北魏孝文帝太和八年（公元 484 年）

（高祖太和八年）四月，济、光、幽、肆、雍、齐、平七州蝗。

（北齐）魏收：《魏书》卷一一二上《灵征志上》，北京：中华书局，1974 年，第 2921 页。

北魏孝文帝太和十五年（公元 491 年）

太和十五年，琏死，年百余岁。孝文举哀于东郊，遣谒者仆射李安上策赠车骑大将军、太傅、辽东郡公、高句丽王，谥曰康。又遣大鸿胪拜琏孙云使持节、都督辽海诸军事、征东将军，领护东夷中郎将、辽东郡公、高句丽王。赐衣冠服物车旗之饰。又诏云遣世子入朝，令及郊丘之礼。云上书辞疾，遣其从叔升于随使诣阙。严责之。自此，岁常贡献。正始中，宣武于东堂引见其使芮悉弗，进曰："高丽系诚天极，累叶纯诚，地产土毛，无愆王贡。但黄金出夫余，珂则涉罗所产。今夫余为勿吉所逐，涉罗为百济所并。国王臣云惟继绝之义，悉迁于境内。二品所以不登王府，实两贼之为。"宣武曰："高丽世荷上将，专制海外，九夷黠虏，实得征之。昔方贡之愆，责在连率。宜宣朕旨于卿主，务尽威怀之略，使二邑还复旧墟，土毛无失常贡也。"

（唐）李延寿：《北史》卷九十四《高丽传》，北京：中华书局，1974 年，第 3113—3114 页。

北魏宣武帝景明三年（公元 502 年）

（世宗景明三年）九月丙辰，幽、岐、梁、东秦州暴风昏雾，拔树发屋。

（北齐）魏收：《魏书》卷一一二上《灵征志上》，北京：中华书局，1974 年，第 2901 页。

北魏宣武帝正始二年（公元 505 年）

（正始二年）七月辛巳，幽、岐二州霣霜。

（北齐）魏收：《魏书》卷一一二上《灵征志上》，北京：中华书局，1974 年，第 2907 页。

北魏宣武帝正始四年（公元 507 年）

（正始）四年三月乙丑，幽州频霣霜。

（北齐）魏收：《魏书》卷一一二上《灵征志上》，北京：中华书局，1974年，第2908页。

北魏宣武帝永平元年（公元 508 年）

永平元年三月乙酉，岐、豳二州霣霜。

（北齐）魏收：《魏书》卷一一二上《灵征志上》，北京：中华书局，1974年，第2908页。

北魏孝明帝熙平元年（公元 516 年）

熙平元年正月，光州上言曲城县木连理。是月，定州献白雀。二月，赤乌见泗州秀容郡。是月，相州献白雉。三月，泗州献白雉。四月，汲郡献三足乌。是月，京师再获白雀。五月，济州献白鹿。六月，冀州献苍乌。七月，宫中获白雀。是月，京师获白燕。十一月，泗州献一角兽。二年正月，金出岐州横水县赤粟谷。三月，徐州献白獐。是月，徐州献白雉。四月，东郡献三足乌。是月，豫州献三足乌，兖州又献三足乌。是月，豫州献白兔。是月，华州献白雀。五月，司州献白鹿。是月，东郡献白兔。六月，相州献白雀。是月，薄骨律镇献白雀。是月，京师获白兔。七月，京师获白雀。八月，薄骨律镇献白雀，又京师获白雀。是月，幽州献嘉禾，三本同穗。九月，汲郡献白鸠。十一月，京师获白雀。是月，鄯善镇献白兔。是月，京师木连理。八月，正平郡献白兔。九月，正平郡又献白兔。是月，徐州献一角兽。十月，京师获黑兔。

（宋）王钦若等编纂，周勋初等校订：《册府元龟》卷二十三《帝王部上·符瑞第二》，南京：凤凰出版社，2006年，第234页。

北齐武成帝河清四年（公元565年）

四年春正月癸卯，以大将军、任城王湝为大司马。辛未，幸晋阳。二月甲寅，诏以新罗国王金真兴为使持节、东夷校尉、乐浪郡公、新罗王。壬申，以年谷不登，禁酤酒。己卯，诏减百官食禀各有差。三月戊子，诏给西兖、梁、沧、赵州，司州之东郡、阳平、清河、武都，冀州之长乐、渤海遭水潦之处贫下户粟，各有差。家别斗升而已，又多不付。是月，彗星见；有物陨于殿庭，如赤漆鼓带小铃；殿上石自起，两两相对。

（唐）李百药：《北齐书》卷七《武成纪》，北京：中华书局，1972年，第94页。

北齐后主武平六年（公元575年）

六年春三月乙亥，车驾至自晋阳。丁丑，烹妖贼郑子饶于都市。是月，周人来聘。夏四月庚子，以中书监阳休之为尚书右仆射。癸卯，靺鞨遣使朝贡。秋七月甲戌，行幸晋阳。八月丁酉，冀、定、赵、幽、沧、瀛六州大水。是月，周师入洛川，屯芒山，攻逼洛城，纵火船焚浮桥，河桥绝。闰月己丑，遣右丞相高阿那肱自晋阳御之，师次河阳，周师夜遁。庚辰，以司空赵彦深为司徒，斛律阿列罗为司空。辛巳，以军国资用不足，税关市、舟车、山泽、盐铁、店肆，轻重各有差，开酒禁。

（唐）李百药：《北齐书》卷八《后主纪》，北京：中华书局，1972年，第108页。

隋文帝开皇四年（公元584年）

隋开皇四年，率莫贺弗来谒。五年，悉其众款塞，文帝纳之，听居其故地。责让之，其国遣使诣阙，顿颡谢罪。其后，契丹别部出伏等背高丽，率众内附。文帝见来，怜之。上方与突厥和好，重失远人之心，悉令给粮还本部，敕突厥抚纳之。固辞不去。部落渐众，遂北徙，逐水草，当辽西正北二百里，依托纥臣水而居，东西亘［五百里，南北三］百里，分为十部。兵多者三千，少者千余。逐寒暑，随水草畜牧。有征伐，则酋帅相与议之，兴兵动众，合如符契。突厥沙钵略可汗遣吐屯潘垤统之，契丹杀吐屯而遁。大业七年，遣使朝，贡方物。

（唐）李延寿：《北史》卷九十四《东夷传》，北京：中华书局，1974 年，第 3128—3129 页。

隋炀帝大业六年（公元 610 年）

六年，将征高丽，有司奏兵马已多损耗。诏又课天下富人，量其赀产，出钱市武马，填元数。限令取足。复点兵具器仗，皆令精新，滥恶则使人便斩。于是马匹至十万。七年冬，大会涿郡。分江淮南兵，配骁卫大将军来护儿，别以舟师济沧海，舳舻数百里。并载军粮，期与大兵会平壤。是岁山东、河南大水，漂没四十余郡，重以辽东覆败，死者数十万。因属疫疾，山东尤甚。所在皆以征敛供帐军旅所资为务，百姓虽困，而弗之恤也。每急徭卒赋，有所征求，长吏必先贱买之，然后宣下，乃贵卖与人，旦暮之间，价盈数倍，衰刻征敛，取办一时。强者聚而为盗，弱者自卖为奴婢。九年，诏又课关中富人，计其赀产出驴，往伊吾、河源、且末运粮。多者至数百头，每头价至万余。又发诸州丁，分为四番，于辽西柳城营屯，往来艰苦，生业尽磬。盗贼四起，道路南绝，陇右牧马，尽为奴贼所掠，杨玄感乘虚为乱。时帝在辽东，闻之，遽归于高阳郡。及玄感平，帝谓侍臣曰：“玄感一呼而从者如市，益知天下人不欲多，多则为贼。不尽诛，后无以示劝。”乃令裴蕴穷其党与，诏郡县坑杀之，死者不可胜数。所在惊骇。举天下之人十分，九为盗贼，皆盗武马，始作长枪，攻陷城邑。帝又命郡县置督捕以讨贼。益遣募人征辽，马少不充八驮，而许为六驮。又不足，听半以驴充。在路逃者相继，执获皆斩之，而莫能止。帝不怿。遇高丽执送叛臣斛斯政，遣使求降，发诏赦之。囚政至于京师，于开远门外，磔而射杀之。遂幸太原，为突厥围于雁门。突厥寻散，遽还洛阳，募益骁果，以充旧数。

（唐）魏征、令狐德棻：《隋书》卷二十四《食货志》，北京：中华书局，1973年，第687—688页。

唐太宗贞观二年（公元628年）

贞观二年六月，京畿旱蝗。太宗在苑中掇蝗祝之曰："人以谷为命，百姓有过，在予一人，但当蚀我，无害百姓。"将吞之，侍臣惧帝致疾，遽以为谏。帝曰："所冀移灾朕躬，何疾之避？"遂吞之。是岁，蝗不为灾。三年五月，徐州蝗。秋，德、戴、廓等州蝗。四年秋，观、兖、辽等州蝗。

（宋）欧阳修、宋祁：《新唐书》卷三十六《五行志三》，北京：中华书局，1975年，第938页。

唐高宗仪凤二年（公元677年）

二年春正月乙亥，上躬籍田于东郊。庚辰，京师地震。壬辰，幸司竹园，即日还宫。二月丁巳，工部尚书高藏授辽东都督，封朝鲜郡王，遣归安东府，安辑高丽余众；司农卿扶余隆熊津州都督，封带方郡王，令往安辑百济余众。仍移安东都护府于新城以统之。

（后晋）刘昫等：《旧唐书》卷五《高宗本纪下》，北京：中华书局，1975年，第102页。

仪凤二年二月，工部员外尚书高藏加授辽州都督，封朝鲜郡王，遣归辽东，以安辑高丽余众。先有编附诸州高丽，悉放还本蕃。司农卿扶余隆为光禄大夫、太常员外卿，加授熊津州都督、带方郡王，亦令安辑百济余众，仍移安东都护府于新城以统之。时百济本地荒毁，特令寄于高丽之境。

（宋）王钦若等编纂，周勋初等校订：《册府元龟》卷一七〇《帝王部下·来远》，南京：凤凰出版社，2006年，第1892页。

唐德宗建中元年（公元780年）

建中元年，幽、镇、魏、博大雨，易水、滹沱横流，自山而下，转石折树，水高丈余，苗稼荡尽。

（宋）欧阳修、宋祁：《新唐书》卷三十六《五行志三》，北京：中华书局，1975年，第932页。

唐德宗贞元三年（公元787年）

三年，上复问泌以复府兵之策。对曰："今岁征关东卒戍京西者十七万人，计岁食粟二百四万斛。今粟斗直钱百五十，为钱三百六万缗。国家比遭饥乱，经费不充，就使有钱，亦无粟可籴，未暇议复府兵也。"上曰："然将奈何？亟减戍卒归之，何如？"对曰："陛下诚能用臣之言，可以不减戍卒，不扰百姓，粮食皆足，粟麦日贱，府兵亦成。上曰：果能如之，何为不用！"对曰："此须急为之，过旬日则不及矣。今吐蕃久居原、兰之间，以牛运粮，粮尽，牛无所用，请发左藏恶缯染为采缬，因党项以市之，每头不过二三匹，计十八万匹，可致六万余头。又命诣冶铸器，籴麦种，分赐缘边军镇，募戍卒，耕荒田而种之。"

（元）马端临：《文献通考》卷一五一《兵考三·兵制》，北京：中华书局，1986年，第1321页。

唐德宗贞元八年（公元792年）

贞元八年十月，敕："诸军镇和籴贮备，共三十三万石，价之外，更量与优饶。其粟及麻，据米数准折虚价，直委度支，以停江淮运脚钱充，并支绫绢絁绵，勿令折估。所籴粟等，委本道节度使监军同勾当别贮，非承特敕，不得给用。"十四年六月，诏以米价稍贵，令度支出官米十万石，于两街贱粜。其年九月，以岁饥，出太仓粟三十万石出粜。是岁冬，河南府谷贵人流，令以含嘉仓粟七万石出粜。十五年二月，以久旱岁饥，出太仓粟十八万石，于诸县贱粜。元和元年正月，制："岁时有丰歉，谷价有重轻，将备水旱之虞，在权聚敛之术。应天下州府每年所税地子数内，宜十分取二分，均充常平仓及义仓，仍各逐稳便收贮，以时出粜，务在救人，赈贷所宜，速奏。"六年二月，制："如闻京畿之内，旧谷已尽，宿麦未登，宜以常平、义仓粟二十四万石贷借百姓。诸道州府有乏少粮种处，亦委所在官长，用常平、义仓米借贷。淮南、浙西、宣歙等道，元和二年四月赈贷，并且停征，容至丰年，然后填纳。"九年四月，诏出太仓粟七十万石，开六场粜之，并赈贷外县百姓。至秋熟征纳，便于外县收贮，以防水旱。十二年四月，诏出粟二十五万石，分两街降估出粜。其年九月，诏诸道应遭水州府，河中、泽潞、河东、幽州、江陵府等管内，及郑、滑、沧、景、易、定、陈、许、晋、隰、苏、襄、复、台、越、唐、随、邓等州人户，宜令本州厚加优恤。仍各以当处义仓斛斗，据所损多少，量事赈给。十三年正月，户部侍郎孟简奏："天下州府常平、义仓等斛斗，请准旧例减估出粜，但以石数奏申，有司更不收管，州县得专达以利百姓。"从之。

（后晋）刘昫等：《旧唐书》卷四十九《食货志下》，北京：中华书局，1975年，第2125—2127页。

第二章　宋辽金时期东北农业史料

辽太祖神册三年（高丽太祖元年，公元918年）

太祖元年七月，谓有司曰："泰封主以民从欲，惟事聚敛，不遵旧制。一顷之田，租税六硕；管驿之户，赋丝三束。遂使百姓辍耕废织，流亡相继。自今租税征赋，宜用旧法。"

（朝鲜）郑麟趾等撰，孙晓主编：《高丽史》卷七十八《食货·租税》，北京：人民出版社；重庆：西南师范大学出版社，2014年，第2505页。

辽太宗会同三年（高丽太祖二十三年，公元940年）

太祖二十三年，初定役分田统合。时朝臣军士，勿论官阶，视人性行善恶、功劳大小，给之有差。

（朝鲜）郑麟趾等撰，孙晓主编：《高丽史》卷七十八《食货·田柴科》，北京：人民出版社；重庆：西南师范大学出版社，2014年，第2479页。

辽太宗大同元年（公元947年）

夏四月丙辰朔，发自汴州，以冯道、李崧、和凝、李瀚、徐台符、张砺等从行。次赤冈，夜有声如雷，起于御幄，大星复陨于旗鼓前。乙丑，济黎阳渡，顾谓侍臣曰："朕此行有三失：纵兵掠刍粟，一也；括民私财，二也；不遽遣诸节度还镇，三也。"

（元）脱脱等：《辽史》卷四《太宗本纪下》，北京：中华书局，1974年，第60页。

北宋太祖建隆四年（公元963年）

四年正月，遣使来贡方物。八月，复遣使来献名马。［于］是下诏登州曰："沙门岛人户等地居海峤，岁有常租；而女贞远隔鲸波，多输骏足。当风涛之利涉，假舟楫以为劳，言念辛勤，所宜蠲复。自今特免逐年夏秋租赋、曲钱及缘科杂物、州县差徭，止令多置舟楫，济渡女贞马来往。其在舟栈木，自前抽纳，今复给与主驾人力。"

（清）徐松辑：《宋会要辑稿》卷五二五七《蕃夷三》，北京：中华书局，1957年，第7711页。

辽景宗保宁四年（高丽光宗二十四年，公元972年）

光宗二十四年十二月，判：陈田垦耕人，私田则初年所收全给，二年始与田主分半；公田限三年全给，四年始依法收租。

（朝鲜）郑麟趾等撰，孙晓主编：《高丽史》卷七十八《食货·租税》，北京：人民出版社；重庆：西南师范大学出版社，2014年，第2505页。

辽景宗保宁七年（高丽景宗元年，公元975年）

景宗元年十一月，始定职散官各品田柴科，勿论官品高低，但以人品定之：紫衫以上作十八品；一品田柴各一百一十结；二品田柴各一百五结；三品田柴各一百结；四品田柴各九十五结；五品田柴各九十结；六品田柴各八十五结；七品田柴各八十结；八品田柴各七十五结；九品田柴各七十结；十品田柴各六十五结；十一品田柴各六十结；十二品田柴各五十五结；十三品田柴各五十结；十四品田柴各四十五结；十五品田四十二结、柴四十结；十六品田三十九结、柴三十五结；十七品田三十六结、柴三十结；十八品田三十二结、柴二十五结。文班丹衫以上作十品；一品田六十五结、柴五十五结；二品田六十结、柴五十结；三品田五十五结、柴四十五结；四品田五十结、柴四十二结；五品田四十五结、柴三十九结；六品田四十二结、柴三十结；七品田三十九结、柴二十七结；八品田三十六结、柴二十四结；九品田三十三结、柴二十一结；十品田三十结、柴十八结。绯衫作八品；一品田五十结、柴四十结；二品田四十五结、柴三十五结；三品田四十二结、柴三十结；四品田三十九结、柴二十七结；五品田三十六结、柴二十结；六品田三十三结、柴十八结；七品田三十结、柴十五结；八品田二十七结、柴十四结。绿衫以上作十品；一品田四十五结、柴三十五结；二品田四十二结、柴三十三结；三品田三十九结、柴三十一结；四品田三十六结、柴二十八结；五品田三十二结、柴二十五结；六品田三十结、柴二十二结；七品田二十七结、柴十九结；八品田二十五结、柴十六结；九品田二十三结、柴十三结；十品田二十一结、柴十结。殿中、司天、延寿、尚膳院等杂业丹衫以上作十品；一品田六十结、柴五十五结；二品缺；三品田五十五结、柴四十五结；四品田五十结、柴四十二结；五品田四十五结、柴三十九结；六品田四十二结、柴三十结；七品田三十九结、柴二十七结；八品田三十六结、柴二十四结；九品田三十三结、柴二十一结；十品田三十结、柴十八结。绯衫以上作八品；一品缺；二品田四十五结、柴三十五结三品田四十二结、柴三十结；四品田三十九结、柴二十七结；五品田三十六结、柴二十结；六品田三十三结、柴十八结；七品田三十、柴十五结；八品田二十七结、柴十四结。绿衫以上作十品；一品缺；二品田四十二结、柴三十二结；三品田三十九结、柴三十一结；四品田三十六结、柴二十八结；五品田三十三结、柴二十五结；六品田三十结、柴二十二结；七品田二十七结、柴十九结；八品田二十五结、柴十六结；九品田二十二结、柴十三结；十品田二十一结、柴十结。武班丹衫以上作五品；一品田六十五结、柴五十五结；二品田六十结、柴五十结；三品田五十五结、柴四十五结；四品田五十结、柴四十二结；五品田四十五结、柴三十九结。以下杂吏，各以人品支给不同。其未及此年科等者，一切给田十五结。

（朝鲜）郑麟趾等撰，孙晓主编：《高丽史》卷七十八《食货·田柴科》，北京：人民出版社；重庆：西南师范大学出版社，2014 年，第 2479—2481 页。

辽景宗保宁八年（高丽景宗二年，公元 976 年）

景宗二年三月，赐开国功臣及向义归顺城主等勋田，自五十结至二十结有差。

（朝鲜）郑麟趾等撰，孙晓主编：《高丽史》卷七十八《食货·功荫田柴》，北京：人民出版社；重庆：西南师范大学出版社，2014 年，第 2486 页。

辽景宗保宁九年（公元 977 年）

三月癸亥，耶律沙、敌烈献援汉之役所获宋俘。戊辰，诏以粟二十万斛助汉。

（元）脱脱等：《辽史》卷九《景宗本纪下》，北京：中华书局，1974 年，第 99 页。

辽景宗乾亨四年（高丽成宗二年，公元982年）

成宗二年六月，定州府郡县馆驿田：千丁以上州县，公须田三百结；五百丁以上，公须田一百五十结、纸田十五结、长田五结；二百丁以上缺；一百丁以上，公须田七十结、纸田十结；一百丁以下，公须田六十结、长田四结；六十丁以上，公须田四十结；三十丁以上，公须田二十结；二十丁以下，公须田十结、纸田七结、长田三结。乡部曲千丁以上，公须田二十结；一百丁以上，公须田十五结；五十丁以下，公须田十结、纸田三结、长田二结。大路驿公须田六十结、纸田五结、长田二结；中路驿公须田四十结，纸田、长田各二结；小路驿公须田二十结、纸田二结。大路馆田五结；中路馆四结；小路馆三结。

（朝鲜）郑麟趾等撰，孙晓主编：《高丽史》卷七十八《食货·公廨田柴》，北京：人民出版社；重庆：西南师范大学出版社，2014年，第2487—2488页。

辽景宗乾亨五年（公元983年）

圣（景）宗乾亨五年诏曰："五稼不登，开帑藏而代民税；螟蝗为灾，罢徭役以恤饥贫。"统和三年，帝尝过藁城，见乙室奥隗部下妇人迪辇等黍过熟未获，遣人助刈。太师韩德让言，兵后逋民弃业，禾稼栖亩，募人获之，以半给获者。政事令室昉亦言，山西诸州给军兴，民力凋敝，田谷多踦于边兵，请复今年租。六年，霜旱，灾民饥，诏三司，旧以税钱折粟，估价不实，其增以利民。又徙吉避寨居民三百户于檀、顺、蓟三州，择沃壤，给牛、种谷。十三年，诏诸道置义仓。岁秋，社民随所获，户出粟庤仓，社司籍其目。岁俭，发以振民。十五年，诏免南京旧欠义仓粟，仍禁诸军官非时田牧妨农。开泰元年，诏曰："朕惟百姓徭役烦重，则多给工价；年谷不登，发仓以贷；田园芜废者，则给牛、种以助之。"太平初幸燕，燕民以年丰进土产珍异。上礼高年，惠鳏寡，赐酺连日。九年，燕地饥，户部副使王嘉请造船，募习海漕者，移辽东粟饷燕，议者称道险不便而寝。

（元）脱脱等：《辽史》卷五十九《食货志上》，北京：中华书局，1974年，第924—925页。

辽圣宗统和元年（公元983年）

九月癸丑朔，以东京、平州旱、蝗，诏振之。乙卯，谒永兴、长宁、敦睦三宫。丙辰，南京留守奏，秋霖害稼，请权停关征，以通山西籴易，从之。

（元）脱脱等：《辽史》卷十《圣宗本纪一》，北京：中华书局，1974年，第111页。

辽圣宗统和四年（公元986年）

（圣宗统和四年）十二月己亥，休哥败宋军于望都，遣人献俘。……己酉，营神榆村，诏上杨团城粟麦、兵甲之数。

（元）脱脱等：《辽史》卷十一《圣宗本纪二》，北京：中华书局，1974年，第126页。

辽圣宗统和五年（高丽成宗七年，
北宋太宗雍熙四年，公元987年）

成宗七年二月，判：禾谷不实，州县近道限八月、中道限九月十日、远道限九月十五日申报户部，以为恒式。

（朝鲜）郑麟趾等撰，孙晓主编：《高丽史》卷七十八《食货·踏验损实》，北京：人民出版社；重庆：西南师范大学出版社，2014年，第2504页。

雍熙四年十一月诏曰："访闻西路所发系官竹木栿拖缘路至京，多是押纲使臣、纲官、团头、水手通同偷卖竹木，交纳数少，即妄称遗失。自今应出竹木州军并缘河诸州及开封府严行约束，每有栿拖至地分，画时催督出界，违者准盗官物条科罪。"《宋史·宋琪传》：端拱中，宋琪上奏平燕蓟十策，其八曰馈运：臣每见国朝发兵未至屯戍之所，已于两河诸郡调民运粮，远近骚然，烦费十倍。臣生居边土，习知其事。况幽州为国北门（况：原作沉，原书天头注云：沉疑况，又考《宋史》卷二六四《宋琪传》，亦作况，据改），押蕃重镇（蕃原作蓄，镇原作锺，据《宋史》卷二六四《宋琪传》改），养兵数万，应敌乃其常事（常：原作当，据《宋史》卷二六四《宋琪传》改）。每逢调发，惟作糗粮之备，入蕃旬浃，军粮自赍（赍：原作齐，据《宋史》卷二六四《宋琪传》改）。每人给麦斗余，盛之于囊以自随。征马每匹给生谷二斗，作口袋饲秣，日以二升为限，旬日之间，人马俱无饥色。更以牙官子弟戮力津擎裹送（牙：原作等，据《宋史》卷二六四《宋琪传》改），则一月之粮，不烦馈运。俟大军既至，定议取舍，然后图转饷，亦未为晚（《墨庄漫录》：发运使，淳化四年始建官焉）。六路转输于京师者至六百二十万石，通、泰、楚、海四州，煮海之盐以供六路者三百二十余万石，复运六路之钱以供中都者，常不下五六十万贯。淳化四年额，上供米六百二十万石，内四百八十五万石赴阙，一百三十五万石南京［京］畿送纳。淮南一百五十万石，一百二十五万石赴阙，二十万石咸平、尉〈民〉［氏］，五万石太康。江南东路九十九万一千一百石，七十四万五千一百石赴阙，二十四万五千石赴拱州。江南西路一百二十万八千九百石，一百万八千九百石赴阙，二十万石赴南京。湖南六十五万石，尽赴阙。湖北三十五万石，尽赴阙。两浙一百五十五万石，八十四万五千石赴阙，四十万三千三百五十二石陈留，二十五万一千六百四十八石雍〈兵〉［丘］。

（清）徐松辑：《宋会要辑稿》卷一九九七三《食货四二》，北京：中华书局，1957年，第5562页。

辽圣宗统和九年（高丽成宗十一年，公元991年）

　　成宗十一年，判：公田租，四分取一。水田上等，一结租三石十一斗二升五合五勺；中等，一结租二石十一斗二升五合；下等，一结租一石十一斗二升五合。旱田上等，一结租一石十二斗一升二合五勺；中等：一结租一石十斗六升二合五勺；下等：一结缺。又水田上等，一结租四石七斗五升；中等，一结三石七斗五升；下等，一结二石七斗五升。旱田上等，一结租二石三斗七升五合；中等，一结一石十一斗二升五合；下等，一结一石三斗七升五合。

　　（朝鲜）郑麟趾等撰，孙晓主编：《高丽史》卷七十八《食货·租税》，北京：人民出版社；重庆：西南师范大学出版社，2014年，第2505—2506页。

辽圣宗统和十年（高丽成宗十二年，公元992年）

　　十二年八月，判：给诸州、府、郡、县、驿路公须柴地：千丁以上，八十结；五百丁以上，六十结；五百丁以下，四十结；一百丁以下，二十结。十二牧勿论丁多少，一百结。知州事，虽百丁以下，六十结。东西道大路驿五十结；中路驿三十结。两界大路驿四十结，中路驿二十结。东西南北小路驿十五结。

　　（朝鲜）郑麟趾等撰，孙晓主编：《高丽史》卷七十八《食货·公廨田柴》，北京：人民出版社；重庆：西南师范大学出版社，2014年，第2488页。

北宋太宗淳化五年（公元994年）

　　五年春正月，滑州言新渠成。帝又案图，命昭宣使、罗州刺史杜彦钧率兵夫计功十七万，凿河开渠，自韩村扫至州西铁狗庙，凡五十余里，复合于河，以分水势。真宗大中祥符三（五）年，著作佐郎李垂上《导河形胜书》三篇并图，其略曰："臣请自汲郡东推禹故道，挟御河，较其水势，出大伾、上阳、太行三山之间，复西河故渎，北注大名西、馆陶南，东北合赤河而至于海。因于魏县北析一渠，正北稍西，径衡漳直北下，出邢、洺，如《夏书》'过洚水'，稍东，注易水，合百济，会朝河而至于海。大伾而下，黄、御混流，薄山障堤，势不能远。如是，则载之高地而北行，百姓获利，而契丹不能南侵矣。《禹贡》所谓'夹右碣石入于海'。孔安国曰：'河逆上此州界。'其始作自大伾西八十里，曹公所开运渠东五里，引河水，正北稍东十里，破伯禹（古）堤，径牧马陂，从禹故道。又东三十里，转大伾西，通利军北，挟白沟，复四（西）大河，北径清丰、大名西，历洹水、魏县东，暨馆陶南，入屯氏故渎，合赤河而北，入于海。既而自大伾西新发故渎西岸，析一渠，正北稍西五里，广深与汴等，合御河道。逼大伾北，即坚壤析一渠，东西二十里，广深与汴等，复东大河。两渠分流，则三四分水犹得注澶渊旧渠矣。大都河水从西大河故渎，东北合赤河而达于海。然后于魏县北发御河西岸，析一渠，正北稍西六十里，广深与御河等，合衡漳水。又冀州北界，深州西南三十里，决衡漳西岸，限水为门，西北注滹沱，潦则塞之使东渐渤海，旱则决之使西灌屯田，此中国御边之利也。两汉而下，言水利者屡欲求九河故道而疏之。今考图志，九河并在中（平）原而北，且河坏澶、滑，未至平原而上已决矣，则九河奚利哉！汉武舍大伾之故道，发顿丘之暴冲，则滥兖泛齐，流患中土，使河朔平田膏腴千里，纵容边寇劫掠其间。今大河尽东，全燕陷北，而御边之计，莫大于河。不然，则赵、魏百城，富庶万亿，所谓诲盗而招寇也。一日俟（伺）我饥馑，乘虚入寇，临时用计者实难，不如因人足财丰之时，成之为易。"诏枢密直学士任中正、龙图阁直学士陈彭年、知制诰王曾详定。中正等上言："详垂所述，颇为周悉。所言起滑台而下，派之为六，则缘流就下，湍急难制，恐水势聚而为一，不能各依所导。设或必成六派，则是更增六处河口，悠久难于堤防，亦虑入滹沱、漳河，渐至二水淤塞，益为民患。又筑堤七百里，役夫二十一万七千，工至四十日，侵占民田，颇为烦费。"其议遂寝。

（明）陈邦瞻：《宋史纪事本末》卷九《治河》，北京：中华书局，1977年，第51—53页。

辽圣宗统和十五年（高丽穆宗元年，公元 997 年）

穆宗元年三月，赐郡县安逸户长职田之半。十二月，改定文武两班及军人田柴科：第一科田一百结、柴七十结（内史令、侍中）；第二科田九十五结、柴六十五结（内史、门下、侍郎、平章事、致仕侍中）；第三科田九十结、柴六十结（知政事、左右仆射、检校太师）；第四科田八十五结、柴五十五结（六尚书、御史大夫、左右散骑常侍、太常卿、致仕左右仆射、太子太保）；第五科田八十结、柴五十结（秘书、殿中、少府、将作监、开城尹、上将军、散左右仆射）；第六科田七十五结、柴四十五结（左右丞诸侍郎、谏议大夫、大将军、散六尚书）；第七科田七十结、柴四十结（军器、太常少卿、给舍中丞、太子宾客、太子詹事、散卿监侍郎）；第八科田六十五结、柴三十五结（诸少卿、少监、国子司业、诸卫将军、太卜监、散军器监、上将军、太子庶子）；第九科田六十结、柴三十三结（诸郎中、军器少监、秘书殿中丞、内常侍、国子博士、中郎将、折冲都尉、太医监、阁门使、宣徽诸使判事、散少卿少监）；第十科田五十五结、柴三十结（诸员外郎、侍御史、起居郎舍、诸局奉御、内给事、诸陵令、郎将、果毅、太卜少监、太史令、阁门副使、散郎中、大将军、阁门使、太医监、太子谕德、家令、率更、令仆）；第十一科田五十结、柴二十五结（殿中侍御史、左右补阙、寺监丞、秘书郎、国子助教、太学博士、太医少监、尚药奉御、通事舍人、宣徽诸使使、太子中允、中舍人、散员外郎、太卜少监、太史令诸奉御、阁门副使）；第十二科田四十五结、柴二十二结（太常博士、左右拾遗、监察御史、内谒者监、六卫长史、六局直长、军器丞、太子洗马、四官正、散诸卫将军、寺监丞、太医少监、尚药奉御、宣徽诸使使）；第十三科田四十结、柴二十结（主书、录事、都事、内侍伯、寺监注簿、四门博士、太学助教，及中尚、京市、武库、大官、太仓、典厩、供御、典客、大乐令、诸陵丞、别将、太卜、太史丞、侍御医、尚药、直长、内殿崇班、大理评事、阁门祇候、宣徽诸使副使、散直长、中郎将、折冲都尉、四官正、药藏郎、典膳内直、宫门郎、典设郎）；第十四科田三十五结、柴十五结（六卫录事、正八品丞令、内谒者、东西头供奉官、散员指挥使、协律郎、太子监丞、散寺监注簿、郎将、果毅、内殿崇班、阁门祗候、太卜太史丞、侍御医、尚药、直长、宣徽诸使副使）；第十五科田三十结、柴十结（八品丞令、秘书校书郎、四门助教、诸尉校尉、灵台郎、保章、正壶、正挈、太医丞博士、律学博士、左右侍禁、左右班殿直、散正八品及散别将指挥、供奉官）；第十六科田二十七结（大祝、司禀、司库、九品丞、主事、录事、秘书、正字、制述、明经登科、将仕郎、书算学博士、司辰、司历、卜博士、卜正、监候、食医、医正、医佐、律学助教、篆书博士、宣徽诸使判官、诸尉队正、殿前承旨、中枢宣徽、银台别驾、散校尉、左右班殿直、侍禁）；第十七科田二十三结（诸业将仕郎、令史、书史、监事、监作、书令史、楷书内承旨、客省阁门承旨、借殿前承旨、亲事内给事、马军散殿前承旨、队正）；第十八科田二十结（散殿前副承旨、太常司仪、斋郎、国子典学、知班、注药、药童、军将官通引、厅头直省、殿驱官、堂引、追仗、监膳、引谒等流外杂职诸步军。不及此限者，皆给田十七结，以为常式）。

（朝鲜）郑麟趾等撰，孙晓主编：《高丽史》卷七十八《食货·田柴科》，北京：人民出版社；重庆：西南师范大学出版社，2014年，第2481—2483页。

（辽圣宗统和十五年）三月乙丑朔，党项来贡。戊辰，募民耕滦州荒地，免其租赋十年。……壬午，通括宫分人户，免南京通税及义仓粟。……庚寅，兀惹乌昭度以地远，乞岁时免进鹰、马、貂皮，诏以生辰、正旦贡如旧，余免。

（十五年）夏四月乙未朔，罢奚五部岁贡麕。戊戌，录囚。壬寅，发义仓粟振南京诸县民。

（元）脱脱等：《辽史》卷十三《圣宗本纪四》，北京：中华书局，1974年，第149页。

辽圣宗统和二十年（公元1002年）

是岁，南京、平州麦秀两岐。

（元）脱脱等：《辽史》卷十四《圣宗本纪五》，北京：中华书局，1974年，第158页。

北宋真宗大中祥符元年（公元1008年）

大中祥符元年春正月乙丑，有黄帛曳左承天门南鸱尾上，守门卒涂荣告，有司以闻。上召群臣拜迎于朝元殿启封，号称天书。丁卯，紫云见，如龙凤覆宫殿。戊辰，大赦，改元，群臣加恩，赐京师酺。幽州旱，求市麦种；夏州饥，请易粟，并许之。己巳，诏："黎、雅、维、茂四州官以瘴地二年一代。"甲戌，大雪，停汴口、蔡河夫役。戊寅，蠲畿内贷粮。己卯，诏以天书之应，申儆在位。乙酉，制加交阯郡王黎至忠功臣食邑。

（元）脱脱等：《宋史》卷七《真宗本纪二》，北京：中华书局，1977年，第135页。

北宋真宗大中祥符三年（公元1010年）

三年五月，契丹伐回鹘，破肃州。六月，契丹饥，来市籴。诏雄州籴粟二万石赈之。

冬十月，契丹使耶律宁来告伐高丽。先是，高丽康肇弑其主诵，立诵兄询而相之。契丹主隆绪谓群臣曰："康肇弑君诵而立询，因而相之，大逆也。宜发兵问其罪！"萧敌烈以年荒未可，隆绪不听。十一月，契丹军渡鸭绿江。肇战败，退保铜州。契丹进兵擒之，遂攻开京。询弃城，走平州。契丹焚开京宫室、府库而还。自是用兵连岁始罢。

（明）陈邦瞻：《宋史纪事本末》卷二十一《契丹盟好》，北京：中华书局，1977年，第148页。

辽圣宗开泰三年（高丽显宗五年，公元 1014 年）

显宗五年十二月，文武两班杂色员吏加给田柴。

（朝鲜）郑麟趾等撰，孙晓主编：《高丽史》卷七十八《食货·田柴科》，北京：人民出版社；重庆：西南师范大学出版社，2014 年，第 2483 页。

辽圣宗开泰六年（公元 1017 年）

六月戊辰朔，德妃萧氏赐死，葬兔儿山西。后数日，大风起冢上，昼暝，大雷电而雨不止者逾月。是月，南京诸县蝗。

（元）脱脱等：《辽史》卷十五《圣宗本纪六》，北京：中华书局，1974 年，第 180 页。

辽圣宗开泰九年（公元 1020 年）

猎于果里白山。猎于崖头川。猎于荞麦山。猎于榆林。射唤鹿于侯勒水滩。射唤鹿于铁里必山。猎于辽河之源。

（元）脱脱等：《辽史》卷六十八《游幸表》，北京：中华书局，1974 年，第 1060—1061 页。

辽圣宗太平元年（高丽显宗十二年，公元 1021 年）

显宗十二年十月，判：功荫田直子犯罪，移给其孙。

（朝鲜）郑麟趾等撰，孙晓主编：《高丽史》卷七十八《食货·功荫田柴》，北京：人民出版社；重庆：西南师范大学出版社，2014年，第2486页。

辽圣宗太平二年（高丽显宗十三年，公元1022年）

显宗十三年二月，户部奏："泗州是丰沛之地，前此抽减民田，属之宫庄，民不堪征税。乞于州境内审量公田，如数偿之。"从之。

（朝鲜）郑麟趾等撰，孙晓主编：《高丽史》卷七十八《食货·经理》，北京：人民出版社；重庆：西南师范大学出版社，2014年，第2476页。

辽圣宗太平三年（高丽显宗十四年，公元1023年）

显宗十四年六月，式目都监议定：詹事府公廨田给十五结，供纸一户。

（朝鲜）郑麟趾等撰，孙晓主编：《高丽史》卷七十八《食货·公廨田柴》，北京：人民出版社；重庆：西南师范大学出版社，2014年，第2488页。

辽圣宗太平四年（高丽显宗十五年，公元1024年）

显宗十五年五月，判：凡无子身殁军人，妻给口分田。十九年五月，判：乡职大丞以上、正职别将以上人，身死后田丁递立。乡职左丞以下、元尹以上、正职散员以下，年满七十人，令其子孙递立；无后者身殁后递立。

（朝鲜）郑麟趾等撰，孙晓主编：《高丽史》卷七十八《食货·田柴科》，北京：人民出版社；重庆：西南师范大学出版社，2014年，第2485页。

辽圣宗太平九年（公元1029年）

　　九年春正月，至自中京。二月戊辰，遣使赐高丽王钦物。如斡凛河。夏五月，清暑永安山。六月戊子朔，以长沙郡王谢家奴为广德军节度使，乐安郡王遂哥匡义军节度使，中山郡王查葛保定军节度使，进封潞王，豫章王贴不长宁军节度使。以耶律思忠、耶律荷、耶律暠、遥辇谢佛留、陈邈、韩绍一、韩知白、张震充贺宋两宫生辰及来岁正旦使副。秋七月戊午朔，如黑岭。八月己丑，东京舍利军详稳大延琳囚留守、驸马都尉萧孝先及南阳公主，杀户部使韩绍勋、副使王嘉、四捷军都指挥使萧颇得，延琳遂僭位，号其国为兴辽，年为天庆。初，东辽之地，自神册来附，未有榷酤盐曲之法，关市之征亦甚宽弛。冯延休、韩绍勋相继以燕地平山之法绳之，民不堪命。燕又仍岁大饥，户部副使王嘉复献计造船，使其民谙海事者，漕粟以振燕民，水路艰险，多至覆没。虽言不信，鞭楚搒掠，民怨思乱。故延琳乘之，首杀绍勋、嘉，以快其众。延琳先事与副留守王道平谋，道平夜弃其家，逾城走，与延琳所遣召黄龙府黄翩者，俱至行在告变。上即征诸道兵，以时进讨。时国舅详稳萧匹敌治近延琳，先率本管及家兵据其要害，绝其西渡之计。

　　（元）脱脱等：《辽史》卷十七《圣宗本纪八》，北京：中华书局，1974年，第203—204页。

辽兴宗重熙二年（高丽德宗三年，公元1033年）

　　德宗三年四月，改定两班及军闲人田柴科。

　　（朝鲜）郑麟趾等撰，孙晓主编：《高丽史》卷七十八《食货·田柴科》，北京：人民出版社；重庆：西南师范大学出版社，2014年，第2483页。

北宋仁宗宝元元年（公元 1038 年）

（宝元元年十一月）己未，河北屯田司言，欲于石塚口导百济河水以注缘边塘泊，请免所经民田税，从之。时岁旱，塘水涸，知雄州葛怀敏虑契丹使至测知其广深，乃拥界河水注之，塘复如故。

（宋）李焘撰，上海师范大学古籍整理研究所、华东师范大学古籍研究所点校：《续资治通鉴长编》卷一二二《仁宗》，宝元元年十一月条，北京：中华书局，1995 年，第 2887 页。

辽兴宗重熙十年（高丽靖宗七年，公元 1041 年）

靖宗七年正月，三司奏："诸道外官员僚所管州府税贡，一岁米三百硕、租四百斛、黄金一十两、白银二斤、布五十匹、白赤铜五十斤、铁三百斤、盐三百硕、丝棉四十斤、油蜜一硕。未纳者请罢见任。"从之。四月，门下省奏："北路宁州等三十三州，东路高、和等州，邻于狄境，防御事殷，未尝征税。己卯年间，有司奏定税额，前项两路州镇一年贡布五万二百九匹，折纳糇粮一万四千四十九斛，由此边民不乐，请除放税籍。"从之。

（朝鲜）郑麟趾等撰，孙晓主编：《高丽史》卷七十八《食货·租税》，北京：人民出版社；重庆：西南师范大学出版社，2014 年，第 2506 页。

靖宗七年正月，户部奏："尚州管内中牟县，洪州管内楹城郡，长端县管内临津、临江等县，民田多寡膏塉不均，请遣使量之，均其食役。"从之。

（朝鲜）郑麟趾等撰，孙晓主编：《高丽史》卷七十八《食货·经理》，北京：人民出版社；重庆：西南师范大学出版社，2014 年，第 2476—2477 页。

靖宗七年正月，门下省奏："旧法，凡犯罪者不得受永业田。上将军李洪叔曾犯宪章，流配岭表，其妻子孙不当给田。"制曰："洪叔昔在通州，丹兵来攻，城垂陷，固守不下，成不朽之功。可赏延于世，以激将来。宜令给田。"

（朝鲜）郑麟趾等撰，孙晓主编：《高丽史》卷七十八《食货·田柴科》，北京：人民出版社；重庆：西南师范大学出版社，2014年，第2485页。

辽兴宗重熙十五年（高丽文宗元年，公元1046年）

文宗元年二月，判：六品以下、七品以上，无连立子孙者之妻，给口分田八结。八品以下战亡军人，通给妻口分田五结。五品以上户夫妻皆死无男而有未嫁女子者，给口分田八结，女子嫁后还官。二十三年十月，判：军人年老身病者，许令子孙亲族代之；无子孙亲族者，年满七十，间属监门卫。七十后只给口分田五结，收余田。至于海军，亦依此例。三十四年三月，判：诸畏死降敌军将田勿许亲子连立，择给亲戚堪役者，诸卫军充补。闰九月，选军别监奏定：凡临战陷敌逃还人，职田勿夺，仍给。

（朝鲜）郑麟趾等撰，孙晓主编：《高丽史》卷七十八《食货·田柴科》，北京：人民出版社；重庆：西南师范大学出版社，2014年，第2485—2486页。

辽兴宗重熙十六年（高丽文宗二年，公元1047年）

文宗二年十二月，判：诸道馆驿公须田租，大路一百石，中路五十石，小路三十石，储峙以支廪给，余租各输州仓。

（朝鲜）郑麟趾等撰，孙晓主编：《高丽史》卷七十八《食货·租税》，北京：人民出版社；重庆：西南师范大学出版社，2014年，第2506页。

辽兴宗重熙十七年（高丽文宗三年，公元1048年）

文宗三年五月，定两班功荫田柴法：一品门下侍郎平章事以上，田二十五结、柴十五结；二品参政以上，田二十二结、柴十二结；三品田二十结、柴十结；四品田十七结、柴八结；五品田十五结、柴五结，传之子孙。散官减五结。乐工贱口、放良员吏皆不得与受。功荫田者之子孙谋危社稷、谋叛、大逆、延坐及杂犯公私罪除名外，虽其子有罪，其孙无罪，则给功荫田柴三分之一。

（朝鲜）郑麟趾等撰，孙晓主编：《高丽史》卷七十八《食货·功荫田柴》，北京：人民出版社；重庆：西南师范大学出版社，2014 年，第 2486—2487 页。

文宗四年十一月，判：田一结，率十分为定，损至四分，除租；六分，除租布；七分，租布役俱免。是月，判：凡州县水旱虫霜、禾谷不实，田畴村典告守令，守令亲验，申户部，户部送三司，三司移牒检核虚实后，又令其界按察使差别员审检，果灾伤，租税蠲减。

（朝鲜）郑麟趾等撰，孙晓主编：《高丽史》卷七十八《食货·踏验损实》，北京：人民出版社；重庆：西南师范大学出版社，2014 年，第 2504—2505 页。

辽兴宗重熙二十一年（高丽文宗七年，公元 1052 年）

七年六月，三司奏："旧制，税米一硕，收耗米一升。今十二仓米输纳京仓，累经水陆，欠耗实多，输者苦被征偿。请一斛增收耗米七升。"制可。

（朝鲜）郑麟趾等撰，孙晓主编：《高丽史》卷七十八《食货·租税》，北京：人民出版社；重庆：西南师范大学出版社，2014 年，第 2506 页。

辽兴宗重熙二十二年（高丽文宗八年，公元 1053 年）

文宗八年三月，判：凡田品不易之地为上，一易之地为中，再易之地为下。其不易山田一结，准平田一结；一易田二结，准平田一结；再易田三结，准平田一结。

（朝鲜）郑麟趾等撰，孙晓主编：《高丽史》卷七十八《食货·经理》，北京：人民出版社；重庆：西南师范大学出版社，2014年，第2477页。

辽道宗清宁四年（高丽文宗十三年，公元1058年）

十三年二月，尚书户部奏："杨州界内见州置邑，已百五年。州民田亩累经水旱，膏堉不同，请遣使均定。"制可。三月，西北面兵马使奏："安北都护及龟、泰、灵、渭等州通海县民田量给已久，肥堉不同，请遣使均定。"从之。

（朝鲜）郑麟趾等撰，孙晓主编：《高丽史》卷七十八《食货·经理》，北京：人民出版社；重庆：西南师范大学出版社，2014年，第2477页。

辽道宗清宁九年（高丽文宗十八年，公元1063年）

十八年十一月，户部奏："广州牧自春至秋，久旱不雨，重以雨雹，阖境禾谷一无所收；又凤州曾于庚子年大水，庐舍、禾谷漂荡几尽，民无定居，请停两官辖下发使量田。"从之。

（朝鲜）郑麟趾等撰，孙晓主编：《高丽史》卷七十八《食货·经理》，北京：人民出版社；重庆：西南师范大学出版社，2014年，第2477页。

辽道宗清宁十年（公元1064年）

十年春正月己亥，北幸。二月，禁南京民决水种粳稻。

（元）脱脱等：《辽史》卷二十二《道宗本纪二》，北京：中华书局，1974

年，第 263 页。

辽道宗咸雍四年（高丽文宗二十三年，公元 1068 年）

二十三年，定量田步数：田二（一）结方三十三步；六寸为一分，十分为一尺，六尺为一步。二结方四十七步；三结方五十七步三分；四结方六十六步；五结方七十三步八分；六结方八十步八分；七结方八十七步四分；八结方九十步七分；九结方九十九步；十结方一百四步三分。

（朝鲜）郑麟趾等撰，孙晓主编：《高丽史》卷七十八《食货·经理》，北京：人民出版社；重庆：西南师范大学出版社，2014 年，第 2477 页。

二十三年，定田税，以十负出米七合五勺，积至一结，米七升五合；二十结，米一硕。

（朝鲜）郑麟趾等撰，孙晓主编：《高丽史》卷七十八《食货·租税》，北京：人民出版社；重庆：西南师范大学出版社，2014 年，第 2506 页。

（四年）三月丙子，遣使夏国吊祭。甲申，振应州饥民。乙酉，诏南京除军行地，余皆得种稻。庚寅，振朔州饥民。

（元）脱脱等：《辽史》卷二十二《道宗本纪二》，北京：中华书局，1974 年，第 267 页。

辽道宗咸雍七年（公元 1071 年）

是岁，春州斗粟六钱。

（元）脱脱等：《辽史》卷二十二《道宗本纪二》，北京：中华书局，1974 年，第 271 页。

宋神宗熙宁六年（公元 1073 年）

（五月）辛酉，河北路察访副使赵子几言："自西山道口东至百济村二百余里，栽榆桑，科买桑椹，石数不少，种在民田，牛羊不敢牧。"察访使曾孝宽亦言："民诉植木占耕地，隔州借车牛载桑榆，甚扰。又科桑椹，及令村社监督浇灌，民甚苦之。"诏下程昉相度。先是，言者谓河北沿边可植桑榆杂木，以限敌骑，且给邦之材用。朝廷如其言，命文思副使霍舜封、供备库副使王鉴以剗杩栽种榆柳为名，置司于大名府，而昉实董其事。子几、孝宽皆言其不便，故再令相度以闻。（元丰元年十月二十七日戊辰，乃罢舜封等。"剗"音"川"。朱史云其后曾孝宽以为言。按子几副曾孝宽察访，不应云其后，朱史误也。旧史既于此五月十九日书子几云云，下程昉相度，又于七月二十九日再书孝宽云云，因改立法。旧史亦重复，失叙事之体。其实孝宽、子几同时奉使，相先后各有言，其后立法，则或以孝宽再请故也。今稍删润，令不相牴牾。）

（宋）李焘撰，上海师范大学古籍整理研究所、华东师范大学古籍研究所点校：《续资治通鉴长编》卷二四五《神宗》，熙宁六年条，北京：中华书局，1995 年，第 5954 页。

辽道宗咸雍九年（公元 1073 年）

（七月）丙寅，南京奏归义、涞水两县蝗飞入宋境，余为蜂所食。

（元）脱脱等：《辽史》卷二十三《道宗本纪三》，北京：中华书局，1974 年，第 275 页。

辽道宗太康元年（高丽文宗三十年，公元1075年）

（九月）己卯，以南京饥，免租税一年，仍出钱粟振之。

（元）脱脱等：《辽史》卷二十三《道宗本纪三》，北京：中华书局，1974年，第277页。

文宗三十年，更定两班田柴科：第一科田一百结、柴五十结（中书令、尚书令、门下侍中）；第二科田九十结、柴四十五结（门下侍郎、中书侍郎）；第三科田八十五结、柴四十结（参知政事、左右仆射、上将军）；第四科田八十结、柴三十五结（六尚书、御史大夫、左右常侍、太子詹事、太子宾客、大将军）；第五科田七十五结、柴三十结（七寺卿，秘书、殿中监，国子祭酒，尚书左右丞，司天监，太子少詹事，诸卫将军，右少詹事）；第六科田七十结、柴二十七结（吏部诸曹侍郎，将作少府，军器、大医监，左右庶子，左右谕德，诸中郎将）；第七科田六十五结、柴二十四结（七寺少卿、秘书、殿中、将作少府、司天少监、给事中、中书舍人、御史中丞、国子司业、太子仆、太子率更令、太子家令）；第八科田六十结、柴二十一结（诸郎中、太医、军器少监、内常侍、阁门引进使、太子左右赞善大夫、太子中允、太子中舍人、阁门使、国子博士、诸郎将）；第九科田五十五结、柴十八结（秘书、殿中丞、阁门副使）；第十科田五十结、柴十五结（诸员外郎，起居郎，起居舍人，侍御史，六局奉御，殿中内给事，太史令，诸陵、太庙令，内谒者监，太学博士，中尚令，四官正，太子药藏郎、典膳郎，太子洗马）；第十一科田四十五结、柴十二结（通事舍人、左右补阙、殿中侍御史、七寺三监丞、司天丞、秘书郎、六卫长史、国子助教、京市令、内直、典设郎、宫门监、侍御医、诸别将）；第十二科田四十结、柴十结（监察御史、左右拾遗、阁门祗候、门下录事、中书注书、军器丞、六局直长、四门博士、詹事府司直、内侍伯、内殿崇班诸散员、大相、左丞）；第十三科田三十五结、柴八结（尚书都事，七寺三监主簿，太学助教，大官、大乐、大盈、典厩令，内园、供驿、掌冶令，太史丞，诸陵、太庙丞，司天主簿，东西头供奉官，诸校尉、元甫、正朝）；第十四科田三十结、柴五结（六卫录事，军器主簿，四门助教，京市、中尚、武库、大乐、大盈、太仓、大官、典厩丞，内园、供驿、掌冶丞，秘书校书郎，良酝令，司仪、守宫、典狱、都染、杂织、都校、掌牲令，太医博士，太医丞，挈壶、保章正，律学博士，左右侍禁，左右班殿直，诸队正、元尹）；第十五科田二十五结（都染、杂织、都校、掌牲、守宫、司仪、典狱、良酝丞，司禀、司库，太史司辰、司历、监候，尚食食医，律学助教，书学、算学、司天博士，太医医正，司天卜正，秘书正字，诸主事，御史台录事，中枢院别驾，门下待诏，文林郎，将仕郎，殿前承旨，都知船头，典丘，官司引马军）；第十六科田二十二结（诸令史、书史、主事中书、秘书、史馆太史、书艺、医计师、司天卜师、卜助教、副殿前承旨、礼宾阁门承旨、兽医博士、当印堂直、监膳典、食典、设役步军）；第十七科田二十结（诸书令史、诸史、尚乘内承旨、副内承旨、太史典史、注药、药童、通引、直省、知班、咒禁师、供膳酒食、供设、掌设、堂从追仗、引谒计史、试计史、试书艺、监门军）；第十八科田十七结（闲人杂类）。

　　武散阶田三十五结、柴八结（冠军大将军、云麾（麾）将军）；田三十结（掌武将军、宣威将军、明威将军）；田二十五结（宁远将军、定远将军、游骑将军、游击将军）；田二十二结（耀武校尉同副尉、振威校尉同副尉、致果校尉同副尉、翊麾（麾）校尉同副尉）；田二十结（宣折校尉同副尉、御侮校尉同副尉、仁勇校尉同副尉、陪戎校尉同副尉）；田十七结（大匠副匠杂匠人，御前部乐件乐人、地理业僧人）。别赐田四十结、柴十结（大德）；田三十五结、柴八结（大通）；田三十结（副通）；田二十五结（地理师）；田二十结（地理博士）；田十七结（地理生、地理正）。

　　柴地一日程：开城、贞州、白州、盐州、幸州、江阴、兔山、临江、新恩、麻田、积城、坡平、昌化、见州、沙川、峰城、临津、长湍、交河、童城、高峰、松林、通津、德水。二日程：安州、洞州、凤州、树州、抱州、杨州、东州、遂安、土山、唐城、仁州、金浦、梁骨、洞阴、荒坪、僧旨、黄先、道尺、阿等坤、安侠、守安、孔岩。

（朝鲜）郑麟趾等撰，孙晓主编：《高丽史》卷七十八《食货·田柴科》，北京：人民出版社；重庆：西南师范大学出版社，2014年，第2483—2485页。

高丽禄俸之制，至文宗大备。以左仓岁入米、粟、麦总十三万九千七百三十六石十三斗，随科准给，内而妃主、宗室、百官，外而三京、州、府、郡、县，莫不有禄，以养廉耻而以（已）。至杂职、胥史、工匠，凡有职役者，亦皆有常俸，以代其耕，谓之别赐。西京官禄以西京太仓岁输西海道税粮一万七千七百二十二石十三斗给之，外官禄半给于左仓，半给于外邑。高、元以后，国家多故，仓廪虚竭，禄秩不如元科，宰相之俸，数斛而已。今取其制之可者，具列于后。

（朝鲜）郑麟趾等撰，孙晓主编：《高丽史》卷八十《食货·禄俸》，北京：人民出版社；重庆：西南师范大学出版社，2014年，第2539—2540页。

辽道宗太康二年（公元1076年）

九月戊午，以南京蝗，免明年租税。

（元）脱脱等：《辽史》卷二十三《道宗本纪三》，北京：中华书局，1974年，第278页。

辽道宗太康七年（公元1081年）

七年春正月戊申，五国部长来贡。甲寅，女直贡良马。二月甲子，如鱼儿泺。夏五月壬子，驻跸岭西。癸丑，有司奏永清、武清、固安三县蝗。

（元）脱脱等：《辽史》卷二十四《道宗本纪四》，北京：中华书局，1974年，第285页。

辽道宗大安二年（公元 1086 年）

（七月）戊午，猎沙岭。甲子，赐兴圣、积庆二宫贫民钱。乙酉，出粟振辽州贫民。八月戊子，以雪罢猎。九月庚午，还上京。壬申，发粟振上京、中京贫民。……（十一月）癸未，出粟振乾、显、成、懿四州贫民。

（元）脱脱等：《辽史》卷二十四《道宗本纪四》，北京：中华书局，1974年，第 292 页。

辽道宗大安三年（公元 1087 年）

（三年正月）甲戌，出钱粟振南京贫民，仍复其租赋。己卯，大雪。二月丙戌，发粟振中京饥。甲辰，以民多流散，除安泊逃户征偿法。……（三月）己未，免锦州贫民租一年。甲戌，免上京贫民租如锦州。庚辰，女直贡良马。夏四月戊子，赐中京贫民帛，及免诸路贡输之半。丙申，赐隈乌古部贫民帛。庚子，如凉陉。甲辰，南府宰相王绩薨。乙巳，诏出户部司粟，振诸路流民及义州之饥。五月庚申，海云寺进济民钱千万。秋七月丙辰，猎黑岭。丁巳，出杂帛赐兴圣宫贫民。庚午，大雨，罢猎。

（元）脱脱等：《辽史》卷二十五《道宗本纪五》，北京：中华书局，1974年，第 295 页。

辽道宗大安四年（公元 1088 年）

（正月）庚午，免上京逋逃及贫户税赋。甲戌，以上京、南京饥，许良人自鬻。丁丑，曲赦西京役徒。……（二月）甲午，曲赦春州役徒，终身者皆五岁免。己亥，如春州。赦泰州役徒。三月乙丑，免高丽岁贡。己巳，振上京及平、锦、来三州饥。夏四月己卯，振苏、吉、复、渌、铁五州贫民，并免其租税。甲申，振庆州贫民。乙酉，减诸路常贡服御物。丁酉，立入粟补官法。……（五月）乙卯，振祖州贫民。丁巳，诏免役徒，终身者五岁免之。己未，振春州贫民。丙寅，禁挟私引水犯田。六月庚辰，驻跸散水原……秋七月戊申，曲赦奉圣州役徒。丙辰，遣使册李乾顺为夏国王。庚申，如秋山……八月庚辰，有司奏宛平、永清蝗为飞鸟所食。庚寅，谒庆陵。冬十月丁丑，猎辽水之滨。己卯，驻跸藕丝淀。癸未，免百姓所贷官粟。

（元）脱脱等：《辽史》卷二十五《道宗本纪五》，北京：中华书局，1974年，第296—297页。

北宋哲宗元祐五年（公元1090年）

（元祐）五年春正月丁卯朔，御大庆殿视朝。丁丑，朝献景灵宫。

二月丁酉，罢诸州军通判奏举改官。己亥，夏人归永乐所掠吏士百四十九人。庚子，加溪洞人田忠进等九十二人检校官有差。辛丑，以旱罢修黄河。癸卯，祷雨岳渎，罢浚京城壕。丁未，减天下囚罪，杖以下释之。庚戌，文彦博以太师充护国军、山南西道节度等使致仕，令所司备礼册命。壬子，彦博乞免册礼，从之。甲子，宴饯文彦博于玉津园。

三月丙寅朔，赵瞻薨。丁卯，诏赐故孙觉家缗钱，令给丧事。壬申，以韩忠彦同知枢密院事，翰林学士承旨苏颂为尚书左丞。癸未，罢春宴。壬辰，罢幸金明池、琼林苑。

夏四月癸卯，诏郑穆、王岩叟等同举监察御史二员。甲辰，吕大防等以旱求退，不允。丙午，孙固薨。癸丑，诏讲读官御经筵退，留二员奏对迩英阁。丁巳，诏以旱避殿减膳，罢五月朔日文德殿视朝。辛酉，以保宁军节度使冯京为检校司空。

五月壬申，诏差役法有未备者，令王岩叟等具利害以闻。乙亥，雨。己卯，御殿复膳。

六月辛丑，录囚。癸亥，昼有五色云。

七月壬申，泾原路经略司言：诸人违制典买蕃部田土，许以免罪，自二顷五十亩以下，责其出刺弓箭手及买马备边用各有差。乙酉，夏人来议分画疆界。

九月丁丑，诏复置集贤院学士。

冬十月癸巳，罢提举修河司。丁酉，诏定州韩琦祠载祀典。

十二月辛卯朔，许将罢。安康郡王宗隐薨。丙辰，禁军大阅，赐以银楪、匹帛，罢转资。

是岁，东北旱，浙西水灾。赐宗室子授官者四十四人。断大辟四千二百六十有一。高丽、于阗、龙蕃、三佛齐、阿里骨入贡。

（元）脱脱等：《宋史》卷十七《哲宗本纪一》，北京：中华书局，1977年，第330—331页。

辽道宗寿隆五年（公元1099年）

（十月）戊辰，振辽州饥，仍免租赋一年。

（元）脱脱等：《辽史》卷二十六《道宗本纪六》，北京：中华书局，1974年，第312页。

辽天祚帝乾统七年（高丽睿宗三年，公元1107年）

睿宗三年二月，制：诸州县公私田，川河漂损，树木丛生，不得耕种。如有官吏当其佃户及诸族类邻保人征敛税粮、侵害作弊者，内外所司察访禁除。

（朝鲜）郑麟趾等撰，孙晓主编：《高丽史》卷七十八《食货·租税》，北京：人民出版社；重庆：西南师范大学出版社，2014年，第2506页。

辽天祚帝乾统十年（高丽睿宗六年，公元 1110 年）

六年八月，判："三年以上陈田，垦耕所收，两年全给佃户，第三年则与田主分半；二年陈田，四分为率，一分田主，三分佃户；一年陈田，三分为率，一分田主，二分佃户。"

（朝鲜）郑麟趾等撰，孙晓主编：《高丽史》卷七十八《食货·租税》，北京：人民出版社；重庆：西南师范大学出版社，2014 年，第 2506—2507 页。

辽天祚帝天庆七年（公元 1117 年）

七年春正月甲寅，减厩马粟，分给诸局。

（元）脱脱等：《辽史》卷二十八《天祚皇帝本纪二》，北京：中华书局，1974 年，第 335 页。

辽天祚帝天庆八年（公元 1118 年）

十二月甲申，议定册礼，遣奴哥使金。宁昌军节度使刘宏以懿州户三千降金。时山前诸路大饥，乾、显、宜、锦、兴中等路，斗粟直数缣，民削榆皮食之，既而人相食。

（元）脱脱等：《辽史》卷二十八《天祚皇帝本纪二》，北京：中华书局，1974 年，第 338 页。

金太祖天辅七年（公元 1123 年）

（九月）癸酉，发春州粟，赈降人之徙于上京者。戊寅，诏诸猛安赋米，给户口在内地匮乏者。

（元）脱脱等：《金史》卷三《太宗本纪》，北京：中华书局，1975 年，第 48 页。

金太宗天会二年（公元 1124 年）

（天会二年）五月丁丑朔，上京军帅实古迺以所获印绶二十二及银牌来上。癸未，诏曰："新降之民，诉讼者众，今方农时，或失田业，可俟农隙听决。"丁亥，婆速路猛安仆卢古以赃罢，以谋克习泥烈代之。乙巳，曷懒路军帅完颜忽剌古等言："往者岁捕海狗、海东青、鸦、鹘于高丽之境，近以二舟往，彼乃以战舰十四要而击之，尽杀二舟之人，夺其兵仗。"上曰："以小故起战争，甚非所宜。今后非奉命，毋辄往。"阇母克南京，杀都统张敦固。

（元）脱脱等：《金史》卷三《太宗本纪》，北京：中华书局，1975 年，第 50—51 页。

（十月）甲子，诏发宁江州粟，赈泰州民被秋潦者。

（元）脱脱等：《金史》卷三《太宗本纪》，北京：中华书局，1975 年，第 51 页。

金太宗天会三年（公元 1125 年）

（天会三年十月）壬戌，诏曰："今大有年，无储蓄则何以备饥馑，其令牛一具赋粟一石，每谋克为一廪贮之。"

（元）脱脱等：《金史》卷三《太宗本纪》，北京：中华书局，1975 年，第 53 页。

金太宗天会九年（公元1131年）

（天会九年）四月己卯，诏"新徙戍边户，匮于衣食，有典质其亲属奴婢者，官为赎之。户计其口而有二三者，以官奴婢益之，使户为四口。又乏耕牛者，给以官牛，别委官劝督田作。戍户及边军资粮不继，籴粟于民而与赈恤。其续迁戍户在中路者，姑止之，即其地种艺，俟毕获而行，及来春农时，以至戍所。"

（元）脱脱等：《金史》卷三《太宗本纪》，北京：中华书局，1975年，第63页。

金太宗天会十二年（公元1134年）

十二年正月，以水旱免中都、西京、南京、河北、河东、山东、陕西去年租税。十三年，谓宰臣曰："民间科差，计所免已过半矣。虑小民不能详知，吏缘为奸，仍旧征取，其令所在揭榜谕之。"十月，敕州县官不尽力催督税租，以致逋悬者，可止其俸，使之征足，然后给之。十六年正月，诏免去年被水旱路分租税。十七年，上问宰臣曰："辽东赋税旧六万余石，通检后几二十万。六万时何以仰给，二十万后所积几何？"户部契勘，谓先以官吏数少故能给，今官吏兵卒及孤老数多，以此费大。上曰："当察其实，毋令妄费也。"十七年三月，诏免河北、山东、陕西、河东、西京、辽东等十路去年被旱蝗租税。十八年正月，免中都、河北、河东、山东、河南、陕西等路前年被灾租税。十九年秋，中都、西京、河北、山东、河东、陕西以水旱伤民田十三万七千七百余顷，诏蠲其租。二十年三月，以中都、西京、河北、山东、河东、陕西路前岁被灾，诏免其租税。以户部尚书曹望之之言，诏减郡延及河东南路税五十二万余石，增河北西路税八万八千石。又诏诸税粟非关边要之地者，除当储数外，听民从便折纳。二十一年九月，以中都水灾，免租。前时近官路百姓以牛夫充递运者，复于它处未尝就役之家征钱偿之。二十三年，宗州民王仲规告乞征还所役牛夫钱，省臣以奏，上曰："此既就役，复征钱于彼，前虽如此行之，复恐所给钱未必能到本户，是两不便也。不若止计所役，免租税及铺马钱为便。其预计实数以闻。若和雇价直亦须裁定也。"有司上其数，岁约给六万四千余贯，计折粟八万六千余石。上复命，自今役牛夫之家，以去道三十里内居者充役。二十六年，军民地罹水旱之灾者，二十一万顷免税凡四十九万余石。二十七年六月，免中都、河北等路尝被河决水灾军民租税。十一月，诏河水泛溢，农田被灾者，与免差税一年。怀、卫、孟、郑四州塞河劳役，并免今年差税。章宗大定二十九年，赦民租十之一。河东南北路则量减之。尚书省奏，两路田多峻阪，硗瘠者往往再岁一易，若不以地等级蠲除，则有不均。遂敕以赦书特免一分外，中田复减一分，下田减二分。旧制，夏、秋税纳麦、粟、草三色，以各处所须之物不一，户部复令以诸所用物折纳。上封事者言其不可，户部谓如此则诸路所须之物要当和市，转扰民矣。遂命太府监，应折纳之物为祗承宫禁者，治黄河薪刍增直二钱折纳，如黄河岸所用木石固非土产，乃令所属计置，而罢它应折纳者。

（元）脱脱等：《金史》卷四十七《食货志二》，北京：中华书局，1975年，第1057—1059页。

金熙宗皇统元年（公元 1141 年）

皇统元年秋，蝗。十一年己酉，稽古殿火。二年二月，熙河路饥。三月辛丑，大雪。秋，燕、西东二京、河东、河北、山东、汴、平州大熟。三年，陕西旱。五月丁巳，京兆府贡瑞麦。七月丙寅，太原进獬豸及瑞麦。

（元）脱脱等：《金史》卷二十三《五行志》，北京：中华书局，1975年，第 536 页。

金熙宗皇统三年（公元 1143 年）

五月丁巳朔，京兆进瑞麦。

七月丙寅，上致祭太皇太后。庚辰，太原路进獬豸并瑞麦。

（元）脱脱等：《金史》卷四《熙宗本纪》，北京：中华书局，1975 年，第79 页。

金海陵王正隆六年（公元 1161 年）

（三月）癸巳，次河南府，因出猎，幸汝州温汤，视行宫地。自中都至河南，所过麦皆为空。

（元）脱脱等：《金史》卷五《海陵王本纪》，北京：中华书局，1975年，第 113 页。

金世宗大定二年（公元 1162 年）

世宗大定二年闰二月辛卯，神龙殿十六位焚，延及太和、厚德殿。三年三月丙申，中都以南八路蝗。四年三月庚子夜，京师地震。七月辛丑，大风雷雨，拔木。临潢府境禾黍稆生。岚州进白兔二。八月，永兴进嘉禾，异亩同颖。中都南八路蝗飞入京畿。十一月辛丑，尚书省火。是岁，有年。五年六月戊子，河南府进芝草十三本，得于芝田石上，荐之太庙。六月甲辰，大安殿楹产芝，其色如玉。丙午，京师地震，有声自西北来，殷殷如雷，地生白毛。七月戊申，又震。十一月癸酉，大雾，昼晦。七年九月庚辰，地震。八年五月甲子，北望淀大风，雨雹，广十里，长六十里。六月，河决李固渡，水入曹州。十年正月，邓州进芝草。十一年六月戊申，西南路招讨司苾里海水之地雨雹三十余里，小者如鸡卵。其一最大，广三尺，长丈余，四五日始消。十二年三月庚寅，雨土。四月，旱。十三年正月，尚书省奏："宛平张孝善有子曰合得，大定十二年三月旦以疾死，至暮复活，云是本良乡人王建子喜儿。而喜儿前三年已死，建验以家事，能具道之，此盖假尸还魂，拟付王建为子。"上曰："若是则奸幸小人竞生诈伪，渎乱人伦。"止付孝善。八月丁丑，策试进士于悯忠寺，夜半忽闻音乐声起东塔上，西达于宫。考官完颜蒲捏、李晏等以为文运始开，得贤之兆。十四年八月丁巳朔，次飐里舌，日午，白龙见于御帐之东小港中，既而乘雷云而上，尾犹曳地，良久北去。十六年三月戊申，雨豆于临潢之境，其形上锐而赤，食之味颇苦。五月戊申，南京宫殿火。是岁，中都、河北、山东、陕西、河东、辽东等十路旱、蝗。十七年七月，大雨，滹沱、卢沟水溢，河决白沟。二十年四月己亥，太宁宫门火。五月丙寅，京师地震，生黑白毛。七月，旱。秋，河决卫州。二十二年五月，庆都蝗蝻生，散漫十余里。一夕大风，蝗皆不见。二十三年正月辛巳，广乐园灯山焚，延及熙春殿。三月乙酉，氛埃雨土。四月庚子亦如之。五月丁亥，雨雹，地生白毛。二十四年正月辛卯朔，徐州进芝十有八茎。真定进嘉禾二本，异亩同颖。二十六年正月庚辰，河南府进芝三本。秋，河决，坏卫州城。二十七年四月辛丑，京师地微震。

（元）脱脱等：《金史》卷二十三《五行志》，北京：中华书局，1975 年，第 537—538 页。

世宗大定二年，诏免二税户为民。初，辽人佞佛尤甚，多以良民赐诸寺，分其税一半输官，一半输寺，故谓之二税户。辽亡，僧多匿其实，抑为贱，有援左证以告者，有司各执以闻，上素知其事，故特免之。十七年五月，省奏："咸平府路一千六百余户，自陈皆长白山星显、禅春河女直人，辽时签为猎户，移居于此，号移典部，遂附契丹籍。本朝义兵之兴，首诣军降，仍居本部，今乞厘正。"诏从之。二十年，以上京路女直人户，规避物力，自卖其奴婢，致耕田者少，遂以贫乏，诏定制禁之。又谓宰臣曰："猛安谋克人户，兄弟亲属若各随所分土，与汉人错居，每四五十户结为保聚，农作时令相助济，此亦劝相之道也。"二十一年六月，徙银山侧民于临潢。又命避役之户举家逃于他所者，元贯及所寓司县官同罪，为定制。二十三年，定制，女直奴婢如有得力，本主许令婚娉者，须取问房亲及村老给据，方许娉于良人。是年八月，奏猛安谋克户口、垦地、牛具之数。猛安二百二，谋克千八百七十八，户六十一万五千六百二十四，口六百一十五万八千六百三十六（内正口四百八十一万二千六百六十九，奴婢口一百三十四万五千九百六十七），垦田一百六十九万三百八十顷有奇，牛具三十八万四千七百七十一。在都宗室将军司，户一百七十，口二万八千七百九十（内正口九百八十二，奴婢口二万七千八百八），垦田三千六百八十三顷七十五亩，牛具三百四。迭剌、唐古二部五糺，户五千五百八十五，口十三万七千五百四十四（内正口十一万九千四百六十三，奴婢口一万八千八十一），垦田万六千二十四顷一十七亩，牛具五千五百六十六。二十五年，命宰臣禁有禄人一子、及农民避课役，为僧道者。大定初，天下户才三百余万，至二十七年天下户六百七十八万九千四百四十九，口四千四百七十万五千八十六。

（元）脱脱等：《金史》卷四十六《食货志一》，北京：中华书局，1975年，第1033—1035页。

大定二年，为会宁府路押军万户，擢归德军节度使。时方旱蝗，宗宁督民捕之，得死蝗一斗，给粟一斗，数日捕绝。

（元）脱脱等：《金史》卷七十三《宗宁传》，北京：中华书局，1975年，第1677页。

宗宁多病，世宗欲以凉地处之，俾知咸平，诏以其子符宝郎亩为韩州刺史，以便养。无几，入授同判大睦亲府事，拜平章政事。明昌二年，薨。宗宁居家约俭如寒素，临事明敏。其镇临潢，邻国有警，宗宁闻知乏粮，即出仓粟，令以牛易之，敌知得粟，即遁去。边人以窝斡乱后，苦无牛，宗宁复令民入粟易牛，既而民得牛而仓粟倍于旧，其经画如此。

（元）脱脱等：《金史》卷七十三《宗宁传》，北京：中华书局，1975年，第1677页。

金世宗大定四年（公元1164年）

九月癸未朔，还都。乙酉，上谓宰臣曰："形势之家，亲识诉讼，请属道达，官吏往往屈法徇情，宜一切禁止。"己丑，上谓宰臣曰："北京、懿州、临潢等路尝经契丹寇掠，平、蓟二州近复蝗旱，百姓艰食，父母兄弟不能相保，多冒鬻为奴，朕甚闵之。可速遣使阅实其数，出内库物赎之。"乙未，幸鹰房，主者以鹰隼置内省堂上，上怒曰："此宰相听事，岂置鹰隼处耶？"痛责其人，俾置他所。己亥，以宿直将军乌里雅为夏国生日使。辛亥，以太子少詹事乌古论三合为高丽生日使。

（元）脱脱等：《金史》卷六《世宗本纪上》，北京：中华书局，1975年，第134—135页。

南宋孝宗乾道元年（公元1165年）

乾道元年春，行都、平江镇江绍兴府、湖常秀州大饥，殍徙者不可胜计。是岁，台明州、江东诸郡皆饥。夏，亡麦。二年夏，亡麦。三年九月，不雨，麦种不入。四年春，蜀邛绵剑汉州、石泉军大饥，邛为甚。盗延八郡，汉饥民至九万余。五年夏，饶、信州荐饥，民多流徙。徽州大饥，人食蕨、葛。台楚州、盱眙军亦饥。秋、冬不雨，淮郡麦种不入。六年冬，宁国府、广德军、太平湖秀池徽和州皆饥。七年秋，江东西、湖南十余郡饥，江筠州、隆兴府为甚。人食草实，流徙淮甸，诏出内帑收育弃孩。淮郡亦荐饥，金人运麦于淮北岸易南岸铜镪，斗钱八千。江西饥，民流光、濠、安丰间，皆效淮人私籴，钱为之耗。荆南亦饥。八年，江西亡麦。隆兴府荐饥，南昌、新建县饥民仰给者二万八千余。九年春，成都、永康、邛三州饥。秋，台州饥，温、婺州亦饥。

（元）脱脱等：《宋史》卷六十七《五行志五》，北京：中华书局，1977

年，第1464页。

金世宗大定五年（公元1165年）

五年正月辛亥朔，高丽、夏遣使来贺。乙卯，诏泰州、临潢接境设边堡七十，驻兵万三千。己未，宋通问使魏杞等以国书来。书不称"大"，称"侄宋皇帝"，称名"再拜奉书于叔大金皇帝"。岁币二十万。辛未，诏中外。复命有司，旱、蝗、水溢之处，与免租赋。癸酉，命元帅府诸新旧军以六万人留戍，余并放还。以宋国岁币悉赏诸军。

（元）脱脱等：《金史》卷六《世宗本纪上》，北京：中华书局，1975年，第135—136页。

金世宗大定七年（公元1167年）

七年五月，大兴府狱空，诏锡宴劳之。凡州郡有狱空者，皆赐钱为锡宴费，大兴府锡宴钱三百贯，其余有差。久之，拜参知政事，罢为横海军节度使，历河间尹、南京留守。以丧去官，起复尚书右丞。诏曰："南路女直户颇有贫者，汉户租佃田土，所得无几，费用不给，不习骑射，不任军旅。凡成丁者签入军籍，月给钱米，山东路沿边安置。其议以闻。"浃旬，上问曰："宰臣议山东猛安贫户如之何？"奏曰："未也。"乃问安礼曰："于卿意如何？"对曰："猛安人与汉户，今皆一家，彼耕此种，皆是国人，即日签军，恐妨农作。"上责安礼曰："朕谓卿有知识，每事专效汉人。若无事之际可务农作，度宋人之意且起争端，国家有事，农作奚暇？卿习汉字，读《诗》《书》，姑置此以讲本朝之法。前日宰臣皆女直拜，卿独汉人拜，是邪非邪？所谓一家者皆一类也，女直、汉人，其实则二。朕即位东京，契丹、汉人皆不往，惟女直人偕来，此可谓一类乎？"又曰："朕夙夜思念，使太祖皇帝功业不坠，传及万世，女直人物力不困。卿等悉之。"因以有益贫穷猛安人数事，诏左司郎中粘割斡特剌使书之，百官集议于尚书省。

（元）脱脱等：《金史》卷八十八《唐括安礼传》，北京：中华书局，1975年，第1963—1964页。

金世宗大定十三年（公元1173年）

十三年二月，并榷永盐为宝坻使司，罢平、滦盐钱。沧州旧废海阜盐场，三月，州人李格请复置，诏遣使相视。有司谓："是场兴则损沧盐之课，且食盐户仍旧，而盐货岁增，必徒多积而不能售。"遂寝其议。三月，大盐泺设盐税官。复免乌古里石垒部盐池之税。二十一年八月，参知政事梁肃言："宝坻及傍县多阙食，可减盐价增粟价，而以粟易盐。"上命宰臣议，皆谓："盐非多食之物，若减价易粟，恐久而不售，以至亏课。今岁粮以七十余万石至通州，比又以恩、献等六州粟百余万石继至，足以赈之，不烦易也。"遂罢。十二月，罢平州椿配盐课。二十三年七月，博兴县民李孜收日炙盐，大理寺具私盐及刮咸土二法以上。宰臣谓非私盐可比，张仲愈独曰："私盐罪重，而犯者犹众，不可纵也。"上曰："刮硷非煎，何以同私？"仲愈曰："如此则渤海之人恣刮硷而食，将侵官课矣。"力言不已，上乃以孜同刮硷科罪，后犯则同私盐法论。

（元）脱脱等：《金史》卷四十九《食货志四》，北京：中华书局，1975年，第1095—1096页。

金世宗大定十六年（公元1176年）

十六年，中都、河北、山东、陕西、河东、辽东等十路皆旱。

（清）嵇璜、曹仁虎等：《钦定续文献通考》卷二二二《物异考·恒旸》，《景印文渊阁四库全书》第六三一册，台北：商务印书馆，1986年，第268页。

十六年，中都、河北、山东、陕西、河东、辽东等十路旱蝗。

（清）嵇璜、曹仁虎等：《钦定续文献通考》卷二二八《物异考·龙蛇之异》，载《景印文渊阁四库全书》第六三一册，台北：商务印书馆，1986 年，第 338 页。

金世宗大定十七年（高丽明宗八年，公元 1177 年）

三月辛丑朔，宋、高丽、夏遣使来贺。辛亥，诏免河北、山东、陕西、河东、西京、辽东等十路去年被旱、蝗租税。赈东京、婆速、曷速馆三路。乙丑，尚书省奏，三路之粟，不能周给。上曰："朕尝语卿等，遇丰年即广籴以备凶歉。卿等皆言天下仓廪盈溢。今欲赈济，乃云不给。自古帝王皆以蓄积为国家长计，朕之积粟，岂欲独用之耶？今既不给，可于邻道取之以济。自今预备，当以为常。"

（元）脱脱等：《金史》卷七《世宗本纪中》，北京：中华书局，1975 年，第 166—167 页。

（三月）辛亥，金诏免河北、山东、陕西、河东、西京、辽东等十路去年被旱蝗租税。

（清）徐乾学：《资治通鉴后编》卷一二四《宋纪一百二十四》，宋孝宗淳熙四年三月条，《景印文渊阁四库全书》第三四四册，台北：商务印书馆，1986 年，第 443 页。

十七年春，尚书省奏，先奉诏赈济东京等路饥民，三路粟数不能给。

（元）脱脱等：《金史》卷五十《食货志五》，北京：中华书局，1975 年，第 1117 页。

十七年三月，诏免河北、山东、陕西、河东、西京、辽东等十路去年被旱蝗租税。

（清）嵇璜、曹仁虎等：《钦定续文献通考》卷三十三《国用考·蠲贷》，载《景印文渊阁四库全书》第六二七册，台北：商务印书馆，1986 年，第 139 页。

明宗八年四月，更定西京公廨田有差：留守官公廨田五十结，纸位田二百七十二结、三十七负七束；六曹公廨田二十结、纸位田十五结；法曹司公廨田十五结；诸学院公廨田十五结、书籍位田五十结；文宣王油香田十五结；先圣油香田五十结[先圣，即箕子]；药店公廨田七结；僧录司公廨、纸位田各十五结。

（朝鲜）郑麟趾等撰，孙晓主编：《高丽史》卷七十八《食货·公廨田柴》，北京：人民出版社；重庆：西南师范大学出版社，2014年，第2488页。

十七年五月，省奏咸平府路一千六百余户，自陈皆长白山锡忻察逊河女直人，辽时移居于此号移典部，今乞厘正诏从之。二十一年六月，徙银山侧民于临潢，又命避役之户举家逃于他所者，元贯及所寓司县官同罪为定制，二十三年奏明，安穆昆户口之数，明安二百二穆昆一千八百七十八户，六十一万五千六百二十四口，六百一十五万八千六百三十六。[内正口四百八十一万二千六百六十九，奴婢口一百三十四万五千九百六十七]在都宗室将军司户一百七十口，二万八千七百九十[内正口九百八十一，奴婢口二万七千八百八]。

（清）官修：《钦定续通典》卷十《食货十》，杭州：浙江古籍出版社，1988年，第1166页。

金世宗大定二十年（公元 1180 年）

上见有蹂践禾稼者，谓宰相曰："今后有践民田者杖六十，盗人谷者杖八十，并偿其直。"

（元）脱脱等：《金史》卷四十五《刑志》，北京：中华书局，1975年，第1018页。

金世宗大定二十一年（公元 1181 年）

二十一年正月，上谓宰臣曰："山东、大名等路猛安谋克户之民，往往骄纵，不亲稼穑，不令家人农作，尽令汉人佃莳，取租而已。富家尽服纨绮，酒食游宴，贫者争慕效之，欲望家给人足，难矣。近已禁卖奴婢，约其吉凶之礼，更当委官阅实户数，计口授地，必令自耕，力不赡者方许佃于人。仍禁其农时饮酒。"又曰："奚人六猛安，已徙居咸平、临潢、泰州，其地肥沃，且精勤农务，各安其居。女直人徙居奚地者，菽粟得收获否？"左丞守道对曰："闻皆自耕，岁用亦足。"上曰："彼地肥美，异于他处，惟附都民以水害稼者赈之。"三月，陈言者言，豪强之家多占夺田者。上曰："前参政纳合椿年占地八百顷，又闻山西田亦多为权要所占，有一家一口至三十顷者，以致小民无田可耕，徙居阴山之恶地，何以自存？其令占官地十顷以上者皆括籍入官，将均赐贫民。"省臣又奏："椿年子猛安参谋合、故太师耨盌温敦思忠孙长寿等，亲属计七十余家，所占地三千余顷。"上曰："至秋，除牛头地外，仍各给十顷，余皆拘入官。山后招讨司所括者，亦当同此也。"又谓宰臣曰："山东路所括民田，已分给女直屯田人户，复有籍官闲地，依元数还民，仍免租税。"六月，上谓省臣曰："近者大兴府平、滦、蓟、通、顺等州，经水灾之地，免今年税租。不罹水灾者姑停夏税，俟稔岁征之。"时中都大水，而滨、棣等州及山后大熟，命修治怀来以南道路，以来粜者。又命都城减价以粜。又曰："近遣使阅视秋稼，闻猛安谋克人惟酒是务，往往以田租人，而预借三二年租课者。或种而不耘，听其荒芜者。自今皆令阅实各户人力，可耨几顷亩，必使自耕耘之，其力果不及者方许租赁。如惰农饮酒，劝农谋克及本管猛安谋克并都管，各以等第科罪。收获数多者则亦以等第迁赏。"七月，上谓宰臣曰："前徙宗室户于河间，拨地处之，而不回纳旧地，岂有两地皆占之理？自今当以一处赐之。山东刷民田已分给女直屯田户，复有余地，当以还民而免是岁之租。"八月，尚书省奏山东所刷地数，上谓梁肃曰："朕尝以此问卿，卿不以言。此虽称民地，然皆无明据，括为官地有何不可？"又曰："黄河已移故道，梁山泺水退，地甚广，已尝遣使安置屯田。民昔尝恣意种之，今官已籍其地，而民惧征其租，逃者甚众。若征其租，而以冒佃不即出首罪论之，固宜。然若遽取之，恐致失所。可免其征，赦其罪，别以官地给之。"御史台奏："大名、济州因刷梁山泺官地，或有以民地被刷者。"上复召宰臣曰："虽曾经通检纳税，而无明验者，复当刷问。有公据者，虽付本人，仍须体问。"十月，复与张仲愈论冒占田事。

（元）脱脱等：《金史》卷四十七《食货志二》，北京：中华书局，1975年，第1046—1047页。

（世宗二十一年）三月丁未朔，万春节，宋、高丽、夏遣使来贺。上初闻蓟、平、滦等州民乏食，命有司发粟粜之，贫不能粜或贷之。

（元）脱脱等：《金史》卷八《世宗本纪下》，北京：中华书局，1975 年，第 180 页。

金世宗大定二十四年（公元 1184 年）

二十四年，世宗将幸上京。上曰："临潢、乌古里石垒岁皆不登，朕欲自南道往，三月过东京，谒太后陵寝，五月可达上京。春月鸟兽孳孕，东作方兴，不必搜田讲事，卿等以为何如？"宗尹曰："南道岁熟，刍粟贱，宜如圣旨。"遂由南道往焉。

（元）脱脱等：《金史》卷七十三《宗尹传》，北京：中华书局，1975 年，第 1675 页。

金世宗大定二十七年
（高丽明宗十八年，公元 1187 年）

明宗十八年三月下制："凡州县各有京外两班军人家田、永业田，乃有奸黠吏民欲托权要，妄称闲地，记付其家。有权势者又称为我家田，要取公牒，即遣使唤，通书属托。其州员僚不避干请，差人征取，一田之征，乃至二三，民不堪苦，赴诉无处，冤忿冲天，灾沴间作，祸源在此。捕此使噢，枷械申京，记付吏民，穷极推罪。"

（朝鲜）郑麟趾等撰，孙晓主编：《高丽史》卷七十八《食货·田柴科》，北京：人民出版社；重庆：西南师范大学出版社，2014 年，第 2486 页。

二十七年三月，宰臣以"孟家山金口闸下视都城，高一百四十余尺，止以射粮军守之，恐不足恃。倘遇暴涨，人或为奸，其害非细。若固塞之，则所灌稻田俱为陆地，种植禾麦亦非旷土。不然则更立重闸，仍于岸上置埽官廨署，及埽兵之室，庶几可以无虞也"。上是其言，遣使塞之。

（元）脱脱等：《金史》卷二十七《河渠志》，北京：中华书局，1975 年，第 687 页。

金世宗大定二十九年（公元 1189 年）

（六月）乙未，初置提刑司，分按九路，并兼劝农采访事，屯田、镇防诸军皆属焉。

（元）脱脱等：《金史》卷九《章宗本纪一》，北京：中华书局，1975 年，第 210 页。

金章宗明昌元年（公元 1190 年）

明昌元年二月，谕旨有司曰："濒水民地，已种莳而为水浸者，可令以所近官田对给。"三月，敕："当军人所受田，止令自种，力不足者方许人承佃，亦止随地所产纳租，其自欲折钱输纳者从民所欲，不愿承佃者毋强。"六月，尚书省奏："近制以猛安谋克户不务栽植桑果，已令每十亩须栽一亩，今乞再下各路提刑及所属州县，劝谕民户，如有不栽及栽之不及十之三者，并以事怠慢轻重罪科之。"诏可。八月，敕："随处系官闲地，百姓已请佃者仍旧，未佃者以付屯田猛安谋克。"三年六月，尚书省奏："南京、陕西路提刑司言，旧牧马地久不分拨，以致军民起讼，比差官往各路定之。凡民户有凭验己业，及宅井坟园，已改正给付，而其中复有官地者，亦验数对易之矣。两路牧地，南京路六万三千五百二十余顷，陕西路三万五千六百八十余顷。"五年，谕旨尚书省："辽东等路女直、汉儿百姓，可并令量力为蚕桑。"二月，陈言人乞以长吏劝农立殿最，遂定制："能劝农田者，每年谋克赏银绢十两匹，猛安倍之，县官于本等升五人。三年不怠者，猛安谋克迁一官，县官升一等。田荒及十之一者笞三十，分数加至徒一年。三年皆荒者，猛安谋克追一官，县官以升等法降之。"为永格。六年二月，诏罢括陕西之地。又陕西提刑司言："本路户民安水磨、油槺，所占步数在私地有税，官田则有租，若更输水利钱银，是重并也，乞除之。"省臣奏："水利钱银以辅本路之用，未可除也，宜视实占地数，除税租。"命他路视此为法。

（元）脱脱等：《金史》卷四十七《食货志二》，北京：中华书局，1975年，第1049—1051页。

金章宗明昌三年（公元1192年）

明昌三年四月，尚书省奏："辽东、北京路米粟素饶，宜航海以达山东。昨以按视东京近海之地，自大务清口并咸平铜善馆皆可置仓贮粟以通漕运，若山东、河北荒歉，即可运以相济。"制可。

（元）脱脱等：《金史》卷二十七《河渠志》，北京：中华书局，1975年，第683页。

（三年）秋七月戊寅，敕尚书省曰："饥民如至辽东，恐难遽得食，必有饥死者。其令散粮官问其所欲居止，给以文书，命随处官长计口分散，令富者出粟养之，限以两月，其粟充秋税之数。"

（元）脱脱等：《金史》卷九《章宗本纪一》，北京：中华书局，1975年，第222页。

金章宗明昌五年（公元1194年）

（正月）己巳……尚书省进区田法，诏相其地宜，务从民便。又言遣官劝农之扰，命提刑司禁止之。

（元）脱脱等：《金史》卷十《章宗本纪二》，北京：中华书局，1975 年，第 231 页。

五年九月，尚书省奏，"明昌三年始设常平仓，定其永制。天下常平仓总五百一十九处，见积粟三千七百八十六万三千余石，可备官兵五年之食，米八百一十余万石，可备四年之用，而见在钱总三千三百四十三万贯有奇，仅支二年以上。见钱既少，且比年稍丰而米价犹贵，若复预籴，恐价腾踊，于民未便。"遂诏权罢中外常平仓和籴，俟官钱羡余日举行。

（元）脱脱等：《金史》卷五十《食货志五》，北京：中华书局，1975 年，第 1121—1122 页。

金章宗承安元年（公元 1196 年）

六月甲寅，上以百姓艰食，诏出仓粟十万石减价以粜之。

（元）脱脱等：《金史》卷十《章宗本纪二》，北京：中华书局，1975 年，第 239 页。

金章宗承安五年（公元 1200 年）

（章宗五年闰二月），闰月癸卯，定进纳粟补官之家存留弓箭制。

（元）脱脱等：《金史》卷十一《章宗本纪三》，北京：中华书局，1975 年，第 253 页。

边河仓州县，可令折纳菽二十万石，漕以入京，验品级养马于俸内带支，仍漕麦十万石，各支本色。乃命都水监丞田栎相视运粮河道。

（元）脱脱等：《金史》卷二十七《河渠志》，北京：中华书局，1975 年，第 684 页。

金章宗泰和元年（公元 1201 年）

九月戊申朔，天寿节，宋、高丽、夏遣使来贺。更定赡学养士法：生员，给民佃官田人六十亩，岁支粟三十石；国子生，人百八亩，岁给以所入，官为掌其数。

（元）脱脱等：《金史》卷十一《章宗本纪三》，北京：中华书局，1975年，第 257 页。

金宣宗贞祐二年（公元 1214 年）

（三月）癸未，京师大括粟。甲申，大元乙里只扎八来。诏百官议于尚书省。戊子，以濮王守纯为殿前都点检兼侍卫亲军都指挥使，权都元帅府事。庚寅，奉卫绍王公主归于大元太祖皇帝，是为公主皇后。辛卯，诏许诸人纳粟买官。

（元）脱脱等：《金史》卷十四《宣宗本纪上》，北京：中华书局，1975年，第 303—304 页。

金宣宗贞祐三年（公元 1215 年）

（三年春）戊辰，尚书省言："内外军人入粟补官者多，行伍浸虚。请俟平定，应监差者与三酬，门户有职事者升一等，其子弟应荫者罢之。"上可其奏。

（元）脱脱等：《金史》卷十四《宣宗本纪上》，北京：中华书局，1975年，第 306 页。

（秋七月）诏河间孤城，移其军民就粟清州，括民间骡付诸军，与马参用。

（元）脱脱等：《金史》卷十四《宣宗本纪上》，北京：中华书局，1975年，第310页。

（八月）乙卯，增沿河阑籴之法，十取其八，以抑贩粟之弊，仍严禁私渡。

（元）脱脱等：《金史》卷十四《宣宗本纪上》，北京：中华书局，1975年，第311页。

金宣宗贞祐四年（公元 1216 年）

三月，翰林侍讲学士赵秉文言："比者宝券滞塞，盖朝廷将议更张，已而妄传不用，因之抑遏，渐至废绝，此乃权归小民也。自迁汴以来，废回易务，臣愚谓当复置，令职官通市道者掌之，给银钞粟麦缣帛之类，权其低昂而出纳之。仍自选良监当官营为之，若半年无过，及券法通流，则听所指任便差遣。"诏议行之。

（元）脱脱等：《金史》卷四十八《食货志三》，北京：中华书局，1975年，第1085页。

（夏四月）丙申，河北行省侯挚言："北商贩粟渡河，官遮籴其什八，商遂不行，民饥益甚。请罢其令。"从之。

（元）脱脱等：《金史》卷十四《宣宗本纪上》，北京：中华书局，1975年，第318页。

（夏四月）甲辰，有司言，扶风、郿县有蝨伤麦。

（元）脱脱等：《金史》卷十四《宣宗本纪上》，北京：中华书局，1975年，第318页。

贞祐四年八月，言事者程渊言："砀山诸县陂湖，水至则畦为稻田，水退种麦，所收倍于陆地。"

（元）脱脱等：《金史》卷五十《食货志五》，北京：中华书局，1975年，第1122页。

金宣宗兴定三年（公元 1219 年）

（兴定三年八月）戊子，敕侯挚谕三司行部官劝民种麦，无种粒者贷之。

（元）脱脱等：《金史》卷十五《宣宗本纪中》，北京：中华书局，1975
年，第 347 页。

金宣宗兴定四年（公元 1220 年）

四年十月，移剌不言："军户自徙于河南，数岁尚未给田，兼以移徙不
常，莫得安居，故贫者甚众。请括诸屯处官田，人给三十亩，仍不移屯它
所，如此则军户可以得所，官粮可以渐省。"宰臣奏："前此亦有言授地者，
枢密院以谓俟事缓而行之。今河南罹水灾，流亡者众，所种麦不及五万顷，
殆减往年太半，岁所入殆不能足。若拨授之为永业，俟有获即罢其家粮，亦
省费之一端也。"上从之。

（元）脱脱等：《金史》卷四十七《食货志二》，北京：中华书局，1975
年，第 1054—1055 页。

四年，李复亨言，以河中西岸解盐旧所易粟麦万七千石充关东之用。

（元）脱脱等：《金史》卷四十九《食货志四》，北京：中华书局，1975
年，第 1105 页。

金宣宗兴定五年（公元 1221 年）

（兴定）五年十月，上谕宰臣曰："比欲民多种麦，故令所在官贷易麦种。

今闻实不贷与，而虚立案簿，反收其数以补不足之租。其遣使究治。"

（元）脱脱等：《金史》卷四十七《食货志二》，北京：中华书局，1975年，第 1062 页。

金哀宗正大三年（公元 1226 年）

六月辛卯，京东大雨雹，蝗尽死。

（元）脱脱等：《金史》卷十七《哀宗本纪上》，北京：中华书局，1975年，第 377 页。

金哀宗正大五年（高丽高宗十六年，公元 1228 年）

（哀宗五年）八月乙卯，以旱，遣使祷于上清宫。甲子，参知政事白撒为尚书右丞，太常卿颜盏世鲁权参知政事。增筑归德行枢密院，拟工役数百万，诏遣权枢密院判官白华喻以农夫劳苦，减其工三之二。以节制不一，并卫州帅府于恒山公府，命白华往经画之。

九月庚寅，雨足，始种麦。

（元）脱脱等：《金史》卷十七《哀宗本纪上》，北京：中华书局，1975年，第 380—381 页。

高宗十六年十二月，崔瑀奏："今年大旱，禾谷不实，请遣使五道，审检损实。"从之。

（朝鲜）郑麟趾等撰，孙晓主编：《高丽史》卷七十八《食货·踏验损实》，北京：人民出版社；重庆：西南师范大学出版社，2014 年，第 2505 页。

金哀宗天兴二年（公元 1233 年）

（天兴二年）十月戊寅，更造"天兴宝会"。辛巳，纵饥民老稚羸疾者出城。癸未，徐州守臣郭恩杀逐官吏以叛，行省赛不死之。甲申，给饥民船，听采城壕菱芡水草以食。戊子，征诸道兵。辛卯，上阅射于子城，中者赏麦有差。丙申，殿前左副都点检温敦昌孙战殁。戊戌，赐义军战殁被创者麦。

（元）脱脱等：《金史》卷十八《哀宗本纪下》，北京：中华书局，1975年，第 401 页。

第三章　元明时期东北农业史料

蒙古宪宗三年（高丽高宗四十一年，公元 1253 年）

高宗四十一年二月，分遣使于忠、庆、全三道及东州西海道巡审山城海岛避难之处，量给土田。

（朝鲜）郑麟趾等撰，孙晓主编：《高丽史》卷七十八《食货·经理》，北京：人民出版社；重庆：西南师范大学出版社，2014 年，第 2477 页。

蒙古宪宗五年（高丽高宗四十三年，公元 1255 年）

四十三年十二月，制曰："今想诸道民不聊生，彼此流移，甚可悼也。其避乱所与本邑相距程不过一日者，许往还耕田。其余就岛内量给土田，不足则给沿海闲田及宫寺院田。"

（朝鲜）郑麟趾等撰，孙晓主编：《高丽史》卷七十八《食货·经理》，北京：人民出版社；重庆：西南师范大学出版社，2014 年，第 2477 页。

蒙古宪宗六年（高丽高宗四十四年，公元 1256 年）

高宗四十四年六月，宰枢会议分田代禄，遂置给田都监。

（朝鲜）郑麟趾等撰，孙晓主编：《高丽史》卷七十八《食货·禄科田》，北京：人民出版社；重庆：西南师范大学出版社，2014年，第2489页。

蒙古宪宗八年（高丽高宗四十六年，公元1258年）

四十六年九月，以江华田二千结属公廪，三千结属崔竩家。又以河阴、镇江、海宁之田，分给诸王宰枢以下有差。

（朝鲜）郑麟趾等撰，孙晓主编：《高丽史》卷七十八《食货·经理》，北京：人民出版社；重庆：西南师范大学出版社，2014年，第2477—2478页。

元世祖中统元年（高丽元宗元年，公元1260年）

元宗元年正月，给田都监议请：文武两班前受之田肥墝不均，随职改给。权势之家皆占良田，恶其不便于己，沮其议。

（朝鲜）郑麟趾等撰，孙晓主编：《高丽史》卷七十八《食货·经理》，北京：人民出版社；重庆：西南师范大学出版社，2014年，第2478页。

元世祖至元元年（公元1264年）

至元元年二月，东平、太原、平阳旱，分命西僧祷雨。五年十二月，京兆大旱。八年四月，蔚州灵仙、广灵二县旱。九年六月，高丽旱。十三年十二月，平阳路旱。十六年七月，赵州旱。十八年二月，广宁、北京大定州旱。二十三年五月，汴梁旱。京畿旱。二十四年春，平阳旱，二麦枯死。二十五年，东平路须城等六县，安西路商、耀、乾、华等十六州旱。二十六年，绛州大旱。

（明）宋濂等：《元史》卷五十《五行志一》，北京：中华书局，1976年，第1069—1070页。

元世祖至元二年（公元 1265 年）

（三月）乙未，罢南北互市，括民间南货，官给其直。辽东饥，发粟万石、钞百锭赈之。

（明）宋濂等：《元史》卷六《世祖本纪三》，北京：中华书局，1976 年，第 106 页。

元世祖至元八年（高丽元宗十二年，公元 1271 年）

元宗十二年二月，都兵马使言："近因兵兴，仓库虚竭，百官禄俸不给，无以劝士。请于京畿八县随品给禄科田。"时诸王及左右嬖宠广占腴田，多方沮毁，王颇惑之。右承宣许珙等屡言之，王勉从之。

（朝鲜）郑麟趾等撰，孙晓主编：《高丽史》卷七十八《食货·禄科田》，北京：人民出版社；重庆：西南师范大学出版社，2014 年，第 2489 页。

元世祖至元十三年（公元 1276 年）

（夏四月）戊辰，以河南兵事未息，开元路民饥，并弛正月五月屠杀之禁。

（明）宋濂等：《元史》卷九《世祖本纪六》，北京：中华书局，1976 年，第 181 页。

元世祖至元十七年（公元 1280 年）

秋七月辛丑，广东宣慰使帖木儿不花言："诸军官宜一例迁转。江淮郡县，首乱者诛，没其家。官豪隐庇佃民，不供徭役，宜别立籍。各万户军交参重役，宜发还元翼。"诏中书省、枢密院、翰林院集议以闻。敕思州安抚司还旧治。戊申，太阴掩房距星。以高丽国初置驿，站民乏食，命给粮一岁。仍禁使臣往来，勿求索饮食。己酉，立行省于京兆，以前安西相李德辉为参知政事，兼领钱谷事。徙泉州行省于隆兴。以秃古灭军劫食火拙畏吾城禾，民饥，命官给驿马之费，仍免其赋税三年。太阴犯南斗。甲寅，发卫兵八百治沙岭桥，敕毋践民田。戊午，从阿合马言，以参知政事郝祯、耿仁并为中书左丞。用姚演言，开胶东河及收集逃民屯田涟、海。甲子，遣安南国王子倪还。括蒙古军成丁者。敕亦来等率万人入罗氏鬼国，如其不附，则入讨之。乙丑，罢江南财赋总管府。丁卯，并大都盐运司入河间为一，仍减汰冗员。割建康民二万户种稻，岁输酿米三万石，官为运至京师。戊辰，诏括前愿从军者及张世杰溃军，使征日本。命范文虎等招集避罪附宋蒙古、回回等军。己巳，遣中使咬难历江南名山访求高士，且命持香币诣信州龙虎山、临江阁皂山、建康三茅山，皆设醮。赐阿赤黑等及怯薛都等战功银钞。赐招收散毛等洞官吏衣段。

（明）宋濂等：《元史》卷十一《世祖本纪八》，北京：中华书局，1976年，第224—225页。

元世祖至元二十一年
（高丽忠烈王十一年，公元1284年）

忠烈王十一年三月，下旨：诸王宰枢及扈从臣僚诸宫院寺社望占闲田，国家亦以务农重谷之意赐牌。然凭借赐牌，虽有主付籍之田，并皆夺之，其弊不赀。择人差遣，穷推辨核，凡赐牌付田，起陈勿论，苟有本主，皆令还给。且本虽闲田，百姓已曾开垦，则并禁夺占。

（朝鲜）郑麟趾等撰，孙晓主编：《高丽史》卷七十八《食货·经理》，北京：人民出版社；重庆：西南师范大学出版社，2014年，第2478页。

元世祖至元二十四年（公元 1287 年）

闰二月癸亥，太阴犯辰星。以女直、水达达部连岁饥荒，移粟赈之，仍尽免今年公赋及减所输皮布之半。以宋畲军将校授管民官，散之郡邑。

（明）宋濂等：《元史》卷十四《世祖本纪十一》，北京：中华书局，1976年，第 296 页。

元世祖至元二十五年（公元 1288 年）

二十五年正月，腹里路分三十八处，年销祇应钱不敷，增给钞三千九百八十一锭，并元额七千一百六十九锭，总中统钞一万一千一百五十锭，分上下半年给降。二月，命南方站户，以粮七十石出马一匹为则，或十石之下八九户共之，或二三十石之上两三户共之，惟求税粮仅足当站之数，不至多余，却免其一切杂泛差役。若有纳粮百石之下、七十石之上，自请独当站马一匹者听之。五月，增给辽阳行省铺马劄子五道。十一月，福建行省元给铺马圣旨二十四道，增给劄子六道。

（明）宋濂等：《元史》卷一〇一《兵志四》，北京：中华书局，1976 年，第 2587—2588 页。

元世祖至元二十六年（公元 1289 年）

夏四月己酉（朔），复立营田司于宁夏府。辽阳省管内饥，贷高丽米六万石以赈之。壬子，孛罗带上别十八里招集户数，令甘肃省赈之。癸丑，命塔海发忽都不花等所部军，屯狗站北以御寇。宝庆路饥，下其估粜米万一千石。

（明）宋濂等：《元史》卷十五《世祖本纪十二》，北京：中华书局，1976年，第321页。

（八月）癸亥，诸王铁失、孛罗带所部皆饥，敕上都留守司、辽阳省发粟赈之。

（明）宋濂等：《元史》卷十五《世祖本纪十二》，北京：中华书局，1976年，第325页。

元世祖至元二十七年（公元 1290 年）

（三月）壬子，荧惑犯钩钤。蓟州渔阳等处稻户饥，给三十日粮。

（明）宋濂等：《元史》卷十六《世祖本纪十三》，北京：中华书局，1976年，第335页。

（夏四月）癸巳，河北十七郡蝗。千户也先、小阔阔所部民及喜鲁、不别等民户并饥，敕河东诸郡量赈之。千户也不干所部乏食，敕发粟赈之。太傅玉吕鲁言："招集斡者所属亦乞烈，今已得六百二十一人，令与高丽民屯田，宜给其食。"敕辽阳行省验实给之。平山、真定、枣强三县旱，灵寿、元氏二县大雨雹，并免其租。

（明）宋濂等：《元史》卷十六《世祖本纪十三》，北京：中华书局，1976年，第336页。

（五月）己巳，立云南行御史台。命彻里铁木儿所部女直、高丽、契丹、汉军输地税外，并免他徭。

（明）宋濂等：《元史》卷十六《世祖本纪十三》，北京：中华书局，1976年，第337页。

元世祖至元二十八年（公元 1291 年）

二十八年十月，高丽国饥，给以米一十万斛。

（清）嵇璜、曹仁虎等：《钦定续文献通考》卷三十二《国用考·赈恤》，《景印文渊阁四库全书》第六二七册，台北：商务印书馆，1986 年，第 92 页。

十二月乙丑，复都水监，秩从三品。遣官迓云南鸭池所遣使。辽阳洪宽女直部民饥，借高丽粟赈给之。籍探马赤八忽带儿等六万户成丁者为兵。丁卯，高丽国鸭绿江西十九驿，经乃颜反，掠其马畜，给以牛各四十。

（明）宋濂等：《元史》卷十六《世祖本纪十三》，北京：中华书局，1976 年，第 353 页。

元世祖至元二十九年（公元 1292 年）

五月甲午，辽阳水达达、女直饥，诏忽都不花趣海运给之。

（明）宋濂等：《元史》卷十七《世祖本纪十四》，北京：中华书局，1976 年，第 362 页。

（闰六月）高丽饥，其王遣使来请粟，诏赐米十万石。中书省臣言："今岁江南海运粮至京师者一百五万石，至辽阳者十三万石，比往岁无耗折不足者。"

（明）宋濂等：《元史》卷十七《世祖本纪十四》，北京：中华书局，1976 年，第 364 页。

二十九年闰六月，高丽饥，其王遣使来请粟，诏赐米十万石。八月，高丽、女真界首双城告饥，敕高丽王于海运内，以粟赈之。

（清）嵇璜、曹仁虎等：《钦定续文献通考》卷三十二《国用考·赈恤》，《景印文渊阁四库全书》第六二七册，台北：商务印书馆，1986 年，第 92 页。

（八月）高丽、女直界首双城告饥，敕高丽王于海运内以粟赈之。弛平滦州酒禁。诏不敦、忙兀（秃）鲁迷失以军征八百媳妇国。

（明）宋濂等：《元史》卷十七《世祖本纪十四》，北京：中华书局，1976年，第366页。

（九月）壬午，水达达、女直民户由反地驱出者，押回本地，分置万夫、千夫、百夫内屯田。

（明）宋濂等：《元史》卷十七《世祖本纪十四》，北京：中华书局，1976年，第366页。

元世祖至元三十一年（公元 1294 年）

辽阳行省所属，九处大水，民饥或起为盗贼，命赈恤之。

（清）徐乾学：《资治通鉴后编》卷一五九《元纪七》，世祖至元三十一年条，《景印文渊阁四库全书》第三四五册，台北：商务印书馆，1986 年，第187 页。

元成宗元贞元年（公元 1295 年）

（三月）辛卯，赐辽阳行省粮三万石。

（明）宋濂等：《元史》卷十九《成宗本纪二》，北京：中华书局，1976年，第403页。

秋七月乙亥，徙甘、凉御匠五百余户于襄阳。诏江南地税输钞。丁丑，太阴犯亢。罢追问已原逋欠。普颜怙里迷失公主等，俱以其部贫乏来告，赐钞计四十九万余锭。御史台臣言："内地盗贼窃发者众，皆由国家赦宥所致。乞命中书立为条格，督责所属，期至尽灭。"制曰："可。"乙（己）卯，诏申饬中外："有儒吏兼通者，各路举之，廉访司每道岁贡二人，省台委官立法考试，中程者用之，所贡不公，罪其举者。职官坐赃论断，再犯者加二等。仓库官吏盗所守钱粮，一贯以下笞之，至十贯杖之，二十贯加一等，一百二十贯徒一年，每三十贯加半年，二百四十贯徒三年，满三百贯者死。计赃以至元钞为则。"给江南行御史台守护军百人。减海南屯田军之半，还其元翼。诏增给诸军药饵价直。壬午，立肇州屯田万户府，以辽阳行省左丞阿散领其事。甲申，岁星犯房。给塞下贫民钞二万四千锭。己丑，赐刘国杰玉带锦衣，旌其战功。辛卯，以秃秃合所部贫乏，赐钞十万锭。戊戌，朱永福、边珍裕以妖言伏诛。札鲁忽赤文移旧用国语，敕改从汉字。壬寅，诏易江南诸路天庆观为玄妙观，毁所奉宋太祖神主。大都、辽东、东平、常德、湖州武卫屯田大水，隆兴路雹，太原、平阳、安丰、河间等路旱。

（明）宋濂等：《元史》卷十八《成宗本纪一》，北京：中华书局，1976年，第395—396页。

冬十月戊寅，车驾还大都。辛巳，江浙行省臣言："陛下即位之初，诏蠲今岁田租十分之三。然江南与江北异，贫者佃富人之田，岁输其租，今所蠲特及田主，其佃民输租如故，则是恩及富室而不被于贫民也。宜令佃民当输田主者，亦如所蠲之数。"从之。辽阳行省所属九处大水，民饥，或起为盗贼，命赈恤之。江西行省臣言："银场岁办万一千两，而未尝及数，民不能堪。"命自今从实办之，不为额。壬午，太白犯左执法。有事于太庙。癸巳，太阴掩填星。乙未，太阴犯井。金齿新附孟爱甸酋长遣其子来朝，即其地立军民总管府。朱清、张瑄从海道岁运粮百万石，以京畿所储充足，诏止运三十万石。辛丑，帝谕右丞阿里、参政梁德珪曰："中书职务，卿等皆怀怠心。朕在上都，令还也的迷沙已没财产，任明里不花，皆至今未行。又不约束吏曹，使选人留滞。桑哥虽奸邪，然僚属惮其威，政事无不立决。卿等其约束曹属，有不事事者笞之。仍以朕意谕右丞相完泽。"壬寅，缅国遣使贡驯象十。乙巳，遣南巫里、速木答剌、继没剌矛（予）、毯阳使者各还其国，赐以三珠虎符及金银符，金、币、衣服有差。初，也黑迷失征爪哇时，尝招其濒海诸国，于是南巫里等遣人来附，以禁商泛海留京师，至是弛商禁，故皆遣之。

（明）宋濂等：《元史》卷十八《成宗本纪一》，北京：中华书局，1976年，第387—388页。

（成宗元贞二年）十二月，辽东、太原、开元、河南、苟陂俱旱。

（清）嵇璜、曹仁虎等：《钦定续文献通考》卷二二二《物异考·恒旸》，

《景印文渊阁四库全书》第六三一册，台北：商务印书馆，1986年，第270页。

元成宗大德元年
（高丽忠烈王二十四年，公元1297年）

二十四年正月，忠宣王即位，下教：一、先王制定，内外田丁，各随职役，平均分给，以资民生，又支国用。迩来豪猾之徒，托称远陈，标以山川，冒受赐牌，为己之有，不纳公租，田野虽辟，国贡岁减。又其甚者，托以房库宗室之田，其于租税一分纳公，二分归己，或有全不纳者，兹弊莫大。宜令诸道按廉及守令穷诘还主，如无主者，其给内外军闲人立户充役。一、京畿八县田元有其主，国家近因多故，以两班禄俸之薄，初给垦地，其余荒地，颇多自利。为先者乘间受赐，不许其主，不纳官租，专收其利。甚者又并两班折给之田，使不得随职递受者多矣。令有司更为审验，和会折给，江华田亦令均分。

（朝鲜）郑麟趾等撰，孙晓主编：《高丽史》卷七十八《食货·经理》，北京：人民出版社；重庆：西南师范大学出版社，2014年，第2478页。

（三月）道州旱，辽阳饥，并发粟赈之。

（明）宋濂等：《元史》卷十九《成宗本纪二》，北京：中华书局，1976年，第410页。

元成宗大德三年（高丽忠宣王二年，公元1299年）

忠宣王二年十一月，宰枢议遣采访使于诸道，更定税法。或曰："今郡县田野尽辟，宜量田增赋，以赡国用。"宰枢恐其所占田园入官，事遂寝。后元年三月，传旨曰："典农司所收诸寺社及有券功臣田租，皆还给，其余田租移入龙门仓，以米三百石分赐大藏、都监、禅源社。"

（朝鲜）郑麟趾等撰，孙晓主编：《高丽史》卷七十八《食货·租税》，北京：人民出版社；重庆：西南师范大学出版社，2014 年，第 2507 页。

元武宗至大元年（公元 1308 年）

（夏四月）丙辰，高丽国王王章（璋）言："陛下令臣还国，复设官行征东行省事。高丽岁数不登，百姓乏食，又数百人仰食其土，则民不胜其困，且非世祖旧制。"帝曰："先请立者以卿言，今请罢亦以卿言，其准世祖旧制，速遣使往罢之。"

（明）宋濂等：《元史》卷二十二《武宗本纪一》，北京：中华书局，1976 年，第 498 页。

（四月）丙辰，高丽国王王昛言："陛下令臣还国，复设官行征东行省事。高丽岁数不登，百姓乏食，又数百人仰食其土，则民不胜其困，且非世祖旧制。"帝曰："先请立者以卿言，今请罢亦以卿言，其准世祖旧制，速遣使往罢之。"

（清）徐乾学：《资治通鉴后编》卷一六三《元纪十一》，武宗至大元年，《景印文渊阁四库全书》第三四五册，台北：商务印书馆，1986 年，第 240 页。

元仁宗延祐三年（公元 1316 年）

秋七月壬子，命御史大夫伯忽、脱欢答剌罕拯治台纲，仍降诏宣谕中外。乙卯，封玉龙铁木儿为保恩王，赐金印。辛酉，赐普庆寺益都田百七十顷。丙寅，复以燕铁木儿知枢密院事。庚午，发高丽、女直、汉军千五百人，于滨州、辽河、庆云、赵州屯田。

（明）宋濂等：《元史》卷二十五《仁宗本纪二》，北京：中华书局，1976 年，第 574 页。

元仁宗延祐四年（高丽忠肃王五年，公元1317年）

忠肃王五年五月下教：功臣赐田，山川为标，所受日广而不纳税，贡赋之田日益减缩。其数外剩占者，穷推还本。

（朝鲜）郑麟趾等撰，孙晓主编：《高丽史》卷七十八《食货·功荫田柴》，北京：人民出版社；重庆：西南师范大学出版社，2014年，第2487页。

忠肃王五年五月下教：一、大尉王轸念州县税额日减，民生日残，遣使巡访，均定贡赋。今于荒田征银及布，以充贡额，不惟贡赋无实，士民怨咨，自今勿收荒田租。一、巡访使所定田税，每岁州郡据额收租，权势之家拒而不纳，乡吏百姓称贷充数，无有纪极，失业流亡。其不纳税者，勿避权贵，纠察以闻。

（朝鲜）郑麟趾等撰，孙晓主编：《高丽史》卷七十八《食货·租税》，北京：人民出版社；重庆：西南师范大学出版社，2014年，第2507页。

元英宗至治元年（公元1321年）

五月丙子，毁上都回回寺，以其地营帝师殿。赈益都、胶州饥。丁丑，霸州蝗。戊寅，太白犯鬼积尸气。太阴犯轩辕。庚辰，太阴犯明堂。濮州大饥，命有司赈之。壬午，迁亲王图帖穆尔于海南。禁日者毋交通诸王、驸马，掌阴阳五科者毋泄占候。以兴国路去岁旱，免其田租。丁亥，修佛事于大安阁。庚寅，赈诸王哈宾铁木儿部。沂州民张昱坐妖言，济南道士李天祥坐教人兵艺，杖之。女直蛮赤兴等十九驿饥，赈之。辛卯，海漕粮至直沽，遣使祀海神天妃。作行殿于缙山流杯池。高邮府旱。癸巳，宝定路飞虫食桑。乙未，命世家子弟成童者入国学。辛丑，太常礼仪院进太庙制图。壬寅，开元路霖雨。六月癸卯朔，日有食之。作金浮屠于上都，藏佛舍利。乙卯，以铁木迭儿领宣政院事。丁巳,参知政事敬俨罢为陕西行御史台中丞。戊午,泾州雨雹。己未,太阴犯虚梁。滁州霖雨伤稼,蠲其租。辛酉,太白经天。赵弘祚等言事,勒归乡里,仍禁妄言时政。壬戌,龙虎山张嗣成来朝,授太玄辅化体仁应道大真人。乙丑,遣使往铨江浙、江西、湖广、四川、云南五省边郡官选。丁卯,翔星于司天台。大同路雨雹。戊辰,卫辉、汴梁等处蝗。己巳,以上都留守只儿哈郎为中书平章政事。临江路旱,免其租。通济屯霖雨伤稼。霸州大水,浑河溢,被灾者二万三千三百户。

（明）宋濂等：《元史》卷二十七《英宗本纪一》,北京：中华书局,1976年,第 611—612 页。

元英宗至治二年（公元 1322 年）

（二年三月）癸未,赈辽阳女直、汉军等户饥。

（明）宋濂等：《元史》卷二十八《英宗本纪二》,北京：中华书局,1976年,第 621 页。

（五月闰月）乙卯,以淮安路去岁大水,辽阳路陨霜杀禾,南康路旱,并免其租。

（明）宋濂等：《元史》卷二十八《英宗本纪二》,北京：中华书局,1976年,第 623 页。

元泰定帝泰定四年（公元 1327 年）

（四年正月）辽阳行省诸郡饥,赈钞十八万锭。

（明）宋濂等：《元史》卷三十《泰定帝本纪二》,北京：中华书局,1976年,第 676 页。

元文宗天历二年（公元 1329 年）

　　臣等谨按：文宗纪二年五月，水达勒达路、乌苏果勒千户所、大水志不载，今考本纪至顺元年九月，辽阳行省水达勒达路，自去夏霖雨，黑龙、松阿哩二江水溢，民无鱼为食。至是迈拉逊一十五狗驿狗多饿死，赈粮两月，狗死者给钞补市之，是赈给在后被灾在前即是年五月事也。

　　（清）嵇璜、曹仁虎等：《钦定续文献通考》卷二一六《物异考》，《景印文渊阁四库全书》第六三一册，台北：商务印书馆，1986 年，第 178 页。

元文宗至顺元年（公元 1330 年）

　　（九月）丁未，中书参知政事张友谅为左丞。知枢密院事脱别台为陕西行台御史大夫。铁里干、木邻等三十二驿，自夏秋不雨，牧畜多死，民大饥，命岭北行省人赈粮二石。至治初以白云宗田给寿安山寺为永业，至是其僧沈明琦以为言，有旨，令中书省改正之。敕有司缮治南郊斋宫。辽阳行省水达达路，自去夏霖雨，黑龙、宋瓦二江水溢，民无鱼为食。至是，末鲁孙一十五狗驿，狗多饿死，赈粮两月，狗死者，给钞补市之。辰州万户图格里不花母石抹氏以志节，漳州龙溪县陈必达以孝行，并旌其门。

　　（明）宋濂等：《元史》卷三十四《文宗本纪三》，北京：中华书局，1976 年，第 767 页。

　　（十二月）赈辽阳行省所居鹰坊户粮一月。

　　（明）宋濂等：《元史》卷三十四《文宗本纪三》，北京：中华书局，1976 年，第 771 页。

元文宗至顺二年（公元 1331 年）

（二月）壬申，命辽阳行省发粟赈国王朵儿只及纳忽答儿等六部蒙古军民万五千户。

（明）宋濂等：《元史》卷三十五《文宗本纪四》，北京：中华书局，1976年，第 778 页。

（三月）癸卯，御史台臣劾奏工部尚书苏炳性行贪邪，诏罢之。大同路累岁水旱，民大饥。裁节卫士马刍粟，自四月一日始。寿王脱里出、阳翟王帖木儿赤、西平王管不八、昌王八剌失里等七部之民居辽阳境者万四千五百余户告饥，命辽阳行省发近境仓粮赈两月。

（明）宋濂等：《元史》卷三十五《文宗本纪四》，北京：中华书局，1976年，第 781 页。

（四月）命辽阳行省发粟赈孛罗部内蒙古饥民。

（明）宋濂等：《元史》卷三十五《文宗本纪四》，北京：中华书局，1976年，第 784 页。

（九月）阿速及斡罗思新戍边者，命辽阳行省给其牛具粮食。己卯，发粟五千石赈兴和路鹰坊。

（明）宋濂等：《元史》卷三十五《文宗本纪四》，北京：中华书局，1976年，第 790 页。

（冬十月）丁巳，中书省臣言："江浙平江、湖州等路水伤稼，明年海漕米二百六十万石，恐不足，若令运百九十万，而命河南发三十万，江西发十万为宜。又，遣官赍钞十万锭、盐引三万五千道，于通、漷、陵、沧四州，优价和籴米三十万石。又，以钞二万五千锭、盐引万五千道，于通、漷二州，和籴粟、豆十五万石，以钞三十万锭，往辽阳懿、绵（锦）二州，和籴粟、豆十万石。"并从之。

（明）宋濂等：《元史》卷三十五《文宗本纪四》，北京：中华书局，1976

年，第 792 页。

元顺帝元统元年（高丽忠惠王四年，公元 1333 年）

忠惠王后四年七月，令五教两宗亡寺土田及先代功臣田尽属内库。十月，左右道收司判事崔孙雨等尽夺京畿诸赐给田，属有备仓。

（朝鲜）郑麟趾等撰，孙晓主编：《高丽史》卷七十八《食货·公廨田柴》，北京：人民出版社；重庆：西南师范大学出版社，2014 年，第 2489 页。

元顺帝元统二年（高丽忠惠王五年，公元 1334 年）

忠惠王后五年十二月，京畿禄科田为权贵所夺者，悉还其主。

（朝鲜）郑麟趾等撰，孙晓主编：《高丽史》卷七十八《食货·经理》，北京：人民出版社；重庆：西南师范大学出版社，2014 年，第 2478 页。

元顺帝至正四年（高丽忠穆王元年，公元 1344 年）

（四月）丙戌，元遣桑哥来，颁诏曰："昔我祖宗，奄有万方，外薄四海。于时高丽，慕义效顺，用建东国，传之子孙，世守藩辅。不谓近者高丽国王宝塔实里，肆为无道，荼毒境内，民不堪命，来诉京师。今正厥罚，迁之岭表。然念自其先世事我列圣，罔有二心，一朝后嗣，不克继承，遂失世爵，在朕奚忍。又念海隅苍生，皆朕赤子，久罹涂炭，良切予怀。乃命其子八秃麻朶儿只，仍袭征东行省左丞相、高丽国王，布朕德泽，辑宁吾民。其宝塔实里所行虐政，并从厘革。人民逃避山林，亟令有司，克日招抚，劝农兴学。凡合整治事宜，悉遵成制，俾尔有众，各保生业，共兹升平之乐，岂不伟哉。其或荒弃朕命，邦有常宪，宁不知惧？"是日，王宴桑哥，用女乐。百官侍坐，皆簪花，名曰君臣庆会宴。

（朝鲜）郑麟趾等撰，孙晓主编：《高丽史》卷三十七《世家·忠穆王》，北京：人民出版社；重庆：西南师范大学出版社，2014 年，第 1158—1159 页。

忠穆王元年八月，都评议使司言："先王设官制禄，一二品三百六十余石，随品差等，以至伍尉队正，莫不准科数以给，故衣食足给，一切奉公。其后再因兵乱，田野荒废，贡赋欠乏，仓库虚竭，宰相之禄不过三十石，于是罢畿县两班祖业田外半丁，置禄科田，随科折给。近来诸功臣权势之家冒受赐牌，自称本田，山川为标，争先据执，有违古制。乞依先王制，定京畿八县土田，更行经理，御分宫司田，乡吏、津尺、驿子、杂口分位田，考核元籍，量给两班军闲人口分田。元宗十二年以上公文考核折给，其余诸赐给田并皆收夺，均给职田，余田公收租税，以充国用。"制可。

（朝鲜）郑麟趾等撰，孙晓主编：《高丽史》卷七十八《食货·禄科田》，北京：人民出版社；重庆：西南师范大学出版社，2014 年，第 2489—2490 页。

元顺帝至正七年（高丽忠穆王四年，公元 1347 年）

忠穆王四年二月，征东省都事岳友章、从事前员外郎石抹完、泽奉议等上书于王曰："窃念民饥饿莩，盖因岁否年凶。今高丽西海、杨广、在城等三处，自去年旱涝霜灾，百物枯槁，人民死者甚众，诚可哀悯。本国已有选法，将比合元朝入粟补官之例，赈恤饥民，似为不负圣朝恤民之意。其补官输米者，白身入从九品者，米五石；正九品，十石；从八品，十五石；正八品，二十石；从七品，二十五石；正七品，三十石而止。或有前职，输米一十石者升一等，四品至三品以上，不拘此例。"

（朝鲜）郑麟趾等撰，孙晓主编：《高丽史》卷八十《食货·纳粟补官之制》，北京：人民出版社；重庆：西南师范大学出版社，2014 年，第 2575 页。

（七年九月）甲辰，辽阳霜早伤禾，赈济驿户。

（明）宋濂等：《元史》卷四十一《顺帝本纪四》，北京：中华书局，1976年，第 878 页。

元顺帝至正十二年（高丽恭愍王二年，公元 1352 年）

（冬十月）癸丑，命和籴粟豆五十万石于辽阳。

（明）宋濂等：《元史》卷四十二《顺帝本纪五》，北京：中华书局，1976年，第 903 页。

恭愍王二年十一月，分遣田民别监于杨广全罗庆尚道义成德泉有备仓田及诸赐给田标内滥执公私田推刷，悉还本主。

（朝鲜）郑麟趾等撰，孙晓主编：《高丽史》卷七十八《食货·经理》，北京：人民出版社；重庆：西南师范大学出版社，2014 年，第 2478—2479 页。

元顺帝至正十五年（公元 1355 年）

十二月壬子朔，荧惑犯房宿。给湖广行省分省印。丁巳，命中书参知政事月伦失不花、陈敬伯分省彰德。癸亥，立忠义、忠勤万户府于宿州、武安州。己巳，以诸郡军储供饷繁浩，命户部印造明年钞本六百万锭给之。壬申，以平章政事帖里帖木儿、右丞翰栾并知经筵事，参议丁好礼兼经筵官。乙亥，以天下兵起，下诏罪己，大赦天下。是月，答失八都鲁大败刘福通等于太康，遂围亳州，伪宋主遁于安丰。立兴元等处宣慰使司都元帅府于兴元路。是岁，蓟州雨血。诏："凡有水田之处，设大兵农司，招集人夫，有警乘机进讨，无事栽植播种。"诏浚大内河道，以宦官同知留守野先帖木儿董其役。野先帖木儿言："自十一年以来，天下多事，不宜兴作。"帝怒，命往使高丽，改命宦官答失蛮董之。以中书平章政事拜住分省济宁，设四部。是岁，察罕帖木儿与贼战于河南北，屡有功，除中书刑部侍郎。

（明）宋濂等：《元史》卷四十四《顺帝本纪七》，北京：中华书局，1976年，第928—929页。

元顺帝至正二十一年
（高丽恭愍王十一年，公元1361年）

十一年，密直提学白文宝上劄子曰："京师近地，平广膏腴，可以耕稼者为牧场，而夺其利，宜移牧于山谷岛屿，以兴地利。且畿内八县田土，亦不须颁禄科，均给大夫士祭田，以济居京者之所急。"

（朝鲜）郑麟趾等撰，孙晓主编：《高丽史》卷七十八《食货·经理》，北京：人民出版社；重庆：西南师范大学出版社，2014年，第2479页。

十一年，密直提学白文宝上劄子："国田之制取法于汉之限田，十分税一耳。庆尚之田则税与他道虽一，而漕挽之费亦倍其税，故田夫之所食，十入其一。元定足丁则七结，半丁则三结，加给以充税价。"

（朝鲜）郑麟趾等撰，孙晓主编：《高丽史》卷七十八《食货·租税》，北京：人民出版社；重庆：西南师范大学出版社，2014年，第2508页。

元顺帝至正二十二年
（高丽恭愍王十二年，公元1362年）

十二年五月，教曰："田法弊久，国匮民贫。仰都评议使司当于农隙遴选官吏，改行经理，以便公私。"

（朝鲜）郑麟趾等撰，孙晓主编：《高丽史》卷七十八《食货·经理》，北京：人民出版社；重庆：西南师范大学出版社，2014年，第2479页。

十二年五月下教：一、禄转自量之令已尝颁示，州县之吏视为文具，弊复如前。宜令本管官司务要亲临，毋得纵吏为奸。京仓交纳，亦许外吏自量。

一、诸宫司仓库之奴收租之弊，主典者屡以为言。今后各道存抚、按廉照依各项田土元籍及时收纳，州县之吏如有容私作弊，随数倍偿，痛行理罪。

（朝鲜）郑麟趾等撰，孙晓主编：《高丽史》卷七十八《食货·租税》，北京：人民出版社；重庆：西南师范大学出版社，2014年，第2508页。

明太祖洪武六年（公元1373年）

癸丑，辽东金、复二州旱，诏免去年夏、秋税粮。

（明）官修：《明太祖实录》卷七十八，洪武六年春正月癸卯条，台北："中央研究院"历史语言研究所，1962年，第1425页。

明太祖洪武七年（高丽辛禑元年，公元1374年）

辛禑元年二月下旨：屯田之法，役以戍兵闲民，择其旷地，量宜屯种，以省漕挽之费。今户给种子，不论丰歉，收入无法，民甚苦之。仰都评议使行移各道，家户屯田，一皆禁止。其余屯田，亦从优典，量力屯种，以补粮饷。九月，取诸寺田租，以充军费。十月，备北元诸军久屯北界，北界旧无私田，官收租以充军粮。后势家争占为私田，以故转饷不继，取粮于民，民甚苦之，安州以北，尤受其害。二年九月，都评议使以各道军资无数日之费，令各道在外品官又烟户各里差等抽敛，以补军须。宰枢议曰："近因军征，军粮乏少，宜令京外品官大小各户出军粮有差。两府以下、通宪以上造（糙）米四石；三四品三石；五六品二石；七八品一石；权务十斗；散职乡史十斗；百姓、公私奴则量其户之大小征之。"闰九月，宪府以兵革旱荒连岁相仍，军食罄竭，请于功臣田租三分取一，寺社田收其半，两殿所属官司田科敛外羡余，并充军需。从之。三年三月，崔莹言于禑曰："乔桐、江华，乃倭贼防戍之地也。两处土田之出，皆入兼并之门，私费何益？唯摩尼山堑城祭田及府官禄俸外，余田皆以军簿收之，且置窖两处，以备粮饷。"禑从之。五年正月，门下府郎舍上疏论时弊，其词曰："国无三年之储，国非其国。我国一年之畜，尚且不足，一有缓急，事势可畏。屯田之法，当今急务，各道各州屯田法制不行，分种各户，秋收以为宾客之供。"

（朝鲜）郑麟趾等撰，孙晓主编：《高丽史》卷八十二《兵粮附》，北京：人民出版社；重庆：西南师范大学出版社，2014 年，第 2628—2629 页。

明太祖洪武八年（高丽辛禑二年，公元 1375 年）

二年九月，宪司以兵革旱荒，连岁相仍，军食罄竭，请于功臣田租三分取一，寺社田收其半，两殿所属宫司田科敛外，羡余并充军需。从之。

（朝鲜）郑麟趾等撰，孙晓主编：《高丽史》卷七十八《食货·租税》，北京：人民出版社；重庆：西南师范大学出版社，2014 年，第 2508 页。

明太祖洪武十四年（高丽辛禑八年，公元 1381 年）

洪武十四年五月丁未，建德雪。六月己卯，杭州晴日飞雪。二十六年四月丙申，榆社陨霜损麦。景泰四年，凤阳八卫二三月雨雪不止，伤麦。天顺四年三月乙酉，大雪，越月乃止。成化二年四月乙巳，宣府陨霜杀青苗。十九年三月辛酉，陕西陨霜。弘治六年十月，南京雨雪连旬。八年四月庚申，榆社、陵川、襄垣、长子、沁源陨霜杀麦豆桑。辛酉，庆阳诸府县卫所三十五，陨霜杀麦豆禾苗。九年四月辛巳，榆次陨霜杀禾。是月，武乡亦陨霜。十七年二月壬寅，郧阳、均州雨雪雹，雪片大者六寸。六月癸亥，雨雪。正德八年四月乙巳，文登、莱阳陨霜杀稼。丙辰，杀谷。十三年三月壬戌，辽东陨霜，禾苗皆死。嘉靖二年三月甲子，郯城陨霜杀麦。辛未，杀禾。

（清）张廷玉等：《明史》卷二十八《五行志一》，北京：中华书局，1974年，第427—428页。

辛禑八年十二月，设折给都监，以判开城朴形等为别坐，分给土田。

（朝鲜）郑麟趾等撰，孙晓主编：《高丽史》卷七十八《食货·经理》，北京：人民出版社；重庆：西南师范大学出版社，2014年，第2479页。

明太祖洪武十五年（高丽辛禑九年，公元1382年）

九年二月，左司议权近等上书曰："传曰：民者，邦之本也。财者，民之心也。故失其心则民散，失其本则邦危。比年以来，征战不息，水旱相仍，民有饥色，野有饿殍。加之一田三两其主，各征其租，以割民心，所在官司，按廉察访，不能呵禁。哀此茕独，谁因谁极？邦本之危，莫此为甚。臣等每念至此，深为痛心。愿自今一依本国田法，京中版图司、外方按廉使断决所争，胜者收租，一田一主，使民苏息。如有违者，痛行禁理。"八月，我太祖献安边之策曰："东北一道，州郡介于山海，地狭且脊。今其收税，不问耕田多寡，唯视户之大小。和、宁于道内地广以饶，皆为吏民地禄，而其地税官不得收，取民不均，饷军不足，今后道内诸州及和、宁，一以耕田多寡科税，以便公私。"

（朝鲜）郑麟趾等撰，孙晓主编：《高丽史》卷七十八《食货·租税》，北京：人民出版社；重庆：西南师范大学出版社，2014年，第2508—2509页。

士卒馈运渡海，有溺死者。上闻之，命群臣议屯田之法，谕之曰："昔辽左之地，在元为富庶。至朕即位之二年，元臣来归，因时任之，其时有劝复立辽阳行省者，朕以其地早寒，土旷人稀，不欲建置劳民，但立卫以兵戍之。其粮饷，岁输海上，每闻一夫有航海之行，家人怀诀别之意，然事非获已，忧在朕心。至其复命，士卒无虞，心乃释然。近闻有溺死者，朕终夕不寐，尔等其议屯田之法，以图长久之利。"

（明）官修：《明太祖实录》卷一四五，洪武十五年五月己酉条，台北：

"中央研究院"历史语言研究所，1962年，第2283—2284页。

明太祖洪武二十年（高丽辛禑十四年，公元1387年）

辛禑十四年六月，昌教曰："近来豪强兼并，田法大坏。其救弊之法，仰都评议使司、司宪府、版图司拟议申闻。其料物库属三百六十庄处之田，先代施纳寺院者，悉还其库。东北面、西北面本无私田，如有称为私田滥执者，仰都巡问使痛行禁理，其所执文契没官。"

七月，大司宪赵浚等上书曰："夫仁政必自经界始。正田制而足国用、厚民生，此当今之急务也。国祚之长短出于民生之苦乐，而民生之苦乐在于田制之均否。文武周公井田以养民，故周有天下八百余年。汉薄田税，而有天下四百余年。唐均民田，而有天下几三百年。秦毁井田，得天下二世而亡。新罗之末，田不均而赋税重，盗贼群起。太祖龙兴，即位三十有四日，迎见群臣，慨然叹曰：'近世暴敛，一顷之租，收至六石，民不聊生，予甚悯之。自今宜用什一，以田一负，出租三升。'遂放民间三年租。当是时，三国鼎峙，群雄角逐，财用方急，而我太祖后战功、先恤民，即天地生物之心而尧舜文武之仁政也。三韩既一，乃定田制，分给臣民。百官则视其品而给之，身没则收之。府兵则二十而受，六十而还。凡士大夫受田者，有罪则收之，人人自重，不敢犯法，礼义兴而风俗美。府卫之兵、州郡津驿之吏，各食其田，土著安业，国以富强。虽以辽金虎视天下而与我接壤，不敢吞噬者，由我太祖分三韩之地而与臣民共享其禄，厚其生，结其心，为国家千万世之元气故也。自是以来，闲人功荫，投化入镇，加给补给，登科、别赐之名，代有增益，掌田之官不堪烦琐，授田收田之法，渐致惰弛，奸猾乘间，欺蔽无穷。已仕已嫁者尚食闲人之田，不践行伍者冒受军田。父匿挟而私授其子，子隐盗而不还于公。既食役分，又食闲人，又食军田，授受之官不问其已见任在官而当食役分者耶？未仕未嫁当食闲人者耶？其身果府兵欤？其父果入戍于镇边欤？其祖果自异国而来投王化欤？祖宗授田收田之法既坏，而兼并之门一开，为宰相而当受田三百结者，曾无立锥之可资。为宰相而受禄三百六十石者，尚不满二十石。兵者，所以卫王室、备边虞者也。国家割膏腴之地以禄四十二都府甲士十万余人，其衣粮器械皆从田出，故国无养兵之费。祖宗之法即三代藏兵于农之遗意也。今也兵与田俱亡，每至仓卒，则驱农夫以补兵，故兵弱而饵敌。割农食以养兵，故户削而邑亡。以祖宗至公分授之田为一家父子之所私，不一出门而仕朝行、不一奉足而蹈军门者，锦衣玉食，坐享其利，蔑视公侯。而虽以开国功臣之后，夙夜侍卫之臣，百战勤劳之士，反不得一亩之食、立锥之耕以养其父母妻子，其何以劝忠义而责事功，砺战攻而御外侮哉？内而版图典法，外而守令廉使，废其本职，日听田讼，不避寒暑，挥汗呵笔，勾稽文券，捡（检）覆证左，讯之佃户，讯之故老，凡其辞连，盈狱满庭，废农待决，数月之案，积如丘山。一亩之争，连数十年，忘寝废食，剖决不给者，以私田为争端而讼烦也。子之于父母，一亩之求或不如意，则反生怨恨，如视路人。甚者才释衰绖，鞭其侍病之奴婢，求其某田之公文。至亲尚尔，而况于兄弟乎？是以私田而陷人伦于禽兽也。朝廷士大夫貌相好而心相猜，至于阴中伤之，此以私田而为槛阱也。至于近年，兼并尤甚。奸凶之党，跨州包郡，山川为标，皆指为祖业之田，相攘相夺。一亩之主，过于五六。一年之租，收至八九。上自御分，至于宗室功臣侍朝文武之田，以及外役津驿院馆之田，凡人累世所植之桑、所筑之室，皆夺而有之。哀我无辜，流离四散，填于沟壑。祖宗分田，所以厚臣民者，适足以害臣民也。此以私田为乱之首也。

兼并之家，收租之徒，称兵马使、副使、判官，或称别坐，从者数十人，骑马数十匹，陵轹守令，摧折廉使，饮食若流，破费厨传，自秋至夏，成群横行，纵暴侵掠，倍于盗贼，外方由此凋弊。及其入佃户，则人厌酒食，马厌谷粟，新米先纳，棉麻脚钱，榛栗枣修，至于抑卖之敛，十倍其租。租未纳而产已空矣。及其履亩之际，则负结高下随其意出，以一结之田为三四结，以大豆（斗）而收租，一石之收以二石而充其数。祖宗之取民，止于什一而已；今私家之取民，至于十千。其如祖宗在天之灵何？其如国家仁政何？田以养民，反以害民！岂不悲哉！民之出私田之租也，称贷于人而不能充也。其所贷者，卖妻（鬻）子而不能偿也，父母饥寒而不能养也。冤呼之声上彻于天，感伤和气，召致水旱，户口由是而一空，倭奴以之而深入，千里暴尸，莫有御者。贪饕之声，闻于上国。社稷宗庙，危于累卵。

臣等愿遵圣祖至公分授之法，革后人私授兼并之弊，非士非军非执国役者毋得授田，令终其身不得私相授受。严立禁限，与民更始，以足国用，以厚民生，以优朝臣，以赡军士，则国富而兵强，礼义兴而廉耻行，人伦明而词讼息，社稷之基安盘石而壮泰山，国家之威震雷霆而炽炎火。虽有外侮，将自焦而自靡矣。

古人有言曰：国无三年之蓄，国非其国。近者西北之行才数月耳，尚且公私不支，上下俱困。脱有二三年水旱之灾，其何以赈之？千万军馈饷之费，其何以应之？况今中外仓廪一时俱匮，军国之需无从而出，边警之虞在所不测，如有仓卒，难以户敛。今当量田之时，定数给田之前，限三年权行公收，可以充军国之需，可以给在官之俸。其正田制之目，条具于后：一、禄科田柴。自侍中至庶人在官，各随其品，计田折给，属之衙门，当职食之。一、口分田。在内诸君及自一品以至九品，勿论时散，随品给之。其受添设职者，考其实职给之，皆终其身。其妻守节，亦许终身。现任外前衔与添设受田者，皆属五军，其在外者只给军田充役。凡受田者，有罪则纳之于公，升级以次加给。一、军田。试其才艺，二十而受，六十而还。一、投化田。向国之人，食之终身，身殁则还公。受官职、有口分田者不许。一、外役田。留守州府郡县吏、津乡所部曲、庄处吏、院馆直口分田前例折给，皆终其身。一、位田。城隍、乡校、纸匠、墨尺、水汲、刀尺等位田前例折给。一、白丁代田。百姓付籍当差役者，户给田一结，不许纳租。其在公私贱人当差役者，亦许给之，明白书籍。一、寺社田。祖圣以来，五大寺、十大寺等国家裨补所，其在京城者禀给，其在外方者给柴地。《道诜密记》外，其新罗、百济、高勾（句）丽所创寺社及新造寺社不给。一、驿田。其马位口分田前例折给，皆终其身。一、外禄田。自留守牧都护至知官监务，随品定从人口数，计口给禄科田。一、公廨田。视各司品秩高下、吏员多少给之。一、凡作丁，公私之田一切革去。或以二十结，或以十五结，或以十结，每邑丁号，标以千字文，不系人姓名，以断后来冒称祖业之弊。量田既定，然后分受之以法。公私收租，每一结米二十斗，以厚民生。一、主掌官授田加给一结者、加受一结者、收田漏一结者、还田匿一结者、父子不告私相授受者、父死其子不还父所食田者、夺他人田一结以上、匿公田一结者，皆处死。受代田白丁匿傍田一结者、收租奴不受官牒不较官斗者，杖一百。收租奴增一斗以上者，杖八十。食田者知奴剩取田租不告者，杖七十。量田时匿田十卜以上者，处死。漏田者同收租奴二名、马一匹，违者主奴杖七十。凡犯田禁者，经赦不宥，籍名于版图及宪府，其子孙不许台省政曹。"

　　谏官李行等又上疏曰："豪强兼并，国用乏竭。租税苛倍，生民凋悴。强弱相吞，争讼繁多。骨肉相猜，风俗坏败。此私田之弊也。富强失利，怨谤难弭。士族失业，生理难继。田地广多，审覆难悉。簿书烦多，考核难精。奸吏隐匿，觉察难及。风雨盗鼠，藏积难密。道路远近，转漕难均。出入敛散，耗损难理。此革弊之难也。虽然，事出于公正，合于人心，悦之者众，怨谤可弭矣。士之无职者授田，使得农耕；有职者给俸，以代其耕，生理可继。择公廉有重望者为按廉，择廉敏精干者为守令，守令各考一邑，以核其事实；按廉统察一道，以黜陟守令之殿最，田地审覆可悉，簿书核察可精，奸吏隐匿可察矣。置仓府，固门垣，藏积可密矣。计轻重，度远近，给脚力之价，漕转可均矣。平量概，明契卷，耗损可理矣。其救之之术，何难之有？至于仓廪实而储胥有余，禄俸厚而廉耻可兴，横敛息而民生可舒，争讼绝而风俗可厚，田野辟而赋敛薄，户口繁而徭役均，其革之之利，为如何哉？臣等谨按祖宗田制，役口之分，户别之丁，皆为国田，父不得与之子，必告有司而与之。如其无子，且或有罪，则必归于公，不敢私也。自选军之法废而兼并遂起，称为杂件，以为己有，指山川以为标，连阡陌而为界，虽宗室之胄、功臣之嗣，与夫戎战之卒、侍卫之士，至于小民，曾无立锥之地，父母妻子饥寒离散。臣等甚痛之。或曰：今权豪之徒，伏辜殆尽，宜委辨正都监，考察讼人高曾契券，其有年代久远、派系明白者，各还其主，则冤枉销而国家无事。臣等以为不然。惟我祖宗立法之意，盖欲诸君两府以下至于军士，皆受国田，仰事俯育，无至失所。今也法废，田无限制，老妇幼子笃疾废疾之徒，不出其门，持其祖父文券，坐食国田至百千结者有之。虽使官司至公明决，何有一毫之补于军国哉？呜呼！三韩尺寸之地，皆我太祖栉风沐雨、险夷艰难之所启也。今海寇纵暴，封疆日蹙，国田之租半入于无用之人，军士饥色，转输告匮，虽伊周之相、方召之将，不革私田而归之国，将何以为今日社稷中兴之计乎？臣等甚痛之。传曰：'更化则可善理。'又曰：'仁政必自经界始。'今殿下即位之初，不革私田以追祖宗之美意，则何以发政施仁以开万世太平之基乎？伏惟殿下举而行之。"

　　版图判书黄顺常等上疏曰："足食安民之道，在正田制而已。本朝田法，自文武官僚以至于军，各给土田，公私两足，明有定制。近年以来，豪强之徒恣意兼并，良田沃壤悉为己有，高山大川以为经界，各家所遣奸猾之奴侵渔横敛，其害百端，民不聊生，邦本日危。诸仓库宫司御分之田并皆夺占，私税百倍于公赋，仓廪空虚，国用乏绝，禄俸日减，劝士无门。各执高曾之券，互相争夺，于以词讼日繁，尊卑长幼，视如仇雠；兄弟亲戚，反为途人，风俗之败，实为痛心。因仍袭弊，不革私田，则奚啻民生凋瘵、风俗不美而已，倘有不虞之中，兴师动众，当时蓄积，一月粮饷尚且不足，况期年之师、累岁之旅乎？为今之计，一革私田，正风俗，厚民生，广蓄积以周国用，幸甚。"

典法判书赵仁沃等亦上疏曰："伏睹殿下深致意于田法之毁，臣等亦以为此正今日之急务。社稷之安危、生民之休戚系焉，不可不重。田法正则社稷安矣，否则社稷安危未可知也。窃惟祖宗分田之制，躬耕籍田，所以奉天地宗庙之祀也。三百六十庄处之田，所以奉供上也。田柴口分之田，所以优士大夫、砺廉耻也。州府郡县、乡所部曲、津驿之吏以至凡供国役者，莫不受田，所以厚民生而殖邦本也。四十二都府、四万二千之兵，皆授以田，所以重武备也。世守成宪，社稷盘安，垂五百年。近来贪墨擅权，庄处、田柴、外役军田，皆入其门。粢盛供上，或时而不继。士大夫之当职劳于王事者，无以资其生、养其廉。州县津驿供国役者，丧其田宅，困于一田之五六主、一年之五六收，父母冻馁而不能养，妻子离散而不能保，无告流亡，户口一空。是以国用军须、禄俸之出荡然扫地，国无旬月之储，军无数月之食，冢宰之俸徒存旧额，今所受者才十数石耳，（况）其下官乎？府田亡而府兵亦亡。无赖之徒，安坐其家，不知征役之苦，以其先世私授之田，谓之祖业，食至千百结，不以为国家之田而以为父母之德，百无报国之心。而从军之士，忘躯命、冒矢石得生百战之余者，反不得一亩之田。军士之赴敌者，其父母妻子饥寒流移，国无斗粟尺帛之赐；而彼无赖坐食之徒，马厌粟而妾曳谷。此非细故也，奈何以太祖艰难所得之地，不以养军士反以资无赖之徒乎？是故寇盗炽而莫之御，士马困而无以养，如有缓急，将何以待之？宗庙社稷危如累卵，诚可痛惜。又有甚于此者。兄弟争田，而或至于相残；将相争田，而或至于相杀，骨肉反为路人，同列变为仇敌，狱讼烦而风俗败，陷人道于禽兽，丑声上闻，虽岁勤贡献不获于天子者，皆由田弊之所致也。不正田弊，不复祖宗之制，而欲社稷之安，臣等所未敢知也。传曰：'国无三年之蓄，国非其国。'方今之积，犹可哀痛；国非其国，则虽欲安富尊荣，其可得乎？全罗、庆尚、杨广三道，国家之腹心，倭奴深入，虏掠我人民，焚荡我府库，千里萧然；而又西北之虞，在于不测，兵食匮竭，人民困瘁，此诚危急存亡之时也。愿殿下毋失事机，自今年权收公私田租以备军食，然后复祖宗分田之法以待士民，则军国之务备而士民之望安矣。"八月，教：私田之租一皆公收，则朝臣必患艰食。姑令半收其租，以充国用。

（朝鲜）郑麟趾等撰，孙晓主编：《高丽史》卷七十八《食货·禄科田》，北京：人民出版社；重庆：西南师范大学出版社，2014年，第2490—2499页。

十四年八月，昌令六道观察使各举副使、判官，改量土田。

（朝鲜）郑麟趾等撰，孙晓主编：《高丽史》卷七十八《食货·经理》，北京：人民出版社；重庆：西南师范大学出版社，2014年，第2479页。

九月，右常侍许应等上疏曰："臣等近与司宪府、版图、典法交章申闻，请复先王均田之制，而殿下依允，四方闻者，莫不欣悦。惟巨家世族之兼并者独以为不便，哓哓多言，变乱众听，一时士大夫有田者同声应之，寻有不收宗庙社稷道殿神祠功臣登科田之议。臣等以为此必有唱之以起废法之端者，不日果有半收之命。夫立法所以革弊也。法立而弊未生，遽自中止，无乃不可乎？近来以国用军需俱不足，故初有均田之议。今若信浮言，行之未竟，则禄俸粮饷何以足之？常程缓急何以当之？上国立卫辽东，窥觎我疆者有年；又海寇深入作耗，无所不至，是诚畏首畏尾之时也。舍此不虑，乃以国家之公田以与无功坐食之人，非计之得也。伏惟殿下任众口之烦嚣，复均田之旧制，使军国之须皆有赢余，士大夫无不受田，则国家幸甚。"昌遂寝私田半收之令。

（朝鲜）郑麟趾等撰，孙晓主编：《高丽史》卷七十八《食货·禄科田》，北京：人民出版社；重庆：西南师范大学出版社，2014年，第2499页。

明太祖洪武二十一年（高丽辛昌元年，公元1388年）

辛昌元年八月，大司宪赵浚等上疏曰："窃惟私田利于私门而无益于国，公田利于公室而甚便于民。利于私门则兼并以之而作，用度由是而不足；利于公室则仓廪实而国用足，争讼息而民生安矣。有国家者当以经界为仁政之始，岂可开兼并之门、使民陷于涂炭乎？夫田本以养人，而适足以害人。私田之弊，至此极矣。幸赖天佑国家，圣神诞作，祛旷世之积弊，其复革利害，分明可见。而世臣巨室犹踵弊风，以为本朝成法，不可一朝遽革，苟革之则士君子生理日蹙，必趋工商。相与胥动浮言，以惑众听，欲复私田，以保富贵。其为一家之计则得矣，其如社稷生民何？如或复之，是举三韩百万之众而纳之膏火之中也。今欲图治而反贻患于生灵，无乃不可乎？窃谓当以京畿之地为士大夫卫王室者之田，以资其生，以厚其业；余皆革去，以充供上祭祀之用，以足禄俸军需之费，杜兼并之门，绝争讼之路，以定无疆之令典。"

（朝鲜）郑麟趾等撰，孙晓主编：《高丽史》卷七十八《食货·禄科田》，北京：人民出版社；重庆：西南师范大学出版社，2014年，第2499—2500页。

十二月，恭让王即位，大司宪赵浚等又上疏论田制曰："上天悔祸，群凶已灭，辛氏已除，当一革私田，以开斯民富寿之域，此其机也。而世臣巨室不念社稷之大计，犹踵弊风，相与流言，煽动人心，欲复私田。而殿下中兴，即位旬日，轸念生民之涂炭，深惩积世之巨害，远述成周圭田菜地之法，近遵文庙开广京畿之制，京畿则给居京侍卫者之田以优士族，即文王仕者世禄之美意也；诸道则止给军田以恤军士，即祖宗选军给田之良法也。乃使中外之经界截然不得相乱，杜兼并之门，塞争讼之路，诚圣制也。然受田于京畿而数未满者，欲于外方给之，是殿下复开兼并之门，置三韩亿兆之民于汤火之中也。臣等甚为殿下中兴之盛惜之也。不先正田制，而欲致中兴之理，非臣等所敢知也。今六道观察使所报垦田之数，不满五十万结矣。而供上不可不丰也，故以十万而属右仓，以三万而属四库。禄俸不可不厚也，故以十万而属左仓。朝士不可不优也，故以畿田十万而折给之。其余止十七万而已。凡六道之军士、津院驿寺之田，乡吏使客禀给衙禄之用，尚且不足，而军须之出，则无地矣。而今又欲给私田于外方，未审供上禄俸之费，津院驿寺诸位之田，何从而出乎？方镇之兵，海道之军，何以供给乎？万一有三四年水旱之灾，何以赈之？千万军馈饷之费，何以供？殿下上继太祖之洪业，下启中兴无疆之基，不于此时储国用以足祭祀宾客之用，丰禄俸以厚百官，足兵食以养三军，而乃反嫌巨室之流言，不念生民之大害，复私田于外方，以开奸猾兼并之门，饥三军而长六道之边寇，薄俸禄而惰百官之廉耻，缺国用而乏祭祀宾客之供，岂经国济民之政乎？愿殿下凡居京者只给畿内田，不许外方给之，定为成宪，与民更始，以足国用，以厚民生，以优朝士，以赡军食。"

（朝鲜）郑麟趾等撰，孙晓主编：《高丽史》卷七十八《食货·禄科田》，北京：人民出版社；重庆：西南师范大学出版社，2014 年，第 2500—2501 页。

明太祖洪武二十三年
（高丽恭让王二年，公元 1390 年）

恭让王二年九月，焚公私田籍于市街，火数日不灭。王叹息流涕曰："祖宗私田之法，至于寡人之身而遽革，惜哉！"

（朝鲜）郑麟趾等撰，孙晓主编：《高丽史》卷七十八《食货·禄科田》，北京：人民出版社；重庆：西南师范大学出版社，2014 年，第 2501 页。

明太祖洪武二十四年
（高丽恭让王三年，公元 1391 年）

恭让王三年正月，都评议使司请于平壤府减土官、量垦田、革日耕、颁地禄，从之。地禄五品十结，六品八结，七品六结，八品四结，九品三结，余田公收。

（朝鲜）郑麟趾等撰，孙晓主编：《高丽史》卷七十八《食货·禄科田》，北京：人民出版社；重庆：西南师范大学出版社，2014 年，第 2490 页。

三年五月，都评议使司上书，请定给科田法，从之。依文宗所定，京畿州郡置左右道，自一品至九品散职分为十八科。其京畿、六道之田一皆踏验打量，得京畿实田十三万一千七百五十五结，荒远田八千三百八十七结；六道实田四十九万一千三百四十二结，荒远田十六万六千六百四十三结，计数作丁，丁各有字号，载之于籍。拘收公私往年田籍，尽行检覆，核其真伪，因旧损益，以定陵寝仓库宫司军资寺及寺院外官职田禀给田、乡津驿吏军匠杂色之田。京畿四方之本，宜置科田，以优士大夫。凡居京城卫王室者，不论时散，各以科受。第一科自在内大君至门下侍中，一百五十结；第二科自在内府院君至检校侍中，一百三十结；第三科赞成事，一百二十五结；第四科自在内诸君至知门下，一百十五结；第五科自判密直至同知密直，一百五结；第六科自密直副使至提学，九十七结；第七科自在内元尹至左右常侍，八十九结；第八科自判通礼门至诸寺判事，八十一结；第九科自左右司议至典医正，七十三结；第十科自六曹总郎至诸府少尹，六十五结；第十一科自门下舍人至诸寺副正，五十七结；第十二科自六曹正郎至和宁判官，五十结；第十三科自典医寺丞至中郎将，四十三结；第十四科自六曹佐郎至郎将，三十五结；第十五科东西七品，二十五结；第十六科东西八品，二十结；第十七科东西九品，十五结；第十八科权务散职，十结。外方王室之藩，宜置军田以养军士。东西两界，依旧充军需。六道闲良官吏，不论资品高下，随其本田多少，各给军田十结或五结。今辛未年受田科不足者，辛未年以后新来从仕未受田者，不论祖父文契有无，将其或犯罪或无后或科外余田，随科递受。无所任闲良官，不在此限。京畿荒远之田、开垦之田，有职事从仕者，告官作丁科受。凡受田者身死后，其妻有子息守信者，全科传受；无子息受信者，减半传受。本非守信者，不在此限。父母俱亡，子孙幼弱者，理合恤养，其父田全科传受，待年二十岁，各以科受。女子则夫定科受，其余田许人递受。受军田者赴京从仕，则许以科受京畿之田。军乡吏及诸有役人如有老、病、死亡、无后者、逃避本役者、赴京从仕者，则代其役者递受其田。庚午年受赐功臣之田，许于科外子孙相传。凡加科受田、新作公文者，缴连原卷，合为一通，毋得另作文卷。分父母田者，原卷纳官，朱笔标注其上，曰："某丁某子某孙所受"，仍勾销之，原卷还长子。虽田少子多，不许破丁。减自己田与子孙及他人者，父没，其子科外余田。夫没无子，减半田，于原卷标注、勾销如上，原卷还其主。尽以其田与他人者，告官递给，原卷还官。凡足科受田者，父母没后，愿以其田易父母田者，听。犯罪及无后者之公文，其家人隐匿不纳官者，痛行理罪。凡人毋得施田于寺院神祠，违者理罪。已将庚午年已前公私田籍尽行烧毁，敢有私藏者，以毁国法论，籍没财产。今后凡称私田，其主虽有罪犯，不许没为公田。犯，应受者各以科递受。其犯杖以上罪谢贴收取者，犯嫁期功以上亲者，闲良官除父母丧葬疾病外无故不赴三军总制府宿卫百日已满者，判禁已后同姓为婚者，受守信田再嫁者，有田地不作公文者，身死无妻子者，其田并许人陈告科受……京畿公私田四标内有荒闲地，听民樵牧渔猎，禁者理罪。田主夺佃客所耕田，一负至五负，笞二十；每五负加一等，罪至杖八十，职牒不收；一结以上，其丁许人递受。佃客毋得将所耕田擅卖擅与别户之人。如有死亡、移徙、户绝者，多占余田故令荒芜者，其田听从田主任意区处。己巳年不及打量海滨海岛田、打量时脱漏田、打量不如法余剩田、新开垦田，各道都观察使每年随即差官踏验作丁，续书于籍，申报主掌官，以充军需，不许诸人擅占，违者理罪。辛未年受田后科外冒受及侵夺公私田者，依律决罪，所受科田，许人递受。如有妄告他人无证、奸盗等事，又以雷电猛兽水火盗贼所害指为罪名、规夺人田者，痛行禁理。如有调发大军，粮饷不足，不问公私田，随费多少，临时定数，公收支用，无事则止。

（朝鲜）郑麟趾等撰，孙晓主编：《高丽史》卷七十八《食货·禄科田》，北京：人民出版社；重庆：西南师范大学出版社，2014 年，第 2501—2504 页。

恭让王三年五月，都评议使司请定损实，十分为率，损一分减一分租，损二分减二分租，以次准减，损至八分，全除其租。踏验，则其官守令审检，辨报监司，监司差委官更审，监司首领官又审。如有踏验不实者，罪之。各品科田损实，则令其田主自审收租。

（朝鲜）郑麟趾等撰，孙晓主编：《高丽史》卷七十八《食货·踏验损实》，北京：人民出版社；重庆：西南师范大学出版社，2014 年，第 2505 页。

明太祖洪武二十八年（公元 1395 年）

诏，停造辽王宫室。敕，武定侯郭英曰："辽东军务物情来者多言其艰苦，况边境营缮，朕尝为卿言不宜尽力以困之，今役作军士皆强悍勇力善战之人，劳苦过多，心必怀叛。故往往逃伏草野山泽间，乘间劫掠。近者高丽表奏言多不实，朕已命有司究之，闻彼自国中至鸭绿江凡冲要处，所储军粮每驿有一万二万石或七八万十数万石。东宁女直皆使人诱之入境，此其意必有深谋。

朕观高丽自古常与中国争战，昔汉唐时辽东地方皆为所有，直抵永平之境。恃远不臣，时时弄兵，自古无状如此。今辽东乏粮，军士饥困，倘不即发沙岭仓粮赈之，必启高丽招诱逋逃之心，非至计也。使高丽出二十万人以相惊，诸军何以应之，今营缮造作暂宜停止，且令立营屋以居十年之后再为之，古人有言：人劳乃易乱之源，深可念也。"

（明）官修：《明太祖实录》卷二三八，洪武二十八年夏四月甲子条，台北："中央研究院"历史语言研究所，1962 年，第 3468—3469 页。

明英宗正统元年（公元 1436 年）

辽东定远等卫奏：往年旱潦所负屯田子粒上纳艰难，事下行在户部覆奏，移文巡抚佥都御史李浚核实。除之。

（明）官修：《明英宗实录》卷十九，正统元年闰六月乙丑条，台北："中央研究院"历史语言研究所，1962 年，第 379 页。

明英宗正统五年（公元 1440 年）

遣官修备荒之政。先是少师兵部尚书兼华盖殿大学士杨士奇等奏："自古圣贤之君皆有预备之政，我太祖高皇帝，惓惓以生民为心，置仓积谷以备饥荒，浚陂筑堤以备旱涝，皆有成法。自后有司不能修举，每遇凶荒，民辄流徙，请敕该部移文诸司，举行洪武旧典。其有隳废者，听风宪官纠举。"上嘉纳其言，遂命行在刑部右侍郎何文渊往顺天并直隶永平等八府，行在户部主事邹来学往直隶杨州等七府州，行在刑部署郎中刘广衡往浙江，监察御史薛希琏往江西，行在刑部郎中王瑄往山东，行在户部郎中王纶、行在礼部员外郎王士华往湖广，其应天并直隶镇江等十府命巡抚侍郎周忱，山西河南命巡抚侍郎于谦，陕西命镇守副都御史陈镒分理其事，四川、两广、云南、贵州、福建则命布按二司正官理之，赐文渊等敕曰："朕惟饥馑之患虽治平之世不能无，惟国家思患豫防，斯其有济，自古圣帝明王暨我祖宗咸重于兹，著在令典，民用赖之。比年官不得人，隳废成法，间遇饥荒，民无仰给，今特分命尔等往修预备之政，仍精选各府州县官廉公才干者，委之专理，务在得人。尔等往来提督，凡事所当行者并以便宜施行。汝等尚精白一心，以副委任，其往懋哉。一切合行事宜，条示于后。一、见今官司收贮诸色课程并赃罚等项钞贯杂物可以货卖者，不拘稻谷米粟二麦之类，贸易储积，并须照依时直，不许亏官损民。凡州县所积预备谷粟，须计民多寡，约量足以备用。如本处官库见储钞物不敷，于本府官库或本布政司官库支买；如又不敷，移文户部，奏闻处置。一、凡丁多田广及富实良善之家情愿出谷粟于官以备赈贷者，悉与收受，仍具姓名数目奏闻。一、籴粮在仓，须立簿籍二扇，备书所积之数，用州县印钤记，一在州县收掌，一付看仓之人。但遇饥荒，百姓艰窘，即便赈贷，并须州县官一员躬亲监支，不许看仓之人擅放。二处簿籍放支之后，并将实数具申户部。所差看仓，须选有行检老人富户就兼收支，不许滥设。一、洪武年间所置预备仓粮，多由州县不得其人，视为泛常，全不留意，以致土豪奸民盗用谷粟，捏作死绝逃亡人户借用，虚写簿籍为照，是以仓无颗粒之储，甚至拆毁仓屋。间遇饥荒，民无所赖，深负祖宗仁民之心。尔等于所属府州县，并须亲历查勘，前项官仓粮储原数，实在几何，百姓借用未还亏折几何，务要根究的实，著落前后经手人户供报追偿，不许听其诡诈指扳死绝逃亡人户搪塞遮掩。追完之后，令照例纳米赎罪。若限外不完者，毋论赦前后，械赴京师，发戍辽东边卫。一、比先所建预备仓廒，或为豪民所据，责令还官；或年深毁坏，量加修葺；其倒塌不存者，官为起盖。如本处有空闲官房，许令拆用，并须完固可以经久。一、洪武年间于各州县开浚陂塘，以防水旱，盖永远之利。亦因后来有司不得其人，视农事如等闲，委而不问，以致土豪奸民掩为己有，或堙塞为田。尔等须一一亲历踏勘，如有前弊，责令自备工力如旧修筑坚固还官，悉免其罪，如隐占不还，及违限不即修筑者，亦械赴京，发戍辽东边卫。一、凡各处闸坝、陂堰、圩田、滨江近河堤岸有损坏当修筑者，先计工程多寡，于农隙之时，量起人夫用工，工程多者，先修要紧之处，其余以次用工，不许追急。其起集人夫，务在受利之处，验其丁力，均平差遣，勿容徇私作弊。凡所作工程，务要坚固经久，不许苟且，府县正佐官时常巡视，毋致损坏。一、各处陂塘圩岸果有实利及众，比先有司失于开报，许令开陈利民之实，踏勘明白，画图贴说，具申工部定夺。如利不及众，不许虚费人力。一、但遇近经水旱灾伤去处，预备之事，并暂停止，待丰年有收，依例整理。一、所过州县仓廪谷粟充实、陂塘堤岸完整者，必其正佐之官得人；若有空虚废坏等项，其正佐之官必不得人，悉具名奏闻，如或贪酷虐民，验有实迹，就便拿问。一、今后府州县官考满赴吏部者，并须开报预备官仓所储实数，及修筑过陂塘堤岸等项，吏部行该部查考虚实，以凭黜陟。……事完即便回京，仍将所备谷粟及所修陂塘圩岸闸坝，备细造册具奏。……遇有兴利除害之事难于处置者，具奏来闻。"

（明）官修：《明英宗实录》卷六十九，正统五年秋七月辛丑条，台北："中央研究院"历史语言研究所，1962年，第1323—1328页。

明英宗正统六年（公元1441年）

增给辽东、广宁等十卫官吏军士月粮，指挥千百户、卫所、镇抚每月增四斗，总小旗及有家小军月增三斗，经历、知事、仓副使并只身军月增二斗，纪录、幼军月增一斗，以各卫今岁旱蝗无收，从巡抚左副都御史李浚奏请也。

（明）官修：《明英宗实录》卷八十五，正统六年十一月甲午条，台北："中央研究院"历史语言研究所，1962年，第1701页。

明英宗正统九年（公元1444年）

建州卫都督佥事李满住等奏："本卫指挥郎克苦等久逃高丽潜住。去岁带领男妇大小二百二十余口回卫，甚是饥窘，乞加赈恤。"上谓户部臣曰："柔远人乃治天下之大经也，况克苦等久亡他国，今忽慕义回还，可不赈恤乎？速令辽东都司量拨粮米给济。"

（明）官修：《明英宗实录》卷一一二，正统九年春正月辛亥条，台北：

"中央研究院"历史语言研究所，1962年，第2262—2263页。

明英宗正统十二年（公元1447年）

漕运总兵并各处巡抚官工部左侍郎周忱、都察院右副都御史罗亨信、李纯后、军都督同知武兴、都指挥同知汤节等，至京会六部都察院堂上官，具条事宜以闻：一、永平山海等处总督收放粮草通政使司左参议张隆老病致仕，户部郎中邹来学宜任前职乞加升用；一、南京各卫收粮经历仓官有作弊者，许提督侍郎巡仓御史就便拿问惩治，庶知警惧；一、先有言各处巡抚官轮番更易，以新人耳目者。今议难行；一、大有仓收积粮米四十余万石，年久恐致浥烂；一、大同山西数处产有石炭，军民小户自取烧用，亦被巡拦抽分纳课，深为不便；一、野人女直每岁朝贡，辽东馆驿狭小，多寄宿军余之家，被其搔扰，宜盖屋一所，俾其往来住宿；一、辽东都司所属二十五卫，见在仓库所贮金帛货物不下九百余万，俱是各卫镇抚等官收掌，恣肆侵欺，乞添除山东按察司副使一员提督出纳，又各卫往来客商众多，虽有岁办课钞收纳，十无二三，又各卫总五城，宜分设税课司五所于各城，以理其税，切见四川按察司金事刘敬秩满在吏部，可任副使，宜以授之俾往提督，庶几奸弊可革。上曰："邹来学、刘敬准奏升用巡抚，官如旧。惟山西河南事简不必去，大有仓米多，令沈固、罗亨信设法收放，毋致陈腐，军民自取石炭，免纳课钞。盖屋以居野人女直，令王翱同镇守等官更议其便以闻，余悉如所言。"

（明）官修：《明英宗实录》卷一五八，正统十二年九月庚寅条，台北："中央研究院"历史语言研究所，1962年，第3084—3085页。

明英宗天顺七年（公元1463年）

（十二月）己酉，泰宁等卫都指挥撒□、撒力等卫、女直指挥朵隆哥、乌思藏剌麻闰内伯、陕西大崇教寺番僧坚的剒失、辽东自在州住坐达官王贵、湖广施南宣抚司舍人向潮等来朝贡马及佛像、貂鼠皮、氆氇、香赐、彩币等物。免直隶真定府所属深州等二十五州县今年旱伤田亩夏税小麦一万三千一百五十九石有奇。

（明）官修：《明英宗实录》卷三六〇，天顺七年十二月乙酉条，台北："中央研究院"历史语言研究所，1962年，第7162页。

明宪宗成化十七年（公元1481年）

免辽东辽海三万，二卫成化十六年子粒三千余石，以旱雹灾伤故也。

（明）官修：《明宪宗实录》卷二一一，成化十七年春正月丙子条，台北："中央研究院"历史语言研究所，1962年，第3679页。

明宪宗成化二十年（公元1484年）

戊辰，诏以漕运粮储及两淮盐课给三边，时总督大同军务户部尚书余子俊复奏：辽东、陕西、山西荒旱之余，人民流徙，边储缺乏，迩者虽蒙朝廷多方赈贷，然财用有限，调度无穷，今须大为拯济，庶可无虞。事下户部核奏，请于浙江等处明年漕运粮内量免七十五万石兑运，令每石并耗米枭银五钱，苏松常三府仓粮枭卖二十五万石，每石银四钱，俱解京转运，以助军饷，仍摘两淮盐课二十万引，令大同管粮官招〈商〉（商）中纳以补不足。从之。

（明）官修：《明宪宗实录》卷二五九，成化二十年十二月甲寅条，台北："中央研究院"历史语言研究所，1962年，第4373—4374页。

明孝宗弘治元年（公元1488年）

弘治元年，南畿、河南、四川及武昌诸府旱。三年，两京、陕西、山东、山西、湖广、贵州及开封旱。四年，浙江府二，广西府八，及陕西洮州卫旱。六年，北直、山东、河南、山西及襄阳、徐州旱。七年，福建、四川、山西、陕西、辽东旱。八年，京畿、陕西、山西、湖广、江西大旱。十年，顺天、淮安、太原、平阳、西安、延安、庆阳旱。十一年，河南、山东、广西、江西、山西府十八旱。十二年夏，河南四府旱。秋，山东旱。十三年，庆阳、太原、平阳、汾、潞旱。十四年，辽东镇春至秋不雨，河沟尽涸。十六年夏，京师大旱，苏、松、常、镇夏秋旱。十八年，北京及应天四十二卫旱。

（清）张廷玉等：《明史》卷三十《五行志三》，北京：中华书局，1974年，第483—484页。

明孝宗弘治七年（公元1494年）

七年，福建、四川、山西、陕西、辽东旱。

（清）嵇璜、曹仁虎等：《钦定续文献通考》卷二二二《物异考·恒旸》，《景印文渊阁四库全书》第六三一册，台北：商务印书馆，1986年，第274页。

明武宗正德元年（公元1506年）

正德元年春三月，开原大风。（屋瓦皆飞，昼晦如夜。）秋七月，辽阳大水。（平地深丈余。）

（明）李辅等修：《全辽志》卷四《祥异志》，金毓黻：《辽海丛书》，沈阳：辽沈书社，1985年，第635页。

明世宗嘉靖元年（公元1522年）

嘉靖元年，南畿、江西、浙江、湖广、四川、辽东旱。二年，两京、山东、河南、湖广、江西及嘉兴、大同、成都俱旱，赤地千里，殍殣载道。三年，山东旱。五年，江左大旱。六年，北畿四府，河南、山西及凤阳、淮安俱旱。七年，北畿、湖广、河南、山东、山西、陕西大旱。八年，山西及临洮、巩昌旱。九年，应天、苏、松旱。十年，陕西、山西大旱。十一年，湖广、陕西大旱。十七年夏，两京、山东、陕西、福建、湖广大旱。十九年，畿内旱。二十年三月，久旱，亲祷。二十三年，湖广、江西旱。二十四年，南、北畿、山东、山西、陕西、浙江、江西、湖广、河南俱旱。二十五年，南畿、江西旱。二十九年，北畿、山西、陕西旱。三十三年，兖州、东昌、淮安、扬州、徐州、武昌旱。三十四年，陕西五府及太原旱。三十五年夏，山东旱。三十七年，大旱，禾尽槁。三十九年，太原、延安、庆阳、西安旱。四十年，保定等六府旱。四十一年，西安等六府旱。

（清）张廷玉等：《明史》卷三十《五行志三》，北京：中华书局，1974年，第484—485页。

世宗嘉靖元年，南畿、江西、浙江、湖广、四川、辽东旱。

（清）嵇璜、曹仁虎等：《钦定续文献通考》卷二二二《物异考·恒旸》，《景印文渊阁四库全书》第六三一册，台北：商务印书馆，1986年，第275页。

明世宗嘉靖二年（公元1523年）

嘉靖二年夏四月，大风。（连日不止，折损禾苗大半。）己卯至壬午大雨。（河水泛涨，冲没田禾。金州等卫男女漂溺者，共一百四十名口；牛马等畜，四百五十有余。倾倒民舍、城垣、公馆数多。是年免田租之半。）

（明）李辅等修：《全辽志》卷四《祥异志》，金毓黻：《辽海丛书》，沈阳：辽沈书社，1985年，第635页。

明世宗嘉靖三年（公元1524年）

以旱蝗免辽东、广宁、宁远诸卫屯粮。

（明）官修：《明世宗实录》卷四十三，嘉靖三年九月壬戌条，台北："中央研究院"历史语言研究所，1962年，第1118页。

明世宗嘉靖四年（公元1525年）

四年春正月一日，黄雾四塞。夏五月，辽阳地震者三。秋七月，锦州雨雹。（有物如龙，拽去二小庄房舍、庙宇三百余间，器械、林木无算。）冬，辽阳、金复州大雪。（深丈余，人畜冻死。）

（明）李辅等修：《全辽志》卷四《祥异志》，金毓黻：《辽海丛书》，沈阳：辽沈书社，1985年，第635页。

明世宗嘉靖八年（公元1529年）

八年春二月，长勇堡灾。（男女死者七百有余，生畜无算。）六月，河西蝗飞蔽天，害禾稼。七月，螭生。（平地深数尺。）

（明）李辅等修：《全辽志》卷四《祥异志》，金毓黻：《辽海丛书》，沈阳：辽沈书社，1985年，第635页。

明世宗嘉靖九年（公元1530年）

九年夏五月，河西大雨雹。（伤人畜甚众，禾尽损。）秋七月，大水。（平地深三尺。）

（明）李辅等修：《全辽志》卷四《祥异志》，金毓黻：《辽海丛书》，沈阳：辽沈书社，1985年，第635页。

明世宗嘉靖十二年（公元 1533 年）

十二年，河西大旱，蝗飞蔽天。

（明）李辅等修：《全辽志》卷四《祥异志》，金毓黻：《辽海丛书》，沈阳：辽沈书社，1985 年，第 635 页。

明世宗嘉靖十四年（公元 1535 年）

十四年，广宁会府灾，延及文庙。夏，大雨连月。（自四月至六月不止，河水泛涨，平地深丈余，禾尽没。是岁大饥。）

（明）李辅等修：《全辽志》卷四《祥异志》，金毓黻：《辽海丛书》，沈阳：辽沈书社，1985 年，第 635 页。

明世宗嘉靖十五年（公元 1536 年）

十五年，金州民间有雌鸡化为雄鸡。秋七月，大风、雨雹。（折损禾大半。）

（明）李辅等修：《全辽志》卷四《祥异志》，金毓黻：《辽海丛书》，沈阳：辽沈书社，1985 年，第 635 页。

明世宗嘉靖十六年（公元 1537 年）

十六年夏，大水。（开原、宁远等处坏庐舍，人畜溺死，禾稼淹没。是岁饥。）

（明）李辅等修：《全辽志》卷四《祥异志》，金毓黻：《辽海丛书》，沈阳：辽沈书社，1985 年，第 635 页。

明世宗嘉靖十七年（公元 1538 年）

十七年，义州饥，斗粟银一钱。金州海蜒蝦生。

（明）李辅等修：《全辽志》卷四《祥异志》，金毓黻：《辽海丛书》，沈阳：辽沈书社，1985 年，第 635 页。

明世宗嘉靖十八年（公元 1539 年）

十八年，辽阳大饥，斗粟银二钱。

（明）李辅等修：《全辽志》卷四《祥异志》，金毓黻：《辽海丛书》，沈阳：辽沈书社，1985 年，第 635 页。

明世宗嘉靖二十七年（公元 1548 年）

二十七年春正月，北虏寇广宁。（参将阎振死之。）秋七月，复州地鸣如雷。八月，金州地大震有声。冬十月，北虏寇义州。十二月五日，寇辽阳。（杀戮抢掠者无算。署副总兵事闲住、游击王言破阵驱出，斩获虏首七十五级。虏气少挫，自是十年不敢寇辽阳。）是冬，金州大雪，深丈余。

（明）李辅等修：《全辽志》卷四《祥异志》，金毓黻：《辽海丛书》，沈阳：辽沈书社，1985 年，第 635 页。

明世宗嘉靖二十八年（公元 1549 年）

以旱蝗免山东青州等府，辽东宁远等卫秋粮有差。

（明）官修：《明世宗实录》卷三五三，嘉靖二十八年十月丁酉条，台北："中央研究院"历史语言研究所，1962 年，第 6372 页。

明世宗嘉靖三十五年（公元 1556 年）

以辽东宁夏、广宁等九卫虫旱水灾减免屯粮有差。

（明）官修：《明世宗实录》卷四四〇，嘉靖三十五年十月丙戌条，台北："中央研究院"历史语言研究所，1962 年，第 7545 页。

三十五年，彗星见。秋九月，辽阳雨水冰。

（明）李辅等修：《全辽志》卷四《祥异志》，金毓黻：《辽海丛书》，沈阳：辽沈书社，1985 年，第 635 页。

明世宗嘉靖三十六年（公元 1557 年）

三十六年，北虏寇宁前。夏六月，霪雨大水，禾淹没。

（明）李辅等修：《全辽志》卷四《祥异志》，金毓黻：《辽海丛书》，沈阳：辽沈书社，1985 年，第 635 页。

明世宗嘉靖三十七年（公元 1558 年）

三十七年，大饥，人相食。（是年斗米银一两。）大疫。

（明）李辅等修：《全辽志》卷四《祥异志》，金毓黻：《辽海丛书》，沈阳：辽沈书社，1985 年，第 635 页。

明世宗嘉靖三十八年（公元 1559 年）

三十八年，辽阳麦大熟。是秋，大雨复生，黑鼠遍野，伤稼殆尽。

（明）李辅等修：《全辽志》卷四《祥异志》，金毓黻：《辽海丛书》，沈阳：辽沈书社，1985 年，第 635 页。

明世宗嘉靖三十九年（公元 1560 年）

三十九年，大饥。（米价差踊于三十七年。）

（明）李辅等修：《全辽志》卷四《祥异志》，金毓黻：《辽海丛书》，沈阳：辽沈书社，1985 年，第 635 页。

明世宗嘉靖四十年（公元 1561 年）

四十年，蝗飞蔽天，禾有伤者。

（明）李辅等修：《全辽志》卷四《祥异志》，金毓黻：《辽海丛书》，沈阳：辽沈书社，1985 年，第 636 页。

明世宗嘉靖四十四年（公元 1565 年）

四十四年夏四月，盖州地震。秋八月，辽阳嘉禾生。（分守道公署后圃有一茎八穗者一本，一茎六穗者一本，二穗、三四穗者数本。）

（明）李辅等修：《全辽志》卷四《祥异志》，金毓黻：《辽海丛书》，沈阳：辽沈书社，1985年，第636页。

明穆宗隆庆三年（公元1569年）

总理屯盐都御史庞尚鹏条上辽东屯田便宜十一事：一曰设圈台，谓辽阳沃野千里，去城堡稍远者，多因虏骑出没，鞠为高策，宜于可耕之处筑修圈台，俾远近联络，以便收保。一曰宽粮额，谓开荒之初，即苦征敛，无利有害，往往中废，宜限六年之后，方酌远近肥瘠，定则起科。一曰开沟洫，谓辽东地平无沟洫以备旱涝，宜察原湿高下，开凿渠堰，不惟蓄洩有赖，亦可捍虏。一曰别功罪，谓屯兵积弱，怯而畏虏，宜责成将官督令并力耕获，仍视秋成多寡以定殿最。一曰广召种，谓见卒数少，自今请无论民兵，有力能开荒者，给以牛种，宽限起科，若逼近虏巢，永不征税。一曰清逃丁，谓将见在丁户，分主客二等，不许隐漏。示谕寓诸人，近时通负罪名，俱置勿论，每五丁抽一壮者，守御地方，余给屯田，令其开恳。一曰议营田，谓营田军士，耕种有名，而防守无赖，赋入少而粮费多，宜于应纳粮内，抵其岁支，但免战征，仍责分戍。一曰宽海禁，谓海禁不通，止以登莱造舡及布花本色之扰，故议者纷纷，辄以风涛寇盗为解，殊不知辽左喉咽，全恃宁前，宁前若扼，则全镇更无可倚，止有金州道海一线，奈何闭之。一曰革关税，谓山海关，旧止查引验货。先年太监李能，始起抽税之例，已经主事邬阅奏革，近仍复之。今宁远、广宁既有税课司，又有关税，民何以堪，宜复祖宗旧制为便。一曰增盐额，谓本镇屯粮，不足充军饷之半。乞将长芦新开盐课五万引改辽东，报中比宜大蓟州例价止二钱，以抵存积停止之数。一曰酌引价，谓两淮引有定价，新旧配掣，官民称便，山东长芦宜比两淮事例，酌议通行。户部覆海运关税二事，请行抚按诸臣计处以闻，其余当如议，报可。

（明）官修：《明穆宗实录》卷三十二，隆庆三年五月甲辰条，台北："中央研究院"历史语言研究所，1962年，第840—842页。

录辽东长勇等堡获功阵亡官军官晖等二百五十六人，言具二等八十四人，宁夏倒狼可免等处李大虎等八十三人，平虏城哱拜等二十五人升赏如例。先是，命工部造朝殿挂灯及鳌山灯，工部报奏，本部库贮钱粮存者无几，即加意节缩，不足以充目前兴造之需，奈何以诎乏之余营不急之务。且今灾异频仍，旱蝗水溢奏报踵至，正宜停止兴作，以应天心。又明年日月之食，皆在岁正，陛下方当撤乐减膳，恐惧修省，何暇为观灯游宴之举，即谓朝殿排灯不可缺，则因其敝坏稍加修葺，取诸该监钱粮足矣。今以一灯之费至三万余金，其为圣政累不细，惟陛下仰察天变，俯察民艰，毅然停止，无以时诎举赢。上乃罢鳌山而令更新，朝灯之敝坏者，已而都给事中严用和、御史孙梦豸等复以为言，统俱报闻。

（明）官修：《明穆宗实录》卷三十五，隆庆三年七月壬申条，台北："中央研究院"历史语言研究所，1962年，第889—890页。

明神宗万历元年（公元1573年）

万历元年五月辛巳，雨雹。四年四月丙午，博兴大雨雹，如拳如卵，明日又如之，击死男妇五十余人，牛马无算，禾麦毁尽。兖州相继损禾。五月乙巳，定襄雨雹，大者如卵，禾苗尽损。九年八月庚子，辽东等卫雨雹，如鸡卵，禾尽伤。十一年闰二月丁卯，泰州、宝应雨雹如鸡子，杀飞鸟无算。五月庚子，大雨雹。十三年五月乙酉，宛平大雨雹，伤人畜千计。十五年五月癸巳，喜峰口大雨雹，如枣栗，积尺余，田禾瓜果尽伤。十九年四月壬子，雨雹。二十一年二月庚寅，贵阳府大雨雹。十月丙戌，武进、江阴大冰雹，伤五谷。二十三年五月乙酉，临邑雨雹，尽作男女鸟兽形。二十五年八月壬戌，风雹。二十八年六月，山东大风雹，击死人畜，伤禾苗。河南亦雨冰雹，伤禾麦。三十年四月己未，大雨雹。三十一年五月戊寅，凤阳皇陵雨雹。七月丁丑，大雨雹。三十四年七月丙戌，又大雨雹。平地水深三尺。三十六年五月戊子，雨雹。四十一年七月丁卯，宣府大雨雹，杀禾稼。四十六年三月庚辰，长泰、同安大雨雹，如斗如拳，击伤城郭庐舍，压死者二百二十余人。十月壬午，云南雨雹。

（清）张廷玉等：《明史》卷二十八《五行志一》，北京：中华书局，1974年，第 432 页。

明神宗万历三年（公元 1575 年）

户部请发辽东年例银两，居正等因奏该镇旱甚，士卒饥罢，属有虏警，请例外再发帑银赈之。上深纳其言，诏户部于例外即发银二万两，付巡抚张学颜给赈征调官军。有顷，上命中使捧圣母御书一帙以示，辅臣居正等稽首言："臣等仰观圣母御书体裁点画，字字精工。"上因言："圣母在宫中，唯观书史每日写字一幅。又课令侍女三十以下，俱读书写字。"居正又稽首仰颂圣母仪，因进言曰："夫圣母，母也。犹孜孜勤学如此，矧皇上当英妙之年，有万几之重，可不锐精问闻，讲究治理，以副祖宗付托之重乎？圣母盖所谓爱不忌劳，端身教也。伏望皇上仰体圣母爱育之心，率循圣母躬行之教，及时勤学，无怠无荒，则睿智益开，聪明愈扩，日览万几如烛照而数计矣，臣等不胜款款之愚。"

（明）官修：《明神宗实录》卷三十八，万历三年五月戊戌条，台北："中央研究院"历史语言研究所，1962 年，第 893—894 页。

明神宗万历六年（公元 1578 年）

南京贵州道试御史王廷稷条陈时政谓："人主保身以保民。夫人主之身，天下人之身也。必保全精神，顺养元气，使其心日清，其神日定，而后可以永保天下之民。今皇上起居动作自有定则。然臣尚冀皇上以心为严师，调摄一人之元气，以培养四海之元气，则精神完固，与天无极，则百斯男之庆，亦于是焉基矣。书曰：兢兢业业，一日二日万几。皇上春秋鼎盛，睿哲益开，当日御便殿延见阁臣暨九卿侍从、诸臣，凡诸几务必与反覆裁决，而后施行，凡诸章奏必与斟酌可否，而后批行，行之既久，将四海利病、九州安危无一得隐于下，而太平之风可兴矣。易曰：节以制度，不伤财，不害民。皇上俭德彰于天下，迩因内府缺乏，岁取太仓银二十万两以益之，科臣进言，虽蒙温旨批答，未见慨然允从？夫太仓银所以供边饷及诸大典礼之用。今虏心叵测，势或渝盟，荒旱相仍，输纳不继，可不预为节俭之图乎？去冬彗星经天占者，俱以东南兵兆为虞。近者通州倭船潜伏海岛，即袭杀亦足称快。然起衅之端实在于此，又闻潮州地方遁贼林道乾复引倭入犯东南，多事于兹。可见北虏输款既久，然求索茶市，求增升赏，豺狼无厌，渐不可长。况秦晋诸虏亦觇此效尤，属夷长昂等阑阻各夷贡马，因而挟赏，而青土二酋又与合兵，欲图入犯。臣以为宜严敕防海临边诸臣谨斥堠，慎烽燧，而又精练土著以足兵，增修屯田以足食，庶其有济乎？近者各省如山东、陕西有风旱之变，河南荆襄有水溢之变，苏常有虫螟之变，广东广西屡遭用兵之毒，淮扬一带黄河为害，一望沮洳，而辽东尤苦水患，此其灾变非小小也。皇上俯念民瘼，每奏请蠲征，无不允从。然臣愚以为蠲免之恩，能济于常，不能济于变，能行于有产之人，不能行于无告之夫，宜通行各省抚按查勘，于被灾地方直令有司官酌量发仓赈济，至淮扬一带尤必速停不急之役，更加赈恤之。意毋徒以有限地方填塞无穷巨浪。而辽东近日水灾又当大为赈济，或官廪不敷，则为多方措办银两以补助之，则天下民心举安，而不至生乱矣。"议下所司。

（明）官修：《明神宗实录》卷八十，万历六年十月戊寅条，台北："中央研究院"历史语言研究所，1962 年，第 1707—1710 页。

明神宗万历十三年（公元 1585 年）

巡按直隶御史苏瓒条上边事，在蓟镇者有九：一、重蓟东以备冲边。言假全镇之力，修筑滦东工役，自黄土领至燕子窝拓城修堡，以壮内势。一、移军府以便策应。言三道三协守各守信地，然相去或不及百里，或所辖在百六七十里之外，宜移三屯协守于汉庄营，移燕河参将于刘家营，其建昌原营秋间抚臣移驻，则冲边皆有重兵，而征调不至隔阂。一、处募兵以期实用。言募兵旋补旋逃，宜稽其名籍，程其技能，填注兵单，验发各营训练。一、厚存恤以安解发。言解到新军几六万而额不加多者，安插无法而逃者多也。开垦荒田宜查给以为世业，分地错居，耦耕并作，而营伍可渐充矣。一、筑险要以防大举。言潘家口、龙井关、桃林口、罗文峪诸处河水直通内境，宜筑桥防御虏谋自杜。一、复废堡以资守望。言沿边一带，先年设有寨堡，安插军余，后因归并居民失业，今宜查明开复无粮边地，许其尽力开垦。一、练军实以壮声援。言辽为蓟之肩臂，宁远为辽之咽喉。山海、宁远俱宜宿重兵，如虏犯辽西，蓟出前兵援之，从一片石直趋铁场堡等处；虏犯蓟东，辽出前兵援之，从背阴障直趋挂牌山等处。彼此犄角，虏必夺气。一、广招降以携逆党。言虏中来归者，宥其罪愆，蠲其差役，又多为间谍，使彼此疑猜，未免顾惧。一、宽关禁以开边利。言关外草木蓊郁，禁不敢取，宜每月许出关六日，先采三日，纳充公费，后采三日，与各军资瞻。在保镇者有三：一、核各隘以固关辅。言紫荆最号雄关，然所恃以为固者，在各隘耳，宜于川谷宽空者尽为栽植，于径路躐开者尽为垛塞。又昌镇之横岭为最冲，修边建台，犹为首务。一、酌驻守以节军力。言保定前此达官舍余，矿悍难驯，不能不借总兵弹压。今岁久帖，然宜令该镇常住易州，紫荆直下至州南一带傍水荒田就拨各军开垦。一、复乡夫以预防守。言山（西）广昌灵丘等县，原派乡夫与易州各县乡夫分守隘口，后奉文裁革。宜令山西广昌等县仍听易州道，兼管分派乡夫查认原分信地，协力防御。在各镇者有二：一、精简练以选军锋。言三镇之兵，不为不多。然而未获实用者，宜严行镇道等官精阅为上中下三等，每月协守合练，每季总兵合练，岁终抚按通练，重犒而峻罚，营路将官即以兵之强弱为殿最。一、议增给以恤战骑。言昌平各路所少马，数不多，止草料应题入岁饷支给，蓟镇各路马一万五千有奇，每年支料六月，支草三月，委为不敷，宜酌量通融，处给保定五营两路共马四千一百八十有奇。其倒死之马，在本镇防守者议给寺马折色，在蓟镇入卫者，议给部发马价，庶军不虚赔，马有实用。上令各镇督抚议之。

（明）官修：《明神宗实录》卷一六七，万历十三年十月丁卯条，台北：“中央研究院”历史语言研究所，1962 年，第 3021—3024 页。

明神宗万历二十九年（公元 1601 年）

是日，一贯以畿辅八府及山东、山西、辽东、河南荒旱斗米银二钱，小米银一钱，野无青草，载道离流，盗贼群行，正昼抢劫，日事祈祷，而旱滋太甚，乞涣发。

（明）官修：《明神宗实录》卷三五九，万历二十九年五月戊戌条，台北："中央研究院"历史语言研究所，1962年，第6706—6707页。

明神宗万历三十六年（公元 1608 年）

三十六年巡按辽东。巡抚赵楫与总兵官李成梁弃宽奠新疆八百里，徙编民六万家于内地。已，论功受赏，给事中宋一韩论之。下廷弼覆勘，具得弃地驱民状，劾两人罪，及先任按臣何尔健、康丕扬党庇。疏竟不下。时有诏兴屯，廷弼言辽多旷土，岁于额军八万中以三分屯种，可得粟百三十万石。帝优诏褒美，命推行于诸边。边将好捣巢，辄生衅端。廷弼言防边以守为上，缮垣建堡，有十五利，奏行之。岁大旱，廷弼行部金州，祷城隍神，约七日雨，不雨毁其庙。及至广宁，逾三日，大书白牌，封剑，使使往斩之。未至，风雷大作，雨如注，辽人以为神。

（清）张廷玉等：《明史》卷二五九《熊廷弼传》，北京：中华书局，1974年，第6691—6692页。

明光宗泰昌元年（公元 1620 年）

泰昌元年，辽东旱。

（清）张廷玉等：《明史》卷三十《五行志三》，北京：中华书局，1974年，第485页。

辽东巡抚周永春疏言："夷酋虎墩兔憨等箭赏共银一万八千两，又加进马赏三万两，其一万八千两借支阅科寄库银，其三万两原在辽东马价太仆寺内加派，而辽荒旱，仍借动阅科银，照会太仆寺支销，盖是西虏讲赏乃是定。"

（明）官修：《明光宗实录》卷四，台北："中央研究院"历史语言研究所，

1962 年，第 104—105 页。

浙江道御史左光斗请赈辽东饥寒言："今日辽东之患，不在无银，而在无用银之处，何也？辽自用兵以来，米粟踊贵，加以荒旱之余，石米四两、石粟二两。其一石尚不及山东之四斗，通计一百万之费，分十五万之军，每名约得六两，于银不为不多，而此六两籴米才一石五斗耳。纵是富人未免抱金饿死，为今之计急截漕粮二十万石，乘汛之便，运至彼处。令河西与河东一体分派，本色各三斗，仍量加其折色，俟来春耕作有获再行区处，此今日救荒第一急着也。顷岁，征调各兵皆以春夏起程，夏秋过节，匪惟无坚甲，乃更无寸缕，久戍客兵，凉秋九月，转盼隆冬，饿死之余，又将冻死。臣愿陛下恻然轸念，发帑二十万，敕下户部令廉干司官作速置买花布，星夜解赴辽东，每军给布二匹、花二斤，一如岁底之给散京军者，其赶骡赶车剥皮剥骨之役，亦量加赈恤，庶挟纩之惠，适当授衣之期，此又救寒第二之急着也。"

（明）官修：《明光宗实录》卷七，台北："中央研究院"历史语言研究所，1962 年，第 188—189 页。

光宗泰昌元年，辽东旱。

（清）嵇璜、曹仁虎等：《钦定续文献通考》卷二二二《物异考·恒旸》，《景印文渊阁四库全书》第六三一册，台北：商务印书馆，1986 年，第 276 页。

明熹宗天启元年（公元 1621 年）

御史姚应嘉言："四年调募驱中国赤子而入三韩不啻三十余万人。一出玉关如登鬼录，既先存亡命之心，又加以押送非人，抚驭无法，于是援兵所过，鸡犬不宁，一不如意，哄然而逃，安家行粮等项俱付逝波矣。且百十为群，而逃者皆挟有弓矢马匹，散逸村落山泽间，蜂屯蚁聚，渐成斩木揭竿之形，即如神京辇谷何等重地，而浃月间劫财杀人七八起，骈首白刃几八九命。国家如此，何论外方。臣以为驭兵之法，有抚有散，抚在多给本色，关外斗米价数百钱，宜多方召买，加意转输，如虑入不供出，则宁前一带旷土正当耕也。在安顿栖止，关内河上相地择便，多建营房，如虑为费不赀，则宁前一带山木正可采也。在结以信义，原议出关者，令出关；入卫者，令入卫；更番者，令更番。勿朝三暮四，使彼藉口。在恤其疾苦，于月粮外加盐菜布花之费，时赉赏，示鼓舞。"

（明）官修：《明熹宗实录》卷十二，天启元年七月庚子条，台北："中央研究院"历史语言研究所，1962年，第632—633页。

明熹宗天启三年（公元 1623 年）

大学士督理军务孙承宗奏："今日之事，复土与守关自合并议，而守关此兵，复土此兵，工夫亦合并举。臣妄谓，关门系天下安危，而兵马先尽守关，又谓守宁远，乃以守关而兵马兼图守宁远。然意在守宁远，臣敢以关外二百里情形详细言之。关外南偏为官路，自八里铺起历宁远城堡十有二、台六十有六，抵中左为二百七十里。北偏为边，自铁场堡历永安迤逦而东抵椴木冲锦州界有边堡二十一座，而铁场、高台、兴水三堡为大，铁场与高台相去十八里，系抚赏贵英哈喇侵等三十六家夷人市场，兴水系抚赏拱免市场，旧皆有兵五百。而前屯之背阴障、三山营，中后之三道沟、锦川营、沙河堡次之，兵皆有三百有奇。其中前之永安，前屯之平川，瑞昌中后之新兴，中右之黑庄、仙灵、小团，宁远之新安、白塔寨、儿山与夫中左松山寺、长岭山、椴木冲共十四堡又次之，兵二百有奇或百有奇，台一百二十六座，地与西虏为邻。见今辽人聚田兴作，则西虏当防，台堡当守，除守备窦承功以兵五百守铁场堡，都司杨友诚以兵七百守高台堡，广宁卫指挥张弘谟以兵三百守永安堡，外尚需兵可五千、马可一千，各总兵又议，姑分南路兵以守御官戍边堡，护田作其南路，则关以外八里铺旧设千总，填配军四十八名，后西虏俱欢喜岭讲嚣关门外时有劫掠，臣令量移中前，其防守官岳汝穆以兵五百屯练于中，安人口可千余。北与铁场堡相呼应，仍议筑芝麻湾为堡，以柯仲炯兵一千五百再益之半，且屯且防，更筑虎龙峪三道关，以内护关门为奇兵，施西洋大铳东至中前三十里路，傍台七。今以参将杨应乾领兵三千驻中前所葺坏庐为防，安插兵民百万余人，其地近关门，西虏方抚赏于此，最称要地，似与宁远外之中左更吃紧，东至高岭驿十二里台有三，高岭驿旧设驿官一（员）、千总一、兵五百，至前屯卫十八里台有四。今以备御杨松桥领兵五百、马百匹，安插人口可三千余，属彰武营辖，更议以都司杨楫管游击事领精兵三千，以内护关门，外为前屯之后劲，专主应援。盖规以外沿途城堡筒（甬）直无授犄角。故欲设兵于前屯之西以侍援，而仍欲于前屯之四隅择地，如龙潭岗建土堡。据高临水设奇兵，与城中为声势。今以副总兵赵率教辽兵五千、陈兆兰川湖兵四千驻前屯卫，城中兵民共五万余人，民田城南，官田城北，城颇阔大。兵民诛茅理败垣，覆之为居，而八署城郭渐以修葺，登城四望地尽，可守可战。东至石河铺十五里台有四。而直北三山为冲至沙河驿十五里台有四。今以前屯指挥杨绍芳加守备领兵三百驻守，石河台仍日以五十人防，叶家台而先修葺，其台下为羊马墙，立营房十余间，其沙河驿额设驿官一、把总一、兵五百。东至中后所二十里，台有六。而直北有狮子口为冲，以旧加衔守备谢锡荣招军丁四十八名、战马四匹为守，今议增兵五百、马一百驻其中，属肃武营，安插人口可三千。盖地当前屯中后之中为要害，而西虏出没亦前卫之前矛，其中后所，土肥而城小，南去海三十里，东去觉华五十里，有河横，其东可通海，而南为闸，可深以为险。今以参将鲁之甲领兵三千三百三十二员名往为防，仍给工料银六千，以葺城池，安辽人约令简壮丁为兵，次为工，又次为田，东至东关驿十八里，台有五，而三道锦川与高台之抚夷为冲。今以备御高如嵩领兵一千马百匹驻东关驿，可安插人口三千。东至曲尺河铺十二里，地当中后中右五十里之间为要地。而直北庙儿山为冲，今议姑从中右拨兵三百统以千总，马二十匹，驻曲尺河铺，与东关相为呼应，以分应两。中东至中右所十八里，台有五。而直北黄土台为冲，中右所去海与辽愈近，去宁远可三十里。地似中后冲亦相若抚，臣以参将王楹领兵三千马一千，以理修葺，耕凿为安插计，仍如中后发银为资粮，从海上以给，安家人口一万有奇。东至曹庄驿十八里，台有五。而黑庄窠、仙灵寺、小团山处处为冲。今以加衔守备吴守礼统兵一千马一百，驻曹庄驿。安插人口可万余。又议以萧升管游击事统兵三千马步各半，专习火器、弓矢为应援兵，以当宁远之后劲，遥与汤泉首山之兵为犄角。东至宁远十二里，台有二。宁远旧有参将一、中军千把七、兵一千八百，城独北面，未新，今且增土于内，其公署尚有存者。西虏拱兔部夷幕其中，给例赏，谕以勿毁城庐，夷脱帽谢。……北接控珑山可里余，旧有敌台，抚臣议以胡为宁将兵三千为屯田于首山。南以限胡马，议建修旧台，立羊马墙，以当大道之冲。仍议灰山之马鞍内择要为台堡。南望觉华岛，三山连踞，若与首山相招邀，而灰山连控珑与首山相为内护，南则大海蠡东来觉华弯。环宁远水甜地肥，有金冠，祖天寿两将屯兵可三千，城去海可二十里。而中途有汤泉堡可筑，与宁远相犄角，濒海有龙宫寺亦可堡，与汤泉相应，而据海有势，北望寨子山尚远，议驻兵三千，防西虏。"

（明）官修：《明熹宗实录》卷三十三，天启三年四月庚申条，台北："中央研究院"历史语言研究所，1962年，第1713—1719页。

巡抚辽东右金都御史张凤翼言："臣八月出关，蠡前屯以抵宁远，又循岭而北，遵海而南，凡依山阻水之形一一得其要领，谨据实为皇上陈之，自广宁奔溃，满目兵燹，河西七百里边城俱为煨烬，关以外几成异域矣。幸督臣表饵之术，借防御于羁縻，而朗素拱兔诸奠始有为我送炮铳者。迨枢辅当关，军威大振，于时驱逃汰冗、选将征兵，设三大帅于关前，提十万师于境上，边亭有相望之旌旗，岛屿有相连之舸舰。故向来关门虏马骄嘶，居氓思接浙以逃，行旅亦荷担而立，自分防有兵将，而山海之人卧始帖席矣。向来难民被奴淫虐，欲死不得，欲逃无所。自哨兵出，而接回男妇一万余人矣。向来叛贼抗我颜行，或据河干，或防海口，自舟师具，而夺还大炮六十余位矣。凡此皆辅臣安攘大略，臣得俯首受成，惟是颓垣败壁，鹤唳风声，人城畚锸，非一年可就之工，六载疮痍，非一时可苏之病。故今日议剿不能，言战不得，计惟有挈定一守字，庶几安将胆而固军心，然守又非以五大部仅仅乘障于十六里边城也。臣谓守关门之策有三：其一，以山海为家，当以前屯为门户，以宁远为哨探，以一片石、芝麻湾为左右翼，共置兵二万分屯驻练，且耕且守，奴不来，则用赵充国困罕开法。奴来，则用李武安备雁门法。养威蓄锐，俟我生聚多，教训熟，然后兴问罪之师，此正着也。其一，以前屯为家当，以宁远为门户，以广宁为哨探，以兴水县、觉华岛为左右翼，亦屯兵二万。张疑设伏，渐进渐逼，诸虏可使则如督臣挑哈喇纥与之雠杀以代，其交叛将可通，则如辅臣间刘夒塔与之疑二，以溃其腹乘机观变，俟彼衅可投、隙可抵，突然为批吭之举，此奇着也。其一，以毛文龙为前矛，以沈有容为中权，以查国宁为后劲，一则扬帆皮岛，一则摇橹连云，一则鸣榔于三岔口上下，使舳舻相望，风汛时通，又善结虎酋，假金白复雠之举，声言水攻老寨，陆取新城，奴必狼顾狐疑不敢出辽阳一步，而榆关将借以粗安，此虚着也。总之为守关计耳。而关门及水兵非六万不足，不然，我之所防在此，奴之所攻在彼，彼瑕既动，此坚亦摇，关以西尚得高枕乎？此皆辅臣秘算深图而臣得，得之面相商确者也。"

（明）官修：《明熹宗实录》卷三十八，天启三年九月戊子条，台北："中央研究院"历史语言研究所，1962年，第1980—1983页。

皇上守关，臣从去岁商度，唯有开屯一法，可以因土食民。顷新抚臣阅边归，即以开屯为议，开田植柳以限胡马。先是仅有前屯数千之众，赵率教以修守之余，试之而效。然关以内若人浮于地，关以外若地浮于人，非人之不足也。食土之人多，而播土之人寡也。盖臣不欲撤关门已成之势。□关外未就之局，而今关以外所急者，防守修筑尽以辽人。如既用其耕之人以为战，却又用其战之人以为耕，自非精心悉计，如率教未有不两废者，今总计五城三十堡。兵民不下十余万，而可田之地当有五千余顷。今不为牛种计，则来岁为迟，而计莫先于得牛。臣与督抚计以帑金买牛，其他耕具、粮料俱为储算，仍令胡维宁、赵佑同各城堡官大集旧人，核其原隰肥硗五土多寡之数以报，仍尽民间有力可占种者，许以三年起科。适又以督抚诸臣议因煤以铸钱，因地以煮盐，因船以资用物，皆关门稍行之而效者。

（明）官修：《明熹宗实录》卷四十，天启三年闰十月丁亥条，台北："中央研究院"历史语言研究所，1962年，第2046—2047页。

明熹宗天启五年（公元 1625 年）

户科给事中沈应时疏言："今日财匮计诎，太仓之粟不足本年之支。关上截漕并接济毛帅，总约截去三十五万。倘无变计而专恃截漕，若至截无可截，此不但部臣之忧，而关抚亦宜为部臣忧者也。无已，惟有广屯可济其穷，近如副都御史董应举督理屯田两年间，用屯本二万六千三百两，得利六万四千两，尚存屯本以为后资。又如赵率教以武弁督屯，据报旧岁屯种至今年入仓镇属，总数大约八万有余，可见大屯则大利，小屯则小利。今关外议进取，何若兼议且耕且守之为两得乎。诚专委有司，相其土宜，凡有可耕去处，定不必有买田之费，官给与牛种农器，令其开垦屯种，俾有余粟可充军储，不惟截漕可减，粟多价贱，亦可以折色配支。就如改解南粮一节，万不得已，须早为计处运费妥确，以便遵行，各处府州县奉有岁积之法，以备赈济，且列考成，计其所积分数以分殿最，宜敕抚按尽法清查，令仓廪陈陈相因，倘遇轸恤灾民，不待帑发于上有司，第奉皇上德音而沾惠无穷矣。此宜申饬各省直遵照通行者也。"

（明）官修：《明熹宗实录》卷五十六，天启五年二月庚辰条，台北："中央研究院"历史语言研究所，1962 年，第 2576—2578 页。

明熹宗天启六年（公元 1626 年）

宁远参政袁崇焕疏辞升职，请终制，因陈善后事宜，请以十万五千官兵汰为八万，以二万留关内，六万布关外。宁远添二辅城，以为犄角，各堡增设铳台，以为应援。而宁远以东，仍安哨探，令就地为耕，有事仍收还宁远。南兵脆弱，西兵善逃，莫若用辽人守辽土。将官，则辽东一总兵，关内一总兵，余皆赘也。李秉诚从奉集、辽广、宁远逃，至今日而贪克异常。徒为达奇勋，外府破冒之廪费宜追。毛文龙宜檄居近岛，侦奴虚实。官减兵减，饷力自饶。至于时下，急需马匹银二十万两，盔甲、器械银十万两，铅子、火药银五万两，操赏、工犒银十万两，宜立时措解。西虏素为属国，不抚即能为患。今有宁远之捷，宜就此驭之。若夫宁远幸存，总兵满桂实司提调，副总兵左辅、参将祖大寿与中军守备何可纲，坚执塞门死守之议。其分部士民，炊饭饷兵，使得一意攻打，则通判金启倧之力。而西虏乘间作贼，得赵率教大创之。满桂、赵率教业已加级，左辅、祖大寿、何可纲、金启倧应各加级，以励将吏，其他与事者，俱冒石矢，当锋镝，升赏总不宜迟。得旨："袁崇焕移孝就忠，拼身固守，全城挫贼，劳绩可嘉。正当夫图恢复，以收全功，何得遂萌归念，不准辞。满桂、赵率教已经加级，其余文武各官功次，作速勘明优叙。一切善后事宜，即兴覆行，毋误封疆大计。"

（明）官修：《明熹宗实录》卷六十八，天启六年二月甲戌条，台北："中央研究院"历史语言研究所，1962年，第3271—3272页。

辽地自东海滨西至蓟镇，沿边凡千四百里。明初废郡县置卫，以备敌。万历四十三年冬，西南有星，状如关刀，久之变为彗，其形如帚，光茫显烁，凡见百日，而辽阳陷。四十六年戊午，彗复见，而沈阳又失。盖彗乃除旧布新之象也。崇祯十一年正月中旬，辽阳见日围于弓内，有矢射之，或云此名"日三环"，主天下兵起。是岁辽阳旱蝗，秋禾啖尽。清兵陷山东济南，掳德王，杀辽东金总戎。十二年，辽阳复旱蝗，秋稻靡遗。十三年，辽阳大饥，父子相食，斗米一千二百，值银一两七钱。然斗斛三倍吾乡，约六两一石。十四年辛巳夏，麦大熟，百姓稍苏，而洪承畴提兵东征矣。先是十三年庚辰，清据辽阳，内臣高起潜等不能御，系狱，遂擢承畴经略辽东。承畴字亨九，福建泉州府南安县人。万历四十四年丙辰进士，总督三秦，屡破流寇有功。至是，闻总戎祖大寿被围锦州，遂于十四年二月提兵，八月往援，与清相拒四阅月。至十一月退还，分守各卫。及明年壬午二月，会兵共计二十万，复东。时清师二十四万，闻承畴将至，分兵围锦州，以大众御之。承畴率师趋宁远。东三十五里为高桥堡，又三十五里至塔山，更五十里及杏山，复五十里抵松山，过此五十里则为里红山，去锦州仅三十里。锦州东俱属清地。里红山上有石城一座，清兵固守。山下平原，承畴将驻营，清兵凭高发炮，洪师四面受敌，难以立营，乃退下。既而选卒十三万，遣总兵官吴三桂、唐通等十三人将之，复进，三战三捷，清帅退六十里，分守各隘，上疏请兵。四王亲率精骑万三千驰至，先祭天地，次祭海，已而登山观兵，见洪阵严整，叹曰："人言承畴善用兵，信然，宜我诸将惮之也。"营北八十里有北山，延亘数十里，四王登其巅，横窥洪阵久之，见大众集前，后队颇弱疏，猛省曰："此阵有前权而无后守，可破也。"遂星夜令军士，将北山顶中劈为二，状如刀脊，遇石辄命凿去，凡深入八尺，上广一丈二尺，而下隘甚，仅可容趾，马不能渡，人不能登，有堕者，无着足处，不得跃起。濠长三十里，以兵守之。时塔山已为清据，诛杀殆尽。其西亦浚一濠，即以土筑堡，凡五十里，直接杏山，亦以兵坚守，绝中国之援。惟南滨于海，不必濠守，而东则清地也。濠守既成，粮援路绝，有刈薪汲水者，辄为逻卒所杀，大军俱不敢出濠。初凿时，承畴不之觉，已而知为所困，然已不能争矣，遂上书求援，凡十有八疏。高起潜恐承畴有功，力抑之，使不得奏。然清之据险断援以困洪师，固可谓人谋尽善矣，而天意尤有异者，南海潮头顿起四十余里，兵不得安营。承畴知事急，移师西旋，清兵尾其后。师近濠，吴三桂等督众填濠而过，守者射之，矢如雨下，众不能支，遂大溃，俱南走海滨，为清军所逼，十三万众尽溺死。三桂与唐通及麾下材官五百人，乘间突围而出，其余总兵官如曹变蛟、马如龙等十有一人，俱殁于阵。变蛟昔镇西安，有御贼功，众咸惜之。清主既覆洪师，遂破松山，获承畴。承畴不屈，命之跪，承畴曰："吾天朝大臣，岂拜小邦王子乎！"清主壮而释之。此崇祯十五年九月二十日事。清复急攻锦州，祖大寿闻承畴败，大惧，欲降。城中有降夷三千，不从，欲杀大寿一门。降夷者，山北近辽阳人，中国之外为降夷，降夷之外即清地，夹处两国间，故辽东呼为"夹道之人"。近为清朝所逼，归附中国，称降夷，俱控弦习战之士，居大寿麾下，食大粮，颇得其力。至是，大寿知不利于己，密遗书清师，诱之出城，收其衣甲，犒以酒食，尽杀之，大寿乃降。顺治初尚在北京，年八十四矣。……锦州既失，是冬清兵入山东，陷兖州府，杀鲁王。十六年癸未春，辽阳中、左、前、后卫，俱没于清，全辽尽陷。高起潜上疏移吴三桂镇山海关。承畴子某走京师，击登闻鼓，上始知有十八疏，谢其殉难，立祠于京祭之，荫其一子。至今辽人呼是役为洪承畴跨海东征云。康熙四年五月，予在镇江，遇辽人唐奉山，自言昔在承畴军中，亲见其事如此。

（清）计六奇撰，魏得良、任道斌点校：《明季北略》卷十八《洪承畴降清》，北京：中华书局，1984 年，第 329—331 页。

第四章　清时期东北农业史料

清世祖顺治四年（公元 1647 年）

庚午，谕户部：满洲从前在盛京时，原有田地耕种。凡赡养家口以及行军之需，皆从此出。数年以来，圈拨田屋，实出于万不得已，非以扰累吾民也。今闻被圈之民，流离失所，煽惑讹言，相从为盗，以致陷罪者多，深可怜悯。自今以后，民间田屋，不得复行圈拨，着永行禁止。其先经被圈之家，着作速拨补。如该地方官怠玩，不为速补，重困吾民，听户部严察究处。着作速行文该抚按，诞告吾民。咸使闻知。

（清）官修：《世祖章皇帝实录》卷三十一，《清实录》第三册，顺治四年三月条，北京：中华书局，1985 年，第 257 页。

清圣祖康熙十七年（公元 1678 年）

十七年，授萨布素宁古塔副都统。罗刹据雅克萨，二十一年，诏率兵偕郎坦等勘视雅克萨城形势，并往视自额苏哩至黑龙江及通宁古塔水陆道。寻郎坦还奏罗刹可图状，命建木城于黑龙江、呼玛尔两地，以巴海与萨布素统宁古塔兵千五百人往驻，造船备炮。二十二年，疏言："黑龙江、呼玛尔距雅克萨尚远，若驻兵两处，则势分道阻，且过雅克萨有尼布楚等城。罗刹倘水陆运粮，增兵救援，更难为计。宜乘其积贮未备，速行征剿。俟造船毕，度七月初旬能抵雅克萨，即统兵直薄城下。"疏下王大臣议，如所请，上不许。寻命巴海留守吉林，以萨布素偕宁古塔副都统瓦礼祜率兵驻额苏哩。额苏哩在黑龙江、呼玛尔之间，为进攻雅克萨要地，有田陇旧迹。萨布素因移达呼尔防兵五百人赴其地耕种，并请调宁古塔兵三千更番戍守。上念兵丁更戍劳苦，命在黑龙江建城，备攻具，设斥堠，计程置驿，运粮积贮，设将军、副都统领之。擢萨布素为黑龙江将军，招抚罗刹降人，授以官职，更令转相招抚。

（清）赵尔巽等：《清史稿》卷二八〇《萨布素传》，北京：中华书局，1977 年，第 10137—10138 页。

清圣祖康熙十八年（公元 1679 年）

户部议覆：奉天府府尹梁拱宸疏言，奉天锦州等处，旗下荒地甚多，民欲耕种，旗下指为圈地。如档册未经圈给，而妄称为圈地者，察出从重治罪。应如所请，将被圈之地，概行查明。除旗下额地之外，俱退与州县官员，劝民垦种。得旨，旗下额地之外，其余未垦之地，着严加详察具奏。

（清）官修：《圣祖仁皇帝实录》卷八十五，《清实录》第四册，康熙十八年十月条，北京：中华书局，1985 年，第 1082 页。

（康熙）十八年，令各地方官修常平仓，每岁秋稔劝谕官绅士民捐输米谷，照例议叙。乡村立社仓，市镇立义仓。公举本地善良之人出陈易新，春贷秋还，每石取息一斗。每岁杪州县核数申详上司，上司报部。储谷多者，管仓人给与顶带，官吏掊克者，照侵欺钱粮例处分，强派抑勒扰民者，罪。

（清）官修：《清朝通志》卷八十八《食货略八》，杭州：浙江古籍出版社，1988 年，第 7269 页。

清圣祖康熙十九年（公元 1680 年）

（康熙）十九年，上谒盛京陵寝，免奉天本年田租，其庄头应纳粮石，各旗地米、豆、草刍兔半，壮丁米全免。

（清）官修：《清朝通志》卷八十七《食货略七》，杭州：浙江古籍出版社，1988年，第7263页。

十九年，又定常平积谷留本州县备赈，义仓、社仓积谷留本镇备赈，永免协济外郡。时以浙江杭州等府米价腾贵，动库银四万两，往湖广、江西籴米平粜。又令奉天等处城守征收杂税，于米价贱时购贮内仓，遇紧急拨用，名曰备米。嗣后近边境地，如山海关、古北口、张家口、黑龙江、墨尔根、奉天、锦州、开元、辽阳、盖州及榆林等处卫堡，俱有贮备仓庾。特行于常法之外。

（清）官修：《清朝通志》卷八十八《食货略八》，杭州：浙江古籍出版社，1988年，第7269页。

清圣祖康熙二十一年（公元1682年）

二十一年，巴海疏言官兵捕采葠者，当视所得多寡行赏。上为下部议，并诫非采葠者毋妄捕。是岁，上复东巡，诣盛京，幸吉林，察官兵劳苦。既还京师，谕巴海罢采鹰、捕鲟鳇诸役。二十二年，以报田禾歉收不实，部议夺官，削世职，上犹念巴海抚辑新满洲有劳，命罢将军，降三等阿达哈哈番。二十三年，授镶蓝旗蒙古都统，列议政大臣。三十五年，卒。子四格，袭职。

（清）赵尔巽等：《清史稿》卷二四三《巴海传》，北京：中华书局，1977年，第9586页。

清圣祖康熙二十二年（公元1683年）

先是，令乌喇宁古塔兵往黑龙江、呼马尔，尚未启行。寻尚书伊桑阿以造船赴宁古塔。上命传谕巴海等，兵抵黑龙江应驻何地，其详议以闻。至是，巴海等奏言，黑龙江、呼马尔距雅克萨城辽远，若驻兵两处则势分道阻、难于防御，且过雅克萨有尼布潮等城，罗刹倘水陆运粮，增兵救援，更难为计，宜乘其积储未备速行征剿。俟造船毕，度七月初旬能抵雅克萨，即亲统大兵直薄城下宣谕招抚。否则驻扎墨克顶诸地，即遣官兵与奉命赴罗刹甲士宜番，驰至雅克萨宣谕，兼观其形势若何，再议进止机宜。令宜番一并奏闻。乌喇官兵乘往马匹恐长途疲羸，不任驰驱。索伦近墨克顶，宜令选肥马五百匹，送呼马尔河口酌量给用。议政王大臣等，议如巴海等所请。

（清）官修：《圣祖仁皇帝实录》卷一〇九，《清实录》第五册，康熙二十二年四月条，北京：中华书局，1985 年，第 109 页。

二十二年，上以俄罗斯数犯边，扰及索伦、飞牙喀诸部，命集兵黑龙江，将进讨，遣玛拉往索伦储军实。寻疏言："索伦总管博克所获俄罗斯人及军前招降者，皆迫于军威，不宜久留索伦，应移之内地。"诏允行。复言："雅克萨、尼布楚二城久为罗刹所据，臣密诇雅克萨惟耕种自给，尼布楚岁捕貂与喀尔喀贸易资养赡。请饬喀尔喀车臣汗禁所部与尼布楚贸易，并饬黑龙江将军水陆并进，示将攻取雅克萨，因刈其田禾，则俄罗斯将不战自困。"上然之，即以玛拉所奏檄示喀尔喀。二十四年，遣都统朋春等帅师往黑龙江议进兵，授玛拉副都统衔，参赞军务。遣蒙古兵三十诇雅克萨城，生擒罗刹七人，得城中设备及乞援各部状。是年夏，朋春等攻罗刹克之，逐其人。玛拉在事有功。二十五年，黑龙江佐领鄂色以耕牛多毙，农器损坏，奏请储备，命玛拉往黑龙江督理农务。谕曰："农事关军饷，令严督合力播种。"值岁丰，收获甚稔。二十七年，授护军统领。

（清）赵尔巽等：《清史稿》卷二八〇《玛拉传》，北京：中华书局，1977年，第 10141—10142 页。

清圣祖康熙二十三年（公元 1684 年）

阿达哈哈番马喇等疏报："臣至索伦，屡行密询罗刹情形，皆云见在雅克萨、尼布潮二城，各止五六百人。其得以盘踞多年者，惟赖额尔古纳口至雅克萨十余处、雅克萨至布尔马大河口十余处筑室散居，耕种自给，因以捕貂。尼布潮田亩不登，但取资纳米雅尔诸姓贡赋。"

（清）官修：《圣祖仁皇帝实录》卷一一五，《清实录》第五册，康熙二十三年四月至六月条，北京：中华书局，1985年，第199页。

（七月）丙寅，黑龙江将军萨布素等疏言："今年雅克萨地方暂停进剿，俟来年四月遣兵。"上曰："前马喇等奏称水陆兵丁佯为进取雅克萨，地方将所种田禾尽行踏毁，则罗刹不久势穷，其部人栖止地方亦必迫狭，少引精兵往剿亦易。"

（清）官修：《圣祖仁皇帝实录》卷一一六，《清实录》第五册，康熙二十三年七月条，北京：中华书局，1985年，第204页。

清圣祖康熙二十五年（公元 1686 年）

丙辰，谕大学士等：日者遣部员自吉林乌喇至黑龙江，以蒙古、席北、打虎儿、索伦等人力耕种，田谷大获。夫民食所关至重，来岁仍遣前种田官员，以蒙古、席北、打虎儿、索伦等人力耕种。郎中博奇所监种田地，较诸处收获为多，足供驿站人役之口粮，又积贮其余谷。博奇效力，视众为优。其令注册。此遣去诸员，可互易其地，监视耕种。博奇又复大获，则加议叙。

（清）官修：《圣祖仁皇帝实录》卷一二八，《清实录》第五册，康熙二十五年十一月至十二月条，北京：中华书局，1985年，第372页。

清圣祖康熙二十九年（公元 1690 年）

户部议覆，黑龙江将军萨布素疏言，墨尔根居住之总管索伦安珠护等，每年耕种官田二千余晌。今官兵移驻墨尔根，请即以此项成熟之田分给耕种。应如所请。从之。

（清）官修：《圣祖仁皇帝实录》卷一四九，《清实录》第五册，康熙二十九年十月至十二月条，北京：中华书局，1985年，第645页。

清圣祖康熙三十年（公元 1691 年）

理藩院题覆：达尔河等种地积谷，上谕大学士等曰："边外积谷，甚属紧要。达尔河地方，着交与内务府派各庄壮丁耕种。呼儿河地方令五旗王等庄屯人前往耕种，其籽粒、耒耜、耕牛皆令豫备，着派谙练农事官员前往监管，布种完时酌留耘田之人，收获其农夫所食米谷，着于古北口所贮米谷计口带去席喇穆伦地方，仍照前议令盛京人役前往耕种，秋收之时有收获多者，该部将监管官员议叙具奏。朕观各处地亩肥瘠不同，朕巡视南方见彼处稻田岁稔时一亩可收谷三四石，近京玉泉山稻田一亩不过一石。又见古北口谷田丰收之年，一穗约三千粒，口外近边地方丰收之年穗几万粒，此皆土脉不同，故收获亦异，以此观之，达尔河等三处垦种所费无几，而所获必多矣。"

（清）官修：《圣祖仁皇帝实录》卷一五三，《清实录》第五册，康熙三十年九月至十二月条，北京：中华书局，1985年，第695—696页。

清圣祖康熙三十一年（公元 1692 年）

辛丑，上御瀛台内丰泽园澄怀堂，召尚书库勒纳、马齐等入。上曰："顷尔等进来时，曾见朕所种稻田耶？"诸臣奏曰："曾见过，稻苗已长尺许矣。此时如此茂盛，实未有也。"上曰："朕初种稻时，见有于六月时即成熟者，命取收藏作种，历年播种，亦皆至六月成熟，故此时若此茂盛。若寻常成熟之稻，未有能如此茂盛者。朕巡省南方时，将江南香稻暨菱角带来此处栽种。北方地寒未能结实，一遇霜降遂至不收。南方虽有霜雪，然地气温暖，无损于田苗。谚云：清明霜，谷雨雪，言不足为害也。总之南北地气不同，节候各异，寒暑之迟早，全视太阳之远近，所以赤道度数最宜详审，欲定南北之向，惟以太阳正午所到之处为准。即指南针亦不能无偏，设有铁器在旁，则针为所引，亦复不准，此是一定之理。今将一片石，以绳悬之，使之旋转，俟其既定，刻记所向南北，复动如前，其所向南北，仍复不变，即此可思其理，所以凡物皆有自然一定之理。"库勒纳奏曰："闻黑龙江日长夜短，虽晚日落，不至甚暗，不知何故。"上曰："黑龙江极东北之地，日出日入皆近东北方，所以黑龙江夜短，日落亦不甚暗。"又命看澄怀堂后院所栽修竹、前院盆内所栽人参及各种花卉。上指示曰："北方地寒风高，无如此大竹。此系朕亲视栽植，每年培养得法。所以如许长大，由此观之，天下无不可养成之物也。"

（清）官修：《圣祖仁皇帝实录》卷一五五，《清实录》第五册，康熙三十一年四月至七月条，北京：中华书局，1985年，第710页。

清圣祖康熙三十三年（公元1694年）

三十三年甲戌春正月乙卯，盛京歉收，命马齐驰往，以仓谷支给兵丁，海运山东仓谷济民食。丙辰，召见河道总督于成龙，问曰："尔前言减水坝不宜开，靳辅糜费钱粮，今竟何如？"成龙曰："臣前诚妄言。今所办皆照靳辅而行。"上曰："然则尔所言之非，靳辅所行之是，何以不明白陈奏，尚留待排陷耶？"因谕大学士曰："于成龙前奏靳辅未曾种柳河堤，朕南巡时，指河干之柳问之，无辞以对。又奏靳辅放水淹民田，朕复至其地观之，断不至淹害麦田。而王骘、董讷等亦附和于成龙言之。"下部议，将于成龙革职枷责。

（清）赵尔巽等：《清史稿》卷七《圣祖本纪二》，北京：中华书局，1977年，第238—239页。

清圣祖康熙三十四年（公元1695年）

兵部侍郎朱都纳、内阁学士嵩祝往盛京赈济回奏。上问曰："盛京田禾及环近各城田苗何如？"嵩祝奏曰："上下不等。盛京地方，比年失收。今岁虽有收，难支来岁。"上曰："盛京所贮之米尚有几何？若将赈给，可支几月？"
嵩祝奏曰："臣等差往赈济，计五十日，所用不至二万石。今自天津海口所
运，及锦州积贮之米，共十二万石有余。若将赈济，可支六七月。"上曰："海
运皆有定时，不可妄行。来岁着令再运。"

　　（清）官修：《圣祖仁皇帝实录》卷一六七，《清实录》第五册，康熙三十
四年五月至七月条，北京：中华书局，1985年，第817页。

　　盛京将军公绰克托等疏言："开原等处马甲，月给米二仓斛。步甲，月给
米一仓斛，需米十三万余石。今仓米止二万余石，不敷之米俟明年海运之米补
给。户部议仓米不足，每兵月给四仓斗。"上谕大学士等曰："此议甚属疏忽。
马甲之中，亦有人口少者。步甲之中，亦有人口多者。一例按甲支给，可乎？
海道运米，不可豫必明年全到。盛京田谷，亦不可豫必明年全收。凡事须曲尽
筹画，岂可徇情定议。此本发回。令察明人口给米。盛京数年失收，务多蓄
积。宜将蓟州山海关所贮之米，作何挽运？尔等议奏。"

　　（清）官修：《圣祖仁皇帝实录》卷一六八，《清实录》第五册，康熙三十
四年八月至十月条，北京：中华书局，1985年，第824—825页。

清圣祖康熙三十五年（公元1696年）

　　谕大学士阿兰泰、尚书马齐："今岁归化城一带，田谷既收，价亦甚贱。
俟到归化城，扈从人员应支十日口粮，可折价给发，令彼自买，其归化城所贮
之米，原以豫备师行，令存留此米，如右卫兵或有调遣，以之给散。其张家口
至归化城增设腰站俱撤去，将兵部马直抵杀虎口安设，又黑龙江兵出征日久，
据将军疏称行粮可至十一月初五日，俟至归化城时应派察哈尔兵五百、新满洲
人一百前往代之。"

　　（清）官修：《圣祖仁皇帝实录》卷一七七，《清实录》第五册，康熙三十
五年十月条，北京：中华书局，1985年，第905页。

清圣祖康熙三十七年（公元 1698 年）

谕户部："盛京系列祖创兴之地。朕谒祭陵寝，咨询民生。承德等州县今岁田禾未获全登，宜加恩恤。应征米豆，概行蠲免。尔部即移文该府尹，遍示闾阎，家喻户晓，务俾均沾实惠，以副朕爱民至意。"

（清）官修：《圣祖仁皇帝实录》卷一九〇，《清实录》第五册，康熙三十七年九月至十月条，北京：中华书局，1985 年，第 1019 页。

清圣祖康熙三十九年（公元 1700 年）

福建道御史刘珩疏言："直隶永平、真定等府田地，应令巡抚李光地视其近河之处，引水入田耕种。"上谕大学士等曰："水田之利，朕所洞悉。已交李光地，见令引水耕种，水利一兴，田苗不忧旱潦，岁必有秋，其利无穷，但不可太骤耳。"

（清）官修：《圣祖仁皇帝实录》卷二〇一，《清实录》第六册，康熙三十九年九月至十月条，北京：中华书局，1985 年，第 47 页。

清圣祖康熙四十二年（公元 1703 年）

康熙三十四至四十二年，逋赋又免黑龙江墨尔根各官庄霜灾田赋。

（清）官修：《清朝通典》卷十七《食货志十七·蠲赈下》，杭州：浙江古籍出版社，1988 年，第 2121 页。

清圣祖康熙五十四年（公元 1715 年）

户部议覆，奉天府府尹郝林疏言："奉锦两府多系招徕民人，恐愚民一时窘迫，将子女卖与别省人携去，或典卖旗下，请敕部定议作何禁止。又旗民地土虽各有圈开界分，但互相交错，易于侵占，以致争竞，且贪占已成熟田，必不肯尽力以垦未开荒地，亦请敕部通行严饬，勿许侵占，以杜争端。"查奉天民人原与他省不同，嗣后有将子女卖与别省人及旗下者，将买卖之人，照满洲、蒙古一应人等卖与汉军民人例治罪，州县官分别知情与否罚俸。其旗民有不于所圈界内垦荒而侵占熟田者，照定例治罪。得旨，奉天地方旗民杂处，生事之人及盗贼人命之事甚多，必照驻防省分旗民分居，方可无事，亦于地方有益，着九卿会同议奏。寻议覆：应令奉天将军、府尹，将奉天城内外旗民作何分开居住，定议具题，到日议奏。从之。

（清）官修：《圣祖仁皇帝实录》卷二六二，《清实录》第六册，康熙五十四年正月至三月条，北京：中华书局，1985 年，第 582 页。

清世宗雍正二年（公元 1724 年）

总理事务王大臣等议覆，副都统费雅思哈奏称，黑龙江将军现在齐齐哈尔驻劄，请移驻呼兰地方。副都统移驻阿尔楚哈，墨尔根驻劄之副都统，移驻拉林，再设副都统一员，驻浑春地方，俱选增披甲等语。查齐齐哈尔、船厂等处，共有将军二员，副都统五员，兵九千五百名。其防范鄂罗斯、蒙古等及一切差务，并无不敷。且齐齐哈尔、墨尔根等处，北捍鄂罗斯、西护索伦打虎儿，若将此项兵丁移驻呼兰、拉林等处，则北拒鄂罗斯益远。所关匪细，相应将移驻添兵之处无庸议。但黑龙江将军所驻之齐齐哈尔，地方硗薄，难以耕种，令将军移驻黑龙江，实属有益。其齐齐哈尔，亦属紧要，设一副都统，应驻兵若干之处，交与黑龙江将军，悉心议奏。又副都统田象坤条奏白都纳、船厂等处垦田一事，查白都纳、船厂俱系驿站大路，沿路垦田，似属无益。拉林、阿尔楚哈等处，地方辽阔，宜于垦田，且与船厂、白都纳相近。如何移驻垦田之处，亦交与船厂将军，令其查奏。

（清）官修：《世宗宪皇帝实录》卷二十七，《清实录》第七册，雍正二年十二月条，北京：中华书局，1985 年，第 420—421 页。

清世宗雍正四年（公元 1726 年）

辛酉，谕议政大臣等：“朕从前以直隶雨水过多，田禾歉收，米价腾贵。令盛京及口外地方严禁烧锅。已下谕旨。今闻盛京地方仍开烧锅，盛京口外蒙古交界之处，内地人等出口烧锅者甚多。无故耗费米粮，着严行禁止。”

（清）官修：《世宗宪皇帝实录》卷四十二，《清实录》第七册，雍正四年三月条，北京：中华书局，1985 年，第 625—626 页。

清世宗雍正十一年（公元 1733 年）

（雍正）十一年八月，命尚书班第察勘莽牛哨添汛事宜。先是，奉天将军奏请于莽牛哨添汛巡查，并于凤凰城外展边垦土。下部议行，昤奏其未便，是月班第奏：“莽牛哨在我境内，于朝鲜无涉，汛宜设。”得旨：“朝鲜世戴国恩，甚为恭顺。若安设此汛，彼国有违禁者，致王得罪，朕心不忍。可如所请，将莽牛哨设汛之处停止。”九月，减中江税额。

（清）官修：《清朝通典》卷九十七《边防一》，杭州：浙江古籍出版社，1988 年，第 2732 页。

清高宗乾隆元年（公元 1736 年）

　　户部议准盛京户部侍郎官保等疏称："广宁所属五道河至慈儿冈旗民耕种地亩，系自备资本、报垦成熟之地。未便照前杨什木哈达牧群总管对秦所请，设立牧厂。又称旗民人等自报新垦地八百三十五晌余亩，系傍熟地滋垦，应照例征粮。"得旨允行。

　　（清）官修：《高宗纯皇帝实录》卷十五，《清实录》第九册，乾隆元年三月下条，北京：中华书局，1985 年，第 417 页。

　　戊寅，总理事务王大臣遵旨议覆果亲王等各疏内留戍兵丁，奉天、宁古塔、黑龙江五千人，并三年当代。但此处兵丁皆熟练戍行，若尽易新兵，恐未练习。请于明年先更代二千五百人，又明年再更代二千五百人。其庆复请拨呼伦贝尔索伦兵，海望请拨索伦巴尔虎及内扎萨克与牛马群察哈尔兵之处，臣等详悉参酌。明年换班时，应拨察哈尔兵一千五百，以在京副都统一人率之。拨呼伦贝尔索伦兵一千，以黑龙江副都统一人率之，往代。又明年，选东三省兵二千，马群兵五百，往代。如此，则新旧相间，劳逸既均，而防戍兵亦皆精练。又平郡王奏防秋兵三千人，喀尔喀七旗中，独扎萨克图汗部落在拜达里克西南驻牧，正鄂尔昆之屏藩，当令于附近驻防。若拨往鄂尔昆，名为进守，反失其外障，实属未便。且鄂尔昆即有征调，相去甚近，无难立至，应如所请。令额驸策凌办理，又平郡王庆复并称内地扎萨克沿碛南而居，与喀尔喀接壤，亦当令发兵防秋，与喀尔喀互相应接，应如所请。令内扎萨克等每岁量拨兵二三千人防秋。又果亲王请豫令内扎萨克等各以拨兵豫备之数，及率兵之王台吉等名次某处兵由某路进，悉行定议，造册报部，亦应如所请办理。又平郡王请东三省及喀尔喀兵，每年于青草发生时，令向西北数百里外伊克达巴罕、乌兰达巴罕、齐老图等处牧放，至秋还营。此议自属可行。又归化城防兵所需马匹，前以平郡王奏请，蒙古兵现存马匹令于中途牧放备用，臣等议如所请。归化城倘或需马，可即以此刻期取用。又戍兵口粮，必当充裕，屯田最要。鄂尔昆地界宽广，大可耕种。若拨兵三千人，人各种二十五亩，计可垦田七百五十顷。以亩收五六斗计算，可得数万余石，少亦二三万石。现在军营所贮，尚支数年之用。至数年后所需，自当豫计。平郡王、庆复所奏相同。请交军营将军、参赞大臣等详悉办理。从之。

（清）官修：《高宗纯皇帝实录》卷三十三，《清实录》第九册，乾隆元年十二月下条，北京：中华书局，1985年，第645—646页。

清高宗乾隆二年（公元1737年）

（乾隆）二年八月奏：八旗生齿日繁，盛京、黑龙江、宁古塔三省土沃可垦，若将八旗闲散分居三省，则京城既多劲旅，而根本重地更添丁壮。

（清）官修：《钦定八旗通志》卷一六二《人物志四十二》，《景印文渊阁四库全书》第六六六册，台北：商务印书馆，1986年，第718页。

（闰九月）壬午，赈奉天小清河驿水灾。

（清）赵尔巽等：《清史稿》卷十《高宗本纪一》，北京：中华书局，1976年，第354页。

户部议覆直隶总督李卫奏筹办买补仓粮，赈济民食。查直属本年低处秋田虽淹，而高阜平原收获丰稔，民间粜卖，价值平贱。请不拘米谷高粱杂粮，按时价收买，照例搭放赈济，但本地所产米粮有限，若一时购买，恐于民食多妨。应于山东胶、莱、济宁等处采买。又奉天产米最多，亦请委员购办。倘奉天以上年曾被偏灾，恐致米贵，即将该处仓粮酌量留备足用，其余交委员领回，留价采买，补还仓谷。再河南楚王道口二镇，系从直隶归并，均属米粮聚所，亦应一体知照。至宣化府属州县应需米石，则于古北口外之热河及张家、独石二口外地方采买拨用，均应如所奏。得旨。依议速行。

（清）官修：《高宗纯皇帝实录》卷五十一，《清实录》第九册，乾隆二年九月下条，北京：中华书局，1985年，第866—867页。

乾隆二年，谕："方今天下土地不为不广，民人不为不众。以今之民，耕今之地，使皆尽力焉，则蓄储有备，水旱无虞。乃民之逐末者多，而地之弃置者亦或有之。纵云从事耕耘，而黍高稻下之宜，水耨火耕之异，南人尚多不谙，北人率置不讲，此非牧民之责，谁之责与？朕欲天下之民，使皆尽力南亩，而其责则在督抚。牧令必身先化导，毋欲速以不达，毋繁扰而滋事。将使逐末者渐少，奢靡者知戒，蓄积者知劝。朕即以此别督抚之优劣。至北五省之民，于耕耘之术更为疏略。其应如何劝戒百姓，或延访南人之习农者，以教导之。牧令有能劝民垦种，一岁得谷若何，三岁所储若何，视其多寡为激劝。毋轻率劾去，使久于其任，则与民相亲，而劝课有成。令部臣详悉定议。"寻议，仿周礼遂师之制。于乡民之中择熟谙农务，素行勤俭，为闾阎信服者，每一州县量设数人董劝。其地方官考绩之法均宽以岁月。如劝戒有方，境内地辟民勤，谷丰物阜，督抚于三年之内据实题报，官则交部议叙，老农量加奖赏。从之。命南书房翰林同武英殿翰林编纂授时通考。凡播种之方、耕耨之节、备旱捕蝗之术、散见经籍及后世农家者流之说，皆取择焉。

又谕令各州县于春耕秋敛之时，亲为履亩，察其勤惰，稽其丰歉。凡事有利农者申请举行，定承垦荒地例，凡土著流寓呈报开垦者，以呈报在先之人承垦。

（清）官修：《清朝通典》卷一《食货志一》，杭州：浙江古籍出版社，1988 年，第 2025—2026 页。

二年，设立黑龙江、呼兰地方官庄，每丁拨地六十亩，每十丁编为一庄，共庄四十所。每十庄设领催一名，皆于盛京将军所辖八旗挑选发往。

（清）官修：《清朝通典》卷三《食货志三》，杭州：浙江古籍出版社，1988 年，第 2033 页。

（乾隆二年），盛京迁移家口，每丁给碾磨银五两，其家口每人给整备行装银二两，沿途各给口粮，拨驿站车辆送至吉林。由吉林拨运粮船，仍给口粮送至湖兰。初至湖兰，每丁给冬夏衣帽，其家大口每月给粮二斗四升九合，小口半之。每开垦地六亩，给籽种二斗。每庄给牛六头。如有倒毙，动支库贮牛，价银买补。再湖兰安驻兵丁，各有垦种地亩，不能代官庄人等助垦。于每庄额给牛六头外，各多给牛二头，令全出己力垦种。此牛如有倒毙，无庸补给，每牛一头月给牛料粮一石二斗。其家口粮给一年，牛料粮给两月，皆停止。每丁所受之地，岁纳粗细粮三十石。第一年免输，第二年交半，第三年全纳。再委拨官兵采木造屋，每间各给四两饭银，动支库银仓粮。令该将军等分晰归款奏销。

（清）官修：《钦定八旗通志》卷六十六《土田志五》，《景印文渊阁四库全书》第六六五册，台北：商务印书馆，1986年，第343页。

清高宗乾隆四年（公元1739年）

四年十一月，盛京侍郎德福等疏言："朝鲜渔船被风飘至海宁界，资送渔户金铁等由陆路归国。"嗣后凡朝鲜民人被风漂入内地者，俱给赍护送归国。迄至光绪朝，抚恤如例。八年九月，帝诣盛京，昑遣使表贡，特赐御书"式表东藩"扁额，令使臣与诸王大臣宴。十一年九月，减中江税额。十三年五月，盛京刑部侍郎达尔党阿奏言："十二年十二月，朝鲜贡使过万宝桥，奴人士还以马逸失银，诡称迷路，夜入人家，诬执宋二等为盗，讯明，照所诬罪加三等，拟杖徒。"帝谕从宽免罪。又朝鲜国人李云吉诱胁女口，越疆转卖，照例拟绞监候。仍照乾隆五年定例，入于秋审册内，核拟具奏。又朝鲜国王咨称，训戎镇越江东边有乌喇民人造屋垦田。礼臣议照康熙五十四年定例行，令宁古塔将军确察禁止，毁其房屋，其违禁民人，及不行察禁之该管官，照例办理。又奏："朝鲜人入山海关，所带货物，如系彼国土产，与凤凰城总管印文相符，及出关所带货物与本部劄付相符，免其输税。此外如别带物件，及不系彼国所产者，即照数按则输税。倘有违买禁物，监督查出，报部治罪。"是年，朝鲜国王咨称，日本关白新立，照例通使，礼臣奏复，允之。

（清）赵尔巽等：《清史稿》卷五二六《属国一·朝鲜》，北京：中华书局，1977年，第14588—14589页。

清高宗乾隆五年（公元1740年）

王大臣议覆兵部左侍郎舒赫德奏称："奉天地方关系甚重，旗人生齿日繁。又兼各省商民辐辏，良莠不齐，旗人为流俗所染，生计风俗，不如从前。

若不亟为整饬，日久人烟益众，风俗日下，则愈难挽回。臣等恭抒管见，列为八款：一、山海关出入之人必宜严禁。向例在奉天贸易及孤身佣工者，由山海关官员给与照票，始行放出。其携眷者概不放行，是以奉天聚集之人尚少，嗣因直省数州县歉收。附近居民有愿携眷移出者，由直隶总督处交地方官，将所到之人验放。因此他省民人，携眷移居渐众，粮价日益增，风俗日益颓。其携本贸易者，尚有回转之日，其佣工之人，一至彼处依恋谷贱，羁留不归。嗣后凡携眷移居者，无论远近，仍照旧例不准放出。若实系贸易之人，交山海关官员，将出口人数目、姓名并所居地名，现往奉天何处贸易，一一盘问清楚，给与照票，再行放出。及至贸易地方，令奉天官员查验执照，再令贸易。俟回时仍将原票缴销。再令山海关地方官于年底将贸易人数、姓名造具清册，行令奉天将军府尹交该地方官查核。如无照票，并无正本买卖散行者，即解回原籍，永远禁止出口。其在山海关附近三百里以内居住及出口耕田者，亦应一体给票，俟入口时缴销。若至应入口之时并不进关者，由原给票之官员处，行文奉天地方官催令归还。若山海关官员，于出口之人并不给票，即行放出。而奉天官员将此无票散行之人隐匿容留者，照失察出口逃人律议处。关口各员属下胥役，若有借端勒索等事，从重治罪，将该地方官照失察胥役受贿律议处。应请豫行直隶、山东、河南、山西各督抚，晓谕商民。过半年后，再照新例施行。一、严禁商船携载多人。查奉天所属地方海口，因通浙江、福建、山东、天津等处海界，其商船原无禁约。该地方官给与船票，经过各海口照例查验，钤加印记，始准开行。此内山东天津之船载人无数，每次回空，必携载多人，若不禁止，则人知旱路难行，必致径由水路。应请交直隶山东各督抚，转饬州县，嗣后遇有前往奉天贸易商船，令其将正商船户人数，并所载货物数目，逐一写入照票。俟到海口，该地方官先将照票查明，再令卸载。若票载之外，携带多人，即讯明申报府尹，解回本地，若地方官明知隐匿，照失察漕船隐匿逃人律议处。一、稽查保甲宜严。查奉天地方，虽有领催、乡约、牌头稽查，难以周至。雍正四年，经前任将军噶尔毕，奏请设立保甲。虽经奉行，而游手无稽之徒，仍未尽除。近复晓谕严察。而外来民人安居年久，有曾入州县档册者，亦有未经载入者。似此若不清查，复严保甲。不但地方不能肃清，征收地丁钱粮必多隐匿。应饬令无论旗民，一体清查。除已入档者毋庸议外，其情愿入档者，取结编入档册。不愿入档者，即逐回原籍。该地方乡约，若隐匿不首，严究治罪，地方官失察，照例议处。一、奉天空闲田地宜专令旗人垦种。查奉天各处旗人，原借地亩养赡家口，渔猎山水之利，比户丰裕。此数年来生齿日繁。又因游民聚集甚多，将旷园熟土，大半占种。雍正五年，丈量地亩，虽经议定，将余地令旗人垦种。至今旗人垦种者少，而民人开垦者多。究其缘由，百姓开垦地亩，不过呈报地方官，即得开垦，限年升科三年至十年不等。旗人开垦田亩，必须呈明各该管官，转行盛京户部查明，始准开垦。于本年即行升科，是以旗人开垦山厂者反少。又查从前丈出地亩尚多隐匿，不即时禁止，百姓开垦日久。腴田皆被所据，满洲本业，愈至废弛。请将奉天旗地民地，交各地方官清查。将果园、果林、围场、芦厂于刈田后再行明白丈量。若仍有余田，俱归旗人。百姓人等禁其开垦。一、严禁凿山以余地利。查奉天所属各地方山内，因出铅筋硫磺等物，曾经严禁偷凿，但谋利之徒，总以出煤为辞。就中偷取铅筋硫磺，希图获利。雍正十二年间，有民人田秀等率众私挖矿磺，曾经拿获治罪。今请将奉天城东南白西湖地方，供应陵寝煤筋。从前开过煤窑，不干例禁外。其余虽有煤筋，永行严禁，不许挖取。一、重治偷挖人参以清积弊。查威远堡边口外至凤凰城六口门外，皆产参之地。从前拿获偷挖人等，未及十两者，罪止枷号鞭责。此辈止趋重利，情甘犯法。嗣后除将会同百人以上，所得人参过五百两者，照例拟绞。不足百人，所得人参不足五百两者，亦照例杖徒外。其一二人私挖人参、不足十两者，分别初犯、再犯、三犯，治罪。一、宗室觉罗风俗宜整。查驻扎奉天之宗室觉罗等，原因无专管之人，往往滋生事端。此数年来，皇上特派宗室章京，驻扎陵寝边界，复设宗室族长，令其统辖。施恩立学，派总管副总管训教，由是渐安本分。但宗室屯居者多乡村小民，愚昧无知，未免有与宗室互相争讼之事。遇此等事件，本地方官吏必拘讯两造，始可明白。但宗室本无拘讯之理，只将伊等家人拘对。竟有草草了事者，以此不得尽法。嗣后遇有宗室或与旗人，或与民人互相控诉，俱令呈报将军衙门。会同宗学总管、族长审讯，若宗室无过，将平人照例交该处完结。宗室有过，即报宗人府听候办理。倘有当拟罪名者，会同该部具奏。一、出关旗人给与凭记以便查察。奉天地方五旗之王、贝勒、贝子、公等之庄头，及大臣官员之庄屯地亩甚多。每年有自京遣人查比丁额、收取粮石者，虽带有出关之票，然到关缴出。及至奉天，无凭查考，恐不肖之徒冒称自京遣来者，未免滋生事端。兵部于差往各省之人，有给与路引之例，嗣后京城王公等门下差往庄头处人员，及大臣官员等差遣之人，由兵部给与口票外，仍给路引，以备查勘。"以上各条，均应如所奏行，并请敕下该将军、府尹妥行办理。从之。

（清）官修：《高宗纯皇帝实录》卷一一五，《清实录》第十册，乾隆五年四月下条，北京：中华书局，1985年，第688—691页。

清高宗乾隆六年（公元1741年）

是月，大学士查郎阿、侍郎阿里衮奏臣等于吉林乌喇所属地方查看三姓等处，竟无成段荒田，兼地寒霜早，五谷难以全种，不宜屯垦。拉林阿勒楚喀地方有地一段，周八百余里，斐克图地方有地一段，周二百五十余里，皆系上地。现在稍有旗民已垦之处五谷俱获收成，又于黑龙江所属之呼兰地方看地一段，周五百余里。佛忒喜素素地方看地一段，周二百余里，亦属可垦。其齐齐哈尔等处，虽有荒甸，亦无成段上地。报闻。

（清）官修：《高宗纯皇帝实录》卷一五七，《清实录》第十册，乾隆六年十二月下条，北京：中华书局，1985年，第1254页。

六年，增设呼兰庄屯五所，择闲丁五十名领种。

（清）官修：《清朝通典》卷三《食货志三》，杭州：浙江古籍出版社，1988年，第2033页。

清高宗乾隆七年（公元1742年）

兵部议覆议政大臣和硕裕亲王广禄等会议。黑龙江将军博第等奏称："黑龙江城内贸易民人，应分隶八旗查辖。初至询明居址，令五人互结注册，贸易毕促回，病故回籍除名，该管官月报。如犯法，将该管官查议。其久住有室及非贸易者，分别注册，回者给票，不能则量给限期。嗣后凡贸易人娶旗女，家人女典买旗屋，私垦租种旗地，及散处城外村庄者，并禁。再凡由奉天船厂等处，及出喜峰口、古北口前往黑龙江贸易者，俱呈地方官给票，至边口关口查验，方准前往。至黑龙江索伦等交纳官貂外，余俱钤给听卖，未钤者买卖均罪。买者呈验，将数目及进何口之处注票，至口查对。"得旨。回原籍之民人，着勒限三年。余依议。

（清）官修：《高宗纯皇帝实录》卷一六二，《清实录》第十一册，乾隆七年三月上条，北京：中华书局，1985年，第43页。

王大臣等议奏，前议拨满洲兵一千名，往拉林、阿勒楚喀耕种。所有办理起程，建造房屋、仓廪、垦荒、积谷，设立虚职骁骑校、乡长管辖。已酌定六款。交钦派之侍郎三和、副都统巴灵阿等前往办理。今三和、巴灵阿会同该将军鄂弥达酌议应办事件，二年内可结，所有移驻之满洲等，俟九年秋季，令其起程，并胪列七条具奏：一、请将此一千满洲分为左右十六村。就各庄分给地亩，每村凿井四眼，再共建官署二十一间。副都统住房三十六间，地十二顷。协领住房十八间，地八顷。满兵住房五千间，即拨白都讷、三姓二处兵三百名营造，派协领一员、章京九员监修。其匠役工食银，照伊屯地方兵房之例，每间银三两三钱。一、建造之木料。即令派出之白都讷、三姓兵丁等，于本年十月间，在拉林河源处砍伐。明年河冰融化，即顺流运致。茅草亦于拉林河口附近处割取，至伐木及建造各员弁，每人月给盐菜银二两。兵丁等日给盐菜银三分。一、给与满洲地亩。前经王大臣议，遣吉林闲散余丁与驿站壮丁等开垦。吉林等处余丁多年幼不能耕种，驿站壮丁各有差使。请派吉林乌拉兵八百名、阿勒楚喀兵二百名、驿站夫五百名开垦，日给口粮盐菜银四分。并择熟悉耕作之吉林官五员、领催三十名，官员月给盐菜银二两，领催日给盐菜银三分。一、垦地兵丁站夫等一千五百名。应采买耕牛一千五百头，额外采买一百头，疲病补给，请自本年十二月初一日买起，至明年正月三十日止，照例每头价银七两。日饲草二捆，料一升。用时加料三升，俱照时价采买。每牛三头为一具，共计五百具。初年可开田一千二百顷，次年仍耕成熟地亩，每具止用牛二头，计剩牛六百头。再派六百人加垦，约得五百顷。俟移驻之满洲到时，每人按所垦地亩匀给，并与耕牛，其余地亩，随力开垦。一、移驻之满洲既归入阿勒楚喀八旗，每旗补委虚职骁骑校一员。每庄补放七品乡长一员，请给虚职骁骑校地各五顷，乡长地各四顷。过三年后，遇有本旗骁骑校缺出，将虚职骁骑校与本处领催等一体补放。虚职骁骑校缺出，于七品乡长内拣放。乡长缺出，于移驻之满洲内拣放。此一千人内，如有情愿当差者，亦过三年后，俟各佐领下披甲人缺出，与彼处闲散幼丁一体挑取。一、养牛五百具。初年可得谷四五万石，下年耕种熟田，又可得谷八九万石。再六百人加垦，约可得谷二万石。请照吉林乌拉永宁仓例，建仓一百二十六间。一、移驻之满洲如遇红白事，未免拮据，请动吉林库银一万两，交殷实才能官员，每月生息一分五厘。俟移驻满洲到时，本利并交副都统生息。照吉林等处例赏给。其赏余银，遇年谷丰登，一时不能粜卖，即照时价籴谷贮仓，以备荒歉。均应如所请。从之。

（清）官修：《高宗纯皇帝实录》卷一七八，《清实录》第十一册，乾隆七年十一月上条，北京：中华书局，1985年，第295—296页。

戊寅，谕：从前朕曾降旨，欲亲奉皇太后前诣盛京恭谒三陵。彼时因口内经过地方，田禾歉收，是以降旨暂停，俟收获之年再行前往。二年以来，直隶所属地方屡获丰稔。故朕欲明岁前往，敕令遣人赴盛京察看道路。乃此际有人奏称，盛京所属地方又经被水，祈暂停前往。时值水灾，朕心深为廑念。但恭谒祖陵之事，每以不能前往迁延时日，不惟于敬谨之道不合，而心内亦实不自安。如前往时一切需用之项，虽俱系官办，而随从人员甚众。地方出产无多，甚虑在下人等或至匮乏。今将军额尔图等来京，细问彼处情形。据称盛京所属，虽数处稍潦。今水俱涸，明年可以耕种，一切应行备办，及应行官备之项，现俱办理。即随从在下人等所用之物，亦不致购买有误，尚易办理，地方亦无繁难之处等语。额尔图系该地方将军，如稍有疑虑之处，伊必奏请停往。今既奏称尽可前往，即定于明岁秋季起程，由向导处所看之和尔素一路前往，所有一切应行料理。应行备办之项，豫为料理备办。着原派出之王大臣会同将军额尔图等公同商酌。定议具奏。

（清）官修：《高宗纯皇帝实录》卷一七九，《清实录》第十一册，乾隆七年十一月下条，北京：中华书局，1985年，第310—311页。

王大臣等议奏，前据宁古塔将军鄂弥达奏称，吉林等处设义仓。拨兵耕种以来，毫无裨益，兵丁反有苦累，且现存之谷大半霉变。经臣等以设仓贮谷，原备缓急之需，若辄行停止，歉收无由接济。今黑龙江等处既有兵丁耕种公田，交纳谷石之例，应令照此例。将未垦荡田，酌量垦种等因议准在案。今据该将军鄂弥达查奏，吉林各属义仓，向系就近分设，并非设于一处。若照黑龙江之例，归于一处，使数百里外之人移来垦种，多有未便。且吉林城二百里外，始有荡田可耕，收获谷石，运送至仓，亦属艰难。请于吉林八旗四十八佐领下，每佐领各置牛一具，水手牛六具，乌拉九台津渡水手牛十具，四边边门各牛五具。金州、鄂佛罗等十七台，牛十具，每具三人，各于本处垦田耕种。每人征仓斛谷十六石，交纳本处之仓收贮。倘遇籽粒不获或值歉收，散给贫苦兵丁，秋收照数归还。每石加收五升，其置买牛只农器，请于库贮盈余银内动支等语。应如所请。每年收获谷石。令三分粜二存一，至该将军复称三姓、宁古塔、阿勒楚喀、珲春各等处之义仓，一体办理。但各处现在应如何耕种，仓内有无存贮谷石，何处应牛若干具，置买牛只农器动支何项银两之处均未声明。应令该将军核议具奏。从之。

（清）官修：《高宗纯皇帝实录》卷一八〇，《清实录》第十一册，乾隆七年十二月上条，北京：中华书局，1985 年，第 327—328 页。

（十二月）庚戌，赈奉天承德等五州县饥。

（清）赵尔巽等：《清史稿》卷十《高宗本纪一》，北京：中华书局，1976年，第 374 页。

七年，又议准呼兰左近温得亨山及都尔图地方，土性肥饶，水草佳美，选壮丁五十名增设庄五所，合六年增设之五所，共十庄，亦设领催一名。

（清）官修：《清朝通典》卷三《食货志三》，杭州：浙江古籍出版社，1988 年，第 2033 页。

清高宗乾隆八年（公元 1743 年）

盛京为我朝丰沛之地，人心风俗最为淳朴……俱各力田躬耕，以资生计。今则本身自种者少，雇民佃种者多，将来生齿日众，若不务农业，惟资钱粮度日，费用又繁。

（清）官修：《高宗纯皇帝实录》卷二〇六，《清实录》第十一册，乾隆八年十二月上条，北京：中华书局，1985 年，第 649—650 页。

八年，天津、河间二府大旱。九年，潮生复疏言："河间、天津二府经流之大河三：曰卫河，曰滹沱河，曰漳河。其余河间分水之支河十有一，潴水之淀泊十有七，蓄水之渠三；天津分水之支河十有三，潴水之淀泊十有四，受水之沽六：水道至多。向若河渠深广，蓄泄有方，旱岁不能全收灌溉之功，亦可得半。即不然，而平日之蓄积，亦可支持数月，以需大泽之至。何至抛田弃宅，挈子携妻，流离道路哉？水利之废，即此可知矣。甘霖一日不足，则赈费固不可已。臣窃以为徒费之于赈恤，不如大发帑金，遴遣大臣经理畿辅水利，俾以济饥民、消旱潦，且转贫乏之区为富饶。救时之急务，筹国之远谟，莫以易此。臣考汉张堪为渔阳太守，于狐奴开稻田八千顷，狐奴今昌平也。北齐裴延俊为幽州刺史，修古督亢坡，溉田万余亩，督亢今涿州也。宋何承矩为河北制置使，于雄、鄚、霸州兴堰六百里灌田。明汪应蛟为天津巡抚，捐俸开二千亩，亩收四五石。今东西二淀，即承矩之塘泺，天津十字围，即应蛟水田之遗址。国朝李光地为巡抚，请兴河间水田，言涿州水占之地，每亩售钱二百，开成水田亩易银十两。上年总督高斌请开永定河灌田，亦云查勘所至，众情欣悦。臣闻石景山有庄头修姓，自引浑河灌田，比常农亩收数倍。蠡县亦有富户自行凿井，旱岁能收其利。霸州知州朱一蜚劝民开井二十余口，民颇赖之。证之近事，复确有据，则水利之可兴也决矣。今请特遣大臣赍帑金数十万两，往河间、天津二府，督同道府牧令，分委佐贰杂职，除运道所关，及滹沱正流水性暴急，慎勿轻动，其余河渠淀泊，凡有故迹可寻者，皆重加疏浚。又于河渠淀泊之旁，各开小河；小河之旁，各开大沟：皆务深广，度水力不及则止。节次建立水门，递相灌注。旱则引水入沟以溉田，潦则放闸归河以泄水。其离水辽远之处，每田一顷，掘井一口，十顷掘大塘一口，亦足供用。其中有侵及民田，并古陂废堰为民业已久者，皆计亩均分拨还，即将现在受赈饥民及外来流民，停其赈给，按地分段，就工给值，酌予口粮，宁厚无减。一人在役，停其家赈粮二口；二人在役，停其家赈粮四口。其余口及一户皆不能执役者，仍如例给赈。其疏浚之处，有可耕种，即借予工本，分年征还。更请别简大臣，赍帑金分巡直隶各府，一如河间、天津二府，次第举行。或曰：'北土高燥，不宜稻种，土性沙碛，水入即渗，挖掘民地，易起怨声。前朝徐贞明行之而立败，怡贤亲王与大学士朱轼之经理亦垂成而坐废，可为明鉴。'臣按九土之种异宜，未闻稻非冀州之产，玉田、丰润杭稻油油。且今第为之兴水利耳，固不必强之为水田也。或疏或浚，则用官资，可稻可禾，听从民便。此不疑者一也。土性沙碛，是诚有之，不过数处耳，岂遍地皆沙碛乎？且即使沙碛，而多一行水之道，比听其冲溢者不犹愈于已乎？此不疑者二也。若以沟渠为捐地，尤非知农事者。凡力田者，务尽力而不贵多垦。今使十亩之地，捐一亩以蓄水，而九亩倍收，较十亩皆薄入孰利？况捐者又予拨还。此不疑者三也。至前人屡行屡罢，此亦有由，贞明所言百世之利，其时御史王之栋参劾，出于奄人勋戚之意。其疏亦第言溥沱不可开，未尝言水田不可行也。但其募南人开垦，即以地予之，又许占籍。左光斗之屯学亦然。是夺北人之田，又塞其功名之路，其致人言也宜矣。至营田四局，成绩具在。当日效力差员，不无举行未善，所以贤王一没，遂过而废之，非深识长算者之所出也。非常之原，黎民所惧，所贵持久，乃可有功。秦开郑、白之渠，利及百世，而当时至欲杀水工郑国。汉河东太守番系引汾水灌田，河渠数徙，田者不能偿种。至唐长孙恕复凿之，亩收十石。凡始事难，成事易。赓续以终之则是，中道而弃之则非。此不疑者四也。至水利既兴，招募农师，造作水器，逐年作何经理，俾永无湮塞，应听在事大臣详加筹画。皇上视民如子，凡有赈恤，千万帑金亦无可惜。即如开通京师沟道，估费二十余万，以视兴修一省水利，轻重较然。况此举乃以阜财，非以费财。天灾国家代有，荒政未有百全，何如掷百万于水滨，而立收国富民安之效？纵有尧灾汤旱，亦可挹彼注兹，是谓无弊之赈恤。连年米价屡廑圣怀，尽停采买，岂可久行？捐监输仓，亦非上策。若小民收获素裕，自然二釜有资。臣访问直隶士民，皆云：'有水之田较无水之田，相去不啻再倍。'是谓不竭之常平。近畿多八旗庄地，直隶亦京兆股肱，皆宜致之富饶，始可居重驭轻。汉武帝徙豪民于关中，明成祖迁富家于帝里，固非王政，不失深谋。若水利既兴，自然军民两利，是谓无形之帑藏。且雨者水土之气所上腾而下泽也，土气太甚，则水气受制。直隶近年以来，闵雨者屡矣。但使水土均调，自可雨旸时若，是谓有验之调燮。且水性分之则利，合之则害；用之则利，弃之则害。故周用有言：'人人皆治田之人，即人人皆治水之人。'张伯行亦主此论。陆陇其为灵寿令，督民浚卫河。其始颇有怨言，谓开无水之河以病民；既而水潦大至，独灵寿有宣导，岁竟有秋。货殖者旱则资舟，为国者备斯无患，是谓隐寓之河防。今生齿日繁，民食渐绌。臣愚以为尽兴西北之水田，辟东南之荒地，则米价自然平减。但事体至大，请先以直隶为端，行之有效，次第举行。乐利万年，庶其在此！"

（清）赵尔巽等：《清史稿》卷三〇六《柴潮生传》，北京：中华书局，1977年，第10535—10539页。

（乾隆）八年，谕：盛京户部庄头每年交纳仓粮。今朕恭谒祖陵，亲诣盛京，轸念各庄头终岁勤苦，输将无误，着将八年分应交仓粮加恩宽免。再各庄头尚有七年分未完米豆，着一并豁免。又免纳克舒三十九部落明年额赋。

（清）官修：《清朝通典》卷十六《食货志十六·蠲赈下》，杭州：浙江古籍出版社，1988年，第2110页。

（高宗八年十一月）壬寅，贷黑龙江被旱被霜兵丁等仓粮。

（清）赵尔巽等：《清史稿》卷十《高宗本纪一》，北京：中华书局，1976年，第378页。

清高宗乾隆九年（公元1744年）

庚申，谕直隶河间、天津、深州等属十六州县，上年被灾较重，今春雨泽愆期。朕恐二麦收成不能期必。小民东作方兴，已降旨于停赈之后，再加赈四月一个月，以资其力作。目今雨泽稽迟，麦收已经失望，而秋田收获尚早，此际若不格外加恩，恐贫民仍不免于乏食。着再加赈五月一个月，该部即传谕总督高斌先期筹画，速行办理。寻奏如此厚泽，不特臣等思虑不及。即河间等属百万灾黎，亦想望不到。天泽感通，将甘霖普遍矣。得旨，是何言欤？益增愧耳！又奏："一月赈额，约需米二十三万石，查今春截留漕米十万石，奉天采买粟米八万石，高粱七万余石，古北口外买米除拨供陵糈外，余三万石，共二十八万余石。除被灾较轻州县拨运借粜，及顺德府属储备三万石外，计灾重十六州县。派领现有之米粮，合之一月赈额，尚不敷五万余石。应在豫省彰、卫二府现在运直之十五万石谷内动用凑赈。"得旨，所奏俱悉。

（清）官修：《高宗纯皇帝实录》卷二一四，《清实录》第十一册，乾隆九年四月上条，北京：中华书局，1985年，第750页。

山西道御史柴潮生奏："古者东南未辟，王畿侯国皆在西北。王畿不过千里余，递减至五七十里，地可谓狭矣！一夫受田百亩，周制六尺为步。百步为亩，仅当今二十六亩有奇。田可谓少矣！而祭祀之粢盛、宾旅之既廪、君卿百官吏人之禄入、赈贷之委积、战阵之刍粮，无不取给于此，费可谓广矣！而且三年耕，有一年之食。九年耕，有三年之食。今之天下，即古之天下，何无备之甚也！则以田制既已尽废，水利亦复不修，平日卤莽而薄收，一有急则待赈恤为活计而已矣。查河间、天津二郡，经流之大河三，曰卫河、曰滹沱河、曰漳河，其余河间府分水之支河十有二。潴水之淀泊十有七，蓄水之渠三。天津府分水之支河十有三，潴水之淀泊十有四。受水之沽六，是水道之至多，莫如此二处。故河间号为瀛海，山东之水，于此而委输。天津名曰直沽，畿辅之水于是而奔汇。若蓄泄有方，即逢旱岁，灌溉之功，可救一半。即不然，而平日之蓄积亦可撑支数月，以需大泽之至。何至抛田弃宅，挈子携妻，流离道路哉！虽其事属已然，言之无益。然水利之废，即此可知。今甘霖一日不足，则赈费固不可已。臣窃以为徒费之于赈恤，不若大发帑金，遣大臣将畿辅水利尽行经理，既可接济赈民，又可潜消旱潦。而且转贫乏之区为富饶，一举两得，转败为功。直隶为禹贡冀州之域，田称中中。今日土壤，乃至瘠薄。东南农民，家有五十亩，十口不饥。此间虽拥数顷之地，常虑不给，可怪之甚也。虽其土燥人怠，风气异宜，亦不应悬殊至此。汉张堪为渔阳太守，于狐奴开稻田八千顷，民有两歧之歌。狐奴，今之昌平也。北齐裴延俊为幽州刺史，修古督亢陂，溉田百万余亩，为利十倍。督亢，今之涿州也。宋何承矩为河北制置使，于雄鄚霸州一带，兴堰六百里灌田，初年无功，人咸病之，次年大熟。承矩辇稻米入都示朝臣，谤者乃息，边民之食以充。明汪应蛟为天津巡抚，欲兴水田，将吏皆不欲。应蛟乃捐俸自开二千亩。亩收四五石，惟旱稻以砬立槁，于是军民始信。今东西二淀，即承矩之溏泺。天津十字围，即应蛟水田之遗址。又查国朝李光地为巡抚，请兴河间水田，言涿州水占之地，每亩售钱二百。尚无欲者，一开成水田，亩易银十两。上年直督高斌，请开永定河灌田，亦云。查勘所至，众情欣悦。又臣闻石景山有庄头修姓，家道殷实。能自引浑河灌田，比常农亩收数倍，旱潦不致为灾。又闻蠡县亦有富民，自行凿井灌田，愈逢旱岁，其利益饶。又闻现在霸州知州朱一蜚，于二三月间曾劝民开井二千余口，今颇赖之，则水利之可兴也决矣。今请特遣大臣一员，赍帑金数十万两，前往河间、天津二府，督同道府牧令，分委佐贰杂职。除运道所关，及滹沱正流，水性暴急，慎勿轻动。其余河渠淀泊，凡有故迹可寻者，皆重加疏浚。而又于河渠淀泊之旁，各开小河。小河之旁，各开大沟，皆务深广，度水力不及则止。节次建立水门，递相灌注。旱则引水入沟以溉田，潦则放闸归河以泄水。其离水寥远之处。每田一顷，掘井一口，十顷，堀大塘一口。亦足供用，其中有侵及民地。并古陂废堰，为民业已久者。皆计亩均匀拨还，民情自无不踊跃乐从。即将现在之赈民，与递回之流民，停其赈给。按地分段，派令就工。逐日给与工值，酌济二三人口粮，宁厚毋减。一人在役，停其家赈粮二口；二人在役，停其家赈粮四口；其余口与一户皆不能执役者，仍照例给赈。其疏浚之后，有可耕种者，即借予工本，分年征还。更请另简大臣一员，赍帑分巡直隶各府，一如河间、天津二府办理。虽所费繁多，而实为畿辅兴无穷之利，与议赈迥然不同。然而或曰北土高燥，不宜稻种也，土性沙砬，水入即渗也。挖掘民地，易起怨声也。且前明徐贞明行之而立败。怡贤亲王与大学士朱轼之经理，亦垂成而坐废，可为明鉴。臣窃以为九土之种异宜，未闻稻非冀州之产。现今玉田、丰润秔稻油油，且今第为兴水利耳。固不必强之为水田也。或疏或浚，则用官资。可稻可禾，听从民便。此不疑者一也。土性沙砬，不过数处耳。且即使沙砬而多一行水之道，比听其冲溢者，犹愈于已乎。不疑者二也。若以沟渠为损地，此尤非知农事者，凡力田务尽力而不贵多。今但使十亩之地。损一亩以蓄水，而九亩倍收，与十亩皆薄入孰利。况损地者，又予拨还，不疑者三也。至于前人之屡行屡罢。此亦由徐贞明有干济之才，所言亦百世之利。其时御史王之栋参劾，出于奄人勋戚之意，其疏载在省志，不过言滹沱不可开耳，未尝言水利不可行也。但其募南人开垦，即以其地予之，又许占籍。是夺北人之田，而又塞其功名之路也。其致人言也必矣。至营田四局，则成绩具在。公论难诬，但当日效力差员，不无奉行不善之处。所以贤王一没，遂尔废之。非深识长算者之所出也。凡始事难，成事易。赓续以终之则是。中道而弃之则非，不疑者四也。今日生齿日繁，民食渐绌。苟舍此不为经理，其余皆为末节。臣愚以为尽兴西北之水田，尽辟东南之禁地，则米价自然平减，阊阖立致丰盈。但其事体至大，请先就直隶为端，俟行之有效，次第举行。"得旨。大学士会同九卿速议，具奏。

（清）官修：《高宗纯皇帝实录》卷二一六，《清实录》第十一册，乾隆九年五月上条，北京：中华书局，1985年，第777—780页。

清高宗乾隆十年（公元 1745 年）

又议奏："京仓现存黑豆，除应给各处驼马牛鹿需用外，止余三万余石。目今直属，虽节次得雨，而豆田恐有歉收，自应豫筹。但远赴豫、东二省及奉天等处采买，未免烦费。查宣化府属现存屯豆十一二万石，若运至京师以资勤拨平粜，较为便易。得旨，依议。既有余豆，可于宣府兼宣、顺适中之地豫行平粜数千石，则回銮时众不苦刍秣之需矣。亦行令那苏图妥办。"

（清）官修：《高宗纯皇帝实录》卷二四五，《清实录》第十二册，乾隆十年七月下条，北京：中华书局，1985 年，第 167 页。

户部议准，黑龙江将军傅森等奏称："齐齐哈尔地方被旱，黑龙江地方被水，计禾稼失收户口，齐齐哈尔不敷粮九千五百十九石有奇，请于存公仓粮拨给；黑龙江不敷粮一万二千二十八石有奇，除拨给公仓细粮一千石，不敷粮数于备存仓粮内动支借给。俟次年将本处公田及兵丁本身地耕获粮石补还。"得旨。依议速行。

（清）官修：《高宗纯皇帝实录》卷二五四，《清实录》第十二册，乾隆十年十二月上条，北京：中华书局，1985 年，第 284 页。

十年，疏陈理财三策，言："治天下要务，惟用人、理财两大事。承平日久，供亿浩繁，损上益下，日匮宸衷；而量入为出，似尚未筹至计。《礼》曰：'财用足故百志成。'若少有窘乏，则蠲征平赋、恤灾厚下之大政俱不得施。迟之又久，则一切苟且之法随之以起。此非天下之小故也。顷见台臣请定会计疏，言每年所入三千六百万，出亦三千六百万。就今日计之，所入仅供所出。就异日计之，所入殆不足供所出。以皇上之仁明，国家之闲暇，而不筹一开源节流之法，为万世无弊之方，是为失时。臣等荷恩，备官台省，不能少竭涓埃，协赞远谟，是为负国。以臣之计，一曰开边外之屯田以养闲散，一曰给数年之俸饷散遣汉军，一曰改捐监之款项以充公费，三者行而后良法美意可得而举也。满洲、蒙古、汉军各有八旗，丁口蕃昌，视顺治时盖一衍为十，而生计艰难，视康熙时已十不及五，而且仰给于官而不已。局于五百里之内而不使出，则将来上之弊必如北宋之养兵，下之弊亦必如有明之宗室，此不可不筹通变者也。臣闻奉天沿边诸地，水泉肥美，请遣干略大臣，分道经理。视可屯之处，发帑建堡墩，起屋庐，置耕牛农具，令各旗满洲除正身披甲在京当差，其次丁、余丁力能耕者前往居住。所耕之田，即付为永业，分年扣完工本，更不升科。惟令农隙操演，数年之后皆成劲卒。逐年发往军台之人，令其分地捐赍效力，此后有愿往者，令其陆续前往。此安顿满洲闲散之法也。"

（清）赵尔巽等：《清史稿》卷三〇六《柴潮生传》，北京：中华书局，1977年，第10539—10540页。

清高宗乾隆十一年（公元1746年）

兵部议覆，朝鲜国王李昑奏称："近闻熊岳副都统来中江查阅边界，欲于莽牛哨添设屯兵，凤凰城展栅开垦。伏念凤凰城栅外旷地百余里禁人居住，以免混杂。今若垦土设屯，则衣带之水，不足以限。往来之路，易于相通。"

（清）官修：《高宗纯皇帝实录》卷二七一，《清实录》第十二册，乾隆十一年七月下条，北京：中华书局，1985年，第532页。

大学士等议奏奉天将军达勒当阿奏请派员查勘新开鸥鹰等河一折："查奉天所属广宁等处地势低洼，而新开鸥鹰等河向无河身，遇雨水过多，漫衍四出。若开一大河，引水归海，不特孔道乡村可保无虞，于旗民荡田均有裨益。但盛京发祥之地，开挖河道，创兴大工，不可不详细查勘。请钦派大臣一员，并带钦天监善看风水人等会同该将军查勘定议。"得旨，依议。着派高斌驰驿前往，伊所带章京官员亦着驰驿。

（清）官修：《高宗纯皇帝实录》卷二七四，《清实录》第十二册，乾隆十一年九月上条，北京：中华书局，1985年，第583页。

户部议准，黑龙江将军傅森疏称："黑龙江被水官庄三座，酌移额尔本河开垦，所有盖造兵房，并派兵协垦。及分别年限，交纳钱粮各事宜，均照呼兰添设官庄例办理。"从之。

（清）官修：《高宗纯皇帝实录》卷二八〇，《清实录》第十二册，乾隆十一年十二月上条，北京：中华书局，1985 年，第 654 页。

营州雨雹，大如鸡卵，伤麦。

（清）赵尔巽等：《清史稿》卷四十《灾异志一》，北京：中华书局，1976 年，第 1498 页。

清高宗乾隆十二年（公元 1747 年）

又免……直隶固安、霸州二防尉守屯粮，奉天奉、锦二府米豆。

（清）官修：《清朝通典》卷十六《食货志十六·蠲赈上》，杭州：浙江古籍出版社，1988 年，第 2111 页。

清高宗乾隆十三年（公元 1748 年）

又议覆盛京将军达勒当阿奏："现住羊肠河之佐领。康熙年间设塘兵时，原派在小黑山地方驻劄，彼时有佐领因羊肠河水草较好，即行居住。而钤记仍铸小黑山字样。近年羊肠河连被水患，不便驻劄，请移于原指定之小黑山，应如所奏。至搭盖房屋地亩，应照数拨与荒地。令垦熟交还原主，仍将实共需地若干，并作何定限垦熟给还之处，先行报部查核。"从之。

（清）官修：《高宗纯皇帝实录》卷三一〇，《清实录》第十三册，乾隆十三年三月上条，北京：中华书局，1986 年，第 80 页。

户部议盛京户部侍郎德尔格等题覆。乾隆四年，郎中徐万卷条奏，查丈盛京各城界内马厂等处长宽四至，并荒地令查明招垦一案。一、镶黄旗汉军佐领李国宰等三佐领，以三尖泡处马厂窄小，移往黄蜡坨子地方牧放，并金州八旗增城东澄沙河等四处小马厂，向系空闲，不堪开垦，应如所请，准其移增，并将马厂坐落四至丈明，造册送部。至三尖泡处旧厂内私垦地二十余处，应令照例入官变价。其余闲荒，悉招旗人认垦输租。一、长兴岛内旗民地亩，现据该侍郎等查明。已入红册者，三万八百九十八亩零。但每年征粮若干，何年起科，应令再查报部。其车世烈等陆续私开地亩，照例入官，分别等则。估价招旗人认买，所遗荒甸招垦。一、山厂委员查丈，立定四至，造册送部。至私开地亩内镶黄等旗四厂，既属废弃，应令估变招垦。其英额林子等处，丈出私垦地亩，有碍地方，应即平毁。仍饬该管地方官，不时查察，毋许私垦。从之。

（清）官修：《高宗纯皇帝实录》卷三二五，《清实录》第十三册，乾隆十三年九月下条，北京：中华书局，1986年，第377—378页。

清高宗乾隆十五年（公元1750年）

赈恤盛京高丽堡、旧边、句骊河、白旗堡、二道京、小黑山等六站本年分水灾饥民有差。

（清）官修：《高宗纯皇帝实录》卷三七八，《清实录》第十三册，乾隆十五年十二月上条，北京：中华书局，1986年，第1190页。

十二月庚午朔，赈盛京高丽堡等六站水灾。

（清）赵尔巽等：《清史稿》卷十一《高宗本纪二》，北京：中华书局，1976年，第409页。

清高宗乾隆十六年（公元1751年）

（三月）贷黑龙江呼兰地方水灾旗民，免官庄本年额赋。

（清）赵尔巽等：《清史稿》卷十一《高宗本纪二》，北京：中华书局，1976年，第410页。

谕军机大臣等，据黑龙江将军富尔丹等奏称：去岁吉林地方，雨水过多，河水涨溢，冲损田苗，米价昂贵。每一大石，价至九两之多。如青黄不接时，米价再长，穷民更觉艰难。请将黑龙江所属呼兰地方仓贮米石，拨仓斛一万石，由水路运至吉林，令彼处旗人，照齐齐哈尔地方所定官价，仓斛三石五斗四升，粜价银一两二钱等语。此奏虽属留心公事，但所奏仓斛三石五斗四升，粜价银一两二钱，较一大石之数足与不足，折内并未声明。如一大石与仓斛三石五斗四升之数相等。则吉林地方，现已卖银九两。而仓斛三石五斗四升，只作价一两二钱。减价过多，恐不肖之徒，从中取利。贱买贵卖，反于穷民无益。夫平价一事，当视现在价值。以渐平减。如一径减价太过，则多寡悬殊，反生弊端。但富尔丹等既称现在吉林米价昂贵，若俟查明请旨再行办理。现当青黄不接之时，与穷民无益。可寄信与富尔丹、卓鼐等会同商酌，惟期有益。一面办理，一面奏闻。

（清）官修：《高宗纯皇帝实录》卷三八五，《清实录》第十四册，乾隆十六年三月下条，北京：中华书局，1986年，第64—65页。

乙未，谕军机大臣等：从前山海关外粮石禁入关门，特为关系盛京等处人众口粮，所进过多，彼处转少，故盛京将军具奏禁止。今闻副都统常寿于边民稍有所携，一概禁止。此内或行人裹带餱粮，或山海关内居民关外耕获所收粮米，若不量加分别，概加禁止，不免有碍关内民食。着寄信常寿，如商贩载米者，查明禁止。其行人所带路食，及种地所收之粮，仍许携进，不得禁止。

（清）官修：《高宗纯皇帝实录》卷三八七，《清实录》第十四册，乾隆十六年四月下条，北京：中华书局，1986年，第88页。

清高宗乾隆二十年（公元1755年）

赈给黑龙江、齐齐哈尔等城本年田禾被水霜灾八旗官兵余丁、官庄驿站打牲人等口粮。

（清）官修：《高宗纯皇帝实录》卷四九八，《清实录》第十五册，乾隆二十年十月上条，北京：中华书局，1986年，第271页。

清高宗乾隆二十一年（公元 1756 年）

又议准黑龙江将军绰勒多奏称："黑龙江地方，田禾被水之七百七十户。共需口粮一万一千七百七十八石八斗零，籽种粮二千八百二十六石零，动支借给。"从之。

（清）官修：《高宗纯皇帝实录》卷五二二，《清实录》第十五册，乾隆二十一年闰九月上条，北京：中华书局，1986 年，第 586—587 页。

清高宗乾隆二十三年（公元 1758 年）

又谕前经军机大臣会同刑部议准御史刘宗魏条奏：免死减等人犯将发遣黑龙江等处者，改发巴里坤。原因边陲既定，而应发遣犯众多，莫若通融办理，挹彼注兹，其实不过奉行旧例而已。乃此例甫定时，即有御史朱秬，以递解多费口粮等项为词，奏请仍照旧例遣发，经朕传旨申饬。今御史李绥复称，巴里坤为屯田要地，不宜令薰莸共处。其词虽以慎重屯田为名，而其意不过为发遣之犯下一转语耳。殊不思此等人犯，情罪本重。

（清）官修：《高宗纯皇帝实录》卷五七六，《清实录》第十六册，乾隆二十三年十二月上条，北京：中华书局，1986 年，第 345 页。

清高宗乾隆二十五年（公元 1760 年）

军机大臣等议奏："据副都统瑚尔起奏称，呼伦贝尔地方连年亢旱，牲畜亏损，兵丁生计萧条，游牧处水泉甚多，请于新降之塔哩雅沁回人内，约派百余名前往，指导兵丁引水灌田等语。查呼伦贝尔在黑龙江极边，俱以田牧为业。比年被灾缺乏，若赏给牲畜孳生，数年即可宽裕。如谓伊等贫苦已甚，必需耕作，现在解往肃州赏给官兵为奴之塔哩雅沁回子甚众，择其善灌田者百余人，派往指导，亦属可行。其应如何办理之处，请交将军绰勒多体察彼处情形妥议，到日再行议奏。"得旨，着照瑚尔起所请行。

（清）官修：《高宗纯皇帝实录》卷六一九，《清实录》第十六册，乾隆二十五年八月下条，北京：中华书局，1986 年，第 961—962 页。

军机大臣议准，黑龙江将军绰勒多奏称："派遣回子百名，前往呼伦贝尔教导灌田，请官给住房，并派齐齐哈尔熟悉农事之领催，赏给七品顶带，按月支给盐菜银两，专司董率。五年期满，以骁骑校补用。"应如所请。……从之。

（清）官修：《高宗纯皇帝实录》卷六二六，《清实录》第十六册，乾隆二十五年十二月上条，北京：中华书局，1986 年，第 1032 页。

清高宗乾隆二十七年（公元 1762 年）

谕军机大臣等：前因京师豆价昂贵，是以降旨，令于奉天各属购买五万石，由海运搭解来京应用。今据侍卫瑚什奏称，奉天一带，亦因雨水稍多，道路泥泞，现在田禾间有被淹之处等语。朕思奉属既多雨水，即本地采买，或亦未免艰于运送。着传谕朝铨等，酌量情形，通盘筹算。倘购办稍有未便，即不必拘泥前旨，竭蹶办运。至该处现在雨水多寡，及有无伤损田禾，并目下曾否晴霁之处，着一并作速奏闻，以慰廑念。

（清）官修：《高宗纯皇帝实录》卷六六四，《清实录》第十七册，乾隆二十七年六月上条，北京：中华书局，1986 年，第 430—431 页。

清高宗乾隆二十八年（公元 1763 年）

戊申，策试天下贡士孙效曾等一百八十七人于太和殿前。制曰："朕祇荷天祖鸿麻，光缵丕绪，地大物博，际盛思艰，上理勤求，永怀考赞。深惟心源治迹，道在交修，物力民庸，功蕲攸济。尔多士资言成信，亮所稔闻，尚殚矢陈，用酬延伫。圣学之传，首崇心性，虞书十六字尚矣，大学言心不言性，而朱子序大学言性独详；中庸言性不言心，而朱子序中庸言心独详。将非交引互发，义即偏而不举欤？性者，心之神明；心者，性之郭郭。是言性足以统心，而道心与人心何以判，义理之性与气质之性何以歧。"

（清）官修：《高宗纯皇帝实录》卷六八五，《清实录》第十七册，乾隆二十八年四月下条，北京：中华书局，1986 年，第 666 页。

清高宗乾隆三十一年（公元 1766 年）

丙戌，谕军机大臣等：今岁夏初雨泽稍迟，六月以来，京城及近畿各处，俱连得透雨。惟闻奉天一带，雨水稀少，地土恐不免干旱。雅德等何以并未奏闻。着传谕该侍郎府尹等，将奉天各属现在雨水民田情形若何，是否不致成旱之处，详悉据实速奏，毋得稍存讳饰。

（清）官修：《高宗纯皇帝实录》卷七六五，《清实录》第十八册，乾隆三十一年七月下条，北京：中华书局，1986 年，第 399 页。

是月，盛京将军舍图肯等奏，军机大臣等议覆奉天府府丞李绶奏请设沈阳书院一折：令臣等会议，查沈阳书院始于乾隆七年。前任府尹霍备劝捐修建，向缘经费无项，未经办理。今即就旧有书院，延师慎选生徒，勤加训诲，实于文风有裨。至奉天州县，每学设立学田一千亩，每年可得租银七百余两。此项租田，原以养赡贫士。令其力学，应即以此作束修膏火之费。余银仍酌给贫士，其一切应行事宜，责成治中总理，府丞专司考察。从之。

（清）官修：《高宗纯皇帝实录》卷七七一，《清实录》第十八册，乾隆三十一年十月下条，北京：中华书局，1986 年，第 471—472 页。

（三十一年）（中略）奉天之山冈土阜河滨洼下之处不成丘段者，不计顷亩，俱免升科。是年，总计天下土田七百四十一万四千四百九十五顷有奇。

三十一年，盛京刑部侍郎朝铨疏言："丈量奉天地亩，余地在二三十晌以上，于十分中分出二三分，为各城兵丁随缺地亩。余仍令原业承种纳粮，注载红册。新丈出旗人自首余地三十三万六千四百余晌，民人自首余地七万四千七百余晌。民人余地在停止开荒以后违例私开者，全行撤出。在未停开荒以前者，照旗人例酌量地数分拨。其官员兵丁应得随缺地亩，各城营田水手公产及旗民水冲沙压不足红册地亩，即于丈出余地内拨补。"从之，户部侍郎英廉疏言：旗民丈出余地系违例私开，均请撤出，令无地兵丁闲散认买。上谕："英廉所请固为旗人生计起见，但此等无地人户贫富不一，富者置产必多，贫者不能承买，旗人生计仍无实济。以应拨补各项外，余地一并入官。令原种之旗民照数纳租，以为赏给冬围兵丁鞍马之需。"

（清）官修：《清朝通典》卷三《食货志三》，杭州：浙江古籍出版社，1988 年，第 2033—2034 页。

盛京刑部侍郎朝铨言："奉天地亩自雍正四年迄今，未经查丈，应履亩丈量。如有余地在二三十晌以上，于十分中分出二三分，为各城兵丁随缺地亩，余仍令原业主承种纳粮，注载红册，至三十年，朝铨等言：奉天各项旗人原红册地共二百五十五万七千四百晌有奇，现今丈出自首余地三十三万六千一百晌有奇，民人红册地四十六万零二百晌有奇，丈出并自首余地七万四千七百晌有奇，二共余地四十一万零八百晌有奇。民人余地，在停止开荒以后违例私开者，全行撤出。在定例以前，或依傍畦垅者，照旗人例，酌量地数分拨。其官员、兵丁应得随缺地亩，并各城学田、水手公产及旗民水冲沙压不足红册地亩，俱请即于丈出余地内拨补。"下部议行。至三十一年，户部侍郎英廉言："旗民丈出余地系违例私开，应一概撤出，除拨补随缺等项外，听各旗无地兵丁、闲散人等扣价认买，照例纳粮。"部议，应如所请。

（清）官修：《清朝文献通考》卷五《田赋考五》，杭州：浙江古籍出版社，2000 年，第 4905—4906 页。

清高宗乾隆三十二年（公元 1767 年）

户部议覆：盛京工部侍郎兼管奉天府府尹雅德条奏赈恤事宜。一、承德、铁岭、开原、广宁四县。乾隆三十一年旱灾水灾饥民，前借给一月口粮，请作为初赈。仍按被灾分数，分别极、次贫，照例加赈。一、奉天仓储接年赈抚支放，均属缺少，拨运维艰，除以借作赈米石。仍用本色外，其加赈米请以银米兼半给发，每米一石折给银六钱。所需银即于各属征存地丁项下动拨。一、办纳丁徭之户及无地无丁土著，并鳏寡孤独，应各就被灾屯堡分数，分别极、次贫，一体银米兼赈。一、承德、开原二县仓米，不敷支放。请于附近之辽阳、海城、盖平、广宁、锦州等处存仓米内酌拨三万石分贮二县，其脚价每石每百里给银一厘二毫，由奉天府理事通判库贮项下动支。一、承德等四县灾地钱粮，请照例分别蠲免。其蠲剩银及本年民借粮石，并旧欠带征银，均予缓征。一、奉天所属丁银向系另款征收。请将承德等四县按被灾分数，照蠲剩钱粮例，缓至次年，分年带征。又复州一处收成亦属歉薄，其丁银应予一体缓征。一、承德等州县学田无多。被灾各贫生，应饬教官开送地方官，由山海关拨解耗羡余剩项下酌量赈给。一、出旗入民户口，仍在兴京凤凰城一带居住者甚多。所种地亩被灾，均系旗员勘报。而户口例应民员点查，应令旗员将被灾分数移知民员，分别大小口，一体给赈。其应予蠲缓事宜，仍归旗员照例办理，均应如所请。从之。

（清）官修：《高宗纯皇帝实录》卷七七九，《清实录》第十八册，乾隆三十二年二月下条，北京：中华书局，1986 年，第 571—572 页。

清高宗乾隆三十四年（公元 1769 年）

三十四年，定阿勒楚喀、拉林流民入籍例。于伯都讷地方每户拨给空甸，垦种二年输粮。【谨按：吉林、宁古塔、伯都讷、阿勒楚喀、拉林等处，自乾隆二十七年清查，现在流民安插耕种，后申禁毋许无籍流民再行潜往私垦。是年，吉林将军傅良疏奏，查出流民二百四十户，自雍正四年至乾隆二十二年陆续存住，在乾隆二十七年定议之前，故令一例安插。】

（清）官修：《清朝通典》卷九《食货志九·户口丁中》，杭州：浙江古籍出版社，1988 年，第 2071 页。

　　臣等谨按："户部则例载，吉林、宁古塔、伯都讷、阿勒楚喀、拉林等地方不准住无籍流民前往私垦，责成边门官严行查禁。除各该户于例前安插各户外（乾隆二十七年以前），后经查有流民，将看守边门官严防议处。今查出流民在二十七年之前，故准令入籍垦种，一例安插，俾无失所云。"

　　（清）官修：《清朝文献通考》卷十九《户口考一》，杭州：浙江古籍出版社，2000年，第5032页。

清高宗乾隆三十六年（公元1771年）

　　戊辰，谕军机大臣等：据杨景素奏，甘省自乾隆二十三年至三十五年，民借籽种、口粮、牛本等项，除征还外，尚未完京仓斗粮四百四万余石，折色银一百三十二万余两等语。此等应还官项，为时甫及十余年，积欠已至数百余万之多。固由该处地瘠民贫所致，亦因前此办理军需时，递年叠行蠲贷。民间习以为常，及大功告成，军需停办。自不能如向来之格外邀恩，而愚氓不知餍足，奢望常怀。转将本分应完借欠，输纳不前。似此日累月多，势将何所底止。

　　（清）官修：《高宗纯皇帝实录》卷八七七，《清实录》第十九册，乾隆三十六年正月下条，北京：中华书局，1986年，第746—747页。

　　又谕：据明山筹议，甘省历年民借籽种、口粮、牛本等项未完银粮，请分别六年四年带征完项等语。该省地瘠民贫，从前办理军需时，递年加恩蠲免，今大功告成。既不能如前此之邀恩，而历年因灾缓带。民力又未免拮据，输纳惟艰，势所必至。即如折内所称，现在尚且纷纷详请借支。

　　（清）官修：《高宗纯皇帝实录》卷八八一，《清实录》第十九册，乾隆三十六年三月下条，北京：中华书局，1986年，第796页。

清高宗乾隆三十七年（公元1772年）

　　三十七年春正月辛丑，免奉天锦州二府额征米豆。

（清）赵尔巽等：《清史稿》卷十三《高宗本纪四》，北京：中华书局，1976年，第490页。

清高宗乾隆三十八年（公元1773年）

三十八年秋，永年、蓟州大风雨拔木，熟禾尽偃。

（清）赵尔巽等：《清史稿》卷四十四《灾异志五》，北京：中华书局，1976年，第1618页。

清高宗乾隆四十年（公元1775年）

四十年，议准偷垦地亩入官纳租之例。时有山东民人偷垦岫岩城、五块石等处兵丁牧马官厂地者，均令纳租，不欲耕种者，别募。

（清）官修：《清朝通典》卷三《食货志三·田制》，杭州：浙江古籍出版社，1988年，第2034页。

清高宗乾隆四十一年（公元1776年）

命安插新降番众，谕军机大臣等：据明亮等奏，河西贼境，全已荡平，于噶喇依对河之巴布朗谷，密布营卡，会擒逆酋。富德亦奏，占据噶咱尔谷等寨落，现与西北两路官兵会合，攻围贼巢等语，览奏均为欣慰。已于折内批示，至各路番人，纷纷投出，其中大小头人，俱复不少。此等番众，从前抗拒官兵，舍死固守，情罪均属可恶。直至兵临巢穴，计穷力竭，始行投降。非若大兵尚未深入以前陆续来投者可比。但众番皆系曾与官兵打仗之人，此时难以分其所犯轻重。且其抵拒官兵，固属可恨。而原其所以舍死坚守，尚知各为其主，亦复可矜。况为数过多，又系投降乞命。若尽予骈诛，实觉心有不忍。惟其中大小头人，及其眷属，自不便仍留本处。应照前此平定准部时，所有台吉宰桑德木齐等，概行移徙例。妥为办理。但须趁官兵未彻时，即为查明。于八旗及吉林索伦兵凯旋之便，令其分队携带，押至京城，再行酌量分别安插。伊等既系投降，与党恶要犯应行献俘者不同。途中不便加以锁杻，惟当留心照料，毋致脱逃，并不动声色，勿使惊畏，方为妥善。但各种头人及其眷属，为数甚众，其如何分别押带之处，着阿桂妥为核定，一面奏闻。至各处降番，若移于他处编管，未免人多费事。伊等俱系娴于耕作之人，两金川又有可耕之地。现在凯旋后，两金川地方，立汛安营，添设提督总兵等官，足资弹压。其应办善后事宜内，原有随处耕屯之议。莫若即用此等降番就所在垦耕安业，尽力农功，各有将弁管束。久之亦可消其桀骜不驯之气。而令其交粮亦省川省运粮之劳，惟是编立营屯，必须安设头目。当于随营攻剿之他处土兵内择其出力者充当，既足以示奖劝，又令他处之人管理。更不虑其故智复萌，至此等降番饿乏已久。既欲令其耕种，自难以枵腹从事。着将军等量为赏给籽种、口粮。俾口食有资，自更安心尽力。将军等宜及此时早为筹办，将此由六百里加紧谕令知之。阿桂自奏报攻围贼巢以来，距今又阅三日，想早应扫穴擒渠。大功全蒇，惟望红旗即至。

（清）官修：《高宗纯皇帝实录》卷一〇〇〇，《清实录》第二十一册，乾隆四十一年正月上条，北京：中华书局，1986 年，第 380—382 页。

清高宗乾隆四十二年（公元 1777 年）

又谕：从前盛京将军达勒当阿等奏，奉天所属广宁等处，向系低洼，其水多自边外流入。而新开、鸥鹰等河，又无河身，以致漫溢四出。大路田亩，均有积水。若挑一大河，引水入海。则村庄道路，旗民熟田，均免淹浸，且可开垦荡田等语。朕派高斌会同达勒当阿勘估具奏。经军机大臣覆议，准于三年后兴工。后因将军阿兰泰奏，新开等河河身较堤决处所微高。即另挑河身，仍不能畅流，徒费帑项。又经军机大臣议停兴工。惟令该将军每年修补桥道。毋致行人壅滞。今据英廉口奏，新开、鹞鹰等河，若照从前查办，另浚一河。于彼处村庄旗民，实有裨益。且可开垦荡田数万余顷等语。广宁等处，停止挑河、修补桥道以来，已二十余年。近年新开、鹞鹰等河，河流情形若何？若另挑河身，能否安流顺轨？顺流后可垦荡田若干亩？从前修补桥道，是否有益？现在仍旧修理与否？均着传谕弘晌，亲往详勘。据实定议具奏。

（清）官修：《高宗纯皇帝实录》卷一〇四五，《清实录》第二十一册，乾隆四十二年十一月下条，北京：中华书局，1986年，第989页。

清高宗乾隆四十三年（公元1778年）

己巳，军机大臣等议覆：盛京将军宗室弘晌奏称，广宁一带新开、鹞鹰二河，上年十一月奉旨查勘。恐下流漫溢，酌筹挑浚，并查可开荡田若干，桥路曾否岁修。今查该二河无下流之患，新开已历四年，鹞鹰已历七年，应毋庸挑浚。附近荡田，除已开垦升科外，仍可开荡田三十八万二千余顷，惟地非甚腴。如有呈垦者，应请三年后升科，五年后丈量。至该处桥路，从前特有生息一项，每年修补。嗣因此项归入查收案内。桥路停修，历无水患。惟四十一年，被巨流河涨冲，现据商贩捐修等语，均应如所奏。其新开、鹞鹰二河，或遇雨水过大，涨冲桥路。应饬该将军等随时妥办。从之。

（清）官修：《高宗纯皇帝实录》卷一〇四八，《清实录》第二十二册，乾隆四十三年正月上条，北京：中华书局，1986年，第3—4页。

军机大臣等议覆盛京将军宗室弘晌奏称："前因盛京丈得间田，议请移驻闲散宗室一百余户，分为四屯，给屋一千八间，地四百四十三顷。每屯驻宗室章京一员，闲散三十户。建屋木料，由辽阳、宁远等处运买。砖瓦缺少，户给瓦屋三间。余盖平棚，垦田一犁三牛，兵为耕种。一切需费，先由盛京户部支领，又每屯设贴写、传事、马甲各四名。并另给荡田一顷，取租作为公用。此外余地招垦，俱应如所请。"得旨，此事暂行停止办理。着存记。

（清）官修：《高宗纯皇帝实录》卷一〇五二，《清实录》第二十二册，乾隆四十三年三月上条，北京：中华书局，1986年，第59页。

四十三年，上恭谒泰陵、泰东陵，免经行地方本年田赋十之三。又谕："辽沈为我朝鸿业肇基之地，风俗敦庞，人心淳厚。兹由山海关至陪京恭谒祖陵，跸路所经，村村殷阜，老幼欢迎，扶携恐后，嘉悦之余，恩施宜渥。启銮日业经降旨，免所过地方钱粮十之三，着再加恩，将奉天所属府、州、县乾隆四十四年地丁正项钱粮通行蠲免。"又免各庄头本年仓粮万余石，盛京、兴京、辽阳、牛庄等十五处旗地刍粟之半。又谕："各省漕粮于乾隆三十一年普免一次。"

（清）官修：《清朝通典》卷十六《食货志十六·蠲赈上》，杭州：浙江古籍出版社，1988年，第2113页。

清高宗乾隆四十四年（公元1779年）

庚寅，谕军机大臣等户部奏，查审盛京兴隆店地方居住闲散关住一户，呈请入旗一折，所办殊未明晰。关住既称系六格之孙，其庄头地亩，亦已认为己产，何以该旗雍正四年纳粮红册，又开载郭八佐领伊清纳名下。及查京旗现存历年丁册，既无伊清纳其人，又无郭八佐领名姓，则雍正四年纳粮，是从何来，种种情节，疑窦甚多。未便因家谱坟墓碑文及印甘各结。遂定关住为另户正身，准其归入丁册。即富德所供，业德即系六格之孙，亦难凭信。况由民户改归旗籍，复得田土，人皆贪得便宜，难保无虚捏影射情弊。此案虽经往返咨查，仍属根底不清。着交盛京将军福康安，提齐一切佐证具结人等，逐一质讯，彻底清查，务得关住是否实系另户正身确切凭据，以成信谳。所有关住母子及庄头李成林并着押回，交该将军审办。将此由四百里谕令福康安知之。户部原折，并钞寄阅看，并谕户部堂官知之。

（清）官修：《高宗纯皇帝实录》卷一〇九〇，《清实录》第二十二册，乾隆四十四年九月上条，北京：中华书局，1986年，第643页。

清高宗乾隆四十六年（公元 1781 年）

《御制热河志》序曰：为各省之志书易，为热河之志书难。彼其以汉人书内地事，且各府州县本有晋乘、楚梼杌，荟而辑之，其易也，不待烛照数计而龟卜也。热河之志，则以关外荒略非内地，而辽、金、元之史，成于汉人之手，所为如越人视秦人之肥瘠忽然，故曰难。夫辽、金、元，非若唐宋之兴于内地而据有之也。又其臣虽有汉人通文墨者，非若唐宋之始终一心于其主，语言有所不解，风尚有所不合。且辽金元皆立国不久，旋即逊出，则所纪载，欲其得中得实，盖亦难矣。夫辽金元之史纪内地，而欲其得中得实，尚且难之；况纪边关以外荒略之地乎？其不能得中得实，亦益明矣。当今之时，热河之志，不可不成者。则以本朝荷天之宠，百有余年，累洽重熙。汉人已数世被覆载生育，其语言风尚，薰陶渐渍，不可以辽金元之汉臣例之，亦理之必然。况我皇祖建山庄于此地，非为一己豫游，实贻万世之缔构，而顾可无书以垂永久乎！山庄内本有温泉，出而汇武列之水，俗遂有热河之称。兹虽为府为县，而仍以热河称之者，存其朔，便于众也。

（清）官修：《高宗纯皇帝实录》卷一一三二，《清实录》第二十三册，乾隆四十六年闰五月上条，北京：中华书局，1986 年，第 130 页。

又谕曰：索诺木策凌奏称，现今查出流民私垦地亩，酌定租银，并定旗仓纳米数目。此内如有畏赋重不肯承种，仍回原籍者，将地交旗人耕种。照红册地亩例纳米，仍严饬民间，永远不准私垦官地。如旗人不种，又暗令民人耕种取租者，除一并照例治罪外，仍将地彻回入官等语。索诺木策凌所办尚是，已交部议矣。盛京、吉林二处，流民私垦地亩，办理钱粮，事属一体。昨和隆武奏称，应纳地丁钱粮十三户居民，俱弃地逃走，不知去向。和隆武所办，如果人心悦服，何至逃走不知去向乎？又称仍将地收回，着穷苦满洲耕种，如再有逃者，亦照此办理等语。甚属糊涂，不知事体轻重。奸民欲随意耕种，则令其耕种，如不遂意，则任其逃避，有是理乎！且所遗地亩令满洲耕种，满洲慵懒不种，此项奸民仍然潜回，给与微末租价，仍得耕种。于满洲何益？和隆武若俱照索诺木策凌办理，自能妥协。伊即糊涂不能办事，岂亦不能仿效他人乎！着传谕和隆武接奉此旨，后将究竟如何办理之处速行奏闻，并将索诺木策凌奏折钞寄阅看。

（清）官修：《高宗纯皇帝实录》卷一一四三，《清实录》第二十三册，乾隆四十六年十月下条，北京：中华书局，1986年，第313—314页。

四十六年，定惩匿报之令。凡盛京、吉林民人私垦查出者，每亩岁征银八分，仍在旗仓纳米二升六合五勺五抄，以惩匿报。

盛京土田拨给八旗官兵地亩，内务府三旗包衣佐领下壮丁地：镶黄旗共地百六十四顷八十四亩四分，正黄旗共地九十九顷一亩四分，正白旗共地二百五顷六十二亩一分，均在盛京、兴京、开原、辽阳界内。内务府三旗包衣佐领下园丁地，共千三百三十四顷八十亩，在盛京、开原、辽阳界内。盛京礼部六品官所属各项壮丁地，共五百顷九十九亩三分，在盛京、兴京、辽阳、铁岭、秀岩界内。盛京工部五品官所属壮丁地五百六十一顷九十六亩，六品官所属壮丁地百八十九顷四亩九分，均在盛京、兴京、辽阳、开原、牛庄、秀岩界内。制造军匠、役人等地，共二十二顷三十二亩，在盛京界内。盛京户部仓官庄头楼军仓军地，共四百十一顷九亩四分。领催庄头地，共二千八百十三顷一亩六分。盛京礼部庄头壮丁地，共四十七顷五亩六分。盛京兵部站丁地，共六十二顷七十四亩八分。盛京工部庄头壮丁地，共七十六顷五十六亩三分。

兴京界内，八旗所属诸王、贝勒、贝子、公、大臣等地千二百二顷三十六亩。官员兵丁闲散人等地共五百八十顷八十六亩五分。

抚顺界内，右翼四旗所属王、贝勒、贝子、公、大臣等地千二百九十八顷九十九亩七分。官员兵丁闲散人等地七十五顷二十亩六分。碱场、汪清二门官兵台丁地三百二十八顷三十亩。

开原界内，八旗庄屯地二千八百顷七十九亩。

辽阳城界内，八旗官员兵丁地八百八十八顷五十五亩。

铁岭界内，左翼四旗庄屯地八千六百五十七顷四十四亩二分。

法库边门庄屯地六百七十八顷五十八亩。

威远堡边门庄屯地二百二十八顷八十七亩。

英额边门庄屯地百二十六顷七十二亩二分。

凤凰城八旗巴尔呼地千九百四十八顷六十四亩。又正黄旗屯地六十顷九亩。

爰河边门分种地二十四顷七十四亩。四台四屯地六十一顷五十九亩。

复州界内，八旗分拨地千七百二十九顷四十亩。

熊岳城界内，八旗满洲、蒙古巴尔呼、汉军庄屯地二千八百八十三顷三十九亩。

金州界内，八旗满洲、蒙古、汉军官员兵丁地三千三百四十一顷四亩，水师营地二十六顷十八亩。

山海关官员、兵丁、寡妇、闲散人等地百三顷五十七亩七分，在山海卫宁远州界内。又正白正红镶红旗下闲散人等地三顷六十七亩。

秀岩界内，八旗官员，兵丁地二千百二十一顷二亩七分。

盖州界内，各旗官员，兵丁地四十六顷三十八亩。

牛庄界内，八旗官员，兵丁地二千九百二十三顷。

广宁城所属巨流河、白旗堡、小黑山、闾阳驿、彰武台边门等界内，八旗官员、兵丁、闲散人等地万五千百九十四顷九十六亩二分。

锦州界内，王、贝勒、贝子、公、宗室、额驸、官员、庄头、闲散人等地二千七百十七顷七亩八分，八旗兵丁、闲散人等地千五十四顷五十亩四分。

义州界内，八旗庄屯地五千四百七十一顷二十五亩。

清河边门庄屯地五百三十四顷二十三亩。

九关台湾门庄屯地二百三十二顷十八亩。

吉林乌拉界内，官员、兵丁、开垦地：镶黄旗三百七十四顷五十二亩，正黄旗二百九十五顷二十六亩，正白旗二百六十六顷十亩，正红旗二百五十二顷七十八亩，镶白旗二百八十八顷四十八亩，镶红旗二百二十一顷七十六亩，正蓝旗二百六十一顷二十四亩，镶蓝旗二百六十七顷二十四亩，水师营二百六十五顷五十六亩。又各庄头开垦地二百五十二顷六亩。

宁古塔界内，官员、兵丁开垦地：镶红旗三百四十七顷四亩，正黄旗二百三顷七十亩，正白旗三百三十五顷十亩，正红旗四百二十顷，镶白旗四百七十顷五十四亩，镶红旗三百二十六顷七十亩，正蓝旗二百八十顷十四亩，镶蓝旗二百十九顷六十六亩。又各庄头开垦地，三百三十三顷四十二亩。

珲春界内，官员、兵丁、开垦地：镶黄旗百十七顷十八亩，正黄旗九十九顷五十四亩，正白旗三百十六顷九十二亩。

三姓地方，官员、兵丁、开垦地：镶黄旗百八十一顷五十亩，正白旗五十九顷四十六亩，正红旗四百十九顷六十四亩。

伯都讷界内，官员、兵丁、开垦地：镶黄旗百十六顷五十八亩，正黄旗七十三顷六十八亩，正白旗二百三十五顷四十四亩，正红旗百二十五顷五十二亩，镶白旗八十顷二十二亩，镶红旗七十一顷二十二亩，正蓝旗二百十五顷四亩，镶蓝旗百九十四顷十亩。又各庄头开垦地，二十二顷三十亩。

阿勒楚喀界内，官员、兵丁、开垦地：镶黄旗百十五顷八亩，正黄旗百二十顷三十亩，正白旗五十九顷十亩。

（清）官修：《清朝通典》卷三《食货志三·田制》，杭州：浙江古籍出版社，1988 年，第 2034—2035 页。

清高宗乾隆四十八年（公元 1783 年）

壬辰，谕军机大臣等："据恒秀等奏，本年黑龙江田禾被旱，请将应交粮石豁免，水师兵丁，亦需接济口粮等语。黑龙江地方，既被旱免粮，兵丁又需接济，若每年如此办理，所入者少，所出者多，将来必形匮乏。恒秀等岂计不及此耶，着传谕恒秀彻底清查，有无浮冒情弊。奏到时再降谕旨。"

（清）官修：《高宗纯皇帝实录》卷一一九二，《清实录》第二十三册，乾隆四十八年十一月上条，北京：中华书局，1986 年，第 941 页。

清高宗乾隆五十四年（公元 1789 年）

谕军机大臣等：据宜兴奏奉天所属地方，六月内，每三四日遇雨一次，各项禾苗，已陆续秀穗。青葱弥望，即低洼地亩，偶有被水之处，一经晴霁，渐就消退等语。奉天上年甫被水灾，虽经赈借兼施，朕心深为廑念，宜兴此折，系六月二十六日拜发。七月以来，热河连阴数日。昨始开霁，未知奉天地方，雨水若何。其低洼地亩，曾否全行消退，于田禾有无妨碍，是否尚须量加接济之处。着传谕嵩椿、宜兴即详晰查明，据实迅速覆奏。

（清）官修：《高宗纯皇帝实录》卷一三三四，《清实录》第二十五册，乾隆五十四年七月上条，北京：中华书局，1986年，第1073页。

又谕：昨据刘峨奏，清苑等二十九州县，因河水盛长，低洼地亩，先后被淹。业经传谕该督，确勘妥办，毋稍讳饰。又奉天上年甫被水灾，前据宜兴奏六月内每三四日遇雨一次。低洼处所，间有被水，一经晴霁，渐就消退等语。并经谕令嵩椿、宜兴查明具奏，本年直省夏秋雨水稍多，目下虽已开霁，低洼田禾，究恐不免损伤。况奉天为上年被灾之区，尤不可不豫筹接济。将来查明后，或有需赈恤之处。此时江西各帮，想未过津关。莫若于该省帮船内，酌量截留二三十万石，卸贮北仓，不必再运至通州。在江西粮艘，既可及早起卸，回空受兑。而奉天及直隶等处，倘有需用米石，亦可就近分拨接济。刘峨现在省城筵宴安南使臣，刘秉恬亦在通办理收兑事宜，均不能分身到彼。着传谕苏凌阿于回途之便，即径赴北仓，将截留各事妥为经理。如江西各船，有已过津关者，不必拘泥追回。止须尽在后各船米石起卸存贮备用，将此由五百里各谕令知之。

（清）官修：《高宗纯皇帝实录》卷一三三四，《清实录》第二十五册，乾隆五十四年七月上条，北京：中华书局，1986年，第1076页。

又谕：昨据宜兴奏奉天所属地方，六月内雨水稍多，低洼地亩间有被水之处。业经降旨令嵩椿等将田禾有无妨碍，查明覆奏矣。穆和蔺，新授奉天府尹。现在想已起程，前赴新任。奉天上年甫被水灾，虽经赈借兼施，恐民力未臻饶裕。今夏雨过多，低洼地亩，复经淹浸。朕心深为廑念。着传谕穆和蔺，于赴任之便，沿途留心察看。低洼积水，曾否全行消退，不致有碍田禾。现在已谕令刘峨等将江西各帮粮米，截留数万石，存贮北仓，豫备需用。如奉天被灾处所，应行接济，即由海道运往，较为便捷。穆和蔺到彼，即与嵩椿等商酌。先将该处被水地方，逐一查勘。如无需米石接济，即据实具奏。若有应行赈粜之处，亦即详悉查明，酌量数目，迅速奏闻。以便于北仓贮备米石，照数拨运。俾小民口食有资，不致拮据。穆和蔺曾任道府，于一切办灾事宜，自所谙悉。务须详加履勘，妥协办理。毋使一夫失所。

将此传谕穆和蔺，并令嵩椿、宜兴知之。

（清）官修：《高宗纯皇帝实录》卷一三三四，《清实录》第二十五册，乾隆五十四年七月上条，北京：中华书局，1986 年，第 1076—1077 页。

又谕曰："嵩椿等奏，奉天地方，本年六月内，雨水较多。自二十日以后，旋即晴霁。于田禾并无妨碍。虽低洼之地，间有积水未消。其高阜及平原地亩，现在禾稼均已结实，籽粒甚为饱满，可卜丰稔等语，览奏稍慰。奉天地方，今岁收成，既可不至歉薄。看来竟可无须接济。前谕令刘峨等，于北仓旧存米石，豫备拨运赈济之处，可以无须运往，省费实多。着传谕刘峨、苏凌阿等，所有上年截卸北仓米石自可毋庸备运，以省烦费。穆和蔺到彼后，只须于地方事务，妥为整顿，毋庸办理拨运米石也。将此并谕嵩椿、宜兴、穆和蔺知之。"

（清）官修：《高宗纯皇帝实录》卷一三三五，《清实录》第二十五册，乾隆五十四年七月下条，北京：中华书局，1986 年，第 1102—1103 页。

乾隆五十四年己酉，八月甲寅朔。谕军机大臣曰："嵩椿等奏，请将截留北仓粮米，动拨五万石，派员运至奉天牛庄海口，再雇拨小船兑收接运，将应需赈恤之处，及时分拨散给等语。昨据嵩椿等奏，奉天自六月二十后，旋即晴霁，于田禾并无妨碍，虽低洼之地，间有积水未消，收成稍薄。然通计不过一隅中之小隅，看来竟无须接济。已谕令刘峨等无庸拨运，乃本日嵩椿等复请动拨米五万石运往，又与昨奏不符，何乃自相矛盾。该将军等自以接奉谕旨，误疑朕既令截留米石，自系必欲运往，故有此请。岂知朕前降谕旨，原因奉天上年甫被水灾。"

（清）官修：《高宗纯皇帝实录》卷一三三六，《清实录》第二十五册，乾隆五十四年八月上条，北京：中华书局，1986 年，第 1106—1107 页。

清高宗乾隆五十五年（公元 1790 年）

又谕：据嵩椿奏，请自英额边起，至緄阳边止，开拓边界，丈量荒地，分别赏给盛京各城旗人之无田地者，令其垦种等语。嵩椿所见甚是。但恐伊一人经理不能周到。且开拓之地，殊觉辽阔，未免于围场、挖参山场有碍。再田有肥瘠之殊，若不妥为办理，均匀分予。此时必有美恶之择，日后复起争端。着派吉庆会同嵩椿勘明开拓边界，务期于围场、挖参等山场无碍。量其荒地之肥瘠，妥为办理。均匀分予无地人等，俾不致有美恶之择，以杜日后争端。

（清）官修：《高宗纯皇帝实录》卷一三五二，《清实录》第二十六册，乾隆五十五年四月上条，北京：中华书局，1986 年，第 105—106 页。

甲寅，谕："据乌雅勒达奏称，查明黑龙江各属地方收成分数，打牲乌拉之镶白等四旗、齐齐哈尔地方田禾歉收等语。本年打牲乌拉之镶白等四旗、齐齐哈尔地方田禾被旱收成歉薄，未免乏食，着交都尔嘉确实查明，应行接济口粮，借给籽种之处。即行拨给具奏，勿使生计有失。"

（清）官修：《高宗纯皇帝实录》卷一三六四，《清实录》第二十六册，乾隆五十五年十月上条，北京：中华书局，1986 年，第 301—302 页。

清高宗乾隆五十九年（公元 1794 年）

（五十九年五月丙申）减奉天商贩豆麦等项经过直隶、山东关津税。

（清）赵尔巽等：《清史稿》卷十五《高宗本纪六》，北京：中华书局，1976 年，第 558 页。

谕军谕大臣曰："梁肯堂奏，保定府十三州县，及顺天正定各府州属，被淹情形，轻重不等。现在分别查勘成灾分数，将已查定。惟有悉心经理，实力抚恤等语。览奏实深惭愧。此时梁肯堂查办抚恤事宜，大局已定。被水各处，晴霁多日。积水已渐就消退，时届白露。海口容纳，自更易于涸复。该督惟当督率道府等官，将应放银米，随查随放。俾小民口食有资，安居复业。至被水处所，节年因灾带缓未完银粮，务即速行查明具奏，毋稍迟缓。以便早颁一日恩旨，小民早沾一日恩泽，以副朕勤求民瘼至意。现在征瑞已由景州前赴热河，俟其到时，详询赈恤及田禾地方情形，亦可稍慰廑注。至本年直省，虽被水地方较多。但较之五十七年被旱成灾，尚觉稍轻。朕于地方灾祲，岂肯稍存讳饰之见。惟以两次水旱情形比较，前岁被灾无业贫民，四出就食。如京城及热河，设厂分赈。每日赴厂领赈，不下数万人。前赴盛京、吉林及蒙古地方就食，亦不下数十万人。而本年尚无分往各处觅食谋生者。可见前岁被旱处所，竟系普律无收，小民无从得食。此次虽被水淹浸，情实可悯。但高阜地亩，田禾仍可有收。而积水涸出后，亦尚可播种秋麦，且除被水各州县外，其余各属收成俱尚丰稔，朕加惠灾黎，比前岁更为优厚。而民间乡里赒恤，有无相通，取有余以补不足，糊口有资，是以尚不至迁移失所。此等情形，梁肯堂身任地方，皆所目击，更当亲切，何以并未奏及一言。若较前年被灾更重，亦当明白直陈，待朕加恩。前已令梁肯堂截漕十四万石，并拨给帑银四十万两，俾资赈恤之用。现在灾分轻重，抚恤户口，业据次第详查，已可得其大概。着将前岁被灾情形，比此次轻重若何，前年所用赈恤银米，共有若干，及此次办灾所用，约略实在需用若干之处。详悉核明，分别开单具奏，以慰厪注。将此由五百里再行传谕知之。"

（清）官修：《高宗纯皇帝实录》卷一四五八，《清实录》第二十七册，乾隆五十九年八月上条，北京：中华书局，1986 年，第 461—462 页。

又谕："据明亮等奏称，本年齐齐哈尔、黑龙江、墨尔根城三处田禾被淹。查明官庄所欠粮数，请免补纳等语。着加恩将此三处未完粮一万九千三百余石，免其补纳，以示朕轸恤旗仆至意。"

（清）官修：《高宗纯皇帝实录》卷一四六一，《清实录》第二十七册，乾隆五十九年九月下条，北京：中华书局，1986 年，第 522 页。

清高宗乾隆六十年（公元 1795 年）

己巳，谕曰："琳宁等奏，盛京所属金州、熊岳、锦州等三城界内，宝石山等四百余屯地亩。六月以后，未得透雨，高阜处所，田禾未能秀穗结实等语。金州、熊岳、锦州等处界内屯地，因夏间缺雨，所种禾稼收成歉薄。虽属一隅偏灾，该旗民等生计未免拮据。业经琳宁等先行动支仓米，借给一月口粮，尚未足以资接济。此外如有应赈应免，及缓征各事宜，着琳宁等酌量情形，据实奏闻，妥协办理。毋致一夫失所，以副朕轸恤旗民至意。"

（清）官修：《高宗纯皇帝实录》卷一四八七，《清实录》第二十七册，乾隆六十年九月下条，北京：中华书局，1986年，第889页。

清仁宗嘉庆四年（公元1799年）

是岁，免河南、湖北被兵六十七州县新旧额赋，征兵经过直隶、河南、湖北田赋。又除江苏、湖北各一县坍田额赋，吉林三姓、黑龙江、云南石屏州灾赋。普免天下积年逋赋。朝鲜、暹罗入贡。

（清）赵尔巽等：《清史稿》卷十六《仁宗本纪》，北京：中华书局，1976年，第577页。

清仁宗嘉庆六年（公元1801年）

壬申，谕内阁台费荫奏请将文安县民迁徙盛京等处一折，所奏断不可行。据称文安地势极洼，现在积水自数尺至丈余不等。明岁断难全涸，并恐二三年尚不能耕种。请酌给迁徙安集之资。准令赴锦州及吉林、齐齐哈尔等处地方，听其耕种，并请官为经理，由天津海道备船送往等语。本年直隶文安一县被水较重，田庐村落多被淹浸，深堪轸恻。现令陈大文加意抚恤，至该处地势极洼，形如釜底，为众水所归。但建设县治，由来已久，必有旧定章程。为疏消积水、保障生民之计，断无因一时积水难消，遂将阖县居民全行迁徙，任令县治沦于巨浸。

（清）官修：《仁宗睿皇帝实录》卷八十六，《清实录》第二十九册，嘉庆六年八月条，北京：中华书局，1986年，第141—142页。

清仁宗嘉庆八年（公元1803年）

丙子，谕军机大臣等：本日大理寺卿窝星额、由盛京差竣来京。召见时，据奏伊于关外路上见出关民人，或系只身，或携带眷属，纷纷前往佣工贸易，缘关外地方佣趁工价，比内地较多。若遇偏灾年分，山东直隶无业贫民，均赴该处种地为生，渐次搭盖草房居住，是以愈集愈众。现在一应物价，因生齿日繁，未免增贵，惟米价较之内地尚为平减，至该处旗人，近因无业贫民出口种地者多，究于生计不能充裕等语。看来关外民人聚积日多，物价较前昂贵，即所产米石有余，食之者众。其价亦必至增加，于旗人生计未免有碍。总由旗人等怠于耕作，将地亩租给民人，坐获租息，该民人即借此牟利。着晋昌劝谕旗人，或将现有地亩自行耕种，或将未种荒地以次开垦。俾各自食其力，渐臻饶裕。断不可图得一时租息，将自有地亩尽租佃民人，转致生计缺乏。至民人等出关后，定例不准私垦私典旗人地亩，并当出示查禁，勿得阳奉阴违，视为具文。晋昌等务当公同商酌，将如何妥为办理之处，据实奏闻。

（清）官修：《仁宗睿皇帝实录》卷一一一，《清实录》第二十九册，嘉庆八年四月上条，北京：中华书局，1986年，第485页。

清仁宗嘉庆九年（公元1804年）

惟在该将军副都统等洁己奉公，留心管束，自可潜消积习。岂属员尽用他处旗人，遂能经久无弊乎。以上二款，应无庸置议，惟据称该处田土多旷，屯丁日贫，自当妥为调剂。或于该处屯丁子弟内，或于发往罪人内，酌给籽种牛具等项，责令开垦，以期土无遗利。人有恒业，方为尽善。至所称每丁领牛一只，须交粮二十五仓石。而官员子弟及兵丁之不领牛只者一任种地之多寡，并无升斗之粮，以致富者日富，贫者愈增积欠。此则太觉偏枯，亦应将官员及丰厚之户承种地亩，立定限制，不准私行开垦。着观明会同宜兴体察情形，酌立章程。总当使旗人等均沾乐利，期于行之可久。并将那彦成所奏请添给新官庄牛只倒毙银两及请减额粮等款，一并详悉妥议，用汉字折具奏，候旨遵行。再据那彦成面奏，黑龙江兵丁有不能骑射者。该处兵丁素称劲旅，岂可废弛骑射至此！并着观明随时查察，务令娴习为要，将此谕令知之。

（清）官修：《仁宗睿皇帝实录》卷一二六，《清实录》第二十九册，嘉庆九年二月条，北京：中华书局，1986年，第701页。

清仁宗嘉庆十一年（公元1806年）

又谕富俊等奏边外垦地农民出入边门酌请定制一折：据称科尔沁该管旗界常突额勒克等处，自嘉庆七年，奏准垦种闲荒地土，经今四载，流寓已有数万，该民人等呈称日用农具等项，边外并无市集，均须至开原县购买，计由法库边门出入，往返四五百里，由威远堡边门出入，更属纡曲，实于农民不便。查该处径对开原，有路可通，相距仅二十余里，设有边栅，恐农民避远偷越，请于法库、威远堡两边门适中另设一门，以便出入等语。所奏不可行。边门申画界限，定制已久。岂有因一二处民人行走纡绕，即议请增设之理？若此例一开，各处相率效尤，又将如何办理？其常突额勒克等处地界，距开原县甚近。现在流寓民人，已有数万。一切命盗田产等事自应设官经理，弹压稽查，着富俊等详悉会勘。或仿照吉林长春堡事例，妥议章程，另行具奏。至蒙古各部落，因有闲荒山场，恳请招民开垦。及垦种日久，民户众多，又恳请驱逐案牍累累，殊非情理之平，应酌量定制。凡蒙古王公该管界内，有荒地先经奏明招民开垦者，系该王公情愿招垦，即日久人数渐多，亦不得以侵占等情纷纷讦告，如仍前渎扰，概不申理，惟原请之王公是问。其有从前未经恳奏，私自招垦者，虽与奏明者有闲，但既已招垦于前，亦不得于垦熟之后借辞胁逐以息讼端，且民人出口后，该主公等若不行招致，给与地亩耕种，伊等无业可图，必不能久留边外。是流民出口之多，总由该王公等招垦所致，嗣后若再有私行招垦者，一经查出，定将该王公等一并议处，着理藩院即酌定处分，奏明载入条例。

（清）官修：《仁宗睿皇帝实录》卷一六四，《清实录》第三十册，嘉庆十一年七月条，北京：中华书局，1986年，第130页。

辛卯，谕内阁：据宜兴、穆克登额奏吉林与伯都讷地界相连，其界址必须清楚，庶沿边地亩旗民等不致有侵占影射情弊，请将两城鄂博之间，其荒隔处所，加立鄂博，开挖深沟，划定通长界限，俾免混淆，并请添界官以专责成等语。吉林与伯都讷地界毗连。两城界址不清，以致沿边地亩，奸民等常有侵占影射情弊。现在即查有民人张兆清等在吉林界内私开地亩，往伯都讷首报纳粮，以致难于查察，自应划定界址，永杜混淆。所有沿边一带应如何添立鄂博，开挖深沟，划定通长界限，并酌添界官稽查约束之处，着该将军副都统即会同勘办，妥议具奏。至鄂博以南，吉林界内私开地亩，现已清理。其鄂博以北，伯都讷民地据称亦有私开，并着该将军副都统一并查勘以杜欺隐。寻议，由巴延鄂佛啰边门至黄山嘴子十五处地方，由四道梁子至老河身周围六十处地方，从前于此定界设立鄂博。惟黑林子以南，地势稍曲，应行筑直。至开挖深沟一事。若令民办，则妨碍农功；若由官雇夫，则工段绵长，费用甚钜。不若将旧有鄂博另行筑高，每五里设一界石，共设十二界石，以垂永久而辨疆界，即交法特哈边门旧设章京管理，毋庸另设管界章京从之。

（清）官修：《仁宗睿皇帝实录》卷一六九，《清实录》第三十册，嘉庆十一年十月下条，北京：中华书局，1986年，第197—198页。

清仁宗嘉庆十二年（公元1807年）

戊戌，谕内阁：御史牟昌裕以闭籴、终养、改律、核销四款，条陈具奏，朕详加披阅，所奏不为无见。盛京土膏沃衍，素称产米之区。附近畿辅省分，俱资接济。上年秋间，该处偶被偏灾。经该将军奏请暂行禁籴。盖恐商贾贩运四出，必致市侩居奇，有妨民食。曾经降旨允行。并据该将军奏称，俟今年秋收丰稔为止。本年盛京雨水调匀，田禾芃茂。现在畿辅一带，望泽孔殷，米价昂贵。虽京师平粜仓粮，民食无虞缺乏。而直隶附近地方，恐不免粮价腾踊，此时距秋收之期尚远。盛京蓄贮充裕，着富俊体察情形，详悉筹酌。或仍令商贾照常贩运。并天津米船，仍旧听其装运。务期谷石流通，借裕民食，不必俟秋成后再弛籴禁。该将军即悉心酌核，迅速奏闻。其所请申明终养定例及问刑衙门现行事例改归本律二款，着吏刑二部核议具奏。再所称河工军需报销，请酌定章程，改修户、工二部则例一款。现在河工料价，已令英和等前往确查。应俟该侍郎等差竣回京后如何酌中定价，再行详议具奏。至军需动用钱粮本系间有之事，从前定有旧章。该御史奏请酌改之处，着毋庸议。

（清）官修：《仁宗睿皇帝实录》卷一七八，《清实录》第三十册，嘉庆十二年四月下条，北京：中华书局，1986年，第339—340页。

清仁宗嘉庆十三年（公元1808年）

谕内阁：兵部议驳观明奏请于齐齐哈尔、黑龙江、黑尔根、呼兰四城添设步甲拨款生息一折，所议甚是。齐齐哈尔等处，闲散壮丁增多，该将军即欲筹画生计，自应广辟地亩，饬令力田，方为本务。乃辄请添设步甲拨款生息，以资养赡。无论该四城壮丁共有一万五千余名，今即添步甲五百名，仍不能遍给，而海内生齿日繁，若各处驻防，率皆以丁数增多，纷纷奏请添设兵额，尤属不成政体。观明身系满洲，不揣事之窒碍难行，率为此奏。实属不晓事理，着照部驳不准行，仍传旨申饬。

（清）官修：《仁宗睿皇帝实录》卷一九一，《清实录》第三十册，嘉庆十三年正月条，北京：中华书局，1986年，第523页。

又谕：户部奏议覆吉林将军秀林奏长春厅开垦地亩流民，仍准入于该处民册一折，所奏是。此次续经查出流民三千一十户，内有开垦地亩者，亦有未经开垦者，若概行驱逐，未免失所。着再加恩准照前次谕旨，入于该处民册安插，自此次清查之后，该将军务遵照原议。除已垦之外，不准多垦一亩，增居一户，如将来再有流民入境，定即从严办理。

（清）官修：《仁宗睿皇帝实录》卷一九六，《清实录》第三十册，嘉庆十三年闰五月条，北京：中华书局，1986年，第596页。

户部议覆：盛京将军富俊等奏严禁流民出口私垦章程，嗣后民人出山海关至奉天属各处者，令由原籍起关照一张，填注姓名及前往处所，到关验明放行。仍令在原籍起随身护票一张，填注所往地方，缴官备查。如出山海关至威远堡、法库边门外，令由原籍起关照二张，一照山海关存留，一照边门存留，应如所请。至所称自嘉庆十四年正月为始，将该处现在民人户口地亩，责成通判巡检地保等分别立限详报，以防续有流民前往借户，诡添情敝，尚未周密，请饬令该将军按季另派妥员，详查结报。将有无增添之处，具结送部备查。其前次出口民人众多，该管章京等并不力为阻遏，应令查取职名，送部核议。得旨，户部议覆盛京将军富俊等奏，边外农民出入边门，酌请定制一折，均着照所议行。盛京地方设立边门，原所以稽查出入，用昭慎重。若任听流民纷纷出口，并不力为拦阻，殊非严密关禁之道。嗣后着照该部奏定章程。交该将军等严饬守口员弁，实力巡查，并出示晓谕各处无业贫民，毋得偷越出口私垦，致干例禁。其失察前项出口民人之该管章京，咎有应得。乃富俊等未经查明参奏，亦属疏漏。着将应议各员查取职名。补行送部核议具奏。

（清）官修：《仁宗睿皇帝实录》卷二〇一，《清实录》第三十册，嘉庆十三年九月条，北京：中华书局，1986 年，第 685 页。

甲辰，谕内阁：宜兴奏请将宗室移住盛京，并拟列条款开单进呈。朕详加披阅，所奏断不可行。宗室移住盛京，一切车辆房屋资装器具，所费不赀。国家帑项有常，岂能于经制之外增此重费？即伊指称于海口余息项内酌量动用，海口息银固不能有如许盈余，即使有款可动，亦必布置妥善，行之果有实效，俾宗室等各安生业，不致违犯科条，即多糜帑项，朕亦断不稍有靳惜。无如宗室等现住京师，切近辇毂，有宗人府王公及各族长分管，尚不能恪遵化导。若移赴盛京，专责成该将军一人管束，伊等岂遂能安分守法乎？是搬移徒滋烦费，而于事仍属有名无实。况宜兴欲将盛京各城旗民领种之余租官地，分拨一半，以为宗室养赡之田。该处旗民领种有年，安业已久。若骤行分拨，则宗室固有恒产，而旗民即有一半失业之人，又安保其不别生事端？宜兴所奏，种种窒碍难行。即使交部核议，亦必驳斥。着无庸交议，并将原折掷还。

（清）官修：《仁宗睿皇帝实录》卷二〇二，《清实录》第三十册，嘉庆十三年十月条，北京：中华书局，1986 年，第 689—690 页。

清仁宗嘉庆十四年（公元 1809 年）

壬戌，谕内阁：据户部奏议，覆盛京将军富俊等查明内务府庄头羊草官甸情形一折。此案奉天旗民所种官甸，既据该将军查明，该庄头等自顺治康熙年间，因备养官马，即占取官荒，以供差徭。迄今百数十年，久已视为己产，不复知为官荒。与私开各案，稍有区别。着照部议。所有垦熟官甸，准其按例交租。其未经开垦，及水冲沙压之官甸，俟开垦后随时呈报办理。历任失察职名，并着加恩宽免，余依议。

（清）官修：《仁宗睿皇帝实录》卷二〇八，《清实录》第三十册，嘉庆十四年三月条，北京：中华书局，1986年，第784页。

清仁宗嘉庆十五年（公元 1810 年）

改设热河统辖大员。谕内阁：口外沿边地方，自康熙年间，已有内地民人在彼耕种居住。百余年来，流寓渐多，生齿益众。雍正元年以后，节次添设官员。现在吉林、盛京、直隶、山西口外毗连一带，共设有一府、一州、五县、十二厅。此内各厅，有隶吉林将军统辖者，有隶奉天府尹统辖者，有隶山西巡抚统辖者，至承德府所属各州县，及宣化府口外三厅，皆属直隶总督统辖。地方辽阔，于吏治察核，刑名审转，诸多不便。朕意当于热河地方设一大员，将承德府等处附近各属，专令统辖。应如何改隶统属，并建置各事宜，着大学士会同各该部妥议具奏。寻议热河原设副都统一员，应请裁汰，改设都统一员。除管辖驻防官兵外，所有附近一带蒙古事件，向属税员兼管者，俱改归该都统专办。惟查八沟、三座塔、乌兰哈达三处，向派理藩院司官各一员收税；塔子沟，系八沟分口，向派理藩院笔帖式一员收税，地方辽阔，应添派司员，将笔帖式彻回。此四处请照察哈尔游牧理事司员之例，俱改为蒙古理事官，为都统之属。都统衙门应添设笔帖式二员，至民人租种蒙古地亩，向无存官册档，自应及时清厘，并交理藩院行文该盟长扎萨克等。谕以皇上轸念蒙古久远生计，虑及开垦益多，有妨游牧。嗣后各部落内，除先经开垦地亩外，不准再有私招民人开垦之事。现在该处聚集民人，既有十万八千六百余户。应责成理事司员州县等严查，勿令再添外来流民。庶可杜蒙古地亩日逐增垦。其穷苦者得以孳息牧产，流寓民人安居耕种。该扎萨克等亦长得租银津帖办公。一切均有裨益。从之。

（清）官修：《仁宗睿皇帝实录》卷二二八，《清实录》第三十一册，嘉庆十五年四月条，北京：中华书局，1986年，第59—60页。

又谕：赛冲阿等奏查办吉林、长春两厅流民一折。据称吉林厅查出新来流民一千四百五十九户，长春厅查出新来流民六千九百五十三户等语。流民出口，节经降旨查禁。各该管官总未实力奉行，以致每查办一次，辄增出新来流民数千户之多。总以该流民等业已聚族相安、骤难驱逐为词，仍予入册安插，再届查办复然。是查办流民一节，竟成具文。试思此等流民，多至数千户。岂一时所能聚集，该地方官果能于入境之始，认真稽察，何难即时驱逐。且各该流民经过关隘处所，若守口员弁，果能严密稽查，何能挈族偷越。各该管官种种废弛，于此可见。除此次吉林、长春两厅查出流民，姑照所请入册安置外。嗣后责成该将军等督率厅员，实力查禁，毋许再增添流民一户，如再有续至流民，讯系从何关口经过者，即将该守口官参处。至长春厅民人，向系租种郭尔罗斯地亩。兼着理藩院，饬知该盟长扎萨克等，将现经开垦地亩，及租地民人，查明确数报院存案。嗣后无许招致一人，增垦一亩。如有阳奉阴违，续招民人增垦地亩者，即交该将军咨明理藩院参奏办理。

（清）官修：《仁宗睿皇帝实录》卷二三六，《清实录》第三十一册，嘉庆十五年十一月条，北京：中华书局，1986年，第175—176页。

清仁宗嘉庆十六年（公元1811年）

丁巳，谕内阁：户部议覆吉林将军赛冲阿查奏伯都讷流民纳丁入册一折，已依议行矣。其折内称，嗣后令该将军严饬各边门关隘实力查禁，并饬该管官申明保甲之法，毋再容留滋弊等语。内地流民出口私垦，本干例禁。迨人数众多，难以驱逐。每阅数年查办，仍恩请编丁入户。不过以此后申严禁令不得再有私垦为词，该将军等亦视同具文，并不实力查办，殊非清源节流之道。着通谕直隶、山东、山西各督抚，转饬各关隘及登莱沿海一带地方，嗣后内地民人有私行出口者，各关门务遵照定例，实力查禁。若有官吏互相容隐，私行纵放，一经查出，即据实参处。如此各省关禁一律申明，使出口之人渐少。则私垦之弊，当不禁而自除。该将军仍督令该管官，随时严查保甲，互相稽考，俾得各专责成，毋致日久生懈。

（清）官修：《仁宗睿皇帝实录》卷二四九，《清实录》第三十一册，嘉庆十六年十月条，北京：中华书局，1986年，第363页。

清仁宗嘉庆十七年（公元1812年）

夏四月甲辰，诏曰："八旗生齿日繁，亟宜广筹生计。朕闻吉林土膏沃衍，地广人稀。柳条边外，参场移远，其间空旷之地，不下千有余里，多属腴壤，流民时有前往耕植。应援乾隆年间拉林成案，将闲散旗丁送往吉林，拨给地亩，或耕或佃，以资养赡。农暇仍可练习骑射，以备当差，教养两得其益。该将军等尽心筹画，区分栖止，详度以闻。"丙辰，上阅健锐营兵。癸亥，护军统领扎克塔尔卒，予银三百两。

五月戊子，温承惠奏滦洲拿获金丹、八卦邪教董怀信等。得旨：从严惩办。

六月乙巳，移闲散宗室于盛京居住，筑室给田给银。

（清）赵尔巽等：《清史稿》卷十六《仁宗本纪》，北京：中华书局，1976年，第601页。

谕内阁：和宁富俊奏，遵旨讯取州县协领等供词，并确查案据缘由一折。据称查明胡绍祖于宁海县屯社被灾田禾歉收情形，曾经亲诣查勘，禀请缓征两次。原禀经博庆额继善批令征收本年钱粮，胡绍祖并未开征，委员丰盛额委勘复州宁海灾区，均经据实会禀，亦无扶同捏饰情弊。熊岳协领果勒敏于上年八月间具报旗户所种田地秋收歉薄，该将军观明仅批令妥为安慰，并未委员查勘，嗣复误行参处，请将协领果勒敏、通判丰盛额、署知县胡绍祖，可否量予革职留任，三年无过开复等语。上年盛京复州等处被灾歉收，居民流徙。前此朕以观明等办理迟延，降旨将观明、博庆额革去将军侍郎，仍赏给侍卫差使，继善以四品顶带休致。兹据和宁等查明，观明于果勒敏禀报后，仅批令妥为安慰，并不委员查勘。博庆额继善于胡绍祖、丰盛额禀报后，仍批令征收本年钱粮。是该处讳灾不办，全系该将军府尹等主见，观明等玩视民瘼，厥咎甚重。本应斥革治罪，姑念或年老衰颓，或庸懦无能，从宽免其治罪。观明、博庆额俱着革职，此二人永不叙用，以为不实心为国者戒。继善着革去顶带，至协领果勒敏、通判丰盛额，俱经据实呈报。知县胡绍祖，详禀于前。及府尹等批令征收本年钱粮，该员仍未开征，尚属晓事。果勒敏、丰盛额、胡绍祖均着加恩开复原官，无庸再带革职留任，其敖时忻有无侵亏情弊，仍着确查具奏。

（清）官修：《仁宗睿皇帝实录》卷二五四，《清实录》第三十一册，嘉庆十七年二月条，北京：中华书局，1986年，第426—427页。

谕军机大臣等：松筠等奏，会勘大凌河牧厂余地，并柳河沟一带，均可陆续移驻旗人垦种缘由一折。朕因八旗生齿日繁，在京养赡不敷，生计日形竭蹶。欲规图久远之计，前经降旨，令赛冲阿等在吉林等处，筹度旷闲地亩，欲令酌量移居。并派松筠前往盛京地方，会同和宁等相度地势。此事计关久远，必须筹度周备。或十年、或五年移驻一次。从容调剂，逐渐疏通，方为有益。且移往耕屯之处，亦必须附近将军副都统等驻札之所十数里内，就近管辖稽查，勿任游荡滋事。则教养兼资，经久无弊，今松筠等所勘大凌河、柳河沟一带之地。距盛京省城，皆远在数百里之外，四面辽阔，并无官员驻札，设旗人移往居住，凭何约束、和宁、富俊皆曾任京城都统副都统。松筠更系现任都统，岂不思在京旗人，移驻外省，断无将平素安分有志上进者，先行挑往之理。若择素不安分者，聚集多户，移之无人管辖之所，岂能日久相安？即使该将军派委旗员，前往稽查。而相距遥远，终有鞭长莫及之势。至折内所叙东厂南北东西，周围不下百余里，皆有积水，须自边墙相地开河，使入大川归海，方可涸出沃壤。又东柳河沟一带，积水荡漾，须自北山，东由拒马流河，西至鹞鹰河，横开大渠，束水入海，方可辟垦耕屯等语。开渠引水，必须察勘地势高下，方不至受水之患。十年前诣盛京，马上遥见海水混茫，海舶来往，高仰之势显然。即使地势合宜，而兴举钜工，事岂易言。现在帑项不能宽裕，伊等岂不熟知。即使储蓄充盈，朕亦不肯徒劳罔功，为此无益之事。松筠等所议俱不可行，亦无庸绘图呈览，既据伊等奏称大凌河一带地方多有闲旷地亩，向被游民私垦，着即严行示禁。将闲旷之地，造册存记，或日久另有需用之处，以备查考。至凤凰城一带，松筠、富俊已往查勘。即使勘有可垦之地，亦无庸办理。松筠前派往查盛京各工，并会筹宗室移居盛京之事，着即将各工敬谨查勘收验。其筹办宗室房屋分拨地亩一节，亦须先行筹度，将所需经费若干，详悉估计，分别具奏。俟奏到酌量经费所出，再行降旨办理。松筠于此二事办毕后，即回京供职可也。将此谕令知之。

（清）官修：《仁宗睿皇帝实录》卷二六〇，《清实录》第三十一册，嘉庆十七年八月条，北京：中华书局，1986 年，第 518—519 页。

谕军机大臣等：松筠等奏，续经会勘彰武台边门外养什木河牧厂闲地，可移住旗人，并筹办大凌河西厂，先行试垦各缘由一折。盛京移驻旗人一事，现在经费不敷，实不能办理。前次松筠等奏到会勘大凌河牧厂地亩情形，已有旨详晰指示，松筠等仍遵照前旨，毋庸勘办，亦不必绘图呈览。其所称大凌河西厂东界一带，于大道附近之处，酌垦田数十顷，于今冬雇夫翻犁，来春给以籽种，先行试种一节。该处既有可垦之田，着该将军等即雇夫试种。如获有秋收，陆续开垦。其所交粮石，即于附近存贮，亦可留为将来添赡旗人之用，将此谕令知之。

（清）官修：《仁宗睿皇帝实录》卷二六〇，《清实录》第三十一册，嘉庆十七年八月条，北京：中华书局，1986 年，第 527 页。

给移住盛京宗室每户田三十六亩，从钦差协办大学士松筠等请也。

（清）官修：《仁宗睿皇帝实录》卷二六一，《清实录》第三十一册，嘉庆十七年九月条，北京：中华书局，1986 年，第 533 页。

谕军机大臣等：赛冲阿等奏踏勘拉林可垦闲荒地亩一折。据称勘得拉林东北，有闲荒一处，可垦五千余晌，又有东南夹信子沟一处，可垦二万余晌，该两处距阿勒楚喀城四五十里不等，恐新驻旗人，该副都统难以约束，并称近来吉林各处收成不丰，请俟三五年后从容筹办等语。又据另折奏，请将三道卡萨里闲荒地亩，拨补吉林官庄壮丁，除拨给外，其余闲荒，不许旗民侵占，每年秋收后，请令该管官亲往查勘，以杜私垦等语。移驻闲散旗人，以裕生计。今既勘明拉林附近，有可垦地二万五千余晌。而三道卡萨里地方，除拨补官庄之外，仍有闲荒可垦。是该省未经垦种旷土甚多，与其每年派人查管，何如一并筹画，使旗人前往耕种。俾收地利而成恒产。至拉林荒地，离城虽有四五十里，移驻旗人耕作，与按期演习骑射者不同，亦不必专在近郊。如从前拉林专设副都统稽察，旋即裁汰，至今该处旗人久安生业。亦无庸专设大员就近约束，若谓该处近年收成不丰，此时原不能即将旗人移驻。其一切垦荒计亩章程，则须豫为筹办，不必延至三五年后推诿时日。着该将军等即检查乾隆年间移驻旧案，将先期试垦备办各事宜，详细酌核，先行筹议章程具奏，候旨遵行。其请拨补玛埏官庄欠地三千余晌，即着照所请办理，将此谕令知之。

（清）官修：《仁宗睿皇帝实录》卷二六三，《清实录》第三十一册，嘉庆十七年十一月条，北京：中华书局，1986年，第572—573页。

十七年，命往盛京会勘陵工，兼筹移驻宗室事，疏请小东门外建屋七十所，居闲散宗室七十户，户给田三十六亩。又言：“西厂大凌河东有可耕地三千顷，可移驻二千余户。东厂周数百里，地多积水，其水自北山柳条边来，若相地开河，可涸出沃壤；又东柳河沟亦多积水，若自北山东横开大渠，可得沃壤数千顷。”“续勘彰武台边门外迤西牧厂闲地，横三四十里，纵六七十里，并可移驻。请于大凌河西厂东界先试垦种。”诏并允行。而试垦事为将军晋昌奏罢，论者惜之。回京，授军机大臣。未几罢，改授御前大臣。

（清）赵尔巽等：《清史稿》卷三四二《松筠传》，北京：中华书局，1977年，第11116页。

清仁宗嘉庆十九年（公元1814年）

是岁，免直隶二县、河南二县、黑龙江各城灾赋。除奉天岫岩、浙江西安四县废田田赋。朝鲜、琉球入贡。

（清）赵尔巽等：《清史稿》卷十六《仁宗本纪》，北京：中华书局，1976年，第606页。

谕军机大臣等：富俊等奏，豫议试垦章程，请先于吉林等处闲散旗人内拣选屯丁一千名，每丁给银二十五两，籽种谷二石。于拉林东南夹信沟地方，每名拨给荒地三十晌，垦种二十晌，留荒十晌。试种三年后，自第四年起交粮贮仓。十余年后，移驻京旗苏拉时，将熟地分给京旗人十五晌，荒五晌，所余熟地五晌，荒五晌，即给原种屯丁，免其交粮，作为恒产。并将屯田出入各数、屯丁用款及设官管理章程，开单呈览。此项试垦地亩，需帑无多。将来开垦成熟后，移驻京旗闲散与本处旗屯众丁错处，易于学耕伙种，不致雇觅流民代耕，启田为民占之弊。所议似属可行。其单内合计十年用银四万零五百两，其试垦之第一年只需银二万八千余两，即可兴办。着即照富俊等所议，挑选屯丁一千名，由该处备用银两内拨给牛价等项，公仓内拨给谷种，如法试垦。富俊现准来京陛见。

（清）官修：《仁宗睿皇帝实录》卷二九九，《清实录》第三十一册，嘉庆十九年十一月条，北京：中华书局，1986年，第1116—1117页。

清仁宗嘉庆二十年（公元 1815 年）

二十年，富俊亲驻双城子，地在拉林河西北，横一百三十里，纵七十余里，沃衍宜耕。遣员履丈，分拨伐木于拉林河上游，建立屯屋。分五屯，设协领一、佐领二，分左右翼统治之，即名屯地曰双城堡，于二十一年一律开垦。是年霜早歉收，屯丁仅足糊口，又挈妻子者不敷居住，间有逃亡。乃展缓征粮一年，添盖窝棚，借给籽种，心始安。二十二年，调盛京。疏陈双城堡余荒尚多，续发盛京、吉林旗丁各千名往垦，分左、右二屯，旧屯名为中屯，遂复调富俊吉林，任其事。二十四年，先到屯丁千名，盛京旗人多有亲族偕来，自愿入屯，惟隶宁古塔者，因近地亦可耕荒，不愿轻离乡土，听其还，以空额二百名改拨盛京。二十五年，复续到千名。富俊巡历三屯，疏陈："比屋环居，安土乐业，有井田遗风。中屯开垦在先，麦苗畅发，男耕妇馌，俱极勤劳。"仁宗大悦，报曰："满洲故里，佃田宅宅，洵善事也。"续议三屯应增事宜，诏嘉实心任事，予议叙。道光元年，疏言："三屯开垦九万数千晌，已著成效，可移驻京旗三千户。请自道光四年始，每岁移驻二百户，给资装车马，分起送屯，官给房屋牛具。"报可。二年，召授理藩院尚书，与玉澜堂十五老臣宴，御制诗有"勤劳三省，不凋松柏"之褒。

（清）赵尔巽等：《清史稿》卷三四二《富俊传》，北京：中华书局，1977年，第11120—11121页。

丁巳，谕内阁："宗人府军机大臣，会同刑部，审明昭梿被讦各款，分别定拟具奏。昭梿妄自尊大，辄敢陵辱大臣，此一款情节最重。景禄被其指斥得

赃，忍辱不行奏办，尚无不合。景安系一品大臣，被昭梿指称系其属下，争论
名分。彼时景安亦知忿怒，乃因旁人劝解，遂隐忍不行参奏，殊属非是。景安
着交部议处，昭梿利欲熏心，贪得无厌，将其属下庄头人等禁押府内，非刑酷
虐种种，贪暴无状，孽由自作。昭梿前已革去王爵，着照议圈禁三年，以示惩
创。柳长寿，助虐横行，又婪赃入己。于大海，行贿谋夺庄头，架词肇衅，情
节俱尤为可恶。柳长寿、于大海着加枷号三个月，于二海随同济恶，加枷号一
个月。满日再行发往黑龙江等处当差，余俱照拟完结。昭梿以田租细故，辄咨
刑部催追。甚至如此案程建义长交租钱，仍复捏词追比，实属倚势妄为。嗣后
各王公等田租永不准咨部催追，各令自行办理。"

（清）官修：《仁宗睿皇帝实录》卷三一三，《清实录》第三十二册，嘉庆
二十年十二月上条，北京：中华书局，1986年，第160页。

清仁宗嘉庆二十三年（公元1818年）

八月丁卯朔，诏以取道民田，免经过奉天承德四州县额赋。

（清）赵尔巽等：《清史稿》卷十六《仁宗本纪》，北京：中华书局，1976
年，第612页。

谕内阁：富俊等奏，大凌河马厂旷地，试垦期竣，酌拟章程一折。大凌河
牧场余地，试垦期竣。勘丈于原垦续垦十一万余亩外，尚浮多地五千八百余
亩，均地近海滨，其中硗薄沙碛者多，不能按原议照直隶旗租之例升科。着加
恩即照养息牧试垦地亩之例，每亩征租银四分，作为定额。现存已征谷一千七
百八十余石，准其减价十分之三出粜。价银解交盛京户部存库备用，其起科年
分、催征考成及收成分数、查禁私典各章程，俱着照所议办理。

（清）官修：《仁宗睿皇帝实录》卷三三八，《清实录》第三十二册，嘉庆
二十三年正月条，北京：中华书局，1986年，第461页。

谕军机大臣等：前据富俊奏筹议开垦屯田，并请查明伯都讷围场荒地备
垦，当降旨交松宁详查妥议，俟定议后再行会同富俊办理。兹据松宁将议开双
城堡屯田章程，开单具奏。并以试垦伯都讷围场地亩经费不敷，请俟双城堡屯

地陆续升科后接办。富俊现已调任吉林将军，着将松宁所议章程，再交富俊覆加核议。松宁所定银数是否丰俭合宜，屯丁是否即可养赡家口，尽力开垦，务期国帑不致多糜，而于旗民生计，亦实有裨益，方为经久良策。其伯都讷地亩，应否酌分缓急次第办理。该将军议定即行覆奏，本日又据松宁等奏，站丁借地当差，今因私相典卖。若将各站丁地亩普行勘丈，每名留给十晌，余俱入官征租，丁力拮据，请仍其旧等语。此事并着富俊悉心核计，应如何派拨均匀。俾各有力当差，不致私行典卖。妥议章程具奏。

（清）官修：《仁宗睿皇帝实录》卷三四九，《清实录》第三十二册，嘉庆二十三年十一月上条，北京：中华书局，1986年，第612页。

又谕：富俊奏核议吉林站丁地亩章程一折。吉林站丁私将地亩典卖，若将该丁等自垦地亩，普行勘丈，每名仅留给十晌。余俱入官征租，丁力必骤形竭蹶，着仍照松宁原议循旧办理。至查出典卖与民地一万三千五百六十三晌五亩，着照富俊所议，均匀赏给额设站丁八百五十名。每名十五晌九亩零，即作为随缺工食养赡津贴。其当差穷苦站丁，各按典卖之民种满十年。照该村屯租地宽减二成，给该丁纳租，不准该丁夺地另佃。如民抗不交租，照例彻地，交站丁自种。嗣后如再有越界私垦及私相典卖者，丁民俱一体治罪，地价全行入官，以示惩儆。

（清）官修：《仁宗睿皇帝实录》卷三五二，《清实录》第三十二册，嘉庆二十三年十二月下条，北京：中华书局，1986年，第643—644页。

壬子，谕内阁：明兴阿等奏承德等厅州县沿河洼地偶被偏灾一折。本年奉天所属地方，雨泽调匀，田禾畅茂，惟承德、辽阳、海城、宁海、新民、岫岩等厅州县沿河低洼地亩间被淹浸。着明兴阿等即速勘明成灾分数，据实核办。再本月初旬以内，盛京又连次大雨，恐尚有续行被淹处所。昨朕自盛京启銮，本日驻跸黄旗堡。经过承德、新民两厅县境，见沿途禾稼，有业经刈获者，亦有刈获稍迟、浸入水中者。两日因修垫跸道，所用秫秸，不可数计。自系地方官购自民间，但此皆小民日用所需。今淹浸地亩，难望有收，而登场秸料，又不无耗费，该二处百姓踊跃急公，尤堪轸念，除本年及二十四年承德县、新民厅地丁钱粮前已降旨蠲免外，着加恩将承德县、新民厅二十五年应征地丁钱粮再蠲免半年。俾闾阎倍沾渥泽，其派出办差官员兵丁借支俸饷银十二万一千余两，前经降旨免扣银四万一千余两。连日该官兵沿途当差，甚为奋勉，着再加恩免扣银一万两。其余七万两，仍分作十五年扣缴，以示体恤。富俊、明兴阿、瑞麟三人于数日之间，将桥道一律赶办整齐。亦应量予施恩。

（清）官修：《仁宗睿皇帝实录》卷三四七，《清实录》第三十二册，嘉庆二十三年九月下条，北京：中华书局，1986年，第583—584页。

清仁宗嘉庆二十五年（公元1820年）

谕内阁：户部议覆御史李肄颂条奏各省官荒地亩，按限升科，招佃估变一折。各直省马厂芦洲等项官荒，及抄抵入官地亩，均应按限报垦升科。招租估变，乃日久因循，任听官吏侵吞，户民隐占，各省多有，而直隶为尤甚。着直隶总督、顺天府府尹、盛京将军及各该省督抚等严饬所属。各将前项地亩，迅速认真查勘。已垦者升科，未垦者招佃，应变价者估变，勒限逐一清厘，报部查核。如有吏民抗违把持者，严行惩处，若州县官仍前怠玩，或有心隐匿。该督抚等据实严参重处，以清赋课而杜侵欺。

（清）官修：《宣宗成皇帝实录》卷七，《清实录》第三十三册，嘉庆二十五年十月下条，北京：中华书局，1986年，第168页。

清宣宗道光元年（公元1821年）

又谕：富俊等奏双城堡随缺地亩，请加展生息银两以资佃垦一折。双城堡三屯协领以下官兵，虽经拨有随缺地亩，因无力开垦，不能得益。富俊等请添给牛具等项银两，着照所请，三屯官兵随缺地二分，共六千五百六十晌。每地十晌，赏给牛犁等项银十两，先于抵补费用参余项下动支。其前经奏准发商生息银二万两，准其加展生息三年。所得息银七千二百两，除归补参余银六千五百六十两外，其余银六百四十两，即准其添补中屯农器。富俊等即责令该员弁等赶紧佃垦，勒限三年，一律开齐，如有推延，分别参办。其另片所奏建盖房屋之砍木兵，亦着照所请，将原派之阿勒楚喀拉林兵，二百名内减派百名，于吉林、伯都讷、乌拉共派兵百名，宁古塔、三姓共派兵百名，递年与原派兵百名，合二百名，轮流赴山砍伐，以均劳逸。其所移驻在京闲散给车借饷事宜，俟届时该将军等再行具奏，另降谕旨。将此谕令知之。

（清）官修：《宣宗成皇帝实录》卷二十二，《清实录》第三十三册，道光元年八月条，北京：中华书局，1986 年，第 395—396 页。

清宣宗道光二年（公元 1822 年）

谕军机大臣等：据富俊等明白回奏，开垦伯都讷屯田情形一折。吉林乃我朝根本之地，若因伯都讷开垦屯田，招集流民耕种，日久流弊不可胜言。今该将军等覆奏，原议系由吉林现有纳丁纳粮民人认垦，并非招集流民，将来不必另筹安置，于事尚无窒碍。惟现在双城堡屯田尚未垦竣，且移驻京旗甚少，何必亟亟筹办。俟将双城堡办竣，获有成效，再行议及开垦，亦未为迟。至另片奏请于闲散旗人中二十岁以上、五十岁以下，果有父母兄弟叔侄等三口以上者，均可算户，不必拘定娶有妻室之人，或愿来者多等语，亦恐窒碍难行。现距移驻之期，尚有二年，将来呈报愿往者，或不乏人，无庸豫为筹及也。将此谕令知之。

（清）官修：《宣宗成皇帝实录》卷三十二，《清实录》第三十三册，道光二年闰三月条，北京：中华书局，1986 年，第 565 页。

庚辰，谕内阁：晋昌奏边外科尔沁蒙古私招流民开垦地亩情形一折。盛京法库边外，科尔沁达尔汉王、宾图王二旗界内向有蒙古招留流民，耕种地亩，并开设铺店生理。前经松筬委员勘办，兹据晋昌查明该处旗界内，因土著蒙古贪图租粮，陆续私招流民，给荒开垦。现在民人已有二百余户，垦成熟地，已有二千余晌。若按名拘解审办，未免多滋纷扰。即一概驱逐，亦恐流离失所。着照该将军所请，准其将查出建垦房地，遴派妥干大员会同该王等按段履勘，挖立地界封堆，毋任再有侵越。并造具民户花名细册，就近责成昌图通判，编立甲社，随时稽察管理。务使民户与蒙古人等相安，不致借端生事。至该王旗界内应否容留外旗蒙古开种地亩，及失察私留民人开地之蒙古王公等，应行议处，并私招民户之地东王公、贝勒、台吉、阿勒巴图等。如何惩办之处，着该盟长咨报理藩院查核办理。

（清）官修：《宣宗成皇帝实录》卷三十八，《清实录》第三十三册，道光二年七月条，北京：中华书局，1986年，第676页。

谕军机大臣等：松筠奏调剂双城堡屯田情形，将酌拟各款内先行覆奏二款，请旨遵办一折。所奏是吉林双城堡开垦屯田，移住京旗。前经松筠查勘情形，奏请调剂。已降旨令该将军于到任后，将陈奏各条逐加详核，务期妥善。兹据该将军查明，该处中屯地亩已经垦种之地，共六千五百余晌，应照六年升科之例，令其纳粮。惟此项地亩内，有因屯丁残废病故脱逃另补。以致已开复荒，续挑之丁，到屯未满六年，自未便令其一体完纳。着该将军详细确查，其实届六年者，着于本年秋收后按晌纳粮。余着暂行展缓，俟承种届满年限再行照办。至修盖京旗住房，原不应豫借过多，致有闲旷损坏，着照该将军所请，先按现愿移住京旗户数，修盖住房。此外均着缓办。将来京旗续有咨报移住之户，由户部知照该将军再行兴工，亦不致迟误。松筠接奉此旨，即移知富俊遵照办理，其余各款，松筠到任后，仍遵前旨。体察情形，悉心筹酌，务俾屯丁农务移住京旗两有裨益，方为尽善。将此谕令知之。

（清）官修：《宣宗成皇帝实录》卷三十九，《清实录》第三十三册，道光二年八月上条，北京：中华书局，1986年，第709页。

清宣宗道光三年（公元1823年）

又谕：松筠奏续行查出屯官屯兵私租官地一折。前因双城堡屯田，有流民私垦旗产。降旨将不行实力驱逐之协领舒精额等分别降补惩处。兹据松筠续行查出已革协领明保及舒精额等私典官荒，写立租契，与商民盖房开铺，收取租钱等情。经松筠晓谕商民，换给执照，以后地租当官呈缴。并据奏称舒精额畏罪自尽，所盖房屋入官，此外各佐领、骁骑校、委官、领催等所得地租，分计无几，官非一任，事非一人，恳请概免追究，此后实力稽查等语。着交松筠于到任后，悉心详查，奏明办理。又另片奏，请将发遣黑龙江之已革知县周以焯、已革郎中法克精额改发吉林，分管左右屯督课，并着松筠查明三屯是否需人委用。如果实在需人，即将该革员等调赴吉林察看，倘差委不能得力，仍饬回黑龙江当差，松篊原奏折片，着即交松筠阅看。

（清）官修：《宣宗成皇帝实录》卷五十九，《清实录》第三十三册，道光三年九月下条，北京：中华书局，1986 年，第 1041 页。

谕军机大臣等：据松筠奏，查养息牧地方，近在盛京西北边门迤外，可垦田二万余大晌。应遵嘉庆十七年原奉谕旨，移驻京旗闲散，以闲旷地亩拨给管业，招佃取租，俾资养赡。并大凌河马厂西隅新垦地亩，距京尤近，亦可移驻京旗，请饬查勘，妥议奏办等语。此系盛京将军应办之事。本年晋昌年班到京，朕当面谕该将军于回任后体察情形，奏明办理。至松筠身任吉林将军，各有专司，何得擅离职守，前赴盛京。且现在双城堡屯田开垦若何，关系紧要，自应详悉妥为筹画，以副委任。松筠所请于封篆后亲赴盛京，会同齐布森复勘养息牧地亩之处，着不准行。将此谕令知之。

（清）官修：《宣宗成皇帝实录》卷六十二，《清实录》第三十三册，道光三年十二月上条，北京：中华书局，1986 年，第 1091 页。

又谕：前据松筠奏双城堡屯田情形，请先移驻在京闲散宗室，并以双城堡原议移驻京旗闲散。查有盛京养息牧及大凌河二处，均可筹办移驻。本日军机大臣会同宗人府议奏，宗室分驻吉林，散处各屯，诸多窒碍。并据晋昌奏查明养息牧大凌河二处牧厂荒地，势难再议开垦各等语。养息牧、大凌河二处牧厂，试垦不便情形。嘉庆年间，屡奉皇考仁宗睿皇帝谕旨驳饬，彼时松筠曾以此被议，即不应于此时再行渎奏。且松筠现任吉林将军，乃率请于封篆后，亲赴盛京会勘养息牧地亩，实属越俎，该将军固执前见，不顾事理之是非，意在必行其说，所奏尤为荒谬。松筠着交部议处。

（清）官修：《宣宗成皇帝实录》卷六十三，《清实录》第三十三册，道光三年十二月下条，北京：中华书局，1986 年，第 1097 页。

戊午，谕内阁，松筠于盛京养息牧、大凌河二处牧厂不便试垦之地，固执前见，率行渎奏，并自请前赴盛京会勘筹办，实为越俎荒谬。部议降二级调用，本属咎有应得，姑念其究系因公，松筠着加恩改为降二级留任，不准抵销。

（清）官修：《宣宗成皇帝实录》卷六十三，《清实录》第三十三册，道光三年十二月下条，北京：中华书局，1986 年，第 1102 页。

清宣宗道光四年（公元 1824 年）

又谕：据松筠奏，请以每年吉林马厂地租公用闲款，筹给兵丁马匹，先行借款买马，年终收租交库，递年如此办理。并垦闲荒地亩收租存公，为买补倒毙马匹等项之费，事关整饬武备，总期经久可行。着交新任将军富俊于到任后，详察妥议具奏。

（清）官修：《宣宗成皇帝实录》卷六十五，《清实录》第三十四册，道光四年二月条，北京：中华书局，1986 年，第 20—21 页。

谕军机大臣等：朕闻双城堡地方，土瘠水少，不产树株，柴薪亦无所出。此次移驻京旗闲散，每户领垦熟地十五晌，荒五晌。雇觅人夫种作，甚费工本，所收粮石，即全行变价，尚不敷用。且现在甫经移驻，未经收获之前，每户给米二石，食用颇形支绌。双城堡移驻京旗户口，原因该闲散等生计维艰，借资调剂，必当筹画万全，俾得安居乐业，方为妥善。着容照、耆英前往双城堡履勘，悉心咨访，务得实情。即多留数日亦可，不必急于回京。如果该闲散等在彼居住，实形拮据。松筠督办此事，身亲目睹，何以不据实奏闻。容照、耆英与前任吉林将军及现任将军，切不可少有瞻徇，致干咎戾。所有该闲散等垦种地亩，每岁可收谷若干，变价若干，其一切日用之需，是否足敷支用，着即逐一详查明白，据实具奏。将此谕令知之。

（清）官修：《宣宗成皇帝实录》卷六十五，《清实录》第三十四册，道光四年二月条，北京：中华书局，1986 年，第 26—27 页。

又谕：富俊奏勘明闲荒垦地不敷养马之需一折。前据松筠奏请借吉林每年马厂地租公用闲款，给兵丁买马。并垦开荒地，收租存公，为买补倒毙马匹等项之需。当即降旨令富俊妥议具奏。兹据查明吉尔萨河闲荒，仅可垦地一千八百余晌，不能多种地亩，实不敷养马及买补倒毙之项，而所议价值，亦不能置买壮马。又未议给马乾，该处兵丁各有差使，度日尚不宽裕，若再令拴鞍牧马，反受养马之累。自应仍循旧章办理，所有松筠奏兵丁添立马匹并咨行各城副都统照办之处。着毋庸议。

（清）官修：《宣宗成皇帝实录》卷六十七，《清实录》第三十四册，道光四年四月条，北京：中华书局，1986年，第65—66页。

甲寅，谕内阁：富俊等奏筹议开垦伯都讷屯田以备移驻京旗一折。伯都讷开垦屯田，屡经该将军等筹议具奏，曾降旨俟双城堡办竣，获有成效，再行议垦。兹据奏称双城堡三屯，办理完竣。屯种户口及本年移驻京旗，无不耕作相安，视为乐土，嗣后按年移驻，已有奏定章程可循。至伯都讷空闲围场，约计二十余万晌，荒芜既久，地甚肥饶，且可敏于成功，俭于经费。较之双城堡，事半功倍，自应及时筹办，俾旗人生计益裕。吉林、伯都讷、阿勒楚喀等处，现在纳丁纳粮民户，生齿日繁，均愿认荒开垦，无须另招流民。该将军即出示招垦，并派员丈地分屯，申画经界。以道光五年为始，令其承种，所有认垦牛具、籽种、农器着照所议，令其自备。每人准领地三十大晌，其互保章程、升科年限、租钱数目，均着照所议行。俟移驻京旗闲散到日，交京旗地二十晌，其余十晌，作为己产，按数纳租。仍明白宣示认领之人，并画给地亩，统于发给执照内注明。至认垦之初，凿井盖房，着照双城堡章程，按丁按屯，给与银两。准于双城堡中屯升科谷价，暨备用项下支领。届起租之年，仍先行归款，所征小租钱文，即作为各项弁兵书役工食纸张之用。其有附近旗丁认垦者，俟移驻京旗交地二十晌，余十晌作为己业，免其纳租，余俱照民人一律办理。此项地晌甚广，陆续招认，一时人数尚不甚多，所有词讼及升科征租各事宜，即交伯都讷副都统督率理事同知妥为经理。仍设立保甲、屯长，互相稽查弹压。至将来招集人众，应否添设官员及京旗移驻时设官盖房，着临时妥议具奏。其每年招有佃户名数，领地若干，及动用银两若干，统于秋成后按年汇奏。该部知道。

（清）官修：《宣宗成皇帝实录》卷七十五，《清实录》第三十四册，道光四年十一月条，北京：中华书局，1986年，第221—222页。

四年，复出为吉林将军。方双城堡之兴屯也，富俊欲推其法于伯都讷围场，以旗户往往赖帮丁助耕，不如径招民垦。前后疏六七上，为廷议所格。至是，复言伯都讷围场荒地二十余万晌，募民屯垦，较双城堡费半功倍，始允之。五年，丈地分屯，申画经界，名曰新城屯。分八旗为两翼，每翼初立二十五屯，后定为十五屯。每屯三十户，以"治本于农务滋稼穑"八字为号。以次拨地，同时并垦。至七年，陆续认佃三千六百户，总为一百二十屯，与双城堡相为表里。初议京旗每岁二百户移驻双城堡，至六年，仅陆续移到二百七十户；七年，续移八十五户；而地利顿兴，自此双城堡、伯都讷两地号边方繁庶之区焉。

（清）赵尔巽等：《清史稿》卷三四二《富俊传》，北京：中华书局，1977年，第 11121 页。

清宣宗道光六年（公元 1826 年）

修吉林先农坛殿宇，从将军富俊请也。

（清）官修：《宣宗成皇帝实录》卷九十七，《清实录》第三十四册，道光六年四月条，北京：中华书局，1986 年，第 573 页。

又谕：富俊等奏移驻京旗闲散，恩赏接济银两一折。双城堡离吉林等处较远，收获谷豆，价贱未能获利。且甫经移驻，产业未立，生计不免拮据。加恩着照所请由吉林税银项下动用银三万两，交吉林同知发交殷实铺商，一分生息，并前所借参余银二万两，每年共得息银六千两，按照市价收钱，每年十二月内，每名赏钱十二千文，以为添补农器衣服之用。五年之后，无庸再给，嗣后陆续移驻，各按年分裁减。内有鳏寡孤独，实无依靠者，着每名每月给钱一千二百文。统自道光六年为始，按期给发。至开垦双城堡官兵随缺地亩借用参余银，尚未归补银四千九百六十两。着俟接济京旗年满之后，再行归补。该部知道。

（清）官修：《宣宗成皇帝实录》卷九十八，《清实录》第三十四册，道光六年五月条，北京：中华书局，1986 年，第 592 页。

谕军机大臣等：富俊奏流民无籍可归，一时难令迁移，吁恳免其驱逐。仍严行查禁，不准再有潜住等语。吉林为我朝根本之地，该将军等既听流民潜住，漫无觉察，迨积渐增多，辄以穷民无籍可归，难令驱逐失所，妄思乞恩。朕抚有寰区，岂不知恫瘰在抱。惟此等无业流民，始而为佣工远出，投身服役。继则渐向旗人佃种田亩，迨佃种既多，旗人咸图安逸，不知力作，必致生计日蹙。且耳濡目染，习成汉俗，不复知有骑射本艺，积重难返，其害岂可胜言！若如所奏，从此责令官兵常川稽查，不准再来潜住。果能如此令行禁止，现在流民何致遂有一千余户之多！前此既已容留，则此后严查禁绝，亦只纸上空言。数年之后必又渐积至一千余户。该将军不过援照成案，一再乞恩，而于培养根本之计有何裨益，夫涓涓不塞，遂成江河。若不亟加整饬，于此时准此弊政，不思远图。朕固不能辞责，而为是奏者则富俊始，试问能当此重咎否也！富俊历任最久，现又仍莅斯任，着即拣派能事文员，会同协领等详查妥办。该流民等违禁潜往居住，本应照例究治，此时即概行驱逐，亦属格外恩施。惟念该流民无籍可归，未忍遽令失所，该处东近参山，西近围场，断不容令其仍前居住。该将军当不惮繁难，另筹善策。于吉林所属各厅或盛京所属各厅州县，酌分户口，指出地方，即令迁移。务使分隶散处，不致聚集一处，方为妥善。至该流民等所盖房间，所垦地亩，原非伊等本业，念其垦种日久，酌中给价收回，亦可为将来移驻京旗之用。总使清源截流，无得仍滋流弊。该将军如能办理周妥，不但免其前谴，即历任将军副都统等处分，亦当曲为宽贷也。所开历任失察将军副都统等名单，俟将来查办流民事竣，再降谕旨。将此谕令知之。

（清）官修：《宣宗成皇帝实录》卷一〇二，《清实录》第三十四册，道光六年八月上条，北京：中华书局，1986年，第676—677页。

谕军机大臣等：前据富俊奏流民无籍可归，恳免驱逐。当经降旨令该将军不惮繁难，另筹善策。乃本日据富俊奏遵旨出示，四晌以上，不给钱文；四晌以下，流民四千余口，按大口八百文、小口减半作为路费，限九月内搬尽，如有抗违，即严办以清山界等语。朕前谕该将军于吉林所属各厅，或盛京所属各厅州县，指出地方，酌分户口。原以该民等千年兹土，当令迁移不至失所，今该将军定限九月内搬净，但以驱逐为事，而无安插之道。富俊接奉此旨，即确查吉林所属伯都讷及长春厅新分荒地，并盛京所属闲荒，出示流民，令其自便。其种地四晌以上，固系有力之家，然宅宅畎田，亦费成本，自宜酌给迁费。至四晌以下无力流民，情尤可悯。该将军尤当体察地方情形，酌分期限，令其前往，以所得之房价地价垦田筑室，各安生计。总以散处而不聚集为要，但能陆续搬移尽净，原无容刻期迫促。其所遗之田地房屋，应作何办理之处，亦须豫为筹定，断不可复任外来流民私行占据，仍蹈故辙，方为妥善。俟另行妥议奏到时，再降谕旨。将此由四百里谕令知之。

（清）官修：《宣宗成皇帝实录》卷一〇四，《清实录》第三十四册，道光六年八月下条，北京：中华书局，1986 年，第 715 页。

清宣宗道光七年（公元 1827 年）

谕军机大臣等：本日据富俊参奏围场内私行放入民人偷砍树木之员，已分别议处。盛京吉林围场，每年猎杀牲兽，原为我满洲官兵操演技艺而设。向来牲兽甚多，兹据富俊奏称，上年行围，猎打数围，未获一鹿。且围场内时有贼人支搭寮棚，成何事体！似此每年派往官兵多人常川住守，所办何事！况此次所获数名贼匪外，围场内有无贼匪，折内亦未声明。着富俊委派干员，前赴围场各处周查。如有贼匪潜居在内者，即多派官兵，尽行驱逐。倘有抗拒，即按法从重惩治，不准容留一名潜住，仍严饬卡伦官兵时时留心巡查，经此次查办后，如围场内复潜居贼匪，定将该卡伦官兵从重惩处，决不姑贷。将此谕令知之。

（清）官修：《宣宗成皇帝实录》卷一一四，《清实录》第三十四册，道光七年二月条，北京：中华书局，1986 年，第 915 页。

（七月）是月，给奉天锦州等三府州县水灾旗民口粮。

冬十月庚辰，免嘉庆二十五年至道光五年各省民欠正杂钱粮。壬午，皇太后万寿圣节，奉懿旨停筵宴。丙戌，礼部尚书姚文田卒，以汤金钊代之。以潘世恩为都察院左都御史。庚寅，巴绷阿免，以额勒津为科布多参赞大臣。丁酉，以纶布多尔济为库伦蒙古办事大臣。是月，赈湖北江陵、监利二县及屯坐各卫水灾。给奉天广宁县被水站丁口粮。贷山西定襄、潞城二县旱灾雹灾仓谷，黑龙江墨尔根城歉收口粮。

（清）赵尔巽等：《清史稿》卷十七《宣宗本纪一》，北京：中华书局，1976 年，第 641—642 页。

又谕：奕颢奏查明围场情形一折。所奏详明，积弊皆出，可嘉之至。已明降谕旨，将失察员弁惩处，并饬刑部妥议私入围场参山罪犯科条矣。至围场以南，前已查出鹿窖二百余处，兹复在嵌石岭以北，查出九百余处。统计一千一百余处，获犯一百一十余起之多。前任将军，可称木偶。究竟起自何时，不难向现获各犯切实严究。着奕颢等根讯明确，并查明历任将军在任月日，据实具奏。至原设卡伦是否皆系要隘，该将军于来年春融后亲往周历查勘。应如何那改布置，悉心酌议，奏明办理。其奉天围场与吉林围场毗连，奸徒趋利若骛，积弊自亦难免。除另降谕旨令博启图一体拿禁外，着该将军出示晓谕，申明例禁，毋得复罹法网。俾围场参山，一律肃清。将此谕令知之。

又谕：据奕颢奏查明围场积弊情形。历次查出私挖鹿窖一千一百余处，拿获打牲、砍木、偷参人犯一百一十余起之多，废弛已极，亟应严行饬禁。奉天围场与吉林围场毗连，刨窖偷牲等弊，恐亦不免。原设卡伦，是否稽察周密，有无此等弊窦，着博启图不动声色，细加察访，明年春融后，亲往周历履勘。如有前项弊端，即当查拿惩办。据实具奏，勿稍徇隐。将此谕令知之。

（清）官修：《宣宗成皇帝实录》卷一三〇，《清实录》第三十四册，道光七年十一月下条，北京：中华书局，1986年，第1160页。

清宣宗道光八年（公元 1828 年）

又谕：博启图奏查明围场情形并请添设卡伦严定章程一折。吉林围场与奉天围场地界毗连之处及该围场要隘处所，据该将军逐细详查，尚无偷挖鹿窖及偷牲踪迹，惟卡伦间均有车辙，难辨新旧，原设封堆，亦多参差不齐，疏密不一。封堆以外，均有旗民居住，村落甚多，难免潜入偷牲砍木情弊。若不严定章程，认真整顿，积弊安能尽除。着照所请于卡伦相距较远之二道沟、康家口子、锡伯霍落地方，准其添设卡伦三处，共设卡伦十四处。俾查缉易于周密，其按月拨派卡伦值班兵五名，不敷稽查，并准其每卡增添兵五名、官一员。每日以兵六名分两路巡查，至适中木桩处，兑换木牌。见有潜入偷窃踪迹，即严追务获，余俱留卡防守。此项官兵仍归管围协领管理，以专责成。从前围场添设翼长二员，专司查缉，嗣因开缺，并未补派，着仍照前议于佐领内遴委二员，专司督缉。其原设纛章京一员，亦令同翼长等按月轮流，一体查访。仍责令管围协领随时稽察，如该章京翼长等查缉疏懈，该协领不据实禀揭，即当一律严参。至原设封堆，有疏密参差之处，着严饬管围协领等官带同旗民界官，各分段落，将封堆增补高大齐全。各相距五十步，易于瞭望。其间私越封堆之田，无论旗民，悉令距封堆五十步外，方准垦种。其各卡伦间出入车辙，亦责成管围协领等官督令旗民界官，锄垫平坦，如再有车迹，即将该卡伦官兵及管围场各官参办，该将军务督饬该员等认真严查，勿得有名无实，日久懈弛，重干咎戾。

（清）官修：《宣宗成皇帝实录》卷一三六，《清实录》第三十五册，道光八年五月条，北京：中华书局，1986 年，第 87—88 页。

清宣宗道光九年（公元 1829 年）

又谕：奕颢等奏请另修副道一折。本年巡幸盛京，该将军等承办御路，应照向定章程，于正道两旁，修垫配道。兹该将军等以正道与配道相连，恐车马易致践踏，稽察难周。酌请另修副道，是于配道之外另添副道，既不免侵占民田，复须重劳民力，徒滋纷扰，所请着不准行。该将军等仍照旧章办理，惟当督饬管道各员，认真查察，凡应走配道之官员人等，并车马骡驼，均不准率由御道行走，如有不服拦阻，擅行御道者，即着奏明惩办。

（清）官修：《宣宗成皇帝实录》卷一五八，《清实录》第三十五册，道光九年七月条，北京：中华书局，1986 年，第 442 页。

理藩院奏：查明科尔沁台吉等招民私垦牧场，议定章程请旨。得旨。着盛京将军就近派委妥员，会同该盟长委员亲赴该处，将库都力等处四址，挖立封堆，勿使展占。其民人籍贯户口，及承种地亩数目，着该厅造具细册，报明理藩院查核。并出示严行晓谕，该蒙古民人，嗣后不得任意私招私垦，令该盟长一体遵办。至此次私招之蒙古台吉及失察之该盟长扎萨克，着查取职名，交理藩院分别议处。

（清）官修：《宣宗成皇帝实录》卷一五八，《清实录》第三十五册，道光九年七月条，北京：中华书局，1986 年，第 427 页。

谕内阁：朕此次展谒祖陵，驻跸盛京。所有民田旗地，蠲租赐复，业已分别施恩。惟是本年奉天所属州县，田禾虽属有秋，朕巡历所经，轸念贫民拮据，益当加意惠鲜，无令失所。着该将军府尹等，查明各州县地方，如有间被偏灾，应行赈济及蠲缓之处，即奏闻办理。

（清）官修：《宣宗成皇帝实录》卷一六〇，《清实录》第三十五册，道光九年九月条，北京：中华书局，1986 年，第 475 页。

清宣宗道光十年（公元 1830 年）

谕军机大臣等：富俊奏吉林双城堡屯田，原为疏通京旗闲散，并未议及各处驻防。今热河闲散移驻双城堡，若照京旗移驻之例办理，所费未免过多。请仿照嘉庆二十五年设立双城堡左右二屯移驻奉天各旗闲散之例办理，所费较省，并请将伯都讷新城局改名为堡，即令热河闲散移驻该处，给与围场荒地垦种等语。热河驻防闲散，生齿日繁。前经该部议照裕恩所请，准其移驻双城堡，并酌议移驻章程，照京旗成案办理。兹据富俊以伯都讷新城局围场荒地与双城堡右屯毗连，若事尚可行，则与京旗另立一区，自较妥善。将来即将新城局改为新城堡，惟该处曾否盖有房屋，现在移驻一百户，尚须添建房屋若干，其原议奉天闲散移驻双城堡一切经费，较之移驻京旗节省若干，吉林自有成案可查。着福克精阿酌量该处情形，应如何筹画办理，据实覆奏，再降谕旨，富俊折着钞寄阅看。将此谕令知之。

（清）官修：《宣宗成皇帝实录》卷一六七，《清实录》第三十五册，道光十年四月条，北京：中华书局，1986 年，第 587—588 页。

清宣宗道光十一年（公元 1831 年）

谕军机大臣等：富俊奏请酌拟条例以裕生计而重武备一折。吉林旗人，非内地环居乡村可比，均沿江倚山，星散而居，踞城二三百里或四五百里不等。向俱于不碍围场禁山外，捕打牲畜，演习枪马，习与性成，不待官为操练，自己精熟，一经挑差，即可得力。自英和等奏改逃旗定例，该管官自顾考成，照例查禁。旗人亦虑被销旗档，不敢远出。复经奕颢等以该处围场鹿只稀少，查禁鸟枪，凡购买鹿茸皮张筋角者，经由沈阳，立即截拿究办，以致商人裹足，旗人无处销售，渐不学习鸟枪，非特生计日绌，于武备亦大有关碍。富俊请酌拟条例，自系实在情形。嗣后吉林所属旗人，初次逃走，仍照旧例，被获者鞭一百。一年以内自行投回者，免罪。一年以外投回者，鞭六十。其二次逃走者，无论投回拿获，俱行销档为民，俾旗人得以从容操演鸟枪，赴山捕打，克成国家劲旅。此为吉林酌改办理，他省不得援以为例。其吉林所属闲山，并准旗人等于左近山内，随时捕打，所得牲畜，听其售卖，所买之人，给与照票，无庸查禁。惟恐不肖之徒，偷越围场。着宝兴、倭楞泰，查明吉林所属界址，何地准其打牲，何地不准打牲之处，妥议章程具奏。将此谕令知之。

（清）官修：《宣宗成皇帝实录》卷二〇二，《清实录》第三十五册，道光十一年十二月上条，北京：中华书局，1986 年，第 1170—1171 页。

清宣宗道光十二年（公元 1832 年）

又谕：宝兴等奏筹议吉林旗人捕打牲畜地界章程一折。前据富俊奏，吉林旗人向以捕打牲畜为业，演习枪马，请酌改逃旗条例，当经降旨。嗣后吉林所属旗人，初次逃走，仍照旧例，被获者鞭一百，一年以内自行投回者免罪，一年以外投回者鞭六十。其二次逃走者，无论投回拿获，俱行销档为民。俾旗人得以从容操演鸟枪，赴山捕打牲畜，克成国家劲旅。此为吉林酌改办理，他省不得援以为例。其吉林所属闲山，并准旗人于左近山内随时捕打，所得牲畜，听其售卖，所买之人，给与照票，无庸查禁。并令宝兴等将何地准其打牲，何地不准打牲，查明妥议具奏。兹据奏称，吉林捕打进贡牲畜围场，并打牲乌拉采捕蜂蜜场，及松花江西岸、辉法河北岸一带，向系封禁，业经设有卡伦官兵防守。毋庸另议。其余闲旷山场，均设有卡伦，请仍循旧例。凡旗人携枪出卡捕打牲畜者，毋庸查禁。如有携带民人，不领照票，偷挖人参、私砍木植者，严行查拿治罪等语。着照所议办理，责成该将军等随时严饬各卡伦官兵认真稽查，每年遴派协领佐领等官带同兵役春秋巡查二次，倘有偷越人犯，严拿惩治，并将坐卡伦官兵暨携带之旗人一并参办。其认买鹿角筋皮商人，饬令报验给发路票，知照盛京将军府尹、山海关副都统等衙门，毋庸截拿。该将军等即通行所属各城一体遵办，以示朕轸念旗人生计、修明武备至意。

（清）官修：《宣宗成皇帝实录》卷二〇四，《清实录》第三十六册，道光十二年正月条，北京：中华书局，1986年，第10—11页。

又谕：宝兴等奏查明新城局屯田地亩，未能开垦各屯一折。新城局地亩应征大租，前经奏准搭放伯都讷官兵俸饷，即非闲款可比。兹据宝兴等查明此项地亩，因连年凿井无水，认领各佃无力开垦，自系实在情形。着照所请准将未能开垦之荒地二万零一百四十二晌暂行作为禁荒，责成该副都统招募有无认垦之民，年终咨报，以备查核。该将军等仍于每年派员前往查勘，如有私开未报情弊，即将该局员严参惩办。所有此项未开地亩之原领银两，勒限半年如数追缴归款。其从前总办之协领乌林泰，在省追款之已革同知松奎并七八两年承办之佐领法凌阿、吉林保办理不善，实属咎无可辞，均着交部议处，以为不能实心任事者戒。该副都统福升于上年甫经到任，今春即行查明咨报，尚无不合，着免其置议。至新城局地亩大租系搭放伯都讷官兵俸饷之用，嗣后应如何搭放之处，着户部议奏。寻议，伯都讷每年俸饷，系将该处地丁等银抵充。今新城局开除大租钱计银四千八百三十余两，仍请在于该处地丁银内按数支给。从之。

（清）官修：《宣宗成皇帝实录》卷二一九，《清实录》第三十六册，道光十二年九月上条，北京：中华书局，1986年，第274—275页。

道光十二年，盛京将军裕泰上科尔沁垦章八事：凡写地必以自名，毋过五顷；一地复写者，后户与前户相均；村屯或典于民，追契折偿；地主无力回赎，任民再种，限年抵还；年满第允自种，或租与原佃，不得复典及招人；民户交地后，得自踏闲荒，白局承种；其蒙种熟地，毋许租人；界外民开者亦毋许影射。咸如拟行。土默特牧场，旧惟任意垦治，嗣分余地畀蒙人，口率一顷，而佃与民种者多。至十七年，令入蒙押租，以其四佐官用，其租息无业蒙人四之，公家及本旗贝勒各三之。同治七年，徙喀喇沁越垦诸户分归各旗。

(清)赵尔巽等:《清史稿》卷一二〇《食货志一·田制》,北京:中华书局,1976年,第3520页。

清宣宗道光十七年(公元1837年)

谕内阁:祥康等奏查明双城堡界外圈禁余荒并三屯公所私垦地亩酌拟章程一折。向例双城堡三屯官兵由盛京、吉林两省额缺内裁拨派往,定于大封堆外展圈荒地一段,遇有退差兵丁,每名拟给荒地八晌作为恒产,其大封堆外圈禁闲荒,系留备将来接济京旗,及本地屯丁之用,相沿已久。何以历年经手各员,少圈多报,私垦之弊显然。兹据祥康等查明实在情形,并将派查含混具报之员据实参奏,所有原任协领、现以佐领告休之图萨并历任失察之协领、佐领、骁骑校等,均着交部查取职名,分别议处。至私垦地亩之官兵民人等,本应计晌找追花利,惟念该处甫经成熟,尚未收获。着加恩只将地亩追出抛弃,其花利一概免追,以示体恤。所有侵垦官员,着查取职名,送部议处。该兵民仍照例分别惩办,经此次查办之后,如再有私垦禁荒者,无论由官查出,或别经告发,官则分别降革,兵则革退钱粮,分别枷责,民则无论新陈,俱行递回原籍,严加管束。并责成该副都统每年秋获之后,亲往该堡封堆内外确查,加结咨报。该将军亦着遇便亲往查勘,以杜侵占而清弊源。

(清)官修:《宣宗成皇帝实录》卷二九八,《清实录》第三十七册,道光十七年六月条,北京:中华书局,1986年,第627—628页。

清宣宗道光十九年(公元1839年)

免齐齐哈尔、黑龙江、墨尔根三城被旱被水公田额赋。贷齐齐哈尔、布特哈、卜魁等站灾户口粮,展缓黑龙江、齐齐哈尔、墨尔根、布特哈、卜魁等站灾户旧欠银粮。

（清）官修：《宣宗成皇帝实录》卷三二八，《清实录》第三十七册，道光十九年十一月条，北京：中华书局，1986年，第1156页。

十九年，调吉林将军。先是，议筹八旗生计，诏勘吉林荒地开垦，移驻京旗，将军赛冲阿言拉林近地闲荒可垦，未有规画。富俊至，疏言："乾隆中移驻京旗，建屋垦地，多借吉林兵力，垦而不种，酌留数人教耕，一年后裁汰。京旗苏拉不能耕作，始而雇觅流民，久之田为民有，殊失国家爱育旗人之意。今筹试垦，莫若先办屯田。请发吉林闲散旗人一千名为屯丁，每丁给银二十五两、籽种二石，官置牛具，人给荒地三十晌。垦种二十晌，留荒十晌，四年征粮，每晌一石。十年后移驻京旗，人给熟地十五晌，荒五晌，余十晌荒、熟各半，给原驻屯丁为恒产，免征其租。因利而利，糜帑无多，将来京旗移到，得种熟地，与本处旗屯犬牙相错，学耕伙种，实为有益。"并详列屯垦、出纳、设官、经理事宜，诏如议行。

（清）赵尔巽等：《清史稿》卷三四二《富俊传》，北京：中华书局，1977年，第11119—11120页。

清宣宗道光二十年（公元1840年）

谕军机大臣等：给事中朱成烈奏盛京地方腴田甚多，若查明垦种，以地利所入，添补海防，实为久远之策。又奏吉林、阿勒楚喀、双城堡三屯地亩共有九万数千晌，曾移驻京旗闲散一千户，每户授田二十五晌，今闻移驻并不足额。此项未授熟田甚多，作何开销？未垦荒田，作何经理？伯都讷围场，有堪种荒田，大封堆地方，可垦之田六万余顷，均未开垦，请旨查办等语。着耆英、惟勤即将所属各地亩，派员详细查明。未垦荒田，果否堪以开垦。但使着有成效，则一劳永逸，实于屯田海防，大有裨益。着该将军等据实具奏。将此各谕令知之。

（清）官修：《宣宗成皇帝实录》卷三四二，《清实录》第三十八册，道光二十年十二月上条，北京：中华书局，1986年，第203页。

二十年，富俊亲驻双城子，地在拉林河西北，横一百三十里，纵七十余里，沃衍宜耕。遣员履丈，分拨伐木于拉林河上游，建立屯屋。分五屯，设协领一、佐领二，分左右翼统治之，即名屯地曰双城堡，于二十一年一律开垦。是年霜早歉收，屯丁仅足糊口，又挈妻子者不敷居住，间有逃亡。乃展缓征粮一年，添盖窝棚，借给籽种，心始安。二十二年，调盛京。疏陈双城堡余荒尚多，续发盛京、吉林旗丁各千名往垦，分左、右二屯，旧屯名为中屯，遂复调富俊吉林，任其事。二十四年，先到屯丁千名，盛京旗人多有亲族偕来，自愿入屯，惟隶宁古塔者，因近地亦可耕荒，不愿轻离乡土，听其还，以空额二百名改拨盛京。二十五年，复续到千名。富俊巡历三屯，疏陈："比屋环居，安土乐业，有井田遗风。中屯开垦在先，麦苗畅发，男耕妇馌，俱极勤劳。"仁宗大悦，报曰："满洲故里，佃田宅宅，洵善事也。"续议三屯应增事宜，诏嘉实心任事，予议叙。道光元年，疏言："三屯开垦九万数千晌，已著成效，可移驻京旗三千户。请自道光四年始，每岁移驻二百户，给资装车马，分起送屯，官给房屋牛具。"报可。二年，召授理藩院尚书，与玉澜堂十五老臣宴，御制诗有"勤劳三省，不凋松柏"之褒。

（清）赵尔巽等：《清史稿》卷三四二《富俊传》，北京：中华书局，1977年，第 11120—11121 页。

清宣宗道光二十一年（公元 1841 年）

又谕：前据给事中朱成烈奏盛京腴田甚多，请饬查办等语。当降旨令耆英查明具奏，兹据该将军奏称，奉天省地方，现在委无未垦大段荒田。其封禁私开零星段落地亩，仅有三千余亩，为数无多。所有该给事中奏请开垦之处着无庸议。

（清）官修：《宣宗成皇帝实录》卷三四五，《清实录》第三十八册，道光二十一年正月下条，北京：中华书局，1986 年，第 250 页。

谕军机大臣等：惟勤等奏确查卡伦外舒兰等六处禁山及凉水泉禁荒各一折。据奏舒兰等六处禁山，拿获刨地种菜、挖窑烧炭人犯三名，此外并无流民潜入砍树垦地。凉水泉五万三千余晌禁荒界内，亦无偷垦奸民等语。吉林所属封禁山地，难保必无外来游民，潜入偷垦。该署将军等于年终奏报一次，深恐视为年例具文，虚应故事。迨至因循日久，宵小潜滋。又称人数众多，碍难驱逐，殊不成事。经额布甫经简放，无所用其回护。着于到任后随时密查，不必拘定日期，使匪徒闻风远避，仍致有名无实。将此谕令知之。

（清）官修：《宣宗成皇帝实录》卷三六四，《清实录》第三十八册，道光二十一年十二月下条，北京：中华书局，1986年，第564页。

盛京将军耆英等覆奏，确查奉天沿海居民，向多服田力稿，虽有捕鱼之人，只能于风平浪静时入水捕鱼，不能久伏海底，亦不能于水面有所施展，碍难团练水勇。报闻。

（清）官修：《宣宗成皇帝实录》卷三六四，《清实录》第三十八册，道光二十一年十二月下条，北京：中华书局，1986年，第561页。

清宣宗道光二十二年（公元 1842 年）

又谕："禧恩等奏严查沿江边界一折。盛京内地民人，私越朝鲜边界，构舍垦田。前经降旨令该将军等查办，兹据委员在榆树林子卡伦所属及帽尔山卡伦所属界内，查出窝棚二十八处、草房九十余间、私垦田地三千三百余亩。当经分别焚烧平毁，并将人犯唐仁等拿获。询据该国官员人等指称，原报实系此地，别无遗漏等语，所办尚好。所有拿获人犯唐仁、江文彩、姜宽三名，着即会同盛京刑部严行究审，按律定拟具奏。其未获逸犯，仍着严饬卡伦官兵，按名查拿究办。嗣后春秋二季，着照所议，遴派统巡等官，亲诣该处逐细查勘。如有沿江盖房垦地之犯，立即拿究。仍着该将军等随时简派公正得力之员，再行前往密查，倘统巡等官视为年例具文，复有隐匿遗漏不实不尽之处，一经查出，即将失察各官及原查各员，一并据实严参，毋稍容隐。所有此次失察水曲流川等三处私盖窝棚、偷垦田地之总巡守卡等官，及失察该犯唐仁等越边之边门文武章京各职名，着即查取送部。分别议处。"寻奏唐仁、江文彩在仓病毙，姜宽拟发附近充军。下部议，从之。

（清）官修：《宣宗成皇帝实录》卷三八一，《清实录》第三十八册，道光二十二年九月下条，北京：中华书局，1986年，第866—867页。

清宣宗道光二十四年（公元1844年）

又谕：棍楚克策楞等奏，齐齐哈尔等处收获分数不同，请将上年借支接济粮银分别归还，其余粮银恳请展限等语。本年齐齐哈尔、黑龙江、墨尔根、布特哈等处田禾，因入秋以后，霪雨连绵，加以嫩江、井奇里、赣河河水漫溢，是以收割分数不同。着照所请，所有呼兰城收割六分、齐齐哈尔城收割四五分之养育兵屯丁等应交粮石，及呼兰城新增屯丁十九名，除应交满数粮石内一半全行入仓收贮外，其余一半，着照例变价售卖，以归原支钱文及采买等款。其齐齐哈尔、墨尔根二城收获三分有零，黑龙江城收获三二分之养育兵屯丁等应交额粮，着照例蠲免。黑龙江城库木尔等驿，因被水灾收获三二分，所有口粮不足人等，着接济口粮。此项粮石着于本处公仓收贮粮内，照例赏借旗营人等。其仍不敷粮石着于备仓所贮粮内动支借给，以资接济。此项借支粮石，着于次年秋成后归还入仓。其布特哈地方，既无交纳额粮，所有旧欠接济口粮银内，分别有力者令其归还。其齐齐哈尔、黑龙江、墨尔根、布特哈四处，及墨尔根等驿，所欠接济口粮银两，着展限一年，于明年秋成后依限归还。

（清）官修：《宣宗成皇帝实录》卷四一一，《清实录》第三十九册，道光二十四年十一月条，北京：中华书局，1986年，第150—151页。

清宣宗道光二十五年（公元1845年）

辛巳，谕内阁：户部奏议覆经额布等奏凉水泉地甚硗薄未便加租一折。着照所议办理。惟吉林一带地方，系根本重地，封禁闲荒，不准开垦。今凉水泉原拨及私展各地既经查明，各民佃花费工本，准予垦种交纳轻租。所有存剩官荒八万一千余晌，着该将军迅即拣派公正之员前往按数查验。遵照奏定界限赶立封堆，严申例禁，断不许稍有含混，再听流民展越偷种，并着严饬该地方官及委员等遇有私垦等事，认真查禁。倘仍前玩泄，除从严惩办外，其失察之该将军副都统，着一并由该部严参惩处。

（清）官修：《宣宗成皇帝实录》卷四一七，《清实录》第三十九册，道光二十五年五月条，北京：中华书局，1986 年，第 234 页。

己卯，谕内阁：棍楚克策楞等奏齐齐哈尔等处收获田谷分数不齐，请将上年借过口粮、银两，分别展限接济乏食人等口粮等语。本年齐齐哈尔、黑龙江、墨尔根、布特哈自入秋以后，阴雨连绵，又值黑龙江河水盛涨，以致收获分数不齐。着照所奏，呼兰城收获六分之官屯额丁应交粮石及新增设十九官屯之额丁满交粮石内，以一半交仓收存外，以一半变价弥补曾经动用卖牛等款。至齐齐哈尔、黑龙江、墨尔根三城三分有余，及收获三分之养育兵官屯额丁应交额粮，照例宽免。齐齐哈尔、额玉尔等五驿乏食人等，即着分别查明，自乏食之月起，将齐齐哈尔官仓所存粮石，照例全行赏给本地旗人，以资接济。如齐齐哈尔、额玉尔等五驿粮石仍形不敷，即由备用仓存储粮内借动接济。此内额玉尔等两驿应行接济粮石，即就近于黑龙江备用仓存储粮内借动接济，其道光十一年以后，齐齐哈尔等处借支未完粮石银两及上年所欠粮石银两，均着展限一年，与此次借支齐齐哈尔、额玉尔等五驿，均自明年秋成后一体遵照原定限期分还仓库。

（清）官修：《宣宗成皇帝实录》卷四二三，《清实录》第三十九册，道光二十五年十一月条，北京：中华书局，1986 年，第 315—316 页。

清宣宗道光二十六年（公元 1846 年）

（九月），蠲缓奉天辽阳等十三州厅县、直隶霸州等三十五州县、山东东平等四州县灾歉新旧额赋。

（清）赵尔巽等：《清史稿》卷十九《宣宗本纪三》，北京：中华书局，

1976 年，第 698 页。

清宣宗道光二十七年（公元 1847 年）

谕内阁：户部奏珠尔山闲荒地亩请照凉水泉旧案停止认种一律封禁一折。吉林一带地方，为根本重地，官荒地亩，不准开垦，例禁綦严。所有珠尔山闲荒地五万六千余晌，除现在招垦地二千六百二十六晌，既经查明各民佃花费工本，姑准垦租交租外，实剩闲荒地五万三千三百七十四晌。自应查照凉水泉地亩封禁原案，画一办理。着该将军副都统亲往各该处统行查勘，此外尚有存剩闲荒共若干万晌，一律自本年为始，各于扼要处所赶立封堆，永远禁止。毋任彼此影射，稍涉含混，以致有名无实，并令各边口严遏流民，毋许阑入。嗣后倘再有展越偷种情弊，除该地方官从严惩办外，定将失察之将军副都统一并严行惩处，以肃官常而昭法守。

（清）官修：《宣宗成皇帝实录》卷四三八，《清实录》第三十九册，道光二十七年正月条，北京：中华书局，1986 年，第 493 页。

丁酉，谕军机大臣等：前据奕湘等奏查勘东边各处卡伦情形，并将议准边外善后章程内应办各事宜拟议条奏一折。当交军机大臣议奏，兹据该大臣等悉心核议，均如该将军所议办理。惟周历巡查，须借用朝鲜船只一节，以后每届出巡前期，着盛京礼部侍郎先期知照朝鲜国王豫备船只，必须遇有临江陡壁人马实在难行之处，方准该弁兵等乘坐。不得沿江溯游，托辞巡查，借以偷安。倘该弁兵等以乘船为安逸，并不实力稽查，或诡称无乘骑搜查之路，而以乘船为自便之计，遇有险峻之处，擅自折回，以致匪徒续有潜匿垦地情形，除由下季统巡官赶紧平毁，查明系何年所垦，以凭查核参处外，仍着将各该员兵丁分别严议治罪，断不准稍涉回护。至乘坐船只，例有一定。如敢有借词需索，多添船只者，立即加等惩办。嗣后每届三年，特派大臣督同统巡及巡查守卡各官，认真巡查，并会同吉林将军一体派员稽查，均当周历察看，严行堵缉。一有流民混迹，即行根究查拿，出力者量予鼓励，怠玩者立示惩创。务使匪徒潜踪，弊端永杜，是为至要。若复奉行故事，查察不周，以致仍有匪徒潜匿垦地，经朕查出，或别经发觉，惟派出之大臣及该将军等是问，恐不能当此重咎也。原折着钞给阅看，将此各谕令知之。

（清）官修：《宣宗成皇帝实录》卷四四四，《清实录》第三十九册，道光二十七年七月条，北京：中华书局，1986年，第565页。

谕内阁：奕兴等奏本年秋季稽查东边外山场情形一折。盛京沿江一带，地广山深，流民最易混迹。叠经降旨饬查，并厘定巡边章程。俾随时派员前往，自应认真搜捕，以期边界肃清。兹据该将军等奏称，本年秋季派往统巡之防守尉福禄等带领弁兵，在于边之内外拿获伐木等项人犯七起，又于葫芦套等处焚毁草窝棚十五处。虽查无复垦地亩之事，但立法未久，已有奸民混迹潜藏。若再经历数年，恐流弊有甚于前，有名无实，咎将谁执。特再申谕该将军等，务督饬守卡弁兵严密稽查，断不准稍有疏懈。仍于每季派委统巡等官时，谕令实力周查，毋任虚应故事。查有垦田构舍等弊，立即平毁净尽。倘查察稍有未周，致奸匪仍复潜往。不惟失察之统巡各员弁等从严惩办，并将该将军副都统等加等治罪，决不宽贷，以期法在必行。

（清）官修：《宣宗成皇帝实录》卷四五〇，《清实录》第三十九册，道光二十七年十二月条，北京：中华书局，1986年，第674页。

清宣宗道光二十八年（公元1848年）

丁卯，谕内阁：前据经额布等奏遵议查勘吉林辉发土门江二处协缉章程并筹拨缉捕经费一折。当交军机大臣议奏，兹据该大臣等核议具奏。吉林地方或与盛京山界毗连，或与朝鲜隔江为界，均宜一体清厘，毋任奸民窜入。着经额布等照议于每年统巡，及钦派大臣巡查之年，慎重选择协领防御各员会同各卡弁兵，责成认真巡缉，实力查办具奏。毋得日久视为具文，倘有垦田构舍匪徒，立即查拿，并将田舍平毁。设或此拿彼窜，迅即知照邻封，协同追捕，无令远扬。总期法立而弊除，不可始勤而终怠。庶奸萌永杜，而边界肃清矣。

（清）官修：《宣宗成皇帝实录》卷四五二，《清实录》第三十九册，道光二十八年二月条，北京：中华书局，1986年，第709页。

壬戌，谕内阁：奕兴等奏遵照部议会同覆勘凤凰城边栅界址绘图呈览并拟办情形一折。盛京凤凰城边界，节经查办，因册载里数不符，致有牵混。现经该将军等再行亲勘，查明四山形势，并垦荒甸地实数，拟于光土山西坡下左右斜向取直为边，设立封堆，定为界址。着即照议办理，所有光土山上平坡及山后迤东私开地亩，即饬一律平毁。先后私垦人等由该将军会同府尹查明酌办，毋令激酿事端。其私垦成熟地亩及尚可试垦之闲荒，一并饬令地方各官分别招佃征租、照例核办，仍责成边界各官协力巡查。如再有潜越偷垦情弊，立即查拿究治，倘巡缉不力，即将该管员弁严参惩处，以专责成而肃边境。

（清）官修：《宣宗成皇帝实录》卷四五六，《清实录》第三十九册，道光二十八年六月条，北京：中华书局，1986年，第759页。

谕内阁：奕兴等奏参主事及佐领请分别革职议处一折。盛京内务府署正白旗佐领事务主事和成额，于骁骑校廷弼禀请退交闲荒，不愿往查，并不商同佐领转呈查办。迨该骁骑校捏病告假，不察虚实，代为转呈。继复冒昧揭禀，实属有意朦混。且该员年逾七旬，精力已衰，岂可任其恋栈贻误。正白旗骁骑校廷弼始则率同领催，讨垦闲荒。继以不愿前往查丈，捏病告假，实属有心规避。和成额、廷弼着一并革职，镶黄旗佐领岫云、正黄旗佐领松蔚于查办首报荒场事件，互相推诿，并不认真督率经理妥协，亦属怠玩公事。均着交部议处，以示惩儆。

（清）官修：《宣宗成皇帝实录》卷四五七，《清实录》第三十九册，道光二十八年七月条，北京：中华书局，1986年，第765页。

清宣宗道光三十年（公元1850年）

又谕：户部奏吉林所辖伯都讷等处官荒地亩申禁私垦等语。双城堡、珠尔山、凉水泉、夹信沟四处闲荒地亩，前于道光二十七年，该部奏请封禁。奉旨责成该将军副都统及各协领等认真查禁，并于年终查明有无私垦，奏报一次。

乃自奏定章程以后，惟二十八年曾经奏报，二十九年并未具奏，足见奉行不力，视为具文。着吉林将军固庆等，钦遵前奉谕旨，实力查察，按年具奏，毋稍懈玩。至珠尔山荒地一万九千七百九十二晌，现准拨给官兵承种，以资津贴，其余存剩闲荒地亩，仍着该将军等按照户部奏明定亩数，随时确查。毋令流民阑入，私行开垦，再滋流弊。

（清）官修：《文宗显皇帝实录》卷二十，《清实录》第四十册，道光三十年十月下条，北京：中华书局，1986年，第290页。

清文宗咸丰二年（公元 1852 年）

又谕：固庆奏请饬禁无票流民私出边卡一折。吉林为根本重地，向不准无业流民私往潜住。近闻各边卡稽查疏懈，难保无逃亡人户混迹潜踪，冀图私垦。若不严行禁止，于旗民生计风俗，均有关碍。着山海关副都统、盛京将军等严饬各属，按照旧例，于要隘地方、往来行旅，认真稽查。概不准无票流民私往潜住，毋任因循积久，致滋弊端。

（清）官修：《文宗显皇帝实录》卷五十九，《清实录》第四十册，咸丰二年四月中条，北京：中华书局，1986年，第781页。

清文宗咸丰四年（公元 1854 年）

咸丰四年，开吉林五常堡荒田。先是齐齐哈尔设官屯，令罪徒及旗奴承种。寻以游惰遣退，选壮丁补之。嗣御史吴焯谓呼兰蒙古尔山荒宜垦，寻以参珠禁域，兼妨边务，竟不行。

（清）赵尔巽等：《清史稿》卷一二〇《食货志一·田制》，北京：中华书局，1976年，第3515页。

清文宗咸丰六年（公元 1856 年）

壬辰，谕内阁：户部奏遵议大凌河马厂开垦地亩一折。奉天锦州府属大凌河，东西两岸，地面辽阔。前据书元奏请，准令附近旗民人等垦种输租，固为筹画经费起见。惟该处水草畅茂，为历年牧放官马之区，孳生蕃庶，利益无穷。若将附近厂地渐次开垦，势必侵占牧养，于马政大有妨碍。着照户部所议，恪遵旧制，以重牧务。该侍郎请令开垦之处，着不准行，至锦县民人穆亭扬，径自讨种地亩，并未据该处咨报，辄敢私垦至八千亩之多，实属大干例禁。着承志会同书元、景霖确实查勘，倘在马厂界内，即将私垦地亩平毁，照例惩办。嗣后并着盛京将军、户部奉天府府尹等，随时认真查察如该旗民人等，尚有在厂内私种，及吏胥包庇隐匿各情弊。一并从严究办。

（清）官修：《文宗显皇帝实录》卷一九五，《清实录》第四十三册，咸丰六年四月上条，北京：中华书局，1987 年，第 109 页。

奏为经费支绌，因时制宜。请将大凌河马厂之闲荒，开垦输租，并通盘筹画，仍期无碍牧放，以裕度支而重马政事。窃查奉天锦州府所属之大小凌河东西两岸，地面辽阔，四方绵亘不下数十百里。内有额设官马厂一处，向来不准垦种，自嘉庆年间，曾经钦差大臣松筠勘得大凌河西厂东界，于大道附近牧马不到之处，招募锦属旗丁酌量试垦。奏奉部议覆准试垦征租，共开地十二万三千八百余亩，因风淘沙压，将不堪耕种之地，报部销除额租，现在仅剩地三万余亩。道光五年，旗丁达凌阿德寿等，呈讨毗连试垦地亩之大坨子等六处闲荒八千亩。当经派员会同管庄衙门查明，并无关碍牧厂，报经前任将军晋昌咨奉部覆，准其认领输租等因各在案。溯查嘉庆十七、二十一等年及道光三年，经前任大学士松筠、锦州副都统庆惠、吉林将军富俊、锦州副都统宗室东明等，先后奏请开垦牧厂荒地，及将马匹分拨盛京、吉林、黑龙江三省兵丁拴养等情，均经奉旨饬驳在案。道光九年九月初五日，奉有严旨，不准再议此事。嗣后凡有讨垦者，俱经将军衙门援案饬驳不准在案。惟此项荒地，甚属旷阔，虽名为马厂，而牧马不到之处尚多。案查嘉庆十七年，奏准官马厂以凌河为界，河西仍作牧厂，河东荒厂，东至老壕，西至大凌河，南至海，北至九花山，招令旗佃，择其高阜者认领，试垦升科，其间所遗水洼碱片夹荒数处，当即抛弃。续于嘉庆二十年间，准令旗人阿克达春等，在试垦以东认领苇塘一处，此外夹荒水洼，于道光七年，因大凌河河水涨发，淤积平坦，堪以耕种。数十年来虽属久经封禁，而奸民任意偷垦，兵丁牧丁私收租课，为之包庇隐匿，种种弊端，难保其必无。是徒有封禁之虚文，而以牧厂千百顷之荒田，留作兵役营私、奸民渔利之薮，殊为可惜。臣于上年八月十四日，接奉部文，渥荷天恩，调补盛京户部侍郎，兼管奉天府府尹，自到任后，检查案卷，见有前任户部侍郎庆祺会同将军府尹等于道光二十八年，奏查已开未开荒熟各地二十四万余亩，咨报户部查核，覆准起科征租。历年以来，详加查核，仅止十八万余亩。按照原奏之数，亏短五万余亩。查奉天通省，空阔闲荒地亩，未有如大凌河马厂之多者。其所短之数，未必不在此中牵混。前据锦州协领文裕详称，大凌河迤东，苇塘迤西，经委员义州城守尉那扬阿等查勘，所有马道口等处坐落，可开荒地一万二千余亩，均与从前已准试垦续垦各地毗连，不与马厂相关，请归该城及小凌河等处试垦输租等情，亦经将军衙门检案饬驳等因各在案。十月十二日，接据锦县知县详报，锦县民人穆亭扬等，径赴户部讨垦古龙湾等处荒地八千亩。并控民人赵亭侯等勾串书吏舞弊，隐匿租赋，阻止伊等呈报等情，曾经户部准行。饬令该县会同旗界查丈，当经该县声明系在封禁之内，一面详覆户部，一面呈报臣衙门在案。嗣于正月二十一日，接准户部行知。从前穆亭扬等控领古龙湾等处闲荒八千，径催锦县勒限一月会界查清，指交穆亭扬等收种。并令锦州府派员守催，依限办完，造册呈送户部，并令出示晓谕该处居民等因。

臣伏思盛京户部之设，原为办理通省钱粮地亩总汇之区。若任奸民越诉讨垦地亩，不独启愚氓营私之心，而于体制亦属不合，当经叙明原委，咨明户部，仍照旧制办理。并覆饬该县会同该界查明，私开地亩者为谁，私收租钱者为谁，详细呈报，以凭究办等因在案。至民人穆亭扬等，虽属渔利越诉，但其所控私开私征情形，未必尽虚。从前各案，辄以封禁为辞，未尝皆实。与其任由私开，致启弊窦，何若奏请垦种，按亩升科，有裨帑项。臣再四思维，本欲据实直陈。因累奉严旨，是以不敢形诸奏牍。自蹈莠言乱政之愆，今户部不查旧案，径准民人穆亭扬等越诉讨垦。经锦县知县声明，古龙湾等处荒地系在封禁之内，而户部犹复札饬该县勒限查清，交穆亭扬等收种。并未奉有准开马厂之旨，竟敢擅准民讨，实属轻改旧章。臣原应参奏，惟现值帑项支绌之时，该部亦系急于筹画经费起见。事出为公，况今昔情形不同，似宜量为变通，且奉省当累次捐输之后，民力拮据，至各省历年欠解兵饷，积至数十万两之多，纵使严催，而军务未竣各省，均系库款支绌，亦恐难如期解到，而奉省春秋二季支放兵饷，尤关紧要。筹款维艰，查大凌河以东，虽在马厂之内，而闲荒甚属辽阔，为牧马不到之区。若将此荒择其高阜不致被水冲沙压堪保久远者，准令附近旗民人等垦种，则不但前任侍郎庆祺等奏请升科地内所短之五万余亩可以有着，必当尚有所余。私开者本应补追前租，但不知开自何年，亦不知更易几户，无从查核，且系小民无知，以前历年租银，应免补追。自此次查丈为始，于认领各户名下，按亩征租，其未开者，俟试种一二年后，一律升科。如此变通，似于奉省兵饷，不无小补，且小民有地可耕，亦不至妄生他念。至于牧马，亦应通盘筹画。或河西之地，足敷牧养，抑或另筹水草丰旺之区分群牧放，总期无碍马政。窃思此项牧厂屡奉谕旨严行封禁，自应仍遵旧章办理，惟地面甚宽，即使开垦，亦无碍于牧放。且数十百里空旷闲荒，查察本不易周，难保无奸民私垦，徒起争端，实属有名无实。况现值经费支绌，自应因时制宜。今户部既准民人讨垦闲荒，臣复有所见，何敢稍涉拘泥，知而不言。但事属创始，办理甚为不易。且地方辽阔，即使准开，查核尚需时日。臣前折所欲陈者，此其一事也。伏思前任大学士富俊、松筠等，先后具奏请开马厂，虽不为无见。然所以累奉严旨饬驳者，原恐有碍马政，是以未准。至今既通盘筹画，开垦闲荒，仍可无碍马政。而试种成熟之后，按亩征租，可以上裕国赋，下济民生，且免偷垦私种，争讼自息。诚于帑项、地方在在均有裨益，臣管见所及，不揣冒昧，谨陈大概，如蒙俞允，当由盛京户部会同将军府尹及锦州副都统等，先将额设马厂图册调齐，详加查核。遴选妥实可靠之员，会同该处旗民地方官，认真查丈。除马厂试垦续垦苇塘各地及风淘沙压不堪耕种之外，所有已开未开荒熟各地，究有若干亩，据实禀报。并令该员等详细妥议章程，令附近兵丁牧丁民人等，应如何认领输租，每亩每年应征银若干，逐层分晰，会衔加具切实印结呈报。再由臣等覆核，以便复行奏闻，并造册咨送户部查核，谨恭折奏闻。是否有当，伏乞皇上圣鉴，训示遵行。

　　（清）盛康：《皇朝经世文续编》卷七十九《兵政五·马政》，《近代中国史料丛刊》第八十五辑，台北：文海出版社，1966 年，第 2077—2085 页。

清文宗咸丰七年（公元 1857 年）

谕军机大臣等：据惠亲王等奏，风闻吉林所属地方，近来粮石甚贱。惟陆运至海，脚价过多。查有辽河一道，东股至吉林围场山内发源，流至昌图地面与西股汇流曲折入海。载粮二三百石之船，尚可运行。惟自汇流以上，东股水浅，恐大船难行。若能用小船剥运，则该处粮石可以出境等语。现在京师粮价昂贵，民食维艰，必须豫筹粮石，宽为储备。着庆祺、景淳会同查明吉林与盛京通舟河道，如可运载粮石直达海口并无阻碍，或筹款采办，或招商贩运。该将军等即行妥议奏明办理，将此各谕令知之。

（清）官修：《文宗显皇帝实录》卷二三一，《清实录》第四十三册，咸丰七年七月上条，北京：中华书局，1987 年，第 595 页。

谕内阁：庆祺等奏大凌河马厂开垦地亩、拟请升科绘图呈览一折。奉天锦州府属大凌河东岸，原准试垦。既据该将军等查明，实系牧马不到之区。有界濠为限，旧制昭然，两无妨碍。与其久旷地利，徒使奸民偷种，致启争斗之端。不如概行入官，一律升科。着照所请。准令锦州所属八旗五边四路甲兵及牧群衙门牧丁，掣签分领。仍令原佃租种，照例升科。责成地方官妥为经办，其大凌河西岸马厂正身，仍不准开垦，以示限制。

（清）官修：《文宗显皇帝实录》卷二三九，《清实录》第四十三册，咸丰七年十一月上条，北京：中华书局，1987 年，第 705—706 页。

清文宗咸丰八年（公元 1858 年）

谕内阁：庆祺奏请试垦横樗废林以充经费一折。盛京横樗正林，树株繁盛。每年采取贡差，足敷周转。其废林十二处，除已有树株责令林头林丁照旧培养外，所有无树闲荒三千六百余亩，着照所请，分别等则，试垦三年，自咸丰十一年起，按照等则，一律征租，作为宫殿黏补之需。每年造册、咨报总管内务府核销，其余钱文，作为津贴丁力。

（清）官修：《文宗显皇帝实录》卷二五七，《清实录》第四十三册，咸丰八年六月下条，北京：中华书局，1987年，第991页。

清文宗咸丰九年（公元1859年）

丁巳，谕内阁：户部奏官地议租逾限，请饬催查办、开单呈览一折。直隶省旗租项下入官地亩，议租逾限未结，有四百七十二款，计地二千六百余顷。自道光二十六年查办后，由部叠次咨催，据该督等咨报，饬属勘议者，共三百三十三款，内除随案分别议准一百二十三款外，驳查者二百十款，尚未议租报部者一百十八款，行查取结者二十一款。又经该部于咸丰七年奏催，仅据核结一款，其余至今仍未声明覆奏，殊属任意玩延。着直隶总督、热河都统、顺天府府尹、盛京户部侍郎查照户部奏咨各原案，将驳令议增各地亩，核实确查，议增报部。其未经勘议各案，该州县既年久宕延，着派隔属道府会同详细履勘，妥速议租，勒限三个月，取具亲勘印结，速行报部。倘再迟逾，即指名严参。仍将各该州县迟延职名，送部核议。又片奏直隶省官旗各项荒地，咸丰五年册报二千七百六十二顷零，内可垦地二百七十四顷零，试垦地四百一十五顷零，议租并行查原案以及水冲沙压地一百四顷零，裁汰水师营地基等地八顷八十三亩零。节经户部奏明行查，迄今未据结报，难保无隐种吞租情事。并着直隶总督、顺天府府尹即行派委妥员，立限三个月，会同各该地方官，将前项可垦地亩，速即据实议租，招佃认种。试垦地内成熟若干，勘明议租。未垦者赶紧招佃认垦，定限输租，其行查原案地亩，速饬查覆勘报，并将裁汰水师营地基现在作何办理，查明声覆，送部核办，如再逾限，该部即将该督等一并严参，以重国课而儆疲玩。

（清）官修：《文宗显皇帝实录》卷二七六，《清实录》第四十四册，咸丰九年二月中条，北京：中华书局，1987年，第54—55页。

清文宗咸丰十年（公元 1860 年）

谕军机大臣等：景淳、麟瑞奏请开荒济用一折。据称，查得吉林地方、凉水泉南界舒兰迤北土门子一带禁荒，约可垦地十万晌。省西围场边，约可垦地八万余晌。阿勒楚喀迤东蜚克图站，约可垦荒八万余晌。双城堡剩存圈荒及恒产夹界边荒，可垦地四万余晌。均经委员履勘，地属平坦，别无违碍。现有佃民王永祥等认领，先交押租钱共二十余万吊。于将来查办边界，一切船粮车驮经费，可资备办。请将前项各荒一律招垦，即以押租借给查界之费。余则悉数解京，俟领种五年后，再将升课钱文接济京饷等语。吉林荒地既可援案招垦，别无违碍。于经费不无裨益，着即按照所奏办理。仍照旧章先取押租，俟五年后升课，惟事属经始，务须办理妥协。并随时严查以多报少情弊，其押租作为查界经费外，余剩钱文及以后升课钱文，毋庸解京。即着据实奏报，抵充该省官兵俸饷，以省往来运解之烦，将此由五百里谕令知之。

（清）官修：《文宗显皇帝实录》卷三三九，《清实录》第四十四册，咸丰十年十二月下条，北京：中华书局，1987 年，第 1040—1041 页。

清文宗咸丰十一年（公元 1861 年）

谕军机大臣等：成琦奏遵查吉林新报办理垦地征租情形一折。吉林围场内外，自有一定地址，既在围场以外垦荒，何以又将封堆向内那移！其中显有弊混，着景淳即将该处围场内外界址，并现在办理开荒是否在围场以外，详细确查，毋令经手人等从中影射蒙蔽。将此谕令知之。

（清）官修：《穆宗毅皇帝实录》卷二，《清实录》第四十五册，咸丰十一年八月上条，北京：中华书局，1987 年，第 92—93 页。

清穆宗同治元年（公元 1862 年）

己卯，谕内阁：前因御史刘庆奏请查办大凌河一带私种地亩，并开垦北省荒闲地亩。降旨交户部查核具奏，兹据该部奏称查明大凌河东岸一带闲荒并非牧马之地，理应招垦等语。着盛京将军详细稽查，将民人私种地亩，一概报明入官，按亩升科，造册送部，以收地利而裕饷需。

（清）官修：《穆宗毅皇帝实录》卷二十六，《清实录》第四十五册，同治元年四月下条，北京：中华书局，1987 年，第 710—711 页。

丁丑，谕内阁：宝鋆等奏遵查黑地升科请旨办理等语。前因太医院医生王庆连等在内务府呈称直隶各州县、盛京等处无粮黑地及八旗报效地十余万顷，请按额升科等语。当派宝鋆会同直隶总督、顺天府府尹督率各地方官详查办理，兹复据奏王庆连带同民人张达呈报。大兴县田家营等处民人吴自有等隐种黑地，经宝鋆等派令委员会同该县查明，皆系有主之地，并非无粮地亩。质讯王庆连等，情词闪烁，亦复不能指实所递查地章程内如设立公所，颁发戳记等项。无非欲假以事权，借作威福，种种谬妄断难准行。王庆连于并不干己之事，辄敢擅收呈结，妄报黑地，实属不安本分。着革去太医院医生，从九品职衔，缪特瑞随同王庆连联名呈报黑地，事多不实，着革去从九品职衔，均交该地方官严加管束。毋许出外招摇，以示惩儆。

（清）官修：《穆宗毅皇帝实录》卷三十二，《清实录》第四十五册，同治元年六月下条，北京：中华书局，1987 年，第 870 页。

先是，黑龙江将军特普钦奏遵复开垦荒地，移屯京旗，下户部议。至是议上。该省呼兰城迤北百里，据查有荒场一段，可移住京旗三百户，编为十屯。即令该将军豫招民代垦，俟京旗到屯，以所垦之地，半归旗户耕种，半作该民田产。至招民垦地，应照开垦蒙古尔山荒地成案，先交押荒钱文，俟五年后升科，以收地利。从之。

（清）官修：《穆宗毅皇帝实录》卷五十一，《清实录》第四十五册，同治元年十二月上条，北京：中华书局，1987 年，第 1400—1401 页。

清穆宗同治二年（公元 1863 年）

　　谕议政王、军机大臣等：御史吴台寿奏奉省闲旷之地未垦实多，锦州、广宁、义州一带官荒马厂，尽可设法变通。该地方官总以畏难苟安，不肯推行尽利。直隶山西等省西口、北口外马厂荒地，均经陆续开垦，著有成效。奉天土厚泉甘，尤应培养国脉以图久远，请饬实力履勘以开利源等语，并拟缮清单呈览。近来库款支绌，奉省饷需不敷拨解，仅借厘捐、日捐权宜济饷，如果荒地可以开垦，则各项可渐次裁撤，裕课便民，洵属妥善。惟所称锦州、广宁、义州一带官荒马厂，恩合前次覆奏已革翼领乌云泰案折内。于旗民各户侵占地亩及所盖房间，有勒限令其拆退之语。该御史所陈开垦一事，是否可行，有无窒碍。该副都统向能实心任事，着按照单开详细体察情形，妥筹具奏。至所陈东边一带地方千有余里，良田数百万顷。从前仅垦田三万余亩，其闲旷未垦者实多。恩合系盛京旗员，必能熟悉情形，有无闲荒地亩可以开垦，办理有无窒碍，并着该副都统悉心查访，一并奏闻，再行酌量降旨。原折单均着钞给阅看。将此谕令知之。

　　（清）官修：《穆宗毅皇帝实录》卷五十九，《清实录》第四十六册，同治二年二月下条，北京：中华书局，1987 年，第 139 页。

　　谕议政王、军机大臣等：御史陈寯奏直隶奉天未经报垦黑地请饬催查一折。据称直隶近畿一带及奉天大小凌河等处，呈报黑地者俱有部文，行查至今除昌平州外，升科者甚属寥寥，均由地方官吏征收入己。且遇报地之人奉部行查，必多方勒索，令其认诬，甚或加以非刑等语。地方官征收钱粮，丝毫皆应归公，岂容任意隐匿，若如该御史所奏，竟有将呈报黑地私行征收，延不呈报升科，甚有将报地之人抑勒刑逼，令其认诬者，实属可恶，着万青藜、林寿图、刘长佑将顺天直隶所属各州县呈报之黑地，确切查明，并着玉明、和润、德椿、恩合于奉天锦州所属地方，一律清查。其大小凌河等处已经报部之黑地，并着速行详查报明户部存案。其漏未呈报者，一并清查。该兼尹府尹、将军、总督、副都统等务须拣派妥员分路查勘，认真清理，固不得率行招告，致启奸民攘夺之风，亦不得任听州县借词延宕，如有隐匿稽迟，即行据实参办，毋稍徇隐。原折着钞给阅看，将此各谕令知之。

（清）官修：《穆宗毅皇帝实录》卷六十二，《清实录》第四十六册，同治二年三月下条，北京：中华书局，1987年，第215—216页。

谕议政王、军机大臣等：前因御史吴台寿奏奉省东边闲旷之地，多未开垦。锦州、广宁、义州一带官荒马厂，尽可设法变通。请饬实力履勘以开利源，当经谕令恩合悉心查奏。兹据恩合奏称锦州牧马之区，名为西厂，水草丰茂，足敷牧放。此外则广宁所属之闾阳驿、小黑山等界，名为东厂，地势平坦，内有洼陷，于牧放不甚相宜。若将东厂裁撤，一律开垦，可得田一百万亩。惟东边一带，近有流民在彼私垦，聚集日众，查办甚难。请派封疆大员，详酌筹办等语。闾阳驿、小黑山等界旧设牧厂，既据恩合奏称地势低湿，于牧马不甚相宜。而大凌河西岸地势宽广，即官马多至一万余匹，亦足敷用。即着照该副都统所议，将东厂裁撤归并西厂牧放。遵照旧章妥为经理，其应垦厂地，即照恩合所拟。令盛京六十六佐领下甲兵，按名分领，招佃取租，除交升科租银外，余资津贴常差，其按年应征租银，即责成各该佐领催交造报，以收裕饷便民之效。该副都统本系盛京旗员，情形熟悉。所陈垦田一百万亩之说，谅必确有把握，即着该副都统妥为经理，实力举行，不准稍存诿卸之心。至盛京东边一带旷闲山场，林木稠密，奸民流民聚众私垦，历年既久，人数过多。经理稍失其宜，即恐激成事端，利未兴而害立见，于根本重地殊有关系。着玉明会同恩合将东边自碱阳边门以北，何处必应照常戍守，何处可以展垦地亩，流民之屯聚者何以化梗为良，隐患之未形者何以潜消默化。不动声色，严密访查妥议具奏，候旨遵行。此事朝廷早有所闻，利害攸关，固不能不消患未萌，亦不肯孟浪从事，玉明、恩合务即密查据实具奏，不准一字欺饰。俟奏到后再行妥筹办法，亦决不咎其既往。将此各谕令知之。

（清）官修：《穆宗毅皇帝实录》卷六十四，《清实录》第四十六册，同治二年四月中条，北京：中华书局，1987年，第263—264页。

又谕：前因盛京东边一带旷闲山场，流民聚众私垦。谕令玉明、恩合严密访查，妥议具奏。兹据玉明奏称自东边门外至浑江，东西宽百余里至二三百里不等，南北斜长约一千余里，多有垦田建房、栽参伐木等事。自浑江至瑷江，东西宽数十里至三四百里不等。南北斜长约二千余里，其间各项营生，与前略同。惟人皆流徒，聚集甚众，已有建庙演戏，立会团练，通传转牌等语。该处地方辽阔，山树重深，匪民易于匿处，以致屯聚日多。且性情顽梗，罔知绳墨。其屯聚地方，又多与朝鲜边境毗连，所有防范事宜，均须详慎妥协，不可稍涉大意。着该将军随时查看情形，总期于潜移默化之中，寓杜渐防微之意，以期周密而昭慎重。玉明身任将军，于一切地方公事军务总当力求整顿，加意激劝。前奏榆树台剿贼失利一折，内称佐领庆吉等及所带枪兵，多有被困阵亡者。何以至今尚未查明请恤，殊属愦愦。着即将是日阵亡之文武官员兵丁等，迅速查明，分别奏咨请恤。将此谕令知之。

（清）官修：《穆宗毅皇帝实录》卷八十五，《清实录》第四十六册，同治二年十一月中条，北京：中华书局，1987年，第768—769页。

同治二年，杜尔伯特贝子贡噶绰克坦咨黑龙江将军，请将交界重立封堆。寻勘明："巴勒该冈以北黑龙江界内，有杜尔伯特蒙人等居屯四处，牌莫多以南杜尔伯特界内，有黑龙江省属人等居屯八处，旧界所占均系旷地，应准各就其所，以安生计。蒙古越占巴勒该冈地，应将南榆树改为新界，省属人等越占牌莫多地，应将四六山改为新界，共立界堆十七。"奏入，诏如议。四年，贡噶绰克坦复咨以所立界堆将蒙古田地草厂归入省界，有碍蒙古生计。诏派副都统克蒙额与哲里木盟长及杜尔伯特会勘，划还塔尔欢屯以东第十、第十一封堆之西蒙古坟茔房基，平毁二十颗树封堆之南蒙界旗屯房屋，又增立界堆十有九，并以牌莫多以南官屯旧占蒙屯较巴勒该冈以北蒙屯旧占省屯多地十三里，拨二十颗树封堆之南省属空闲地如数补之。七年六月奏结，请饬贝子贡噶绰克坦严约属人照界永远遵守，报可。十年，以是旗私招民人垦荒，严申禁令，革其协理台吉。光绪二十五年，将军恩泽以招垦蒙地，关边围富强大计，复奏派员商劝放垦。时东三省铁路之约既成，是部当铁路之冲，交涉烦多，商民萃集。三十二年，因以所部垦地置安达厅治之，隶黑龙江。是部一旗，有佐领二十五。

（清）赵尔巽等：《清史稿》卷五一八《藩部一》，北京：中华书局，1977年，第14328—14329页。

清穆宗同治三年（公元 1864 年）

甲子，谕内阁：恩合奏厂地被水淹没，佃户并力开渠请缓为征租一折。锦州新开牧厂荒地，前经定限二年，成熟征租。本年六七月间，该处霪雨连绵，上游羊肠河水泛溢到厂。兼之医巫闾山南麓大小河渠之水全行下注，以致禾稼被淹，秋成无望。据该佃民等公称，情愿并力雇备人工，挑挖河道、消泄积水，南流入海。请免征一年之租，以恤农力等语。此项渠工，即着恩合饬令该佃民等趁此冬令未交，积水不至凝冻，赶紧挑挖，以资疏泄，并需力求深阔，使膏腴之地永绝水灾，农民得安耕种。其如何避高就下、择地开渠之处，即着恩合妥为履勘，实力兴办。并着玉明、宝珣、德椿督饬旗民地方官，认真弹压，监视办理。如遇挖毁佃垦田地，计亩销租，不许借端阻挠，致该佃民等本年秋成既失，复办渠工，殊形苦累。加恩着照大凌河三年起科之案，其同治二年佃租荒段，着于同治六年起科；同治三年佃租荒段，着于同治七年起科；其续租荒地，并由开种之年，定限三年成熟起科征租，以归画一而恤农力。

（清）官修：《穆宗毅皇帝实录》卷一一六，《清实录》第四十七册，同治三年九月下条，北京：中华书局，1987 年，第 576—577 页。

又谕：户部奏查办黑地，请严定章程申明赏罚一折。黑地一项，直隶、奉天所在多有。前于咸丰十一年间，经宝鋆等会同直隶总督、顺天府府尹查出昌平州地四百四十余顷，试办升科，并奏准饬令直隶总督、盛京将军、顺天奉天各府尹一体办理。乃两载以来，各州县具报寥寥，皆由该地方官畏难苟安，于旗圈迷失地亩及山隅河闪，不能详稽档案，亲历查勘，以致愚民观望隐匿，奸吏从中讹索，扶同欺隐，弊窦滋多。甚至无赖棍徒，在京外各处假充委员，查办黑地，恐吓得赃。地方官不加详察，任其肆行无忌，扰累乡愚，而于应查之地，转多置之不办。亟应严定章程，以除积弊。嗣后直隶、盛京、顺天、奉天等处，遇有查办黑地之委员，着该将军总督府尹等饬令地方官详细盘查。如无户部先期咨会，及随身劄付，即属棍徒诈冒，立即按名严拿押解，奏明究办。至所请各该州县查出隐地二十顷以上者，照例给予优叙，其勘办升科地亩最多者，随时奏请恩施。如有因循不办，任令地户私垦，吏役诈赃，别经发觉者，即以溺职例参处。均着照议行，经此次明定章程之后，各该将军总督府尹等务饬所属实力遵行，以期兴利除弊，毋得视为具文。

（清）官修：《穆宗毅皇帝实录》卷一二三，《清实录》第四十七册，同治三年十二月上条，北京：中华书局，1987年，第697页。

清穆宗同治四年（公元1865年）

谕军机大臣等：恩合奏招佃开种牧厂地亩并开挖河道工竣暨拟请安设营汛事宜各折片。广宁属界牧厂荒地，经恩合招佃认租，照依近年吉林章程，分则收取押荒银两，拨给盛京等处兵丁分领津贴。并将牧厂地内泄水河道沟渠，开挖完竣，办理均甚妥协，所有动用押荒银两等款，着免其造册报销，并免由佃民名下着追归款。恩合现赴吉林新任，庆春业已到锦，该处尚未招佃之荒地，即着庆春督率委员依勒通阿等照章妥办，其牧厂东北隅高山子地方，接连牧厂旷闲荒甸一段，约可开地数万亩。经恩合委员丈勘，附近居民声称内有旗民纳课田地，诘以何人承领，辄又不能指实，难免有影射情弊。着玉明、宝珣、德椿转饬各该地方官认真清厘，画明地段。除实系旗民纳课田地外，余剩荒段均拨归牧厂，一律招佃征租。其义州教场旷闲处所，约可垦地万余亩。并着庆春迅行查办，招佃起租，作为该城兵等伍田。如有侵占含混等弊，并着核实经理。所有随同恩合招佃垦荒，调挖水道，节年在事出力人员。着恩合确切查明，核实请奖，毋许冒滥。恩合拟于新开牧厂地亩之盘蛇驿安设营汛，由盛京拣派佐领一员，作为总管，骁骑校二员，作为委防御东西界官，带兵二百名驻守。专司催科捕盗事宜，并酌拟章程十七条，均尚周妥。即着照所议办理，着玉明遴派委员前赴该处，先将衙署营房兴修完竣，即拣派总管界官，带兵驻守，以资捍卫。恩合所拟章程各条，着抄给玉明等阅看，并由该将军悉心经理。此外如有未尽事宜，仍即随时筹画，奏明办理。将此各谕令知之。

（清）官修：《穆宗毅皇帝实录》卷一四七，《清实录》第四十八册，同治四年七月上条，北京：中华书局，1987年，第438—439页。

清穆宗同治五年（公元 1866 年）

吉林将军富明阿奏改期携篆起程，及复派官弁往查老金场安插私垦游民、挖金流民。得旨，挖金流民究应如何安插，必须熟筹办法。该将军历次陈奏，但云勒限遣散，而于安插之地并未筹及，实属颟顸。仍着悉心筹画，或即准令在金场附近开垦，或另择空闲地方耕种度日，俾得各安生业，仍设法弹压稽查，以为一劳永逸之计，倘或冒昧从事，致将来别滋事端，必惟该将军是问。

（清）官修：《穆宗毅皇帝实录》卷一八五，《清实录》第四十九册，同治五年九月下条，北京：中华书局，1987 年，第 330 页。

谕军机大臣等：富明阿等奏遵旨安插挖金流民，并私垦浮民情愿认领输租、办理善后章程、出省巡哨各折片。金场流民，经富明阿等饬令那斯洪阿等前往开导，该头目业已来省，先行缴械。俟河冰冻结，依限全数移出，改业归农。即着富明阿等督饬委员会同该总目韩现琼等，届限剀切开导，移出金场，妥为安插。富明阿等以此项金夫无业可归，拟将葳沙河毗连色勒河以下穆奇河漂河桦皮甸子等处沿边未开荒地，酌给该金夫等认领。免交押荒地价，令其明春自行开垦，到第三年每熟地一晌，仍交大小租市钱六百六十文。均着照所筹办理。其查出桦皮甸子半拉窝集地方垦成熟地八百余晌，该民人情愿认领交租。即着照富明阿等所请，准给佃户认领，不追押荒，每熟地一晌，连本年共收三年地租市钱一吊九百八十文，以示体恤。富明阿等于金场流民，务当加意镇抚，妥筹永久之法，不得有名无实，致滋事端，仍详细绘具图说呈览。吉林善后各事宜，即着该将军等妥为筹画，次第兴办。两省会哨一节，都兴阿以本省向有旧章，其如何变通，拟俟议妥再办。惟时值严冬，边境内外，难保无匪徒蠢动；且长春厅一带蒙民交杂，向为聚盗渊薮，若待议妥章程再行会哨，殊形迟缓。富明阿现已前赴靠山屯一带，盛京应如何会同巡哨及清理边界、镇抚流民以筹经久之处，即着都兴阿赶紧办理，毋失事机。将此各谕令知之。

（清）官修：《穆宗毅皇帝实录》卷一八七，《清实录》第四十九册，同治五年十月下条，北京：中华书局，1987 年，第 348 页。

清穆宗同治六年（公元 1867 年）

谕军机大臣等：前据额勒和布等奏游民私垦禁地，呈请升科，请饬集议，并陈与将军都兴阿等筹商两歧各折片。当派恭亲王会同大学士六部九卿议奏，并令奕榕会议，兹据王大臣等奏称，盛京附近一带，沃壤荒山，历届未敢轻议开垦，而边荒地阔，防检难周。现在所垦地亩，仅据何名庆等供称已有数百万晌，此外尚不知凡几，必须彻底查究。庶已垦之地，可以核实清厘，未垦之地，仍当示以限制。请派王大臣前往，会同察勘，请旨办理等语。着派都兴阿、延煦、额勒和布、奕榕、恩锡拣派明白晓事熟悉情形之员，逐一详加察勘。并着延煦、恩锡、奕榕进山查勘，如果审时度势，不能不俯顺舆情，所有一切应办事宜，应如何详定章程。俟查勘覆奏到时，再降谕旨。其有关风水者，仍当封禁，不得妄议开垦。至东界朝鲜地方，有无窒碍，自当妥筹抚绥，俾该国猜疑悉泯。着礼部行文该国，告以遽行驱逐，恐失业匪民，转致骚扰该国边境，且该国边境民人，亦难保无潜行越界私垦情事。令其先行详查，或拟作何安插之处，迅速核覆。一面俟延煦等查勘定议后，再行酌度办理。都兴阿等务当宣示朝廷格外恩施，不咎其既往之愆，仍予以谋生之路，至该省历任将军，及各部曾经查勘侍郎，朝廷宽大之恩，既概恕其失察。此次查办各员，务须筹画万全，严定章程，加意防范，以期一劳永逸。并检查吉林五常堡升科成案，通盘筹画，朝鲜沿边情形，亦着就近察看具奏。何名庆等四人，着带同前往，酌度妥办，原折均着钞给阅看。将此各谕令知之。

（清）官修：《穆宗毅皇帝实录》卷二〇四，《清实录》第四十九册，同治六年五月下条，北京：中华书局，1987 年，第 624—625 页。

清穆宗同治七年（公元 1868 年）

丙寅，谕军机大臣等：富明阿等奏防兵需饷孔亟，请开垦围荒绘图呈览一折。吉林防兵常川操演，饷项支绌。所称垦荒各节，业据派员确切查勘。绘图贴说，尚属详明。约计可垦之地，共得二万晌有奇。既系光山无树藏牲，且可于荒沟河南原有围场附近处所另觅围场，不碍虞猎，自无妨通融办理。着富明阿等详慎妥商，毋滋流弊。并不准再行开辟，以示限制。至直隶、山东等省逃往吉林难民，尤须随时稽查，妥筹安插，免贻后患。图一件留览。将此谕令知之。

（清）官修：《穆宗毅皇帝实录》卷二三六，《清实录》第五十册，同治七年六月下条，北京：中华书局，1987年，第258页。

戊辰，谕军机大臣等：户部奏吉林请开围荒，宜防流弊，并历年报垦尚未升科地亩及欠交租项，请饬查追一折。吉林围场，原为长养牲畜，以备狩猎之用。设堆置卡，封禁甚严。乃该处游民，借开垦之名，偷越禁地，私猎藏牲，斩伐树木。迨林木牲畜既尽，又复窜而之他。有招佃之虚名，无征租之实效。数百年封禁之地利，遂至荡然无存。即如景纶前于咸丰十一年奏称尚有围场二十一处，而此次富明阿奏称该处南北十七八里，东西八十余里，皆无树藏牲，其为游佃偷越，已可概见。此次该将军办理开垦事宜，自当严防流弊。即着亲往履勘，严定界限，毋任委员弊混。并将新垦各地造具亩数、四至、佃户花名清册，以及如何那移卡伦，添设封堆暨布置员弁逐处巡察各事宜，详细妥筹，迅行覆奏，以杜弊端。其前任将军景纶奏请开垦夹信沟、凉水泉荒地二十五万余晌，现有佃认领征租者十三万晌零。未报升科地，尚有十二万晌，续垦之土门子，并省西围场、阿勒楚喀等处地亩共三十万晌，应交押荒地捐两项钱文，共一百二万余吊。除交过钱六十二万余吊，尚有未交钱四十万吊，其交过押租地亩，既有佃户认领。何以仅将双城堡佃户认领地三万三千一百六十晌零，造具花名清册。其余十四万八千二百余晌迟延不报。至此外未交押租地十一万余晌，何以数年之久并不招人承领。着富明阿确切查明，将土门子等处已交押租之佃户造具清册，迅速送部。并追出历年地租钱文，以充兵饷。其余土门子等处未交押租并夹信沟凉水泉未报升科地亩，即着详细履勘，予限一年，招佃认领，按晌升科，毋再延宕。倘查有已垦未报及认多报少情弊，并着从严参办，以昭核实。将此谕令知之。

（清）官修：《穆宗毅皇帝实录》卷二四一，《清实录》第五十册，同治七年八月下条，北京：中华书局，1987 年，第 340—341 页。

清穆宗同治八年（公元 1869 年）

谕内阁：奕榕奏查明牧厂准领地亩，有碍牧放，请仍照例封禁并将牧长革职讯办一折。大凌河西牧厂，以老河身为界，前因旗人胡拉布等呈请领恳三河套旧河底地二千八百余亩，经盛京户部核准升科。现据奕榕覆行查勘，该处开垦地亩日久恐侵厂地，实于牧政大有关碍，自应仍行封禁。着户部查明，将该旗人等领地升科之案，即行注销。所垦之地，一律平毁，并着该将军府尹饬令旗民地方官照例将马厂界限挑挖濠沟，重整封堆，自旧河底以西，不准再行领垦，以重牧政而杜奸萌，牧长卓金当承垦时派往查勘，据称不碍牧马，此次覆查出结，又复独执一词，意存回护，显有营私情弊，着即革职，严行讯办。

（清）官修：《穆宗毅皇帝实录》卷二六三，《清实录》第五十册，同治八年七月下条，北京：中华书局，1987 年，第 653 页。

谕军机大臣等：前因都兴阿等奏勘办展边事宜。当经谕令该部查照向章，行知朝鲜国王，慎守边境。如有游民私越滋扰情事，即行照例惩办。兹礼部奏据该国王咨称，以近来游民恣意蔓延，罔有顾忌，非伊国力能擒捕，因畏道路梗塞，请使江外之地，栅路去处，严奉谕旨，无敢更肆违越等语。奉天瑷江西岸，与朝鲜仅一江之隔。该处地狭人稠，既严禁准垦民人，不准过江一步。如有越界滋事者，准由该国查拿，解交附近边门惩办。该游民等自必知所儆畏，不敢肆越滋扰。惟内地奸民，愈聚愈众，难保不于江外之地，仍行偷越。该国王虑及道梗，欲于栅路去处遵奉严禁，自系实情，着都兴阿等懍遵前旨，于沿江一带，严饬各该地方员弁实力稽查。倘有中国民人私行开垦或于沿边肆扰不法者，即行严拿惩办，不得任其屯聚，以重边防。将此由五百里各谕令知之。

（清）官修：《穆宗毅皇帝实录》卷二六九，《清实录》第五十册，同治八年十月下条，北京：中华书局，1987 年，第 735—736 页。

清穆宗同治九年（公元 1870 年）

谕军机大臣等：前因德英奏请催提各省欠解黑龙江官兵俸饷。当令户部速议具奏，兹据奏称各省欠解黑龙江官兵俸饷，积有一百六十余万之多。现在该处低田被水，牲畜损伤，官兵困苦万分，需饷孔亟。拟在长芦盐课积欠内提银五万两，山东地丁积欠内提银十万两，河南地丁积欠内提银十万两，直隶旗租积欠内提银五万两，请饬筹解等语。着曾国藩、丁宝桢、李鹤年按照该部议拨数目，督饬各该藩司，赶紧拨解。曾国藩并饬长芦运司如数筹拨，毋得迁延贻误。至本年黑龙江俸饷，前经户部指拨直隶、山东、河南及长芦盐课共银二十三万五千两，并着各照拨定数目，源源报解。将此由四百里各谕令知之。

（清）官修：《穆宗毅皇帝实录》卷二八三，《清实录》第五十册，同治九年五月下条，北京：中华书局，1987 年，第 908—909 页。

又谕：据礼部奏接准盛京礼部送到朝鲜国王咨文。内称该国庆源府农圃社居民李东吉逃往珲春地方盖屋垦田，啸聚无赖。该国民口时有犯越，皆李东吉招诱所致。珲春人与之惯熟，不肯举发，吁恳查拿等语。朝鲜匪徒潜入关隘，沿边官吏即应如数查拿。今李东吉潜住珲春，招引该国民人逃越内地，岂可任其混迹，毫无见闻。着毓福密饬珲春协领等确查该国匪犯如在所属境内潜匿，即行购线躧缉。务将朝鲜匪犯李东吉等尽数拿获，解交该国惩治。奕榕抵署任后，并着会同毓福饬属随时稽查，毋任匪徒再行逃匿，以肃边防。此次朝鲜逃越人犯，已谕令吉林将军等严拿解交。着礼部行知该国王遵照办理，将此谕知礼部，并谕令奕榕、毓福知之。

（清）官修：《穆宗毅皇帝实录》卷二九一，《清实录》第五十册，同治九年九月下条，北京：中华书局，1987 年，第 1033 页。

又谕：御史邓庆麟奏奉天无业流民私垦荒田，业经派员履勘，会议章程，妥为安抚。近闻凤凰城暨沿边一带，有冒充流民蒙混影射者，渐至一人捏造数名，报垦数十百顷，不论官禁闲荒，民垦熟地，肆行侵占。原垦贫民，转失故业，盗贼借以藏身，防兵久不得撤等语。奉天东边禁荒，前因流民垦种既久，不忍令其失业，故准就地安抚。若如该御史所奏，是流民未受安抚之恩，豪强转擅兼并之利。且有马贼余党、伐木匪徒混迹其中。亟宜认真整顿，着都兴阿、额勒和布、德椿就边外地方情形悉心筹画，妥为经理，以期久远无弊。另片奏兴京地方请添设官员，各专责成等语。并着都兴阿、额勒和布、德椿体察情形，会议具奏，原折片均着钞给阅看。将此各谕令知之。寻奏遵查边地垦荒，均经造册存查，并无冒垦侵占等弊。至流民既多，诚难保无马贼土匪混迹其中，惟有严加访察，随时惩办。其添官移镇各事，应俟地亩查竣起科，边界划清界限后再行奏请办理。得旨，一切应办事宜仍着都兴阿等悉心会商，届时次第兴办。

（清）官修：《穆宗毅皇帝实录》卷二九七，《清实录》第五十册，同治九年十一月中条，北京：中华书局，1987年，第1120—1121页。

清穆宗同治十年（公元1871年）

又谕：德英奏杜尔伯特蒙古招民开垦荒地，请饬严禁一折。黑龙江附近蒙古荒地向为蒙古旗丁游牧打牲之所，不准招民开垦，例禁綦严，乃杜尔伯特协理台吉那逊乌尔吉等擅将该蒙古旗荒招垦，经德英及该盟长叠次阻止，仍敢抗不遵办，实属大干例禁，着理藩院传知署哲里木盟长吉克丹旺固尔，严饬杜尔伯特贝子。将现在所招民众驱逐出境，妥为弹压，毋许逗遛滋事。嗣后不准再有招垦情弊，以靖地方。其擅议招垦之协理台吉那逊乌尔吉等，并着德英咨查，严参惩办。

（清）官修：《穆宗毅皇帝实录》卷三〇六，《清实录》第五十一册，同治十年二月下条，北京：中华书局，1987年，第57—58页。

清穆宗同治十一年（公元1872年）

谕军机大臣等：都兴阿等奏查勘边地情形一折。据称查明硇厂门外，已垦熟地十二万五千余亩。俟北二边地段查勘完毕，再行报部起科。边外河岸、山厂，关系捕渔采蜜地方，游民耕种多年，未便封禁。若于河渠山岩沟甸闲荒处所，从权采办，于贡物山场两无窒碍等语。边外地方，现当夏苗盛长，未能全行丈量。着都兴阿等督饬委员，俟秋成后续行勘丈，妥筹办理。至此项熟地，游民垦种已久，历年呈进鱼蜜等项，尚无不敷采办之处。且游民人数甚多，若今将河岸山厂等处概行退出，该人众无处安插，殊不足以示体恤，既据该将军等奏称山岩沟甸河渠闲荒处所，足敷采捕贡物之用。即着照所请办理，并着知照盛京礼部内务府，责成承办之员于各项贡物照常呈进，毋任有所借口，致误需用。将此各谕令知之。

（清）官修：《穆宗毅皇帝实录》卷三三五，《清实录》第五十一册，同治十一年六月条，北京：中华书局，1987年，第420页。

清德宗光绪元年（公元1875年）

壬辰，谕军机大臣等：寄谕直隶总督李鸿章等据军机大臣等奏，遵议东三省筹防各事件一折。东三省为根本重地，近来旗务吏治均极废弛，以致贼氛肆扰，整顿为难。目前要务，自以三省联络一气，方为御侮良图，着崇实、岐元、清凯、穆图善、西蒙克西克、丰绅、托克湍不分畛域，协力筹防。所有会巡、兜缉、策应各事宜，应如何悉心筹画，妥为办理之处。着该署将军等详细会议，先行具奏。吉林、黑龙江毗连俄境，彼族蓄谋弥狡，窥伺甚深，尤应严密防维，以为未雨绸缪之计。崇实等所奏，拟令该二省肃营伍以清盗源，饬吏治以安民命，先为自强之策，即可备豫不虞。着穆图善等悉心区画，应如何随时备御，以昭周密，该将军等务宜认真酌办，毋得徒托空言。奉天、金州、营口一带，本隶北洋，自应统归北洋大臣控制，李鸿章于洋务最为熟悉，自宜不分畛域，协力筹防。该处水师，船与兵均不得力。着李鸿章责成统带各员，实力整顿，毋得仍前玩泄，稍涉疏虞。仍着崇实会商金州副都统，随时操练，慎固防守。东三省饷需，崇实等请以每年七十万两，作为的饷。现在筹防要务，责成该三省将军等协力图维，崇实等所定饷数，是否敷用。着穆图善、西蒙克西克、丰绅、托克湍会商崇实等通筹全局，核实具奏。量财经武，自不必拘定原议兵数，以及添制军器，增补马匹各情，统着崇实等酌度情形，次第经理。流民迁徙，本干例禁，无如地方官日久成玩，视为具文。着李鸿章、丁宝桢严饬所属，于沿边沿海贫民，妥为安插，无任流离远徙，致滋事端。应如何妥立章程，实力禁止，以及互相稽核，按季具报，暨地方官失查违禁迁徙处分，如何酌度尽善，以杜容隐讳报等弊。着该将军、督抚、府尹一并妥为筹议，分别奏明办理。奉省现在流民，即着崇实、岐元、清凯加意抚循，务使日久相安，不可操切从事。该省事权不一，从前将军、府尹往往各存意见，以致政令歧出，遇事牴牾，该处公事，究竟因何不能彼此联络，势成掣肘。着崇实将实在情形，并酌定章程，妥议具奏。黑龙江呼兰地方自开荒以来流弊甚深，现在该处旧佃升科之外，有无私垦隐种新佃，既不许开荒，作何生理，如遇聚众滋事，兵力是否足资弹压，统着丰绅、托克湍确切查明，据实具奏。并将所属各城现垦荒地及流民屯聚处所，绘图贴说呈览。五路鄂伦春人等素称矫健，技艺尤精，能否收隶各营，筹给钱粮，编为队伍，着穆图善等审度机宜，妥议具奏。黑龙江营伍空虚，亟宜简练军旅，以壮声势。着丰绅、托克湍于在伍兵丁实练六千名，西丹兵丁添练四千名，分旗调考各屯骑射枪箭。丰绅等务当督率各官兵实力操防，不得稍涉松懈。至召募流民，最难驾驭。能否募练五千名，备我驱策，不致滋生事端，并着丰绅等体察情形，奏明办理。奉省增马队八千，无款可出，吉林亦大概相同，着崇实、清凯、穆图善、西蒙克西克各就原设兵额认真教练，不得有名无实。黑龙江练兵工食马干，每年应拨银八万四千两。着丁宝桢、刘齐衔各于该省地丁项下每年各拨银四万二千两，解交黑龙江应用。至马价、枪械等项，需款甚殷。着鲍源深、裕禄各于该省地丁项下，各拨银二万两。吴元炳在于该省厘金项下，拨银二万四千一百两，以应急需。该将军所拟鞍辔等六项，比较神机营多银九千两，着丰绅等酌量核减。关外剿匪，正在得手，难保该匪不避兵内窜，边墙关系紧要，着李鸿章于沿边内地，严密设防，毋任败匪阑入，并严缉关内马贼匪徒，以杜句结。热河地方，亦与奉天等处毗连，并着李鸿章、瑞联一体设法兜剿，务将该匪一鼓而除，毋使漏网。东三盟官兵，向称得力，着照所议由伯彦讷谟祜会同各该盟王公，将如何筹防会巡，俾得联络声势之处，妥议章程具奏。神机营每年出关打围之议，事属难行，惟东三省现在正拟会同剿匪。如该省兵力，实在不敷布置，必应迅调劲军。即着崇实等随时酌量奏明办理，将军巴扬阿等均着交军机处存记。将此由四百里密谕李鸿章、崇实、岐元、清凯、穆图善、西蒙克西克、丰绅、托克湍、瑞联、吴元炳、裕禄、丁宝桢、鲍源深并传谕刘齐衔知之。

（清）官修：《德宗景皇帝实录》卷十二，《清实录》第五十二册，光绪元年六月下条，北京：中华书局，1987年，第224—227页。

至于勘分界址，正南为小伊通河七十里，河南属奉天界，河北属伊通；正西至威远堡门二百七十里，门西属奉天界，门东属伊通；东南至那尔叫岭三百四十里，岭南属吉林界，岭北属伊通；西南至黑瞎子背岭三十里，岭南属奉天界，岭北属伊通；西北至二十家子边壕，壕北属奉天界，壕南属伊通；西南自距伊通五十里之石头河子分界，河东属吉林，河西属伊通；东北自距伊通一百三十里之小河台边壕分界，壕东属吉林，壕西属伊通，如此画分，似属整齐。惟伊通河设立有司衙门，距围荒二三百里，难期兼顾。今勘得迤南一百六十里之磨盘山，东西宽三里，南北长五里，前通当石河至辉发河入大江，后靠椅子等山，局势宽平，居围荒之适中，亦宜添设分防，以辅其治。伊通既拟添设正印官，则所分界内，旧有租赋自应均归新设之员经征，除俟围荒放竣后，照例升科报部，归伊通征租外，所有石头河子小河台迤西迤南，现拟与吉林府分界之处，应征地丁银米，约数在二万零五百两有奇，均画归伊通经征，以期抚字催科，责成并重。惟吉林厅原征赋额，不过五万两有奇。今据画出少半，亦应设法筹补。查围场边荒，前于咸丰同治年间，先后放荒地十牌，共地六万七千三百余晌，现在该处正当勘丈，并浮多计之，约在十万晌。此项地亩，每晌向收大租钱六百文，小租钱六十文。由户司经征，而地属吉林厅管辖。遇有佃民词讼事件，均归厅官管理。如将大小租拨归吉林府征收，实属官民两便等语，并绘具地图禀复前来。臣详核该道等所禀各节，均尚妥协，即请在伊通设立知州一员，名曰伊通州。该州旧有吉林分防巡检一员，改为吏目。管理伊通监狱。添设训导一员，振兴学校。磨盘山分设巡检一员，即归伊通州统属。至勘分界址，及经征租赋，审理词讼，自应悉如所禀办理。此伊通磨盘山拟设正印教佐各官之情形也。夫新设各缺，既已措置咸宜，治理可期一律。而旧设三厅，亦应变通尽利，政教庶免两歧。溯查臣前奏变通官制增设府厅州县一折。奉到部咨，内开该将军请将吉林厅理事同知升为府治改设知府，原设吉林厅巡检改为府司狱管司狱事，伯都讷原设理事同知改为抚民同知，原设孤榆树巡检兼管司狱事，长春厅原设理事通判改为抚民同知，原设巡检兼管司狱事，农安添设照磨一员，靠山屯添设分防经历一员。并据奏称吉林三厅，向因专管旗人户婚各事，皆用理事人员。今民户众多，政务殷繁，与从前情形不同，请与新设之同通州县，均加理事衔，满汉兼用等语。臣等查该将军所奏添设各缺，改请加理事衔，满汉兼用之处，自系因地制宜、整顿吏治起见，惟添设改设各缺，总期官民相安，方臻妥善。请旨饬令该将军体察情形，通筹全局，详细分别奏明办理等因，奏奉谕旨依议。钦此钦遵。咨行前来，伏思吉林厅理事同知，驻守省垣，幅员辽阔，管辖本属难周。且迩来荒地日辟，民居日密，户婚词讼命盗之案倍多于前，只以同知独任其事，权轻责重，地广事繁，难免有顾此失彼之虞。

（清）盛康：《皇朝经世文续编》卷三十三《户政五》，《近代中国史料丛刊》第八十四辑，台北：文海出版社，1966 年，第 3459—3462 页。

清德宗光绪二年（公元 1876 年）

谕军机大臣等：本年陕西咸宁等处被灾，山东长山等处被旱，业经各该省奏到。加恩将新旧钱粮，分别蠲缓。直隶各属被旱，谕令将积欠粮租等项，全行豁免。于附京卢沟桥、礼贤镇等处添设粥厂，并由户部拨银十万两，由该督筹款，采买江苏等处米石，复截留山东等省粟米，采办奉天杂粮，以资赈济。山东各属被旱，谕令采买奉天、江南米麦接济，复经该抚劝捐银米，办理赈抚，并修理濮州城堤，以工代赈。福建福州等处被水，谕令动放仓谷，采办米石，妥为赈恤。江西南丰等处被水，谕令招商运米，查勘抚恤，并兴修圩堤，以工代赈。浙江杭州等处被风被水，江苏海州等处，河南、河北各属被旱，谕令该督抚等加意抚绥。福建台湾各属被风被水，业经该督抚等酌量赈抚，小民谅可不至失所，惟来春青黄不接之时，民力未免拮据，着传谕各该督抚等察看情形，如有应行接济之处，即查明据实覆奏，务于封印以前奏到，候朕于新正降旨施恩。再浙江海宁等处被风被水，湖南澧州等处被水，广东南海等处围基冲决，田禾被淹，均经该督等委员查勘，即着迅速办理，并将来春应否接济之处，一并查明，于封印前奏到。此外各省有无被灾地方，应行调剂抚恤之处，着该将军督抚等一并查奏，候朕施恩。将此各谕令知之。

（清）官修：《德宗景皇帝实录》卷四十一，《清实录》第五十二册，光绪二年十月条，北京：中华书局，1987年，第584—585页。

光绪二年，署奉天将军，疏请择地设官，置宽甸、怀仁、通化三县，增边关兵备道，升昌图为府，改八家镇为县，徙经历驻康家屯，改梨树城为厅，徙照磨驻八面城；其通判、知县并加理事同知衔，兼治蒙民，议行。先后疏论吉林积弊，请办马贼，惩聚博，清积讼，核荒地，除金匪。又以私垦围场者众，为恳宽其既往，已垦者量丈升科，未垦者择地安插，仍留隙地以讲武，称旨。

（清）赵尔巽等：《清史稿》卷四四六《崇厚传》，北京：中华书局，1977年，第12476—12477页。

清德宗光绪三年（公元 1877 年）

黑龙江将军丰绅等奏。查明呼兰厅属巴彦苏苏等四段田禾被灾，请分别展缓额租，以纾民力。从之。

（清）官修：《德宗景皇帝实录》卷六十四，《清实录》第五十二册，光绪三年十二月下条，北京：中华书局，1987年，第892页。

清德宗光绪四年（公元 1878 年）

黑龙江将军丰绅奏齐齐哈尔旗营屯站田禾歉收，请借仓粮二万石，以作籽种口粮之需。又奏呼兰厅属之巴彦苏苏，去岁被灾，请加赈以恤灾黎。均从之。

（清）官修：《德宗景皇帝实录》卷六十八，《清实录》第五十三册，光绪四年二月下条，北京：中华书局，1987年，第45页。

署吉林将军铭安等奏。东山一带围场荒地，请酌量放垦，以免匪徒藏匿。得旨。该署将军等即饬派出官军，认真搜捕，毋使伏莽勾结为患，一俟东山搜捕事竣，即派委员查明围场荒地，分别封禁放垦，总期除暴安良，以弭后患。

（清）官修：《德宗景皇帝实录》卷六十九，《清实录》第五十三册，光绪四年三月上条，北京：中华书局，1987 年，第 68 页。

辛巳，署吉林将军铭安等奏。吉林、宁古塔、三姓等处各副都统，现经分队入山搜捕，正当剿办吃紧之际，暂行停止会哨。得旨。着即督饬派出兵勇，认真搜捕盗匪，务绝根株。其山内私垦等徒，并着该署将军等，妥筹办理。所有巡山会哨事宜，着准其暂行停止。

（清）官修：《德宗景皇帝实录》卷七十一，《清实录》第五十三册，光绪四年四月上条，北京：中华书局，1987 年，第 96 页。

署盛京将军岐元等奏。旗民报垦荒熟地亩，流弊滋多，请申明定例，分别给领。遇有首报生荒，查无关碍，无论何人，俱准承领。其已垦熟地，系红册地边滋生者，归业户承种。另段私开及纳租余地边滋生者，归原佃承种，查明照例升科。如敢隐匿不报，准地邻首发，或经官查出，即行入官招佃，未结控案，分别核断注销，庶息讼端而安农业。下部知之。

（清）官修：《德宗景皇帝实录》卷七十九，《清实录》第五十三册，光绪四年十月上条，北京：中华书局，1987 年，第 218 页。

署盛京将军岐元等奏。奉天田禾秋间被水，并冲倒民房六千余间，淹毙人口七十余名。恳恩准蠲缓租赋，并给抚恤。从之。

（清）官修：《德宗景皇帝实录》卷八十，《清实录》第五十三册，光绪四年十月下条，北京：中华书局，1987 年，第 221 页。

清德宗光绪五年（公元 1879 年）

署吉林将军铭安等奏，马延河山外荒地招垦，于贡山有无关碍，请派员会查。得旨。着派长麟、富和会同详细查勘，奏明办理。

（清）官修：《德宗景皇帝实录》卷八十八，《清实录》第五十三册，光绪五年二月下条，北京：中华书局，1987年，第336页。

谕军机大臣等，铭安奏请饬委员清查荒地等语。吉林所属开放荒地，现据阿勒楚喀查出开垦无照地亩一万余晌，其各处私垦匿报及垦多报少之弊想亦不免，自应一体清查。即着铭安知照宁古塔、伯都讷、三姓、阿勒楚喀各副都统，先行遴委妥员，各查所属有无私垦地亩及应放生荒，查明后咨报。再由该将军派员会同详细履勘，认真办理，毋令隐匿，亦不得稍有扰累，方为妥协。将此谕令知之。

（清）官修：《德宗景皇帝实录》卷一〇六，《清实录》第五十三册，光绪五年十二月下条，北京：中华书局，1987年，第565页。

清德宗光绪六年（公元1880年）

丁巳，吉林将军铭安等奏：阿勒楚喀地方民占围场，恳准升科。得旨，着照所请。即由铭安等派员详细清丈，一律升科，毋任滋生弊端。另于何地择立围场，该将军等仍当查勘明确。妥议章程具奏。

（清）官修：《德宗景皇帝实录》卷一一四，《清实录》第五十三册，光绪六年六月条，北京：中华书局，1987年，第678—679页。

又谕：御史英俊奏黑龙江所属呼兰巴彦苏苏等处与外国接壤，地方辽阔，或招旗丁垦荒，或自愿迁居者，拨给地亩。既可防边，亦免膏腴久弃。呼兰城属开垦荒地，与现行新章互异，请饬酌改变通章程各等语。该处是否尚有荒地可以招垦，着定安酌度情形，奏明办理。至呼兰城属现行垦荒章程，有无弊端，及应否酌量变通之处，并着定安妥筹具奏。原折片着钞给阅看。将此谕令知之。

（清）官修：《德宗景皇帝实录》卷一二〇，《清实录》第五十三册，光绪六年九月下条，北京：中华书局，1987年，第736页。

吉林将军铭安等奏，三姓荒地请试办招垦。得旨。据奏三姓东南百余里封堆外尚有荒地可垦，即着派委妥员详细查勘，划清界址，明定章程，试办招垦。又奏封堆内荒地请援照双城堡成案，拨为三姓各官随缺地亩，及驿站笔帖式等，请酌给荒地。并下部议。

（清）官修：《德宗景皇帝实录》卷一二二，《清实录》第五十三册，光绪六年十月下条，北京：中华书局，1987年，第767页。

光绪六年，中俄失和，吴大澂被命佐吉林边务，奏宗骞自随。大澂兼摄屯政，宗骞为治道路，筑炮台，设江防，徙直、东流民，假予产业，分部护之。塞外灌莽千里，马贼为民患，宗骞曰："此屯政蠹也！"率将士步驰八九百里，获渠率王林等骈诛之。又以缘边荒互，户籍残耗，客民涣居不相顾，因令屯聚一处，略仿内地保甲，杜绝奸宄。复设制造局、采金厂，行之期年，商民辐凑。大澂上其绩状，迁知府。

（清）赵尔巽等：《清史稿》卷四六〇《戴宗骞传》，北京：中华书局，1977年，第12714页。

清德宗光绪七年（公元1881年）

又谕：铭安等奏。职员欠租私垦，延不到案，请旨饬追一折。刑部主事邓文藻，在奉天原籍承领吉林地亩，拖欠租钱三千一百九十余吊，并浮领地亩三千三百二十余响。辗转出售，轇轕不清。屡经饬传，抗不到案，实属延玩。着刑部堂官盛京将军、奉天府府尹，查明该员究竟现在何处。饬令迅赴吉林，赶紧完纳清理。倘再抗延，即着从严参办。

（清）官修：《德宗景皇帝实录》卷一二八，《清实录》第五十三册，光绪七年三月条，北京：中华书局，1987年，第851页。

准已革甘肃玛斯协副将孔才调赴吉林差委，赏已革协领春龄五品顶戴，办理宁古塔垦务。从吉林将军铭安等请也。

（清）官修：《德宗景皇帝实录》卷一三一，《清实录》第五十三册，光绪七年六月条，北京：中华书局，1987年，第884页。

又谕：前据铭安、吴大澂奏。朝鲜贫民占种吉林边地，恳准一体领照纳租。当谕令该部议奏，兹据恩承等奏称。近边各国不得越界私辟田庐，例禁綦严。该国官员擅给执照，纵民渡江盗垦，事阅多年。现在宜令该国王尽数招回，设法安置，重申科禁，方为正办。或于领照纳租外，令其隶我版图，置官设兵，如屯田例。惟该处地方情形，亦难遥度，仍请饬令该将军等再行筹画，求一有利无害之方等语。着铭安、吴大澂再行详细妥筹酌议具奏，原折着钞给阅看。将此各谕令知之。

（清）官修：《德宗景皇帝实录》卷一三九，《清实录》第五十三册，光绪七年十一月条，北京：中华书局，1987年，第994页。

又奏请裁撤吉林防军撙节饷银，留办屯田，以广开垦而实边围，如所请行。

（清）官修：《德宗景皇帝实录》卷一四一，《清实录》第五十三册，光绪七年十二月下条，北京：中华书局，1987年，第1014页。

奏为吉林地方积弊甚深，亟应力图整顿，量为变通。请添设民官，以资治理而裨地方。恭折仰祈圣鉴事，伏查吉省马贼肆扰，皆由地阔官稀。非有地方亲民之官，不足以讲求吏治而清盗源。业于光绪四年九月间，将变通官制增设州县大概章程另缮清单，恭折沥陈。声明创葺城垣，建修衙署、仓库、监狱等项，需费浩繁，拟以斗税荒价二款，作为添官一切用度。须俟款项筹有端倪，方能陆续添设，一二年内恐难设齐。均经奏明，仰邀圣鉴在案。嗣经部议覆奏，吉林添设各缺自系因时制宜，整顿吏治起见。应请旨饬令该将军体察情形，通筹全局，详细分别奏明办理等因。奉旨依议，钦此钦遵。恭录咨照前来，臣闻圣命之下，钦感难名。伏思法贵因时，庶足补偏而救弊。事由创始，尤宜虑远而思深。除遴委妥员分赴各城，查办荒地，抽收斗税，以筹设官建署经费外。查吉林属界，东西二千余里，南北亦二千余里。惟省城西北一隅设有三厅，办理地方之事。至宁古塔、三姓、阿勒楚喀等处，命盗户婚则就理于协领衙门，而协佐等官但习骑射，不谙吏治，是以民怨沸腾，铤而走险。臣详查情形，通盘筹划。吉林应设民官之处甚多，第筹款维艰，势难一齐举办。惟先择有紧要之区，如阿勒楚喀、五常堡、阿克敦城三处放荒已著成效，生聚日繁，商贾辐辏，亟应添设民官，委员试办。臣前奏原单拟添设各官，均系略举大概，并未派员履勘。今当创立之初，必须相度形势，体察舆情，斟酌不厌其详，历久可期无弊。查阿勒楚喀地方，距省五百里，距三姓六百余里，为东北最要咽喉。臣札派知府衔升用同知候选通判王绍元前往查勘，何处可以修城建署，饬令绘图禀复。去后，旋据该通判王绍元禀称，遵查阿勒楚喀副都统衙门城池，在全境西南一隅，而西南管界仅四十余里，东南东北管界则三四百里不等，缘早年安设旗屯，俱在蜚克图站迤西，距城皆不出六十里外。其蜚克图河东，原系围场禁山，其闲旷边荒，南北二百余里，东西三百余里，渺无人烟，无须治理。咸丰十一年，奏准开放蜚克图河东等处荒地，远近民人领种谋生，日聚日众。二十年来，生齿蕃盛，商贾渐烦，命盗词讼愈增愈多，俨有既庶且富景象。查有苇子沟地方，西距与拉林接界之古城店一百七十里，东距与三姓接界之玛河二百四十里，南距与五常堡接界之帽儿山二百里，北距与黑龙江属呼兰接界之松花江六十里，实为合境适中之地。且系东北赴三姓、东南赴甬子沟玛河三路通衢，蜚克图与色勒佛特库两站中正腰站，原设东西大街一道，计长三里，街南北有开设大中铺户二十余座、小铺户七十余座，土著居民三百余家，人烟稠密，商贩殷繁。于此设立同知衙署监狱，及巡检捕衙，实足以资治理。周围土冈，可以建造城垣，形势壮阔，城中多留隙地，以备分设祠庙、学署、仓廒、武廒等用。至玛河地方，既已就地安官，亦应统归此缺同知管辖。第该处东西二百余里，东北长一百五十六里，界面辽阔，诚恐同知兼顾难周。应请仿照奉天昌图前设同知时，于八家镇添设分防经历一员。

　　……

又查阿克敦城地方，距省五百里，为南山门户。臣札派四品衔委用通判陈治、同知衔委用知县毓斌前往查勘何处可以修城建署，饬令绘图禀复。去后，嗣据该通判陈治等禀称，遵勘阿克敦城地方地势平坦，宽阔高爽。东南系珲春大道，东北系宁古塔大道，西系吉林大道，实为扼要之区。周围山环水抱，而四面去山皆远，可以设城建署。查阿克敦城地方，本系生荒，现经查地委员分省补用知县赵敦诚，招集地户开垦，开诚布公。许以立城设官，保地方，百姓恃以无恐，源源而来。城内街市地基，佃写殆遍，已有成效，因时制宜。正印自应设于阿克敦城，以副民望。查南岗地方东西三百余里，南北二百余里。沃壤十数万晌，天气和暖，地土肥润。东通珲春、海参崴，东北通宁古塔，西南可通奉天，亦系冲要之区。但现在居民只有四百余户，新就委员赵敦诚招抚。初放荒地，尚无成效。只宜设一巡检或一县丞分司其事，仍隶阿克敦城管辖。俟数年后荒地齐放，商贾云集，居民辐辏，再为体察情形，改设正印，以哈勒巴岭分界，以资治理。再查张广才岭之东，额穆赫罗地名，系属旗地。向隶吉林厅管辖，去吉林厅窎远，且隔大岭，声叫不通。该地去阿克敦城甚近，现在该处有争讼之事，多赴阿克敦城向委员赵敦诚告诉，赵敦诚代为剖折。民皆悦服，可否将额穆赫索罗地名，划归阿克敦城管辖，将来设立知县。请加理事通判衔。知县可以就近料理，以张广才岭一带连山分水为界，岭西属吉林厅管辖，岭东属阿克敦城管辖，似为妥便。其阿克敦城所辖四至界址，东至马鹿沟一百一十里，马鹿沟应归阿克敦城管辖，迤东系宁古塔界。东北至都林河一百二十里，应以河为界，河东北归宁古塔管辖，河西南归阿克敦城管辖。北至大洋白山一百七十里，应以山之分水为界，分水之北归五常堡管辖，分水之南归阿克敦城管辖。西北至张广才岭一百八十里，应以岭之分水为界，分水西北归吉林厅管辖，分水东南归阿克敦城管辖。西至威呼岭一百里，应以岭之分水为界，分水之西归吉林厅管辖，分水之东归阿克敦城管辖。西南至帽儿山一百三十里，应以山为界，山东北归阿克敦城管辖，山西南系南荒大山，直接长白山一千余里。南至古洞河二百三十里，应以河为界，河北归阿克敦城管辖，河南系南荒大山八百里，直接高丽江界。东南至高丽江五百里，江内属阿克敦城管辖，江外系朝鲜国界。又东南至高丽岭四百里，应以岭之分水为界，分水迤东归珲春管辖，分水迤西归阿克敦城管辖。如此划明疆界，各专责成，以免互相推诿等语，并绘具地图禀复前来。臣前请在阿克敦城设立县治，以通判管知县事一员，巡检管典史事一员。详核该通判陈治等查勘情形，既称阿克敦城可以设立民官。即请在阿克敦城设立知县一员，名曰敦化县。臣此次于清单内请加理事通判衔，自可毋庸以通判管知县事。另添设巡检管典史事一员，管理监狱，训导一员，振兴学校。南冈分设县丞一员，即归敦化县统属。至额穆赫索罗地名，既距吉林厅窵远，自应准如所禀，将来划归敦化县管辖。其余分界各处，应令试办之员，详细覆勘，再行定界。此阿克敦城南冈拟设正印教佐各官之情形也。

（清）盛康：《皇朝经世文续编》卷三十三《户政五》，《近代中国史料丛刊》第八十四辑，台北：文海出版社，1966年，第3441—3452页。

光绪七年，吴大澂上言："宁古塔之三岔口壤沃宜耕，可募齐、鲁愿农，编屯一营，以实边塞。"十四年，将军希元始设局立制，以边瘠收薄，限十年后升科。寻设五社，垦地万三千四百晌有奇。二十二年，延茂覆陈吉林开垦，始误于旗、民之不和，继误于委员之自利，开局十六年，得不偿失。部议因定分别裁留。于是方正泡、檋梨场、二道漂河、头二道江、蚂蜒河、大沙吉洞等河，亟亟以拓地殖民为务。初，吉林放有揽头包领，虽荒疃绵亘，辄刻期集事，而弊溢于利，至是始惩革焉。又腹地加荒附着各屯，多寡不等，皆甚饶沃，领者麇至，则探筹决之。先是十二年，黑龙江将军恭镗请开呼兰属通肯荒地，疏陈十利。已而决议实行。至二十四年，营通肯克音荒务，画屯安井，招民代佃，民纳课粮，旗供正赋，官为之契，不夺佃益租。二十五年，垦布特哈之纳谔尔河闲荒约四十万晌，旗民领佃，入费免租，从恩泽请也。越八年，讷河以南放垦三十七万五千一百余晌。

（清）赵尔巽等：《清史稿》卷一二〇《食货志一·田制》，北京：中华书局，1976 年，第 3515—3516 页。

清德宗光绪八年（公元 1882 年）

又谕：有人奏黑龙江属之呼兰城户司总理巴彦孟库，于该处滋垦生熟地亩一案，未能将豁免花利押租之处晓谕。仍复设局敛资，希图中饱，请饬查办等语。着文绪确切查明，如果属实，即行参奏，原片着钞给阅看。将此谕令知之。

（清）官修：《德宗景皇帝实录》卷一四六，《清实录》第五十四册，光绪八年五月条，北京：中华书局，1987 年，第 65 页。

己卯，谕军机大臣等：礼部奏据朝鲜国王咨文转奏一折。朝鲜贫民占垦吉林边地，前有旨照铭安、吴大澂所请查明户籍，分归珲春暨敦化县管辖。兹据该国王咨称习俗既殊，风土不一，若因该民人等占种，便隶版图，万一滋事，深为可虑。恳恩准将流民划还本国，交付本地方官弁，归籍办理等语。该国之民，令其仍回本国，原属正办。着铭安、吴大澂体察情形，悉心筹画。该流民人数众多，应会商该国，妥为收回。该处地方如何经理，一并详议具奏。将此各谕令知之。

（清）官修：《德宗景皇帝实录》卷一五〇，《清实录》第五十四册，光绪八年八月条，北京：中华书局，1987 年，第 130 页。

谕军机大臣等：铭安、吴大澂奏遵旨覆陈一折。据称朝鲜贫民，占垦吉林边地。现拟派员前赴该处，查明户口。知照该地方官陆续收回，妥为抚辑。惟念该流民等人数众多，安土重迁，若即时驱逐出境，诚恐该国地方官无从安插，转致流离失所，恳恩宽予限期等语。所奏自系实在情形，着照所议办理。并着礼部传知该国王，转饬该处地方官豫筹妥为安置。准其于一年内悉数收回，以示体恤。至图门江北岸一带闲荒，应行招垦。着铭安、吴大澂饬属照章认真办理。将此谕知礼部并谕令铭安、吴大澂知之。

（清）官修：《德宗景皇帝实录》卷一五四，《清实录》第五十四册，光绪八年十一月上条，北京：中华书局，1987年，第171页。

辛丑，谕军机大臣等：有人奏吉林将军铭安贪滥恣横，声名恶劣，本年夏间启秀查办，代为弥缝。公论愈不能容，历指其骄惰汗下之状，与其调人之滥，用心之卑，放荒打地加税。诸弊纷然竭尽脂膏，百般朘削残忍狼很，胪列款迹多端。现在吉林地方商民交困，人不聊生，游勇马贼煽动骚聚。伯都讷南城子，吉林南山各等处焚杀抢掠之案叠出。九月间，桦皮场被马贼焚掠一空，杀伤多命。铭安一味弥饰，又启秀查办吉林案件，任意草率，并有启秀暨随带各员受赃钜万情事等语。览奏殊深诧异，前经御史张鸿远奏参吉林委员用事，贻害地方。谕令崇绮查办，并添派启秀前往吉林确查。业据崇绮等查明奏结，兹复被人参奏铭安贪滥恣横各款，并牵涉启秀，自应彻底查明，着崇绮按照所参各节，确查据实具奏。该将军曾经派查吉林各款，兹复特加简派。应如何激发天良，破除情面，逐款详查，不得以奏结在先稍涉回护，倘有瞻徇掩饰情事，该将军自问能当此重咎耶。原折着钞给阅看。将此谕令知之。

（清）官修：《德宗景皇帝实录》卷一五五，《清实录》第五十四册，光绪八年十一月下条，北京：中华书局，1987年，第183页。

清德宗光绪十年（公元 1884 年）

丙寅，谕内阁：前据内阁学士尚贤奏黑龙江荒地甚多，请将京师旗仆拨往屯垦。当谕令该将军妥议具奏，兹据文绪等奏称黑龙江所属可以招垦地方，业经先后查明，开垦殆遍。惟克音通肯围场，久为封禁之区，奸民诡请垦荒，敛钱惑众。前经御史英俊两次条陈，业经查出佃民潘廷思，贿通情事，审明定罪，而莠民敛钱之风，至今未息。若再议招民认垦，适滋奸宄争利构事等语。

克音通肯围场垦荒，既据查明流弊甚多，即着永远封禁，仍由该将军等督饬该管官员随时稽查，不准刁民借词牟利，致滋事端。

（清）官修：《德宗景皇帝实录》卷一九八，《清实录》第五十四册，光绪十年十一月下条，北京：中华书局，1987年，第817—818页。

清德宗光绪十一年（公元 1885 年）

光绪十一年六月十八日，钦奉慈禧端佑康颐庄诚皇太后懿旨，东三省边防事宜着军机大臣总理各国事务衙门会同神机营王大臣妥议具奏钦此，仰见圣心厪念边陲，防微虑远，钦佩莫名。臣等窃惟防边之要，首在审地势，察敌情，形势既得，选将为先。将得其人，军储宜亟。而练兵制器，招垦兴屯，则其节目也。东三省统辖至广，盛京十四城，为边门者二十余，吉林八城，为边门者四，黑龙江六城，旧设卡伦之区七十一。承平时，东际大海，北限混同。榛狉之民，多我属部。历朝奉敕编入八旗，凡居近吉林之巴尔呼人、锡伯人，居近伯都讷之卦勒察人，居近珲春之库尔喀人，居近额尔古讷河之索伦部、达呼尔部，其最远者为鄂伦春部，皆审户比丁，隶入军伍，擢彼材勇，效我扞撒。而八旗猛将，吉林兵丹，常率诸部四出征剿，以精锐闻天下。其时中俄立界于尼布楚，开市于恰克图，斥堠之设，多在中路北徼，而东方则晏然无事也。自咸丰以来，中原多事，东三省精兵，征调四方，腹内虚耗，饷减差繁，势成积弱。参佐领以下，又不恤兵丁，层层克扣，以致生计日蹙。土地日荒，风气日敝。彼时国家方治内盗，无暇东略。溃一隙之堤，成数世之患。牧圉之吏，任非其人。遂使邻国摘隙蹈瑕，蚕食东徼，侵踞我黑龙江以北乌苏里江兴凯湖以东数千里之地，于是吉江二省，遂无师船出海之口，腹背受敌，如处瓮中。而边事因之日亟矣。今虽明订条约，暂事羁縻，然边情反复，理难久恃，疆场之权，以公法论，亦彼此各自主之。查江省与彼之阿穆尔省一江之隔。其省城在海兰泡，与我黑龙江副都统所治之城相望，沿江上下，皆夷屯也。昔日跨江为守，今则江流之险，与我共之。额设水师船只，又皆糟朽狭小，不足以资战守。吉省与彼之东海滨省毗连，其新设酋长，驻海参崴、双城子，又别屯兵于岩杵河摩阔崴诸处，而以驻絷伯力之重酋联络其间。其两省额兵，通计不过万人，常招徕屯垦客户，编为民兵，以辅其不足。又收买麦粮，煮罕奇之盐，贩入内地，以为储蓄之资。近且逼珲春为垒，开通图们江东岸，以窥朝鲜北境。行船松花江，以窥三姓上游。势亟亟矣！彼处处通海，便于转输。我陆运回远，易致疲敝。似彼常处其逸，而我常处其劳。然以天时地势揆之，冬春二时，江海冰坚，船不能驶。彼若深入，接济维艰。夏秋二时，彼挽䑸虽利，然宁古塔以东，有无人之地六百里。群山纠纷，溪涧深淖，为之阨塞。三姓迤东至黑河口八百里内，江路多洊，陆路多潦，天然险阻，可以限长驱之足。然则我固不可漫然布置，致备多力分也。吉省所最要者，珲春一城，与彼逼壤，其西壤接连朝鲜之庆源、庆兴两府。一苇可航，前无障隔，后可包抄。三姓一城，水路上距伯都讷之三岔口一千余里，中间历阿勒楚喀、拉林诸城，其三岔口西南陆路，则由蒙古郭尔罗斯界，径从草地，直抵奉天之法库边门，才八百九十里，最为便捷。彼国地图，惟于此数处画一曲线，他处则否。其久蓄窥伺之心，已有明验，然则该两处最宜注意。庶一以保护朝鲜北境，一以屏蔽我松花江上游伯都讷腹地。此吉省大略情形也。

（清）盛康：《皇朝经世文续编》卷八十八《兵政十四·塞防上》，《近代中国史料丛刊》第八十五辑，台北：文海出版社，1966年，第3153—3157页。

清德宗光绪十二年（公元 1886 年）

吉林将军希元等奏敦化县地僻民艰，前放荒地，田未开垦，价未缴齐。拟请变通升科章程，委员妥办。又奏前放伊通河等处荒地，未能一律垦齐。请展限升科，以纾民力。并从之。

（清）官修：《德宗景皇帝实录》卷二三〇，《清实录》第五十五册，光绪十二年七月条，北京：中华书局，1987年，第110页。

谕内阁：庆裕等奏沿河被水灾黎请发仓抚恤一折。本年秋间，奉天辽河巨流大凌等河，因连日大雨，山水暴发，同时盛涨。平地水深数尺，田禾淹没，人口伤毙。田庄台一带，被灾尤甚，小民荡析离居，深堪悯恻。现经庆裕等捐拨银两，分别设法拯救，即着将该省各州县存储仓谷，酌量拨发。遴员会同地方官确查户口，核实散放，俾资接济。钦奉慈禧端佑康颐昭豫庄诚皇太后懿旨，着将本年万寿节内务府应进银一万两，拨为奉天赈济之用，钦此。庆裕等即当仰体圣慈轸念民艰，有加无已至意，督饬各员分投散给，务使实惠均沾，毋任稍有弊混，此项银两未到以前，即着该将军等先行筹款垫发，勿稍迟延，俟内帑解到，再行归款。

（清）官修：《德宗景皇帝实录》卷二三二，《清实录》第五十五册，光绪十二年九月条，北京：中华书局，1987年，第127—128页。

清德宗光绪十三年（公元 1887 年）

署黑龙江将军恭镗等奏。开垦呼兰所属原勘封禁荒田，下部议。寻户部奏，遵议开垦呼兰通肯地方，该将军所奏当日封禁五端，剖晰详明，开垦十利，亦历历可指。惟光绪十年奉旨永远封禁，可否准予开垦，伏候钦定。得旨。仍着永远封禁。

（清）官修：《德宗景皇帝实录》卷二四六，《清实录》第五十五册，光绪十三年八月条，北京：中华书局，1987年，第309页。

窃查黑龙江省，边漠之区，初无民垦。咸丰七年，将军奕山查勘呼兰所属蒙古尔山等处荒地一百二十万晌，堪以试垦，惟恐外人慕膻潜越，不能预操把握，当经奏请封禁。十年，将军特普钦因俸饷不继，防范维艰，奏请招民试垦，借裕度支，奉旨允准在案，此为呼兰民垦开办之始。同治七年，已放毛荒二十余万晌，将军德英以新荒续领，未能踊跃，拟请暂行停放。厥后屡放屡停，经御史英俊、光熙、内阁学士尚贤等条奏开垦，俱经历任将军定安、文绪等筹议，呼兰所属克普通肯地方，荒场有碍边围，仍请照旧封禁各在案。臣等伏查黑龙江精华，全在呼兰一隅，地气和暖，土脉膏腴，为关外所艳称，然详稽所以封禁之故，略有五端。论地脉则恐碍参山珠河，论牧场则恐妨旗民生计，而且垦民杂则盗贼潜入，揽头出则贩卖架空。更恐奸民易集，勾结堪虞，臣等反复推求，知其中情节，万无一可虑者。溯查原案，呼兰参山，自乾隆时试采一次，稍见参苗，久经停采，布雅淖罗等河，自嘉庆二十二年试采一次，亦未得珠。具见奕山奏中，况稼穑之与珠宝孰轻孰重，圣朝取舍自有权衡，不待预计。通肯地段，介居莽鼐布特哈、墨尔根、呼兰北围林子之间，纵横量核，计约有三十余万晌，较之前吉林将军奏开伊通围场十余万晌，广狭大有不同。计将通肯应开地亩之内，酌留围场牧地，宽然有余。即使生齿日繁，断不至稍有窒碍。若虑民揽转售，应仿照吉林章程，革去揽头名目，每民止准放一二十晌至六七十晌为止，不患不均。至于盗贼有无，则视守令勤惰，官兵勇怯，不在地亩之垦与不垦，此又理势无待深辨者也。且吉林兴凯湖等处，最美沃区，徒以土旷人稀，不能自守。向使人民繁庶，村堡相连，彼固不能无故觊觎，此亦不能甘心退让。历代备边以开屯为上策者，职此之由，即如双城堡、伯都讷，经松筠、富俊条奏开垦，当时或议其难，奉天东边开垦，崇实亦力排众议而行，不二十年，鸭绿江凤凰城等处，廛栉田连，蔚为沃壤，此尤近今之明效大验矣！臣恭镗在都，窃尝考论东省根本大计，首在兴农。涖任之初，曾于沥陈本省积困情形折内，声明地旷而利不能兴各节，微陈其端，近更博访周咨，并查考梁诗正、舒赫德、福明安等条奏，及特普钦所筹，与臣禄彭详细参酌，开垦之举，实黑龙江第一大利，敬为我圣主备细陈之。本省额饷三十七万，呼兰租赋已抵至十余万，若再扩充，饷可渐节，此利国帑者一也。齐齐哈尔、墨尔根、黑龙江各城，皆恃呼兰转运接济，收获愈广，储积愈丰，此利民食者二也。盗贼之恣，皆由守备之，若于放荒时，酌定村户，修筑堡寨，严行保甲缉捕之法，盗贼自难容足，此利保卫者三也。关内外失业闲民，麇聚东省，或之他邦，一定土著，庶免流移，富者力田，贫者佣工，各安其业，此利绥辑者四也。押租缴价，或仿旧章，或仿吉林章程，酌量增加，以补公项，此利经费者五也。开垦既广，俟升科后，查照奉天章程，每亩酌定征银额赋，以济俸饷，此利征收者六也。呼兰粮食，除接济本省，广行东南，将来收获丰盈，转输益众，此利商贾者七也。斗税烧锅，税捐亦资小补，积谷日多，收捐必有起色，此利税务者八也。通肯地段，与齐齐哈尔等城相连，户口渐增，人烟日盛，贫瘠荒漠之区，可变殷实，此利生聚者九也。人有恒产，地有村砦，内守既固，外患不生，此利边备者十也。惟是十利之说，人所共知。而臣等切念封禁五端内，旗民生计一条，关系最重，尚须详查博考，因先饬派委协领常德等，驰赴通肯，查勘地方围牧情形。顷据常德等绘图贴说，并禀称通肯荒田，南北约长一百四十余里，东西约宽七八十里。距北围林子五十余里，呼兰巴彦苏苏二百余里，且隔呼兰一河，于旗人原有牧场，毫无关碍，将来垦成立埠，应留牧场余地亦多等情前来，并据总办呼兰税务道员陈宝善就近查访开垦一切利弊，大致相同。事关黑龙江省兵民大计，臣等职分所在，不敢拘泥成案，坐视膏腴之产，久弃荒芜。而前准户部咨称，奏准黑龙江省筹办事宜折内，亦有开放荒地，体察时势举行等语。用敢据实上陈，仰求圣明俯加采纳。如蒙谕允，臣当慎简能员，妥定规条，务期利兴弊绝，以仰副圣主富民足边之至意。

（清）盛康：《皇朝经世文续编》卷三十九《户政十一·屯垦》，《近代中国史料丛刊》第八十四辑，台北：文海出版社，1966年，第4245—4250页。

清德宗光绪十四年（公元 1888 年）

署黑龙江将军恭镗等奏：江省奉拨京旗屯户九户，逃故过半。拟给资咨回原旗，另募代垦之户，抑或再由京旗加拨丁户，接续屯垦。下部议。

（清）官修：《德宗景皇帝实录》卷二五四，《清实录》第五十五册，光绪十四年四月条，北京：中华书局，1987年，第430页。

黑龙江将军恭镗等奏。呼兰所属民田被灾甚重，请缓征租钱，并将尤重地方先行拨款加赈。从之。

（清）官修：《德宗景皇帝实录》卷二六三，《清实录》第五十五册，光绪十四年十二月下条，北京：中华书局，1987年，第537页。

清德宗光绪十五年（公元 1889 年）

谕内阁：有人奏呼兰地方土甚膏沃，若招民开垦，措置得宜，当可有利无弊，请饬酌议办理等语。黑龙江所属荒地，叠据言官奏请开垦，先后降旨饬查。经前任将军文绪等覆奏，以该处地处极边，天寒地瘠，风高土薄，收成歉而耕种迟，且系旗丁游牧围猎之区。若招佃开垦，流弊滋多，仍请封禁。嗣据前任将军恭镗奏称呼兰一隅，土脉膏腴，为关外所艳称。开垦之举，约有十利。其通肯地方，详查情形。于原有牧场，毫无关碍。将来垦成立堡，应留牧场，余地亦多，请予开垦。当交户部议奏，该部以可否开垦请旨。复经降旨封禁，呼兰地方屯垦利弊，前任将军文绪、恭镗持论互异。今据所奏胪陈三便，并请因势量为变通。此举于该地方关系綦重，究竟应否办理。着伊克唐阿体察现在情形，悉心妥筹，据实覆奏。原折着摘钞给与阅看。将此谕令知之。寻奏通肯封荒弛禁招垦，可开地三十余万晌。于旗人牧场毫无关碍，委系有利无弊。如蒙俞允，即当妥定条规，招集试办。下所司议。

（清）官修：《德宗景皇帝实录》卷二七四，《清实录》第五十五册，光绪十五年九月条，北京：中华书局，1987年，第662页。

光绪十五年己丑，十二月丁亥，谕内阁：前据黑龙江将军依克唐阿奏遵筹通肯荒地，开禁招垦，有利无弊。当交总理海军事务衙门、户部议奏。嗣据御史杨晨奏请将山东灾民资送东三省垦荒。复经谕令该衙门一并议奏，兹据会同妥议，分别覆陈，朕详加披阅，所筹各节，均属深中窾要。东三省山场荒地，系旗丁游牧围猎之区。乾隆嘉庆道光同治年间，历奉谕旨，严禁流民开垦，深恐有碍旗人生计，圣训周详，用意极为闳远。通肯为向来封禁之地，近年以来，叠据中外臣工奏请招民认垦，均未允行。诚以该处荒地，一经开垦，势必将牧猎之场渐行侵占，旗丁生计日蹙，流弊不可胜言。岂容轻议更张，显违圣训。所有通肯荒地，着依克唐阿仍遵光绪十年、十三年两次永远封禁之旨，实力奉行。毋任奸民潜往私垦，其无碍牧猎之处，着该将军悉心筹度，绘图贴说。俟奏准后，分界旗丁耕种，详定收获助饷章程，以足兵食。仍严禁流民混迹及私典盗卖等弊，务使土著旗丁，日臻饶裕，方为久远之策。嗣后该省无论何处，断不可招民垦荒，致滋后患。该将军等倘不实力奉行，或别滋弊端，定即予以严惩，决不宽贷。杨晨所请将山东灾民资送东三省垦荒之处，亦着毋庸置议。

（清）官修：《德宗景皇帝实录》卷二七九，《清实录》第五十五册，光绪十五年十二月下条，北京：中华书局，1987 年，第 717—718 页。

清德宗光绪十七年（公元 1891 年）

戊子，吉林将军长顺奏敦化县生荒尚未垦齐，请再展缓升科，以纾民力。下户部议。

（清）官修：《德宗景皇帝实录》卷二九七，《清实录》第五十五册，光绪十七年五月条，北京：中华书局，1987 年，第 940 页。

清德宗光绪十八年（公元 1892 年）

黑龙江将军依克唐阿等奏布特哈地毗俄，夷兵丁以游牧为业，按年交纳貂皮。近以俄据江东呼兰，又复招垦游猎，生计日益萧条，兵丁苦累难堪，请饬部指拨津贴。下部议。

（清）官修：《德宗景皇帝实录》卷三一四，《清实录》第五十六册，光绪十八年七月条，北京：中华书局，1987 年，第 81 页。

清德宗光绪十九年（公元 1893 年）

丁丑，谕军机大臣等：有人奏登莱府属荒歉成灾一折。据称山东登莱府属，上年春夏亢旱，秋雨连旬。宁海、莱阳、海阳、文登、荣成、即墨各州县被灾较重，地方官并不报灾，征收如故。贫民无力自给，迤逦北来，及投往奉天各海口，千百成群，致成饿殍，请饬派员购买米石平粜等语。着福润迅速查明，饬属妥为赈抚。一面将办理情形，先行据实覆奏，以慰廑系，该州县如有匿灾不报情事，从严参办，毋得稍有徇纵，原折着摘钞给与阅看。将此谕令知之。寻奏登莱两府山多田少，民食不敷。向赖奉天粮贩接济，上年麦秋尚称中稔。惟杂粮较形歉薄，民间并未报灾。适值奉省歉收，商贩不继，民食惟艰，往北谋生者益众。然与逃荒不同，现值青黄不接之时，业经饬属筹办平粜，并严饬地方官查明无告穷民，先将积谷散放。如非出外工作者，即行截留，资送回籍，妥为安抚。报闻。

（清）官修：《德宗景皇帝实录》卷三二一，《清实录》第五十六册，光绪十九年二月条，北京：中华书局，1987年，第163—164页。

壬子，吉林将军长顺奏蒙古郭尔罗斯沿边开荒招垦，下部知之。

（清）官修：《德宗景皇帝实录》卷三二九，《清实录》第五十六册，光绪十九年十月条，北京：中华书局，1987年，第221页。

清德宗光绪二十年（公元 1894 年）

吉林将军长顺等奏珲春图们江北岸，收还朝鲜流民越垦地亩一万五千四百四十二晌七亩有奇，照则升科，并将垦民立社编甲，暂行设局抚垦。下部议。寻总理各国事务衙门户部会奏，长顺等办理尚属妥协，新附各户，暂行设局抚垦。应请饬下加意抚绥，务令各安生业，以慰流氓向慕之心，将来应否于适中之处设官分治。亦由该将军随时体察，奏明覆核，应征租银，核与定章相符，应令即饬委员按年征完，解省抵饷。从之。

（清）官修：《德宗景皇帝实录》卷三三七，《清实录》第五十六册，光绪二十年三月下条，北京：中华书局，1987年，第323—324页。

又奏吉林三姓江北五站，招民承领陆续垦成熟地二万二千三百十七晌有奇，生荒一万九千八百八十晌有奇，请宽予升科年限，借资培养民力。下户部议。寻奏勘放荒地，请分别生熟，定限升科。从之。

（清）官修：《德宗景皇帝实录》卷三三九，《清实录》第五十六册，光绪二十年四月下条，北京：中华书局，1987年，第343页。

二十年，日本战事起，命往奉天襄依克唐阿军。请募兵二万自效，诏许募万人，分四军，与民团相应援。明年，和议成，总督张之洞、山东巡抚李秉衡交章论荐，诏赏三品顶戴。署安徽布政使，至则清厘田赋，杜绝欺隐，增垦田万八千余亩，撙节库储至二百万金。二十三年，德人索胶州湾，又胁朝廷罢李秉衡，荫霖奋然曰："是尚可为国乎！"上疏极论王大臣不职，因附陈修省五事，不报。二十四年，擢湖北巡抚。之洞为总督，颇主泰西新法，荫霖断断争议，以为："救时之计，在正人心、辨学术，若用夷变夏，恐异日之忧愈大。"之洞意迂之，然仗其清正，使治吏事。湖北财赋倚厘金，荫霖精心综核，以举劾为激扬，岁入骤增数十万。

（清）赵尔巽等：《清史稿》卷四四八《于荫霖传》，北京：中华书局，1977年，第12523页。

清德宗光绪二十一年（公元1895年）

又谕：电寄裕禄、吴大澂电奏前闻锦州被水，已筹银三万两，派员散赈，现抵宁远，访闻去秋收成无多，穷民至掘高粱根和糠为食。关外向不种麦，新粮须五六月方可接济。请饬部拨银四万两。并饬天津筹赈局协助银三万两，分给锦县宁远各处灾区，督同官绅散放，并饬州县一律停征等语。锦县宁远等处上年被灾较重，现值青黄不接之际。着裕禄查看情形，如果灾黎无以谋食，应须拨款接济。及钱粮应否停征之处，均着奏明办理。

（清）官修：《德宗景皇帝实录》卷三五八，《清实录》第五十六册，光绪二十一年正月上条，北京：中华书局，1987年，第665页。

盛京将军裕禄奏地方荒乱，庄佃迁移，请将伍田租课缓年征收，以纾民力。允之。

（清）官修：《德宗景皇帝实录》卷三六五，《清实录》第五十六册，光绪二十一年四月上条，北京：中华书局，1987年，第774页。

己未，谕军机大臣等：前据护理黑龙江将军增祺，奏请开垦闲荒一折，当交户部议奏。兹据奏称黑龙江东南一带，膏腴千里，实多宜稼之区。前将军恭镗、依克唐阿屡请开垦，因恐碍旗丁生计，未经议准。今该护将军复举通肯、克音、汤旺河、观音山四处，奏请钦派文职大员前往勘办开垦，与前任各将军所奏大略相同。查通肯河西一段，在齐齐哈尔东境，距各城均远。克音一段又在通肯东北，均非牧猎之所及。其汤旺河、观音山二处，扞蔽江干尤宜及时布置，应否简派大员前往勘办，请旨遵行等语。东三省为根本重地，山林川泽之利，当留有余以养民，是以虽有闲荒，尚多封禁。今强邻逼处、军食空虚，揆度时宜，不得不以垦辟为筹边之策。黑龙江之通肯河一段，着即开禁，与克音、汤旺河、观音山等处，准旗民人等一律垦种。每年所得租银，即留备军饷之用。至如何划分旗屯、酌定荒价，尤须斟酌妥协。事当创始，条目纷繁，着延茂驰往黑龙江，会同该将军悉心妥议，并遴委妥员逐段履勘，倘有不实不尽，定将办理之员严行惩处。至青山木税，前经户部议驳，今着一体试办。漠河金厂，据户部片奏，近年办理有名无实，并着密加查访，实力整顿。至蒙古杜尔伯特诸部闲荒，事涉藩部，毋庸置议。其奉天大围场及大凌河牧地，吉林、宁古塔、三姓等处均有闲荒可垦，并着盛京吉林各将军察看情形，实力兴办，详细覆奏。原折片均着钞给阅看。将此各谕令知之。

（清）官修：《德宗景皇帝实录》卷三七三，《清实录》第五十六册，光绪二十一年七月下条，北京：中华书局，1987年，第881—882页。

又谕：前据都察院奏已革参将吴世恩以被参冤抑等词赴该衙门呈诉。当经谕令谭钟麟、马丕瑶确查，兹据查明奏称已革参将吴世恩，因契典之田被原主未赎先卖，以致涉讼传讯未到，系畏苛罚所致，情均可原。总兵林宜华虽无贿串实据，惟出入衙门，恃符纵恣，请将林宜华革职，吴世恩开复原官等语。林宜华着即行革职以示惩儆，至所请吴世恩开复原官之处，着兵部核议具奏。

谕军机大臣等电寄依克唐阿所奏均悉。仍着稳慎固守，毋涉孟浪。所请刊刻关防，着刊用镶黄旗汉军都统字样。

署两江总督张之洞等奏江苏拨款浩繁，遵查无锡等处米捐，尚难停免。从之。又奏江省防军，分驻清淮以北各营，以马队最为得力，又省城添练洋操马队，均须出口购买马匹，请援案免税放行。下部知之。

甘肃新疆巡抚陶模奏塔尔巴哈台改设驿站，应支经费，请饬部立案。下部知之。又奏色勒库尔地方，因地震坍塌炮台、营房及附近民居多处。得旨。着饬属抚恤灾户，查勘工程，妥为办理。

壬戌，谕军机大臣等电寄德寿，本日已调补江西巡抚，并令即赴新任，毋庸来京请训。所有前次交查事件，着移交谭继洵办理。

署吉林将军恩泽奏，遵旨察看吉林情形，拟就宁古塔、三姓等处招佃垦荒，先由向有之穆棱河垦局办起。其各处矿产，并请一律弛禁，由官发给执照，准商民开采。下部议。寻户部奏遵议所请将垦荒旗民概名屯丁，归官兵钤束，商办矿务亦派兵弹压一节，恐不相安，拟请相度要害，遥驻兵营，以资捍卫，荒务矿务一律设局，派员经理。从之。

（清）官修：《德宗景皇帝实录》卷三七三，《清实录》第五十六册，光绪二十一年七月下条，北京：中华书局，1987 年，第 884—885 页。

谕军机大臣等：本年顺天直隶所属被水被潮地方，田禾受伤，业经将山东应行运仓粟米，截留十万石，并饬户部垫发银十万两，复拨给仓米五千石。先后谕令王文韶、孙家鼐等分别妥为赈抚，并将被灾较重之永平、遵化两属，武清等州县新赋等项钱粮一律缓征。又奉天、锦州等处春荒，截留湖北漕米三万石，折价解清赈济。热河被水，准令崇礼等拨给仓等项粟米一千石。湖北钟祥等州县被淹，准令谭继洵截留冬漕三万石，并随漕耗米等项，俾作工赈之需。甘肃循化等厅县被兵，准杨昌浚所请截拨银米，妥筹抚恤。湖南长沙、衡州二府所属州县被旱，准令吴大澂截留漕折银三万两，豫备平粜。河南河内等县被淹，准令刘树堂发给被灾村庄一月口粮，以示体恤。其奉天锦州、宁远各州县被水被兵，直隶玉田县、山东济阳等州县、湖北荆门等州县被水，陕西长武、澄城、镇安、汧阳、府谷等州县被水被雹，广西梧州府被火，均经该将军督抚等查勘抚恤。小民谅可不至失所，惟念来春青黄不接之时，民力未免拮据。着传谕该将军督抚等体察情形，如有应行接济之处，即查明据实覆奏，务于封印以前奏到，俟朕于新正降旨加恩。再安徽安庆等府属被旱被水，江西莲花、永新等厅县被旱，德安、庐陵等县被水，浙江杭州等府属被旱，湖南茶陵、浏阳、澧州等州县被水被旱，河南祥符、浚县、临漳、永城等州被水，甘肃渭源、伏羌、宁灵等厅州县被雹，广西恭城等州县被水被旱，陕西华阴等县被水被雹，贵州贵阳、遵义等府属被旱，均经该督抚等委员查勘，即着迅速办理，并将来春应否接济之处一并查明，于封印前奏到。此外各省有无被灾地方，应行调剂抚恤之处，着该将军督抚等一并查奏，候旨施恩。将此各谕令知之。

（清）官修：《德宗景皇帝实录》卷三七七，《清实录》第五十六册，光绪二十一年十月上条，北京：中华书局，1987 年，第 931—932 页。

庚戌，谕内阁：上年奉天凤凰、九连、安东、宽甸、岫岩、金州、复州、海城、盖平及熊岳、牛庄、营口等处各厅州县均遭兵燹，小民流离转徙，田地荒芜，困苦情形，深堪矜悯。现在辽南归复，亟宜特沛恩施。所有凤凰厅等处民田旗地积年欠项及本年来年应征粮赋等项，均着一律豁免。该将军等即刊刻誊黄，遍行晓谕。此外附近各州县如有应行抚恤之处，并着该将军等迅速查明具奏。候旨施恩。用副朝廷轸念穷黎至意。

（清）官修：《德宗景皇帝实录》卷三七九，《清实录》第五十六册，光绪二十一年十一月上条，北京：中华书局，1987 年，第 965 页。

谕军机大臣等，延茂等奏遵查黑龙江垦务拟办大概情形一折。所筹咨商各城副都统，传询所属备交荒价，领地认租，并先将通肯一处划设旗屯。克音、汤旺河、观音山三处，无论旗丁民户，均准一律备交荒价、领地纳租各节，均尚周妥。即着延茂会同恩泽、增祺认真妥办，划清经界，毋滋流弊。将此各谕令知之。

（清）官修：《德宗景皇帝实录》卷三八一，《清实录》第五十六册，光绪二十一年十二月上条，北京：中华书局，1987 年，第 981 页。

二十一年，奉天将军增祺请丈放各蒙荒，副都统寿山亦以为言，而国子司业黄思永请垦内蒙伊克昭、乌兰察布二盟牧地，盟长有谓妨其生业者，未克实施。是时晋边之丰镇、宁远垦民积数万户，而扎赉特、杜尔伯特、郭尔罗斯陆续报垦，人争趣之。察哈尔旗牧及草地虽禁私开，然自咸丰中马厂弛禁，至近岁越占纷纭，客户旗丁，讼不胜诘。二十四年，都统祥麟因言："欲蒙地无私垦，必严科罪，欲蒙员无私放，必惩奸商。"

（清）赵尔巽等：《清史稿》卷一二〇《食货志一·田制》，北京：中华书局，1976 年，第 3521 页。

清德宗光绪二十二年（公元 1896 年）

戊戌，上奉慈禧端佑康颐昭豫庄诚寿恭钦献崇熙皇太后幸醇贤亲王府，看视醇贤亲王福晋。署吉林将军延茂奏遵查黑龙江垦务矿务已得梗概，俟禀覆到日，会同覆奏，请先往吉林任事。得旨。延茂着先行前往吉林任事，余着照所议办理。

（清）官修：《德宗景皇帝实录》卷三九〇，《清实录》第五十七册，光绪二十二年五月上条，北京：中华书局，1987年，第84页。

署吉林将军延茂等奏遵议黑龙江垦荒章程，勘丈分界、画井安屯、注册缴价及豫定升科年限，并经营公田零放散田等十一条。下部议。

（清）官修：《德宗景皇帝实录》卷三九一，《清实录》第五十七册，光绪二十二年五月下条，北京：中华书局，1987年，第103页。

黑龙江将军恩泽等奏江省呼兰等处官屯民田连被水灾，生计艰难，派员查勘，分别轻重办理。得旨。着即派员详细查勘被水确情，分别拯抚。

（清）官修：《德宗景皇帝实录》卷三九五，《清实录》第五十七册，光绪二十二年九月条，北京：中华书局，1987年，第154页。

谕军机大臣等：本年顺天直隶雨水过多，田禾被淹，降旨饬催湖南漕折银两、各省应解备荒经费银两，接济赈需，并截留江苏河运漕米五万石，江北河运漕米五万石。谕令王文韶会同孙家鼐、胡燏棻饬属核实散放。奉天安东、盖平等处被水，先后准如依克唐阿所请，截留运通小米，又提拨湘军未领小米，并各城存留省仓小米，共一千二百八十石，东边木税项下拨银二三万两，赈恤灾区。吉林三姓、珲春等处被水，先后准令延茂等动拨伯都讷额存仓谷三千石，截留洋药捐输税银二万三百余两，酌拨赈济。

（清）官修：《德宗景皇帝实录》卷三九六，《清实录》第五十七册，光绪二十二年十月条，北京：中华书局，1987年，第168页。

蠲缓盛京内务府伍田被灾各村屯新旧赋额有差。

（清）官修：《德宗景皇帝实录》卷三九八，《清实录》第五十七册，光绪二十二年十二月上条，北京：中华书局，1987年，第204页。

清德宗光绪二十三年（公元1897年）

又谕：理藩院奏呈请代奏请旨查办一折。据称准都察院咨送奉天，陈新苏鲁克牧丁丰升额，呈称盛京养息牧地面闲荒，开垦招佃，以致众牧丁失业无依，并恐有误三陵祭品，复据牧丁布都格克齐呈诉，大致相同，请饬盛京将军会同勘办，荒务大臣妥筹办法等语。养息牧开荒一事非徒裕课实以便民，若将永远封禁之区一律招佃开垦，势必丰旺草地尽被民佃占去，该牧丁等生计全失。不特每年应交祭品无从供给，亦且资生无术，冻馁堪虞。是朝廷未收裕课之效，牧丁已受无穷之累，而且因区区赋课，致二百余年豢养之蒙古牧丁群怀觖望，亦属得不偿失。着依克唐阿、溥顾就现在情形，详加体察，如果养息牧招垦有碍蒙古生计，是否可以另筹办法，抑或应行停止之处，悉心妥筹奏明办理。原折着钞给阅看，将此谕令知之。

（清）官修：《德宗景皇帝实录》卷四一二，《清实录》第五十七册，光绪二十三年十一月条，北京：中华书局，1987年，第382—383页。

谕军机大臣等：前据理藩院奏奉天陈新苏鲁克牧丁等呈诉，盛京养息牧地面开荒，有碍牧丁生计，并恐有误三陵祭品等语。当经谕令依克唐阿、溥顾详察情形，应否停止之处，妥筹具奏。兹据御史杨深秀奏称，苏鲁克牧厂，自顺治初年特设以来，牧丁生齿日蕃。此项地亩，既垦者养育牧丁，未垦者备割冬令羊草，并非闲荒之比。去年该将军等奏请招垦，局员奉行不善，一并绳丈给垦，以致蒙众惊惶。请将此项牧地仍照旧制留与牧丁，毋庸给佃等语。养息牧地，供奉三陵祭品，且为蒙古牧丁生计所系。着依克唐阿、溥顾认真查明，如果实有窒碍，即行停止招垦，迅速覆奏。原折着钞给阅看。将此谕令知之。寻奏，查明陈苏鲁克垦务虽无窒碍，仍应停止招垦。拟将收价未拨之地，仍照原指段落拟给领户，以全政体。并请将新苏鲁克闲荒，再行酌放。得旨。着将已收荒价者照议开垦。未经勘放者，着酌量办理。

（清）官修：《德宗景皇帝实录》卷四一三，《清实录》第五十七册，光绪二十三年十二月条，北京：中华书局，1987年，第402—403页。

清德宗光绪二十四年（公元1898年）

又奏吉林珲春三岔口招垦总分局难遽裁并。下户部知之。

（清）官修：《德宗景皇帝实录》卷四一五，《清实录》第五十七册，光绪二十四年二月条，北京：中华书局，1987年，第439页。

盛京将军依克唐阿奏鸭绿江附近从前放剩闲荒甚多，居民间有私垦者，请一律丈放，以扩地利。下部知之。

盛京将军依克唐阿等奏酌办养息牧未放荒地，并陈蒙古翼长等多端阻挠，冀图停止。拟加惩创情形。得旨。着遵叠次谕旨，斟酌妥办，毋徇小利，致拂舆情。

（清）官修：《德宗景皇帝实录》卷四一七，《清实录》第五十七册，光绪二十四年闰三月条，北京：中华书局，1987年，第462—463页。

盛京将军依克唐阿等奏围场大半成田，鹿羔捕买均难，恳照额减半，送交南苑。下该衙门核办。

（清）官修：《德宗景皇帝实录》卷四二二，《清实录》第五十七册，光绪二十四年六月下条，北京：中华书局，1987年，第531页。

吉林将军延茂奏勘办吉林蚂蜒河私垦余荒，遴委妥员丈放归公熟地一万七千三百余晌，一律升科。未垦生荒六百二十余晌，照章予限五年后一律升科。又奏三姓五站地方关系最重，现在遵查边荒，拟先接放五站余荒。一面设局招户，一面画井度田，务使村屯联络，守望相助，借资固圉。均下部知之。

（清）官修：《德宗景皇帝实录》卷四二三，《清实录》第五十七册，光绪二十四年七月上条，北京：中华书局，1987年，第542页。

黑龙江将军恩泽等奏通肯等处放荒，将次就绪。请添设通肯副都统及协领、佐领、仓屯、站官、教习等缺，以资治理。下部议。

（清）官修：《德宗景皇帝实录》卷四三一，《清实录》第五十七册，光绪二十四年十月上条，北京：中华书局，1987年，第661页。

又谕：恩泽等奏吉江两省，现因放荒，混乱界址，请仍划江为界，并绘图贴说呈览一折。据称江省今春招放汤旺河等处闲荒，派员先由河西开办，乃被吉林三姓咨覆阻止等语。吉江两省，本属一家，现在开放荒地、招集丁民各事，为今日实边之急务。朝廷原无歧视，该将军等同膺疆寄，于放荒一事，自当一气联络，和衷商办，庶无此疆彼界之嫌。着恩泽、延茂各按绘图疆界，详查情形，斟酌妥协，奏明办理。毋得彼此争执，致滋轇轕。原折着钞给延茂阅看。将此各谕令知之。

（清）官修：《德宗景皇帝实录》卷四三五，《清实录》第五十七册，光绪二十四年十二月上条，北京：中华书局，1987 年，第 712 页。

清德宗光绪二十五年（公元 1899 年）

又谕：有人奏京旗兵丁素无恒产，请拨荒招佃借资津贴一折。据称奉天等处未放荒地尚多，前已有旨拨归旅顺等处租界居民耕种，可否划出一半，作为津贴京旗兵丁之资。就近招佃，备价承领，每亩除纳正课三分外，应纳租银二分，由地方官征存备拨等语。所奏是否可行，有无窒碍之处。着增祺体察地方情形，奏明办理。原折着钞给阅看。将此谕令知之。

（清）官修：《德宗景皇帝实录》卷四四三，《清实录》第五十七册，光绪二十五年四月下条，北京：中华书局，1987 年，第 841—842 页。

又奏吉江两省界址，因放荒混乱，派员会勘。下部知之。

（清）官修：《德宗景皇帝实录》卷四四六，《清实录》第五十七册，光绪二十五年六月上条，北京：中华书局，1987 年，第 881 页。

黑龙江将军恩泽等奏依克明安公、巴克莫特多尔济肆行狂悖，其素日潜占官荒，私招民垦，业经廉得实据，请停朝觐，并撤去乾清门行走，拔去翎枝。如所请行。

（清）官修：《德宗景皇帝实录》卷四四九，《清实录》第五十七册，光绪二十五年八月条，北京：中华书局，1987 年，第 920 页。

谕军机大臣等：李秉衡奏盛京户部侍郎良弼办理西流水垦务，于奉准开放四十围之外，溢放多围，并包留地段，希冀重利。户部员外郎锡龄阿自占垦地，为数甚多。并查明笔帖式耆泰亦有放荒舞弊情事。奉天垦务，办理既未能核实，甚至经办之大小各官，均有包留地段情弊，殊属不成事体。着增祺确切查明各该员包留地段实数，破除情面，据实参奏，毋得稍涉瞻徇。将此谕令知之。

（清）官修：《德宗景皇帝实录》卷四五三，《清实录》第五十七册，光绪二十五年十月上条，北京：中华书局，1987 年，第 970 页。

壬子，谕军机大臣等：有人奏降调盛京户部侍郎良弼于李秉衡离省后，复纵容已革笔帖式耆泰出示放荒，浮收荒价，并在耆泰所开永溥当存钱十万余串，耆泰自恃业已革职，更无忌惮，请饬严提归案，委员接办等语，览奏实堪诧异。着增祺按照原参各节，确切查明，另行委员接办，并将已革笔帖式耆泰归案审讯，追赃入官，按律惩办，毋任隐匿。原折着钞给阅看。将此谕令知之。

（清）官修：《德宗景皇帝实录》卷四五四，《清实录》第五十七册，光绪二十五年十一月上条，北京：中华书局，1987 年，第 988—989 页。

盛京工部侍郎钟灵奏牛庄等处苇塘余地逐渐增多，请仿照垦务办理。令原商原佃等领种，酌收荒价，计亩升科。得旨。着即会商增祺派员勘办，仍令原商原佃领种。妥拟详细章程具奏。

（清）官修：《德宗景皇帝实录》卷四五五，《清实录》第五十七册，光绪二十五年十一月下条，北京：中华书局，1987 年，第 998 页。

壬辰，黑龙江将军恩泽奏商妥蒙古酌放荒地，期集钜款，借实边围，缮具章程十四条。下所司议。

（清）官修：《德宗景皇帝实录》卷四五七，《清实录》第五十七册，光绪二十五年十二月下条，北京：中华书局，1987 年，第 1021 页。

光绪二十五年，黑龙江将军恩泽等奏："以户部咨，黑龙江副都统寿山条奏，请放蒙古各旗荒地，派员赴扎赉特旗剀切劝商，愿将属界南接郭尔罗斯前旗，东滨嫩江之四家子、二龙梭口等处，指出开放，南北约长三百余里，东西宽百余里或三四十里，设局勘办。并谓若大东以至大西，使沿边各蒙旗均能招民垦荒，则强富可期，即可无北鄙之惊。"下所司议行。先是哲里木盟诸旗皆以禁垦甲令过严，无敢明言招垦者，至是始接踵开放云。三十一年，以垦地置大赉厅治之。是部有佐领十六。

（清）赵尔巽等：《清史稿》卷五一八《藩部一》，北京：中华书局，1977 年，第 14327—14328 页。

清德宗光绪二十六年（公元 1900 年）

盛京将军增祺等奏，履勘东流围荒，拟于围内适中之区宽留城基，与西流势成掎角，四围酌设十二镇地基，并划留屯牧处所，其余但系可垦，挨次丈放。下所司知之。

（清）官修：《德宗景皇帝实录》卷四六一，《清实录》第五十八册，光绪二十六年三月条，北京：中华书局，1987年，第39页。

良弼纵容革员，瘝法蚀公，先后谕令增祺确查。兹据查明覆奏。盛京大围场，旧本封禁之区，弛禁招垦，原为筹饷养民之计，良弼既为勘放大臣，宜如何精白乃心，妥筹经画，乃办理全无章法，并将朱胡一围，自行占领九十余方，以致耆泰擅权舞弊，各委员均有包留地段。既将东流水溢占多围，丈放毫无就绪，奏报亦复不符，实属徇利营私，辜恩溺职。降调盛京户部侍郎良弼着即革职永不叙用，所有奉天垦务着派清锐接办，务须彻底清厘。将应办一切章程与增祺妥为筹商，奏明办理，并将良弼占领地段悉数撤出归公，另行招放。已革笔帖式耆泰舞弊多端，声名狼藉，仍着将应追之款，勒限严催。俟缴清后，再行按律定拟，奏明请旨。员外郎锡龄阿既查无占地确据，应暂毋庸议。倘日后别经发觉，仍着随时据实严参，均毋轻纵。

（清）官修：《德宗景皇帝实录》卷四六二，《清实录》第五十八册，光绪二十六年四月条，北京：中华书局，1987年，第55页。

盛京将军增祺等奏时艰日迫，请暂停安插旗民事宜，并拟将东围荒地，划拨招垦，借备军需。下部知之。

（清）官修：《德宗景皇帝实录》卷四六六，《清实录》第五十八册，光绪二十六年七月上条，北京：中华书局，1987年，第115页。

清德宗光绪二十七年（公元1901年）

又谕：长顺奏称本年五月间，韩警务官李敬顺、俞振浩等带兵过江，擅设乡约，意欲管理越垦韩民。向阻触怒，持刀逞凶。八月十九日，茂山城韩兵率众渡江，强刈禾稼，并在对江开炮攻击练会，佃民惊避，现经咨会驻韩使臣查办等语。吉林与韩国画江为界，疆理分明，以邦交而论，自应各遵约束，务使兵民相安，何得纵令肆扰。着外务部即行传谕驻韩使臣许台身，照会该国政府，严行查禁，以遏乱萌而敦睦谊。将此谕令知之。

（清）官修：《德宗景皇帝实录》卷四八九，《清实录》第五十八册，光绪二十七年十一月上条，北京：中华书局，1987年，第470页。

蠲免黑龙江呼兰城及呼兰同知绥化通判所属光绪二十六年分旗民田租赋。

（清）官修：《德宗景皇帝实录》卷四八九，《清实录》第五十八册，光绪二十七年十一月上条，北京：中华书局，1987年，第468页。

清德宗光绪二十八年（公元1902年）

乙丑，谕军机大臣等：有人奏特参勘荒大员请旨查办一折。据称盛京工部侍郎钟灵，勘丈西流水荒务，任意剥民，致酿人命，复有纳贿纵勇情事等语。着增祺按照所参各款，确切查明，据实具奏。另片奏，该处新设捐局，多立名目，民不堪命，请饬裁撤等语。并着体察情形，酌核奏明办理。原折片均着钞给阅看，将此谕令知之。寻奏西流水垦务，弊端丛积。皆属前侍郎良弼任用非人之咎，该侍郎钟灵接办，意在厘正前失，并以时艰款绌，酌量分别加价，借资挹注，惟立法未免苛密，不能尽洽舆情。兹就原拟章程，酌改办法。可否仍由该侍郎勘办，并请饬嗣后勘丈一围，即须清厘一围，以断葛藤。其从前舞弊各员，应由该侍郎查明严办。得旨，钟灵着交部察议。仍着增祺会同该侍郎再将章程妥议。奏明办理。

（清）官修：《德宗景皇帝实录》卷四九九，《清实录》第五十八册，光绪二十八年五月条，北京：中华书局，1987年，第594页。

二十八年，吉林设局清赋，兼放零荒，各属旗户原无粮额，各地查报科征。顾其时经界既淆，包套诡寄，棼如乱丝。旋日、俄变生，事益棘手。将军达桂、巡抚陈昭常先后清核，至宣统初元，都吉林大租原地为晌百一十八万三千一百有奇，浮多二十八万四千八百余晌。其明年，通吉省民田、旗地及夹段零荒勘放讫事，又清出七十九万三千三百余晌。浮多地者，如地形方及东西长，均以西为浮多，南北长则以北，西北有庐墓则以东南。或一地兼二则，次则即浮多也。

（清）赵尔巽等：《清史稿》卷一二〇《食货志一·田制》，北京：中华书局，1976年，第3516页。

二十八年，命侍郎贻谷督垦务，筹察哈尔事，陈扩充变通数端，大旨主"清旧垦，招新垦。蒙旗生计在耕不在牧。蒙古于地租，或抵偿，或私肥，或一地数主，抑且数租，黠商乘间包揽。宜由各旗总管详晰呈明，交地开放，悉汰从前地户商总等名，设垦务公司于两翼，各旗先后试办，各盟旗顺令即奖，抗延即罚。"于是伊克昭盟郡王等旗，及准噶尔，以次报地。杭锦、乌审颇反复，乌兰察布亦怀疑，已皆赴议。绥远已垦未垦地亩，在乾隆初即无确数，迄今八旗牧厂，地杂沙石，中垦者希，民情观望。乃建议自将军以下俱指认地亩，为商民导。旋以财用不足，创牛捐，并推广屯捐继之。凡丈蒙地，五尺为弓，二百四十弓为亩，百亩为顷，顷编为号。察哈尔两翼，则亩以三百六十弓，编号以五顷。札萨克图亩则二百八十八弓，十亩为晌，四十五晌为方。凡蒙旗荒价，半归国家，半归蒙旗。其归蒙者，自王、公、台吉至于壮丁、喇嘛，厘其等差，各有当得之数。凡地额设者为排地，向免押租。生地亩收押租三钱三分，滋生地倍之。贻谷以恤蒙艰，故亩收押荒二钱外，仅加一钱，局用取其六，本旗取其四。杭锦在后套近渠水地，押荒上地亩八钱，中七钱，下六钱。又言租数多则累民，少则累蒙，此旗与彼旗难强同，外蒙与内蒙不一例，因定乌审、札萨克、郡王三旗荒价，上则三钱，中二钱，下一钱。鄂托克、准噶尔两旗地区四等，别立中下一则，鄂旗上则四钱，准旗上则六钱，中四钱，以下均差减。乌兰盟四子王、达尔罕、茂明安及乌拉特后旗皆旱地，悉如向章。

（清）赵尔巽等：《清史稿》卷一二〇《食货志一·田制》，北京：中华书局，1976年，第3521—3522页。

清德宗光绪二十九年（公元1903年）

盛京将军增祺奏：广宁盘蛇驿地亩，连年被水淹浸，现经一律涸复，请分别清丈招垦，以裨饷需。从之。

（清）官修：《德宗景皇帝实录》卷五二一，《清实录》第五十八册，光绪二十九年九月条，北京：中华书局，1987年，第891页。

吉林将军长顺等奏：韩人觊觎越垦，拟过江设官自治，请设法阻绝。得旨，着外务部查核办理。

（清）官修：《德宗景皇帝实录》卷五二五，《清实录》第五十八册，光绪二十九年十二月下条，北京：中华书局，1987年，第946页。

清德宗光绪三十年（公元1904年）

吉林将军长顺等奏韩人蓄谋叵测，冀图侵占越垦，难保不恃有强援，益肆狂悖。目前时局拒守两难，请迅示机宜。得旨。着外务部迅速查核办理。

（清）官修：《德宗景皇帝实录》卷五二六，《清实录》第五十九册，光绪三十年正月条，北京：中华书局，1987年，第4页。

署吉林将军富顺等奏韩人过江肆扰，分道进占中国土地，驱杀华民，逼胁越垦。请饬照会韩使，迅速禁阻。得旨。着外务部迅速查核办理。

（清）官修：《德宗景皇帝实录》卷五二八，《清实录》第五十九册，光绪三十年三月条，北京：中华书局，1987年，第33页。

署齐齐哈尔副都统程德全奏江省应办之事，以振兴垦务、安插难民为亟。余如扩充厘捐，开办山税各节，亦当筹商次第举办，并拟诸务布置就绪，出省周历各处，筹办一切，且察看沿江地势，俾与吉林互相联络。得旨。着随时体察情形，认真筹办，毋托空言。

（清）官修：《德宗景皇帝实录》卷五三一，《清实录》第五十九册，光绪三十年五月下条，北京：中华书局，1987年，第69页。

以办理盛京西流水围荒垦务出力，予奉天试用道王志修等升叙有差。

（清）官修：《德宗景皇帝实录》卷五三五，《清实录》第五十九册，光绪三十年九月条，北京：中华书局，1987年，第124页。

清德宗光绪三十一年（公元 1905 年）

盛京将军增祺奏，查勘锦州府属右屯卫塔门等处，试垦续垦及海退河淤各地，均有未经纳课余荒。现派员丈放，计可得地十余万亩。拟准招佃征租，以裕饷源，并酌拟办法四条。又奏现将札萨克镇国公旗蒙荒地亩，接展丈放，并仿照札萨克图成案，变通办理，以恤蒙艰。均下部知之。

（清）官修：《德宗景皇帝实录》卷五四三，《清实录》第五十九册，光绪三十一年三月条，北京：中华书局，1987 年，第 214 页。

署盛京将军廷杰等奏牛庄等处苇塘垦务，接续办理，民情帖然，遵章缴价，俟全塘办竣，恳准将在事出力人员，择尤保奖。得旨。着俟全案办竣后，再行请旨。

（清）官修：《德宗景皇帝实录》卷五四四，《清实录》第五十九册，光绪三十一年四月条，北京：中华书局，1987 年，第 232 页。

奉天垦务大臣候补侍郎廷杰等奏，查明奉天锦州府属官庄旗民各地，酌拟变通办理章程八条呈进。得旨。仍着会同妥筹办理。

（清）官修：《德宗景皇帝实录》卷五五一，《清实录》第五十九册，光绪三十一年十一月条，北京：中华书局，1987 年，第 313 页。

又奏道路疏通，遵往吉林查办。得旨，着俟奉天垦务办理就绪后，再行请旨。

（清）官修：《德宗景皇帝实录》卷五五一，《清实录》第五十九册，光绪三十一年十一月条，北京：中华书局，1987 年，第 313 页。

又谕电寄赵尔巽，廷杰现在补授热河都统，即着迅赴新任。奉天垦务事宜，着赵尔巽妥筹办理。

（清）官修：《德宗景皇帝实录》卷五五一，《清实录》第五十九册，光绪三十一年十一月条，北京：中华书局，1987 年，第 319 页。

丁巳，盛京将军赵尔巽奏，遵将奉省垦务通筹办法，一先办锦属官庄，一丈放锦属海退河淤及各处滋生地亩，一勘办蒙荒，一振兴农政。得旨。着即认真办理，以期渐收实效。

（清）官修：《德宗景皇帝实录》卷五五三，《清实录》第五十九册，光绪三十一年十二月下条，北京：中华书局，1987年，第334页。

清德宗光绪三十二年（公元1906年）

又奏江省重修被焚衙署，动用放荒经费。呼兰冬防，酌添城守兵薪饷，就地筹措。下部知之。

（清）官修：《德宗景皇帝实录》卷五五四，《清实录》第五十九册，光绪三十二年正月条，北京：中华书局，1987年，第346页。

以劝垦蒙荒卓著劳绩，赏奉天补用道张心田二品衔。

（清）官修：《德宗景皇帝实录》卷五五五，《清实录》第五十九册，光绪三十二年二月上条，北京：中华书局，1987年，第359页。

署黑龙江将军程德全奏，上年新设之木兰县西界，并绥化城东偏，均有可垦闲荒。即由该府县就近督饬开垦。下所司知之。

（清）官修：《德宗景皇帝实录》卷五六二，《清实录》第五十九册，光绪三十二年七月条，北京：中华书局，1987年，第446页。

辛卯，谕军机大臣等：有人奏，奉天西丰县知县德凯经征钱粮及办赈放荒，均有蒙混中饱情事等语。着赵尔巽按照所参各节，确切查明，据实具奏，勿稍徇隐。原片着钞给阅看。寻奏，被参各款，均经该管知府查富玑逐细查明，尚无欺蒙情弊，惟于西丰舆情不甚接洽，应请开缺另补，以示薄惩。允之。

（清）官修：《德宗景皇帝实录》卷五六三，《清实录》第五十九册，光绪三十二年八月条，北京：中华书局，1987年，第456页。

吉林副都统成勋等奏吉林府厅各属银米，兼征田亩，赋重弊多。拟请改照续放荒地赋额，一律征收大小租银，下部知之。

（清）官修：《德宗景皇帝实录》卷五六四，《清实录》第五十九册，光绪三十二年九月条，北京：中华书局，1987年，第474页。

清德宗光绪三十三年（公元 1907 年）

以综理垦务，赏黑龙江协领瑞麟副都统衔，协领都尔苏，军机处存记。

（清）官修：《德宗景皇帝实录》卷五六九，《清实录》第五十九册，光绪三十三年正月条，北京：中华书局，1987 年，第 530 页。

谕军机大臣等：有人奏黑龙江协领都尔苏于北郭尔罗斯放荒，有渔利营私情弊等语。着程德全确切查明，据实具奏，毋稍徇隐。原片着钞给阅看。寻奏派员查覆，证以原参，多无实据，容俟另员勘明余荒多寡，及各荒肥瘠，详切查办。报闻。

（清）官修：《德宗景皇帝实录》卷五七〇，《清实录》第五十九册，光绪三十三年二月条，北京：中华书局，1987 年，第 542 页。

新调四川总督裁缺盛京将军赵尔巽奏练饷不敷，除动用税厘外，请由垦务清赋蒙荒三项地价内拨补。下部知之。

（清）官修：《德宗景皇帝实录》卷五七二，《清实录》第五十九册，光绪三十三年四月条，北京：中华书局，1987 年，第 572 页。

东三省总督徐世昌等奏拟复遣犯旧例，仍发黑龙江充当苦工，家属愿随者听。年满编入农籍，借图实边。下所司议。

（清）官修：《德宗景皇帝实录》卷五八二，《清实录》第五十九册，光绪三十三年十一月上条，北京：中华书局，1987 年，第 701—702 页。

清德宗光绪三十四年（公元 1908 年）

河南巡抚林绍年奏，查明豫省驻防，并无马厂庄田可拨，旗丁尚恃钱粮为食，未能谋生。虽东三省土沃人稀，可以资遣，但安土重迁，本难抑勒。目前酌筹生计办法，惟有注重练军兴学劝工数端，似较驱之归农，尚易为力。

报闻。

（清）官修：《德宗景皇帝实录》卷五九〇，《清实录》第五十九册，光绪三十四年四月下条，北京：中华书局，1987年，第809页。

三十四年，文哲珲评赆谷败坏边局，查办大臣鹿传霖论其办垦有二误四罪，因策善后四事，谓"荒价及绳丈从宽，则丈放易，欲多收地价，则应先尽原佃承耕，减岁租而加渠租，以其租充渠费，渠增即地增，地增即租增，久之斥卤皆腴壤矣"。赆谷既逮系，信勤继之。减杭锦荒价，上地顷九十两，其次递减以五，最下七十两。分乌拉特地为东、西、中三公。旱地押荒分六等，上地顷百四十两，次百，中七十，中次四十，下二十，下下十两。先提公费三成，其余半蒙半公，胥如例。其归蒙地租亦四等，渠地亩岁征渠租四分五厘。

（清）赵尔巽等：《清史稿》卷一二〇《食货志一·田制》，北京：中华书局，1976年，第3522页。

清末帝宣统元年（公元1909年）

六月甲申，庆亲王奕劻免管理陆军部事。赈湖北汉阳等府水灾。乙酉，伊犁始编练陆军。丙戌，授程德全奉天巡抚，陈昭常吉林巡抚，周树模黑龙江巡抚。丁亥，开甘肃皋兰县、新城、西固城渠，以工代赈。己丑，赈云南弥勒县、嶍峨等处地震灾。免云南太和县属上年被灾田粮。庚寅，复已故降调两广总督毛鸿宾原官。追予御贼殉难已故江苏常州府通判岳昌于常州府建祠。赈奉天安东水灾。甲午，吕海寰罢，以徐世昌充督办津浦铁路大臣，沈云沛副之。更奉天锦新道名锦新、营口等处分巡兵备道。乙未，吉林大水，发帑银六万两赈之。赈湖南澧州、安乡、常德、岳州等厅州县水灾。丁酉，湖北荆州、汉阳两府潦，发帑银六万两，并命筹银二十万两急赈之。辛丑，除热河新军营房占用圈地额租。壬寅，赈浙江钱塘等十一县水灾。癸卯，罢张勋东三省行营翼长，命赴甘肃提督任。甲辰，命伍廷芳、钱恂俱来京，以署外务部右丞张荫棠为出使美墨秘古四国大臣，署外务部右参议吴宗濂为出使义国大臣。赵尔巽奏平四川宁远浅水保夷。乙巳，赏京师贫民棉衣银，后以为常。丙午，命李准为广东水师提督。

（清）赵尔巽等：《清史稿》卷二十五《宣统皇帝本纪》，北京：中华书局，1977年，第974—975页。

又奏黑龙江省事繁款绌，请饬下度支部，自明年始，除旧拨二十六万两外，按年筹拨实银六十万两，以三十万两作为补助旧有各官及新设各官经费，以二十万两改发巡防兵饷，以十万两合之上年部拨十万两，专供沿边卡伦要需。此外不敷之款，由臣等竭力设法筹补。俟数年后财力稍充，即将此款随时奏请停拨。又奏江省沿边一带，自呼伦贝尔西境起，越瑷珲兴东辖境，皆与俄界毗连，除现筹卡伦办法，另行奏明开办及汤旺河业经开放外，其余旷地，弥望榛芜，无人过问。臣世昌上年奏陈迁民实边，请免轮路各费，并陈明先从招民入手，即为拓殖边荒之计。本年九月奏陈屯垦一折，亦声明沿边招垦办法，另行奏明办理，现在审量沿边情势，兼营并进，改收经费，以广招来，另定奖章，以示鼓励。减路费以利遄行，严限制以杜包揽。选良农以慎安插，速升科以促垦种，暨其余亟宜变通各节，均经详细酌核，务期切实可行，将来新设治地方。所有荒务，即责成各该地方官兼办，不另设局所，以省糜费。谨拟江省沿边招民垦荒章程五章共二十四条，恭呈御览。如蒙允准，应恳饬下各该省督抚遵照办理。其派往各省招待员司，一切经费，拟由本省各荒段剩存经费项下开支。如有不敷，即饬司由正款动用，按年报部列销。均下部议。

（清）官修：《（附）宣统政纪》卷六，《清实录》第六十册，宣统元年正月条，北京：中华书局，1987年，第112—113页。

吉林省自然科学基金长白山自然与人文主题引导项目"长白山边境地区族群变迁与自然环境响应关系研究"（20170101012JC）成果

松江丛书

丛书主编：姜维公

地区人地关系辑录

农业卷（下册）

刘海洋　编

科学出版社

北　京

内 容 简 介

　　长白山地处东北亚地理中心，是鸭绿江、图们江、松花江的发源地，也是"白山黑水"东北文化重要的发祥地，地理位置和史学价值十分重要。本书主要以长白山地区的农业发展为线索，以古代典籍为资料来源，将涉及长白山农业发展的资料进行整理，对长白山地区农业发展脉络和族群的演变进行关联性的思考。一方面为这一地区农业发展研究提供资料支撑，另一方面为农业与其他相关研究提供证明材料。

　　本书可供农业史、历史地理学方向的读者参考阅读。

图书在版编目（CIP）数据

长白山地区人地关系辑录. 农业卷 / 刘海洋编. —北京：科学出版社，2021.7
（松江丛书）
ISBN 978-7-03-069268 -9

Ⅰ. ①长… Ⅱ. ①刘… Ⅲ. ①东北地区-地方史 ②农业史-东北地区
Ⅳ. ①K293 ②S-092

中国版本图书馆 CIP 数据核字（2021）第 121721 号

责任编辑：王　媛　杨　静 / 责任校对：王晓茜
责任印制：张　伟 / 封面设计：润一文化

科 学 出 版 社 出版
北京东黄城根北街 16 号
邮政编码：100717
http://www.sciencep.com

北京盛通商印快线网络科技有限公司印刷
科学出版社发行　各地新华书店经销

＊

2021 年 7 月第　一　版　　开本：720×1000　1/16
2021 年 7 月第一次印刷　　印张：40
字数：675 000

定价：258.00 元（全两册）

（如有印装质量问题，我社负责调换）

凡　例

1. 本书分为上下两编，分别按照史书中有明确纪年的内容和没有明确纪年的内容编辑。上编是以明确纪年为标准辑录的有关东北农业的史书编年资料，下编是古代东北农业史料杂编。上编收录有明确纪年的东北农业史料，依据史书记载可见东北农业存在萌芽阶段、发展阶段、鼎盛阶段和成熟阶段四个阶段，以此为基础将东北农业历史划分为两汉至魏晋南北朝及隋唐、宋辽金、元明和清四个时期，上限时间为汉武帝元封四年（公元前 107 年），下限为清末帝宣统元年（公元 1909 年）。下编为没有明确纪年的史料杂编，同样依据四个发展阶段划分不同时期，但因史料无明确时间，故以史籍划分。因史料体量的不同，杂编和编年在时期分配上略有不同。

2. 本书中有关"东北"的概念，主要指现今的东三省，由于古代历史中，部分有关东北地区的史料收录在东北之外的"幽州""冀州"内容中，本书也将相关的史料收录其中。

3. 为便于引用者精准查找各条史料的原文，本书辑录史料中，除明确标注史料作者、古籍名、出版者、出版时间外，凡有明确页码的，均标注出原文页码。原文未标明页码者，则准确标出原文献的卷数。

4. 本书所需史料以正史为主，稗官杂记亦收录其中，即按时间顺序排列包括正史、编年、纪事本末、帝王实录、传记等史籍；在同一史体中，则以各史籍所记载的内容时间先后为序。

5. 本书编辑史料，以帝王本纪为主，志与传的记载附于其后，金石文字材料在最末予以辑录。

6. 本书辑录的部分史料，从精简的原则出发，将原文献内容中与东北农业不直接相关的内容予以删减，以利于理解和阅读。

7. 正文中的史料内容均使用简体字，并依据现代标点规则进行点校，但史料中出现的人名和地名的异体字则按原文收录。

8. 注释性文字用"［　］"来表示，补充说明的文字用"（）"来表示，史料内残缺且无法辨认的文字，本书辑录时，用"□"表示，按语部分则用"【】"表示。

9. 本书编年部分的编辑是以纪年为纲，以时间先后编排史料，杂编部分则是以史书出现的先后顺序编排史料。书中所采用的纪年，均是按照朝代、政权不同，采用年号纪年，对涉及多个政权的年份，多个政权年号纪年并用，并在年号纪年后标注出公元纪年。纪月、纪日法，主体采用中国传统王朝的天干地支法，若原文用数字纪月、纪日，均循用阴历。

目　录

下编 古代东北农业历史杂编

第一章　两汉魏晋南北朝时期东北农业史料

《汉书》卷二十八《地理志》

东北曰幽州：其山曰医无闾，薮曰猤养，川曰河、沛，浸曰菑、时；其利鱼、盐；民一男三女；畜宜四扰，谷宜三种。

（汉）班固：《汉书》卷二十八上《地理志上》，北京：中华书局，1962年，第1541页。

上谷至辽东，地广民希，数被胡寇，俗与赵、代相类，有鱼盐枣栗之饶。北隙乌丸、夫余，东贾真番之利。

（汉）班固：《汉书》卷二十八下《地理志下》，北京：中华书局，1962年，第1657页。

玄菟、乐浪，武帝时置，皆朝鲜、秽貉、句骊蛮夷。殷道衰，箕子去之朝鲜，教其民以礼义，田蚕织作。乐浪朝鲜民犯禁八条：相杀以当时偿杀；相伤以谷偿；相盗者男没入为其家奴，女子为婢，欲自赎者，人五十万。虽免为民，俗犹羞之，嫁取无所雠，是以其民终不相盗，无门户之闭，妇人贞信不淫辟。其田民饮食以笾豆，都邑颇放效吏及内郡贾人，往往以杯器食。郡初取吏于辽东，吏见民无闭臧，及贾人往者，夜则为盗，俗稍益薄。今于犯禁浸多，至六十余条。可贵哉，仁贤之化也！然东夷天性柔顺，异于三方之外，故孔子悼道不行，设浮于海，欲居九夷，有以也夫！乐浪海中有倭人，分为百余国，以岁时来献见云。

（汉）班固：《汉书》卷二十八下《地理志下》，北京：中华书局，1962年，第1658页。

《后汉书》卷八十五《东夷传》

初，北夷索离国王出行，其侍儿于后妊身，王还，欲杀之。侍儿曰："前见天上有气，大如鸡子，来降我，因以有身。"王囚之，后遂生男。王令置于豕牢，豕以口气嘘之，不死。复徙于马兰，马亦如之。王以为神，乃听母收养，名曰东明。东明长而善射，王忌其猛，复欲杀之。东明奔走，南至掩淲水，以弓击水，鱼鳖皆聚浮水上，东明乘之得度，因至夫余而王之焉。于东夷之域，最为平敞，土宜五谷。出名马、赤玉、貂豽，大珠如酸枣。以员栅为城，有宫室、仓库、牢狱。其人粗大强勇而谨厚，不为寇钞。以弓矢刀矛为兵。以六畜名官，有马加、牛加、狗加，其邑落皆主属诸加。食饮用俎豆，会同拜爵洗爵，揖让升降。以腊月祭天，大会连日，饮食歌舞，名曰"迎鼓"。是时断刑狱，解囚徒。有军事亦祭天，杀牛，以蹄占其吉凶。行人无昼夜，好歌吟，音声不绝。其俗用刑严急，被诛者皆没其家人为奴婢。盗一责十二。男女淫皆杀之，尤治恶妒妇，既杀，复尸于山上。兄死妻嫂。死则有椁无棺。杀人殉葬，多者以百数。其王葬用玉匣，汉朝常豫以玉匣付玄菟郡，王死则迎取以葬焉。

（南朝宋）范晔撰，（唐）李贤等注：《后汉书》卷八十五《东夷传》，北京：中华书局，1965 年，第 2810—2811 页。

挹娄，古肃慎之国也。在夫余东北千余里，东滨大海，南与北沃沮接，不知其北所极。土地多山险。人形似夫余，而言语各异。有五谷、麻布，出赤玉、好貂。无君长，其邑落各有大人。处于山林之间，土气极寒，常为穴居，以深为贵，大家至接九梯。好养豕，食其肉，衣其皮。冬以豕膏涂身，厚数分，以御风寒。夏则裸袒，以尺布蔽其前后。其人臭秽不洁，作厕于中，圜之而居。自汉兴已后，臣属夫余。种众虽少，而多勇力，处山险，又善射，发能入人目。弓长四尺，力如弩。矢用楛，长一尺八寸，青石为镞，镞皆施毒，中人即死。便乘船，好寇盗，邻国畏患，而卒不能服。东夷夫余饮食类（此）皆用俎豆，唯挹娄独无，法俗最无纲纪者也。

（南朝宋）范晔撰，（唐）李贤等注：《后汉书》卷八十五《东夷传》，北京：中华书局，1965年，第2812页。

高句骊，在辽东之东千里，南与朝鲜、秽貊，东与沃沮，北与夫余接。地方二千里，多大山深谷，人随而为居。少田业，力作不足以自资，故其俗节于饮食，而好修宫室。东夷相传以为夫余别种，故言语法则多同，而跪拜曳一脚，行步皆走。凡有五族，有消奴部、绝奴部、顺奴部、灌奴部、桂娄部。本消奴部为王，稍微弱，后桂娄部代之。其置官，有相加、对卢、沛者、古邹大加、主簿、优台、使者、帛衣先人。武帝灭朝鲜，以高句骊为县，使属玄菟，赐鼓吹伎人。其俗淫，皆洁净自喜，暮夜辄男女群聚为倡乐。好祠鬼神、社稷、零星，以十月祭天大会，名曰"东盟"。其国东有大穴，号禭神，亦以十月迎而祭之。其公会衣服皆锦绣，金银以自饰。大加、主簿皆著帻，如冠帻而无后；其小加著折风，形如弁。无牢狱，有罪，诸加评议便杀之，没入妻子为奴婢。其昏姻皆就妇家，生子长大，然后将还，便稍营送终之具。金银财币尽于厚葬，积石为封，亦种松柏。其人性凶急，有气力，习战斗，好寇钞，沃沮、东秽皆属焉。

（南朝宋）范晔撰，（唐）李贤等注：《后汉书》卷八十五《东夷传》，北京：中华书局，1965年，第2813页。

东沃沮在高句骊盖马大山之东，东滨大海，北与挹娄、夫余，南与秽貊接。其地东西夹，南北长，可折方千里。土肥美，背山向海，宜五谷，善田种，有邑落长帅。人性质直强勇，便持矛步战。言语、食饮、居处、衣服有似句骊。其葬，作大木椁，长十余丈，开一头为户，新死者先假埋之，令皮肉尽，乃取骨置椁中。家人皆共一椁，刻木如主（生），随死者为数焉。

（南朝宋）范晔撰，（唐）李贤等注：《后汉书》卷八十五《东夷传》，北京：中华书局，1965年，第2816页。

武帝灭朝鲜，以沃沮地为玄菟郡。后为夷貊所侵，徙郡于高句骊西北，更以沃沮为县，属乐浪东部都尉。至光武罢都尉官，后皆以封其渠帅，为沃沮侯。其土迫小，介于大国之间，遂臣属句骊。句骊复置其中大人（遂）为使者，以相监领，贵（责）其租税，貊布鱼盐，海中食物，发美女为婢妾焉。

又有北沃沮，一名置沟娄，去南沃沮八百余里。其俗皆与南同。界南接挹娄。挹娄人喜乘船寇抄，北沃沮畏之，每夏辄臧于岩穴，至冬船道不通，乃下居邑落。其耆老言，尝于海中得一布衣，其形如中人衣，而两袖长三丈。又于岸际见一人乘破船，顶中复有面，与语不通，不食而死。又说海中有女国，无男人。或传其国有神井，窥之辄生子云。

（南朝宋）范晔撰，（唐）李贤等注：《后汉书》卷八十五《东夷传》，北京：中华书局，1965年，第2816—2817页。

濊北与高句骊、沃沮，南与辰韩接，东穷大海，西至乐浪。涉及沃沮、句骊，本皆朝鲜之地也。昔武王封箕子于朝鲜，箕子教以礼义田蚕，又制八条之教。其人终不相盗，无门户之闭。妇人贞信。饮食以笾豆。其后四十余世，至朝鲜侯准，自称王。汉初大乱，燕、齐、赵人往避地者数万口，而燕人卫满击破准而自王朝鲜，传国至孙右渠。元朔元年，濊君南闾等畔右渠，率二十八万口诣辽东内属，武帝以其地为苍海郡，数年乃罢。至元封三年，灭朝鲜，分置乐浪、临屯、玄菟、真番四部（郡）。至昭帝始元五年，罢临屯、真番，以并乐浪、玄菟。玄菟复徙居句骊。自单单大领已东，沃沮、濊貊悉属乐浪。后以境土广远，复分领东七县，置乐浪东部都尉。自内属已后，风俗稍薄，法禁亦浸多，至有六十余条。建武六年，省都尉官，遂弃领东地，悉封其渠帅为县侯，皆岁时朝贺。

无大君长，其官有侯、邑君、三老。耆旧自谓与句骊同种，言语法俗大抵相类。其人性愚悫，少嗜欲，不请匄。男女皆衣曲领。其俗重山川，山川各有部界，不得妄相干涉。同姓不昏。多所忌讳，疾病死亡，辄捐弃旧宅，更造新居。知种麻，养蚕，作绵布。晓候星宿，豫知年岁丰约。常用十月祭天，昼夜饮酒歌舞，名之为"舞天"。又祠虎以为神。邑落有相侵犯者，辄相罚，责生口牛马，名之为"责祸"。杀人者偿死。少寇盗。能步战，作矛长三丈，或数人共持之。乐浪檀弓出其地。又多文豹，有果下马，海出班鱼，使来皆献之。

（南朝宋）范晔撰，（唐）李贤等注：《后汉书》卷八十五《东夷传》，北京：中华书局，1965年，第2817—2818页。

《三国志》卷三十《乌丸鲜卑东夷传》

夫余在长城之北，去玄菟千里，南与高句丽，东与挹娄，西与鲜卑接，北有弱水，方可二千里。户八万，其民土著，有宫室、仓库、牢狱。多山陵、广泽，于东夷之域最平敞。土地宜五谷，不生五果。其人粗大，性强勇谨厚，不寇钞。国有君王，皆以六畜名官，有马加、牛加、猪加、狗加、大使、大使者、使者。邑落有豪民，名下户皆为奴仆。诸加别主四出，道大者主数千家，小者数百家。食饮皆用俎豆，会同、拜爵、洗爵，揖让升降。以殷正月祭天，国中大会，连日饮食歌舞，名曰迎鼓，于是时断刑狱，解囚徒。在国衣尚白，白布大袂，袍、裤，履革鞜。出国则尚缯绣锦罽，大人加狐狸、狖白、黑貂之裘，以金银饰帽。译人传辞，皆跪，手据地窃语。用刑严急，杀人者死，没其家人为奴婢。窃盗一责十二。男女淫，妇人妒，皆杀之。尤憎妒，已杀，尸之国南山上，至腐烂。女家欲得，输牛马乃与之。兄死妻嫂，与匈奴同俗。其国善养牲，出名马、赤玉、貂狖、美珠。珠大者如酸枣。以弓矢刀矛为兵，家家自有铠仗。国之耆老自说古之亡人。作城栅皆员，有似牢狱。行道昼夜无老幼皆歌，通日声不绝。有军事亦祭天，杀牛观蹄以占吉凶，蹄解者为凶，合者为吉。有敌，诸加自战，下户俱担粮饮食之。其死，夏月皆用冰。杀人徇葬，多者百数。厚葬，有椁无棺。

夫余本属玄菟。汉末，公孙度雄张海东，威服外夷，夫余王尉仇台更属辽东。时句丽、鲜卑强，度以夫余在二虏之间，妻以宗女。尉仇台死，简位居立。无适子，有孽子麻余。位居死，诸加共立麻余。牛加兄子名位居，为大使，轻财善施，国人附之，岁岁遣使诣京都贡献。正始中，幽州刺史毌丘俭讨句丽，遣玄菟太守王颀诣夫余，位居遣大加郊迎，供军粮。季父牛加有二心，位居杀季父父子，籍没财物，遣使簿敛送官。旧夫余俗，水旱不调，五谷不熟，辄归咎于王，或言当易，或言当杀。麻余死，其子依虑年六岁，立以为王。汉时，夫余王葬用玉匣，常豫以付玄菟郡，王死则迎取以葬。公孙渊伏诛，玄菟库犹有玉匣一具。今夫余库有玉璧、珪、瓒数代之物，传世以为宝，耆老言先代之所赐也。

（晋）陈寿撰，陈乃乾校点：《三国志》卷三十《乌丸鲜卑东夷传》，北京：中华书局，1959年，第841—842页。

高句丽在辽东之东千里，南与朝鲜、秽貊，东与沃沮，北与夫余接。都于丸都之下，方可二千里，户三万。多大山深谷，无原泽。随山谷以为居，食涧水。无良田，虽力佃作，不足以实口腹。其俗节食，好治宫室，于所居之左右立大屋，祭鬼神，又祀灵星、社稷。其人性凶急，喜寇钞。其国有王，其官有相加、对卢、沛者、古雏加、主簿、优台丞、使者、皂衣先人，尊卑各有等级。东夷旧语以为夫余别种，言语诸事，多与夫余同，其性气衣服有异。本有五族，有涓奴部、绝奴部、顺奴部、灌奴部、桂娄部。本涓奴部为王，稍微弱，今桂娄部代之。汉时赐鼓吹技人，常从玄菟郡受朝服衣帻，高句丽令主其名籍。后稍骄恣，不复诣郡，于东界筑小城，置朝服衣帻其中，岁时来取之，今胡犹名此城为帻沟溇。沟溇者，句丽名城也。其置官，有对卢则不置沛者，有沛者则不置对卢。王之宗族，其大加皆称古雏加。涓奴部本国主，今虽不为王，适统大人，得称古雏加，亦得立宗庙，祠灵星、社稷。绝奴部世与王婚，加古雏之号。诸大加亦自置使者、皂衣先人，名皆达于王，如卿大夫之家臣，会同坐起，不得与王家使者、皂衣先人同列。其国中大家不佃作，坐食者万余口，下户远担米粮鱼盐供给之。其民喜歌舞，国中邑落，暮夜男女群聚，相就歌戏。无大仓库，家家自有小仓，名之为桴京。其人洁清自喜，善藏酿。跪拜申一脚，与夫余异，行步皆走。以十月祭天，国中大会，名曰"东盟"。其公会，衣服皆锦绣金银以自饰。大加主簿头著帻，如帻而无余，其小加著折风，形如弁。其国东有大穴，名隧穴，十月国中大会，迎隧神还于国东上祭之，置木隧于神坐。无牢狱，有罪诸加评议，便杀之，没入妻子为奴婢。其俗作婚姻，言语已定，女家作小屋于大屋后，名婿屋，婿暮至女家户外，自名跪拜，乞得就女宿，如是者再三，女父母乃听使就小屋中宿，傍顿钱帛，至生子已长大，乃将妇归家。其俗淫。男女已嫁娶，便稍作送终之衣。厚葬，金银财币，尽于送死，积石为封，列种松柏。其马皆小，便登山。国人有气力，习战斗，沃沮、东濊皆属焉。又有小水貊。句丽作国，依大水而居，西安平县北有小水，南流入海，句丽别种依小水作国，因名之为小水貊，出好弓，所谓貊弓是也。

王莽初发高句丽兵以伐胡，不欲行，强迫遣之，皆亡出塞为寇盗。辽西大尹田谭追击之，为所杀。州郡县归咎于句丽侯驺，严尤奏言："貊人犯法，罪不起于驺，且宜安慰，今猥被之大罪，恐其遂反。"莽不听，诏尤击之。尤诱期句丽侯驺至而斩之，传送其首诣长安。莽大悦，布告天下，更名高句丽为下句丽。当此时为侯国，汉光武帝八年，高句丽王遣使朝贡，始见称王。

至殇、安之间，句丽王宫数寇辽东，更属玄菟。辽东太守蔡风、玄菟太守姚光以宫为二郡害，兴师伐之。宫诈降请和，二郡不进。宫密遣军攻玄菟，焚烧候城，入辽隧，杀吏民。后宫复犯辽东，蔡风轻将吏士追讨之，军败没。

宫死，子伯固立。顺、桓之间，复犯辽东，寇新安、居乡，又攻西安平，于道上杀带方令，略得乐浪太守妻子。灵帝建宁二年，玄菟太守耿临讨之，斩首虏数百级，伯固降，属辽东。嘉（熹）平中，伯固乞属玄菟。公孙度之雄海东也，伯固遣大加优居、主簿然人等助度击富山贼，破之。

伯固死，有二子，长子拔奇，小子伊夷模。拔奇不肖，国人便共立伊夷模为王。自伯固时，数寇辽东，又受亡胡五百余家。建安中，公孙康出军击之，破其国，焚烧邑落。拔奇怨为兄而不得立，与涓奴加各将下户三万余口诣康降，还住沸流水。降胡亦叛伊夷模，伊夷模更作新国，今日所在是也。拔奇遂往辽东，有子留句丽国，今古雏加驳位居是也。其后复击玄菟，玄菟与辽东合击，大破之。

伊夷模无子，淫灌奴部，生子名位宫。伊夷模死，立以为王，今句丽王宫是也。其曾祖名宫，生能开目视，其国人恶之，及长大，果凶虐，数寇钞，国见残破。今王生堕地，亦能开目视人，句丽呼相似为位，似其祖，故名之为位宫。位宫有力勇，便鞍马，善猎射。景初二年，太尉司马宣王率众讨公孙渊，宫遣主簿大加将数千人助军。正始三年，宫寇西安平，其五年，为幽州刺史毌丘俭所破。语在"俭传"。

东沃沮在高句丽盖马大山之东，滨大海而居。其地形东北狭，西南长，可千里，北与挹娄、夫余，南与秽貊接。户五千，无大君王，世世邑落，各有长帅。其言语与句丽大同，时时小异。汉初，燕亡人卫满王朝鲜，时沃沮皆属焉。汉武帝元封二年，伐朝鲜，杀满孙右渠，分其地为四郡，以沃沮城为玄菟郡。后为夷貊所侵，徙郡句丽西北，今所谓玄菟故府是也。沃沮还属乐浪。汉以土地广远，在单单大领之东，分置东部都尉，治不耐城，别主领东七县，时沃沮亦皆为县。汉光（建）武六年，省边郡，都尉由此罢。其后皆以其县中渠帅为县侯，不耐、华丽、沃沮诸县皆为侯国。夷狄更相攻伐，唯不耐秽侯至今犹置功曹、主簿诸曹，皆秽民作之。沃沮诸邑落渠帅，皆自称三老，则故县国之制也。国小，迫于大国之间，遂臣属句丽。句丽复置其中大人为使者，使相主领，又使大加统责其租税，貊布、鱼、盐、海中食物，千里担负致之，又送其美女以为婢妾，遇之如奴仆。

其土地肥美，背山向海，宜五谷，善田种。人性质直强勇，少牛马，便持矛步战。食饮居处，衣服礼节，有似句丽。其葬作大木椁，长十余丈，开一头作户。新死者皆假埋之，才使覆形，皮肉尽，乃取骨置椁中。举家皆共一椁，刻木如生形，随死者为数。又有瓦鬲，置米其中，编县之于椁户边。

毌丘俭讨句丽，句丽王宫奔沃沮，遂进师击之。沃沮邑落皆破之，斩获首虏三千余级，宫奔北沃沮。北沃沮一名置沟娄，去南沃沮八百余里，其俗南北皆同，与挹娄接。挹娄喜乘船寇钞，北沃沮畏之，夏月恒在山岩深穴中为守备，冬月冰冻，船道不通，乃下居村落。王颀别遣追讨宫，尽其东界。问其耆老"海东复有人不？"耆老言国人尝乘船捕鱼，遭风见吹数十日，东得一岛，上有人，言语不相晓，其俗常以七月取童女沉海。又言有一国亦在海中，纯女无男。又说得一布衣，从海中浮出，其身如中（国）人衣，其两袖长三丈。又得一破船，随波出在海岸边，有一人项中复有面，生得之，与语不相通，不食而死。其域皆在沃沮东大海中。

（晋）陈寿撰，陈乃乾校点：《三国志》卷三十《乌丸鲜卑东夷传》，北京：中华书局，1959年，第843—847页。

挹娄在夫余东北千余里，滨大海，南与北沃沮接，未知其北所极。其土地多山险。其人形似夫余，言语不与夫余、句丽同。有五谷、牛、马、麻布。人多勇力，无大君长，邑落各有大人。处山林之间，常穴居，大家深九梯，以多为好。土气寒，剧于夫余。其俗好养猪，食其肉，衣其皮。冬以猪膏涂身，厚数分，以御风寒。夏则裸袒，以尺布隐其前后，以蔽形体。其人不洁，作溷在中央，人围其表居。其弓长四尺，力如弩，矢用楛，长尺八寸，青石为镞，古之肃慎氏之国也。善射，射人皆入因（目）。矢施毒，人中皆死。出赤玉、好貂，今所谓挹娄貂是也。自汉已来，臣属夫余，夫余责其租赋重，以黄初中叛之。夫余数伐之，其人众虽少，所在山险，邻国人畏其弓矢，卒不能服也。其国便乘船寇盗，邻国患之。东夷饮食类皆用俎豆，唯挹娄不法俗，最无纲纪也。

秽南与辰韩，北与高句丽、沃沮接，东穷大海，今朝鲜之东皆其地也。户二万。昔箕子既适朝鲜，作八条之教以教之，无门户之闭而民不为盗。其后四十余世，朝鲜侯准（准）僭号称王。陈胜等起，天下叛秦，燕、齐、赵民避地朝鲜数万口。燕人卫满，魋结夷服，复来王之。汉武帝伐灭朝鲜，分其地为四郡。自是之后，胡、汉稍别。无大君长，自汉已来，其官有侯邑君、三老，统

主下户。其耆老旧自谓与句丽同种。其人性愿悫，少嗜欲，有廉耻，不请句丽
（句）。言语法俗大抵与句丽同，衣服有异。男女衣皆着曲领，男子系银花广数
寸以为饰。自单单大山领以西属乐浪，自领以东七县，都尉主之，皆以秽为
民。后省都尉，封其渠帅为侯，今不耐秽皆其种也。汉末更属句丽。其俗重山
川，山川各有部分，不得妄相涉入。同姓不婚。多忌讳，疾病死亡辄捐弃旧
宅，更作新居。有麻布，蚕桑作绵。晓候星宿，豫知年岁丰约。不以珠玉为
宝。常用十月节祭天，昼夜饮酒歌舞，名之为舞天，又祭虎以为神。其邑落相
侵犯，辄相罚责生口牛马，名之为责祸。杀人者偿死。少寇盗。作矛长三丈，
或数人共持之，能步战。乐浪檀弓出其地。其海出班鱼皮，土地饶文豹，又出
果下马，汉桓时献之。

正始六年，乐浪太守刘茂、带方太守弓遵以领东秽属句丽，兴师伐之，不
耐侯等举邑降。其八年，诣阙朝贡，诏更拜不耐秽王。居处杂在民间，四时诣
郡朝谒。二郡有军征赋调，供给役使，遇之如民。

（晋）陈寿撰，陈乃乾校点：《三国志》卷三十《乌丸鲜卑东夷传》，北
京：中华书局，1959 年，第 847—849 页。

《西汉会要》卷六十七《方域四》

是岁，渤海、清河、信都河水溢溢，灌县邑三十一，败官亭民舍四万余
所。河堤都尉许商与丞相史孙禁共行视，图方略，禁以为："今河溢之害，数
倍于前决平原时。今可决平原金堤间，开通大河，令入故笃马河。至海五百余
里，水道浚利，又干三郡水地，得美田且二十余万顷，足以偿所开伤民田庐
处。又省吏卒治堤救水，岁三万人以上。"许商以为："古说九河之名，有徒
骇、胡苏、鬲津。今见在成平、东光、鬲界中，自鬲以北至徒骇间，相去二百
余里，今河虽数移徙，不离此域，孙禁所欲开者，在九河南笃马河。失水之
迹，处势平夷，旱则淤绝，水则为败，不可许。"公卿皆从商言。先是，谷永
以为：河，中国之经渎，圣王兴则出图书，王道废则竭绝。今溃溢横流，漂
没陵阜，异之大者也。修政以应之，灾变自除。是时李寻、解光亦言："阴气

盛则水为之长。故一日之间，昼减夜增，江河满溢。所谓水不润下，虽常于卑下之地，犹日月变见于朔望，明天道有因而作也。"

（宋）徐天麟：《西汉会要》卷六十七《方域四》，上海：商务印书馆，1936 年，第 680 页。

《晋书》卷一〇四《石勒记上》

勒将图浚，引子春问之。子春曰："幽州自去岁大水，人不粒食，浚积粟百万，不能赡恤，刑政苛酷，赋役殷烦，贼害贤良，诛斥谏士，下不堪命，流叛略尽。鲜卑、乌丸离贰于外，枣嵩、田矫贪暴于内，人情沮扰，甲士羸弊。而浚犹置立台阁，布列百官，自言汉高、魏武不足并也。又幽州谣怪特甚，闻者莫不为之寒心，浚意气自若，曾无惧容，此亡期之至也。"勒抚几笑曰："王彭祖真可擒也。"浚使达幽州，具陈勒形势寡弱，款诚无二。浚大悦，以勒为信然。

勒纂兵戒期，将袭浚，而惧刘琨及鲜卑、乌丸为其后患，沉吟未发。张宾进曰："夫袭敌国，当出其不意。军严经日不行，岂顾有三方之虑乎？"勒曰："然，为之奈何？"宾曰："彭祖之据幽州，唯仗三部，今皆离叛，还为寇仇，此则外无声援以抗我也。幽州饥俭，人皆蔬食，众叛亲离，甲旅寡弱，此则内无强兵以御我也。若大军在郊，必土崩瓦解。今三方未靖，将军便能悬军千里以征幽州也。轻军往返，不出二旬。就使三方有动，势足旋趾。宜应机电发，勿后时也。且刘琨、王浚虽同名晋藩，其实仇敌。若修笺于琨，送质请和，琨必欣于得我，喜于浚灭，终不救浚而袭我也。"勒曰："吾所不了，右侯已了，复何疑哉！"

于是轻骑袭幽州，以火宵行。至柏人，杀主簿游纶，以其兄统在范阳，惧声军计故也。遣张虑奉笺于刘琨，陈己过深重，求讨浚以自效。琨既素疾浚，乃檄诸州郡，说勒知命思愆，收累年之咎，求拔幽都，效善将来，今听所请，受任通和。军达易水，浚督护孙纬驰遣白浚，将引军距勒，游统禁之。浚将佐咸请出击勒，浚怒曰："石公来，正欲奉戴我也，敢言击者斩！"乃命设飨以待之。勒晨至蓟，叱门者开门。疑有伏兵，先驱牛羊数千头，声言上礼，实欲填诸街巷，使兵不得发。浚乃惧，或坐或起。勒升其厅事，命甲士执浚，立之于前，使徐光让浚曰："君位冠元台，爵列上公，据幽都骁悍之国，跨全燕突骑之乡，手握强兵，坐观京师倾覆，不救天子，而欲自尊。又专任奸暴，杀害忠良，肆情恣欲，毒遍燕壤。自贻于此，非为天也。"使其将王洛生驿送浚襄国市斩之。于是分遣流人各还桑梓，擢荀绰、裴宪，资给车服。数朱硕、枣嵩、田矫等以贿乱政，责游统以不忠于浚，皆斩之。迁乌丸审广、渐裳、郝袭、靳市等于襄国。焚烧浚宫殿。以晋尚书刘翰为宁朔将军、行幽州刺史，戍蓟，置守宰而还。遣其东曹掾傅遘兼左长史，封王浚首，献捷于刘聪。勒既还襄国，刘翰叛勒，奔段匹磾。襄国大饥，谷二升直银二斤，肉一斤直银一两。刘聪以平幽州之勋，乃遣其使人柳纯持节署勒大都督陕东诸军事、骠骑大将军、东单于，侍中、使持节、开府、校尉、二州牧、公如故，加金钲黄钺，前后鼓吹二部，增封十二郡。勒固辞，受二郡而已。勒封左长史张敬等十一人为伯、子、侯，文武进位有差。

（唐）房玄龄等：《晋书》卷一〇四《石勒记上》，北京：中华书局，1974年，第 2722—2724 页。

《晋书》卷一〇五《石勒记下》

勒下书曰："自今诸有处法，悉依科令。吾所忿戮、怒发中旨者，若德位已高，不宜训罚，或服勤死事之孤，邂逅罹谴，门下皆各列奏之，吾当思择而行也。"堂阳人陈猪妻一产三男，赐其衣帛廪食，乳婢一口，复三岁勿事。时高句丽、肃慎致其楛矢，宇文屋孤并献名马于勒。凉州牧张骏遣长史马诜奉图送高昌、于阗、鄯善、大宛使，献其方物。晋荆州牧陶侃遣兼长史王敷聘于勒，致江南之珍宝奇兽。秦州送白兽、白鹿，荆州送白雉、白兔，济阴木连理，甘露降苑乡。勒以休瑞并臻，遐方慕义，赦三岁刑已下，均百姓去年逋调；特赦凉州殊死，凉州计吏皆拜郎中，赐绢十匹，绵十斤。勒南郊，有白气自坛属天，勒大悦，还宫，赦四岁刑。遣使封张骏武威郡公，食凉州诸郡。勒亲耕藉田，还宫，赦五岁刑，赐其公卿已下金帛有差。勒以日蚀，避正殿三日，令群公卿士各上封事。禁州郡诸祠堂非正典者皆除之，其能兴云致雨，有益于百姓者，郡县更为立祠堂，殖嘉树，准岳渎已下为差等。

（唐）房玄龄等：《晋书》卷一〇五《石勒记下》，北京：中华书局，1974年，第2747—2748页。

《魏书》卷三十三《张蒲传》

子昭，有志操。天兴中，以功臣子为太学生。太宗即位，为内主书。后袭父爵。神麚中，从征蠕蠕，以功进爵修武侯，加平远将军。延和二年，出为幽州刺史，开府，加宁东将军。时幽州年谷不登，州廪虚罄，民多菜色。昭谓民吏曰："何我之不德而遇其时乎？"乃使富人通济贫乏，车马之家粜运外境，贫弱者劝以农桑。岁乃大熟。士女称颂之。在任三年，卒。

（北齐）魏收：《魏书》卷三十三《张蒲传》，北京：中华书局，1974年，第779—780页。

《魏书》卷四十七《卢玄传》

义僖少时，幽州频遭水旱，先有谷数万石贷民，义僖以年谷不熟，乃燔其契。州闾悦其恩德。性宽和畏慎，不妄交款，与魏子建情好尤笃，言无所隐。义僖性清俭，不营财利，虽居显位，每至困乏，麦饭蔬食，忻然甘之。永熙中，风疾顿发。兴和中卒，年六十四。赠本将军、仪同三司、瀛州刺史，谥孝简。

（北齐）魏收：《魏书》卷四十七《卢玄传》，北京：中华书局，1974年，第1054页。

《魏书》卷五十六《崔辩传》

臣闻有国有家者，莫不以万姓为心，故矜伤轸于造次，求瘼结于寝兴。黎民阻饥，唐尧致叹；众庶斯馑，帝乙罚己。良以为政与农，实系民命。水旱缘兹以得济，夷险用此而获安。顷东北数州，频年淫雨，长河激浪，洪波汨流，川陆连涛，原隰通望，弥漫不已，泛滥为灾。户无担石之储，家有藜藿之色。华壤膏腴，变为舄卤；菽麦禾黍，化作葭蒲。斯用痛心徘徊，潜然伫立也。

（北齐）魏收：《魏书》卷五十六《崔辩传》，北京：中华书局，1974 年，第 1253 页。

计水之凑下，浸润无间，九河通塞，屡有变改，不可一准古法，皆循旧堤。何者？河决瓠子，梁、楚几危；宣防既建，水还旧迹。十数年间，户口丰衍。又决屯氏，两川分流，东北数郡之地，仅得支存。及下通灵、鸣，水田一路，往昔膏腴，十分病九，邑居凋离，坟井毁灭。良由水大渠狭，更不开泻，众流壅塞，曲直乘之所致也。至若量其逶迤，穿凿涓浍，分立堤堨，所在疏通，预决其路，令无停蹩。随其高下，必得地形，土木参功，务从便省。使地有金堤之坚，水有非常之备。钩连相注，多置水口，从河入海，远迩迳通，泻其堎泄，泄此陂泽。九月农罢，量役计功，十月昏正，立匠表度。县遣能工，麾画形势；郡发明使，筹察可否。审地推岸，辨其脉流；树板分崖，练厥从往。别使案检，分剖是非，瞰睇川原，明审通塞。当境修治，不劳役远，终春自罢，未须久功。即以高下营田，因于水陆，水种秔稻，陆艺桑麻。必使室有久储，门丰余积。

（北齐）魏收：《魏书》卷五十六《崔辩传》，北京：中华书局，1974 年，第 1254 页。

《魏书》卷一〇〇《东夷传》

高句丽者，出于夫余，自言先祖朱蒙。朱蒙母河伯女，为夫余王闭于室中，为日所照，引身避之，日影又逐。既而有孕，生一卵，大如五升。夫余王弃之与犬，犬不食；弃之与豕，豕又不食；弃之于路，牛马避之；后弃之野，众鸟以毛茹之。夫余王割剖之，不能破，遂还其母。其母以物裹之，置于暖处，有一男破壳而出。及其长也，字之曰朱蒙，其俗言"朱蒙"者，善射也。夫余人以朱蒙非人所生，将有异志，请除之，王不听，命之养马。朱蒙每私试，知有善恶，骏者减食令瘦，驽者善养令肥。夫余王以肥者自乘，以瘦者给朱蒙。后狩于田，以朱蒙善射，限之一矢。朱蒙虽矢少，殪兽甚多。夫余之臣又谋杀之。朱蒙母阴知，告朱蒙曰："国将害汝，以汝才略，宜远适四方。"朱蒙乃与乌引、乌违等二人，弃夫余，东南走。中道遇一大水，欲济无梁，夫余人追之甚急。朱蒙告水曰："我是日子，河伯外孙，今日逃走，追兵垂及，如何得济？"于是鱼鳖并浮，为之成桥，朱蒙得渡，鱼鳖乃解，追骑不得渡。朱蒙遂至普述水，遇见三人，其一人着麻衣，一人着纳衣，一人着水藻衣，与朱蒙至纥升骨城，遂居焉，号曰高句丽，因以为氏焉。

　　初，朱蒙在夫余时，妻怀孕，朱蒙逃后生一子，字始闾谐。及长，知朱蒙为国主，即与母亡而归之，名之曰闾达，委之国事。朱蒙死，闾达代立。闾达死，子如栗代立。如栗死，子莫来代立，乃征夫余，夫余大败，遂统属焉。莫来子孙相传，至裔孙宫，生而开目能视，国人恶之。及长凶虐，国以残破。宫曾孙位宫亦生而视，人以其似曾祖宫，故名为位宫，高句丽呼相似为"位"。位宫亦有勇力，便弓马。魏正始中，入寇辽西安平，为幽州刺史毌丘俭所破。其玄孙乙弗利，利子钊，烈帝时与慕容氏相攻击。建国四年，慕容元真率众伐之，入自南陕，战于木底，大破钊军，乘胜长驱，遂入丸都，钊单马奔窜。元真掘钊父墓，载其尸，并掠其母妻、珍宝、男女五万余口，焚其宫室，毁丸都城而还。自后钊遣使来朝，阻隔寇仇，不能自达。钊后为百济所杀。

　　世祖时，钊曾孙琏始遣使者安东奉表贡方物，并请国讳。世祖嘉其诚款，诏下帝系名讳于其国，遣员外散骑侍郎李敖拜琏为都督辽海诸军事、征东将军、领护东夷中郎将、辽东郡开国公、高句丽王。敖至其所居平壤城，访其方事，云：辽东南一千余里，东至栅城，南至小海，北至旧夫余，民户三倍于前。魏时，其地东西二千里，南北一千余里。民皆土著，随山谷而居，衣布帛及皮。土田薄瘠，蚕农不足以自供，故其人节饮食。其俗淫，好歌舞，夜则男女群聚而戏，无贵贱之节，然洁净自喜。其王好治宫室。其官名有谒奢、太奢、大兄、小兄之号。头着折风，其形如弁，旁插鸟羽，贵贱有差。立则反拱，跪拜曳一脚，行步如走。常以十月祭天，国中大会。其公会，衣服皆锦绣，金银以为饰。好蹲踞。食用俎几。出三尺马，云本朱蒙所乘，马种即果下也。后贡使相寻，岁致黄金二百斤，白银四百斤。

时冯文通率众奔之，世祖遣散骑常侍封拨诏琏令送文通，琏上书称当与文通俱奉王化，竟不送。世祖怒，欲往讨之，乐平王丕等议待后举，世祖乃止，而文通亦寻为琏所杀。

后文明太后以显祖六宫未备，敕琏令荐其女。琏奉表，云女已出嫁，求以弟女应旨，朝廷许焉，乃遣安乐王真、尚书李敷等至境送币。琏惑其左右之说，云朝廷昔与冯氏婚姻，未几而灭其国，殷鉴不远，宜以方便辞之。琏遂上书妄称女死。朝廷疑其矫诈，又遣假散骑常侍程骏切责之，若女审死者，听更选宗淑。琏云："若天子恕其前愆，谨当奉诏。"会显祖崩，乃止。

至高祖时，琏贡献倍前，其报赐亦稍加焉。时光州于海中得琏所遣诣萧道成使余奴等送阙，高祖诏责琏曰："道成亲杀其君，窃号江左，朕方欲兴灭国于旧邦，继绝世于刘氏，而卿越境外交，远通篡贼，岂是藩臣守节之义！今不以一过掩卿旧款，即送还藩，其感恕思愆，只承明宪，辑宁所部，动静以闻。"

神龟中，云死，灵太后为举哀于东堂，遣使策赠车骑大将军、领护东夷校尉、辽东郡开国公、高句丽王。又拜其世子安为安东将军、领护东夷校尉、辽东郡开国公、高句丽王。正光初，光州又于海中执得萧衍所授安宁东将军衣冠剑佩，及使人江法盛等，送于京师。安死，子延立。出帝初，诏加延使持节、散骑常侍、车骑大将军、领护东夷校尉、辽东郡开国公、高句丽王，赐衣冠服物车旗之饰。天平中，诏加延侍中、骠骑大将军，余悉如故。延死，子成立。讫于武定末，其贡使无岁不至。

（北齐）魏收：《魏书》卷一〇〇《高句丽传》，北京：中华书局，1974年，第2213—2217页。

勿吉国，在高句丽北，旧肃慎国也。邑落各自有长，不相总一。其人劲悍，于东夷最强。言语独异。常轻豆莫娄等国，诸国亦患之。去洛五千里。自和龙北二百余里有善玉山，山北行十三日至祁黎山，又北行七日至如洛环水，水广里余，又北行十五日至太鲁水，又东北行十八日到其国。国有大水，阔三里余，名速末水。其地下湿，筑城穴居，屋形似冢，开口于上，以梯出入。其国无牛，有车马，佃则偶耕，车则步推。有粟及麦穄，菜则有葵。水气醎凝，盐生树上，亦有盐池。多猪无羊。嚼米酝酒，饮能至醉。妇人则布裙，男子猪犬皮裘。初婚之夕，男就女家执女乳而罢，便以为定，仍为夫妇。俗以人溺洗手面。头插虎豹尾。善射猎，弓长三尺，箭长尺二寸，以石为镞。其父母春夏死，立埋之，冢上作屋，不令雨湿；若秋冬，以其尸捕貂，貂食其肉，多得之。常七八月造毒药傅箭镞，射禽兽，中者便死，煮药毒气亦能杀人。国南有徒太山，魏言"大白"，有虎豹罴狼害人，人不得山上溲污，行迳山者，皆以物盛。

去延兴中，遣使乙力支朝献。太和初，又贡马五百匹。乙力支称："初发其国，乘船泝难河西上，至太沵河，沉船于水，南出陆行，渡洛孤水，从契丹西界达和龙。"自云其国先破高句丽十落，密共百济谋从水道并力取高句丽，遣乙力支奉使大国，请其可否。诏敕三国同是藩附，宜共和顺，勿相侵扰。乙力支乃还。从其来道，取得本船，泛达其国。九年，复遣使侯尼支朝献。明年复入贡。

其傍有大莫卢国、覆钟国、莫多回国、库娄国、素和国、具弗伏国、匹黎尔国、拔大何国、郁羽陵国、库伏真国、鲁娄国、羽真侯国，前后各遣使朝献。

太和十二年，勿吉复遣使贡楛矢方物于京师。十七年，又遣使人婆非等五百余人朝献。景明四年，复遣使俟力归等朝贡。自此迄于正光，贡使相寻。尔后，中国纷扰，颇或不至。兴和二年六月，遣使石久云等贡方物，至于武定不绝。

（北齐）魏收：《魏书》卷一〇〇《勿吉传》，北京：中华书局，1974 年，第 2219—2221 页。

失韦国，在勿吉北千里，去洛六千里。路出和龙北千余里，入契丹国，又北行十日至啜水，又北行三日有盖水，又北行三日有犊了山，其山高大，周回三百余里，又北行三日有大水名屈利，又北行三日至刃水，又北行五日到其国。有大水从北而来，广四里余，名榝水。国土下湿。语与库莫奚、契丹、豆莫娄国同。颇有粟麦及穄，唯食猪鱼，养牛马，俗又无羊。夏则城居，冬逐水草。亦多貂皮。丈夫索发。用角弓，其箭尤长。女妇束发，作叉手髻。其国少窃盗，盗一征三，杀人者责马三百匹。男女悉衣白鹿皮襦裤。有曲酿酒。俗爱赤珠，为妇人饰，穿挂于颈，以多为贵，女不得此，乃至不嫁。父母死，男女众哭三年，尸则置于林树之上。

（北齐）魏收：《魏书》卷一〇〇《失韦传》，北京：中华书局，1974 年，第 2221 页。

豆莫娄国，在勿吉国北千里，去洛六千里，旧北扶余也。在失韦之东，东至于海，方二千里。其人土著，有宫室仓库。多山陵广泽，于东夷之域最为平敞。地宜五谷，不生五果。其人长大，性强勇，谨厚，不寇抄。其君长皆以六畜名官，邑落有豪帅。饮食亦用俎豆。有麻布衣，制类高丽而幅大，其国大人，以金银饰之。用刑严急，杀人者死，没其家人为奴婢。俗淫，尤恶妒妇，妒者杀之，尸其国南山上至腐。女家欲得，输牛马乃与之。或言本秽貊之地也。

（北齐）魏收：《魏书》卷一〇〇《豆莫娄传》，北京：中华书局，1974 年，第 2222 页。

地豆于国，在失韦西千余里。多牛羊，出名马，皮为衣服，无五谷，惟食肉酪。延兴二年八月，遣使朝贡，至于太和六年，贡使不绝。十四年，频来犯塞，高祖诏征西大将军、阳平王颐击走之。自后时朝京师，迄武定末，贡使不绝。

（北齐）魏收：《魏书》卷一〇〇《地豆于传》，北京：中华书局，1974 年，第 2222 页。

库莫奚国之先，东部宇文之别种也。初为慕容元真所破，遗落者窜匿松漠之间。其民不洁净，而善射猎，好为寇钞。登国三年，太祖亲自出讨，至弱洛水南，大破之，获其四部落，马牛羊豕十余万。帝曰："此群狄诸种不识德义，互相侵盗，有犯王略，故往征之。且鼠窃狗盗，何足为患。今中州大乱，吾先平之，然后张其威怀，则无所不服矣。"既而车驾南还云中，怀服燕赵。十数年间，诸种与库莫奚亦皆滋盛。及开辽海，置戍和龙，诸夷震惧，各献方物。

高宗、显祖世，库莫奚岁致名马文皮。高祖初，遣使朝贡。太和四年，辄入塞内，辞以畏地豆于钞掠，诏书切责之。二十二年，入寇安州，营、燕、幽三州兵数千人击走之。后复款附，每求入塞，与民交易。世宗诏曰："库莫奚去太和二十一年以前，与安营二州边民参居，交易往来，并无疑贰。至二十二年叛逆以来，遂尔远窜。今虽款附，犹在塞表，每请入塞与民交易。若抑而不许，乖其归向之心；听而不虞，或有万一之警。不容依先任其交易，事宜限节，交市之日，州遣上佐监之。"自是已后，岁常朝献，至于武定末不绝。

（北齐）魏收：《魏书》卷一〇〇《库莫奚传》，北京：中华书局，1974年，第2222—2223页。

契丹国，在库莫奚东，异种同类，俱窜于松漠之间。登国中，国军大破之，遂逃迸，与库莫奚分背。经数十年，稍滋蔓，有部落，于和龙之北数百里，多为寇盗。真君以来，求朝献，岁贡名马。显祖时，使莫弗纥何辰奉献，得班飨于诸国之末。归而相谓，言国家之美，心皆忻慕，于是东北群狄闻之，莫不思服。悉万丹部、何大何部、伏弗郁部、羽陵部、日连部、匹絜部、黎部、吐六于部等，各以其名马文皮入献天府，遂求为常。皆得交市于和龙、密云之间，贡献不绝。

（北齐）魏收：《魏书》卷一〇〇《契丹传》，北京：中华书局，1974年，第2223页。

乌洛侯国，在地豆于之北，去代都四千五百余里。其土下湿，多雾气而寒，民冬则穿地为室，夏则随原阜畜牧。多豕，有谷麦。无大君长，部落莫弗皆世为之。其俗绳发，皮服，以珠为饰。民尚勇，不为奸窃，故慢藏野积而无寇盗。好猎射。乐有箜篌，木槽革面而施九弦。其国西北有完水，东北流合于难水，其地小水皆注于难，东入于海。又西北二十日行有于巳尼大水，所谓北海也。世祖真君四年来朝，称其国西北有国家先帝旧墟，石室南北九十步，东西四十步，高七十尺，室有神灵，民多祈请。世祖遣中书侍郎李敞告祭焉，刊祝文于室之壁而还。

（北齐）魏收：《魏书》卷一〇〇《乌洛侯传》，北京：中华书局，1974年，第2224页。

《梁书》卷五十四《东夷传》

高句骊者，其先出自东明。东明本北夷囊离王之子。离王出行，其侍儿于后任娠，离王还，欲杀之。侍儿曰："前见天上有气如大鸡子，来降我，因以有娠。"王囚之，后遂生男。王置之豕牢，豕以口气嘘之，不死，王以为神，乃听收养。长而善射，王忌其猛，复欲杀之。东明乃奔走，南至淹滞水，以弓击水，鱼鳖皆浮为桥，东明乘之得渡，至夫余而王焉。其后支别为句骊种也。其国，汉之玄菟郡也。在辽东之东，去辽东千里。汉、魏世，南与朝鲜、秽貊，东与沃沮，北与夫余接。汉武帝元封四年，灭朝鲜，置玄菟郡，以高句骊为县以属之。

（唐）姚思廉：《梁书》卷五十四《东夷传》，北京：中华书局，1973 年，第 801 页。

句骊地方可二千里，中有辽山，辽水所出。其王都于丸都之下，多大山深谷，无原泽，百姓依之以居，食涧水。虽土著，无良田，故其俗节食。好治宫室。于所居之左立大屋，祭鬼神，又祠零星、社稷。人性凶急，喜寇抄。其官，有相加、对卢、沛者、古邹加、主簿、优台、使者、皂衣先人，尊卑各有等级。言语诸事，多与夫余同；其性气、衣服有异。本有五族，有消奴部，绝奴部，顺奴部，蘿奴部，桂娄部。本消奴部为王，微弱，桂娄部代之。汉时赐衣帻、朝服、鼓吹，常从玄菟郡受之。后稍骄，不复诣郡，但于东界筑小城以受之，至今犹名此城为帻沟娄。"沟娄"者，句骊名"城"也。其置官，有对卢则不置沛者，有沛者则不置对卢。其俗喜歌舞，国中邑落男女，每夜群聚歌戏。其人洁清自喜，善藏酿，跪拜申一脚，行步皆走。以十月祭天大会，名曰"东明"。其公会衣服，皆锦绣金银以自饰。大加、主簿头所着似帻而无后；其小加着折风，形如弁。其国无牢狱，有罪者，则会诸加评议杀之，没入妻子。其俗好淫，男女多相奔诱。已嫁娶，便稍作送终之衣。其死葬，有椁无棺。好厚葬，金银财币尽于送死，积石为封，列植松柏。兄死妻嫂。其马皆小，便登山。国人尚气力，便弓矢刀矛。有铠甲，习战斗，沃沮、东秽皆属焉。

王莽初，发高骊兵以伐胡，不欲行，强迫遣之，皆亡出塞为寇盗。州郡归咎于句骊侯驺，严尤诱而斩之，王莽大悦，更名高句骊为下句骊，当此时为侯矣。光武八年，高句骊王遣使朝贡，始称王。至殇、安之间，其王名宫，数寇辽东，玄菟太守蔡风讨之不能禁。宫死，子伯固立。顺、和之间，复数犯辽东寇抄，灵帝建宁二年，玄菟太守耿临讨之，斩首虏数百级，伯固乃降属辽东。公孙度之雄海东也，伯固与之通好。伯固死，子伊夷摸立。伊夷摸自伯固时已数寇辽东，又受亡胡五百余户。建安中，公孙康出军击之，破其国，焚烧邑落，降胡亦叛伊夷摸，伊夷摸更作新国。其后伊夷摸复击玄菟，玄菟与辽东合击，大破之。

伊夷摸死，子位宫立。位宫有勇力，便鞍马，善射猎。魏景初二年，遣太傅司马宣王率众讨公孙渊，位宫遣主簿、大加将兵千人助军。正始三年，位宫寇西安平，五年，幽州刺史毌丘俭将万人出玄菟讨位宫，位宫将步骑二万人逆军，大战于沸流。位宫败走，俭军追至岘，悬车束马，登丸都山，屠其所都，斩首虏万余级，位宫单将妻息远窜。六年，俭复讨之，位宫轻将诸加奔沃沮，俭使将军王顽追之，绝沃沮千余里，到肃慎南界，刻石纪功；又到丸都山，铭不耐城而还。其后，复通中夏。

晋永嘉乱，鲜卑慕容廆据昌黎大棘城，元帝授平州刺史。句骊王乙弗利频寇辽东，廆不能制。弗利死，子钊代立，康帝建元元年，慕容廆子晃率兵伐之，钊与战，大败，单马奔走。晃乘胜追至丸都，焚其宫室，掠男子五万余口以归。孝武太元十年，句骊攻辽东、玄菟郡，后燕慕容垂遣弟农伐句骊，复二郡。垂死，子宝立，以句骊王安为平州牧，封辽东、带方二国王。安始置长史、司马、参军官，后略有辽东郡。至孙高琏，晋安帝义熙中，始奉表通贡职，历宋、齐并授爵位，年百余岁死。子云，齐隆昌中，以为使持节、散骑常侍、都督营平二州、征东大将军、乐浪公。高祖即位，进云车骑大将军。天监七年，诏曰："高骊王乐浪郡公云，乃诚款著，贡驿相寻，宜隆秩命，式弘朝典。可抚东大将军、开府仪同三司，持节、常侍、都督、王并如故。"十一年，十五年，累遣使贡献。十七年，云死，子安立。普通元年，诏安纂袭封爵，持节、督营平二州诸军事、宁东将军。七年，安卒，子延立，遣使贡献，诏以延袭爵。中大通四年，六年，大同元年，七年，累奉表献方物。太清二年，延卒，诏以其子袭延爵位。

（唐）姚思廉：《梁书》卷五十四《东夷传》，北京：中华书局，1973 年，第 801—804 页。

《北史》卷三十《义僖传》

义僖宽和畏慎，不妄交款。性清俭，不营财利。少时，幽州频遭水旱，先有数万石谷贷人，义僖以年谷不熟，乃燔其契，州闾悦其恩德。虽居显位，每至困乏，麦饭蔬食，怡然甘之。卒，赠大将军、仪同三司、瀛州刺史，谥曰孝简。

（唐）李延寿：《北史》卷三十《义僖传》，北京：中华书局，1974 年，第 1081 页。

《北史》卷九十四《东夷传》

高句丽，其先出夫余。王尝得河伯女，因闭于室内，为日所照，引身避之，日影又逐，既而有孕，生一卵，大如五升。夫余王弃之与犬，犬不食；与豕，豕不食；弃于路，牛马避之；弃于野，众鸟以毛茹之。王剖之不能破，遂还其母。母以物裹置暖处，有一男破而出。及长，字之曰朱蒙。其俗言"朱蒙"者，善射也。夫余人以朱蒙非人所生，请除之。王不听，命之养马。朱蒙私试，知有善恶，骏者减食令瘦，驽者善养令肥。夫余王以肥者自乘，以瘦者给朱蒙。后狩于田，以朱蒙善射，给之一矢。朱蒙虽一矢，殪兽甚多。夫余之臣，又谋杀之，其母以告朱蒙，朱蒙乃与焉违等二人东南走。中道遇一大水，欲济无梁。夫余人追之甚急，朱蒙告水曰："我是日子，河伯外孙，今追兵垂及，如何得济？"于是鱼鳖为之成桥，朱蒙得度。鱼鳖乃解，追骑不度。朱蒙遂至普述水，遇见三人，一着麻衣，一着衲衣，一着水藻衣，与朱蒙至纥升骨城，遂居焉。号曰高句丽，因以高为氏。其在夫余妻怀孕，朱蒙逃后，生子始闾谐。及长，知朱蒙为国王，即与母亡归之。名曰闾达，委之国事。

（唐）李延寿：《北史》卷九十四《东夷传》，北京：中华书局，1974 年，第 3110—3111 页。

朱蒙死，子如栗立。如栗死，子莫来立，乃并夫余。

（唐）李延寿：《北史》卷九十四《东夷传》，北京：中华书局，1974 年，第 3111 页。

至殇、安之间，莫来裔孙宫，数寇辽东。玄菟太守蔡风讨之，不能禁。

宫死，子伯固立。顺、和之间，复数犯辽东，寇抄。灵帝建宁二年，玄菟太守耿临讨之，斩首虏数百级，伯固乃降，属辽东。公孙度之雄海东也，伯固与之通好。

伯固死，子伊夷摸立。伊夷摸自伯固时，已数寇辽东，又受亡胡五百余户。建安中，公孙康出军击之，破其国，焚烧邑落，降胡亦叛。伊夷摸更作新国。其后伊夷摸复击玄菟，玄菟与辽东合击，大破之。

（唐）李延寿：《北史》卷九十四《东夷传》，北京：中华书局，1974 年，第 3111 页。

伊夷摸死，子位宫立。始位宫曾祖宫，生而目开能视，国人恶之。及长凶虐，国以残破。及位宫亦生而视人，高丽呼相似为"位"，以为似其曾祖宫，故名位宫。位宫亦有勇力，便鞍马，善射猎。魏景初二年，遣太傅、司马宣王率众讨公孙文懿，位宫遣主簿、大加将数千人助军。正始三年，位宫寇辽西安平。五年，幽州刺史毌丘俭将万人出玄菟，讨位宫，大战于沸流。败走，俭追至赆岘，悬车束马登丸都山，屠其所都。位宫单将妻息远窜。六年，俭复讨之，位宫轻将诸加奔沃沮。俭使将军王顾追之，绝沃沮千余里，到肃慎南，刻石纪功。又刊丸都山、铭不耐城而还。其后，复通中夏。

晋永嘉之乱，鲜卑慕容廆据昌黎大棘城，元帝授平州刺史。位宫玄孙乙弗利频寇辽东，廆不能制。

弗利死，子钊代立。魏建国四年，慕容廆子晃伐之，入自南陕，战于木底，大破钊军，追至丸都。钊单马奔窜，晃掘钊父墓，掠其母妻、珍宝、男女五万余口，焚其室，毁丸都城而还。钊后为百济所杀。

及晋孝武太元十年，句丽攻辽东、玄菟郡。后燕慕容垂遣其弟农伐句丽，复二郡。垂子宝以句丽王安为平州牧，封辽东、带方二国王，始置长史、司马、参军官。后略有辽东郡。

（唐）李延寿：《北史》卷九十四《东夷传》，北京：中华书局，1974 年，第 3112 页。

太武时，钊曾孙琏始遣使者诣安东，奉表贡方物，并请国讳。太武嘉其诚款，诏下帝系名讳于其国。使员外散骑侍郎李敖拜琏为都督辽海诸军事、征东将军、领东夷中郎将、辽东郡公、高句丽王。敖至其所，居平壤城，访其方事，云：去辽东南一千余里，东至栅城，南至小海，北至旧夫余，人户叁倍于前魏时。后贡使相寻，岁致黄金二百斤、白银四百斤。时冯弘率众奔之，太武遣散骑常侍封拨诏琏，令送弘。琏上书称当与弘俱奉王化，竟不遣。太武怒，将往讨之。乐平王丕等议待后举，太武乃止。而弘亦寻为琏所杀。

后文明太后以献文六宫未备，敕琏令荐其女。琏奉表云：女已出，求以弟女应旨。朝廷许焉，乃遣安乐王真、尚书李敷等至境送币。琏惑其左右之说，云朝廷昔与冯氏婚姻，未几而灭其国。殷鉴不远，宜以方便辞之。琏遂上书，妄称女死。朝廷疑其矫拒，又遣假散骑常侍程骏切责之，若女审死，听更选宗淑。琏云："若天子恕其前愆，谨当奉诏。"会献文崩，乃止。至孝文时，琏贡献倍前，其报赐亦稍加焉。时光州于海中得琏遣诣齐使余奴等，送阙。孝文诏责曰："道成亲杀其君，窃号江左，朕方欲兴灭国于旧邦，继绝世于刘氏。而卿越境外乡，交通篡贼，岂是藩臣守节之义？今不以一过掩旧款，即送还藩。其感恕思愆，祇承明宪，辑宁所部，动静以闻。"

（唐）李延寿：《北史》卷九十四《东夷传》，北京：中华书局，1974 年，第 3113 页。

延死，子成立。讫于武定已来，其贡使无岁不至。大统十二年，遣使至西魏朝贡。及齐受东魏禅之岁，遣使朝贡于齐。齐文宣加成使持节、侍中、骠骑大将军，领东夷校尉、辽东郡公、高丽王如故。天保三年，文宣至营州，使博陵崔柳使于高丽，求魏末流人。敕柳曰："若不从者，以便宜从事。"及至，不见许。柳张目叱之，拳击成坠于床下，成左右雀息不敢动，乃谢服，柳以五千户反命。

成死，子汤立。乾明元年，齐废帝以汤为使持节、领东夷校尉、辽东郡公、高丽王。周建德六年，汤遣使至周，武帝以汤为上开府仪同大将军、辽东郡公、辽东王。隋文帝受禅，汤遣使诣阙，进授大将军，改封高丽王。自是，岁遣使朝贡不绝。

其国，东至新罗，西度辽，二千里；南接百济，北邻靺鞨，一千余里。人皆土著，随山谷而居，衣布帛及皮。土田薄瘠，蚕农不足以自供，故其人节饮食。其王好修宫室，都平壤城，亦曰长安城，东西六里，随山屈曲，南临浿水。城内唯积仓储器，备寇贼至日，方入固守。王别为宅于其侧，不常居之。其外复有国内城及汉城，亦别都也。其国中呼为三京。复有辽东、玄菟等数十城，皆置官司以统摄。与新罗每相侵夺，战争不息。

（唐）李延寿：《北史》卷九十四《东夷传》，北京：中华书局，1974 年，第 3114—3115 页。

官有大对卢、太大兄、大兄、小兄、竟侯奢、乌拙、太大使者、大使者、小使者、褥奢、翳属、仙人，凡十二等，分掌内外事。其大对卢则以强弱相陵夺而自为之，不由王署置。复有内评、五部褥萨。人皆头着折风，形如弁，士人加插二鸟羽。贵者，其冠曰苏骨，多用紫罗为之，饰以金银。服大袖衫、大口裤、素皮带、黄革履。妇人裙襦加襈。书有《五经》《三史》《三国志》《晋阳秋》。兵器与中国略同。及春秋校猎，王亲临之。税，布五匹、谷五石；游人则三年一税，十人共细布一匹。租，户一石，次七斗，下五斗。其刑法，叛及谋逆者，缚之柱，爇而斩之，籍没其家；盗则偿十倍，若贫不能偿者乐及公私债负，皆听评其子女为奴婢以偿之。用刑既峻，罕有犯者。乐有五弦、琴、筝、筚篥、横吹、箫、鼓之属，吹卢以和曲。每年初，聚戏浿水上，王乘腰舆，列羽仪观之。事毕，王以衣入水，分为左右二部，以水石相溅掷，喧呼驰逐，再三而止。俗洁净自喜，尚容止，以趋走为敬。拜则曳一脚，立多反拱，行必插手。性多诡伏，言辞鄙秽，不简亲疏。父子同川而浴，共室而寝。好歌舞，常以十月祭天，其公会衣服，皆锦绣金银以为饰。好蹲踞，食用俎机。出三尺马，云本朱蒙所乘马种，即果下也。风俗尚淫，不以为愧，俗多游女，夫无常人，夜则男女群聚而戏，无有贵贱之节。有婚嫁，取男女相悦即为之。男家送猪酒而已，无财聘之礼；或有受财者，人共耻之，以为卖婢。死者，殡在屋内，经三年，择吉日而葬。居父母及夫丧，服皆三年，兄弟三月。初终哭泣，葬则鼓舞作乐以送之。埋讫，取死者生时服玩车马置墓侧，会葬者争取而去。信佛法，敬鬼神，多淫祠。有神庙二所：一曰夫余神，刻木作妇人像；一曰高登神，云是其始祖夫余神之子。并置官司，遣人守护，盖河伯女、朱蒙云。

及隋平陈后，汤大惧，陈兵积谷，为守拒之策。开皇十七年，上赐玺书，责以每遣使人，岁常朝贡，虽称藩附，诚节未尽。驱逼靺鞨，禁固契丹。昔年潜行货利，招动群小，私将弩手，巡窜下国，岂非意欲不臧，故为窃盗？坐使空馆，严加防守；又数遣马骑，杀害边人。恒自猜疑，密觇消息。殷勤晓示，许其自新。汤得书惶恐，将表陈谢。会病卒。

子元嗣。文帝使拜元为上开府仪同三司，袭爵辽东公，赐服一袭。元奉表谢恩，并贺祥瑞，因请封王。文帝优册为王。明年，率靺鞨万余骑寇辽西，营州总管韦世冲击走之。帝大怒，命汉王谅为元帅，总水陆讨之，下诏黜其爵位。时馈运不继，六军乏食，师出临渝关，复遇疾疫，王师不振。及次辽水，元亦惶惧，遣使谢罪，上表称辽东粪土臣元云云。上于是罢兵，待之如初。元亦岁遣朝贡。

炀帝嗣位，天下全盛，高昌王、突厥启人可汗并亲诣阙贡献，于是征元入朝。元惧，蕃礼颇缺。大业七年，帝将讨元罪，车驾度辽水，止营于辽东地，分道出师，各顿兵于其城下。高丽出战多不利，皆婴城固守。帝令诸军攻之，又敕诸将，高丽若降，即宜抚纳，不得纵兵入。城将陷，贼辄言降，诸将奉旨，不敢赴机。先驰奏，比报，贼守御亦备，复出拒战。如此者三，帝不悟。由是食尽师老，转输不继，诸军多败绩，于是班师。是行也，唯于辽水西拔贼武厉逻，置辽东郡及通定镇而还。九年，帝复亲征，敕诸军以便宜从事。诸将分道攻城，贼势日蹙。会杨玄感作乱，帝大惧，即日六军并还。兵部侍郎斛斯政亡入高丽，高丽具知事实，尽锐来追，殿军多败。十年，又发天下兵，会盗贼蜂起，所在阻绝，军多失期。至辽水，高丽亦困弊，遣使乞降，因送斛斯政赎罪。帝许之，顿怀远镇受其降，仍以俘囚军实归。至京师，以高丽使亲告太庙，因拘留之。仍征元入朝，元竟不至。帝更图后举，会天下丧乱，遂不复行。

（唐）李延寿：《北史》卷九十四《东夷传》，北京：中华书局，1974 年，第 3115—3118 页。

勿吉国在高句丽北，一曰靺鞨。邑落各自有长，不相总一。其人劲悍，于东夷最强，言语独异。常轻豆莫娄等国，诸国亦患之。去洛阳五千里。自和龙北二百余里有善玉山，山北行十三日至祁黎山，又北行七日至洛环水，水广里余，又北行十五日至太岳鲁水，又东北行十八日到其国。国有大水，阔三里余，名速末水。其部类凡有七种：其一号粟末部，与高丽接，胜兵数千，多骁武，每寇高丽；其二伯咄部，在粟末北，胜兵七千；其三安车骨部，在伯咄东北；其四拂涅部，在伯咄东；其五号室部，在拂涅东；其六黑水部，在安车骨西北；其七白山部，在粟末东南。胜兵并不过三千，而黑水部尤为劲健。自拂涅以东，矢皆石镞，即古肃慎氏也。东夷中为强国。

所居多依山水。渠帅曰大莫弗瞒咄。国南有从太山者，华言太皇，俗甚敬畏之，人不得山上溲污，行经山者，以物盛去。上有熊黑豹狼，皆不害人，人亦不敢杀。地卑湿，筑土如堤，凿穴以居，开口向上，以梯出入。其国无牛，有马，车则步推，相与偶耕。土多粟、麦、穄，菜则有葵。水气咸，生盐于木皮之上，亦有盐池。其畜多猪，无羊。嚼米为酒，饮之亦醉。婚嫁，妇人服布裙，男子衣猪皮裘，头插武豹尾。俗以溺洗手面，于诸夷最为不洁。初婚之夕，男就女家，执女乳而罢。妒，其妻外淫，人有告其夫，夫辄杀妻而后悔，必杀告者。由是奸淫事终不发。人皆善射，以射猎为业。角弓长三尺，箭长尺二寸，常以七八月造毒药，傅矢以射禽兽，中者立死。煮毒药气亦能杀人。其父母春夏死，立埋之，冢上作屋，令不雨湿；若秋冬死，以其尸捕貂，貂食其肉，多得之。

延兴中，遣乙力支朝献。太和初，又贡马五百匹。乙力支称："初发其国，乘船溯难河西上，至太沴河，沈船于水。南出陆行，度洛孤水，从契丹西界达和龙。"自云其国先破高句丽十落，密共百济谋，从水道并力取高丽，遣乙力支奉使大国，谋其可否。诏敕："三国同是藩附，宜共和顺，勿相侵扰。"乙力支乃还。从其来道，取得本船，泛达其国。九年，复遣使侯尼支朝。明年，复入贡。其傍有大莫卢国、覆钟国、莫多回国、库娄国、素和国、具弗伏国、匹黎尔国、拔大何国、郁羽陵国、库伏真国、鲁娄国、羽真侯国，前后各遣使朝献。太和十二年，勿吉复遣使贡楛矢、方物于京师。十七年，又遣使人婆非等五百余人朝贡。景明四年，复遣使侯力归朝贡。自此迄于正光，贡使相寻。尔后中国纷扰，颇或不至。兴和二年六月，遣石文云等贡方物。以至于齐，朝贡不绝。

隋开皇初，相率遣使贡献。文帝诏其使曰："朕闻彼土人勇，今来实副朕怀。视尔等如子，尔宜敬朕如父。"对曰："臣等僻处一方，闻内国有圣人，故来朝拜。既亲奉圣颜，愿长为奴仆。"其国西北与契丹接，每相劫掠。后因其使来，文帝诫之，使勿相攻击。使者谢罪。文帝因厚劳之，令宴饮于前。使者与其徒皆起舞，曲折多战斗容。上顾谓侍臣曰："天地间乃有此物，常作用兵意。"然其国与隋悬隔，唯粟末、白山为近。炀帝初，与高丽战，频败其众。渠帅突地稽率其部降，拜右光禄大夫，居之柳城。与边人来往，悦中国风俗，请被冠带，帝嘉之，赐以锦绮而褒宠之。及辽东之役，突地稽率其徒以从，每有战功，赏赐甚厚。十三年，从幸江都，寻放还柳城。李密遣兵邀之，仅而得免。至高阳，没于王须拔。未几，遁归罗艺。

（唐）李延寿：《北史》卷九十四《东夷传》，北京：中华书局，1974 年，第 3123—3126 页。

奚本曰库莫奚，其先东部胡宇文之别种也。初为慕容晃所破，遗落者窜匿松漠之间。俗甚不洁净，而善射猎，好为寇抄。登国三年，道武亲自出讨，至弱水南大破之，获其马、牛、羊、豕十余万。帝曰："此群狄诸种，不识德义，鼠窃狗盗，何足为患？今中州大乱，吾先平之，然后张其威怀，则无所不服矣。"既而车驾南迁，十数年间，诸种与库莫奚亦皆滋盛。及开辽海，置戍和龙，诸夷震惧，各献方物。文成、献文之世，库莫奚岁致名马、文皮。孝文初，遣使朝贡。太和四年，辄入塞内，辞以畏地豆干抄掠，诏书切责之。二十二年，入寇安州，时营、燕、幽三州兵数千人击走之。后复款附，每求入塞交易。宣武诏曰："库莫奚去太和二十一年以前，与安、营二州边人参居，交易往来，并无欺贰。至二十二年叛逆以来，遂尔远窜。今虽款附，犹在塞表，每请入塞，与百姓交易。若抑而不许，乖其归向之心；信而不虑，或有万一之惊。交市之日，州遣士监之。"自此已后，岁常朝献，至武定已来不绝。齐受魏禅，岁时来朝。

其后种类渐多，分为五部：一曰辱纥主，二曰莫贺弗，三曰契个，四曰木昆，五曰室得。每部俟斤一人为其帅。随逐水草，颇同突厥。有阿会氏，五部中最盛，诸部皆归之。每与契丹相攻击，虏获财畜，因遣使贡方物。

（唐）李延寿：《北史》卷九十四《东夷传》，北京：中华书局，1974 年，第 3126—3127 页。

契丹国在库莫奚东，与库莫奚异种同类。并为慕容晃所破，俱窜于松漠之间。登国中，魏大破之，遂逃迸，与库莫奚分住。经数十年，稍滋蔓，有部落，于和龙之北数百里为寇盗。真君以来，岁贡名马。献文时，使莫弗纥何辰来献，得班飨于诸国之末。归而相谓，言国家之美，心皆忻慕，于是东北群狄闻之，莫不思服。悉万丹部、何大何部、伏弗郁部、羽陵部、日连部、匹洁部、黎部、吐六干部等各以其名马文皮献天府。遂求为常，皆得交市于和龙、密云之间，贡献不绝。太和三年，高句丽窃与蠕蠕谋，欲取地豆干以分之。契丹旧怨其侵轶，其莫贺弗勿干率其部落，车三千乘、众万余口，驱徙杂畜求内附，止于白狼水东。自此岁常朝贡。后告饥，孝文听其入关市籴。及宣武、孝明时，恒遣使贡方物。熙平中，契丹使人初真等三十人还，灵太后以其俗嫁娶之际以青毾为上服，人给青毾两匹，赏其诚款之心，余依旧式朝贡。及齐受东魏禅，常不断绝。

天保四年九月，契丹犯塞，文宣帝亲戎北讨，至平州，遂西趣长堑。诏司徒潘相乐帅精骑五千，自东道趣青山；复诏安德王韩轨帅精骑四千东趣，断契丹走路。帝亲逾山岭，奋击大破之，虏十余万口、杂畜数十万头。相乐又于青山大破契丹别部。所虏生口，皆分置诸州。其后复为突厥所逼，又以万家寄于高丽。

其俗与靺鞨同，好为寇盗。父母死而悲哭者，以为不壮。但以其尸置于山树之上，经三年后，乃收其骨而焚之。因酌酒而祝曰："冬月时，向阳食，若我射猎时，使我多得猪、鹿。"其无礼顽嚣，于诸夷最甚。

（唐）李延寿：《北史》卷九十四《东夷传》，北京：中华书局，1974 年，第 3127—3128 页。

室韦国在勿吉北千里，去洛阳六千里。"室"或为"失"，盖契丹之类，其南者为契丹，在北者号为失韦。路出和龙北千余里，入契丹国，又北行十日至啜水，又北行三日有善水，又北行三日有犊了山，其山高大，周回三百里。又北行三百余里，有大水名屈利，又北行三日至刃水，又北行五日到其国。有大水从北而来，广四里余，名椑水。国土下湿，语与库莫奚、契丹、豆莫娄国同。颇有粟、麦及穄。夏则城居，冬逐水草，多略貂皮。丈夫索发。用角弓，其箭尤长。女妇束发作叉手髻。其国少窃盗，盗一征三；杀人者责马三百匹。男女悉衣白鹿皮襦裤。有曲，酿酒。俗爱赤珠，为妇人饰，穿挂于颈，以多为贵。女不得此，乃至不嫁。父母死，男女众哭三年，尸则置于林树之上。

（唐）李延寿：《北史》卷九十四《东夷传》，北京：中华书局，1974 年，第 3129 页。

武定二年四月，始遣使张乌豆伐等献其方物。迄武定末，贡使相寻。及齐受东魏禅，亦岁时朝聘。

其后分为五部，不相总一，所谓南室韦、北室韦、钵室韦、深末怛室韦、大室韦，并无君长。人贫弱，突厥以三吐屯总领之。

南室韦在契丹北三千里，土地卑湿，至夏则移向北。贷勃、欠对二山多草木，饶禽兽，又多蚊蚋，人皆巢居，以避其患。渐分为二十五部，每部有余莫弗瞒咄，犹酋长也。死则子弟代之，嗣绝则择贤豪而立之。其俗，丈夫皆被发，妇女盘发，衣服与契丹同。乘牛车，以蓬蒢为屋，如突厥毡车之状。度水则束薪为筏,或有以皮为舟者。马则织草为鞯,结绳为辔。匡寝则屈木为室,以蘧蒢覆上,移则载行。以猪皮为席,编木为藉。妇女皆抱膝坐。气候多寒,田收甚薄。无羊,少马,多猪、牛。与靺鞨同俗,婚嫁之法,二家相许竟,辄盗妇将去,然后送牛马为聘,更将妇归家,待有孕,乃相许随还舍。妇人不再嫁,以为死人之妻,难以共居。部落共为大棚,人死则置其上。居丧三年,年唯四哭。其国无铁,取给于高丽。多貂。

(唐)李延寿:《北史》卷九十四《东夷传》,北京:中华书局,1974 年,第 3129—3130 页。

南室韦北行十一日至北室韦,分为九部落,绕吐纥山而居。其部落渠帅号乞引莫贺咄。每部有莫何弗三人以贰之。气候最寒,雪深没马。冬则入山居土穴,牛畜多冻死。饶獐鹿,射猎为务,食肉衣皮,凿冰没水中而网取鱼鳖。地多积雪,惧陷坑阱,骑木而行,俗即止。皆捕貂为业,冠以狐貂,衣以鱼皮。

又北行千里至钵室韦,依胡布山而住,人众多北室韦,不知为几部落。用桦皮盖屋,其余同北室韦。

从钵室韦西南四日行,至深末怛室韦,因水为号也。冬月穴居,以避太阴之气。又西北数千里至大室韦,径路险阻,言语不通。尤多貂及青鼠。

北室韦时遣使贡献,余无至者。

(唐)李延寿:《北史》卷九十四《东夷传》,北京:中华书局,1974 年,第 3130—3131 页。

豆莫娄国在勿吉北千里,旧北夫余也。在室韦之东,东至于海,方二千余里。其人土著,有居室仓库。多山陵广泽,于东夷之域,最为平敞。地宜五谷,不生五果。其人长大,性强勇谨厚,不寇抄。其君长皆六畜名官,邑落有豪帅。饮食亦用俎豆。有麻布,衣制类高丽而帽大。其国大人,以金银饰之。用刑严急,杀人者死,没其家人为奴婢。俗淫,尤恶妒者,杀之尸于国南山上,至腐,女家始得输牛马乃与之。或言秽貊之地也。

(唐)李延寿:《北史》卷九十四《东夷传》,北京:中华书局,1974 年,第 3131 页。

地豆干国在室韦西千余里。多牛、羊,出名马,皮为衣服,无五谷,唯食肉酪。延兴二年八月,遣使朝贡,至于太和六年,贡使不绝。十四年,频来犯塞,孝文诏征西大将军阳平王颐击走之。自后时朝京师,迄武定末,贡使不绝。及齐受禅，亦来朝贡。

（唐）李延寿：《北史》卷九十四《东夷传》，北京：中华书局，1974 年，第 3131 页。

乌洛侯国在地豆干北，去代都四千五百余里。其地下湿，多雾气而寒。人冬则穿地为室，夏则随原阜畜牧。多豕，有谷、麦。无大君长，部落莫弗，皆世为之。其俗，绳发，皮服，以珠为饰。人尚勇，不为奸窃，故慢藏野积而无寇盗。好射猎。乐有箜篌，木槽革面而施九弦。其国西北有完水，东北流合于难水，其小水，皆注于难，东入海。又西北二十日行，有于巳尼大水，所谓北海也。

（唐）李延寿：《北史》卷九十四《东夷传》，北京：中华书局，1974 年，第 3132 页。

《北史》卷九十九《突厥传》

俟斤一名燕都，状貌奇异，面广尺余，其色赤甚，眼若琉璃，刚暴，勇而多知，务于征伐。乃率兵击邓叔子，破之。叔子以其余烬奔西魏。俟斤又西破嚈哒，东走契丹，北并契骨，威服塞外诸国。其地，东自辽海以西，至西海，万里；南自沙漠以北，至北海，五六千里；皆属焉。抗衡中国，后与魏伐齐，至并州。

其俗：被发左衽，穹庐毡帐，随逐水草迁徙，以畜牧射猎为事，食肉饮酪，身衣裘褐。贱老贵壮，寡廉耻，无礼义，犹古之匈奴。其主初立，近侍重臣等舆之以毡，随日转九回，每回臣下皆拜，拜讫乃扶令乘马，以帛绞其颈，使才不至绝，然后释而急问之曰："你能作几年可汗？"其主既神情瞀乱，不能详定多少。臣下等随其所言，以验修短之数。大官有叶护，次设，次特勤，次俟利发，次吐屯发，及余小官，凡二十八等，皆世为之。兵器有角弓、鸣镝、甲、矟、刀、剑。佩饰则兼有伏突。旗纛之上，施金狼头。侍卫之士，谓之附离，夏言亦狼也。盖本狼生，志不忘旧。善骑射，性残忍。无文字，其征发兵马及诸税杂畜，刻木为数，并一金镞箭，蜡封印之，以为信契。候月将满，转为寇抄。其刑法：反叛、杀人、及奸人之妇、盗马绊者，皆死；淫者，割势而腰斩之；奸人女者，重责财物，即以其女妻之；斗伤人者，随轻重输物，伤目者偿以女，无女则输妇财，折支体者输马；盗马及杂物者，各十余倍征之。死者，停尸于帐，子孙及亲属男女各杀羊、马，陈于帐前祭之，绕帐走马七匝，诣帐门以刀剺面且哭，血泪俱流，如此者七度乃止。择日，取亡者所乘马及经服用之物，并尸俱焚之，收其余灰，待时而葬。春夏死者，候草木黄落；秋冬死者，候华茂，然后坎而瘗之。葬日，亲属设祭及走马、剺面如初死之仪。表为茔，立屋，中图画死者形仪，及其生时所战阵状，尝杀一人，则立一石，有至千百者。又以祭之羊、马头，尽悬之于标上。是日也，男女咸盛服饰，会于葬所，男有悦爱于女者，归即遣人聘问，其父母多不违也。父、兄、伯、叔死，子、弟及侄等妻其后母、世叔母、嫂，唯尊者不得下淫。移徙无常，而各有地分。可汗恒处于都斤山，牙帐东开，盖敬日之所出也。每岁率诸贵人，祭其先窟。又以五月中旬，集他人水拜祭天神。于都斤西五百里有高山迥出，上无草树，谓为勃登凝梨，夏言地神也。其书字类胡，而不知年历，唯以草青为记。男子好樗蒲，女子踏鞠，饮马酪取醉，歌呼相对。敬鬼神，信巫觋，重兵死，耻病终，大抵与匈奴同俗。

俟斤部众既盛，乃遣使请诛邓叔子等，周文帝许之，收叔子已下三千人，付其使者，杀之于青门外。三年，俟斤袭击吐谷浑破之。周明帝二年，俟斤遣使来献。保定元年，又遣三辈，贡其方物。时与齐人交争，戎车岁动，故连结之，以为外援。初，恭帝时，俟斤许进女于周文帝，契未定而周文崩。寻而俟斤又以他女许武帝，未及结纳，齐人亦遣求婚，俟斤贪其币厚，将悔之。至是，武帝诏遣凉州刺史杨荐、武伯王庆等往之。庆等至，谕以信义，俟斤遂绝齐使而定婚焉。仍请举国东伐，于是诏随公杨忠率众一万与突厥伐齐。忠军度陉岭，俟斤率骑十万来会。明年正月，攻齐主于晋阳，不克，俟斤遂纵兵大掠而还。忠还，言于武帝曰："突厥甲兵恶，赏罚轻，首领多而无法令，何谓难制驭？由比者使人妄道其强盛，欲令国家厚其使者，身往重取其报。朝廷受其虚言，将士望风畏摄。但虏态诈健，而实易与耳。今以臣观之，前后使人皆可斩也。"武帝不纳。是岁，俟斤复遣使来献，更请东伐。诏杨忠率兵出沃野，晋公护趣洛阳以应之。会护战不利，俟斤引还。五年，诏陈公纯、大司徒宇文贵、神武公窦毅、南安公杨荐往逆女。天和二年，俟斤又遣使来献。陈公纯等至，俟斤复贰于齐。会有雷风变，乃许纯等以后归。四年，又遣使贡献。

俟斤死，复舍其子大逻便而立其弟，是为他钵可汗。他钵以摄图为尔伏可汗，统其东面；又以其弟褥但可汗为步离可汗，居西方。自俟斤以来，其国富强，有凌轹中夏之志。朝廷既与之和亲，岁给缯絮、锦彩十万段。突厥在京师者，又待以优礼，衣锦食肉，常以千数。齐人惧其寇掠，亦倾府藏以给之。他钵弥复骄傲，乃令其徒属曰："但使我在南两个儿孝顺，何忧无物邪？"齐有沙门惠琳，掠入突厥中，因谓他钵曰："齐国富强，皆为有佛法。"遂说以因缘果报之理。他钵闻而信之，建一伽蓝，遣使聘齐，求《净名》《涅槃》《华严》等经，并《十诵律》。他钵亦躬自斋戒，绕塔行道，恨不生内地。建德二年，他钵遣使献马。及齐灭，齐定州刺史、范阳王高绍义自马邑奔之。他钵立绍义为齐帝，召集所部，云为之复雠。宣政元年四月，他钵遂入寇幽州。柱国刘雄拒战，兵败死之。武帝亲总六军，将北伐，会帝崩，乃班师。是冬，他钵复寇边，围酒泉，大掠而去。大象元年，他钵复请和亲，帝策赵王招女为千金公主以嫁之，并遣执绍义送阙。他钵不许，仍寇并州。二年，始遣使奉献，且迎公主为亲，而绍义尚留不遣。帝又令贺若谊往谕之，始送绍义。

他钵病且卒，谓其子庵逻曰："吾闻亲莫过于父子。吾兄不亲其子，委位于我，我死，汝当避大逻便。"及卒，国中将立大逻便，以其母贱，众不服。庵逻实贵，突厥素重之。摄图最后至，谓国中曰："若立庵逻者，我当率兄弟以事之；如立大逻便，我必守境，利刃长矛以相待。"摄图长而且雄，国人莫敢拒，竟立庵逻为嗣。大逻便不得立，心不服庵逻，每遣人詈辱之。庵逻不能制，因以国让摄图。国中相与议曰："四可汗子，摄图最贤。"因迎立之，号伊利俱卢设莫何始波罗可汗，一号沙钵略，居都斤山。庵逻降居独洛水，称第三可汗。大逻便乃谓沙钵略曰："我与尔俱可汗子，各承父后，尔今极尊，我独无位，何也？"沙钵略患之，以为阿波可汗，还领所部。

沙钵略勇而得众，北夷皆归附之。隋文帝受禅，待之甚薄，北夷大怨。会营州刺史高宝宁作乱，沙钵略与之合军，攻陷临渝镇。上敕缘边修保鄣，峻长城，以备之。沙钵略妻，周千金公主，伤宗祀绝灭，由是悉众来寇，控弦士四十万。上令柱国冯昱屯乙弗泊，兰州总管叱李崇屯幽州，达奚长儒据周槃，皆为虏败。于是纵兵自木硖、石门两道来寇，武威、天水、安定、金城、上郡、弘化、延安六畜咸尽。天子震怒，下诏曰：

往者周、齐抗衡，分割诸夏，突厥之虏，俱通二国。周人东虑，恐齐好之深；齐氏西虞，惧周交之厚。各谓虏意轻重，国遂安危。非徒并有大敌之忧，思减一边之防。竭生灵之力，供其来往，倾府库之财，弃于沙漠。华夏之地，实为劳扰。朕受天明命，子育万方，愍臣下之劳，除既往之弊。回入贼之物，加赐将士；息在路之人，务于耕织。凶丑愚暗，未知深旨，将大定之日，比战国之时，乘昔世之骄，结今时之恨。近者，尽其巢窟，俱犯北边，而远镇偏师，逢而摧翦，未及南上，遽已奔北。

且彼渠帅，其数凡五，昆季争长，父叔相猜，世行暴虐，家法残忍。东夷诸国，尽挟私雠；西戎群长，皆有宿怨。突厥之北，契骨之徒，切齿磨牙，常伺其后。达头前攻酒泉，于阗、波斯、挹怛三国，一时即叛；沙钵略近趣周槃，其部内薄孤、东纥罗寻亦翻动。往年利稽察大为高丽、靺鞨所破，沙毗设又为纥支可汗所杀。与其为邻，皆愿诛剿，部落之下，尽异纯人。千种万类，仇敌怨偶，泣血抚心，衔悲积恨。圆首方足，皆人类也，有一于此，更切朕怀。彼地咎征妖作，将年一纪。乃兽为人语，人作神言，云其国亡，讫而不见。每冬雷震，触地火生。种类资给，唯借水草，去岁四时，竟无雨雪，川枯蝗暴，卉木烧尽，饥疫死亡，人畜相半。旧居之地，赤土无依，迁徙漠南，偷存晷刻。斯盖上天所忿，驱就齐斧，幽明合契，今也其时。

故选将练兵，赢粮聚甲，义士奋发，壮夫肆愤，愿取名王之首，思拽单于之背。此则王恢所说，其犹射痈，何敌能当，何远不克。但皇王旧迹，北止幽都，荒遐之表，文轨所弃，得其地不可而居，得其人不忍皆杀。无劳兵革，远规溟海。普告海内，知朕意焉。

于是河间王弘、上柱国豆卢勣、窦荣定、左仆射高颖、右仆射虞庆则并为元帅，出塞击之。沙钵略率阿波、贪汗二可汗来拒战，皆败走。时虏饥不能得食，粉骨为粮，又多灾疫，死者极众。

既而沙钵略以阿波骁悍，忌之，因其先归，袭击其部，大破之，杀阿波母。阿波还无所归，西奔达头可汗。达头者，名玷厥，沙钵略之从父也，旧为西面可汗。既而大怒，遣阿波率兵而东，其部落归之者将十万骑，遂与沙钵略相攻。又有贪汗可汗，素睦于阿波，沙钵略夺其众而废之，贪汗亡奔达头。沙钵略从弟地勤察，别统部落，与沙钵略有隙，复以众叛归阿波。连兵不已，各遣使诣阙，请和求援，上皆不许。

时沙钵略既为达头所困，又东畏契丹，遣使告急，请将部落度漠南，寄居白道川内。有诏许之，晋王广以兵援之，给以衣食，赐以车服、鼓吹。沙钵略因西击阿波，破擒之。而阿拔国部落乘虚掠其妻子。官军为击阿拔，败之，所获悉与沙钵略。沙钵略大喜，乃立约，以碛为界。因上表曰："大突厥伊利俱卢设始波罗莫何可汗臣摄图言：大使、尚书右仆射虞庆则至，伏奉诏书，兼宣慈旨，仰惟恩信之著，愈久愈明，徒知负荷，不能答谢。突厥自天置以来，五十余载，保有沙漠，自王蕃隅，地过万里，士马亿数，恒力兼戎夷，抗礼华夏，在于戎狄，莫与为大。顷者，气候清和，风云顺序，意以华夏其有大圣兴焉。伏惟大隋皇帝真皇帝也，岂敢阻兵恃险，偷窃名号？今便感慕淳风，归心有道。虽复南瞻魏阙，山川悠远，北面之礼不敢废。当令侍子入朝，神马岁贡，朝夕恭承，惟命是视。谨遣第七儿臣窟合真等奉表以闻。"文帝下诏曰："沙钵略往虽与和，犹是二国，今作君臣，便成一体。已敕有司，肃告郊庙，宜传播天下，咸使知闻。"自是诏答诸事，并不称其名以异之。其妻可贺敦周千金公主，赐姓杨氏，编之属籍，改封大义公主。策拜窟合真为柱国，封安国公，宴于内殿，引见皇后，赏劳甚厚。沙钵略大悦。于是，岁时贡献不绝。

（唐）李延寿：《北史》卷九十九《突厥传》，北京：中华书局，1974 年，第 3287—3295 页。

《北史》卷九十九《铁勒传》

铁勒之先，匈奴之苗裔也。种类最多，自西海之东，依山据谷，往往不绝。独洛河北，有仆骨、同罗、韦纥、拔也古、覆罗，并号俟斤，蒙陈、吐如纥、斯结、浑、斛薛等诸姓，胜兵可二万。伊吾以西，焉耆之北，傍白山，则有契弊、薄落职、乙咥、苏婆、那曷、乌护、纥骨、也咥、于尼护等，胜兵可二万。金山西南，有薛延陀、咥勒儿、十槃、达契等，一万余兵。康国北，傍阿得水，则有诃咥、曷截、拨忽、比干、具海、曷比悉、何嵯苏、拔也末、谒达等，有三万许兵。得嶷海东西，有苏路羯、三素咽、篾促、萨忽等诸姓，八千余。拂菻东，则有恩屈、阿兰、北褥、九离、伏嗢昏等，近二万人。北海南，则都波等。虽姓氏各别，总谓为铁勒。并无君长，分属东西两突厥。居无恒所，随水草流移。人性凶忍，善于骑射，贪婪尤甚，以寇抄为生。近西边者，颇为艺植，多牛而少马。

自突厥有国，东西征讨，皆资其用，以制北荒。开皇末，晋王广北征，纳启人，破步迦可汗，铁勒于是分散。大业元年，突厥处罗可汗击铁勒诸部，厚税敛其物，又猜忌薛延陁等，恐为变，遂集其魁帅数百人，尽诛之。由是一时反叛，拒处罗。遂立俟利发、俟斤契弊歌楞为易勿真莫何可汗，居贪汗山；复立薛延陁内俟斤子也咥为小可汗。处罗既败，莫何可汗始大。莫何勇毅绝伦，甚得众心，为邻国所惮，伊吾、高昌、焉耆诸国悉附之。

其俗大抵与突厥同。唯丈夫婚毕，便就妻家，待产乳男女，然后归舍；死者埋殡之：此其异也。大业三年，遣使贡方物，自是不绝云。

（唐）李延寿：《北史》卷九十九《铁勒传》，北京：中华书局，1974 年，第 3303—3304 页。

《南史》卷七十九《东夷传》

高句丽，在辽东之东千里，其先所出，事详《北史》。地方可二千里，中有辽山，辽水所出。汉、魏世，南与朝鲜秽貊、东与沃沮、北与夫余接。其王都于丸都山下，地多大山深谷，无原泽，百姓依之以居，食涧水。虽土著，无良田，故其俗节食，好修宫室。于所居之左立大屋，祭鬼神，又祠零星、社稷。人性凶急，喜寇钞。其官有相加、对卢、沛者、古邹加、主簿、优台、使者、皂衣、先人，尊卑各有等级。言语诸事，多与夫余同，其性气衣服有异。本有五族，有消奴部、绝奴部、慎奴部、灌奴部、桂娄部。本消奴部为王，微弱，桂娄部代之。其置官，有对卢则不置沛者，有沛者则不置对卢。俗喜歌舞，国中邑落，男女每夜群聚歌戏。其人洁净自喜，善藏酿，跪拜申一脚，行步皆走。以十月祭天大会。其公会衣服皆锦绣金银以自饰，大加、主簿头所着似帻而无后，其小加着折风，形如弁。其国无牢狱，有罪者则会诸加评议，重者便杀之，没入其妻子。其俗好淫，男女多相奔诱。已嫁娶便稍作送终之衣。

其死葬，有椁无棺。好厚葬，金银财币尽于送死。积石为封，列植松柏。兄死妻嫂。其马皆小，便登山。国人尚气力，便弓矢刀矛，有铠甲，习战斗，沃沮、东涉皆属焉。

晋安帝义熙九年，高丽王高琏遣长史高翼奉表，献赭白马，晋以琏为使持节、都督营州诸军事、征东将军、高丽王、乐浪公。宋武帝践阼，加琏征东大将军，余官并如故。三年，加琏散骑常侍，增督平州诸军事。少帝景平二年，琏遣长史马娄等来献方物，遣谒者朱邵伯、王邵子等慰劳之。

元嘉十五年，冯弘为魏所攻，败奔高丽北丰城，表求迎接。文帝遣使王白驹、赵次兴迎之，并令高丽资遣。琏不欲弘南，乃遣将孙漱、高仇等袭杀之。白驹等率所领七千余人生禽漱，杀仇等二人。琏以白驹等专杀，遣使执送之。上以远国不欲违其意，白驹等下狱见原。琏每岁遣使。十六年，文帝欲侵魏，诏琏送马，献八百匹。孝武孝建二年，琏遣长史董腾奉表，慰国哀再周，并献方物。大明二年，又献肃慎氏楛矢石砮。七年，诏进琏为车骑大将军、开府仪同三司，余官并如故。明帝泰始、后废帝元徽中，贡献不绝，历齐并授爵位，百余岁死。子云立，齐隆昌中，以为使持节、散骑常侍、都督营平二州、征东大将军、高丽王、乐浪公。

梁武帝即位，进云车骑大将军。天监七年，诏为抚东大将军、开府仪同三司，持节、常侍、都督、王并如故。十一年、十五年，累遣使贡献。十七年，云死，子安立。普通元年，诏安纂袭封爵，持节、督营平二州诸军事、宁东将军。七年，安卒，子延立，遣使贡献。诏以延袭爵。中大通四年、六年，大同元年、七年，累奉表献方物。太清二年，延卒，诏其子成袭延爵位。

（唐）李延寿：《南史》卷七十九《东夷传》，北京：中华书局，1975年，第1969—1971页。

北狄种类实繁，蠕蠕为族，盖匈奴之别种也。魏自南迁，因擅其故地。无城郭，随水草畜牧，以穹庐居。辫发，衣锦小袖袍、小口裤、深雍靴。其地苦寒，七月流澌亘河。宋升明中，遣王洪轨使焉，引之共谋魏。齐建元三年，洪轨始至。是岁通使，求并力攻魏。其相国刑基祇罗回表，言："京房谶云：'卯金卒，草肃应王。'历观图纬，代宋者齐。"又献师子皮裤褶。其国后稍侵弱，永明中，为丁零所破，更为小国而南移其居。梁天监十四年，遣使献马、貂裘。普通元年，又遣使献方物。是后数岁一至焉。大同七年，又献马一匹，金一斤。其国能以术祭天而致风雪，前对皎日，后则泥潦横流，故其战败莫能追及。或于中夏为之，则不能雨，问其故，盖以暖云。

（唐）李延寿：《南史》卷七十九《东夷传》，北京：中华书局，1975 年，第 1986—1987 页。

第二章　隋唐时期东北农业史料

《隋书》卷二十四《食货志》

魏自永安之后，政道陵夷，寇乱实繁，农商失业。官有征伐，皆权调于人，犹不足以相资奉，乃令所在迭相纠发，百姓愁怨，无复聊生。寻而六镇扰乱，相率内徙，寓食于齐、晋之郊。齐神武因之，以成大业。魏武西迁，连年战争，河、洛之间，又并空竭。天平元年，迁都于邺，出粟一百三十万石，以振贫人。是时六坊之众，从武帝而西者，不能万人，余皆北徙，并给常廪，春秋二时赐帛，以供衣服之费。常调之外，逐丰稔之处，折绢籴粟，以充国储。于诸州缘河津济，皆官仓贮积，以拟漕运。于沧、瀛、幽、青四州之境，傍海置盐官，以煮盐，每岁收钱，军国之资，得以周赡。自是之后，仓廪充实，虽有水旱凶饥之处，皆仰开仓以振之。元象、兴和之中，频岁大穰。谷斛至九钱。是时法纲宽弛，百姓多离旧居，缺于徭赋。神武乃命孙腾、高隆之，分括无籍之户，得六十余万。于是侨居者各勒还本属，是后租调之入有加焉。及文襄嗣业，侯景背叛，河南之地，困于兵革。寻而侯景乱梁，乃命行台辛术，略有淮南之地。其新附州郡，羁縻轻税而已。

及文宣受禅，多所创革。六坊之内徙者，更加简练，每一人必当百人，任其临阵必死，然后取之，谓之百保鲜卑。又简华人之勇力绝伦者，谓之勇士，以备边要。始立九等之户，富者税其钱，贫者役其力。北兴长城之役，南有金陵之战。其后南征诸将，频岁陷没，士马死者，以数十万计。重以修创台殿，所役甚广。而帝刑罚酷滥，吏道因而成奸，豪党兼并，户口益多隐漏。旧制，未娶者输半床租调，阳翟一郡，户至数万，籍多无妻。有司劾之，帝以为生事。由是奸欺尤甚。户口租调，十亡六七。

是时用度转广，赐与无节，府藏之积，不足以供。乃减百官之禄，撤军人常廪，并省州郡县镇戍之职。又制刺史守宰行兼者，并不给干，以节国之费用焉。天保八年，议徙冀、定、瀛无田之人，谓之乐迁，于幽州范阳宽乡以处之。百姓惊扰。属以频岁不熟，米籴踊贵矣。废帝乾明中，尚书左丞苏珍芝，议修石鳖等屯，岁收数万石。自是淮南军防，粮廪充足。孝昭皇建中，平州刺史稽晔建议，开幽州督亢旧陂，长城左右营屯，岁收稻粟数十万石，北境得以周赡。又于河内置怀义等屯，以给河南之费。自是稍止转输之劳。

（唐）魏征、令狐德棻：《隋书》卷二十四《食货志》，北京：中华书局，1973 年，第 675—677 页。

缘边城守之地，堪垦食者，皆营屯田，置都使子使以统之。一子使当田五十顷，岁终考其所入，以论褒贬。是时频岁大水，州郡多遇沉溺，谷价腾踊。朝廷遣使开仓，从贵价以粜之，而百姓无益，饥馑尤甚。重以疾疫相乘，死者十四五焉。

……

后周太祖作相，创制六官。载师掌任土之法，辨夫家田里之数，会六畜车乘之稽，审赋役敛弛之节，制畿疆修广之域，颁施惠之要，审牧产之政。司均掌田里之政令。凡人口十已上，宅五亩；口九已上，宅四亩；口五已下，宅三亩。有室者，田百四十亩，丁者田百亩。司赋掌功赋之政令。凡人自十八以至六十有四，与轻癃者，皆赋之。其赋之法，有室者，岁不过绢一匹，绵八两，粟五斛；丁者半之。其非桑土，有室者，布一匹，麻十斤；丁者又半之。丰年则全赋，中年半之，下年一之，皆以时征焉。若艰凶札，则不征其赋。司役掌力役之政令。凡人自十八以至五十有九，皆任于役。丰年不过三旬，中年则二旬，下年则一旬。凡起徒役，无过家一人。其人有年八十者，一子不从役，百年者，家不从役。废疾非人不养者，一人不从役。若凶札，又无力征。掌盐掌四盐之政令。一曰散盐，煮海以成之；二曰盬盐，引池以化之；三曰形盐，物地以出之；四曰饴盐，于戎以取之。凡盬盐形盐，每地为之禁，百姓取之，皆税焉。司仓掌辨九谷之物，以量国用。国用足，即蓄其余，以待凶荒；不足则止。余用足，则以粟贷人。春颁之，秋敛之。

......

高祖登庸，罢东京之役，除入市之税。是时尉迥、王谦、司马消难，相次叛逆，兴师诛讨，赏费钜万。及受禅，又迁都，发山东丁，毁造宫室。仍依周制，役丁为十二番，匠则六番。及颁新令，制人五家为保，保有长。保五为闾，闾四为族，皆有正。畿外置里正，比闾正，党长比族正，以相检察焉。男女三岁已下为黄，十岁已下为小，十七已下为中，十八已上为丁。丁从课役，六十为老，乃免。自诸王已下，至于都督，皆给永业田，各有差。多者至一百顷，少者至四十亩。其丁男、中男永业露田，皆遵后齐之制。并课树以桑榆及枣。其园宅，率三口给一亩，奴婢则五口给一亩。丁男一床，租粟三石。桑土调以绢絁，麻土以布绢。絁以匹，加绵三两。布以端，加麻三斤。单丁及仆隶各半之。未受地者皆不课。有品爵及孝子顺孙义夫节妇，并免课役。京官又给职分田。一品者给田五顷。每品以五十亩为差，至五品，则为田三顷，六品二顷五十亩。其下每品以五十亩为差，至九品为一顷。外官亦各有职分田。又给公廨田，以供公用。

开皇三年正月，帝入新宫。初令军人以二十一成丁。减十二番每岁为二十日役，减调绢一匹为二丈。先是尚依周末之弊，官置酒坊收利，盐池盐井，皆禁百姓采用。至是罢酒坊，通盐池盐井与百姓共之。远近大悦。

是时突厥犯塞，吐谷浑寇边，军旅数起，转输劳敝。帝乃令朔州总管赵仲卿，于长城以北，大兴屯田，以实塞下。又于河西，勒百姓立堡，营田积谷。京师置常平监。

......

是时百姓废业，屯集城堡，无以自给。然所在仓库，犹大充牣，吏皆惧法，莫肯赈救，由是益困。初皆剥树皮以食之，渐及于叶，皮叶皆尽，乃煮土或捣藁为末而食之。其后人乃相食。十二年，帝幸江都。是时李密据洛口仓，聚众百万。越王侗与段达等守东都。东都城内粮尽，布帛山积，乃以绢为汲绠，然布以爨。代王侑与卫玄守京师，百姓饥馑，亦不能救。义师入长安，发永丰仓以赈之，百姓方苏息矣。

晋自过江，凡货卖奴婢马牛田宅，有文券，率钱一万，输估四百入官，卖者三百，买者一百。无文券者，随物所堪，亦百分收四，名为散估。历宋齐梁陈，如此以为常。以此人竞商贩，不为田业，故使均输，欲为惩励。虽以此为辞，其实利在侵削。又都西有石头津，东有方山津，各置津主一人，贼曹一人，直水五人，以检察禁物及亡叛者。其荻炭鱼薪之类过津者，并十分税一以入官。其东路无禁货，故方山津检察甚简。淮水北有大市百余，小市十余所。大市备置官司，税敛既重，时甚苦之。

梁初，唯京师及三吴、荆、郢、江、湘、梁、益用钱。其余州郡，则杂以谷帛交易。交、广之域，全以金银为货。武帝乃铸钱，肉好周郭，文曰"五铢"，重如其文。而又别铸，除其肉郭，谓之女钱。二品并行。百姓或私以古钱交易，有直百五铢、五铢、女钱、太平百钱、定平一百、五铢稚钱、五铢对文等号。轻重不一。天子频下诏书，非新铸二种之钱，并不许用。而趣利之徒，私用转甚。至普通中，乃议尽罢铜钱，更铸铁钱。人以铁贱易得，并皆私铸。及大同已后，所在铁钱，遂如丘山，物价腾贵。交易者以车载钱，不复计数，而唯论贯。商旅奸诈，因之以求利。自破岭以东，八十为百，名曰东钱。江、郢已上，七十为百，名曰西钱。京师以九十为百，名曰长钱。中大同元年，天子乃诏通用足陌。诏下而人不从，钱陌益少。至于末年，遂以三十五为百云。

陈初，承梁丧乱之后，铁钱不行。始梁末又有两柱钱及鹅眼钱，于时人杂用，其价同，但两柱重而鹅眼轻。私家多镕钱，又间以锡铁，兼以粟帛为货。至文帝天嘉五年，改铸五铢。初出，一当鹅眼之十。宣帝太建十一年，又铸大货六铢，以一当五铢之十，与五铢并行。后还当一，人皆不便。乃相与讹言曰："六铢钱有不利县官之象。"未几而帝崩，遂废六铢而行五铢。竟至陈亡。其岭南诸州，多以盐米布交易，俱不用钱云。

齐神武霸政之初，承魏犹用永安五铢。迁邺已后，百姓私铸，体制渐别，遂各以为名。有雍州青赤，梁州生厚、紧钱、吉钱，河阳生涩、天柱、赤牵之称。冀州之北，钱皆不行，交贸者皆以绢布。神武帝乃收境内之铜及钱，仍依旧文更铸，流之四境。未几之间，渐复细薄，奸伪竞起。文宣受禅，除永安之钱，改铸常平五铢，重如其文。其钱甚贵，且制造甚精。至乾明、皇建之间，往往私铸。邺中用钱，有赤熟、青熟、细眉、赤生之异。河南所用，有青薄铅锡之别。青、齐、徐、兖、梁、豫州，辈类各殊。武平已后，私铸转甚，或以生铁和铜。至于齐亡，卒不能禁。

后周之初，尚用魏钱。及武帝保定元年七月，乃更铸布泉之钱，以一当五，与五铢并行。时梁、益之境，又杂用古钱交易。河西诸郡，或用西域金银之钱，而官不禁。建德三年六月，更铸五行大布钱，以一当十，大收商估之利，与布泉钱并行。四年七月，又以边境之上，人多盗铸，乃禁五行大布，不得出入四关，布泉之钱，听入而不听出。五年正月，以布泉渐贱而人不用，遂废之。初令私铸者绞，从者远配为户。齐平已后，山东之人，犹杂用齐氏旧钱。至宣帝大象元年十一月，又铸永通万国钱。以一当十，与五行大布及五铢，凡三品并用。

高祖既受周禅，以天下钱货轻重不等，乃更铸新钱。背面肉好，皆有周郭，文曰："五铢"，而重如其文。每钱一千，重四斤二两。是时钱既新出，百姓或私有熔铸。三年四月，诏四面诸关，各付百钱为样。从关外来，勘样相似，然后得过。样不同者，即坏以为铜，入官。诏行新钱已后，前代旧钱，有五行大布、永通万国及齐常平，所在用以贸易不止。四年，诏仍依旧不禁者，县令夺半年禄。然百姓习用既久，尚犹不绝。五年正月，诏又严其制。自是钱货始一，所在流布，百姓便之。是时见用之钱，皆须和以锡镴。锡镴既贱，求利者多，私铸之钱，不可禁约。其年，诏乃禁出锡镴之处，并不得私有采取。十年，诏晋王广，听于扬州立五炉铸钱。其后奸狡稍渐磨鑢钱郭，取铜私铸，又杂以锡钱，递相放效，钱遂轻薄。乃下恶钱之禁。京师及诸州邸肆之上，皆令立榜，置样为准。不中样者，不入于市。十八年，诏汉王谅，听于并州立五炉铸钱。是时江南人间钱少，晋王广又听于鄂州白纻山有铜铆处，锢铜铸钱。于是诏听置十炉铸钱。又诏蜀王秀，听于益州立五炉铸钱。是时钱益滥恶，乃令有司，括天下邸肆见钱，非官铸者，皆毁之，其铜入官。而京师以恶钱贸易，为吏所执，有死者。数年之间，私铸颇息。大业已后，王纲弛紊，巨奸大猾，遂多私铸，钱转薄恶。初每千犹重二斤，后渐轻至一斤。或翦铁鍱，裁皮糊纸以为钱，相杂用之。货贱物贵，以至于亡。

（唐）魏征、令狐德棻：《隋书》卷二十四《食货志》，北京：中华书局，1973年，第678—692页。

《隋书》卷八十一《东夷传》

高丽之先，出自夫余。夫余王尝得河伯女，因闭于室内，为日光随而照之，感而遂孕，生一大卵，有一男子破壳而出，名曰朱蒙。夫余之臣以朱蒙非人所生，咸请杀之，王不听。及壮，因从猎，所获居多，又请杀之。其母以告朱蒙，朱蒙弃夫余东南走。遇一大水，深不可越。朱蒙曰："我是河伯外孙，日之子也。今有难，而追兵且及，如何得渡？"于是鱼鳖积而成桥，朱蒙遂渡。追骑不得济而还。

朱蒙建国，自号高句丽，以高为氏。朱蒙死，子闾达嗣。至其孙莫来兴兵，遂并夫余。至裔孙位宫，以魏正始中入寇西安平，毌丘俭拒破之。位宫玄孙之子曰昭列帝，为慕容氏所破，遂入丸都，焚其宫室，大掠而还。昭列帝后为百济所杀。其曾孙琏，遣使后魏。琏六世孙汤，在周遣使朝贡，武帝拜汤上开府、辽东郡公、辽东王。高祖受禅，汤复遣使诣阙，进授大将军，改封高丽王。岁遣使朝贡不绝。

其国东西二千里，南北千余里。都于平壤城，亦曰长安城，东西六里，随山屈曲，南临浿水。复有国内城、汉城，并其都会之所，其国中呼为"三京"。与新罗每相侵夺，战争不息。官有太大兄，次大兄，次小兄，次对卢，次意侯奢，次乌拙，次太大使者，次大使者，次小使者，次褥奢，次翳属，次仙人，凡十二等。复有内评、外评、五部褥萨。人皆皮冠，使人加插鸟羽。贵者冠用紫罗，饰以金银。服大袖衫，大口袴，素皮带，黄革履。妇人裙襦加襈。兵器与中国略同。每春秋校猎，王亲临之。人税布五匹，谷五石。游人则三年一税，十人共细布一匹。租户一石，次七斗，下五斗。反逆者缚之于柱，爇而斩之，籍没其家。盗则偿十倍。用刑既峻，罕有犯者。乐有五弦、琴、筝、筚篥、横吹、箫、鼓之属，吹芦以和曲。每年初，聚戏于浿水之上，王乘腰舆，列羽仪以观之。事毕，王以衣服入水，分左右为二部，以水石相溅掷，喧呼驰逐，再三而止。俗好蹲踞，洁净自喜，以趋走为敬，拜则曳一脚，立各反拱，行必摇手。性多诡伏。父子同川而浴，共室而寝。妇人淫奔，俗多游女。有婚嫁者，取男女相悦，然即为之，男家送猪酒而已，无财聘之礼。或有受财者，人共耻之。死者殡于屋内，经三年，择吉日而葬。居父母及夫之丧，服皆三年，兄弟三月。初终哭泣，葬则鼓舞作乐以送之。埋讫，悉取死者生时服玩车马置于墓侧，会葬者争取而去。敬鬼神，多淫祠。

开皇初，频有使入朝。及平陈之后，汤大惧，治兵积谷，为守拒之策。十七年，上赐汤玺书曰："朕受天命，爱育率土，委王海隅，宣扬朝化，欲使圆首方足各遂其心。王每遣使人，岁常朝贡，虽称藩附，诚节未尽。王既人臣，须同朕德，而乃驱逼靺鞨，固禁契丹。诸藩顿颡，为我臣妾，忿善人之慕义，何毒害之情深乎？太府工人，其数不少，王必须之，自可闻奏。昔年潜行财货，利动小人，私将弩手逃窜下国。岂非修理兵器，意欲不臧，恐有外闻，故为盗窃？时命使者，抚慰王藩，本欲问彼人情，教彼政术。王乃坐之空馆，严加防守，使其闭目塞耳，永无闻见。有何阴恶，弗欲人知，禁制官司，畏其访察？又数遣马骑，杀害边人，屡骋奸谋，动作邪说，心在不宾。朕于苍生悉如赤子，赐王土宇，授王官爵，深恩殊泽，彰著遐迩。王专怀不信，恒自猜疑，常遣使人密觇消息，纯臣之义岂若是也？盖当由朕训导不明，王之愆违，一已宽恕，今日以后，必须改革。守藩臣之节，奉朝正之典，自化尔藩，勿忤他国，则长享富贵，实称朕心。彼之一方，虽地狭人少，然普天之下，皆为朕臣。今若黜王，不可虚置，终须更选官属，就彼安抚。王若洒心易行，率由宪章，即是朕之良臣，何劳别遣才彦也？昔帝王作法，仁信为先，有善必赏，有恶必罚，四海之内，具闻朕旨。王若无罪，朕忽加兵，自余藩国谓朕何也！王必虚心纳朕此意，慎勿疑惑，更怀异图。往者陈叔宝代在江阴，残害人庶，惊动我烽候，抄掠我边境。朕前后诫敕，经历十年，彼则恃长江之外，聚一隅之众，惛狂骄傲，不从朕言。故命将出师，除彼凶逆，来往不盈旬月，兵骑不过数千。历代逋寇，一朝清荡，遐迩又安，人神胥悦。闻王叹恨，独致悲伤，黜陟幽明，有司是职，罪王不为陈灭，赏王不为陈存，乐祸好乱，何为尔也？王谓辽水之广何如长江？高丽之人多少陈国？朕若不存含育，责王前愆，命一将军，何待多力！殷勤晓示，许王自新耳。宜得朕怀，自求多福。"

汤得书惶恐，将奉表陈谢，会病卒。子元嗣立。高祖使使拜元为上开府、仪同三司，袭爵辽东郡公，赐衣一袭。元奉表谢恩，并贺祥瑞，因请封王。高祖优册元为王。

明年，元率靺鞨之众万余骑寇辽西，营州总管韦冲击走之。高祖闻而大怒，命汉王谅为元帅，总水陆讨之，下诏黜其爵位。时馈运不继，六军乏食，师出临渝关，复遇疾疫，王师不振。及次辽水，元亦惶惧，遣使谢罪，上表称"辽东粪土臣元"云云。上于是罢兵，待之如初，元亦岁遣朝贡。

炀帝嗣位，天下全盛，高昌王、突厥启人可汗并亲诣阙贡献，于是征元入朝。元惧，藩礼颇缺。大业七年，帝将讨元之罪，车驾渡辽水，上营于辽东城，分道出师，各顿兵于其城下。高丽率兵出拒，战多不利，于是皆婴城固守。帝令诸军攻之，又敕诸将："高丽若降者，即宜抚纳，不得纵兵。"城将陷，贼辄言请降，诸将奉旨不敢赴机，先令驰奏。比报至，贼守御亦备，随出拒战。如此者再三，帝不悟。由是食尽师老，转输不继，诸军多败绩，于是班师。是行也，唯于辽水西拔贼武厉逻，置辽东郡及通定镇而还。

九年，帝复亲征之，乃敕诸军以便宜从事。诸将分道攻城，贼势日蹙。会杨玄感作乱，反书至，帝大惧，即日六军并还。兵部侍郎斛斯政亡入高丽，高丽具知事实，悉锐来追，殿军多败。十年，又发天下兵，会盗贼蜂起，人多流亡，所在阻绝，军多失期。至辽水，高丽亦困弊，遣使乞降，囚送斛斯政以赎罪。帝许之，顿于怀远镇，受其降款。仍以俘囚军实归。至京师，以高丽使者亲告于太庙，因拘留之。仍征元入朝，元竟不至。帝敕诸军严装，更图后举，会天下大乱，遂不克复行。

（唐）魏征、令狐德棻：《隋书》卷八十一《东夷传》，北京：中华书局，1973 年，第 1813—1817 页。

靺鞨，在高丽之北，邑落俱有酋长，不相总一。凡有七种：其一号粟末部，与高丽相接，胜兵数千，多骁武，每寇高丽中。其二曰伯咄部，在粟末之北，胜兵七千。其三曰安车骨部，在伯咄东北。其四曰拂涅部，在伯咄东。其五曰号室部，在拂涅东。其六曰黑水部，在安车骨西北。其七曰白山部，在粟末东南。胜兵并不过三千，而黑水部尤为劲健。自拂涅以东，矢皆石镞，即古之肃慎氏也。所居多依山水，渠帅曰大莫弗瞒咄，东夷中为强国。有徒太山者，俗甚敬畏，上有熊罴豹狼，皆不害人，人亦不敢杀。地卑湿，筑土如堤，凿穴以居，开口向上，以梯出入。相与偶耕，土多粟麦穄。水气咸，生盐于木皮之上。其畜多猪。嚼米为酒，饮之亦醉。妇人服布，男子衣猪狗皮。俗以溺洗手面，于诸夷最为不洁。其俗淫而妒，其妻外淫，人有告其夫者，夫辄杀妻，杀而后悔，必杀告者，由是奸淫之事终不发扬。人皆射猎为业，角弓长三尺，箭长尺有二寸。常以七八月造毒药，傅矢以射禽兽，中者立死。

开皇初，相率遣使贡献。高祖诏其使曰："朕闻彼土人庶多能勇捷，今来相见，实副朕怀。朕视尔等如子，尔等宜敬朕如父。"对曰："臣等僻处一方，道路悠远，闻内国有圣人，故来朝拜。既蒙劳赐，亲奉圣颜，下情不胜欢喜，愿得长为奴仆也。"其国西北与契丹相接，每相劫掠。后因其使来，高祖诚之曰："我怜念契丹与尔无异，宜各守土境，岂不安乐？何为辄相攻击，甚乖我意！"使者谢罪。高祖因厚劳之，令宴饮于前。使者与其徒皆起舞，其曲折多战斗之容。上顾谓侍臣曰："天地间乃有此物，常作用兵意，何其甚也！"然其国与隋悬隔，唯粟末、白山为近。

炀帝初与高丽战，频败其众，渠帅度地稽率其部来降。拜为右光禄大夫，居之柳城，与边人来往。悦中国风俗，请被冠带，帝嘉之，赐以锦绮而褒宠之。及辽东之役，度地稽率其徒以从，每有战功，赏赐优厚。十三年，从帝幸江都，寻放归柳城。在途遇李密之乱，密遣兵邀之，前后十余战，仅而得免。至高阳，复没于王须拔。未几，遁归罗艺。

（唐）魏征、令狐德棻：《隋书》卷八十一《东夷传》，北京：中华书局，1973 年，第 1821—1822 页。

《隋书》卷八十四《北狄传》

其俗畜牧为事，随逐水草，不恒厥处。穹庐毡帐，被发左衽，食肉饮酪，身衣裘褐，贱老贵壮。官有叶护，次设特勤，次俟利发，次吐屯发，下至小官，凡二十八等，皆世为之。有角弓、鸣镝、甲、矟、刀、剑。善骑射，性残忍。无文字，刻木为契。候月将满，辄为寇抄。谋反叛杀人者皆死，淫者割势而腰斩之。斗伤人目者偿之以女，无女则输妇财，折支体者输马，盗者则偿赃十倍。有死者，停尸帐中，家人亲属多杀牛马而祭之，绕帐号呼，以刀划面，血泪交下，七度而止。于是择日置尸马上而焚之，取灰而葬。表木为茔，立屋其中，图画死者形仪及其生时所经战阵之状。尝杀一人，则立一石，有至千百者。父兄死，子弟妻其群母及嫂。五月中，多杀羊马以祭天。男子好樗蒲，女子踏鞠，饮马酪取醉，歌呼相对。敬鬼神，信巫觋，重兵死而耻病终，大抵与匈奴同俗。

木杆在位二十年，卒，复舍其子大逻便而立其弟，是为佗钵可汗。佗钵以摄图为尔伏可汗，统其东面，又以其弟褥但可汗子为步离可汗，居西方。时佗钵控弦数十万，中国惮之，周、齐争结姻好，倾府藏以事之。佗钵益骄，每谓其下曰："我在南两儿常孝顺,何患贫也!"齐有沙门惠琳,被掠入突厥中,因谓佗钵曰："齐国富强者,为有佛法耳。"遂说以因缘果报之事。佗钵闻而信之,建一伽蓝,遣使聘于齐氏,求《净名》《涅槃》《华严》等经,并《十诵律》。佗钵亦躬自斋戒,绕塔行道,恨不生内地。在位十年,病且卒,谓其子庵罗曰："吾闻亲莫过于父子。吾兄不亲其子,委地于我。我死,汝当避大逻便也。"及佗钵卒,国中将立大逻便,以其母贱,众不服。庵罗母贵,突厥素重之。摄图最后至,谓国中曰："若立庵罗者,我当率兄弟以事之;如立大逻便,我必守境,利刃长矛以相待矣。"摄图长而且雄,国人皆惮,莫敢拒者,竟立庵罗为嗣。大逻便不得立,心不服庵罗,每遣人骂辱之。庵罗不能制,因以国让摄图。国中相与议曰："四可汗之子,摄图最贤。"因迎立之,号伊利俱卢设莫何始波罗可汗,一号沙钵略。治都斤山。庵罗降居独洛水,称第二可汗。大逻便乃请沙钵略曰："我与尔俱可汗子,各承父后。尔今极尊,我独无位,何也?"沙钵略患之,以为阿波可汗,还领所部。

　　沙钵略勇而得众,北夷皆归附之。及高祖受禅,待之甚薄,北夷大怨。会营州刺史高宝宁作乱,沙钵略与之合军,攻陷临渝镇。上敕缘边修保鄣,峻长城,以备之,仍命重将出镇幽、并。沙钵略妻,宇文氏之女,曰千金公主,自伤宗祀绝灭,每怀复隋之志,日夜言之于沙钵略。由是悉众为寇,控弦之士四十万。上令柱国冯昱屯乙弗泊,兰州总管叱李长义守临洮,上柱国李崇屯幽州,达奚长儒据周槃,皆为虏所败。于是纵兵自木硖、石门两道来寇,武威、天水、安定、金城、上郡、弘化、延安六畜咸尽。天子震怒,下诏曰:

　　往者魏道衰敝,祸难相寻,周、齐抗衡,分割诸夏。突厥之虏,俱通二国。周人东虑,恐齐好之深,齐氏西虞,惧周交之厚。谓虏意轻重,国逐安危,非徒并有大敌之忧,思减一边之防。竭生民之力,供其来往,倾府库之财,弃于沙漠,华夏之地,实为劳扰。犹复劫剥烽戍,杀害吏民,无岁月而不有也。恶积祸盈,非止今日。

　　朕受天明命,子育万方,愍臣下之劳,除既往之弊。以为厚敛兆庶,多惠豺狼,未尝感恩,资而为贼,违天地之意,非帝王之道。节之以礼,不为虚费,省徭薄赋,国用有余。因入贼之物,加赐将士,息道路之民,务于耕织。清边制胜,成策在心。凶丑愚暗,未知深旨,将大定之日,比战国之时,乘昔世之骄,结今时之恨。近者尽其巢窟,俱犯北边,朕分置军旅,所在邀截,望其深入，一举灭之。而远镇偏师，逢而摧翦，未及南上，遽已奔北，应弦染锷，过半不归。且彼渠帅，其数凡五，昆季争长，父叔相猜，外示弥缝，内乖心腹，世行暴虐，家法残忍。东夷诸国，尽挟私仇，西戎群长，皆有宿怨。突厥之北，契丹之徒，切齿磨牙，常伺其便。达头前攻酒泉，其后于阗、波斯、挹怛三国一时即叛。沙钵略近趣周槃，其部内薄孤、束纥罗寻亦翻动。往年利稽察大为高丽、靺鞨所破，娑毗设又为纥支可汗所杀。与其为邻，皆愿诛剿。部落之下，尽异纯民，千种万类，仇敌怨偶，泣血枘心，衔悲积恨。圆首方足，皆人类也，有一于此，更切朕怀。

彼地咎征妖作，年将一纪，乃兽为人语，人作神言，云其国亡，讫而不见。每冬雷震，触地火生，种类资给，惟借水草。去岁四时，竟无雨雪，川枯蝗暴，卉木烧尽，饥疫死亡，人畜相半。旧居之所，赤地无依，迁徙漠南，偷存晷刻。斯盖上天所忿，驱就齐斧，幽明合契，今也其时。故选将治兵，赢粮聚甲，义士奋发，壮夫肆愤，愿取名王之首，思拯单于之背，云归雾集，不可数也。东极沧海，西尽流沙，纵百胜之兵，横万里之众，亘朔野之追蹑，望天崖而一扫。此则王恢所说，其犹射痈，何敌能当，何远不服！

但皇王旧迹，北止幽都，荒遐之表，文轨所弃。得其地不可而居，得其民不忍皆杀，无劳兵革，远规溟海。诸将今行，义兼含育，有降者纳，有违者死。异域殊方，被其拥抑，放听复旧。广辟边境，严治关塞，使其不敢南望，永服威刑。卧鼓息烽，暂劳终逸，制御夷狄，义在斯乎！何用侍子之朝，宁劳渭桥之拜。普告海内，知朕意焉。

……

突厥自天置以来，五十余载，保有沙漠，自王蕃隅。地过万里，士马亿数，恒力兼戎夷，抗礼华夏，在于北狄，莫与为大。顷者气候清和，风云顺序，意以华夏其有大圣兴焉。况今被沾德义，仁化所及，礼让之风，自朝满野。窃以天无二日，土无二王，伏惟大隋皇帝，真皇帝也。岂敢阻兵恃险，偷窃名号，今便感慕淳风，归心有道，屈膝稽颡，永为藩附。虽复南瞻魏阙，山川悠远，北面之礼，不敢废失。当令侍子入朝，神马岁贡，朝夕恭承，唯命是视。至于削衽解辫，革音从律，习俗已久，未能改变。阖国同心，无不衔荷，不任下情欣慕之至。谨遣第七儿臣窟含真等奉表以闻。

高祖下诏曰："沙钵略称雄漠北，多历世年，百蛮之大，莫过于此。往虽与和，犹是二国，今作君臣，便成一体。情深义厚，朕甚嘉之。荷天之休，海外有截，岂朕薄德所能致此！已敕有司肃告郊庙，宜普颁天下，咸使知闻。"自是诏答诸事并不称其名以异之。其妻可贺敦周千金公主，赐姓杨氏，编之属籍，改封大义公主。策拜窟含真为柱国，封安国公，宴于内殿，引见皇后，赏劳甚厚。沙钵略大悦，于是岁时贡献不绝。

七年正月，沙钵略遣其子入贡方物，因请猎于恒、代之间，又许之，仍遣人赐其酒食。沙钵略率部落再拜受赐。沙钵略一日手杀鹿十八头，赍尾舌以献。还至紫河镇，其牙帐为火所烧，沙钵略恶之，月余而卒。上为废朝三日，遣太常吊祭焉。赠物五千段。

初，摄图以其子雍虞闾性懦，遗令立其弟叶护处罗侯；雍虞闾遣使迎处罗侯，将立之。处罗侯曰："我突厥自木杆可汗以来，多以弟代兄，以庶夺嫡，失先祖之法，不相敬畏。汝当嗣位，我不惮拜汝也。"雍虞闾又遣使谓处罗侯曰："叔与我父，共根连体，我是枝叶。宁有我作主，令根本反同枝叶，令叔父之尊下我卑稚！又亡父之命，其可废乎！愿叔勿疑。"相让者五六，处罗侯竟立，是为叶护可汗。以雍虞闾为叶护。遣使上表言状，上赐之鼓吹幡旗。

……

当大业初，处罗可汗抚御无道，其国多叛，与铁勒屡相攻，大为铁勒所败。时黄门侍郎裴矩在敦煌引致西域，闻国乱，复知处罗思其母氏，因奏之。炀帝遣司朝谒者崔君肃赍书慰谕之。处罗甚踞，受诏不肯起。君肃谓处罗曰："突厥本一国也，中分为二，自相仇敌。每岁交兵，积数十年而莫能相灭者，明知启民与处罗国其势敌耳。今启民举其部落，兵且百万，入臣天子，甚有丹诚者，何也？但以切恨可汗而不能独制，故卑事天子以借汉兵，连二大国，欲灭可汗耳。百官兆庶咸请许之，天子弗违，师出有日矣。顾可汗母向氏，本中国人，归在京师，处于宾馆。闻天子之诏，惧可汗之灭，旦夕守阙，哭泣悲哀。是以天子怜焉，为其辍策。向夫人又匍匐谢罪，因请发使以召可汗，令入内属，乞加恩礼，同于启民。天子从之，故遣使到此。可汗若称藩拜诏，国乃永安，而母得延寿；不然者，则向夫人为诳天子，必当取戮而传首虏庭。发大隋之兵，资北番之众，左提右挈，以击可汗，死亡则无日矣。奈何惜两拜之礼，剿慈母之命，吝一句称臣，丧匈奴国也！"处罗闻之，矍然而起，流涕再拜，跪受诏书。君肃又说处罗曰："启民内附，先帝嘉之，赏赐极厚，故致兵强国富。今可汗后附，与之争宠，须深结于天子，自表至诚。既以道远，未得朝觐，宜立一功，以明臣节。"处罗曰："如何？"君肃曰："吐谷浑者，启民少子莫贺咄设之母家也。今天子又以义成公主妻于启民，启民畏天子之威而与之绝。吐谷浑亦因憾汉故，职贡不修。可汗若请诛之，天子必许。汉击其内，可汗攻其外，破之必矣。然后身自入朝，道路无阻，因见老母，不亦可乎？"处罗大喜，遂遣使朝贡。

……

铁勒之先，匈奴之苗裔也，种类最多。自西海之东，依据山谷，往往不绝。独洛河北有仆骨、同罗、韦纥、拔也古、覆罗并号俟斤，蒙陈、吐如纥、斯结、浑、斛薛等诸姓，胜兵可二万。伊吾以西，焉耆之北，傍白山，则有契弊、薄落职、乙咥、苏婆、那曷、乌讙、纥骨、也咥、于尼讙等，胜兵可二万。金山西南有薛延陀、咥勒儿、十槃、达契等，一万余兵。康国北，傍阿得水，则有诃咥、曷嶻、拨忽、比干、具海、曷比悉、何嵯苏、拔也未渴达等，有三万许兵。得嶷海东西有苏路羯、三索咽、蔑促、隆忽等诸姓，八千余。拂菻东则有恩屈、阿兰、北褥九离、伏嗢昏等，近二万人。北海南则都波等。虽姓氏各别，总谓为铁勒。并无君长，分属东、西两突厥。居无恒所，随水草流移。人性凶忍，善于骑射，贪婪尤甚，以寇抄为生。近西边者，颇为艺植，多牛羊而少马。自突厥有国，东西征讨，皆资其用，以制北荒。

开皇末，晋王广北征，纳启民，大破步迦可汗，铁勒于是分散。大业元年，突厥处罗可汗击铁勒诸部，厚税敛其物，又猜忌薛延陀等，恐为变，遂集其魁帅数百人，尽诛之。由是一时反叛，拒处罗，遂立俟利发俟斤契弊歌楞为易勿真莫何可汗，居贪汗山。复立薛延陀内俟斤，字也咥，为小可汗。处罗可汗既败，莫何可汗始大。莫何勇毅绝伦，甚得众心，为邻国所惮，伊吾、高昌、焉耆诸国悉附之。其俗大抵与突厥同，唯丈夫婚毕，便就妻家，待产乳男女，然后归舍，死者埋殡之，此其异也。大业三年，遣使贡方物，自是不绝云。

奚本曰库莫奚，东部胡之种也。为慕容氏所破，遗落者窜匿松、漠之间。其俗甚为不洁，而善射猎，好为寇钞。初臣于突厥，后稍强盛，分为五部：一曰辱纥王，二曰莫贺弗，三曰契个，四曰木昆，五曰室得。每部俟斤一人为其帅。随逐水草，颇同突厥。有阿会氏，五部中为盛，诸部皆归之。每与契丹相攻击，虏获财畜，因而得赏。死者以苇薄裹尸，悬之树上。自突厥称藩之后，亦遣使入朝，或通或绝，最为无信。大业时，岁遣使贡方物。

契丹之先，与库莫奚异种而同类，并为慕容氏所破，俱窜于松、漠之间。其后稍大，居黄龙之北数百里。其俗颇与靺鞨同。好为寇盗。父母死而悲哭者，以为不壮，但以其尸置于山树之上，经三年之后，乃收其骨而焚之。因醊而祝曰："冬月时，向阳食。若我射猎时，使我多得猪鹿。"其无礼顽嚣，于诸夷最甚。

当后魏时，为高丽所侵，部落万余口求内附，止于白貌河。其后为突厥所逼，又以万家寄于高丽。开皇四年，率诸莫贺弗来谒。五年，悉其众款塞，高祖纳之，听居其故地。六年，其诸部相攻击，久不止，又与突厥相侵，高祖使使责让之。其国遣使诣阙，顿颡谢罪。其后契丹别部出伏等背高丽，率众内附。高祖纳之，安置于渴奚那颉之北。开皇末，其别部四千余家背突厥来降。上方与突厥和好，重失远人之心，悉令给粮还本，敕突厥抚纳之。固辞不去。部落渐众，遂北徙逐水草，当辽西正北二百里，依托纥臣水而居。东西亘五百里，南北三百里，分为十部。兵多者三千，少者千余，逐寒暑，随水草畜牧。有征伐，则酋帅相与议之，兴兵动众合符契。突厥沙钵略可汗遣吐屯潘垤统之。

室韦，契丹之类也。其南者为契丹，在北者号室韦，分为五部，不相总一，所谓南室韦、北室韦、钵室韦、深末怛室韦、太室韦。并无君长，人民贫弱，突厥常以三吐屯总领之。

南室韦在契丹北三千里，土地卑湿，至夏则移向西北贷勃、欠对二山，多草木，饶禽兽，又多蚊蚋，人皆巢居，以避其患。渐分为二十五部，每部有余莫弗瞒咄，犹酋长也。死则子弟代立，嗣绝则择贤豪而立之。其俗丈夫皆被发，妇人盘发，衣服与契丹同。乘牛车，篷篸为屋，如突厥毡车之状。渡水则束薪为筏，或以皮为舟者。马则织草为鞯，结绳为辔。寝则屈木为屋，以篷篸覆上，移则载行。以猪皮为席，编木为藉。妇女皆抱膝而坐。气候多寒，田收甚薄，无羊，少马，多猪牛。造酒食啖，与靺鞨同俗。婚嫁之法，二家相许，婿辄盗妇将去，然后送牛马为娉，更将归家。待有娠，乃相随还舍。妇人不再嫁，以为死人之妻难以共居。部落共为大棚，人死则置尸其上。居丧三年，年唯四哭。其国无铁，取给于高丽。多貂。

（唐）魏征、令狐德棻：《隋书》卷八十四《北狄传》，北京：中华书局，

1973 年，第 1864—1883 页。

南室韦北行十一日至北室韦，分为九部落，绕吐纥山而居。其部落渠帅号乞引莫贺咄，每部有莫何弗三人以贰之。气候最寒，雪深没马。冬则入山，居土穴中，牛畜多冻死。饶獐鹿，射猎为务，食肉衣皮。凿冰，没水中而网射鱼鳖。地多积雪，惧陷坑阱，骑木而行。俗皆捕貂为业，冠以狐狢，衣以鱼皮。

又北行千里，至钵室韦，依胡布山而住，人众多北室韦，不知为几部落。用桦皮盖屋，其余同北室韦。

从钵室韦西南四日行，至深末怛室韦，因水为号也。冬月穴居，以避太阴之气。

又西北数千里，至大室韦，径路险阻，语言不通。尤多貂及青鼠。

北室韦时遣使贡献，余无至者。

（唐）魏征、令狐德棻：《隋书》卷八十四《北狄传》，北京：中华书局，1973 年，第 1883 页。

《旧唐书》卷七十七《崔神庆传》

神庆，明经举，则天时，累迁莱州刺史。因入朝，待制于亿岁殿，奏事称旨。则天以神庆历职皆有美政，又其父尝有翊赞之勋，甚赏慰之，擢拜并州长史。因谓曰："并州，朕之枌榆，又有军马，比日简择，无如卿者。前后长史，皆从尚书为之，以其委重，所以授卿也。"因自为按行图，择日而遣之。神庆到州，有豪富伪作改钱文敕，文书下州，谷麦踊贵，百姓惊扰。神庆执奏以为不便，则天下制褒赏之。先是，并州有东西二城，隔汾水，神庆始筑城相接，每岁省防御兵数千人，边州甚以为便。寻而兄神基下狱当死，神庆驰赴都告事，得召见。则天出神基推状以示之，神庆据状申理，神基竟得减死，神庆亦缘坐贬授歙州司马。长安中，累转礼部侍郎，数上疏陈时政利害，则天每嘉纳之。转太子右庶子，赐爵魏县子。

时有突厥使入朝，准仪注，太子合预朝参，先降敕书。神庆上疏曰："伏以五品已上所以佩龟者，比为别敕征召，恐有诈妄，内出龟合，然后应命。况太子元良国本，万方所瞻，古来征召皆用玉契，此诚重慎之极，防萌之虑。昨缘突厥使见，太子合预朝参，直有文符下宫，曾不降敕处分。今人禀淳化，内外同心，然古人虑事于未萌之前，所以长无悔吝之咎。况太子至重，不可不深为诚慎。以臣愚见，太子既与陛下异宫，伏望每召太子，预报来日，非朔望朝参，应须别唤，望降墨敕及玉契。"则天甚然之。寻令神庆与詹事祝钦明更日于东宫侍读。俄历司刑、司礼二卿。神庆尝受诏推张昌宗，而竟宽其罪，神龙初，昌宗等伏诛，神庆坐流于钦州。寻卒，年七十余。明年，敬晖等得罪，缘昌宗被流贬者例皆雪免，赠神庆幽州都督。开元中，神庆子琳等皆至大官，群从数十人，趋奏省闼。每岁时家宴，组珮辉映，以一榻置笏，重叠于其上。开元、天宝间，中外族属无缌麻之丧，其福履昌盛如此。东都私第门，琳与弟太子詹事珪、光禄卿瑶俱列棨戟，时号"三戟崔家"。琳位终太子少保。

（后晋）刘昫等：《旧唐书》卷七十七《崔神庆传》，北京：中华书局，1975年，第2689—2691页。

《旧唐书》卷一九九上《东夷传》

高丽者，出自扶余之别种也。其国都于平壤城，即汉乐浪郡之故地，在京师东五千一百里。东渡海至于新罗，西北渡辽水至于营州，南渡海至于百济，北至靺鞨。东西三千一百里，南北二千里。其官大者号大对卢，比一品，总知国事，三年一代，若称职者，不拘年限。交替之日，或不相祗服，皆勒兵相攻，胜者为之。其王但闭宫自守，不能制御。次曰太大兄，比正二品。对卢以下官，总十二级。外置州县六十余城。大城置傉萨一，比都督。诸城置道使，比刺史。其下各有僚佐，分掌曹事。衣裳服饰，唯王五采，以白罗为冠，白皮小带，其冠及带，咸以金饰。官之贵者，则青罗为冠，次以绯罗，插二鸟羽，及金银为饰，衫筒袖，裤大口，白韦带，黄韦履。国人衣褐戴弁，妇人首加巾帼。好围棋投壶之戏，人能蹴鞠。食用笾豆、簠簋、罍俎、罂洗，颇有箕子之遗风。

其所居必依山谷，皆以茅草葺舍，唯佛寺、神庙及王宫、官府乃用瓦。其俗贫窭者多，冬月皆作长坑，下燃煴火以取暖。种田养蚕，略同中国。其法：

有谋反叛者，则集众持火炬竞烧灼之，焦烂备体，然后斩首，家悉籍没；守城降敌，临阵败北，杀人行劫者斩；盗物者，十二倍酬赃；杀牛马者，没身为奴婢。大体用法严峻，少有犯者，乃至路不拾遗。其俗多淫祀，事灵星神、日神、可汗神、箕子神。国城东有大穴，名神隧，皆以十月，王自祭之。俗爱书籍，至于衡门厮养之家，各于街衢造大屋，谓之局堂，子弟未婚之前，昼夜于此读书习射。其书有《五经》及《史记》、《汉书》、范晔《后汉书》、《三国志》、孙盛《晋春秋》、《玉篇》、《字统》、《字林》；又有《文选》，尤爱重之。

其王高建武，即前王高元异母弟也。武德二年，遣使来朝。四年，又遣使朝贡。高祖感隋末战士多陷其地，五年，赐建武书曰："朕恭膺宝命，君临率土，祗顺三灵，绥柔万国。普天之下，情均抚字，日月所照，咸使乂安。王既统摄辽左，世居藩服，思禀正朔，远循职贡。故遣使者，跋涉山川，申布诚恳，朕甚嘉焉。方今六合宁晏，四海清平，玉帛既通，道路无壅。方申辑睦，永敦聘好，各保疆场，岂非盛美。但隋氏季年，连兵构难，攻战之所，各失其民。遂使骨肉乖离，室家分析，多历年岁，怨旷不申。今二国通和，义无阻异，在此所有高丽人等，已令追括，寻即遣送；彼处有此国人者，王可放还，务尽抚育之方，共弘仁恕之道。"于是建武悉搜括华人，以礼宾送，前后至者万数，高祖大喜。

七年，遣前刑部尚书沈叔安往册建武为上柱国、辽东郡王、高丽王，仍将天尊像及道士往彼，为之讲《老子》，其王及道俗等观听者数千人。高祖尝谓侍臣曰："名实之间，理须相副。高丽称臣于隋，终拒炀帝，此亦何臣之有！朕敬于万物，不欲骄贵，但据有土宇，务共安人，何必令其称臣，以自尊大。即为诏述朕此怀也。"侍中裴矩、中书侍郎温彦博曰："辽东之地，周为箕子之国，汉家玄菟郡耳！魏、晋已前，近在提封之内，不可许以不臣。且中国之于夷狄，犹太阳之对列星，理无降尊，俯同藩服。"高祖乃止。九年，新罗、百济遣使讼建武，云闭其道路，不得入朝。又相与有隙，屡相侵掠。诏员外散骑侍郎朱子奢往和解之。建武奉表谢罪，请与新罗对使会盟。

贞观二年，破突厥颉利可汗，建武遣使奉贺，并上封域图。五年，诏遣广州都督府司马长孙师往收瘗隋时战亡骸骨，毁高丽所立京观。建武惧伐其国，乃筑长城，东北自扶余城，西南至海，千有余里。十四年，遣其太子桓权来朝，并贡方物，太宗优劳甚至。

十六年，西部大人盖苏文摄职有犯，诸大臣与建武议欲诛之。事泄，苏文乃悉召部兵，云将校阅，并盛陈酒馔于城南，诸大臣皆来临视，苏文勒兵尽杀之，死者百余人。焚仓库，因驰入王宫，杀建武，立建武弟大阳子藏为王。自立为莫离支，犹中国兵部尚书兼中书令职也，自是专国政。苏文姓泉氏，须貌甚伟，形体魁杰，身佩五刀，左右莫敢仰视。恒令其属官俯伏于地，践之上马；及下马，亦如之。出必先布队仗，导者长呼以辟行人，百姓畏避，皆自投坑谷。

太宗闻建武死，为之举哀，使持节吊祭。十七年，封其嗣王藏为辽东郡王、高丽王。又遣司农丞相里玄奖赍玺书往说谕高丽，令勿攻新罗。盖苏文谓玄奖曰："高丽、新罗，怨隙已久。往者隋室相侵，新罗乘衅夺高丽五百里之地，城邑新罗皆据有之。自非反地还城，此兵恐未能已。"玄奖曰："既往之事，焉可追论？"苏文竟不从。太宗顾谓侍臣曰："莫离支贼弑其主，尽杀大臣，用刑有同坑阱，百姓转动辄死，怨痛在心，道路以目。夫出师吊伐，须有其名，因其弑君虐下，败之甚易也。"

十九年，命刑部尚书张亮为平壤道行军大总管，领将军常何等率江、淮、岭、硖劲卒四万，战船五百艘，自莱州泛海趋平壤；又以特进英国公李勣为辽东道行军大总管，礼部尚书江夏王道宗为副，领将军张士贵等率步骑六万趋辽东；两军合势，太宗亲御六军以会之。

夏四月，李勣军渡辽，进攻盖牟城，拔之，获生口二万，以其城置盖州。五月，张亮副将程名振攻沙卑城，拔之，虏其男女八千口。是日，李勣进军于辽东城。帝次辽泽，诏曰："顷者隋师渡辽，时非天赞，从军士卒，骸骨相望，遍于原野，良可哀叹。掩骼之义，诚为先典，其令并收瘗之。"国内及新城步骑四万来援辽东，江夏王道宗率骑四千逆击，大破之，斩首千余级。帝渡辽水，诏撤桥梁，以坚士卒志。帝至辽东城下，见士卒负担以填堑者，帝分其尤重者，亲于马上持之。从官悚动，争赍以送城下。时李勣已率兵攻辽东城。高丽闻我有抛车，飞三百斤石于一里之外者，甚惧之，乃于城上积木为战楼以拒飞石。勣列车发石以击其城，所遇尽溃。又推撞车撞其楼阁，无不倾倒。帝亲率甲骑万余，与李勣会，围其城。俄而南风甚劲，命纵火焚其西南楼，延烧城中，屋宇皆尽。战士登城，贼乃大溃，烧死者万余人，俘其胜兵万余口，以其城为辽州。初，帝自定州命每数十里置一烽，属于辽城，与太子约，克辽东，当举烽。是日，帝命举烽，传入塞。

师次白崖城，命攻之，右卫大将军李思摩中弩矢，帝亲为吮血，将士闻之，莫不感励。其城因山临水，四面险绝。李勣以撞车撞之，飞石流矢，雨集城中。六月，帝临其西北，城主孙伐音潜遣使请降，曰："臣已愿降，其中有贰者。"诏赐以旗帜，曰："必降，建之城上。"伐音举帜于城上，高丽以为唐兵登也，乃悉降。初，辽东之陷也，伐音乞降，既而中悔，帝怒其反覆，许以城中人物分赐战士。及是，李勣言于帝曰："战士奋厉争先，不顾矢石者，贪虏获耳。今城垂拔，奈何更许其降，无乃辜将士之心乎？"帝曰："将军言是也。然纵兵杀戮，虏其妻孥，朕所不忍也。将军麾下有功者，朕以库物赏之，庶因将军赎此一城。"遂受降，获士女一万，胜兵二千四百，以其城置岩州，授孙伐音为岩州刺史。我军之渡辽也，莫离支遣加尸城七百人戍盖牟城，李勣尽虏之，其人并请随军自效。太宗谓曰："谁不欲尔之力，尔家悉在加尸，尔为吾战，彼将为戮矣！破一家之妻子，求一人之力用，吾不忍也。"悉令放还。

车驾进次安市城北，列营进兵以攻之。高丽北部傉萨高延寿、南部傉萨高惠贞率高丽、靺鞨之众十五万来援安市城。贼中有对卢，年老习事，谓延寿曰："吾闻中国大乱，英雄并起。秦王神武，所向无敌，遂平天下，南面为帝，北夷请服，西戎献款。今者倾国而至，猛将锐卒，悉萃于此，其锋不可当也。今为计者，莫若顿兵不战，旷日持久，分遣骁雄，断其馈运，不过旬日，军粮必尽，求战不得，欲归无路，此不战而取胜也。"延寿不从，引军直进。太宗夜召诸将，躬自指麾。遣李勣率步骑一万五千于城西岭为阵；长孙无忌率牛进达等精兵一万一千以为奇兵，自山北于狭谷出，以冲其后；太宗自将步骑四千，潜鼓角，偃旌帜，趋贼营北高峰之上；令诸军闻鼓角声而齐纵。因令所司张受降幕于朝堂之侧，曰："明日午时，纳降虏于此矣！"遂率军而进。

明日，延寿独见李勣兵，欲与战。太宗遥望无忌军尘起，令鼓角并作，旗帜齐举。贼众大惧，将分兵御之，而其阵已乱。李勣以步卒长枪一万击之，延寿众败。无忌纵兵乘其后，太宗又自山而下，引军临之，贼因大溃，斩首万余级。延寿等率其余寇，依山自保。于是命无忌、勣等引兵围之，撤东川梁以断归路。太宗按辔徐行，观贼营垒，谓侍臣曰："高丽倾国而来，存亡所系，一麾而败，天佑我也。"因下马再拜以谢天。延寿、惠真率十五万六千八百人请降，太宗引入辕门。延寿等膝行而前，拜手请命。太宗简傉萨以下酋长三千五百人，授以戎秩，迁之内地。收靺鞨三千三百，尽坑之，余众放还平壤。获马三万匹、牛五万头、明光甲五千领，他器械称是。高丽国振骇，后黄城及银城并自拔，数百里无复人烟。因名所幸山为驻跸山，令将作造《破阵图》，命中书侍郎许敬宗为文勒石以纪其功。授高延寿鸿胪卿，高惠真司农卿。张亮又与高丽再战于建安城下，皆破之，于是列长围以攻焉。

八月，移营安市城东，李勣遂攻安市，拥延寿等降众营其城下以招之。城中人坚守不动，每见太宗旌麾，必乘城鼓噪以拒焉。帝甚怒，李勣曰："请破之日，男子尽诛。"城中闻之，人皆死战。乃令江夏王道宗筑土山，攻其城东南隅；高丽亦坤城增雉以相抗。李勣攻其西面，令抛石撞车坏其楼雉；城中随其崩坏，即立木为栅。道宗以树条苞壤为土，屯积以为山，其中间五道加木，被土于其上，不舍昼夜，渐以逼城。道宗遣果毅都尉傅伏爱领队兵于山顶以防敌，土山自高而陟，排其城，城崩。会伏爱私离所部，高丽百人自颓城而战，遂据有土山而堑断之，积火萦盾以自固。太宗大怒，斩伏爱以徇。命诸将击之，三日不能克。

太宗以辽东仓储无几，士卒寒冻，乃诏班师。历其城，城中皆屏声偃帜，城主登城拜手奉辞。太宗嘉其坚守，赐绢百匹，以励事君之节。初，攻陷辽东城，其中抗拒王师，应没为奴婢者一万四千人，并遣先集幽州，将分赏将士。太宗愍其父母妻子一朝分散，令有司准其直，以布帛赎之，赦为百姓。其众欢呼之声，三日不息。高延寿自降后，常积叹，寻以忧死。惠真竟至长安。

二十年，高丽遣使来谢罪，并献二美女。太宗谓其使曰："归谓尔主，美色者，人之所重。尔之所献，信为美丽。悯其离父母兄弟于本国，留其身而忘其亲，爱其色而伤其心，我不取也。"并还之。

二十二年，又遣右武卫将军薛万彻等往青丘道伐之，万彻渡海入鸭绿水，进破其泊灼城，俘获甚众。太宗又命江南造大船，遣陕州刺史孙伏伽召募勇敢之士，莱州刺史李道裕运粮及器械，贮于乌胡岛，将欲大举以伐高丽。未行而帝崩。高宗嗣位，又命兵部尚书任雅相、左武卫大将军苏定方、左骁卫大将军契苾何力等前后讨之，皆无大功而还。

乾封元年，高藏遣其子入朝，陪位于太山之下。其年，盖苏文死，其子男生代为莫离支，与其弟男建、男产不睦，各树朋党，以相攻击。男生为二弟所逐，走据国内城死守，其子献诚诣阙求哀。诏令左骁卫大将军契苾何力率兵应接之。男生脱身来奔，诏授特进、辽东大都督兼平壤道安抚大使，封玄菟郡公。十一月，命司空、英国公李勣为辽东道行军大总管，率裨将郭待封等以征高丽。二年二月，勣度辽至新城，谓诸将曰："新城是高丽西境镇城，最为要害，若不先图，余城未易可下。"遂引兵于新城西南，据山筑栅，且攻且守，城中窘迫，数有降者，自此所向克捷。高藏及男建遣太大兄男产将首领九十八人，持帛幡出降，且请入朝，勣以礼延接。男建犹闭门固守。总章九年九月，勣又移营于平壤城南，男建频遣兵出战，皆大败。男建下捉兵总管僧信诚密遣人诣军中，许开城门为内应。经五日，信诚果开门，勣从兵入，登城鼓噪，烧城门楼，四面火起。男建窘急自刺，不死。十一月，拔平壤城，虏高藏、男建等。十二月，至京师，献俘于含元宫。诏以高藏政不由己，授司平太常伯；男产先降，授司宰少卿；男建配流黔州；男生以乡导有功，授右卫大将军，封汴国公，特进如故。高丽国旧分为五部，有城百七十六，户六十九万七千；乃分其地置都督府九、州四十二、县一百，又置安东都护府以统之。擢其酋渠有功者授都督、刺史及县令，与华人参理百姓。乃遣左武卫将军薛仁贵总兵镇之，其后颇有逃散。

仪凤中，高宗授高藏开府仪同三司、辽东都督，封朝鲜王，居安东，镇本蕃为主。高藏至安东，潜与靺鞨相通谋叛。事觉，召还，配流邛州，并分徙其人，散向河南、陇右诸州，其贫弱者留在安东城傍。高藏以永淳初卒，赠卫尉卿，诏送至京师，于颉利墓左赐以葬地，兼为树碑。垂拱二年，又封高藏孙宝元为朝鲜郡王。圣历元年，进授左鹰扬卫大将军，封为忠诚国王，委其统摄安东旧户，事竟不行。二年，又授高藏男德武为安东都督，以领本蕃。自是高丽旧户在安东者渐寡少，分投突厥及靺鞨等，高氏君长遂绝矣。

男生以仪凤初卒于长安，赠并州大都督。子献诚，授右卫大将军，兼令羽林卫上下。天授中，则天尝内出金银宝物，令宰相及南北衙文武官内择善射者五人共赌之。内史张光辅先让献诚为第一，献诚复让右玉钤卫大将军薛吐摩支，摩支又让献诚，既而献诚奏曰："陛下令简能射者五人，所得者多非汉官。臣恐自此已后，无汉官工射之名，伏望停寝此射。"则天嘉而从之。时酷吏来俊臣尝求货于献诚，献诚拒而不答，遂为俊臣所构，诬其谋反，缢杀之。

则天后知其冤，赠右羽林卫大将军，以礼改葬。

（后晋）刘昫等：《旧唐书》卷一九九上《东夷传》，北京：中华书局，1975 年，第 5319—5328 页。

《旧唐书》卷一九九下《北狄传》

铁勒，本匈奴别种。自突厥强盛，铁勒诸部分散，众渐寡弱。至武德初，有薛延陀、契苾、回纥、都播、骨利干、多览葛、仆骨、拔野古、同罗、浑部、思结、斛薛、奚结、阿跌、白霫等，散在碛北。薛延陀者，自云本姓薛氏，其先击灭延陀而有其众，因号为薛延陀部。其官方兵器及风俗，大抵与突厥同。

初，大业中，西突厥处罗可汗始强大，铁勒诸部皆臣之，而处罗征税无度，薛延陀等诸部皆怨，处罗大怒，诛其酋帅百余人。铁勒相率而叛，共推契苾哥楞为易勿真莫贺可汗，居贪汗山北，又以薛延陀乙失钵为也咥小可汗，居燕末山北。西突厥射匮可汗强盛，延陀、契苾二部并去可汗之号以臣之。回纥等六部在郁督军山者，东属于始毕，乙失钵所部在金山者，西臣于叶护。

贞观二年，叶护可汗死，其国大乱。乙失钵之孙曰夷男，率其部落七万余家附于突厥。遇颉利之政衰，夷男率其徒属反攻颉利，大破之。于是颉利部诸姓多叛颉利，归于夷男，共推为主，夷男不敢当。时太宗方图颉利，遣游击将军乔师望从间道赍册书拜夷男为真珠毗伽可汗，赐以鼓纛。夷男大喜，遣使贡方物，复建牙于大漠之北郁督军山下，在京师西北六千里。东至靺鞨，西至叶护，南接沙碛，北至俱伦水，回纥、拔野古、阿跌、同罗、仆骨、霫诸大部落皆属焉。

三年，夷男遣其弟统特勒来朝，太宗厚加抚接，赐以宝刀及宝鞭，谓曰："汝所部有大罪者斩之，小罪者鞭之。"夷男甚喜。四年，平突厥颉利之后，朔塞空虚，夷男率其部东返故国，建庭于都尉犍山北，独逻河之南，在京师北三千三百里，东至室韦，西至金山，南至突厥，北临瀚海，即古匈奴之故地，胜兵二十万，立其二子为南北部。太宗亦以其强盛，恐为后患。十二年，遣使备礼册命，拜其二子皆为小可汗，外示优崇，实欲分其势也。会朝廷立李思摩为可汗，处其部众于漠南之地，夷男心恶思摩，甚不悦。

十五年，太宗幸洛阳，将有事于太山，夷男谋于其国曰："天子封太山，万国必会，士马皆集，边境空虚，我于此时取思摩如拉朽耳。"因命其子大度设勒兵二十万，屯白道川，据善阳岭以击思摩之部。思摩遣使请救，诏英国公李勣、蒲州刺史薛万彻率步骑数万赴之。逾白道川至青山，与大度设相及，追之累月，至诺真水，大度设知不脱，乃亘十里而陈兵。先是，延陀击沙钵罗及阿史那社尔等，以步战而胜。及其将来寇也，先讲武于国中，教习步战，每五人，以一人经习战阵者使执马，而四人前战，克胜即授马以追奔，失应接罪至于死，没其家口，以赏战人，至是遂行其法。突厥兵先合辄退，延陀乘胜而逐之。勣兵拒击，而延陀万矢俱发，伤我战马。乃令去马步阵，率长稍数百为队，齐奋以冲之，其众溃散。副总管薛万彻率数千骑收其执马者，其众失马，莫知所从，因大纵，斩首三千余级，获马万五千匹，甲仗辎重不可胜计。大度设跳身而遁，万彻将数百骑追之，弗及。其余众大奔走，相腾践而死者甚众，伏尸被野，夷男因乞与突厥和，并遣使谢罪。

十六年，遣其叔父沙钵罗泥熟俟斤来请婚，献马三千匹。太宗谓侍臣曰："北狄世为寇乱，今延陀崛强，须早为之所。朕熟思之，唯有二策：选徒十万，击而虏之，灭除凶丑，百年无事，此一策也；若遂其来请，结以婚姻，缓辔羁縻，亦足三十年安静，此亦一策也。未知何者为先？"司空房玄龄对曰："今大乱之后，疮痍未复，且兵凶战危，圣人所慎。和亲之策，实天下幸甚。"太宗曰："朕为苍生父母，苟可以利之，岂惜一女？"遂许以新兴公主妻之。因征夷男备亲迎之礼，仍发诏将幸灵州与之会。夷男大悦，谓其国中曰："我本铁勒之小帅也，天子立我为可汗，今复嫁我公主，车驾亲至灵州，斯亦足矣。"于是税诸部羊马以为聘财，或说夷男曰："我薛延陀可汗与大唐天子俱一国主，何有自往朝谒？如或拘留，悔之无及。"夷男曰："吾闻大唐天子圣德远被，日月所照，皆来宾服。我归心委质，冀得睹天颜，死无所恨。然碛北之地，必当有主，舍我别求，固非大国之计。我志决矣，勿复多言。"于是言者遂止。太宗乃发使受其羊马，然夷男先无府藏，调敛其国，往返且万里，既涉沙碛，无水草，羊马多死，遂后期。太宗于是停幸灵州。既而其聘羊马来至，所耗将半。议者以为夷狄不可礼义畜，若聘财未备而与之婚，或轻中国，当须要其备礼，于是下诏绝其婚。既而李思摩数遣兵侵掠之，延陀复遣突利失击思摩，至定襄，抄掠而去。太宗遣英国公李勣援之，见虏已出塞而还。太宗以其数与思摩交兵，玺书责让之。

十九年，谓其使人曰："语尔可汗，我父子并东征高丽，汝若能寇边者，但当来也。"夷男遣使致谢，复请发兵助军，太宗答以优诏而止。其冬，太宗拔辽东诸城，破驻跸阵，而高丽莫离支潜令靺鞨诳惑夷男，啖以厚利，夷男气慑不敢动，俄而夷男卒，太宗为之举哀。夷男少子肆叶护拔灼袭杀其兄突利失可汗而自立，是为颉利俱利薛沙多弥可汗。拔灼性褊急，驭下无恩，多所杀戮，其下不附。是时复以太宗尚在辽东，遂发兵寇夏州，将军执失思力击败之，虏其众数万，拔灼轻骑遁去，寻为回纥所杀，宗族殆尽。其余众尚五六万，窜于西域，又诸姓俟斤递相攻击，各遣使归命。

二十年，太宗遣使江夏王道宗、左卫大将军阿史那社尔为瀚海道安抚大使；右领军大将军执失思力领突厥兵，代州都督薛万彻、营州都督张俭、右骁卫大将军契苾何力各统所部兵分道并进；太宗亲幸灵州，为诸军声援。既而道宗渡碛，遇延陀余众数万来拒战，道宗击破之，斩首千余级。万彻又与回纥相遇，二将各遣使谕以绥怀之意，其酋帅见使者，皆顿颡欢呼，请入朝。太宗至灵州，其铁勒诸部相继至数千人，仍请列为州县，北荒悉平。诏曰：

惟天为大，合其德者弗违；谓地盖厚，体其仁者光被。故能弥纶八极，舆盖二仪，振绝代之英声，毕天下之能事。彼匈奴者，与开辟而俱生；奄有龙庭，共上皇而并列。僭称骄子，分天街于紫宸；仰应旄头，抗大礼于皇极。缅窥邃古，能无力制。自朕临御天下，二纪于兹，粤以眇身，一匡寰宇。始勤劳于昧旦，终致治于升平。曩者聊命偏师，遂擒颉利；今兹始弘庙略，已灭延陀。虽麾驾出征，未逾郊甸；前驱所辖，才掩塞垣。长策风行，已振金微之表，扬威电发，远詟沙场之外。铁勒诸姓、回纥胡禄俟利发等，总百余万户，散处北溟，远遣使人，委身内属，请同编列，并为州郡。收其瀚海，尽入提封；解其辫发，并垂冠带。上变星昂，归于东井之躔；下掩蹄林，祛入南山之囿。混元已降，殊未前闻；无疆之业，永贻来裔。古人所不能致，今既吞之；前王所不能屈，今咸灭之。斯实书契所未有，古今之壮观，岂朕一人独能宣力。盖由上灵储祉，锡以太康；宗庙威灵，成兹克定。即宜备礼，告于清庙，仍颁示普天。

其后延陀西遁之众，共推夷男兄子咄摩支为伊特勿失可汗，率部落七万余口，西归故地。乃去可汗之号，遣使奉表，请居郁督军山北。诏兵部尚书崔敦礼就加绥抚。而诸部铁勒素服薛延陀之众，及咄摩支至，九姓渠帅莫不危惧。朝议恐为碛北之患，复令英国公李勣进加讨击。勣率九姓铁勒二万骑至于天山。咄摩支见官军奄至，惶骇不知所为，且闻诏使萧嗣业在回纥中，因而请降。嗣业与之俱至京师，诏授右武卫将军，赐以田宅。咄摩支入国后，铁勒酋帅潜知其部落，仍持两端。李勣因纵兵追击，前后斩五千余级，虏男女三万计。

二十一年，契苾、回纥等十余部落以薛延陀亡散殆尽，乃相继归国。太宗各因其地土，择其部落，置为州府：以回纥部为瀚海都督府，仆骨为金微都督府，多览葛为燕然都督府，拔野古部为幽陵都督府，同罗部为龟林都督府，思结部为庐山都督府，浑部为皋兰州，斛薛部为高阙州，奚结部为鸡鹿州，阿跌部为鸡田州，契苾部为榆溪州，思结别部为蹛林州，白霫部为寘颜州，凡一十三州。拜其酋长为都督、刺史，给玄金鱼以为符信，又置燕然都护以统之。是岁，太宗以铁勒诸部并皆内属，诏赐京城百姓大酺三日。永徽元年，延陀首领先逃逸者请归国，高宗更置溪弹州以安恤之。至则天时，突厥强盛，铁勒诸部在漠北者渐为所并。回纥、契苾、思结、浑部徙于甘、凉二州之地。

其骨利干北距大海，去京师最远，自古未通中国。贞观中遣使来朝贡，遣云麾将军康苏密往慰抚之，仍列其地为玄阙州。俄又遣使随苏密使入朝，献良马十匹。太宗奇其骏异，为之制名，号为十骥：一曰腾霜白，二曰皎雪骢，三曰凝露骢，四曰悬光骢，五曰决波騟，六曰飞霞骠，七曰发电赤，八曰流金𬳰，九曰翔麟紫，十曰奔虹赤。又为文以叙其事。自延陀叛后，朝贡遂绝。

（后晋）刘昫等：《旧唐书》卷一九九下《北狄传》，北京：中华书局，1975年，第5343—5349页。

契丹，居潢水之南，黄龙之北，鲜卑之故地，在京城东北五千三百里。东与高丽邻，西与奚国接，南至营州，北至室韦。冷陉山在其国南，与奚西山相崎，地方二千里，逐猎往来，居无常处。其君长姓大贺氏。胜兵四万三千人，分为八部，若有征发，诸部皆须议合，不得独举。猎则别部，战则同行。本臣突厥，好与奚斗，不利则遁保青山及鲜卑山。其俗死者不得作冢墓，以马驾车送入大山，置之树上，亦无服纪。子孙死，父母晨夕哭之；父母死，子孙不哭。其余风俗与突厥同。

武德初，数抄边境。二年，入寇平州。六年，其君长咄罗遣使贡名马丰貂。贞观二年，其君摩会率其部落来降。突厥颉利遣使请以梁师都易契丹，太宗谓曰："契丹、突厥，本是别类，今来降我，何故索之？师都本中国人，据我州城，以为盗窃，突厥无故容纳之，我师往讨，便来救援。计不久自当擒灭，纵其不得，终不以契丹易之。"太宗伐高丽，至营州，会其君长及老人等，赐物各有差，授其蕃长窟哥为左武卫将军。二十二年，窟哥等部咸请内属，乃置松漠都督府，以窟哥为左领军将军兼松漠都督府、无极县男，赐姓李氏。显庆初，又拜窟哥为左监门大将军。其曾孙祜莫离，则天时历左卫将军兼检校弹汗州刺史，归顺郡王。

又契丹有别部酋帅孙敖曹，初仕隋为金紫光禄大夫。武德四年，与靺鞨酋长突地稽俱遣使内附，诏令于营州城傍安置，授云麾将军，行辽州总管。至曾孙万荣，垂拱初累授右玉钤卫将军、归诚州刺史，封永乐县公。万岁通天中，万荣与其妹婿松漠都督李尽忠，俱为营州都督赵翙所侵侮，二人遂举兵杀翙，据营州作乱。尽忠即窟哥之胤，历位右武卫大将军兼松漠都督。则天怒其叛乱，下诏改万荣名为万斩，尽忠为尽灭。尽灭寻自称无上可汗，以万斩为大将，前锋略地，所向皆下，旬日兵至数万，进逼檀州。诏令右金吾大将军张玄遇、左鹰扬卫将军曹仁师、司农少卿麻仁节率兵讨之。与万斩战于西硖石谷，官军败绩，玄遇、仁节并为贼所虏。又令夏官尚书王孝杰、左羽林将军苏宏晖领兵七万以继之。与万斩战于东硖石谷，孝杰在阵陷没，宏晖弃甲而遁。万斩乘胜率其众入幽州，杀略人吏。清边道大总管、建安郡王武攸宜遣裨将讨之，不能克。又诏左金吾大将军、河内王武懿宗为大总管，御史大夫娄师德为副大总管，右武卫将军沙吒忠义为前军总管，率兵三十万以讨之。俄而李尽灭死，万斩代领其众。万斩又遣别帅骆务整、何阿小为游军前锋，攻陷冀州，杀刺史陆宝积，屠官吏子女数千人。俄而奚及突厥之众掩击其后，掠其幼弱。万斩弃其众，以轻骑数千人东走。前军副总管张九节率数百骑设伏以邀之。万斩穷蹙，乃将其家奴轻骑宵遁，至潞河东，解鞍憩于林下，其奴斩之。张九节传其首于东都，自是其余众遂降突厥。

开元三年，其首领李失活以默啜政衰，率种落内附。失活即尽忠之从父弟也。于是复置松漠都督府，封失活为松漠郡王，拜左金吾卫大将军兼松漠都督。其所统八部落，各因旧帅拜为刺史，又以将军薛泰督军以镇抚之。明年，失活入朝，封宗室外甥女杨氏为永乐公主以妻之。

六年，失活死，上为之举哀，赠特进。失活从父弟娑固代统其众，遣使册立，仍令袭其兄官爵。娑固大臣可突于骁勇，颇得众心，娑固谋欲除之。可突于反攻娑固，娑固奔营州。都督许钦澹令薛泰帅骁勇五百人，又征奚王李大辅者及娑固合众以讨可突于。官军不利，娑固、大辅临阵皆为可突于所杀，生拘薛泰。营府震恐，许钦澹移军西入渝关。可突于立娑固从父弟郁于为主，俄又遣使请罪，上乃令册立郁于，令袭娑固官爵，仍赦可突于之罪。十年，郁于入朝请婚。上又封从妹夫率更令慕容嘉宾女为燕郡公主以妻之，仍封郁于为松漠郡王，授左金吾卫员外大将军兼静析军经略大使，赐物千段。郁于还蕃，可突于来朝，拜左羽林将军，从幸并州。

明年，郁于病死，弟吐于代统其众，袭兄官爵，复以燕郡公主为妻。吐于与可突于复相猜阻。十三年，携公主来奔，便不敢还，改封辽阳郡王，因留宿卫。可突于立李尽忠弟邵固为主。其冬，车驾东巡，邵固诣行在所，因从至岳下，拜左羽林军员外大将军、静析军经略大使，改封广化郡王，又封皇从外甥女陈氏为东华公主以妻之。

邵固还蕃，又遣可突于入朝，贡方物，中书侍郎李元纮不礼焉，可突于怏怏而去。左丞相张说谓人曰："两蕃必叛。可突于人面兽心，唯利是视，执其国政，人心附之，若不优礼縻之，必不来矣。"十八年，可突于杀邵固，率部落并胁奚众降于突厥，东华公主走投平卢军。于是诏中书舍人裴宽、给事中薛侃等于京城及关内、河东、河南、河北分道募壮勇之士，以忠王浚为河北道行军元帅以讨之，师竟不行。二十年，诏礼部尚书信安王祎为行军副大总管，领众与幽州长史赵含章出塞击破之，俘获甚众。可突于率其麾下远遁，奚众尽降，祎乃班师。明年，可突于又来抄掠。幽州长史薛楚玉遣副将郭英杰、吴克勤、邬知义、罗守忠率精骑万人，并领降奚之众追击之。军至渝关都山之下，可突于领突厥兵以拒官军。奚众遂持两端，散走保险。官军大败，知义、守忠率麾下遁归，英杰、克勤没于阵，其下六千余人，尽为贼所杀。诏以张守珪为幽州长史兼御史中丞以经略之。可突于渐为守珪所逼，遣使伪降。俄又回惑不定，引众渐向西北，将就突厥。守珪遣管记王悔等就部落招谕之。时契丹衙官李过折与可突于分掌兵马，情不叶，悔潜诱之，过折夜勒兵斩可突于及其支党数十人。二十三年正月，传首东都。诏封过折为北平郡王，授特进，检校松漠州都督，赐锦衣一副、银器十事、绢彩三千匹。其年，过折为可突于余党泥礼所杀，并其诸子，唯一子剌乾走投安东得免，拜左骁卫将军。

天宝十年，安禄山诬其酋长欲叛，请举兵讨之。八月，以幽州、云中、平卢之众数万人，就潢水南契丹衙与之战，禄山大败而还，死者数千人。至十二年，又降附。迄于贞元，常间岁来修藩礼。

贞元四年，与奚众同寇我振武，大掠人畜而去。九年、十年，复遣使来朝，大首领悔落拽何已下，各授官放还。十一年，大首领热苏等二十五人来朝。自后至元和、长庆、宝历、大和、开成时遣使来朝贡。会昌二年九月，制："契丹新立王屈戍，可云麾将军，守右武卫将军员外置同正员。"幽州节度使张仲武上言："屈戍等云，契丹旧用回纥印，今恳请闻奏，乞国家赐印。"许之，以"奉国契丹之印"为文。

（后晋）刘昫等：《旧唐书》卷一九九下《北狄传》，北京：中华书局，1975 年，第 5349—5354 页。

奚国，盖匈奴之别种也，所居亦鲜卑故地，即东胡之界也，在京师东北四千余里。东接契丹，西至突厥，南拒白狼河，北至霫国。自营州西北饶乐水以至其国。胜兵三万余人，分为五部，每部置俟斤一人。风俗并于突厥，每随逐水草，以畜牧为业，迁徙无常。居有毡帐，兼用车为营，牙中常五百人持兵自卫。此外部落皆散居山谷，无赋税。其人善射猎，好与契丹战争。

武德中，遣使朝贡。贞观二十二年，酋长可度者率其所部内属，乃置饶乐都督府，以可度者为右领军兼饶乐都督，封楼烦县公，赐姓李氏。显庆初，又授右监门大将军。万岁通天年，契丹叛后，奚众管属突厥，两国常递为表里，号曰"两蕃"。景云元年，其首领李大辅遣使贡方物，睿宗嘉之，宴赐甚厚。

延和元年，左羽林将军、检校幽州大都督孙佺，率兵十二万以袭其部落，师次冷硎，前军左骁卫将军李楷洛等与大辅会战，我师败绩。佺惧，不敢进救，遣使矫报大辅云："我奉敕来此招谕蕃将，李楷洛等不受节度而辄用兵，请斩以谢。"大辅曰："若奉敕招谕，有何国信物？"佺率军中缯帛万余段并袍带以与之。大辅曰："将军可南还，无相惊扰。"佺军渐失部伍，大辅乃率众逼之，由是大败，兵士死伤者数万。佺及副将周以悌为大辅所擒，送于突厥默啜，并遇害。

开元三年，大辅遣其大臣粤苏梅落来请降，诏复立其地为饶乐州，封大辅为饶乐郡王，仍拜左金吾员外大将军、饶乐州都督。五年，大辅与契丹首领松漠郡王李失活咸请于柳城依旧置营州都督府，上从之。敕太子詹事姜师度充使督工作，役八千余人。其年，大辅入朝，诏封从外甥女辛氏为固安公主以妻之，赐物一千五百匹，遣右领军将军李济持节送还蕃。

八年，大辅率兵救契丹，战死，其弟鲁苏嗣立。十年，入朝，诏令袭其兄饶乐郡王、右金吾员外大将军兼保塞军经略大使，赐物一千段，仍以固安公主为妻。而公主与嫡母未和，递相论告，诏令离婚，复以成安公主之女韦氏为东光公主以妻之。十四年，又改封鲁苏为奉诚王，授右羽林军员外将军。十八年，奚众为契丹衙官可突于所胁，复叛降突厥。鲁苏不能制，走投渝关，东光公主奔归平卢军。其秋，幽州长史赵含章发清夷军兵击奚，破之，斩首二百级。自是奚众稍稍归降。二十年，信安王祎奉诏讨叛奚。奚酋长李诗琐高等以其部落五千帐来降。诏封李诗为归义王兼特进、左羽林军大将军同正，仍充归义州都督，赐物十万段，移其部落于幽州界安置。天宝五载，又封其王娑固为昭信王，仍授饶乐都督。

自大历后，朝贡时至。贞元四年七月，奚及室韦寇振武。十一年四月，幽州奏却奚六万余众。元和元年，其王饶乐府都督、袭归诚王梅落来朝，加检校司空，放还蕃。三年，以奚首领索低为右武威卫将军同正，充檀、蓟两州游奕兵马使，仍赐姓李氏。八年，遣使来朝。十一年，遣使献名马。尔后每岁朝贡不绝，或岁中二三至。故事，常以范阳节度使为押奚、契丹两蕃使。自至德之后，藩臣多擅封壤，朝廷优容之，彼务自完，不生边事，故二蕃亦少为寇。其每岁朝贺，常各遣数百人至幽州，则选其酋渠三五十人赴阙，引见于麟德殿，锡以金帛遣还，余皆驻而馆之，率为常也。

（后晋）刘昫等：《旧唐书》卷一九九下《北狄传》，北京：中华书局，1975年，第5354—5356页。

室韦者，契丹之别类也。居峱越河北，其国在京师东北七千里。东至黑水靺鞨，西至突厥，南接契丹，北至于海。其国无君长，有大首领十七人，并号"莫贺弗"，世管摄之，而附于突厥。兵器有角弓楛矢，尤善射，时聚弋猎，事毕而散。其人土著，无赋敛。或为小室，以皮覆上，相聚而居，至数十百家。刳木为犁，不加金刃，人牵以种，不解用牛。夏多雾雨，冬多霜霰。畜宜犬豕，豢养而啖之，其皮用以为韦，男子女人通以为服。被发左衽，其家富者项著五色杂珠。婚嫁之法，男先就女舍，三年役力，因得亲迎其妇。役日已满，女家分其财物，夫妇同车而载，鼓舞共归。武德中，献方物。贞观三年，遣使贡丰貂，自此朝贡不绝。

又云：室韦，我唐有九部焉。所谓岭西室韦、山北室韦、黄头室韦、大如者室韦、小如者室韦、婆莴室韦、讷北室韦、骆驼室韦，并在柳城郡之东北，近者三千五百里，远者六千二百里。今室韦最西与回纥接界者，乌素固部落，当俱轮泊之西南。次东有移塞没部落。次东又有塞曷支部落，此部落有良马，人户亦多，居啜河之南，其河彼俗谓之燕支河。次又有和解部落，次东又有乌罗护部落，又有那礼部落。又东北有山北室韦，又北有小如者室韦，又北有婆莴室韦，东又有岭西室韦，又东南至黄头室韦，此部落兵强，人户亦多，东北与达姤接。岭西室韦北又有讷北支室韦，此部落较小。乌罗护之东北二百余里，那河之北有古乌丸之遗人，今亦自称乌丸国。武德、贞观中，亦遣使来朝贡。其北大山之北有大室韦部落，其部落傍望建河居。其河源出突厥东北界俱轮泊，屈曲东流，经西室韦界，又东经大室韦界，又东经蒙兀室韦之北，落俎室韦之南，又东流与那河、忽汗河合，又东经南黑水靺鞨之北，北黑水靺鞨之南，东流注于海。乌丸东南三百里，又有东室韦部落，在猊越河之北。其河东南流，与那河合。开元、天宝间，比年或间岁入贡。大历中，亦频遣使来贡。贞元八年闰十二月，室韦都督和解热素等一十人来朝。大和五年至八年，凡三遣使来。九年十二月，室韦大都督阿成等三十人来朝。开成、会昌中，亦遣使来朝贡不绝。

（后晋）刘昫等：《旧唐书》卷一九九下《北狄传》，北京：中华书局，1975年，第5356—5358页。

靺鞨，盖肃慎之地，后魏谓之勿吉，在京师东北六千余里。东至于海，西接突厥，南界高丽，北邻室韦。其国凡为数十部，各有酋帅，或附于高丽，或臣于突厥。而黑水靺鞨最处北方，尤称劲健，每恃其勇，恒为邻境之患。俗皆编发，性凶悍，无忧戚，贵壮而贱老。无屋宇，并依山水掘地为穴，架木于上，以土覆之，状如中国之冢墓，相聚而居。夏则出随水草，冬则入处穴中。父子相承，世为君长。俗无文字。兵器有角弓及楛矢。其畜宜猪，富人至数百口，食其肉而衣其皮。死者穿地埋之，以身衬土，无棺敛之具，杀所乘马于尸前设祭。

有酋帅突地稽者，隋末率其部千余家内属，处之于营州，炀帝授突地稽金紫光禄大夫、辽西太守。武德初，遣间使朝贡，以其部落置燕州，仍以突地稽为总管。刘黑闼之叛也，突地稽率所部赴定州，遣使诣太宗请受节度，以战功封蓄国公。又徙其部落于幽州之昌平城。会高开道引突厥来攻幽州，突地稽率兵邀击，大破之。贞观初，拜右卫将军，赐姓李氏。寻卒。子谨行，伟貌，武力绝人。麟德中，历迁营州都督。其部落家僮数千人，以财力雄边，为夷人所惮。累拜右领军大将军，为积石道经略大使。吐蕃论钦陵等率众十万人入寇湟中，谨行兵士樵采，素不设备，忽闻贼至，遂建旗伐鼓，开门以待之。吐蕃疑有伏兵，竟不敢进。上元三年，又破吐蕃数万众于青海，降玺书劳勉之。累授镇军大将军，行右卫大将军，封燕国公。永淳元年卒，赠幽州都督，陪葬乾陵。自后或有酋长自来，或遣使来朝贡，每岁不绝。

其白山部，素附于高丽，因收平壤之后，部众多入中国。汩咄、安居骨、号室等部，亦因高丽破后奔散微弱，后无闻焉，纵有遗人，并为渤海编户。唯黑水部全盛，分为十六部，部又以南北为称。开元十三年，安东都护薛泰请于黑水靺鞨内置黑水军。续更以最大部落为黑水府，仍以其首领为都督，诸部刺史隶属焉。中国置长史，就其部落监领之。十六年，其都督赐姓李氏，名献诚，授云麾将军兼黑水经略使，仍以幽州都督为其押使，自此朝贡不绝。

渤海靺鞨大祚荣者，本高丽别种也。高丽既灭，祚荣率家属徙居营州。万岁通天年，契丹李尽忠反叛，祚荣与靺鞨乞四比羽各领亡命东奔，保阻以自固。尽忠既死，则天命右玉钤卫大将军李楷固率兵讨其余党，先破斩乞四比羽，又度天门岭以迫祚荣。祚荣合高丽、靺鞨之众以拒楷固，王师大败，楷固脱身而还。属契丹及奚尽降突厥，道路阻绝，则天不能讨，祚荣遂率其众东保桂娄之故地，据东牟山，筑城以居之。

祚荣骁勇善用兵，靺鞨之众及高丽余烬，稍稍归之。圣历中，自立为振国王，遣使通于突厥。其地在营州之东二千里，南与新罗相接。越喜靺鞨东北至黑水靺鞨，地方二千里，编户十余万，胜兵数万人。风俗与高丽及契丹同，颇有文字及书记。中宗即位，遣侍御史张行岌往招慰之。祚荣遣子入侍，将加册立，会契丹与突厥连岁寇边，使命不达。睿宗先天二年，遣郎将崔䜣往册拜祚荣为左骁卫员外大将军、渤海郡王，仍以其所统为忽汗州，加授忽汗州都督，自是每岁遣使朝贡。

开元七年，祚荣死，玄宗遣使吊祭，乃册立其嫡子桂娄郡王大武艺袭父为左骁卫大将军、渤海郡王、忽汗州都督。

十四年，黑水靺鞨遣使来朝，诏以其地为黑水州，仍置长史，遣使镇押。武艺谓其属曰："黑水途经我境，始与唐家相通。旧请突厥吐屯，皆先告我同去。今不计会，即请汉官，必是与唐家通谋，腹背攻我也。"遣母弟大门艺及其舅任雅发兵以击黑水。门艺曾充质子至京师，开元初还国，至是谓武艺曰："黑水请唐家官吏，即欲击之，是背唐也。唐国人众兵强，万倍于我，一朝结怨，但自取灭亡。昔高丽全盛之时，强兵三十余万，抗敌唐家，不事宾伏，唐兵一临，扫地俱尽。今日渤海之众，数倍少于高丽，乃欲违背唐家，事必不可。"武艺不从。门艺兵至境，又上书固谏。武艺怒，遣从兄大壹夏代门艺统兵，征门艺，欲杀之。门艺遂弃其众，间道来奔，诏授左骁卫将军。武艺寻遣使朝贡，仍上表极言门艺罪状，请杀之。上密遣门艺往安西，仍报武艺云："门艺远来归投，义不可杀。今流向岭南，已遣去讫。"乃留其使马文轨、葱勿雅，别遣使报之。俄有泄其事者，武艺又上书云："大国示人以信，岂有欺诳之理！今闻门艺不向岭南，伏请依前杀却。"由是鸿胪少卿李道邃、源复以不能督察官属，致有漏泄，左迁道邃为曹州刺史，复为泽州刺史。遣门艺暂向岭南以报之。

二十年，武艺遣其将张文休率海贼攻登州刺史韦俊。诏遣门艺往幽州征兵以讨之，仍令太仆员外卿金思兰往新罗发兵以攻其南境。属山阻寒冻，雪深丈余，兵士死者过半，竟无功而还。武艺怀怨不已，密遣使至东都，假刺客刺门艺于天津桥南，门艺格之，不死。诏河南府捕获其贼，尽杀之。

二十五年，武艺病卒，其子钦茂嗣立。诏遣内侍段守简往册钦茂为渤海郡王，仍嗣其父为左骁卫大将军、忽汗州都督。钦茂承诏赦其境内，遣使随守简入朝贡献。大历二年至十年，或频遣使来朝，或间岁而至，或岁内二三至者。十二年正月，遣使献日本国舞女一十一人及方物。四月、十二月，使复来。建中三年五月、贞元七年正月，皆遣使来朝，授其使大常靖为卫尉卿同正，令还蕃。八月，其王子大贞翰来朝，请备宿卫。十年正月，以来朝王子大清允为右卫将军同正，其下三十余人，拜官有差。

十一年二月，遣内常侍殷志赡册大嵩璘为渤海郡王。十四年，加银青光禄大夫、检校司空，进封渤海国王。嵩璘父钦茂，开元中，袭父位为郡王左金吾大将军，天宝中，累加特进、太子詹事、宾客，宝应元年，进封国王，大历中，累加拜司空、太尉；及嵩璘袭位，但授其郡王、将军而已，嵩璘遣使叙理，故再加册命。十一月，以王侄大能信为左骁卫中郎将、虞候、娄蕃长，都督茹富仇为右武卫将军，放还。

二十一年，遣使来朝。顺宗加嵩璘金紫光禄大夫、检校司空。元和元年十月，加检校太尉。十二月，遣使朝贡。四年，以嵩璘男元瑜为银青光禄大夫、检校秘书监、忽汗州都督，依前渤海国王。五年，遣使朝贡者二。七年，亦遣使来朝。八年正月，授元瑜弟权知国务言义银青光禄大夫、检校秘书监、都督、渤海国王，遣内侍李重旻使焉。

十三年，遣使来朝，且告哀。五月，以知国务大仁秀为银青光禄大夫、检校秘书监、都督、渤海国王。十五年闰正月，遣使来朝，加大仁秀金紫光禄大夫、检校司空。十二月，复遣使来朝贡。长庆二年正月，又遣使来。四年二月，大睿等五人来朝，请备宿卫。宝历中，比岁修贡。大和元年、四年，皆遣使来朝。

五年，大仁秀卒，以权知国务大彝震为银青光禄大夫、检校秘书监、都督、渤海国王。六年，遣王子大明俊等来朝。七年正月，遣同中书右平章事高宝英来谢册命，仍遣学生三人，随宝英请赴上都学问。先遣学生三人，事业稍成，请归本国，许之。二月，王子大先晟等六人来朝。开成后，亦修职贡不绝。

（后晋）刘昫等：《旧唐书》卷一九九下《北狄传》，北京：中华书局，1975年，第5358—5363页。

霫，匈奴之别种也，居于潢水（西辽河北源）北，亦鲜卑之故地，其国在京师东北五千里。东接靺鞨，西至突厥，南至契丹，北与乌罗浑接。地周二千里，四面有山，环绕其境。人多善射猎，好以赤皮为衣缘，妇人贵铜钏，衣襟上下悬小铜铃，风俗略与契丹同。有都伦纥斤部落四万户，胜兵万余人。贞观三年，其君长遣使贡方物。

（后晋）刘昫等：《旧唐书》，卷一九九下《北狄传》，北京：中华书局，1975年，第5363页。

《新唐书》卷三十九《地理志三》

蓟州渔阳郡，下。开元十八年析幽州置。土贡：白胶。户五千三百一十七，口万八千五百二十一。县三：渔阳、三河、玉田。

（宋）欧阳修、宋祁：《新唐书》卷三十九《地理志三》，北京：中华书局，1975 年，第 1022 页。

营州柳城郡，上都督府。本辽西郡，万岁通天元年为契丹所陷，圣历二年侨治渔阳，开元五年又还治柳城，天宝元年更名。土贡：人参、麝香、豹尾、皮骨䯊。户九百九十七，口三千七百八十九。县一：柳城。

（宋）欧阳修、宋祁：《新唐书》卷三十九《地理志三》，北京：中华书局，1975 年，第 1023 页。

安东，上都护府。总章元年，李勣平高丽国，得城百七十六，分其地为都督府九，州四十二，县一百，置安东都护府于平壤城以统之，用其酋渠为都督、刺史、县令。上元三年徙辽东郡故城，仪凤二年又徙新城。圣历元年更名安东都督府，神龙元年复故名。开元二年徙于平州，天宝二年又徙于辽西故郡城。至德后废。土贡：人参。

（宋）欧阳修、宋祁：《新唐书》卷三十九《地理志三》，北京：中华书局，1975 年，第 1023 页。

《新唐书》卷五十三《食货志三》

元和中，振武军饥，宰相李绛请开营田，可省度支漕运及绝和籴欺隐。宪宗称善，乃以韩重华为振武、京西营田、和籴、水运使，起代北，垦田三百顷，出赃罪吏九百余人，给以耒耜、耕牛，假种粮，使偿所负粟，二岁大熟。因募人为十五屯，每屯百三十人，人耕百亩，就高为堡，东起振武，西逾云州，极于中受降城，凡六百余里，列栅二十，垦田三千八百余顷，岁收粟二十万石，省度支钱二千余万缗。重华入朝，奏请益开田五千顷，法用人七千，可以尽给五城。会李绛已罢，后宰相持其议而止。宪宗末，天下营田皆雇民或借庸以耕，又以瘠地易上地，民间苦之。穆宗即位，诏还所易地，而耕以官兵。耕官地者，给三之一以终身。灵武、邠宁，土广肥而民不知耕。大和末，王起奏立营田。后党项大扰河西，邠宁节度使毕諴亦募士开营田，岁收三十万斛，省度支钱数百万缗。

贞观、开元后，边土西举高昌、龟兹、焉耆、小勃律，北抵薛延陀故地，缘边数十州戍重兵，营田及地租不足以供军，于是初有和籴。牛仙客为相，有彭果者献策广关辅之籴，京师粮廪益羡，自是玄宗不复幸东都。天宝中，岁以钱六十万缗赋诸道和籴，斗增三钱，每岁短递输京仓者百余万斛。米贱则少府加估而籴，贵则贱价而粜。贞元初，吐蕃劫盟，召诸道兵十七万戍边。关中为吐蕃蹂躏者二十年矣，北至河曲，人户无几，诸道戍兵月给粟十七万斛，皆籴于关中。宰相陆贽以"关中谷贱，请和籴，可至百余万斛。计诸县船车至太仓，谷价四十有余，米价七十，则一年和籴之数当转运之二年，一斗转运之资当和籴之五斗。减转运以实边，存转运以备时要。江淮米至河阴者罢八十万斛，河阴米至太原仓者罢五十万，太原米至东渭桥者罢二十万。以所减米粜江淮水菑州县，斗减时五十以救乏。京城东渭桥之籴，斗增时三十以利农。以江淮粜米及减运直市绢帛送上都。"帝乃命度支增估籴粟三十三万斛，然不能尽用贽议。宪宗即位之初，有司以岁丰熟，请畿内和籴。当时府、县配户督限，有稽违则迫蹙鞭挞，甚于税赋，号为和籴，其实害民。

（宋）欧阳修、宋祁：《新唐书》卷五十三《食货志三》，北京：中华书局，1975年，第1373—1374页。

《新唐书》卷一九七《循吏传》

田仁会，雍州长安人。祖轨，隋幽州刺史，封信都郡公。父弘袭封，至陵州刺史。仁会擢制举，仕累左武候中郎将。太宗征辽东，而薛延陀以数万骑掩河内，诏仁会与执失思力率兵击败之，尾逐数百里，延陀几生得，玺书嘉尉。永徽中，为平州刺史，岁旱，自暴以祈，而雨大至，谷遂登。人歌曰："父母育我兮田使君，挺精诚兮上天闻，中田致雨兮山出云，仓廪实兮礼义申，愿君常在兮不患贫。"五迁胜州都督，境有凤贼，依山剽行人，仁会发骑捕格，夷之。城门夜开，道无寇迹。入为太府少卿，迁右金吾将军。所得禄，估有赢，辄入之官，人以为尚名。然资强挚疾恶，昼夜循行，有丝毫奸必发，廷中谪罚日数百，京师无贵贱举惮之。巫传鬼道惑众，自言能活死人，市里尊神，仁会劾徙于边。转右卫将军，以年老乞骸骨，卒年七十八，谥曰威。

子归道，明经及第，累擢通事舍人内供奉、左卫郎将。突厥默啜请和，武后诏将军阎知微册可汗号，持节往。默啜又遣使谢，知微遇诸道，即与绯袍银带，因表使者即到，请备礼廷赐。归道谏曰："虏背惠且积年，今悔过入朝，解辫削衽，宜待天旨。而知微擅赐使，朝廷何以加之？宜敕初服，须天子命。小国使者，不足备礼迓之。"后从焉。默啜将至单于都护府，诏归道摄司宾卿往劳。默啜请六胡州及都护府地不得，大怨望，执归道将害之。归道色不桡，晷且让，为陈祸福，默啜亦悔。会有诏赐默啜粟三万石，彩五万段，农器三千，且许结婚，于是更以礼遣。归道既还，具陈默啜不臣状，请备边。已而果反，乃擢归道夏官侍郎，益亲信。

迁左金吾将军、司膳卿，押千骑宿卫玄武门。桓彦范等诛二张，而归道不豫闻，及索骑士，拒不应。事平，彦范欲诛之，以辞直，免还私第。然中宗壮其守，召拜太仆少卿，迁殿中少监、右金吾将军。卒，赠辅国大将军，追封原国公，谥曰烈，帝自为文以祭。

子宾庭，开元时至光禄卿。

（宋）欧阳修、宋祁：《新唐书》卷一九七《循吏传》，北京：中华书局，1975 年，第 5623—5625 页。

《新唐书》卷二一九《北狄传》

契丹，本东胡种，其先为匈奴所破，保鲜卑山。魏青龙中，部酋比能稍桀骜，为幽州刺史王雄所杀，众遂微，逃潢水之南，黄龙之北。至元魏，自号曰契丹。地直京师东北五千里而赢，东距高丽，西奚，南营州，北靺鞨、室韦，阻冷陉山以自固。射猎居处无常。其君大贺氏，有胜兵四万，析八部，臣于突厥，以为俟斤。凡调发攻战，则诸部毕会；猎则部得自行。与奚不平，每斗不利，辄遁保鲜卑山。风俗与突厥大抵略侔。死不墓，以马车载尸入山，置于树颠。子孙死，父母旦夕哭；父母死则否，亦无丧期。

武德中，其大酋孙敖曹与靺鞨长突地稽俱遣人来朝，而君长或小入寇边。后二年，君长乃遣使者上名马、丰貂。贞观二年，摩会来降。突厥颉利可汗不欲外夷与唐合，乃请以梁师都易契丹。太宗曰："契丹、突厥不同类，今已降我，尚可索邪？师都，唐编户，盗我州部，突厥辄为助，我将禽之，谊不可易降者。"明年，摩会复入朝，赐鼓纛，由是有常贡。帝伐高丽，悉发酋长与奚首领从军。帝还，过营州，尽召其长窟哥及老人，差赐缯采，以窟哥为左武卫将军。

大酋辱纥主曲据又率众归，即其部为玄州，拜曲据刺史，隶营州都督府。未几，窟哥举部内属，乃置松漠都督府，以窟哥为使持节十州诸军事、松漠都督，封无极男，赐氏李；以达稽部为峭落州，纥便部为弹汗州，独活部为无逢州，芬问部为羽陵州，突便部为日连州，芮奚部为徒河州，坠斤部为万丹州，伏部为匹黎、赤山二州，俱隶松漠府，即以辱纥主为之刺史。

窟哥死，与奚连叛，行军总管阿史德枢宾等执松漠都督阿卜固献东都。窟哥有二孙：曰枯莫离，为左卫将军、弹汗州刺史，封归顺郡王；曰尽忠，为武卫大将军、松漠都督。而敖曹有孙曰万荣，为归诚州刺史。于是营州都督赵文翙骄沓，数侵侮其下，尽忠等皆怨望。万荣本以侍子入朝，知中国险易，挟乱不疑，即共举兵，杀文翙，盗营州反。尽忠自号无上可汗，以万荣为将，纵兵四略，所向辄下，不重狭，众数万，妄言十万，攻崇州，执讨击副使许钦寂。武后怒，诏鹰扬将军曹仁师、金吾大将军张玄遇、右武威大将军李多祚、司农少卿麻仁节等二十八将击之；以梁王武三思为榆关道安抚大使，纳言姚璹为之副。更号万荣曰万斩，尽忠曰尽灭。诸将战西硖石黄獐谷，王师败绩，玄遇、仁节皆为虏禽。进攻平州，不克。败书闻，后乃以右武卫大将军建安王武攸宜为清边道大总管，击契丹；募天下人奴有勇者，官畀主直，悉发以击虏。万荣衔枚夜袭檀州，清边道副总管张九节募死士数百薄战，万荣败而走山。俄而尽忠死，突厥默啜袭破其部。万荣收散兵复振，使别将骆务整、何阿小入冀州，杀刺史陆宝积，掠数千人。

武后闻尽忠死，更诏夏官尚书王孝杰、羽林卫将军苏宏晖率兵十七万讨契丹，战东硖石，师败，孝杰死之。万荣席已胜，遂屠幽州。攸宜遣将讨捕，不能克。乃命右金吾卫大将军河内郡王武懿宗为神兵道大总管，右肃政台御史大夫娄师德为清边道大总管，右武威卫大将军沙吒忠义为清边中道前军总管，兵凡二十万击贼。万荣锐甚，鼓而南，残瀛州属县，恣肆无所惮。于是神兵道总管杨玄基率奚军掩其尾，契丹大败，获何阿小，降别将李楷固、骆务整，收仗械如积。万荣委军走，残队复合，与奚搏，奚四面攻，乃大溃，万荣左驰。张九节为三伏伺之，万荣穷，与家奴轻骑走潞河东，怠甚，卧林下，奴斩其首，九节传之东都，余众溃。攸宜凯而还，后喜，为赦天下，改元为神功。

契丹不能立，遂附突厥。久视元年，诏左玉钤卫大将军李楷固、右武威卫将军骆务整讨契丹，破之。此两人皆虏善将，尝犯边，数窘官军者也，及是有功。

开元二年，尽忠从父弟都督失活以默啜政衰，率部落与颉利发伊健啜来归，玄宗赐丹书铁券。后二年，与奚长李大酺皆来，诏复置松漠府，以失活为都督，封松漠郡王，授左金吾卫大将军；仍其府置静析军，以失活为经略大使，所统八部皆擢其酋为刺史。诏将军薛泰为押蕃落使，督军镇抚。帝以东平王外孙杨元嗣女为永乐公主，妻失活。明年，失活死，赠特进，帝遣使吊祠，以其弟中郎将娑固袭封及所领。明年，娑固与公主来朝，宴赉有加。

有可突于者，为静析军副使，悍勇得众，娑固欲去之，未决。可突于反攻娑固，娑固奔营州。都督许钦澹以州甲五百，合奚君长李大酺兵共攻可突于，不胜，娑固、大酺皆死，钦澹惧，徙军入榆关。可突于奉娑固从父弟郁于为君，遣使者谢罪，有诏即拜郁于松漠郡王，而赦可突于。郁于来朝，授率更令，以宗室所出女慕容为燕郡公主妻之。可突于亦来朝，擢左羽林卫将军。郁于死，弟吐于嗣，与可突于有隙，不能定其下，携公主来奔，封辽阳郡王，留宿卫。可突于奉尽忠弟邵固统众，诏许袭王。天子封禅，邵固与诸蕃长皆从行在。明年，拜左羽林卫大将军，徙王广化郡，以宗室出女陈为东华公主，妻邵固，诏官其部酋长百余人，邵固以子入侍。

可突于复来，不为宰相李元纮所礼，鞅鞅去。张说曰："彼兽心者，唯利是向。且方持国，下所附也，不假以礼，不来矣。"后三年，可突于杀邵固，立屈烈为王，胁奚众共降突厥，公主走平卢军。诏幽州长史、知范阳节度事赵含章击之，遣中书舍人裴宽、给事中薛侃大募壮士，拜忠王浚河北道行军元帅，以御史大夫李朝隐、京兆尹裴伷先副之，帅程伯献、张文俨、宋之悌、李东蒙、赵万功、郭英杰等八总管兵击契丹。既又以忠王兼河东道诸军元帅，王不行。以礼部尚书信安郡王祎持节河北道行军副元帅，与含章出塞捕虏，大破之。可突于走，奚众降，王以二蕃俘级告诸庙。

明年，可突于盗边，幽州长史薛楚玉、副总管郭英杰、吴克勤、乌知义、罗守忠率万骑及奚击之，战都山下。可突于以突厥兵来，奚惧，持两端，众走险；知义、守忠败，英杰、克勤死之，杀唐兵万人。帝擢张守珪为幽州长史经略之。守珪既善将，可突于恐，阳请臣而稍趋西北倚突厥。其衙官李过折与可突于内不平，守珪使客王悔阴邀之，以兵围可突于，过折即夜斩可突于、屈烈及支党数十人，自归。守珪使过折统其部，函可突于等首传东都。拜过折北平郡王，为松漠都督。可突于残党击杀过折，屠其家，一子刺乾走安东，拜左骁卫将军。二十五年，守珪讨契丹，再破之，有诏自今战有功必告庙。

天宝四载，契丹大酋李怀秀降，拜松漠都督，封崇顺王，以宗室出女独孤为静乐公主妻之。是岁，杀公主叛去，范阳节度使安禄山讨破之。更封其酋楷落为恭仁王，代松漠都督。禄山方幸，表讨契丹以向帝意。发幽州、云中、平卢、河东兵十余万，以奚为乡导，大战潢水南，禄山败，死者数千，自是禄山与相侵掠未尝解，至其反乃已。

契丹在开元、天宝间，使朝献者无虑二十。故事，以范阳节度为押奚、契丹使，自至德后，藩镇擅地务自安，郛戍斥候益谨，不生事于边，奚、契丹亦鲜入寇，岁选酋豪数十入长安朝会，每引见，赐与有秩，其下率数百皆驻馆幽州。至德、宝应时再朝献，大历中十三，贞元间三，元和中七，大和、开成间凡四，然天子恶其外附回鹘，不复官爵渠长。会昌二年，回鹘破，契丹酋屈戍始复内附，拜云麾将军、守右武卫将军。于是幽州节度使张仲武为易回鹘所与旧印，赐唐新印，曰"奉国契丹之印"。

咸通中，其王习尔之再遣使者入朝，部落寖强。习尔之死，族人钦德嗣。光启时，方天下盗兴，北疆多故，乃钞奚、室韦，小小部种皆役服之，因入寇幽、蓟。刘仁恭穷师逾摘星山讨之，岁燎塞下草，使不得留牧，马多死，契丹乃乞盟，献良马求牧地，仁恭许之。复败约入寇，刘守光戍平州，契丹以万骑入，守光伪与和，帐饮具于野，伏发，禽其大将。群胡恸，愿纳马五千以赎，不许，钦德输重赂求之，乃与盟，十年不敢近边。

钦德晚节政不竞，其八部大人法常三岁代，时耶律阿保机建鼓旗为一部，不肯代，自号为王而有国，大贺氏遂亡。

（宋）欧阳修、宋祁：《新唐书》卷二一九《北狄传》，北京：中华书局，

1975年，第6167—6173页。

奚亦东胡种，为匈奴所破，保乌丸山。汉曹操斩其帅蹋顿，盖其后也。元魏时自号库真奚，居鲜卑故地，直京师东北四千里。其地东北接契丹，西突厥，南白狼河，北霫。与突厥同俗，逐水草畜牧，居毡庐，环车为营。其君长常以五百人持兵卫牙中，余部散山谷间，无赋入，以射猎为赀。稼多穄，已获，窖山下。断木为臼，瓦鼎为饪，杂寒水而食。喜战斗，兵有五部，部一俟斤主之。其国西抵大洛泊，距回纥牙三千里，多依土护真水。其马善登，其羊黑。盛夏必徙保冷陉山，山直妫州西北。至隋始去"库真"，但曰奚。

武德中，高开道借其兵再寇幽州，长史王诜击破之。太宗贞观三年始来朝，阅十七岁，凡四朝贡。帝伐高丽，大酋苏支从战有功。不数年，其长可度者内附，帝为置饶乐都督府，拜可度者使持节六州诸军事、饶乐都督，封楼烦县公，赐李氏。以阿会部为弱水州，处和部为祁黎州，奥失部为洛瑰州，度稽部为太鲁州，元俟折部为渴野州，各以酋领辱纥主为刺史，隶饶乐府。复置东夷都护府于营州，兼统松漠、饶乐地，置东夷校尉。

显庆间可度者死，奚遂叛。五年，以定襄都督阿史德枢宾、左武候将军延陀梯真、居延州都督李含珠为冷陉道行军总管。明年，诏尚书右丞崔余庆持节总护定襄等三都督讨之，奚惧乞降，斩其王匹帝。万岁通天中，契丹反，奚亦叛，与突厥相表里，号"两蕃"。延和元年，以左羽林卫大将军幽州都督孙佺、左骁卫将军李楷洛、左威卫将军周以悌帅兵十二万，为三军，袭击其部；次冷陉，前军楷洛与奚酋李大酺战不利。佺惧，敛军，诈大酺曰："我奉诏来慰抚若等，而楷洛违节度辄战，非天子意，方戮以徇。"大酺曰："诚慰抚我，有所赐乎？"佺出军中缯帛、袍带与之，大酺谢，请佺还师，举军得脱，争先无部伍，大酺兵蹑之，遂大败，杀伤数万，佺、以悌皆为虏禽，送默啜害之。朝廷方多故，不暇讨。

玄宗开元二年，使奥苏梅落丐降，封饶乐郡王，左金吾卫大将军、饶乐都督。诏宗室出女辛为固安公主，妻大酺。明年，身入朝成昏。始复营州都督府，遣右领军将军李济持节护送。大酺后与契丹可突于斗，死。弟鲁苏领其部，袭王。诏兼保塞军经略大使。牙官塞默羯谋叛，公主置酒诱杀之，帝嘉其功，赐主累万。会与其母相告讦得罪，更以盛安公主女韦为东光公主妻之。后三年，封鲁苏奉诚郡王，右羽林卫将军，擢其首领无虑二百人，皆位郎将。

久之，契丹可突于反，胁奚众并附突厥，鲁苏不能制，奔榆关，公主奔平卢。幽州长史赵含章发清夷军讨破之，众稍自归。明年，信安王祎降其酋李诗锁高等部落五千帐，以其地为归义州，因以王诗，拜左羽林军大将军、本州都督，赐帛十万，置其部幽州之偏。

李诗死，子延宠嗣，与契丹又叛，为幽州张守珪所困。延宠降，复拜饶乐都督、怀信王，以宗室出女杨为宜芳公主妻之。延宠杀公主复叛，诏立它酋婆固为昭信王、饶乐都督，以定其部。安禄山节度范阳，诡边功，数与鏖斗，盛饰俘以献，诛其君李日越，料所俘骁壮戍云南。终帝世，凡八朝献，至德、大历间十二。

贞元四年，与室韦攻振武。后七年，幽州残其众六万。德宗时，两朝献。元和元年，君梅落身入朝，拜检校司空、归诚郡王。以部酋索氏为左威卫将军、檀蓟州游弈兵马使，没辱孤平州游弈兵马使，皆赐李氏。然阴结回鹘、室韦兵犯西城、振武。大抵宪宗世四朝献。

大和四年，复盗边，卢龙李载义破之，执大将二百余人，缚其帅茹羯来献，文宗赐冠带，授右骁卫将军。后五年，大首领匿舍朗来朝。大中元年，北部诸山奚悉叛，卢龙张仲武禽酋渠，烧帐落二十万，取其刺史以下面耳三百，羊牛七万，辎贮五百乘，献京师。咸通九年，其王突董苏使大都督萨葛入朝。

是后契丹方强，奚不敢亢，而举部役属。虏政苛，奚怨之，其酋去诸引别部内附，保妫州北山，遂为东、西奚。

（宋）欧阳修、宋祁：《新唐书》卷二一九《北狄传》，北京：中华书局，1975年，第6173—6176页。

室韦，契丹别种，东胡之北边，盖丁零苗裔也。地据黄龙北，傍猫越河，直京师东北七千里，东黑水靺鞨，西突厥，南契丹，北濒海。其国无君长，惟大酋，皆号"莫贺咄"，摄筦其部而附于突厥。小或千户，大数千户，滨散川谷，逐水草而处，不税敛。每弋猎即相嘯聚，事毕去，不相臣制，故虽猛悍喜战，而卒不能为强国。剡木为犁，人挽以耕，田获甚褊。其气候多寒，夏雾雨，冬霜霰。其俗，富人以五色珠垂领，婚嫁则男先佣女家三岁，而后分以产，与妇共载，鼓舞而还。夫死，不再嫁。每部共构大棚，死者置尸其上，丧期三年。土少金铁，率资于高丽。器有角弓、楛矢，人尤善射。每溽夏，西保贊勃、次对二山。山多草木鸟兽，然苦飞蚊，则巢居以避。酋帅死，以子弟继，无则推豪桀立之。率乘牛车，蓬蓯为室，度水则束薪为桴，或以皮为舟。马皆草鞿、绳羁靮。所居或皮蒙室，或屈木以蓬蓯覆，徙则载而行。其畜无羊少马，有牛不用，有巨豕食之，韦其皮为服若席。其语言，靺鞨也。

分部凡二十余。曰岭西部、山北部、黄头部，强部也；大如者部、小如者部、婆莴部、讷北部、骆丹部：悉处柳城东北，近者三千，远六千里而赢。最西有乌素固部，与回纥接，当俱伦泊之西南。自泊而东有移塞没部；稍东有塞曷支部，最强部也，居啜河之阴，亦曰燕支河；益东有和解部、乌罗护部、那礼部、岭西部，直北曰讷比支部。北有大山，山外曰大室韦，濒于室建河。河出俱伦，迆而东，河南有蒙瓦部，其北落坦部；水东合那河、忽汗河，又东贯黑水靺鞨，故靺鞨跨水有南北部，而东注于海。猛越河东南亦与那河合，其北有东室韦，盖乌丸东南鄙余人也。

贞观五年，始来贡丰貂，后再入朝。长寿二年叛，将军李多祚击定之。景龙初，复朝献，请助讨突厥。开元、天宝间，凡十朝献，大历中十一。贞元四年，与奚共寇振武，节度使唐朝臣方郊劳天子使者，惊而走军，室韦执诏使，大杀掠而去。明年，使者来谢。大和中三朝献，大中中一来，咸通时，大酋怛烈与奚皆遣使至京师，然非显夷后，史官失传。

（宋）欧阳修、宋祁：《新唐书》卷二一九《北狄传》，北京：中华书局，1975年，第6176—6177页。

黑水靺鞨居肃慎地，亦曰挹娄，元魏时曰勿吉。直京师东北六千里，东濒海，西属突厥，南高丽，北室韦。离为数十部，酋各自治。其著者曰粟末部，居最南，抵太白山，亦曰徒太山，与高丽接，依粟末水以居，水源于山西，北注它漏河；稍东北曰汩咄部；又次曰安居骨部；益东曰拂涅部；居骨之西北曰黑水部；粟末之东曰白山部。部间远者三四百里，近二百里。

白山本臣高丽，王师取平壤，其众多入唐，汩咄、安居骨等皆奔散，寖微无闻焉，遗人进入渤海。唯黑水完强，分十六落，以南北称，盖其居最北方者也。人劲健，善步战，常能患它部。俗编发，缀野豕牙，插雉尾为冠饰，自别于诸部。性忍悍，善射猎，无忧戚，贵壮贱老。居无室庐，负山水坎地，梁木其上，覆以土，如丘冢然。夏出随水草，冬入处。以溺盥面，于夷狄最浊秽。死者埋之，无棺椁，杀所乘马以祭。其酋曰大莫拂瞒咄，世相承为长。无书契。其矢石镞，长二寸，盖楛砮遗法。畜多豕，无牛羊。有车马，田耦以耕，车则步推。有粟麦。土多貂鼠、白兔、白鹰。有盐泉，气蒸薄，盐凝树颠。

武德五年，渠长阿固郎始来。太宗贞观二年，乃臣附，所献有常，以其地为燕州。帝伐高丽，其北部反，与高丽合。高惠真等率众援安市，每战，靺鞨常居前。帝破安市，执惠真，收靺鞨兵三千余，悉坑之。

开元十年，其酋倪属利稽来朝，玄宗即拜勃利州刺史。于是安东都护薛泰请置黑水府，以部长为都督、刺史，朝廷为置长史监之，赐府都督姓李氏，名曰献诚，以云麾将军领黑水经略使，隶幽州都督。讫帝世，朝献者十五。大历世凡七，贞元一来，元和中再。

初，黑水西北又有思慕部，益北行十日得郡利部，东北行十日得窟说部，亦号屈设，稍东南行十日得莫曳皆部，又有拂涅、虞娄、越喜、铁利等部。其地南距渤海，北、东际于海，西抵室韦，南北袤二千里，东西千里。拂涅、铁利、虞娄、越喜时时通中国，而郡利，屈设、莫曳皆不能自通。今存其朝京师者附左方。

拂涅，亦称大拂涅，开元、天宝间八来，献鲸睛、貂鼠、白兔皮；铁利，开元中六来；越喜，七来，贞元中一来；虞娄，贞观间再来，贞元一来。后渤海盛，靺鞨皆役属之，不复与王会矣。

（宋）欧阳修、宋祁：《新唐书》卷二一九《北狄传》，北京：中华书局，1975年，第6177—6179页。

渤海，本粟末靺鞨附高丽者，姓大氏。高丽灭，率众保挹娄之东牟山，地直营州东二千里，南比新罗，以泥河为境，东穷海，西契丹。筑城郭以居，高丽逋残稍归之。

万岁通天中，契丹尽忠杀营州都督赵翙反，有舍利乞乞仲象者，与靺鞨酋乞四比羽及高丽余种东走，度辽水，保太白山之东北，阻奥娄河，树壁自固。武后封乞四比羽为许国公，乞乞仲象为震国公，赦其罪。比羽不受命，后诏玉钤卫大将军李楷固、中郎将索仇击斩之。是时仲象已死，其子祚荣引残痍遁去，楷固穷蹑，度天门岭，祚荣因高丽、靺鞨兵拒楷固，楷固败还。于是契丹附突厥，王师道绝，不克讨。祚荣即并比羽之众，恃荒远，乃建国，自号震国王，遣使交突厥，地方五千里，户十余万，胜兵数万，颇知书契，尽得扶余、沃沮、弁韩、朝鲜海北诸国。中宗时，使侍御史张行岌招慰，祚荣遣子入侍。睿宗先天中，遣使拜祚荣为左骁卫大将军、渤海郡王，以所统为忽汗州，领忽汗州都督，自是始去靺鞨号，专称渤海。

玄宗开元七年，祚荣死，其国私谥为高王。子武艺立，斥大土宇，东北诸夷畏臣之，私改年曰仁安。帝赐典册袭王并所领。未几，黑水靺鞨使者入朝，帝以其地建黑水州，置长史临总。武艺召其下谋曰："黑水始假道于我与唐通，异时请吐屯于突厥，皆先告我，今请唐官不吾告，是必与唐腹背攻我也。"乃遣弟门艺及舅任雅相发兵击黑水。门艺尝质京师，知利害，谓武艺曰："黑水请吏而我击之，是背唐也。唐，大国，兵万倍我，与之产怨，我且亡。昔高丽盛时，士三十万，抗唐为敌，可谓雄强，唐兵一临，扫地尽矣。今我众比高丽三之一，王将违之，不可。"武艺不从。兵至境，又以书固谏。武艺怒，遣从兄壹夏代将，召门艺，将杀之。门艺惧，儳路自归，诏拜左骁卫将军。武艺使使暴门艺罪恶，请诛之。有诏处之安西，好报曰："门艺穷来归我，谊不可杀，已投之恶地。"并留使者不遣，别诏鸿胪少卿李道邃、源复谕旨。武艺知之，上书斥言"陛下不当以妄示天下"，意必杀门艺。帝怒道邃、复漏言国事，皆左除，而阳斥门艺以报。

后十年，武艺遣大将张文休率海贼攻登州，帝驰遣门艺发幽州兵击之，使太仆卿金思兰使新罗，督兵攻其南。会大寒，雪袤丈，士冻死过半，无功而还。武艺望其弟不已，募客入东都狙刺于道，门艺格之，得不死。河南捕刺客，悉杀之。

武艺死，其国私谥武王。子钦茂立，改年大兴，有诏嗣王及所领，钦茂因是赦境内。天宝末，钦茂徙上京，直旧国三百里忽汗河之东。讫帝世，朝献者二十九。宝应元年，诏以渤海为国，钦茂王之，进检校太尉。大历中，二十五来，以日本舞女十一献诸朝。贞元时，东南徙东京。钦茂死，私谥文王。子宏临早死，族弟元义立一岁，猜虐，国人杀之，推宏临子华玙为王，复还上京，改年中兴。死，谥曰成王。

钦茂少子嵩邻立，改年正历，有诏授右骁卫大将军，嗣王。建中、贞元间凡四来。死，谥康王。子元瑜立，改年永德。死，谥定王。弟言义立，改年朱雀，并袭王如故事。死，谥僖王。弟明忠立，改年太始，立一岁死，谥简王。从父仁秀立，改年建兴，其四世祖野勃，祚荣弟也。仁秀颇能讨伐海北诸部，开大境宇，有功，诏检校司空、袭王。元和中，凡十六朝献，长庆四，宝历凡再。大和四年，仁秀死，谥宣王。子新德蚤死，孙彝震立，改年咸和。明年，诏袭爵。终文宗世来朝十二，会昌凡四。彝震死，弟虔晃立。死，玄锡立。咸通时，三朝献。

初，其王数遣诸生诣京师太学，习识古今制度，至是遂为海东盛国，地有五京、十五府、六十二州。以肃慎故地为上京，曰龙泉府，领龙、湖、渤三州。其南为中京，曰显德府，领卢、显、铁、汤、荣、兴六州。貊貊故地为东京，曰龙原府，亦曰栅城府，领庆、盐、穆、贺四州。沃沮故地为南京，曰南海府，领沃、晴、椒三州。高丽故地为西京，曰鸭渌府，领神、桓、丰、正四州；曰长岭府，领瑕、河二州。扶余故地为扶余府，常屯劲兵捍契丹，领扶、仙二州；鄚颉府领鄚、高二州。挹娄故地为定理府，领定、潘二州；安边府领安、琼二州。率宾故地为率宾府，领华、益、建三州。拂涅故地为东平府，领伊、蒙、沱、黑、比五州。铁利故地为铁利府，领广、汾、蒲、海、义、归六州。越喜故地为怀远府，领达、越、怀、纪、富、美、福、邪、芝九州；安远府领宁、郿、慕、常四州。又郢、铜、涑三州为独奏州。涑州以其近涑沫江，盖所谓粟末水也。龙原东南濒海，日本道也。南海，新罗道也。鸭渌，朝贡道也。长岭，营州道也。扶余，契丹道也。

俗谓王曰"可毒夫"，曰"圣王"，曰"基下"。其命为"教"。王之父曰"老王"，母"太妃"，妻"贵妃"，长子曰"副王"，诸子曰"王子"。官有宣诏省，左相、左平章事、侍中、左常侍、谏议居之。中台省，右相、右平章事、内史、诏诰舍人居之。政堂省，大内相一人，居左右相上；左、右司政各一，居左、右平章事之下，以比仆射；左、右允比二丞。左六司，忠、仁、义部各一卿，居司政下，支司爵、仓、膳部，部有郎中、员外；右六司，智、礼、信部，支司戎、计、水部，卿、郎准左：以比六官。中正台，大中正一，比御史大夫，居司政下；少正一。又有殿中寺、宗属寺，有大令。文籍院有监。令、监皆有少。太常、司宾、大农寺，寺有卿。司藏、司膳寺，寺有令、丞。胄子监有监长。巷伯局有常侍等官。其武员有左右猛贲、熊卫、罴卫，南左右卫，北左右卫，各大将军一、将军一。大抵宪象中国制度如此。以品为秩，三秩以上服紫，牙笏、金鱼。五秩以上服绯，牙笏、银鱼。六秩、七秩浅绯衣，八秩绿衣，皆木笏。

俗所贵者，曰太白山之菟，南海之昆布，栅城之豉，扶余之鹿，鄚颉之豕，率宾之马，显州之布，沃州之绵，龙州之䌷，位城之铁，卢城之稻，湄沱湖之鲫。果有九都之李，乐游之梨。余俗与高丽、契丹略等。幽州节度府与相聘问，自营、平距京师盖八千里而远。后朝贡至否，史家失传，故叛附无考焉。

（宋）欧阳修、宋祁：《新唐书》卷二一九《北狄传》，北京：中华书局，1975 年，第 6179—6183 页。

《新唐书》卷二二〇《东夷传》

高丽，本扶余别种也。地东跨海距新罗，南亦跨海距百济，西北度辽水与营州接，北靺鞨。其君居平壤城，亦谓长安城，汉乐浪郡也，去京师五千里而赢，随山屈缭为郛，南涯浿水，王筑宫其左。又有国内城、汉城，号别都。水有大辽、少辽：大辽出靺鞨西南山，南历安市城；少辽出辽山西，亦南流，有梁水出塞外，西行与之合。有马訾水出靺鞨之白山，色若鸭头，号鸭渌水，历国内城西，与盐难水合，又西南至安市，入于海。而平壤在鸭渌东南，以巨舻济人，因恃以为堑。

……

王服五采，以白罗制冠，革带皆金扣。大臣青罗冠，次绛罗，珥两鸟羽，金银杂扣，衫筒袖，裤大口，白韦带，黄革履。庶人衣褐，戴弁。女子首巾帼。俗喜弈、投壶、蹴鞠。食用笾、豆、簠、簋、罍、洗。居依山谷，以草茨屋，惟王宫、官府、佛庐以瓦。窭民盛冬作长坑，煴火以取暖。其治，峭法以绳下，故少犯。叛者丛炬灼体，乃斩之，籍入其家。降、败、杀人及剽劫者斩，盗者十倍取偿，杀牛马者没为奴婢，故道不掇遗。婚娶不用币，有受者耻之。服父母丧三年，兄弟逾月除。俗多淫祠，祀灵星及日、箕子、可汗等神。国左有大穴曰神隧，每十月，王皆自祭。人喜学，至穷里厮家，亦相矜勉，衢侧悉构严屋，号扃堂，子弟未婚者曹处，诵经习射。

隋末，其王高元死，异母弟建武嗣。武德初，再遣使入朝。高祖下书修好，约高丽人在中国者护送，中国人在高丽者敕遣还。于是建武悉搜亡命归有司，且万人。后三年，遣使者拜为上柱国、辽东郡王、高丽王。命道士以像法往，为讲《老子》，建武大悦，率国人共听之，日数千人。帝谓左右曰："名实须相副。高丽虽臣于隋，而终拒炀帝，何臣之为？朕务安人，何必受其臣？"裴矩、温彦博谏曰："辽东本箕子国，魏晋时故封内，不可不臣。中国与夷狄，犹太阳于列星，不可以降。"乃止。明年，新罗、百济上书，言建武闭道，使不得朝，且数侵入。有诏散骑侍郎朱子奢持节谕和，建武谢罪，乃请与二国平。太宗已禽突厥颉利，建武遣使者贺，并上封域图。帝诏广州司马长孙师临瘗隋士战骸，毁高丽所立京观。建武惧，乃筑长城千里，东北首扶余，西南属之海。久之，遣太子桓权入朝献方物，帝厚赐赍，诏使者陈大德持节答劳，且观衅。大德入其国，厚饷官守，悉得其纤曲。见华人流客者，为道亲戚存亡，人人垂涕，故所至士女夹道观。建武盛陈兵见使者。大德还奏，帝悦。大德又言："闻高昌灭，其大对卢三至馆，有加礼焉。"帝曰："高丽地止四郡，我发卒数万攻辽东，诸城必救，我以舟师自东莱帆海趋平壤，固易。然天下甫平，不欲劳人耳。"

有盖苏文者，或号盖金，姓泉氏，自云生水中以惑众。性忍暴。父为东部大人、大对卢，死，盖苏文当嗣，国人恶之，不得立，顿首谢众，请摄职，有不可，虽废无悔，众哀之，遂嗣位。残凶不道，诸大臣与建武议诛之，盖苏文觉，悉召诸部，给云大阅兵，列馔具请大臣临视，宾至尽杀之，凡百余人，驰入宫杀建武，残其尸投诸沟。更立建武弟之子藏为王，自为莫离支，专国，犹唐兵部尚书、中书令职云。貌魁秀，美须髯，冠服皆饰以金，佩五刀，左右莫敢仰视。使贵人伏诸地，践以升马。出入陈兵，长呼禁切，行人畏窜，至投坑谷。

帝闻建武为下所杀，恻然遣使者持节吊祭，或劝帝可遂讨之，帝不欲因丧伐罪，乃拜藏为辽东郡王、高丽王。帝曰："盖苏文杀君擅国，朕取之易耳，不愿劳人，若何？"司空房玄龄曰："陛下士勇而力有余，戢不用，所谓'止戈为武'者。"司徒长孙无忌曰："高丽无一介告难，宜赐书安尉之，隐其患，抚其存，彼当听命。"帝曰："善。"

会新罗遣使者上书言："高丽、百济联和，将见讨。谨归命天子。"帝问："若何而免？"使者曰："计穷矣，惟陛下哀怜！"帝曰："我以偏兵率契丹、靺鞨入辽东，而国可纾一岁，一策也。我以绛袍丹帜数千赐而国，至，建以阵，二国见，谓我师至，必走，二策也。百济恃海，不修戎械，我以舟师数万袭之；而国女君，故为邻侮，我以宗室主而国，待安则自守之，三策也。使者计孰取？"使者不能对。于是遣司农丞相里玄奖以玺书让高丽，且使止勿攻。使未至，而盖苏文已取新罗二城，玄奖谕帝旨，答曰："往隋见侵，新罗乘衅夺我地五百里，今非尽反地，兵不止。"玄奖曰："往事乌足论邪？辽东故中国郡县，天子且不取，高丽焉得违诏？"不从。玄奖还奏，帝曰："莫离支杀君，虐用其下如获阱，怨痛溢道，我出师无名哉？"谏议大夫褚遂良曰："陛下之兵度辽而克固善，万分一不得逞，且再用师，再用师，安危不可亿。"兵部尚书李勣曰："不然。曩薛延陀盗边，陛下欲追击，魏征苦谏而止。向若击之，一马不生返。后复畔扰，至今为恨。"帝曰："诚然。但一虑之失而尤之，后谁为我计者？"新罗数请援，乃下吴船四百柁输粮，诏营州都督张俭等发幽、营兵及契丹、奚、靺鞨等出讨。会辽溢，师还。莫离支惧，遣使者内金，帝不纳。使者又言："莫离支遣官五十入宿卫。"帝怒责使者曰："而等委质高武，而不伏节死义，又为逆子谋，不可赦。"悉下之狱。

于是帝欲自将讨之，召长安耆老劳曰："辽东故中国地，而莫离支贼杀其主，朕将自行经略之，故与父老约：子若孙从我行者，我能拊循之，毋庸恤也。"即厚赐布粟。群臣皆劝帝毋行，帝曰："吾知之矣，去本而就末，舍高以取下，释近而之远，三者为不祥，伐高丽是也。然盖苏文弑君，又戮大臣以逞，一国之人延颈待救，议者顾未亮耳。"于是北输粟营州，东储粟古大人城。帝幸洛阳，乃以张亮为平壤道行军大总管，常何、左难当副之，冉仁德、刘英行、张文干、庞孝泰、程名振为总管，帅江、吴、京、洛募兵凡四万，吴艘五百，泛海趋平壤。以李勣为辽东道行军大总管，江夏王道宗副之，张士贵、张俭、执失思力、契苾何力、阿史那弥射、姜德本、曲智盛、吴黑闼为行军总管隶之，帅骑士六万趋辽东。诏曰："朕所过，营顿毋饬，食毋丰怪，水可涉者勿作桥梁，行在非近州县不得令学生、耆老迎谒。朕昔提戈拨乱，无盈月储，犹所向风靡。今幸家给人足，只恐劳于转饷，故驱牛羊以饲军。且朕必胜有五：以我大击彼小，以我顺讨彼逆，以我安乘彼乱，以我逸敌彼劳，以我悦当彼怨，渠忧不克邪！"又发契丹、奚、新罗、百济诸君长兵悉会。

十九年二月，帝自洛阳次定州，谓左右曰："今天下大定，唯辽东未宾，后嗣因士马盛强，谋臣导以征讨，丧乱方始，朕故自取之，不遗后世忧也。"帝坐城门，过兵，人人抚慰，疾病者亲视之，敕州县治疗，士大悦。长孙无忌白奏："天下符鱼悉从，而宫官止十人，天下以为轻神器。"帝曰："士度辽十万，皆去家室。朕以十人从，尚恶其多，公止勿言！"帝身属橐鞬，结两箙于鞍。四月，勣济辽水，高丽皆婴城守。帝大飨士，帐幽州之南，诏长孙无忌誓师，乃引而东。

勣攻盖牟城，拔之，得户二万，粮十万石，以其地为盖州。程名振攻沙卑城，夜入其西，城溃，虏其口八千，游兵鸭渌上。勣遂围辽东城。帝次辽泽，诏瘗隋战士露骼。高丽发新城、国内城骑四万救辽东。道宗率张君乂逆战，君乂却。道宗以骑驰之，虏兵辟易，夺其梁，收散卒，乘高以望，见高丽阵嚣，急击破之，斩首千余级，诛君乂以徇。帝度辽水，彻杠彴，坚士心。营马首山，身到城下，见士填堑，分负之，重者马上持之，群臣震惧，争挟块以进。城有朱蒙祠，祠有锁甲、铦矛，妄言前燕世天所降。方围急，饰美女以妇神，诬言朱蒙悦，城必完。勣列抛车，飞大石过三百步，所当辄溃，虏积木为楼，结絙罔，不能拒。以冲车撞陴屋，碎之。时百济上金髹铠，又以玄金为山五文铠，士被以从。帝与勣会，甲光炫日。会南风急，士纵火焚西南，熛延城中，屋几尽，人死于燎者万余。众登陴，虏蒙盾以拒，士举长矛舂之，蔺石如雨，城遂溃，获胜兵万，户四万，粮五十万石。以其地为辽州。初，帝自太子所属行在，舍置一烽，约下辽东举烽，是日传燎入塞。

进攻白崖城，城负山崖水，险甚。帝壁西北，虏酋孙伐音阴丐降，然城中不能一，帝赐帜曰："若降，建于堞以信。"俄而举帜，城人皆以唐兵登矣，乃降。初，伐音中悔，帝怒，约以虏口畀诸将。及是，李勣曰："士奋而先，贪虏获也。今城危拔，不可许降以孤士心。"帝曰："将军言是也。然纵兵杀戮，略人妻孥，朕不忍。将军麾下有功者，朕能以库物赏之，庶因将军赎一城乎。"获男女凡万、兵二千。以其地为岩州，拜伐音为刺史。莫离支以加尸人七百戍盖牟，勣俘之。请自效，帝曰："而家加尸，乃为我战，将尽戮矣。夷一姓求一人力，不可。"禀而纵之。

次安市。于是高丽北部傉萨高延寿、南部傉萨高惠真引兵及靺鞨众十五万来援。帝曰："彼若勒兵连安市而壁，据高山，取城中粟食之，纵靺鞨略吾牛马，攻之不可下，此上策也。拔城夜去，中策也。与吾争锋，则禽矣。"有大对卢为延寿计曰："吾闻中国乱，豪雄并奋，秦王神武，敌无坚，战无前，遂定天下，南面而帝，北狄、西戎罔不臣。今扫地而来，谋臣重将皆在，其锋不可校。今莫若顿兵旷日，阴遣奇兵绝其饷道，不旬月粮尽，欲战不得，归则无路，乃可取也。"延寿不从，引军距安市四十里而屯。帝曰："虏堕吾策中矣。"命左卫大将军阿史那社尔以突厥千骑尝之，虏常以靺鞨锐兵居前，社尔兵接而北。延寿曰："唐易与耳。"进一舍，倚麓而阵。帝诏延寿曰："我以尔有强臣贼杀其主，来问罪，即交战，非我意。"延寿谓然，按甲俟。帝夜召诸将，使李勣率步骑万五千阵西岭当贼，长孙无忌、牛进达精兵万人出虏背狭谷，帝以骑四千偃帜趋虏北山上，令诸军曰："闻鼓声而纵。"张幄朝堂，曰："明日日中，纳降虏于此。"是夜，流星堕延寿营。旦日，虏视勣军少，即战。帝望无忌军尘上，命鼓角作，兵帜四合，虏惶惑，将分兵御之，众已嚣。勣以步槊击败之，无忌乘其后，帝自山驰下，虏大乱，斩首二万级。延寿收余众负山自固，无忌、勣合围之，彻川梁，断归路。帝按辔观虏营垒曰："高丽倾国来，一麾而破，天赞我也。"下马再拜，谢况于天。延寿等度势穷，即举众降，入辕门，膝而前，拜手请命。帝曰："后敢与天子战乎？"惶汗不得对。帝料酋长三千五百人，悉官之，许内徙，余众三万纵还之，诛靺鞨三千余人，获马牛十万，明光铠万领。高丽震骇，后黄、银二城自拔去，数百里无舍烟。乃驿报太子，并赐诸臣书曰："朕自将若此，云何？"因号所幸山为驻跸山，图破阵状，勒石纪功。拜延寿鸿胪卿，惠真司农卿。候骑获觇人，帝解其缚，自言不食且三日，命饲之，赐以屝，遣曰："归语莫离支，若须军中进退，可遣人至吾所。"帝每营不作堑垒，谨斥候而已，而士运粮，虽单骑，虏不敢钞。

　　帝与勣议所攻，帝曰："吾闻安市地险而众悍，莫离支击不能下，因与之。建安特险绝，粟多而士少，若出其不意攻之，不相救矣。建安得，则安市在吾腹中。"勣曰："不然。积粮辽东，而西击建安，贼将梗我归路，不如先攻安市。"帝曰："善。"遂攻之，未能下。延寿、惠真谋曰："乌骨城傉萨已耄，朝攻而夕可下。乌骨拔，则平壤举矣。"群臣亦以张亮军在沙城，召之一昔至，若取乌骨，度鸭渌，迫其腹心，计之善者。无忌曰："天子行师不徼幸。安市众十万在吾后，不如先破之，乃驱而南，万全势也。"乃止。城中见帝旌麾，辄乘陴噪，帝怒，勣请破日男子尽诛。虏闻，故死战。江夏王道宗筑距堙攻东南，虏增陴以守。勣攻其西，撞车所坏，随辄串栅为楼。帝闻城中鸡彘声，曰："围久，突无黔烟。今鸡彘鸣，必杀以飨士，虏且夜出。"诏严兵。丙夜，虏数百人缒而下，悉禽之。道宗以树枚裹土积之，距堙成，迫城不数丈，果毅都尉傅伏爱守之，自高而排其城，城且颓，伏爱私去所部，虏兵得自颓城出，据而堑断之，积火蒙盾固守。帝怒，斩伏爱，敕诸将击之，三日不克。

有诏班师，拔辽、盖二州之人以归。兵过城下，城中屏息偃旗，酋长登城再拜，帝嘉其守，赐绢百匹。辽州粟尚十万斛，士取不能尽。帝至渤错水，阻淖，八十里车骑不通。长孙无忌、杨师道等率万人斩樵筑道，联车为梁，帝负薪马上助役。十月，兵毕度，雪甚，诏属燎以待济。始行，士十万，马万匹；逮还，物故裁千余，马死十八。船师七万，物故亦数百。诏集战骸葬柳城，祭以太牢，帝临哭，从臣皆流涕。帝总飞骑入临渝关，皇太子迎道左。初，帝与太子别，御褐袍，曰："俟见尔乃更。"袍历二时弗易，至穿穴。群臣请更服，帝曰："士皆敝衣，吾可新服邪？"及是，太子进洁衣，乃御。辽降口万四千，当没为奴婢，前集幽州，将分赏士。帝以父子夫妇离析，诏有司以布帛赎之，原为民，列拜欢舞，三日不息。延寿既降，以忧死，独惠真至长安。

明年春，藏遣使者上方物，且谢罪；献二姝口，帝敕还之，谓使者曰："色者人所重，然悯其去亲戚以伤乃心，我不取也。"初，师还，帝以弓服赐盖苏文，受之，不遣使者谢，于是下诏削弃朝贡。

又明年三月，诏左武卫大将军牛进达为青丘道行军大总管，右武卫将军李海岸副之，自莱州度海；李勣为辽东道行军大总管，右武卫将军孙贰朗、右屯卫大将军郑仁泰副之，率营州都督兵，繇新城道以进。次南苏、木底，虏兵战不胜，焚其郛。七月，进达等取石城，进攻积利城，斩级数千，乃皆还。藏遣子莫离支高任武来朝，因谢罪。

二十二年，诏右武卫大将军薛万彻为青丘道行军大总管，右卫将军裴行方副之，自海道入。部将古神感与虏战曷山，虏溃；虏乘暝袭我舟，伏兵破之。万彻度鸭渌，次泊灼城，拒四十里而舍。虏惧，皆弃邑居去。大酋所夫孙拒战，万彻击斩之，遂围城，破其援兵三万，乃还。帝与长孙无忌计曰："高丽困吾师之入，户亡耗，田岁不收，盖苏文筑城增陴，下饥卧死沟壑，不胜敝矣。明年以三十万众，公为大总管，一举可灭也。"乃诏剑南大治船，蜀人愿输财江南，计直作舟，舟取缣千二百，巴、蜀大骚，邛、眉、雅三州獠皆反，发陇西、峡内兵二万击定之。始，帝决取虏，故诏陕州刺史孙伏伽、莱州刺史李道裕储粮械于三山浦、乌胡岛，越州都督治大艜偶舫以待。会帝崩，乃皆罢。藏遣使者奉慰。

永徽五年，藏以靺鞨兵攻契丹，战新城，大风，矢皆还激，为契丹所乘，大败。契丹火野复战，人死相藉，积尸而冢之。遣使者告捷，高宗为露布于朝。六年，新罗诉高丽、靺鞨夺三十六城，惟天子哀救。有诏营州都督程名振、左卫中郎将苏定方率师讨之。至新城，败高丽兵，火外郭及墟落，引还。显庆三年，复遣名振率薛仁贵攻之，未能克。后二年，天子已平百济，乃以左骁卫大将军契苾何力、右武卫大将军苏定方、左骁卫将军刘伯英率诸将出浿江、辽东、平壤道讨之。龙朔元年，大募兵，拜置诸将，天子欲自行，蔚州刺史李君球建言："高丽小丑，何至倾中国事之？有如高丽既灭，必发兵以守，少发则威不振，多发人不安，是天下疲于转戍。臣谓征之未如勿征，灭之未如勿灭。"亦会武后苦邀，帝乃止。八月，定方破虏兵于浿江，夺马邑山，遂围平壤。明年，庞孝泰以岭南兵壁蛇水，盖苏文攻之，举军没；定方解而归。

乾封元年，藏遣子男福从天子封泰山，还而盖苏文死，子男生代为莫离支，与弟男建、男产相怨。男生据国内城，遣子献诚入朝求救，盖苏文弟净土亦请割地降。乃诏契苾何力为辽东道安抚大使，左金吾卫将军庞同善、营州都督高侃为行军总管，左武卫将军薛仁贵、左监门将军李谨行殿而行。九月，同善破高丽兵，男生率师来会。诏拜男生特进、辽东大都督兼平壤道安抚大使，封玄菟郡公。又以李勣为辽东道行军大总管兼安抚大使，与契苾何力、庞同善并力。诏独孤卿云由鸭渌道，郭待封积利道，刘仁愿毕列道，金待问海谷道，并为行军总管，受勣节度；转燕、赵食廥辽东。明年正月，勣引道次新城，合诸将谋曰："新城，贼西鄙，不先图，余城未易下。"遂壁西南山临城，城人缚戍酋出降。勣进拔城十有六。郭待封以舟师济海，趋平壤。三年二月，勣率仁贵拔扶余城，它城三十皆纳款。同善、侃守新城，男建遣兵袭之，仁贵救侃，战金山，不胜。高丽鼓而进，锐甚。仁贵横击，大破之，斩首五万级，拔南苏、木底、苍岩三城，引兵略地，与勣会。侍御史贾言忠计事还，帝问军中云何，对曰："必克。昔先帝问罪，所以不得志者，虏未有衅也。谚曰'军无媒，中道回'。今男生兄弟阋很，为我乡导，虏之情伪，我尽知之，将忠士力，臣故曰必克。且高丽秘记曰：'不及九百年，当有八十大将灭之。'高氏自汉有国，今九百年，勣年八十矣。虏仍荐饥，人相掠卖，地震裂，狼狐入城，蚡穴于门，人心危骇，是行不再举矣。"

男建以兵五万袭扶余，勣破之萨贺水上，斩首五千级，俘口三万，器械牛马称之。进拔大行城。刘仁愿与勣会，后期，召还当诛，赦流姚州。契苾何力会勣军于鸭渌，拔辱夷城，悉师围平壤。九月，藏遣男产率首领百人树素幡降，且请入朝，勣以礼见。而男建犹固守，出战数北，大将浮屠信诚遣谍约内应。五日，阖启，兵噪而入，火其门，郁焰四兴，男建窘急，自刺不殊。执藏、男建等，收凡五部百七十六城，户六十九万。诏勣便道献俘昭陵，凯而还。十二月，帝坐含元殿，引见勣等，数俘于廷。以藏素胁制，赦为司平太常伯，男产司宰少卿；投男建黔州，百济王扶余隆岭外；以献诚为司卫卿，信诚为银青光禄大夫，男生右卫大将军，何力行左卫大将军，勣兼太子太师，仁贵威卫大将军。剖其地为都督府者九，州四十二，县百。复置安东都护府，擢酋豪有功者授都督、刺史、令，与华官参治，仁贵为都护，总兵镇之。是岁郊祭，以高丽平，谢成于天。

总章二年，徙高丽民三万于江淮、山南。大长钳牟岑率众反，立藏外孙安舜为王。诏高侃东州道，李谨行燕山道，并为行军总管讨之，遣司平太常伯杨昉绥纳亡余。舜杀钳牟岑走新罗。侃徙都护府治辽东州，破叛兵于安市，又败之泉山，俘新罗援兵二千。李谨行破之于发卢河，再战，俘馘万计。于是平壤痍残不能军，相率奔新罗，凡四年乃平。始，谨行留妻刘守伐奴城，虏攻之，刘擐甲勒兵守，贼引去。帝嘉之，封燕郡夫人。

仪凤二年，授藏辽东都督，封朝鲜郡王，还辽东以安余民，先编侨内州者皆原遣，徙安东都护府于新城。藏与靺鞨谋反，未及发，召还放邛州，厮其人于河南、陇右，弱窭者留安东。藏以永淳初死，赠卫尉卿，葬颉利墓左，树碑其阡。旧城往往入新罗，遗人散奔突厥、靺鞨，由是高氏君长皆绝。垂拱中，以藏孙宝元为朝鲜郡王。圣历初，进左鹰扬卫大将军，更封忠诚国王，使统安东旧部，不行。明年，以藏子德武为安东都督，后稍自国。至元和末，遣使者献乐工云。

（宋）欧阳修、宋祁：《新唐书》卷二二〇《东夷传》，北京：中华书局，1975 年，第 6185—6198 页。

长人者，人类长三丈，锯牙钩爪，黑毛覆身，不火食，噬禽兽，或搏人以食；得妇人，以治衣服。其国连山数十里，有峡，固以铁阖，号关门，新罗常屯弩士数千守之。

……

玄宗开元中，数入朝，献果下马、朝霞䌷、鱼牙䌷、海豹皮。又献二女，帝曰："女皆王姑姊妹，违本俗，别所亲，朕不忍留。"厚赐还之。又遣子弟入太学学经术。帝间赐兴光瑞文锦、五色罗、紫绣纹袍、金银精器，兴光亦上异狗马、黄金、美髢诸物。初，渤海靺鞨掠登州，兴光击走之，帝进兴光宁海军大使，使攻靺鞨。二十五年死，帝尤悼之，赠太子太保，命邢璹以鸿胪少卿吊祭，子承庆袭王，诏璹曰："新罗号君子国，知《诗》《书》。以卿惇儒，故持节往，宜演经谊，使知大国之盛。"又以国人善棋，诏率府兵曹参军杨季鹰为副。国高弈皆出其下，于是厚遗使者金宝。俄册其妻朴为妃。承庆死，诏使者临吊，以其弟宪英嗣王。帝在蜀，遣使泝江至成都朝正月。

大历初，宪英死，子乾运立，甫妜，遣金隐居入朝待命。诏仓部郎中归崇敬往吊，监察御史陆珽、顾愔为副册授之，并母金为太妃。会其宰相争权相攻，国大乱，三岁乃定。于是，岁朝献。建中四年死，无子，国人共立宰相金良相嗣。贞元元年，遣户部郎中盖埙持节命之。是年死，立良相从父弟敬信袭王。十四年，死，无子，立嫡孙俊邕。明年，遣司封郎中韦丹持册，未至，俊邕死，丹还。子重兴立，永贞元年，诏兵部郎中元季方册命。后三年，使者金力奇来谢，且言："往岁册故主俊邕为王，母申太妃，妻叔妃，而俊邕不幸，册今留省中，臣请授以归。"又为其宰相金彦升、金仲恭、王之弟苏金添明丐门戟，诏皆可。凡再朝贡。七年死，彦升立，来告丧，命职方员外郎崔廷吊，且命新王，以妻贞为妃。长庆、宝历间，再遣使者来朝，留宿卫。彦升死，子景徽立。大和五年，以太子左谕德源寂册吊如仪。开成初，遣子义琮谢，愿留卫，见听，明年遣之。五年，鸿胪寺籍质子及学生岁满者一百五人，皆还之。

有张保皋、郑年者，皆善斗战，工用枪。年复能没海，履其地五十里不噎，角其勇健，保皋不及也。年以兄呼保皋，保皋以齿，年以艺，常不相下。自其国皆来为武宁军小将。后保皋归新罗，谒其王曰："遍中国以新罗人为奴婢，愿得镇清海，使贼不得掠人西去。"清海，海路之要也。王与保皋万人守之。自大和后，海上无鬻新罗人者。保皋既贵于其国，年饥寒客涟水，一日谓戍主冯元规曰："我欲东归，乞食于张保皋。"元规曰："若与保皋所负何如？奈何取死其手？"年曰："饥寒死，不如兵死快，况死故乡邪！"年遂去。至，谒保皋，饮之极欢。饮未卒，闻大臣杀其王，国乱无主。保皋分兵五千人与

年，持年泣曰："非子不能平祸难。"年至其国，诛反者，立王以报。王遂召保
皋为相，以年代守清海。会昌后，朝贡不复至。

（宋）欧阳修、宋祁：《新唐书》卷二二〇《东夷传》，北京：中华书局，
1975 年，第 6202—6206 页。

流鬼去京师万五千里，直黑水靺鞨东北，少海之北，三面皆阻海，其北莫
知所穷。人依屿散居，多沮泽，有鱼盐之利。地蚤寒，多霜雪，以木广六寸、
长七尺系其上，以践冰，逐走兽。土多狗，以皮为裘。俗被发，粟似莠而小，
无蔬蓏它谷。胜兵万人。南与莫曳靺鞨邻，东南航海十五日行，乃至。贞观十
四年，其王遣子可也余莫貂皮更三译来朝，授骑都尉，遣之。

（宋）欧阳修、宋祁：《新唐书》卷二二〇《东夷传》，北京：中华书局，
1975 年，第 6209—6210 页。

《唐会要》卷九十九《流鬼》

流鬼。去京师一万五千里。直黑水靺鞨东北，少海之北，三面阻海，多沮
泽，有鱼盐之利。地气早寒，每坚冰之后，以木广六寸，长七尺，施系于其
上，以践层冰，逐其奔兽。俗多狗，以其皮毛为裘褐。胜兵万人，南与莫曳靺
鞨邻接，未尝通聘中国。

（唐）王溥：《唐会要》卷九十九《流鬼》，北京：中华书局，1955 年，第
1777 页。

《通典》卷二《食货志二》

孝昭帝皇建中平州刺史嵇晔建议，开幽州督亢旧陂（今范阳郡范阳县
界），长城左右营屯，岁收稻粟数十万石，北境得以周赡。又于河内置怀义等
屯，以给河南之费。自是稍止转输之劳。

（唐）杜佑：《通典》卷二《食货志二》，北京：中华书局，1988 年，第
43—44 页。

《通典》卷一七八《州郡八》

幽州（今理蓟县）古之幽州，盖舜分冀州为之，置十二牧，则其一也。言
北方太阴，故以幽冥为号。（幽州，因幽都山以为名也。《山海经》有幽都山，
今列北荒矣。）昔颛顼都于帝丘，其地北至幽陵，即此。殷复省幽州入冀州。
《周礼·职方》曰："东北曰幽州，其山曰医无闾，（山在辽东，今于柳城郡东
置祠遥礼。）薮曰貕养，（貕养泽，在今东莱郡昌阳县界。）川曰河、泲，（河在
景城郡无棣县界。旧泲合今北海郡博昌县界。今无泲，即济水。）浸曰菑、
时。（菑在今淄川郡淄川县界。时在今北海郡临淄县界。）其利鱼盐。民一男三
女。畜宜四扰，（马、牛、羊、豕也。）谷宜三种。"（黍、稷、稻。）初武王定
殷，封召公奭于燕。及秦灭燕，以其地为渔阳、上谷、右北平、辽西、辽东五
郡。汉高帝分上谷郡置涿郡。武帝置十三州，此为幽州，（领郡国十。）其后开
东边，置玄菟、乐浪等郡，亦皆属焉。（玄菟、乐浪等郡，并今辽水之东，宜在
《禹贡》青州之域。）后改燕国曰广阳郡。后汉置幽州，并因前代。（理于蓟，今
县。）晋亦置幽州。（领郡国七，理于涿，今范阳郡。）晋乱，陷于石勒、慕容
俊、苻坚，后入于魏，其后分割不可详也。今之幽州，（谓范阳郡）古涿鹿也。
（应劭曰"黄帝与蚩尤战于涿鹿"，是也。）即燕国之都焉，谓之渤碣之间，亦一
都会也。（蓟县，燕之所都。渤，渤海。碣，碣石也。）秦为上谷郡之地。汉高
帝分置燕国，后又分燕置涿郡及广阳国，有独鹿、鸣泽。（独鹿，山名。鸣泽，
泽名。皆在于此。）后汉为涿、广阳二郡地。魏更名范阳郡。晋为燕、范阳二
国，兼置幽州。（领郡国七，理于此。）慕容俊尝都之。后魏置幽州，北齐置东
北道行台，后周置燕、范阳二郡。隋初并废，炀帝初并置涿郡。大唐为幽州，
或为范阳郡。

（唐）杜佑：《通典》卷一七八《州郡八》，北京：中华书局，1988 年，第
4709—4710 页。

《通典》卷一八〇《州郡十》

《禹贡》曰："海岱惟青州，（孔安国以为东北据海，西南距岱。此则青州之界，东跨海矣。其界盖从岱山东历密州，东北经海曲莱州，越海分辽东乐浪三韩之地，西抵辽水也。）嵎夷既略，潍、淄其道。（嵎夷，地名，即旸谷所在也。略，言用功少也。潍、淄，二水名，皆复古道。潍水出今高密郡莒县潍山。淄水，今淄川县。）厥土白坟，海濒广泻。（濒，水涯也。泻，卤咸之地。濒音频，又音宾。泻音昔。）莱夷作牧。（莱山之夷地，宜畜牧。今东莱郡。）浮于汶，达于济。"（汶水出今鲁郡莱芜县界，言渡水西达于济。）舜分青州为营州，皆置牧。（郑玄云："舜以青州越海分置营州"。其辽东之地安东府，宜《禹贡》青州之域也。）周以徐州合青州，其土益大。（周之青州兼有徐、兖二州之分。）《周礼·职方》曰："正东曰青州，其山曰沂，薮曰孟猪，（沂山，在今琅琊郡沂水县，即沂水所出也。孟猪，泽名，今睢阳郡宋城县，即明猪属。《禹贡》荆河州与《职方》山薮不同也。）川曰淮、泗，浸曰沂、沭。（沭水出东海郡沭阳县。沭音述。）其利蒲、鱼。人二男二女。畜宜鸡狗，谷宜稻麦。"盖以土居少阳，其色为青，故曰青州。在天官，虚、危则齐之分野。（汉之淄川、东莱、琅琊、高密、胶东、济南，皆其分也。）秦平天下，置郡，此为齐郡，（今北海、济南、淄川、东莱、东牟等郡地是。）琅琊之东境，（今高密郡地也）辽东（今安东府）。秦乱，项羽宰割天下，以其地为国，曰胶东、（以田市为王，理即墨，今东莱郡县。）齐、（以田都为王，理临淄，今北海郡县地也。）济北。（以田安为王，理博阳。谓之三齐。）汉武置十三州，此亦为青州（领郡国有六），后汉因之。（领郡国五，理临淄，今北海郡县是也。）魏晋亦因之（领郡国六）。晋又置平州，（领郡国五，理昌黎，今安东府也。）怀帝末，没于石勒、慕容皝。及慕容恪灭冉闵，克青州。至苻氏平燕，复有其地。及苻氏败后，刺史苻朗以州降晋，晋以为幽州。（以辟闾浑为刺史，镇广固。）安帝时，平州又陷于慕容垂。其青州又为慕容德所据，复改为青州，（慕容超移青州于东莱。）后为刘裕所克，复置青州（时以羊穆之为刺史，镇广固。）平州自慕容垂后，又没于冯跋，旋为后魏所有。其青州，宋分为青、冀二州，（青领郡九，理临淄。冀领郡九，理历城，今济南郡县。）后入后魏。其后分析，不可具举。大唐分置十五部，此为河南道、（北海、济南、淄川、东莱、高密。）河北道（今安东府）。

（唐）杜佑：《通典》卷一八〇《州郡十》，北京：中华书局，1988 年，第4768—4769 页。

《通典》卷一八六《边防二》

其国在高句丽盖马大山之东，（盖音合）东滨大海，北与挹娄、夫余，南与秽貊接。其地东西狭，南北长，可折方千里。户五千。土肥美，背山向海，宜五谷，善田种。无大君主，有邑落长帅。人性质直强勇，便持矛步战。言语、饮食、居处、衣服有似句丽。其葬，作大木椁，长十余丈，开一头为户。新死者先假埋之，令皮肉尽，乃取骨置椁中。家人皆共一椁，刻木如主，随死者为数焉。又有瓦𤭖，（枪也，音历。）置米其中，编悬之于椁户边。国小，迫于大国之间，遂臣属句丽。句丽复置其中大人为使者，使相主领，又使大加统之，（大加，句丽官号，所谓有马、牛、羊、狗加，其所部有大小。）责其租税，貂布鱼盐，海中食物，千里担负致之。又发其美女以为婢妾焉。

（唐）杜佑：《通典》卷一八六《边防二》，北京：中华书局，1988 年，第5020 页。

《通典》卷二〇〇《边防十六》

地豆于在室韦西千余里。多牛羊，出名马。皮为衣服，无五谷，唯食肉酪。后魏孝文帝延兴二年，遣使朝贡。

（唐）杜佑：《通典》卷二〇〇《边防十六》，北京：中华书局，1988 年，第5488 页。

第三章　宋辽金元明时期东北农业史料

《宋史》卷五十一《天文志四》

东北一星曰天狱，主辰星，燕、赵分及幽、冀，主稻。东南一星曰天仓，主岁星，鲁分徐州，卫分并州，主麻。次东南一星曰司空，主填星，楚分荆州，主黍粟。次西南一星曰卿，主荧惑，魏分益州，主麦。《天文录》曰："太白，其神令尉；辰星，其神风伯；岁星，其神雨师；荧惑，其神丰隆；填星，其神雷公。此五车有变，各以所主占之。"三柱，一曰天渊，一曰天休，一曰天旒，欲其均明阔狭有常，星繁，则兵大起。石申曰："天库星中河而见，天下多死人，河津绝。"又曰："天子得灵台之礼，则五车、三柱均明有常。"天旒星不见，则大风折木；天休动，则四国叛。一柱出，或不见，兵半出；三柱尽出，及不见，兵亦尽出。柱外出一月，谷贵三倍；出二月、三月，以次倍贵；外出不尽两间，主大水。月犯天库，兵起，道不通；犯天渊，贵人死，臣逾主。月晕，女主恶之；在正月，为赦；晕一车，赦小罪；五车俱晕，赦殊罪；四、七、十月晕之，为水；晕十一、十二月，谷贵。五星犯，为旱，丧；犯库星，为兵起。岁星入之，籴贵。荧惑入之，为火，或与岁星占同。填星入天库，为兵，为丧；舍中央，为大旱，燕、代之地当之；舍东北，畜蕃，帛贱；舍西北，天下安。太白入之，兵大起；守五车，中国兵所向慑伏；舍西北，为疾疫，牛马死，应酒泉分。辰星入舍为水；犯之，兵以水潦起。客星犯，则人劳；庚寅日候近之，为金车，主兵；甲寅日候近之，为木车，主槽增价；戊寅日候近之，为土车，主土功；丙寅日候近之，为火车，主旱；壬寅日候近之，为水车，主水溢；入之，色青为忧，赤为兵；守天渊，有大水；守天休，左为兵，右为丧；黄为吉。彗、孛犯之，兵起，民流。流星入，甲子日，主粟；丙午日，主麦；戊寅日，主豆；庚申日，主蔶；壬戌日，主黍：各以其日占之，而粟麦等价增。白云气入，民不安；赤，为兵起。

（元）脱脱等：《宋史》卷五十一《天文志四》，北京：中华书局，1977年，第 1044—1045 页。

《宋史》卷二六四《宋琪传》

然自阿保机时至于近日，河朔户口，虏掠极多，并在锦帐。平卢亦迩柳城，辽海编户数十万，耕垦千余里，既殄异类，悉为王民。变其衣冠，被以声教，愿归者俾复旧贯，怀安者因而抚之，申画郊圻，列为州县，则前代所建松漠、饶落等郡，未为开拓之盛也。

（元）脱脱等：《宋史》卷二六四《宋琪传》，北京：中华书局，1977 年，第 9125 页。

每蕃部南侵，其众不啻十万。契丹入界之时，步骑车帐不从阡陌，东西一概而行。大帐前及东西面，差大首领三人，各率万骑，支散游奕，百十里外，亦交相侦逻，谓之栏子马。契丹主吹角为号，众即顿合，环绕穹庐，以近及远。折木梢屈之为弓子铺，不设枪营堑栅之备。每军行，听鼓三伐，不问昏昼，一匝便行。未逢大敌，不乘战马，俟近我师，即竞乘之，所以新羁战蹄有余力也。且用军之术，成列而不战，俟退而乘之，多伏兵断粮道，冒夜举火，土风曳柴，馈饷自赍，退败无耻，散而复聚，寒而益坚，此其所长也。中原所长，秋夏霖霪，天时也；山林河津，地利也；枪突剑弩，兵胜也；财丰士众，力强也。乘时互用，较然可知。

王师备边破敌之计，每秋冬时，河朔州军缘边砦栅，但专守境，勿辄侵渔，令彼寻戈，其词无措。或戎马既肥，长驱入寇，契丹主行，部落萃至，寒云翳日，朔雪迷空，鞍马相持，毡褐之利。所宜守陴坐甲，以逸待劳，令骑士并屯于天雄军、贝磁相州以来，若分在边城，缓急难于会合；近边州府，只用步兵，多屯弩手，大者万卒，小者千人，坚壁固守，勿令出战。彼以全国之兵，此以一郡之众，虽勇懦之有殊，虑众寡之不敌也。国家别命大将，总统前军，以遏侵轶，只于天雄军、邢洺贝州以来，设掎戎之备。俟其阳春启候，虏计既穷，新草未生，陈荄已朽，蕃马无力，疲寇思归，逼而逐之，必自奔北。

（元）脱脱等：《宋史》卷二六四《宋琪传》，北京：中华书局，1977 年，第 9126—9127 页。

臣每见国朝发兵，未至屯戍之所，已于两河诸郡调民运粮，远近骚然，烦费十倍。臣生居边土，习知其事。况幽州为国北门，押蕃重镇，养兵数万，应敌乃其常事。每逢调发，惟作糗粮之备，入蕃旬浃，军粮自赍，每人给麨斗余，盛之于囊以自随。征马每匹给生谷二斗，作口袋，饲秣日以二升为限，旬日之间，人马俱无饥色。更以牙官子弟，戮力津擎裹送，则一月之粮，不烦馈运。俟大军既至，定议取舍，然后图转饷，亦未为晚。臣去年有平燕之策，入燕之路具在前奏，愿加省览。疏奏，颇采用之。

（元）脱脱等：《宋史》卷二六四《宋琪传》，北京：中华书局，1977 年，第 9128—9129 页。

宋雄者，亦幽州人。初与琪齐名燕、蓟间，谓之"二宋"。

雄仕契丹为应州从事。雍熙三年，王师北伐，雄与其节度副使艾正以城降，授正本州观察使，以雄为鸿胪少卿同知州事。改光禄少卿，历知均、唐二州。未几，护河阴屯兵，以知河渠利害，因命领护汴口，均节水势，以达转漕，京师赖之。改太子詹事，复为光禄少卿，迁将作监。所至职务修举，公私倚任焉。

雄涉猎文史，善谈论，有气节，士流多推许之。景德元年，卒，年七十六。录其子可久为太常寺奉礼郎，赋禄终制。

（元）脱脱等：《宋史》卷二六四《宋琪传》，北京：中华书局，1977 年，第 9132 页。

《宋史》卷三九八《李蘩传》

范成大驿疏言："关外麦熟，倍于常年，实由罢籴，民力稍纾，得以尽于农亩。"孝宗览之曰："兔和籴一年，田间和气若此，乃知民力不可重困也。"
擢繁守太府少卿。范成大召见，孝宗首问："籴事可久行否？"成大奏："李繁
以身任此事，臣以身保李繁。"孝宗大悦，曰："是大不可得李繁也。"上意方
向用，而繁亦欲奏蠲盐酒和买之弊，以尽涤民害。会有疾，卒。诏以繁能官，
致仕恩外特与遗表，择一人庶官，前此所未有。

（元）脱脱等：《宋史》卷三九八《李繁传》，北京：中华书局，1977 年，
第 12119 页。

《太平御览》卷八十一《皇王部六》

《（朝）[韩]子》曰：历山农者侵畔，舜往[耕，期年]而耕者让[畔]；河滨渔者
争坻，舜往[渔]，期年而渔者让长；东夷之陶者[苦]窳，舜往陶，期年而器以牢。

（宋）李昉编纂，夏剑钦校点：《太平御览》卷八十一《皇王部六》，石家
庄：河北教育出版社，1994 年，第 695 页。

《太平御览》卷三三三《兵部六四》

孝昭帝皇建中，平州刺史嵇晔建议开幽州督亢旧陂[今范阳郡范阳县界是]
长城左右营屯田，岁收稻粟数十万石，北境得以周赡。又于河内置怀义等屯以
给河南之费，自是，稍止转输之劳。

（宋）李昉编纂，夏剑钦校点：《太平御览》卷三三三《兵部六四》，石家
庄：河北教育出版社，1994 年，第 966 页。

《太平御览》卷七八三《四夷部四》

高句丽东至新罗，西度辽二千里，南接百济，北邻靺鞨一千余里。人皆土

著，随山谷而居，衣布帛及皮。土田薄瘠，蚕农不足以自供，故其人节饮食。其王好修宫室，都平壤城，亦曰长安城。其城随山屈曲，南临浿水。城内惟积仓储器备，寇至方入固守，王别为宅于其侧，不常居之。其外复有国内城及汉城，亦别都也，其国中呼为三京。[复]有辽东、玄菟等数十城，皆置官司，以相统摄焉。其置官有大对卢已下凡十二等分，掌内外事。复有内评五部褥萨，人皆头着折风，形如弁，士人加插二鸟羽。贵者其冠曰苏骨多，用紫罗为之，饰以金银。服大袖衫、大口裤、素皮带、黄革履。妇人裙襦加襈。书有五经、三史、《三国志》、《晋阳秋》。兵器与中国略同。及春秋校猎，王亲临之。税布五匹、谷五石。游人则三年一税，十人共细布一匹。其刑法峻，罕有犯者。乐有五弦琴、筝、筚篥、横吹、萧、鼓之属，吹芦以和曲。每年初，聚戏浿水上，王乘腰舆，列羽仪观之。事毕，王以衣入水，分为左右二部，以水石相溅掷，喧呼驰逐，再三而止。性多诡伏，言辞鄙秽，不简亲疏，父子同川浴，共室寝。好歌舞。常以十月祭天，其公会，衣服皆锦绣，金银以为饰。好蹲踞，食用俎豆。出三尺马，云本朱蒙所乘马种，即果下也。风俗尚淫，不以为愧。俗多游女，夫无常人，夜则男女群聚而戏，无有贵贱之节。有婚嫁取，男女相悦即为之。男家送猪、酒而已，无财聘之礼；或有受财者，人共耻之，以为卖婢。死者殡在屋内，殡三年，择吉日而葬。居父母及夫丧皆三年，兄弟三月。初终哭泣，葬则鼓舞作乐以送之，埋讫，取死者生时玩好车马置墓侧，会葬者争取而去。

（宋）李昉编纂，夏剑钦校点：《太平御览》卷七八三《四夷部四》，石家庄：河北教育出版社，1994年，第301—302页。

《魏略》曰：高句丽国，在辽东之东千里。其王都于丸都之下，地方二千里，户三万。多山林，无源泽，其国贫俭土着。为宫室宗庙，祠灵星社稷。其俗吉凶喜寇抄。其国置官，有相（如）[加]军卢、沛者、古邹加，尊卑各有等。本捐奴部为王，稍微弱，今桂娄部代之。大家不田作，下户给赋税，如奴。（客）[俗]好歌舞。其人自喜跪拜申一脚，与夫余异，行步皆走。又以十月会祭天，名曰东盟。有军事亦祭天，杀牛观蹄，以占吉凶。[大]加着帻，如帻无后；其小加着折风，形如弁。无牢狱，有罪者即会加评议，便杀之，没入妻子为奴婢；盗一责十二。婚姻之法，女家作小屋于大屋之后，名为婿屋，婿暮至女家户外，自名跪拜，乞得就女宿，女家听之，至生子，乃将妇归。其俗淫，多相奔诱。其死葬有椁无棺，停丧百日。好厚葬，积石为封，列种松柏。兄死，亦报嫂。俗有气力，便弓矢、刀矛，有铠，习战。又有小水貊，俗出好弓，其马小，便登山。夫余不能臣也，沃沮、东猊皆属之。其国都依大水而居。王莽时，发句丽以伐胡，不欲行，亡出塞，为寇害。莽更名为下句丽。

（宋）李昉编纂，夏剑钦校点：《太平御览》卷七八三《四夷部四》，石家庄：河北教育出版社，1994 年，第 299 页。

《太平御览》卷七八四《四夷部五》

《魏志》曰：东沃沮在高句丽盖马大山之东，滨大海而居。无大君王，世世有邑长。其言语与句丽大同，时时小异。汉初，燕亡人卫满王朝鲜时，沃沮皆属焉。元封二年伐朝鲜，分其地为四郡，以沃沮为玄菟郡。后为夷貊所侵，还属乐浪。今诸邑落渠帅称三老臣，句丽置其中大人为使，又置大家以统之，[税]其貂布食物、美女婢妾。其土肥美，背山向海，宜五谷。人性质直。少牛马。便持刀矛。其国俗制度，大较似句丽。其嫁娶之法：女年十岁已相许，男家迎之，长养以为妇，至成人更还女家，责钱毕乃复还男。其葬送之法：大木椁长十余丈，开一头作户，新死皆假埋之，须肌肉尽，（聚）[取骨]置椁中；举家皆共一椁，刻木如生，随死者为数；又为瓦鬲，置米其中，编悬之于椁户边。

（宋）李昉编纂，夏剑钦校点：《太平御览》卷七八四《四夷部五》，石家庄：河北教育出版社，1994 年，第 306 页。

《北史》曰：勿吉国在高句丽北，（百）[一曰]靺鞨。（也）[邑]落各自有长，不相总一。其人劲悍，于东夷最强，言语独异。常轻豆莫娄等国，[诸]亦患之。去洛阳五千里。自和龙北二百余里，有善玉山。山北行十三日，至祁黎山。又北行七日，至洛怀水，水广里余。又北行十五日，至太岳、鲁水。又东北行十八日，到其国。其部类凡有七种，一号栗末部，与高丽接，胜兵数千，多骁武，每寇高丽；其二曰伯咄部，在栗末北，胜兵七千；其三曰安车骨部，在伯咄东北；其四曰拂涅部，在伯咄部东；其五曰号室部，在拂涅东；其六曰黑水部，在安车骨西北；其七曰[日]山部，在粟末东南，胜兵并不过三千。而黑水部尤为劲健。自拂涅以东，矢皆石镞，即古肃慎氏也。东夷中为强国，所居多依山水，渠帅曰大莫弗瞒（母官切。）咄。国南有（从）[徒]太山者，俗甚敬畏之，人不得山上溲污；行经山者，以物盛去。地卑湿，筑土如堤，凿穴以居，开口向上，以梯出入。其妻有外淫者，人告其夫，辄杀妻而后悔，必杀告者，由是奸淫事终不敢发。人皆善射，以射猎为业，角弓长三尺，箭长尺二寸。常以七八月造毒药，傅矢以射禽兽，中者立死。煮毒药，气亦能杀人。

（宋）李昉编纂，夏剑钦校点：《太平御览》卷七八四《四夷部五》，石家庄：河北教育出版社，1994年，第308—309页。

《后魏书》曰：勿吉国在高句丽北，旧肃慎国也。去洛五千里。国有大水，阔三里余，名速[末水]。其地下湿。无牛，有车马，佃则偶耕，车则步推。有粟及麦穄，（音祭。）菜则有葵。水气咸凝，[盐生树上，亦有]盐池。多猪无羊。嚼米酝酒，饮之能醉。妇人则布裙，男子猪（大）[犬]皮裘。[初]婚之夕，男就女家，执女乳而罢，便以为定，仍为夫妇。俗以人溺洗手面，头插虎豹尾。其父母春夏死立埋之，冢上作屋，不令雨湿；若秋冬死，以其尸哺貂，[貂]食其肉，多得之。国南有（从）[徒]太山，魏言太皇。有虎豹熊狼，不害人。其傍有大莫卢覆钟国、莫多回国、库娄国、素和国、（其）[具]伏弗国、（延）[匹]犁（小）[尔]国、拔大何国、都羽陵国、库伏真国、鲁娄国、羽真俟国，前（陵）[后]各遣朝献。

（宋）李昉编纂，夏剑钦校点：《太平御览》卷七八四《四夷部五》，石家庄：河北教育出版社，1994年，第308页。

《太平御览》卷八三七《百谷部一》

又《夏官》曰：职方氏，掌天下之图，辩其邦国都鄙九谷之数。扬州、荆州，其谷宜稻；豫州、并州，其谷宜五稷；（郑玄云：黍、稷、麦、稻、菽；）青州，其谷宜稻麦；兖州，其谷宜四种；（黍、稷、稻、麦。）雍州、冀州，其谷宜稷；幽州，其谷宜三种。（稷、黍、稻。）

（宋）李昉编纂，夏剑钦校点：《太平御览》卷八三七《百谷部一》，石家庄：河北教育出版社，1994年，第790页。

《北史》曰：卢义僖宽和畏慎，不妄交款，性情俭素，不营财利。少时，幽州频遭水旱，先有数万石谷贷人，义僖以年谷不熟，乃燔其契，州闾悦其恩德。虽居显位，每至困乏，麦饭蔬食，忻然甘之。

（宋）李昉编纂，夏剑钦校点：《太平御览》卷八三七《百谷部一》，石家庄：河北教育出版社，1994年，第793页。

《太平御览》卷八三九《百谷部三》

齐孝昭皇建中，平州刺史嵇晔建议开幽州督元旧陂长城左右营屯，岁收稻粟数十万石，北境得以周赡。

（宋）李昉编纂，夏剑钦校点：《太平御览》卷八三九《百谷部三》，石家庄：河北教育出版社，1994年，第812页。

《资治通鉴》卷五十九《汉纪五十一》

先是，幽部应接荒外，（荒外，言荒服之外也。先，悉荐翻。）资费甚广，岁常割青、冀赋调二亿有余以足之。（调，徒吊翻。）时处处断绝，委输不至，（委，于伪翻。输，春遇翻。）而虞敝衣绳屦，食无兼肉，务存宽政，劝督农桑，开上谷胡市之利，通渔阳盐铁之饶，（上谷旧有关市，与胡人贸易。渔阳旧有盐官、铁官。）民悦年登，谷石三十，青、徐士庶避难归虞者百余万口，虞皆收视温恤，为安立生业，（难，乃旦翻。为，于伪翻。）流民皆忘其迁徙焉。

（宋）司马光编著，（元）胡三省音注：《资治通鉴》卷五十九《汉纪五十一》，献帝初平元年，北京：中华书局，1956年，第1915—1916页。

《资治通鉴》卷九十六《晋纪十八》

　　赵王虎命司、冀、青、徐、幽、并、雍七州之民五丁取三，四丁取二，（雍，于用翻。）合邺城旧兵，满五十万，具船万艘，（艘，苏遭翻。）自河通海，运谷千一百万斛于乐安城。（《水经注》：濡水东南过辽西海阳县，又迳牧城南，分为二水，北水谓之小濡水，东迳乐安亭北，东南入海。濡水东南流迳乐安亭南，东与新河故渎合，魏太祖征蹋顿所导也。濡，乃官翻。）徙辽西、北平、渔阳万余户于兖、豫、雍、洛四州之地。（石虎置司州于邺，以晋之司州为洛州。雍，于用翻。）自幽州以东至白狼，（白狼县，汉属北平郡，晋省。《水经注》：白狼水出白狼县东南，北迳白狼山，又东北迳昌黎县故城西，又北迳黄龙城东，又东北出，东流为二水，右水即渝水。《地理志》曰：渝水自塞南入海。一水东北出塞，为白狼水，又东南流至房县，注于辽。）大兴屯田。悉括取民马，有敢私匿者腰斩，凡得四万余匹。大阅于宛阳，（《水经注》：漳水自西门豹祠北迳赵阅马台西。台高五丈，列观其上；石虎讲武于其下，列观以望之。）欲以击燕。

　　（宋）司马光编著，（元）胡三省音注：《资治通鉴》卷九十六《晋纪十八》，成帝咸康六年条，北京：中华书局，1956 年，第 3039 页。

《资治通鉴》卷九十七《晋纪十九》

　　燕王皝以牛假贫民，使佃苑中，（佃，亭年翻。）税其什之八，自有牛者税其七。记室参军封裕上书谏，以为："古者什一而税，天下之中正也。降及魏、晋，仁政衰薄，假官田官牛者不过税其什六，自有牛者中分之，犹不取其七八也。自永嘉以来，海内荡析，武宣王绥之以德，（慕容廆谥武宣王。）华夷之民，万里辐凑，襁负而归之者，若赤子之归父母，是以户口十倍于旧，无田者什有三四。及殿下继统，南摧强赵，东兼高句丽，北取宇文，（民归慕容廆事，见八十八卷愍帝建兴元年；皝破赵事，见上卷成帝咸康四年；破高丽，见上卷咸康八年；取宇文，见上康帝建元二年。）拓地三千里，增民十万户；是宜悉罢苑囿以赋新民，无牛者官赐之牛，不当更收重税也。且以殿下之民用殿下之牛，牛非殿下之有，将何在哉！如此，则戎旗南指之日，民谁不箪食壶浆以迎王师，（用孟子语。食，祥吏翻。）石虎谁与处矣！（处，昌吕翻；下同。）川渎沟渠有废塞者，（塞，悉则翻；下同。）皆应通利，旱由灌溉，潦则疏泄。一夫不耕，或受之饥，况游食数万，何以得家给人足乎！今官司猥多，虚费廪禄，苟才不周用，皆宜澄汰。（以用水为谕，澄之使清而汰去其沙泥也。）工商末利，宜立常员。学生三年无成，徒塞英俊之路，皆当归之于农。（塞，悉则翻。）殿下圣德宽明，博察刍荛，（文王询于刍荛。刈草曰刍，采薪曰荛。荛，如招翻。）参军王宪、大夫刘明并以言事忤旨，主者处以大辟，（主者，谓其时主断宪、明之狱者。忤，五故翻。处，昌吕翻。辟，毗亦翻。）殿下虽恕其死，犹免官禁锢。夫求谏诤而罪直言，是犹适越而北行，必不获其所志矣。右长史宋该等阿媚苟容，轻劾谏士，（劾，户概翻，又户得翻。）己无骨鲠，（骨鲠，以喻刚强正直者。毛晃曰：鲠，鱼骨；又骨不下咽为鲠。以其謇谔难受，如鱼骨之哽咽也。）嫉人有之，掩蔽耳目，不忠之甚者也。"皝乃下令，称："览封记室之谏，孤实惧焉。国以民为本，民以谷为命，可悉罢苑囿以给民之无田者。实贫者，官与之牛；力有余愿得官牛者，并依魏、晋旧法。沟渎各（章：十二行本"各"作"果"；乙十一行本同；孔本同。）有益者，令以时修治。（治，直之翻。）今戎事方兴，勋伐既多，（王功曰勋；积功曰伐。）官未可减，俟中原平一，徐更议之。工商、学生皆当裁择。夫人臣关言于人主，至难也，（关，白也。王褒《圣主得贤臣颂》曰：进退得关其忠。）虽有狂妄，当择其善者而从之。王宪、刘明，虽罪应废黜，亦由孤之无大量也，可悉复本官，仍居谏司。封生謇謇，深得王臣之体，（《易》曰：王臣謇謇，匪躬之故。）其赐钱五万。宣示内外，有欲陈孤过者，不拘贵贱，勿有所讳！"皝雅好文学，（好，呼到翻。）常亲临庠序讲授，考校学徒至千余人，颇有妄滥者，故封裕及之。

（宋）司马光编著，（元）胡三省音注：《资治通鉴》卷九十七《晋纪十九》，穆帝永和元年条，北京：中华书局，1956年，第3063—3065页。

《资治通鉴》卷九十八《晋纪二十》

霸军至三陉，（乐安城在辽西辽阳县东。魏收《地形志》：海阳县有横山，盖即三陉之地。陉，音形。）赵征东将军邓恒惶怖，焚仓库，弃安乐遁去，（"安乐"当作"乐安"。果如慕容霸所料。怖，普布翻。）与幽州刺史王午共保蓟。（蓟，音计。）徒河南部都尉孙泳急入安乐，扑灭余火，籍其谷帛。霸收安乐、北平兵粮，（"安乐"，并当作"乐安"。）与俊会临渠。（临渠城临沟渠。沟水出右北平无终县西山，东南至雍奴县，入鲍丘水；魏武征蹋顿，从沟口凿渠，迳雍奴、泉州以通河海者也。沟，古侯翻。）

（宋）司马光编著，（元）胡三省音注：《资治通鉴》卷九十八《晋纪二十》，穆帝永和六年条，北京：中华书局，1956年，第3103页。

《资治通鉴》卷一〇六《晋纪二十八》

慕容农至龙城，（自蟠蟜塞历凡城，至龙城。）休士马十余日。诸将皆曰："殿下之来，取道甚速，今至此久留不进，何也？"农曰："吾来速者，恐余岩过山钞盗，侵扰良民耳。（此山，谓白狼山。钞，楚交翻。）岩才不逾人，诳诱饥儿，（诳，居况翻。诱，音酉。）乌集为群，非有纲纪；吾已扼其喉，久将离散，无能为也。今此田善熟，未取而行，徒自耗损，当俟收毕，往则枭之，（枭，坚尧翻。）亦不出旬日耳。"顷之，农将步骑三万至令支，岩众震骇，稍稍逾城归农。岩计穷出降，农斩之；进击高句丽，复辽东、玄菟二郡。（郝景之败，高句丽陷辽东、玄菟。菟，同都翻。）还至龙城，上疏请缮修陵庙。（燕自慕容皝以前皆葬辽西，故陵庙在焉。）

燕王垂以农为使持节、都督幽、平二州、北狄诸军事、幽州牧，镇龙城。（使，疏吏翻。）徙平州刺史带方王佐镇平郭。农于是创立法制，事从宽简，清刑狱，省赋役，劝课农桑，居民富赡，四方流民前后至者数万口。先是幽、冀流民多入高句丽，（先，悉荐翻。）农以骠骑司马范阳庞渊为辽东太守，招抚之。

（宋）司马光编著，（元）胡三省音注：《资治通鉴》卷一〇六《晋纪二十八》，孝武帝太元十年条，北京：中华书局，1956 年，第 3356 页。

《资治通鉴》卷一一九《宋纪一》

魏主如乔山。（《五代志》：乔山在涿郡怀戎县。刘昫曰：唐妫州怀戎县，后汉上谷之潘县也。）遂东如幽州；冬，十月，甲戌，还宫。

魏军将发，公卿集议于监国之前，（监，工衔翻。）以先攻城与先略地。奚斤欲先攻城，崔浩曰："南人长于守城。昔苻氏攻襄阳，经年不拔。（事见一百四卷晋孝武太元三年、四年。）今以大兵坐攻小城，若不时克，挫伤军势，敌得徐严而来，我怠彼锐，此危道也。不如分军略地，至淮为限，列置守宰，收敛租谷，则洛阳、滑台、虎牢更在军北，绝望南救，必沿河东走；不则为圈中之物，（不，读曰否。）何忧其不获也！"公孙表固请攻城，魏主从之。

于是奚斤等帅步骑二万，（帅，读曰率。骑，奇寄翻。）济河，营于滑台之东。

（宋）司马光编著，（元）胡三省音注：《资治通鉴》卷一一九《宋纪一》，武帝永初三年条，北京：中华书局，1956 年，第 3748—3749 页。

《资治通鉴》卷一九八《唐纪十四》

上将复伐高丽，（复，扶又翻。）朝议以为："高丽依山为城，攻之不可猝拔。（朝，直遥翻。）前大驾亲征，国人不得耕种，所克之城，悉收其谷，继以旱灾，民太半乏食。今若数遣偏师，更迭扰其疆场，（数，所角翻。更，工衡翻。场，音亦。）使彼疲于奔命，释耒入堡，（耒，卢对翻。）数年之间，千里萧条，则人心自离，鸭绿之北，可不战而取矣。"上从之。三月，以左武卫大将军牛进达为青丘道行军大总管，（相如《子虚赋》曰："夫齐东陼钜海，观乎成山，射乎之罘，秋猎乎青丘，彷徨乎海外。"服虔曰：青丘国在海东三百里。《晋天文志》有青丘七星，在轸东南，蛮夷之国也。）右武候将军李海岸副之，发兵万余人，乘楼船自莱州泛海而入。又以太子詹事李世勣为辽东道行军大总管，右武卫将军孙贰朗等副之，将兵三千人，（将，即亮翻。）因营州都督府兵自新城道入。两军皆选习水善战者配之。

（宋）司马光编著，（元）胡三省音注：《资治通鉴》卷一九八《唐纪十四》，太宗贞观二十一年条，北京：中华书局，1956 年，第 6245—6246 页。

《资治通鉴》卷二〇二《唐纪十八》

初，刘仁轨引兵自熊津还，（见上卷麟德二年。）扶余隆畏新罗之逼，不敢留，寻亦还朝。（朝，直遥翻。）二月，丁巳，以工部尚书高藏为辽东州都督，封朝鲜王，（朝，音潮。鲜，音仙。）遣归辽东，安辑高丽余众；高丽先在诸州者，皆遣与藏俱归。又以司农卿扶余隆为熊津都督，封带方王，亦遣归安辑百济余众，仍移安东都护府于新城以统之。（去年春，移安东都护府于辽东故城，今又移于新城。统，他综翻。）时百济荒残，命隆寓居高丽之境。藏至辽东，谋叛，潜与靺鞨通；召还，徙邛州而死，（丽，力知翻。还，从宣翻，又音如字。靺鞨，音末曷。邛，渠容翻。）散徙其人于河南、陇右诸州，贫者留安东城傍。高丽旧城没于新罗，余众散入靺鞨及突厥，（厥，九勿翻。）隆亦竟不敢还故地，高氏、扶余氏遂亡。

（宋）司马光编著，（元）胡三省音注：《资治通鉴》卷二〇二《唐纪十八》，高宗仪凤二年条，北京：中华书局，1956 年，第 6382—6383 页。

《资治通鉴》卷二三二《唐纪四十八》

上复问泌以复府兵之策。（上复，扶又翻。）对曰："今岁征关东卒戍京西者十七万人，计岁食粟二百四万斛。今粟斗直百五十，为钱三百六万缗。国家比遭饥乱，（比，毗至翻。）经费不充，就使有钱，亦无粟可籴，未暇议复府兵也。"上曰："然则奈何？亟减戍卒归之，何如？"对曰："陛下（章：乙十六行本'下'下有'诚能'二字；乙十一行本同；孔本同；张校同。）用臣之言，可以不减戍卒，不扰百姓，粮食皆足，粟麦日贱，府兵亦成。"上曰："苟能如是，何为不用！"对曰："此须急为之，过旬日则不及矣。今吐蕃久居原、会之间，（章：乙十六行本'会'作'兰'；乙十一行本同；退斋校同。）以牛运粮，粮尽，牛无所用，请发左藏恶缯染为彩缬，（藏，徂浪翻。恶缯，积于库藏年深以致脆恶者。缬，户结翻。撮彩以线结之而后染色，既染则解其结，凡结处皆元色，余则入染色矣，其色斑斓，谓之缬。）因党项以市之，每头不过二三匹，计十八万匹，可致六万余头。又命诸冶铸农器，籴麦种，（种，章勇翻；下其种同。）分赐沿边军镇，募戍卒，耕荒田而种之，约明年麦熟倍偿其种，其余据时价五分增一，官为籴之。（为，于伪翻。）来春种禾亦如之。关中土沃而久荒，所收必厚。戍卒获利，耕者浸多。边地居人至少，军士月食官粮，粟麦无所售，其价必贱，名为增价，实比今岁所减多矣。"上曰："善！"即命行之。

　　泌又言："边地官多阙，请募人入粟以补之，可足今岁之粮。"上亦从之，因问曰："卿言府兵亦集，如何？"对曰："戍卒因屯田致富，则安于其土，不复思归。（复，扶又翻。）旧制，戍卒三年而代，及其将满，下令有愿留者，即以所开田为永业。家人愿来者，本贯给长牒续食而遣之。（戍兵家口，发赴边镇者，本贯为给长牒，所过郡县续食，以至戍所。）据应募之数，移报本道，虽河朔诸帅得免更代之烦，（帅，所类翻。更，工衡翻。）亦喜闻矣。（喜，许记翻。）不过数番，则戍卒（章：乙十六行本'卒'下有'皆'字；乙十一行本同；孔本同；张校同。）土著，（著，直略翻。）乃悉以府兵之法理之，（理，治也。）是变关中之疲弊为富强也。"上喜曰："如此，天下无复事矣。"（泌所谓复府兵之策，当以积渐而成。帝遽谓之天下无复事，是但喜其言之可听而不察其事非旦暮之可集也。）泌曰："未也。臣能不用中国之兵使吐蕃自困。"上曰："计将安出？"对曰："臣未敢言之，俟麦禾有效，然后可议也。"上固问，不对。泌意欲结回纥、大食、云南与共图吐蕃，令吐蕃所备者多；知上素恨回纥，恐闻之不悦，并屯田之议不行，故不肯言。既而戍卒应募，愿耕屯田者什五六。（自李泌为相，观其处置天下事，姚崇以来未之有也。史臣谓其出入中禁，事四君，数为权倖所疾，常以智免。好纵横大言，时时谠议，能窘移人主意。然常持黄、老、鬼神说，故为人所讥。余谓泌以智免，信如史臣言矣。然其纵横大言，持黄、老、鬼神说，亦智也。泌处肃、代父子之间，其论兴复形势，言无不效。及张、李之间，所以保右代宗者，言无不行。元载之谗疾，卒能自免，可谓智矣。至其与德宗论天下事，若指诸掌。以肃、代之信泌而泌不肯为相，以德宗之猜忌而泌夷然当之，亦智也。呜呼！仕而得君，谏行言听，则致身宰辅宜也。历事三世，洁身远害，筋力向衰，乃方入政事堂与新贵人伍。所谓经济之略，向未能为肃、代吐者，尽为德宗吐之。岂德宗之度弘于祖父邪！泌盖量而后入耳。彼德宗之猜忌刻薄，直如萧、姜，谓之轻己卖直；功如李、马，忌而置之散地；而泌也恣言无惮。彼其心以泌为祖父旧人，智略无方，弘济中兴，其敬信之也久矣，泌之所以敢当相位者，其自量亦审矣，庸非智呼！其持黄、老、鬼神说，则子房欲从赤松游之故智也。但子房功成后为之，泌终始笃好之耳。）

（宋）司马光编著，（元）胡三省音注：《资治通鉴》卷二三二《唐纪四十八》，德宗贞元三年条，北京：中华书局，1956年，第7493—7495页。

《册府元龟》卷四四八《将帅部·残酷》

周勃为太尉，高帝十年，代相国陈豨反。十一年冬，勃道太原入定、代地，至马邑。马邑不下，攻残之（残，谓多所杀戮）。

后汉公孙瓒为奋武将军，破禽刘虞，尽有幽州之地。兴平二年，遂保易京。是时旱蝗，谷贵，民相食。瓒恃其材力，不恤百姓，记过亡善，睚眦必报。州里善士，名在其右者，必以法害之。尝言衣冠皆自以分职，富贵不谢人惠。故所宠爱，类多商贩庸儿。所在侵暴，百姓怨之。于是代郡、广阳、上谷、右北平各杀瓒所置长吏，复与鲜于辅、刘和共合。

（宋）王钦若等编纂，周勋初等校订：《册府元龟》卷四四八《将帅部·残酷》，南京：凤凰出版社，2006年，第5046页。

《册府元龟》卷五〇三《邦计部·屯田》

稽晔，孝昭皇建中为平州刺史。晔建议开幽州督亢旧陂、长城左右营屯。岁收稻粟数十万石，北境得以周赡。又于河内置怀义等屯，以给河南之费。自是，稍止转输之劳。

（宋）王钦若等编纂，周勋初等校订：《册府元龟》卷五〇三《邦计部·屯田》，南京：凤凰出版社，2006年，第5720页。

《册府元龟》卷六七八《牧守部·劝课》

刘虞为幽州牧。旧幽部应接荒外，资费甚广，岁常割青、冀赋调二亿有余以给足之。时处处断绝，委输不至，而虞务存宽政，劝督农植，开上谷胡市之利，通渔阳盐铁之饶。民悦，年登，谷石三十。

（宋）王钦若等编纂，周勋初等校订：《册府元龟》卷六七八《牧守部·劝课》，南京：凤凰出版社，2006年，第7817页。

《册府元龟》卷六八八《牧守部·爱民》

张昭为幽州刺史，年谷不登，州廪虚罄，民多菜色。昭谓民吏曰："何我之不德，而遇斯时乎？"乃使富人通济贫乏，车马之家籴运外境，贫弱者劝以农桑，岁乃大熟，士女称颂之。

（宋）王钦若等编纂，周勋初等校订：《册府元龟》卷六八八《牧守部·爱民》，南京：凤凰出版社，2006年，第7921页。

《册府元龟》卷七二三《幕府部·规讽》

刘牢之为王恭司马。恭起兵，将以诛王愉为名，牢之谏曰："将军今动以伯舅之重，执忠贞之节，相王以姬旦之尊，时望所系，昔年已戮宝、绪，送王廞书，是深伏将军也。顷所授用，虽非皆允，未为大失，割庾楷四郡，以配王愉，于将军何损？晋阳之师，其可再乎？"恭不从。

前燕封裕为记室。将军慕容皝以牧牛给贫家，田于苑中，公收其八，二分入私；有牛而无地者，亦田苑中，公收其七，三分入私。封裕谏曰："臣闻圣王之宰国也，薄赋而藏于百姓，分之以三等之田，十一而税之，寒者衣之，饥者食之，使家给人足，虽水旱而不为灾者，何也？高选农官，务尽劝课，人给周田百亩，亦不假牛力，力田者受旌显之赏，惰农者有不齿之罚。又量事置官，量官置人，使官必称职，人不虚位。度岁入多少，裁而禄之，供百僚之外，藏之太仓。三年之耕，余一年之粟，以斯而积，公用于何不足？水旱其如百姓何？虽务农之令屡发，二千石令长，莫有志勤在公，锐尽地利者，故汉祖知其如此，以垦田不实征，杀二千石以十数，是以明章之际，号称升平。自永嘉丧乱，百姓流亡，中原萧条，千里无烟，饥寒流陨，相继沟壑。先王以神武圣略，保全一方，威以殄奸，德以怀远。故九州之人，塞表殊类，襁负万里，若赤子之归慈父，流人之多旧土，十倍有余，人殷地狭，故无田者十有四焉。殿下以英圣之姿，克广先业，南摧强赵，东灭句丽，开境三千，户增十万，继武阐广之功，有高西伯。宜省罢诸苑，以业流人，人至而无资产者，赐之以牧牛，人既殿下之人，牛岂失乎？善藏者藏于百姓，若斯而已。尔者深副乐土之望，中国之人皆将壶飧奉迎，石季龙谁与居乎？且魏晋虽道消之世，犹削百姓，不至于七八，特官牛而官田者，官得六分，百姓得四分；私牛而官田者，与官中分，百姓安之，人皆悦乐，臣犹曰非明王之道，而况增乎？且水旱之厄，尧、汤所不免，王者宜浚治沟浍，循郑白西门史起溉灌之法，旱则决沟为雨，水则入于沟渎，上无云汉之忧，下无昏垫之患。句丽、百济及宇文段部之人，皆兵势所徙，非如中国，慕义而至，咸有思归之心。今户垂十万，狭凑都城，恐方将为国家深害，宜分其兄弟宗属，徙于西境诸城，抚之以恩，简之以法，使不得散在居人，知国之虚实。今中原未平，资畜宜广，官司猥多，游食不少，一夫不耕，岁受其饥，必取于耕者而食之，一人食一人之力，游食数万，损亦如之，安可以家给人足，治致升平？殿下降览古今之事多矣，政之巨患，莫甚于斯。其有经略出世，才称时求者，自可随须置之列位，非此已往，其耕而食，蚕而衣，亦天之道也。殿下圣性宽明，思言若渴，故人尽刍荛，有犯无隐。前者参军王宪、大夫刘明，并竭忠献款，以贡至言，虽颇有逆鳞，意在无责。主者奏以妖言犯上，致之于法。殿下慈弘包纳，恕其大辟，犹削黜禁锢，不齿于朝。其言是也，殿下固宜纳之；如其非也，宜亮其狂狷，罪谏臣而求直言，亦犹北行诣越，岂有得邪？右长史宋该等，阿媚苟容，轻劲谏士，己无骨鲠，嫉人有之，掩蔽耳目，不忠之甚。四业者，国之所资；教学者，有国盛事；习战务农，尤其本也；百工商贾，犹其末耳。宜量军国所须，置其员数，已外归之于农，教之战法；学者三年无成，亦宜还之于农，不可徒充大员，以塞聪俊之路。臣之所言当也，愿时速施行；非也，登加罪戮，使天下知朝廷从善如流，罚恶不淹。王宪、刘明，忠臣也，愿宥忤鳞之愆，收其药石之效。"

（宋）王钦若等编纂，周勋初等校订：《册府元龟》卷七二三《幕府部·规讽》，南京：凤凰出版社，2006年，第8335—8336页。

《册府元龟》卷九五九《外臣部·土风第一》

东沃沮国，在高句骊盖马大山之东。土肥美，背山向海，宜五谷，善田种。有邑落长帅。人性质直强勇。少牛马，便持矛步战。言语，食饮、居处、衣服、礼节，有似句骊。其嫁娶之法，女年十岁已相设许，婿家迎之，长养以为妇。至成人，便还女家，女家责钱，钱毕，乃复还婿家。其葬，作大木椁，长十余丈，开一头作户。新死者皆假埋之，方使覆形。

（宋）王钦若等编纂，周勋初等校订：《册府元龟》卷九五九《外臣部·土风第一》，南京：凤凰出版社，2006年，第11109页。

高句骊（汉玄菟郡也，在辽东之东），地方二千里，多大山深谷，人随而为居。少田业，力作不足以自资，故其俗节于饮食，而好修宫室。东夷相传以为夫余别种，故言语法则多同。其俗淫，皆洁净自喜，暮夜辄男女群聚为倡乐。好祠鬼神、社稷、零星，以十月祭天大会，名曰"东盟"。其国东有大穴，号襚神穴，亦以十男迎而祭之。其公会衣服皆锦绣，金银以自饰。大加、主簿皆着帻，如冠帻而无后；其小加着折风，形如弁。无牢狱，有罪，诸加评议便杀之，没入妻子为奴婢。其婚姻皆就女家，生子长大，然后将妇归家。其俗淫，男女已嫁娶，便稍营送终之具，金银财币尽于厚葬。积石为封，列种松柏。其人性凶急，有气力，习战斗，好寇钞。沃沮、东涉皆属焉。每春秋校猎，王亲临之。人税布五匹，谷五石；游人则三年一税，十人共细布一匹；租户一石，次七斗，下五斗。反逆者，缚之于柱，爇而斩之，籍没其家；盗则偿十倍。用刑既峻，罕有犯者。

（宋）王钦若等编纂，周勋初等校订：《册府元龟》卷九五九《外臣部·土风第一》，南京：凤凰出版社，2006年，第11108页。

鞨鞨国（在高丽之北），肃慎之苗裔也。所居多依山水。其俗相与耦耕。土多粟麦穄。水气咸，生盐于木皮之上。其畜多猪，嚼米为酒，饮之亦醉。妇人服布，男子衣猪狗皮。俗以溺洗手面，于诸夷最为不洁。其俗淫而妒，其妻外淫，人有告其夫者，夫辄杀妻，杀而后悔，必杀告者，繇是奸淫之事终不发扬。人皆射猎为业，角弓长三尺，箭长尺有二寸，常以八九月造毒药，傅矢以射禽兽，中者立死。

（宋）王钦若等编纂，周勋初等校订：《册府元龟》卷九五九《外臣部·土风第一》，南京：凤凰出版社，2006年，第11112页。

《册府元龟》卷九六一《外臣部·土风第三》

南室韦，契丹别部也，在契丹北三千里。土地卑湿，至夏则移向西北。贷勃、欠对二山，多草木，饶禽兽。又多蚊蚋，人皆巢居，以避其患。俗，丈夫皆被发，妇人盘发，衣服与契丹同。乘牛车，篷簞为屋，如突厥毡车之状。渡水则束薪为伐，或有以皮为舟者。马则织草为鞯，结绳为辔。寝则屈木为屋，以篷簞覆上，移则载行。以猪皮为席。妇人抱膝而坐。气候多寒，田收甚薄。无羊，少马，多猪、牛。造酒食啖，与鞨鞨同俗。婚姻之法，二家相许，婿辄盗妇将去，然后送牛马为聘，更将归家，待有娠，乃相随还舍。妇人不再嫁，以为死人之妻，难以共居。部落共为大棚，人死则置尸其上。居丧三年，年唯四哭。其国无铁，取给于高丽。多貂。兵器有弓、楛矢。尤善射，时聚弋猎，事毕而散。其人土著，无赋敛，或为小室，以皮覆上。相聚而居，至数十百家。剡木为犁，不加金刃，人牵以种，不解用牛。夏多雾雨，冬多霜霰。畜宜犬豕，养豢而啖之。其皮用以为韦，男子女人通以为服。被发左衽，其家富者项着五色杂珠。婚嫁之法，男先就女舍，三年役力，因得亲迎其妇，役日既满，女家分其财物，夫妇同车而载，鼓舞共归。

（宋）王钦若等编纂，周勋初等校订：《册府元龟》卷九六一《外臣部·土风第三》，南京：凤凰出版社，2006年，第11140页。

《太平寰宇记》卷一七三《四夷二·东夷二》

土俗物产：其俗淫，而形貌洁净，国中邑落男女，每夜群聚为倡乐。好祀鬼神、社稷、灵星，以十月祭天，大会，名曰"东盟"。其国东有大穴，号襚神，亦以十月迎而祭之。婚娶之礼略无财币，若受财者谓之卖婢，俗甚耻之。父母及夫丧，其服制同于华夏，兄弟则服以三月。乐有五弦琴、筝、箜篌、横吹、箫、鼓之属。赋税则绢布及粟，随其所有，量贫富差等输之。有马皆小，便登山，本朱蒙所乘马种，即果下马也。畜有牛、豕，豕多白色。其人性凶急，有气力，好战。其地多山谷，无原泽，随山谷而居，少田业，力作不足以自资。其俗节于饮食，而好修宫室。始以为夫余别种，而言语法则多同之。跪拜伸一足，行步皆如走。

（宋）乐史撰，王文楚等点校：《太平寰宇记》卷一七三《四夷二·东夷二》，北京：中华书局，2007年，第3319页。

《太平寰宇记》卷一七五《四夷四·东夷四》

东沃沮国

东沃沮。后汉通焉。初，卫满王朝鲜时，沃沮属焉。至汉武帝平朝鲜，分其地为四郡，以沃沮城为玄菟郡。后为夷貊所侵，徙郡于高句丽西北。至光武，以其渠率为县侯，不耐、华丽、沃沮诸县皆为侯国。后汉末，犹置功曹、主簿诸曹，皆涉人作之。其诸邑落渠帅，皆自称三老，则故县国之制也。后以国小，迫于大国之间，遂臣服句丽，后以其中大人为使者，使相为主领，又使大加统之，（大加，高丽官号，所谓马加、牛加、狗加，其所部有大小也。）责其租税，貂布、鱼盐，海中食物，千里担负致之，又发其美女以为婢妾焉。

魏齐王正始五年，幽州刺史毌丘俭讨句丽，句丽王位宫奔沃沮，遂进师击沃沮邑落，皆破之。位宫又奔北沃沮，一名置沟娄，去南沃沮八百余里。其俗皆与南同，界与挹娄接。挹娄喜乘船寇抄，北沃沮畏之，夏月藏在山岩深穴中为守备，冬月冰冻，船道不通，乃下居邑落。毌丘俭遣玄菟太守王颀追讨位宫，尽其东界。其耆老言国人尝乘船捕鱼，遭风吹数十日，东到一岛，上有人，言语不相晓，其俗尝以七月取童女沈海。又言有一国亦在海中，纯女无男人。或传其国有神井，窥之辄生子。又说得一布衣，从海中浮出，其形如中国人衣，其两袖长三丈。又得一破船，随波出在海岸边，有一人项中复有面，生得之，与语不相通，不食而死。其城皆在沃沮东大海中也。

挹娄国

土俗物产：土地多山险，车马不通，人形似夫余，其言语各异。有五谷、牛马、麻布，出赤玉、好貂，所谓挹娄貂是也。无君长，其邑落各有大人。处于山林之间，土气极寒，常为穴居，以深为贵，大家至接九梯。好养豕，食其肉，衣其皮。冬以豕膏涂身，厚数分，以御风寒。夏则裸袒，以尺布蔽其前后。其人臭秽不洁，作厕于中，圜之而居。无文墨，以言语为约。坐则箕踞，以足挟肉啖之。得冻肉，坐其上令温暖。土无盐铁，烧木作灰，灌之，取汁而食。俗编发，将嫁娶，男以毛羽插女头，女和则将归，然后致礼聘之。妇贞而女淫，贵壮而贱老。死者其日即葬之于野，交木作小椁，杀猪积其上，以为死者之粮。性凶悍，以无忧哀相尚。父母死，男女不哭泣，有哭泣者，谓之不壮相。盗窃无多少皆杀之，虽野处而不相犯。有石砮，皮骨之甲。国东北有山出石，其利入铁，将取之，必先祈神。其人众虽少，而多勇力，处山险，又善射。弓长四尺，力如弩，矢用楛，长尺八寸，青石为镞，皆施毒，中人即死。

邻国畏其弓矢，卒不能服也。便乘船，好寇盗，邻国患之。东夷饮食之器，皆用俎豆，惟挹娄独无，法俗最无纲纪。

（宋）乐史撰，王文楚等点校：《太平寰宇记》卷一七五《四夷四·东夷四》，北京：中华书局，2007年，第3339—3342页。

《续资治通鉴长编》卷三三九

徽立凡三十六年。其境东南临海，西北接契丹、女真、黑水。自王建并新罗、百济之地，至此盖百七十余年。王居蜀莫郡，曰开州，号开城府。新罗曰东州，号乐浪府，为东京。王居东北二十日行，百济曰金州，号金马郡；南十二日行，扶余旧地曰公州，号扶余郡；又南二十日行，平壤曰镐州，为西京。鸭绿江为西北徼，东所临海水绝清，下视十丈。大凡海至高丽界则清；入登州，经千里长沙即浊。地寒，多山。国王出，平地常乘车驾牛，或以马，涉山险乃骑。官有中书省中枢院平章事、参知政事、中枢使、翰林学士、知制诰，大抵仿中朝。国子监、四门学学者至六千余人。三岁一贡举进士，试诗、赋、论；明经试一大经、一小经。进士夜试，给烛三，为蜡八两，烛尽不就即退。榜放五十人。书有《东观汉记》。百官以米为俸，或给田，授罢随官增减，致仕乃已。贸易亦用银、米而不用钱。不禁民酿酒。兵出于民，藩卫王府。国人好佛法，开城府有寺七十余区，与王寺僧千五百人，官给田三百结。俗以田四方，方四百步为一结，上田结收二百苦，苦为斗十五，正与中国一石等。天圣以前，使由登州入；熙宁以来，皆由明州，言登州路有沙碛，不可行。其自明州还，遇便风，四日兼夜抵黑山，已望其国境；自黑山入岛屿，安行便风，七日至京口；陆行两驲至开州。（朱、墨本并同。正史《高丽传》所载地里，与《实录》并不同，当考。）

（宋）李焘撰，上海师范大学古籍整理研究所、华东师范大学古籍研究所点校：《续资治通鉴长编》卷三三九，神宗元丰六年条，北京：中华书局，1995年，第8163—8164页。

《通志》卷十五下《后魏纪》

二年春正月，太阳蛮酋桓诞率户内属，拜征南将军，封襄阳王。曲赦京师及河西，南至秦、泾，西至枹罕，北至凉州及诸镇。诏假员外散骑常侍邢祐使于宋。二月丁巳，诏曰："顷者，淮徐未宾，尼父庙隔非所，致令祠典寝顿，礼章殄灭，遂使女巫妖觋淫进非礼。自今有祭孔庙，制用酒脯而已，不听妇女杂合，以祈非望之福。犯者以违制论。其公家有事，自如常礼。蠕蠕犯塞，太上皇帝次于北郊，诏诸将讨之，虏遁走。北部敕勒叛，奔蠕蠕。太上皇帝追至石碛，不及而还。三月戊辰，以散骑常侍、驸马都尉万安国为大司马、大将军，讨安城王。庚午，亲耕籍田。连川敕勒谋叛，徙配青、徐、齐、兖四州为户。夏四月庚子，诏工商杂伎，尽听赴农。诸州课人益种菜果。辛亥，宋人来聘。癸酉，诏沙门不得去寺，行者以公文。是月，宋明帝殂。五月丁巳，诏军警给玺印传符，次给马印。六月，安州遭水雹，诏丐租振恤。丙申，诏："今年贡举，尤为猥滥。自今所遣，皆可门尽州郡之高，才极乡间之选。"戊午，行幸阴山。秋七月壬寅，诏州郡县各遣二人才堪专对者，赴九月讲武，当亲问风俗。八月，百济遣使请兵伐高丽。九月辛巳，车驾还宫。戊申，统万镇将、河间王闾虎皮坐贪残赐死。己酉，诏以州镇十一水旱，丐其田租，开仓振恤。又诏流迸之人，皆令还本，违者徙边。冬十月，蠕蠕犯塞，及五原。十一月，太上皇帝亲讨之，将度漠。蠕蠕闻之，北走数千里。丁亥，封皇叔略为广川王。壬辰，分遣使者巡省风俗，问民疾苦。帝每月一朝崇光宫。十二月庚戌，诏曰："顷者以来，官以劳升，未久而代。牧守无恤人之心，竞为聚敛，送故迎新，相属于路，非所以固民志、隆政道也。自今牧守温良仁俭、克己奉公者，可久于其任。岁积有成，迁位一级；其贪残非道，侵削黎庶者，虽在官甫尔，必加黜罚。著之令，以为彝准。"诏以代郡事同丰沛，代人先配边戍者免。是岁，高丽、地豆干、库莫奚、高昌等国遣使朝贡。

三年春正月庚辰，诏员外散骑常侍崔演使于宋。丁亥，改崇光宫为宁光宫。二月戊午，太上皇帝至自北讨，饮至策勋，告于宗庙。甲戌，诏县令能静一县劫盗者，兼理二县，即食其禄；能静三县者，三年迁为郡守。二千石能静二郡上至三郡，亦如之，三年迁为刺史。三月壬午，诏诸仓屯谷麦充积者，出赐贫人。夏四月戊申，诏假司空、上党王长孙观等讨吐谷浑拾寅。壬子，诏以孔子二十八世孙鲁郡孔乘为崇圣大夫，给十户以供洒扫。六月甲子，诏曰："往年县召秀才二人，问守宰善恶，而赏者未几，罪者众多，肆法伤生，情所未忍。诸为人所列者，特原其罪，尽可代之。"秋七月，诏河南六州，人户收绢一匹、绵一斤、租三十石。乙亥，行幸阴山。八月庚申，帝从太上皇帝幸河西。拾寅谢罪请降，许之。九月辛巳，车驾还宫。乙亥，宋人来聘。己亥，诏曰："今京师及天下囚，未判在狱致死无近亲者，给衣衾棺椟葬之，不得暴露。"辛丑，诏遣十使，循行州郡，检括户口。冬十月，太上皇帝将南讨，诏州郡之人，十丁取一充行；户租五十石，以备军粮。十一月戊寅，诏以河南州郡牧守多不奉法，致新邦百姓莫能上达。遣使者观风察狱，黜陟幽明，搜扬振恤。癸巳，太上皇帝南巡至怀州，所过问民疾苦，赐高年孝悌力田布帛。十二月癸卯朔，日有蚀之。庚戌，诏关外苑围，听民樵采。是岁，高丽、契丹、库莫奚、悉万斤等国并遣使朝贡。州镇十一水旱，丐民田租，开仓振恤。相州人饥死者二千八百四十五人。妖人刘举自称天子，齐州刺史、武昌王平原捕斩之。

（宋）郑樵：《通志》卷十五下《后魏纪十五下》，北京：中华书局，1987年，第285页。

《通志》卷一九四《四夷传第一》

挹娄，魏时通焉，即古肃慎之国也。在夫余东北千余里，东滨大海，南与北沃沮接，不知其北所极。土地多山险，其人形似夫余，而言语不与句丽夫余同。有五谷、麻布，出赤玉、好貂，无君长，其邑落各有大人。无文墨，以言语为约。处于山林之间，土气极寒，常为穴居，以深为贵，大家至接九梯。好养豕，食其肉，衣其皮。冬以豕膏涂身，厚数分，以御风寒。无井灶，作瓦鬲，受四五升以食。坐则箕踞，以足挟肉而啖之。得冻肉，坐其上令暖。土无盐铁，烧木作灰，灌取汁而食之。俗皆编发裸袒，以布作襜，径尺余，蔽其前后，其人不洁，作溷于中，圜之而居。将嫁娶，男以毛羽插女头，女和则持归，然后致礼聘之。妇贞而女淫，贵壮而贱老。死者其日即葬之于野，交木作椁，杀猪积其上，以为死者之粮。性凶悍，以无忧哀相尚。父母死，男女不哭泣。哭者谓之不壮相。盗窃无多少皆杀之，虽野处而不相犯。有石砮皮骨之甲。其国东北有山出石，其利入铁，将取之，必先祈神。人众虽少而多勇力，处山险，又善射，发必中人目。弓长四尺，力如弩。矢用楛，长一尺八寸，青石为镞，镞皆施毒，中人即死。邻国畏其弓矢，卒不能服也。便乘船，好寇盗，邻国患之。东夷饮食类皆用俎豆，唯挹娄独无，法俗最无纲纪者也。周武王时，献其楛矢，及周公辅成王，复遣使入贡。自汉已来，臣属夫余，夫余责其租税太重。魏文帝黄初中叛之，陈留王景元末来贡楛矢、石砮、弓甲、貂皮之属，诏赐其王傉、鸡锦、罽、绵帛。晋武帝元康初，复来贡。献元帝中兴，又诣江左贡其石砮。至成帝时，通贡于石虎，四年方达于邺，虎问其使："人由何而至？"答曰："每候牛马向西南卧者三年矣，是知有大国所在，故来焉。"

（宋）郑樵：《通志》卷一九四《四夷传第一》，北京：中华书局，1987年，第3115页。

晋义熙十二年，以百济王余腆为使持节、都督百济诸军事、镇东将军、百济王。宋武帝践阼，进号镇东大将军。少帝景初二年，腆遣长史张威诣建康贡献。元嘉二年，文帝诏兼谒者闾邱恩子、兼副谒者丁敬子等往宣旨慰劳，其后每遣使入贡。七年，百济王余毗复修贡职，以腆爵号授之。二十七年，毗上书献方物，私假台使冯野夫西河太守，表求易林、式占、腰弩，帝并与之。毗死，子庆代立。孝武大明初，遣使求除授，诏许之。一年，庆表言行冠军将军、右贤王余纪等十一人忠勤，并求显进。朝旨并加优授。明帝泰始七年，又遣使贡献。后魏延兴二年，庆复遣其冠军将军、驸马都尉、弗斯侯长史余礼，龙骧将军、带方太守司马张茂等纳贡，代都且上表曰："臣与高丽源出夫余，先世之时笃崇旧款，其祖钊轻废邻好，陵践臣境，臣祖须整旅电迈，枭斩钊首。自尔以来，莫敢南顾。自冯氏数终，余烬奔窜，丑类渐盛。遂见侵陵，构怨连祸三十余载。若天慈曲矜，远及无外，速遣一将来救，臣国当奉送鄙女，执扫后宫，并遣子弟牧圉外厩，尸壤匹夫不敢自有法，庚戌年，臣西界海中见尸十余，并得衣器鞍勒，辨验非是高丽之物。后闻乃是王来国人远降臣国，长蛇隔路以阻于海。今上所得鞍一以为实据。"魏主以其僻远冒险入献，礼遇优厚。遣使者邵安与其使俱还，诏曰："得表闻之无恙，卿与高丽不睦，致被陵犯，苟能顺义，守之以仁，亦何忧于寇雠也。前所遣使浮海，以抚方外之国，从来积年往而不反，存亡达否未能审悉。卿所送鞍比校旧乘，非高丽之物，不可以疑似之事以生必然之过。经略权要，已具别旨。"又诏曰："高丽称藩先朝，供职日久，于彼虽有自昔之衅，于国未有犯令之愆。卿使命始通，便求致伐，寻讨事会，理亦未周。所献锦布海物，虽不悉达，明卿至心，今赐杂物如别。"又诏高丽王琏护送安等至其国。琏称昔与余庆有仇，不令东过，安等于是皆还。明年使安等从东莱浮海，赐余庆玺书，哀其诚节。安等至海滨，遇风飘荡，竟不达而反。庆死，子牟都立。都死，子牟太立。齐永明中，授牟太大都督百济诸军事、镇东大将军、百济王。梁天监元年，进号征东将军。寻为高丽所破，衰弱累年，迁居南韩地。普通二年，王余隆始复遣使奉表，称累破高丽，今始与通好。其年，武帝诏隆为使持节、都督百济诸军事、宁东大将军、百济王。五年，隆死，诏复以其子明为持节都督百济诸军事、绥东将军、百济王。中大通六年、大同七年，累遣使来贡，并请涅槃等经义、毛诗博士并工匠画师等，并给之。太清三年，侯景犯顺，百济使至，见城阙荒毁，并号恸涕泣。侯景怒，囚执之，景平乃得还国。

（宋）郑樵：《通志》卷一九四《四夷传第一》，北京：中华书局，1987年，第3108页。

高句丽，后汉时通焉，其先出于夫余。夫余王尝得河伯女，因闭于室内，为日所照，引身避日，日影逐之，既而有孕，生一卵，大如五升。夫余王弃之与犬，犬不食。与豕，豕不食；弃于路，牛马避之；弃于野，众鸟以毛茹之。王剖之不能破，遂还其母。母以物裹置暖处，有一男破而出。及长，字之曰朱蒙。其俗言，朱蒙者，善射也。夫余人以朱蒙非人所生，请除之。王不听，命之养马。朱蒙私试，知有善恶，骏者减食令瘦，驽者善养令肥。夫余王以肥者自乘，以瘦者给朱蒙。后狩于田，以朱蒙善射，给之一矢。朱蒙虽一矢，殪兽甚多。夫余之臣，又谋杀之，其母以告朱蒙，朱蒙乃与焉违等二人东南走。中道遇一大水，欲济无梁。夫余人追之甚急，朱蒙告水曰："我是日子，河伯外孙，今追兵垂及，如何得济？"于是鱼鳖为之成桥，朱蒙得度。鱼鳖乃解，追骑不度。朱蒙遂至普述水，遇见三人，一着麻衣，一着衲衣，一着水藻衣，与朱蒙至纥升骨城，遂居焉。号曰高句丽，因以高为氏。其地在辽东之东千里，南与朝鲜秽貊，东与沃沮，北与夫余接，地方二千里，多大山、深谷，无原泽。人随山谷以为居，食涧水无良田，力作不足以自资，故其俗节于饮食，而好治宫室。句丽既夫余别种，故言语法则多同，而跪拜曳一脚，行步皆走。凡有五族，有消奴部、绝奴部、顺奴部、灌奴部、桂娄部。

（宋）郑樵：《通志》卷一九四《四夷传第一》，北京：中华书局，1987年，第3111页。

勿吉，后魏通焉，在高句丽北。一曰靺鞨。邑落各自有长，不相总一。其人劲悍，于东夷最强，言语独异。常轻豆莫娄等诸国，诸国亦患之。去洛阳五千里。自和龙北二百余里有善玉山，山北行十三日至祁黎山，又北行七日至洛环水，水广里余，又北行十五日至太兵鲁水，又东北行十八日到其国。国有大水，阔三里余，名速末水。其部类凡有七种：其一号粟末部，与高丽接，胜兵数千，多骁武，每寇高丽；其二汨咄部，在粟末北，胜兵七千；其三安车骨部，在汨咄东北；其四拂涅部，在汨咄东；其五号室部，在拂涅东；其六黑水部，在安车西北，其七白山部，在粟末东南。胜兵并不过三千，而黑水部尤为劲健。自拂涅以东，矢皆石镞，即古肃慎地也。东夷中为强国。所居多依山水。渠帅曰大莫拂瞒咄。国南有从太山者，华言太皇，俗甚敬畏之，人不得山上溲污，行经山者，以物盛去。上有熊罴豹狼，皆不害人，亦不敢杀。地卑湿，筑土如堤，凿穴以居，开口向上，以梯出入。其国无牛，有马，车则步推，相与偶耕。土多粟、麦、穄，菜则有葵。水气咸，生盐于木皮之上，亦有盐池。其畜多猪，无羊。嚼米为酒，饮之亦醉。婚嫁，妇人服布裙，男子衣猪犬皮裘，头插武豹尾。俗以溺洗手面，于诸夷最为不洁。初婚之夕，男就女家，既成礼，而后归。其妻外淫，人有告其夫，夫辄杀妻，杀之而悔，必杀告者，由是奸淫事终不发。人皆善射。以射猎为业。角弓长三尺，箭长尺二寸，常以七八月造毒药，傅矢以射禽兽，中者立死。煮毒药，药气亦能杀人。其父母春夏死，立埋之，冢上作屋，令不雨湿；若秋冬死，以其尸捕貂，貂食其肉，多得之。

（宋）郑樵：《通志》卷一九四《四夷传第一》，北京：中华书局，1987年，第3115页。

《通志》卷二〇〇《四夷传第七》

乌洛侯，后魏时通焉。在地豆于北，去代都四千五百余里。其地下湿，多雾气而寒，民冬则穿地为室，夏则随原阜畜牧。多豕，有谷麦。无大君长，部落莫弗皆世之。其俗绳发，皮服，以珠为饰。人尚勇，不为奸窃，故慢藏野积而无寇盗。好射猎。乐有箜篌，木槽革面而施九弦。其国西北有完水，东北流合于难水，其小水皆注于难水，东入于海。又西北二十日行，有于已尼大水，所谓北海也。魏太武太平真君四年来朝，称其国西北有魏先帝旧墟石室，南北九十步，东西四十步，高七十尺，室有神灵，人多祈请。太武遣中书侍郎李敞告祭焉，刻祝文于石室之壁而还。唐贞观六年，遣使朝贡，云乌罗浑国亦谓之乌护，皆乌洛侯音之讹也。东与靺鞨，南与契丹，北与乌丸为邻，风俗与靺鞨同。

（宋）郑樵：《通志》卷二〇〇《四夷传第七》，北京：中华书局，1987年，第3215页。

《三朝北盟会编》卷六《政宣上帙六》

贯又云：何以知他处无寇？悦云：所至皆以物赂听头访其国中事宜，但云唯（时兴）女真争战，别无他寇。贯云：见说人多流移。悦云：悦所行路皆有居人，田皆耕垦，所过处观者满道，不见有流移也。贯又云：已有人据易州。悦云：非悦所由路，然每采访不闻此也。贯词色甚厉。

（宋）徐梦莘：《三朝北盟会编》卷六《政宣上帙六》，上海：上海古籍出版社，1987年，第38页。

《三朝北盟会编》卷十九《政宣上帙十九》

又次当置弓箭手，最后授常胜军田也。至如罢常胜军请受尤宜款缓，待其辟田就绪乃可罢也。……燕地自女真入关，军民士庶往往逃窜山谷间，宜招诱宽恤，使之归土，此招流民为次也。燕中自罹兵火，田地荒旷，招置弓箭手，如陕西新边法，许诸色有武勇少壮人投充，每户给田二顷五十亩，官给耕牛、战马、种子，分官统隶，不唯荒田得耕，兼借兵威守边，压服新附人心，此置弓箭手。

（宋）徐梦莘：《三朝北盟会编》卷十九《政宣上帙十九》，上海：上海古籍出版社，1987年，第133—134页。

《三朝北盟会编》卷二十《政宣上帙二十》

东有朝鲜辽东，北有楼烦白檀，西有云中九原，南有滹沱易水，唐置范阳节度临制奚、契丹，自晋割赂北虏（改作契丹）建为南京析津府。壬寅年冬，金人之师过居庸关，契丹弃城而遁。金人以朝廷尝遣使海上，约许增岁币，癸卯年归我版图，更名府曰燕山军，额曰永清，城周围二十七里，楼壁共四十尺，楼计九百一十座，地堑三重，城开八门。已迁徙者寻皆归业，户口安堵，人物繁庶，大康广陌，皆有条理。州宅用契丹旧内，壮丽复绝。城北有互市，陆海百货萃于其中。僧居佛宇，冠于北方，锦绣组绮，精绝天下。膏腴、蔬蓏、果实、稻粱之类，靡不毕出，而桑柘麻麦、羊豕雉兔不问，可知水甘土厚、人多技艺、民尚气节。秀者则力学读书，次则习骑射、耐劳苦。

（宋）徐梦莘：《三朝北盟会编》卷二十《政宣上帙二十》，上海：上海古籍出版社，1987年，第142页。

《三朝北盟会编》卷七十四《靖康中帙四十九》

遗史曰：金人遣使来请上诣军前，云：农务将兴，及徽号事须当面议之。

（宋）徐梦莘：《三朝北盟会编》卷七十四《靖康中帙四十九》，上海：上海古籍出版社，1987年，第556—557页。

《三朝北盟会编》卷八十三《靖康中帙五十八》

又内侍等有说黏罕（改作尼堪）者曰："今城中百姓乏食，家家急欲得米。试令开场，以米麦出籴，许以金银博易，便可见其有无之实。"黏罕（改作尼堪）从之，下令开封府开场籴米，又以官钱高价收买，置十数场，金每两三十五贯，银每两五贯五百文，金每两博米四斗，银每两博米一斗。时百姓固藏金银，复见金人无去意，城中粮乏，惟忧饥死，又争以易米麦。初城破，军民诈为金人劫取金银者，至是争持以易，有贫民兵卒以十余铤金易数石麦者。黏罕（改作尼堪）等愈疑多有藏匿，持以责府尹官吏曰："公言无有，博易何多？"官吏不能为之对。遂杀执礼等四人，又斩其首，许其家以金银收赎。或云："虏（改作敌）欲尽城中物，乃因蓝诉等复取金银过军前，责执礼等以不实，故害之。"

（宋）徐梦莘：《三朝北盟会编》卷八十三《靖康中帙五十八》，上海：上海古籍出版社，1987年，第623页。

《三朝北盟会编》卷八十九《靖康中帙六十四》

遗史曰：范琼出城搜空，得金人遗弃宝货、表段、米麦、猪羊等不可胜计。又有遗弃老幼病废及妇女等，至是并迁入城。

（宋）徐梦莘：《三朝北盟会编》卷八十九《靖康中帙六十四》，上海：上海古籍出版社，1987 年，第 665 页。

《三朝北盟会编》卷九十八《靖康中帙七十三》

河东五十四州，古契丹沙漠之地。自耶律建国之后，如奉圣、归化州之类，遇有差，发金国不甚计较。著军数目愿南征者甚众，盖利金帛、子女也。沙子里，在沙院西北，去金国四千里。广有羊马，人借此为生五谷，惟有糜子、乔麦，一岁一收。地极寒，而草茂，冬月不雕，虽枯不梗。马可卧，人亦可卧，柔如毡毯。

（宋）徐梦莘：《三朝北盟会编》卷九十八《靖康中帙七十三》，上海：上海古籍出版社，1987 年，第 726 页。

《三朝北盟会编》卷二三〇《炎兴下帙一百三十》

春则借农以种，夏则借人以耘，秋则借人以收，遇岁小歉，则输纳税赋民且不能给，何暇计糊口之有无。遇岁大熟，北库所收甚多。

（宋）徐梦莘：《三朝北盟会编》卷二三〇《炎兴下帙一百三十》，上海：上海古籍出版社，1987 年，第 1654—1655 页。

《辽史》卷三十《天祚皇帝本纪四》

雅里性宽大，恶诛杀。获亡者，笞之而已。有自归者，即官之。因谓左右曰："欲附来归，不附则去。何须威逼耶？"每取唐《贞观政要》及林牙资忠所作《治国诗》，令侍从读之。乌古部节度使糺哲、迭烈部统军挞不也、都监突里不等各率其众来附。自是诸部继至。而雅里日渐荒怠，好击鞠。特母哥切谏，乃不复出。以耶律敌列为枢密使，特母哥副之。敌列劾西北路招讨使萧糺里荧惑众心，志有不臣，与其子麻涅并诛之。以遥设为招讨使，与诸部战，数败，杖免官。

从行有疲困者，辄振给之。直长保德谏曰："今国家空虚，赐赉若此，将何以相给耶？"雅里怒曰："昔畋于福山，卿诬猎官，今复有此言。若无诸部，我将何取？"不纳。初，令群牧运盐泺仓粟，而民盗之，议籍以偿。雅里乃自为直：每粟一车，偿一羊；三车一牛；五车一马；八车一驼。左右曰："今一羊易粟二斗且不可得，乃偿一车！"雅里曰："民有则我有。若令尽偿，民何堪？"

后猎查剌山，一日而射黄羊四十，狼二十一，因致疾，卒，年三十。

（元）脱脱等：《辽史》卷三十《天祚皇帝本纪四》，北京：中华书局，1974 年，第 354 页。

《辽史》卷三十四《兵卫志上》

皇帝亲征，留亲王一人在幽州，权知军国大事。既入南界，分为三路，广信军、雄州、霸州各一。驾必由中道，兵马都统、护驾等军皆从。各路军马遇县镇，即时攻击。若大州军，必先料其虚实、可攻次第而后进兵。沿途民居、园囿、桑柘，必夷伐焚荡。至宋北京，三路兵皆会，以议攻取。及退亦然。三路军马前后左右有先锋。远探拦子马各十数人，在先锋前后二十余里，全副衣甲，夜中每行十里或五里少驻，下马侧听无有人马之声。有则擒之；力不可敌，飞报先锋，齐力攻击。如有大军，走报主帅。敌中虚实，动必知之。军行当道州城，防守坚固，不可攻击，引兵过之。恐敌人出城邀阻，及围射鼓噪，诈为攻击。敌方闭城固守，前路无阻，引兵进，分兵抄截，使随处州城隔绝不通，孤立无援。所过大小州城，至夜，恐城中出兵突击，及与邻州计会军马，甲夜，每城以骑兵百人去城门左右百余步，被甲执兵，立马以待。兵出，力不能加，驰还勾集众兵与战。左右官道、斜径、山路、河津，夜中并遣兵巡守。其打草谷家丁，各衣甲持兵，旋团为队，必先斫伐园林，然后驱掠老幼，运土木填壕堑；攻城之际，必使先登，矢石檑木并下，止伤老幼。又于本国州县起汉人乡兵万人，随军专伐园林，填道路。御寨及诸营垒，唯用桑、柘、梨、栗。军退，纵火焚之。敌军既阵，料其阵势小大，山川形势，往回道路，救援捷径，漕运所出，各有以制之。然后于阵四面，列骑为队，每队五、七百人，十队为一道，十道当一面，各有主帅。最先一队走马大噪，冲突敌阵。得利，则诸队齐进；若未利，引退，第二队继之。退者，息马饮水秣。诸道皆然。更退迭进，敌阵不动，亦不力战。历二三日，待其困惫，又令打草谷家丁马施双帚，因风疾驰，扬尘敌阵，更互往来。中既饥疲，目不相睹，可以取胜。若阵南获胜，阵北失利，主将在中，无以知之，则以本国四方山川为号，声以相闻，得相救应。

（元）脱脱等：《辽史》卷三十四《兵卫志上》，北京：中华书局，1974年，第398—399页。

《辽史》卷四十《地理志四》

南京析津府，本古冀州之地。高阳氏谓之幽陵，陶唐曰幽都，有虞析为幽州。商并幽于冀。周分并为幽。《职方》：东北幽州，山镇医巫闾，泽薮貕养，川河、沛，浸菑、时。其利鱼、盐，其畜马、牛、豕，其谷黍、稷、稻。

（元）脱脱等：《辽史》卷四十《地理志四》，北京：中华书局，1974年，第493页。

《辽史》卷四十九《礼志一》

蒸节仪：皇帝即位，凡征伐叛国俘掠人民，或臣下进献人口，或犯罪没官户，皇帝亲览闲田，建州县以居之，设官治其事。及帝崩，所置人户、府库、钱粟，穹庐中置小毡殿，帝及后妃皆铸金像纳焉。节辰、忌日、朔望，皆致祭于穹庐之前。又筑土为台，高丈余，置大盘于上，祭酒食撒于其中，焚之，国俗谓之烧节。

（元）脱脱等：《辽史》卷四十九《礼志一》，北京：中华书局，1974 年，第 838 页。

《辽史》卷五十九《食货志上》

契丹旧俗，其富以马，其强以兵。纵马于野，弛兵于民。有事而战，骁骑介夫，卯命辰集。马逐水草，人仰湩酪，挽强射生，以给日用，糗粮刍茭，道在是矣。以是制胜，所向无前。及其有国，内建宗庙朝廷，外置郡县牧守，制度日增，经费日广，上下相师，服御浸盛，而食货之用斯为急矣。于是五京及长春、辽西、平州置盐铁、转运、度支、钱帛诸司，以掌出纳。其制数差等虽不可悉，而大要散见旧史。若农谷、租赋、盐铁、贸易、坑冶、泉币、群牧，逐类采摭，缉而为篇，以存一代食货之略。

初，皇祖匀德实为大迭烈府夷离堇，喜稼穑，善畜牧，相地利以教民耕。仲父述澜为于越，饬国人树桑麻，习组织。太祖平诸弟之乱，弭兵轻赋，专意于农。尝以户口滋繁，糺辖疏远，分北大浓兀为二部，程以树艺，诸部效之。

太宗会同初，将东猎，三克奏减辎重，疾趋北山取物，以备国用，无害农务。寻诏有司劝农桑，教纺绩。以乌古之地水草丰美，命瓯昆石烈居之，益以海勒水之善地为农田。三年，诏以谐里河、胪朐河近地，赐南院欧堇突吕、乙斯勃、北院温纳河剌三石烈人，以事耕种。八年，驻跸赤山，宴从臣，问军国要务。左右对曰："军国之务，爱民为本。民富则兵足，兵足则国强。"上深然之。是年，诏征诸道兵，仍戒敢有伤禾稼者以军法论。

应历间，云州进嘉禾，时谓重农所召。保宁七年，汉有宋兵，使来乞粮，诏赐粟二十万斛助之。非经费有余，其能若是？

……

道宗初年，西北雨谷三十里，春州斗粟六钱。时西蕃多叛，上欲为守御计，命耶律唐古督耕稼以给西军。唐古率众田胪朐河侧，岁登上熟。移屯镇州，凡十四稔，积粟数十万斛，每斗不过数钱。以马人望前为南京度支判官，公私兼裕，检括户口，用法平恕，乃迁中京度支使。视事半岁，积粟十五万斛，擢左散骑常侍。辽之农谷至是为盛。而东京如咸、信、苏、复、辰、海、同、银、乌、遂、春、泰等五十余城内，沿边诸州，各有和籴仓，依祖宗法，出陈易新，许民自愿假贷，收息二分。所在无虑二三十万硕，虽累兵兴，未尝用乏。迨天庆间，金兵大入，尽为所有。会天祚播迁，耶律敌烈等逼立梁王雅里，令群牧人户运盐泺仓粟，人户侵耗，议籍其产以偿。雅里自定其直：粟一车一羊，三车一牛，五车一马，八车一驼。从者曰："今一羊易粟二斗，尚不可得，此直太轻。"雅里曰："民有则我有。若今尽偿，众何以堪？"事虽无及，然使天未绝辽，斯言亦足以收人心矣。

夫赋税之制，自太祖任韩延徽，始制国用。……每岁农时，一夫侦候，一夫治公田，二夫给糺官之役。当时沿边各置屯田戍兵，易田积谷以给军饷。故太平七年诏，诸屯田在官斛粟不得擅贷，在屯者力耕公田，不输税赋，此公田制也。余民应募，或治闲田，或治私田，则计亩出粟以赋公上。统和十五年，募民耕滦河旷地，十年始租，此在官闲田制也。又诏山前后未纳税户，并于密云、燕乐两县，占田置业入税，此私田制也。各部大臣从上征伐，俘掠人户，自置郛郭，为头下军州。凡市井之赋，各归头下，惟酒税赴纳上京，此分头下军州赋为二等也。

先是，辽东新附地不榷酤，而盐曲之禁亦弛。冯延休、韩绍勋相继商利，欲与燕地平山例加绳约，其民病之，遂起大延琳之乱。连年诏复其租，民始安靖。南京岁纳三司盐铁钱折绢，大同岁纳三司税钱折粟。开远军故事，民岁输税，斗粟折五钱，耶律抹只守郡，表请折六钱，亦皆利民善政也。

（元）脱脱等：《辽史》卷五十九《食货志上》，北京：中华书局，1974年，第923—926页。

《辽史》卷六十《食货志下》

征商之法，则自太祖置羊城于炭山北，起榷务以通诸道市易。太宗得燕，置南京，城北有市，百物山偫，命有司治其征；余四京及它州县货产懋迁之地，置亦如之。东平郡城中置看楼，分南、北市，禺中交易市北，午漏下交易市南。雄州、高昌、渤海亦立互市，以通南宋、西北诸部、高丽之货，故女直以金、帛、布、蜜、蜡诸药材及铁离、靺鞨、于厥等部以蛤珠、青鼠、貂鼠、胶鱼之皮、牛羊驼马、毳罽等物，来易于辽者，道路繈属。圣宗统和初燕京留守司言，民艰食，请弛居庸关税，以通山西籴易。又令有司谕诸行宫，布帛短狭不中尺度者，不鬻于市。明年，诏以南、北府市场人少，宜率当部车百乘赴集。开奇峰路以通易州贸易。二十三年，振武军及保州并置榷场。时北院大王耶律室鲁以俸羊多阙，部人贫乏，请以羸老之羊及皮毛易南中之绢，上下为便。至天祚之乱，赋敛既重，交易法坏，财日匮而民日困矣。

盐筴之法，则自太祖以所得汉民数多，即八部中分古汉城别为一部治之。城在炭山南，有盐池之利，即后魏滑盐县也，八部皆取食之。及征幽、蓟还，次于鹤剌泺，命取盐给军。自后泺中盐益多，上下足用。会同初，太宗有大造于晋，晋献十六州地，而瀛、莫在焉，始得河间煮海之利，置榷盐院于香河县，于是燕、云迤北暂食沧盐。一时产盐之地如渤海、镇城、海阳、丰州、阳洛城、广济湖等处，五京计司各以其地领之。其煎取之制，岁出之额，不可得而详矣。

坑冶，则自太祖始并室韦，其地产铜、铁、金、银，其人善作铜、铁器。又有曷术部者多铁；"曷术"，国语铁也。部置三冶：曰柳湿河，曰三黜古斯，曰手山。神册初，平渤海，得广州，本渤海铁利府，改曰铁利州，地亦多铁。东平县本汉襄平县故地，产铁矿，置采炼者三百户，随赋供纳。以诸坑冶多在国东，故东京置户部司，长春州置钱帛司。太祖征幽、蓟，师还，次山麓，得银、铁矿，命置冶。圣宗太平间，于潢河北阴山及辽河之源，各得金、银矿，兴冶采炼。自此以讫天祚，国家皆赖其利。

鼓铸之法，先代撒剌的为夷离堇，以土产多铜，始造钱币。太祖其子，袭而用之，遂致富强，以开帝业。太宗置五冶太师，以总四方钱铁。石敬瑭又献沿边所积钱，以备军实。景宗以旧钱不足于用，始铸乾亨新钱，钱用流布。圣宗凿大安山，取刘守光所藏钱，散诸五计司，兼铸太平钱，新旧互用。由是国家之钱，演迤域中。所以统和出内藏钱，赐南京诸军司。开泰中，诏诸道，贫乏百姓，有典质男女，计佣价日以十文；折尽，还父母。每岁春秋，以官钱宴飨将士，钱不胜多，故东京所铸至清宁中始用。是时，诏禁诸路不得货铜铁，以防私铸，又禁铜铁卖入回鹘，法益严矣。道宗之世，钱有四等：曰咸雍，曰大康，曰大安，曰寿隆，皆因改元易名。其肉好、铢数亦无所考。第诏杨遵勖征户部司逋户旧钱，得四十余万锭，拜枢密直学士；刘伸为户部使，岁入羡余钱三十万锭，擢南院枢密使；其以灾沴，出钱以振贫乏及诸宫分边戍人户。是时，虽未有贯朽不可较之积，亦可谓富矣。至其末年，经费浩穰，鼓铸仍旧，国用不给。虽以海云佛寺千万之助，受而不拒，寻禁民钱不得出境。天祚之世，更铸乾统、天庆二等新钱，而上下穷困，府库无余积。

始太祖为迭烈府夷离堇也，惩遥辇氏单弱，于是抚诸部，明赏罚，不妄征讨，因民之利而利之，群牧蓄息，上下给足。及即位，伐河东，下代北郡县，获牛、羊、驼、马十余万。枢密使耶律斜轸讨女直，复获马二十余万，分牧水草便地，数岁所增不胜算。当时，括富人马，不加多，赐大、小鹘军万余匹，不加少，盖畜牧有法然也。咸雍五年，萧陶隗为马群太保，上书犹言群牧名存实亡，上下相欺，宜括实数以为定籍。厥后东丹国岁贡千匹，女直万匹，直不古等国万匹，阻卜及吾独婉、惕德各二万匹，西夏、室韦各三百匹，越里笃、剖阿里、奥里米、蒲奴里、铁骊等诸部三百匹；仍禁朔州路羊马入宋，吐浑、党项马鬻于夏。以故群牧滋繁，数至百有余万，诸司牧官以次进阶。自太祖及兴宗垂二百年，群牧之盛如一日。天祚初年，马犹有数万群，每群不下千匹。祖宗旧制，常选南征马数万匹，牧于雄、霸、清、沧间，以备燕、云缓急；复选数万，给四时游畋，余则分地以牧。法至善也。至末年，累与金战，番汉战马损十六七，虽增价数倍，竟无所买，乃冒法买官马从军。诸群牧私卖日多，畋猎亦不足用，遂为金所败。弃众播迁，以讫于亡。松漠以北旧马，皆为大石林牙所有。

辽之食货其可见者如是耳。至于邻国岁币，诸属国岁贡土宜，虽累朝军国经费多所仰给，然非本国所出，况名数已见《本纪》，兹不复载。

夫冀北宜马，海滨宜盐，无以议为。辽地半沙碛，三时多寒，春秋耕获及其时，黍稌高下因其地，盖不得与中土同矣。然而辽自初年，农谷充羡，振饥恤难，用不少靳，旁及邻国，沛然有余，果何道而致其利欤？此无他，劝课得人，规措有法故也。

（元）脱脱等：《辽史》卷六十《食货志下》，北京：中华书局，1974 年，第 929—932 页。

《辽史》卷八十四《耶律抹只传》

耶律抹只，字留隐，仲父隋国王之后。初以皇族入侍。景宗即位，为林牙，以干给称。保宁间，迁枢密副使。

乾亨元年春，宋攻河东，南府宰相耶律沙为都统，将兵往援，抹只监其军。及白马岭之败，仅以身免。宋乘锐攻燕，将奚兵翊休哥击败之。上以功释前过。是年冬，从都统韩匡嗣伐宋，战于满城，为宋将所绐，诸军奔溃；独抹只部伍不乱，徐整旗鼓而归。玺书褒谕，改南海军节度使。乾亨二年，拜枢密副使。

统和初，为东京留守。宋将曹彬、米信等侵边，抹只引兵至南京，先缮守御备。及车驾临幸，抹只与耶律休哥逆战于涿之东，克之，迁开远军节度使。

故事，州民岁输税，半粟折钱五，抹只表请折钱六，部民便之。统和末卒。

（元）脱脱等：《辽史》卷八十四《耶律抹只传》，北京：中华书局，1974年，第1308页。

《辽史》卷八十五《高勋传》

保宁中，以南京郊内多隙地，请疏畦种稻，帝欲从之。林牙耶律昆宣言于朝曰："高勋此奏，必有异志。果令种稻，引水为畦，设以京叛，官军何自而入？"帝疑之，不纳。

（元）脱脱等：《辽史》卷八十五《高勋传》，北京：中华书局，1974年，第1317页。

《辽史》卷九十一《耶律唐古传》

耶律唐古，字敌隐，于越屋质之庶子。廉谨，善属文。……朝议欲广西南封域，黑山之西，绵亘数千里，唐古言："戍垒太远，卒有警急，赴援不及，非良策也。"从之。西蕃来侵，诏议守御计，命唐古劝督耕稼以给西军，田于胪朐河侧，是岁大熟。明年，移屯镇州，凡十四稔，积粟数十万斛，斗米数钱。

（元）脱脱等：《辽史》卷九十一《耶律唐古传》，北京：中华书局，1974年，第1362页。

《辽史》卷九十一《萧术哲传》

萧术哲，字石鲁隐，孝穆弟高九之子。以戚属加监门卫上将军。

清宁初，为国舅详稳、西北路招讨使，私取官粟三百斛，及代，留畜产，令主者鬻之以偿。

（元）脱脱等：《辽史》卷九十一《萧术哲传》，北京：中华书局，1974年，第1363页。

《辽史》卷九十一《论曰》

唐古、术哲经略西北边，劝农积粟，训练士卒，敌人不敢犯。

（元）脱脱等：《辽史》卷九十一《列传第二十一论曰部分》，北京：中华书局，1974年，第1365页。

《辽史》卷九十一《耶律仆里笃传》

耶律仆里笃，字燕隐，六院林牙突吕不也四世孙。

开泰间，为本班郎君。有捕盗功，枢密使萧朴荐之，迁率府率。太平中，同知南院宣徽事，累迁彰圣军节度使。重熙十六年，知兴中府，以狱空闻。十八年，伐夏，摄西南面招讨使。十九年，夏人侵金肃军，败之，斩首万余级，加右武卫上将军。时近边群牧数被寇掠，迁倒塌岭都监以治之，桴鼓不鸣。二十年，知金肃军事。宰相赵惟节总领边城桥道刍粟，请贰，帝命仆里笃副之，以称职闻。

（元）脱脱等：《辽史》卷九十一《耶律仆里笃传》，北京：中华书局，1974年，第1365页。

《辽史》卷一〇三《萧韩家奴传》

萧韩家奴，字休坚，涅剌部人，中书令安搏之孙。少好学，弱冠入南山读书，博览经史，通辽、汉文字。统和十四年始仕。家有一牛，不任驱策，其奴得善价鬻之。韩家奴曰："利己误人，非吾所欲。"乃归直取牛。二十八年，为右通进，典南京栗园。

重熙初，同知三司使事。四年，迁天成军节度使，徙彰愍宫使。帝与语，才之，命为诗友。尝从容问曰："卿居外有异闻乎？"韩家奴对曰："臣惟知炒栗：小者熟，则大者必生；大者熟，则小者必焦。使大小均熟，始为尽美。不知其他。"盖尝掌栗园，故托栗以讽谏。帝大笑。诏作《四时逸乐赋》，帝称善。

时诏天下言治道之要，制问："徭役不加于旧，征伐亦不常有，年谷既登，帑廪既实，而民重困，岂为吏者慢、为民者惰欤？今之徭役何者最重？何者尤苦？何所蠲省则为便益？补役之法何可以复？盗贼之害何可以止？"韩家奴对曰：

臣伏见比年以来，高丽未宾，阻卜犹强，战守之备，诚不容已。乃者，选富民防边，自备粮糗。道路修阻，动淹岁月；比至屯所，费已过半；只牛单毂，鲜有还者。其无丁之家，倍直佣僦，人惮其劳，半途亡窜，故戍卒之食多不能给。求假于人，则十倍其息，至有鬻子割田，不能偿者。或逋役不归，在军物故，则复补以少壮。其鸭渌江之东，戍役大率如此。况渤海、女直、高丽合从连衡，不时征讨。富者从军，贫者侦候。加之水旱，菽粟不登，民以日困。盖势使之然也。

（元）脱脱等：《辽史》卷一〇三《萧韩家奴传》，北京：中华书局，1974年，第1445—1446页。

《辽史》卷一〇四《耶律孟简传》

耶律孟简，字复易，于越屋质之五世孙。父刘家奴，官至节度使。孟简性颖悟。六岁，父晨出猎，俾赋《晓天星月诗》，孟简应声而成，父大奇之。既长，善属文。大康初，枢密使耶律乙辛以奸险窃柄，出为中京留守，孟简与耶律庶箴表贺。未几，乙辛复旧职，衔之，谪巡磁窑关。时虽以谗见逐，不形辞色。遇林泉胜地，终日忘归。明年，流保州。及闻皇太子被害，不胜哀痛，以诗伤之，作《放怀诗》二十首。自序云："禽兽有哀乐之声，蝼蚁有动静之形。在物犹然，况于人乎？然贤达哀乐，不在穷通、祸福之间。《易》曰：'乐天知命，故不忧。'是以颜渊箪瓢自得，此知命而乐者也。予虽流放，以道自安，又何疑耶？"大康中，始得归乡里。诣阙上表曰："本朝之兴，几二百年，宜有国史以垂后世。"乃编耶律曷鲁、屋质、休哥三人行事以进。上命置局编修。孟简谓余官曰："史笔天下之大信，一言当否，百世从之。苟无明识，好恶徇情，则祸不测。故左氏、司马迁、班固、范晔俱罹殃祸，可不慎欤！"

乾统中，迁六院部太保。处事不拘文法，时多笑其迂。孟简闻之曰："上古之时，无簿书法令，而天下治。盖簿书法令，适足以滋奸幸，非圣人致治之本。"改高州观察使，修学校，招生徒。迁昭德军节度使。以中京饥，诏与学士刘嗣昌减价粜粟。事未毕，卒。

（元）脱脱等：《辽史》卷一○四《耶律孟简传》，北京：中华书局，1974年，第1456—1457页。

《辽史》卷一○五《马人望传》

马人望，字俨叔，高祖胤卿，为石晋青州刺史，太宗兵至，坚守不降。城破被执，太宗义而释之，徙其族于医巫闾山，因家焉。曾祖廷煦，南京留守。祖渊，中京副留守。父诠，中京文思使。

……

是岁诸处饥乏，惟人望所治粒食不阙，路不鸣桴。遥授彰义军节度使。迁中京度支使，始至，府廪皆空；视事半岁，积粟十五万斛，钱二十万缗。徙左散骑常侍，累迁枢密直学士。

未几，拜参知政事，判南京三司使事。时钱粟出纳之弊，惟燕为甚。人望以缣帛为通历，凡库物出入，皆使别籍，名曰"临库"。奸人黠吏莫得轩轾，乃以年老扬言道路。朝论不察，改南院宣徽使，以示优老。逾年，天祚手书"宣马宣徽"四字诏之。既至，谕曰："以卿为老，误听也。"遂拜南院枢密使。人不敢干以私，用人必公议所当与者。如曹勇义、虞仲文曾为奸人所挤，人望推荐，皆为名臣。当时民所甚患者，驿递、马牛、旗鼓、乡正、厅隶、仓司之役，至破产不能给。人望使民出钱，官自募役，时以为便。久之请老，以守司徒、兼侍中致仕。卒，谥曰文献。

（元）脱脱等：《辽史》卷一○五《马人望传》，北京：中华书局，1974年，第1461—1463页。

《辽史》卷一一四《逆臣传下》

萧胡睹，字乙辛。口吃，视斜，发卷，伯父孝穆见之曰："是儿状貌，族中未尝有。"及壮，魁梧桀傲，好扬人恶。重熙中，为祗候郎君。俄迁兴圣宫使，尚秦国长公主，授驸马都尉。以不谐离婚，复尚齐国公主，为北面林牙。清宁中，历北、南院枢密副使，代族兄术哲为西北路招讨使。时萧革与萧阿剌俱为枢密使，不协，革以术哲为阿剌所爱，嫉之。术哲受代赴阙，先尝借官粟，留直而去。胡睹希革意，发其事，术哲因得罪。

（元）脱脱等：《辽史》卷一一四《逆臣传下》，北京：中华书局，1974年，第1513页。

《辽史》卷一一五《高丽记》

高丽自有国以来，传次久近，人民土田，历代各有其志，然高丽与辽相为终始二百余年。

自太祖皇帝神册间，高丽遣使进宝剑。天赞三年，来贡。太宗天显二年，来贡。会同二年，受晋上尊号册，遣使往报。

圣宗统和三年秋七月，诏诸道各完戎器，以备东征高丽。八月，以辽泽沮洳，罢师。十年，以东京留守萧恒德伐高丽。十一年，王治遣朴良柔奉表请罪，诏取女直国鸭渌江东数百里地赐之。十二年，入贡。三月，王治遣使请所俘生口，诏续还之，仍遣使抚谕。十二月，王治进妓乐，诏却之。十三年，治遣李周桢来贡，又进鹰。十月，遣李知白奉贡。十一月，遣使册治为王。遣童子十人来学本国语。十四年，王治表乞为婚姻，以东京留守驸马萧恒德女下嫁之。六月，遣使来问起居。自是，至者无时。

（元）脱脱等：《辽史》卷一一五《高丽记》，北京：中华书局，1974年，第1519—1520页。

《契丹国志》卷二十二《四至邻国地理远近》

四至邻国地理远近
东南至新罗国。西以鸭绿江东八里黄土岭为界，至保州一十一里。

次东南至五节度熟女真部族。共一万余户，皆杂处山林，尤精弋猎。有屋舍，居舍门皆于山墙下辟之。耕凿与渤海人同，无出租赋，或遇北主征伐，各量户下差充兵马，兵回，各逐便归本处。所产人参、白附子、天南星、茯苓、松子、猪苓、白布等物。并系契丹枢密院所管，差契丹或渤海人充节度管押。其地南北七百余里，东西四百余里，西北至东京五百余里。

又次东南至熟女真国。不属契丹所管。其地东西八百余里，南北一千余里。居民皆杂处山林，耕养屋宇，与熟女真五节度同。然无君长首领统押，精于骑射，今古以来，无有盗贼词讼之事，任意迁徙，多者百家，少者三两家而已。不与契丹争战，或居民等自意相率赍以金、帛、布、黄蜡、天南星、人参、白附子、松子、蜜等诸物，入贡北番；或只于边上买卖，讫，却归本国。契丹国商贾人等就入其国买卖，亦无所碍，契丹亦不以为防备。西至东京二百余里。

东北至生女真国。西南至熟女真国界，东至新罗国，东北不如其极。居民屋宇、耕养、言语、衣装与熟女真国并同，亦无君长所管。精于骑射，前后屡与契丹为边患，契丹亦设防备。南北二千余里，沿边创筑城堡，搬运粮草，差拨兵甲，屯守征讨，三十年来，深为患耳。南界西南至东京六百里。

又东北至屋惹国、阿里（眉）国、破骨鲁国等国。每国各一万余户。西南至生女真国界。衣装、耕种、屋宇、言语与女真人异。契丹枢密院差契丹或渤海人充逐国节度使管押，然不出征赋兵马，每年惟贡进大马、蛤珠、青鼠皮、貂鼠皮、胶鱼皮、蜜蜡之物，及与北番人任便往来买卖。西至上京四千余里。

正东北至铁离国。南至阿里眉等国界。居民言语、衣装、屋宇、耕养稍通阿里（眉）等国，无君长，皆杂处山林。不属契丹统押，亦不与契丹争战，复不贡进，惟以大马、蛤珠、鹰鹘、青鼠、貂鼠等皮、胶鱼皮等物与契丹交易。西南至上京五千余里。

次东北至靺羯国。东北与铁离国为界，无君长统押，微有耕种。春夏居屋室中，秋冬则穿地为洞，深可数丈而居之，以避其寒。不贡进契丹，亦不争战，惟以细鹰鹘、鹿、细白布、青鼠皮、银鼠皮、大马、胶鱼皮等与契丹交易。西南至上京五千里。

又次北至铁离、喜失牵国。言语、衣装、屋舍与靺羯稍同。无君长管押，不贡进契丹，亦不争战，惟以羊、马、牛、驼、皮、毛之物与契丹交易。西南至上京四千余里。

正北至蒙古里国。无君长所管，亦无耕种，以弋猎为业，不常其居，每四季出行，惟逐水草，所食惟肉酪而已。不与契丹争战，惟以牛、羊、驼、马、皮、毳之物与契丹为交易。南至上京四千余里。

又次北至于厥国。无君长首领管押，凡事并与蒙古里国同。甲寅岁，曾率众入契丹国界为盗，圣宗命驸马都尉萧徒欲统兵，大破其国。迩后，更不复为盗，惟以牛、羊、驼、马、皮、毳之物与契丹为交易。东南至上京五千余里。

又次北西至鳖古里国。又西北，又次北近西至达打国。各无君长，每部族多者三二百家，少者五七十家，以部族内最富豪者为首领。不常厥居，逐水草，以弋猎为业。其妇人皆精于骑射。常与契丹争战，前后契丹屡为国人所败，契丹主命亲近为西北路兵马都统，率番部兵马十余万防讨，亦制御不下。自契丹建国已来，惟此二国为害，无奈何，番兵困之。契丹常为所攻，如暂安静，以牛、羊、驼、马、皮、毳为交易，不过半年，又却为盗。东南至上京六千余里。

西近北至生吐蕃国，又西至党项、突厥等国。皆不为契丹国害，亦不进贡往来，盖以熟土浑、突厥、党项等部族所隔。东南至云州三千里。

（宋）叶隆礼撰，李西宁点校：《契丹国志》卷二十二《四至邻国地理远近》，济南：齐鲁书社，2000年，第164—167页。

《契丹国志》卷二十二《四京本末》

中京　承天太后建

中京之地，奚国王牙帐所居。奚本曰库莫奚，其先东部胡宇文之别种也。窜居松漠之间，俗甚不洁，而善射猎，好为寇抄。其后种类渐多，分为五部：一曰辱纥，二曰莫贺弗，三曰契个，四曰木昆，五曰室得。每部一千余人，为其帅，随逐水草。中京东过小河，唱叫山道北奚王避暑庄，有亭台。由古北口至中京北，皆奚境。奚本与契丹等，后为契丹所并。所在分奚、契丹、汉人、渤海杂处之。奚有六节度、都省统领。言语、风俗与契丹不同。善耕种，步射，入山采猎，其行如飞。《契丹图志》云：奚地居上、东、燕三京之中，土肥人旷，西临马盂山六十里，其山南北一千里，东西八百里，连亘燕京西山，遂以其地建城，号曰中京。

南京 太宗建

南京本幽州地，乃古冀州之域。舜以冀州南北广远，分置幽州，以其地在北方。幽，阴也。东有朝鲜、辽东，北有楼烦、白檀，西有云中、九原，南有滹沱、易水。唐置范阳节度，临制奚、契丹。自晋割弃，建为南京，又为燕京析津府，户口三十万。大内壮丽，城北有市，陆海百货，聚于其中；僧居佛寺，冠于北方。锦绣组绮，精绝天下，膏腴蔬蓏、果实、稻粱之类，靡不毕出，而桑、柘、麻、麦、羊、豕、雉、兔，不问可知。水甘土厚，人多技艺，秀者学读书，次则习骑射，耐劳苦。石晋未割弃已前，其中番汉杂斗，胜负不相当；既筑城后，远望数十里间，宛然如带，回环缭绕，形势雄杰，真用武之国也。

东京 太宗建

东京，本渤海王所都之地。在唐时，为黑水、靺鞨二种依附高丽者。黑水部与高丽接，胜兵数千，多骁武，古肃慎氏地也，与靺鞨相邻，东夷中为强国。所居多依山水，地卑湿，筑土如堤，凿穴以居。其国西北与契丹接。太祖之兴，始击之，立其子东丹王镇其地，后曰东京。

（宋）叶隆礼撰，李西宁点校：《契丹国志》卷二十二《四京本末》，济南：齐鲁书社，2000年，第168—169页。

《契丹国志》卷二十五《胡峤陷北记》

同州郃阳县令胡峤，居契丹七年，周广顺三年，亡归中国，略能道其所见。云："自幽州西北入居庸关。明日，又西北入石门关，关路崖狭，一夫可以当百，此中国控扼契丹之险也。又三日，至可汗州，南望五台山，其一峰最高者，东台也。又三日，至新武州，西北行五十里有鸡鸣山，云唐太宗北伐闻鸡鸣于此，因以名山。明日，入永定关北，此唐故关也。又四日，至归化州。又三日，登天岭，岭东西连亘，有路北下，四顾冥然，黄云白草，不可穷极。契丹谓峤曰：'此辞乡岭也，可一南望而为永诀。'同行者皆恸哭，往往绝而复苏。又行三四日，至黑榆林。时七月，寒如深冬。又明日，入斜谷，谷长五十里，高崖峻谷，仰不见日而寒尤甚。已出谷，得平地，气稍温。又行二日，渡湟水。又明日，渡黑水。又二日，至汤城淀，地气最温，契丹苦太寒，则就温于此。其水泉清泠，草软如茸，可藉以寝，而多异花，记其二种：一曰旱金，大如掌，金色烁人；一曰青囊，如中国金灯，而色类蓝，可爱。又二日至仪坤州，渡麝香河。自幽州至此无里堠，其所向不知为南北。又二日，至赤崖。萧翰与世宗兀欲相及，遂及述律后，战于沙河，述律兵败而北，兀欲追至独树渡，遂囚述律于扑马山。又行三日，遂至上京，所谓西楼也。西楼有邑屋市肆，交易无钱而用布。有绫、锦诸工作，（官）[宦]者、翰林、伎术、教坊、角觗、秀才、僧尼、道士等，皆中国人，而并、汾、幽、蓟之人尤多。自上京东去四十里，至真珠寨，始食菜。明日东行，地势渐高，西望平地松林，郁然数十里。遂入平（州）[川]，多草木，始食西瓜，云契丹破回纥得此种，以牛粪覆棚而种，大如中国冬瓜而味甘。又东行，至袅潭，始有柳，而水草丰美；有息鸡草尤美而本大，马食不过十本而饱。自袅潭入大山，行十余日而出，过一大林，长二三里，皆芜荑，枝叶有芒刺如箭羽。其地皆无草。兀欲时卓帐于此，会诸部人葬太宗。自此西南行，日六十里，行七日，至大山门，两高山相去一里，而长松、丰草、珍禽、异兽、野卉，有屋室碑石，曰：‘陵所也。’兀欲入祭，诸部大人惟执祭器者得入，入而门阖。明日开门，曰‘抛盏’，礼毕。问其礼，皆秘不肯言。”峤所目见囚述律，葬太宗等事，与中国所记差异。

已而翰得罪被锁，峤与部曲东之福州。福州，翰所治也。峤等东行，过一山名十三山，云此西南去幽州二千里。又东行数日，过卫州，有居人三十余家，盖契丹所掳中国卫州人筑城而居之。峤至福州，而契丹多怜峤，教其逃归，峤因得其诸国种类远近。云："距契丹国东至于海，有铁甸，其族野居皮帐，而人刚勇。其地少草木，水咸浊，色如血，澄之久而后可饮。又东女真，善射，多牛、鹿、野狗。其人无定居，行以牛负物，遇雨则张革为屋。常作鹿鸣，呼鹿而射之，食其生肉。能酿麋为酒，醉则缚之而睡，醒而后解，不然则杀人。又东南渤海，又东辽国，皆与契丹略同。其南海曲，有鱼盐之利。又南奚，与契丹略同，而人好杀戮。又南至于榆关矣。西南至儒州，皆故汉地。西则突厥、回纥。西北至妪厥律，其人长大，髡头，髭长全其发，盛以紫囊。地苦寒，水出大鱼，契丹仰食。又多黑、白、黄貂鼠皮，北方诸国皆仰足。其人最勇，邻国不敢侵。又其西辖戛，又其北单于突厥，皆与妪厥律略同。又北黑车子，善作车帐，其人知孝义，地贫无所产。云契丹之先，常役回纥，后背之，走黑车子，始学作车帐。又北牛蹄突厥，人身牛足。其地尤寒，水曰瓠瓠河，夏秋冰厚二尺，春冬冰彻底，常烧器销冰，乃得饮。东北至袜劫子，其人髡首，披布为衣，不鞍而骑，大弓长箭，尤善射，遇人辄杀而生食其肉，契丹等国皆畏之。契丹五骑遇一袜劫子，则皆散走。其国三面皆室韦，一曰室韦，二曰黄头室韦，三曰兽室韦。其地多铜、铁、金、银，其人工巧，铜、铁诸器皆精好，善织毛锦。地尤寒。马溺至地成冰堆。又北狗国，人身狗首，长毛不衣，手搏猛兽，语为犬嗥，其妻皆人，能汉语，生男为狗，女为人，自相婚嫁，穴居食生，而妻女人食。云尝有中国人至其国，其妻怜之，使逃归，与其箭十余只，教其每走十余里遗一箭，狗夫追之，见其家物，必衔而归，则不能追矣。"其说如此。又曰："契丹尝选百里马二十匹，遣十人赍乾籹北行，穷其所见。其人自黑车子，历牛蹄国以北，行一年，经四十三城，居人多以木皮为屋。其语言无译者，不知其国地、山川、部族名号。其地气遇平地则温和，山林则寒冽。至三十三城，得一人，能铁甸语，其言颇可解，云地名颉利乌于邪堰。云'自此以北，龙蛇、猛兽、魑魅群行，不可往矣'。其人乃还，此北荒之极也。"

（宋）叶隆礼撰，李西宁点校：《契丹国志》卷二十五《胡峤陷北记》，济南：齐鲁书社，2000年，第181—184页。

《契丹国志》卷二十六《诸蕃记》

奚国

太祖初兴，击奚灭之，复立奚王，而使契丹监其兵，后为中京。详见前志。

古肃慎国

古肃慎城，方五里，在渤海国三十里，遗堞尚在。

室韦国

"室"或为"失"，盖契丹之类，其南者为契丹，在北者号为室韦。路出和龙北千余里，入契丹国。与奚、契丹同。夏则城居，冬逐水草，有南室韦、北室韦。其俗，丈夫皆披发，妇人皆盘发，衣服与契丹同，乘牛车，以蘧蒢为屋，如毡车状。度水，则束薪为筏，或有以皮为舟者。马则织草为鞯，结绳为辔。气候多寒，田收甚薄。惟獐鹿射猎为务，食肉衣皮，凿冰没水中，而网取鱼鳖。地多积雪，惧陷坑阱，骑木而行。太祖并诸番三十六国，室韦在其中。

……

女真国

女真，世居混同江之东山，乃鸭渌水之源。东濒海，南邻高丽，西接渤海，北近室韦。其地乃肃慎故区也。地方数千里，户口十余万，无大君长，立首领，分主部落。地饶山林，田宜麻谷，土产人参、蜜蜡、北珠、生金、细布、松实、白附子，禽有鹰、鹘、海东青之类，兽多牛、马、麋、鹿、野狗、白彘、青鼠、貂鼠。后为契丹所制，择其酋长世袭。又于长春路置东北统军司，黄龙府置兵马都部署司，咸州置详稳司，分隶之，役属于契丹。其后常遣银牌天使至女真，每夕必欲荐枕者，其国旧输中、下户作止宿处，以未出适女待之。后求海东青使者络绎，持大国使命，惟择美好妇人，不问其有夫及阀阅高者，女真浸忿遂叛。

黄头女真

黄头女真，皆山居，号合苏馆女真。合苏馆，河西亦有之。有八馆，在黄河东，与金粟城、五花城隔河相近。其人戆朴勇鸷，不能别死生，契丹每出战，皆被以重札，令前驱。髭发皆黄，目睛多绿，亦黄而白多。

嗢热国

嗢热者，国最小，不知其始所居。后为太祖徙置黄龙府南百余里，曰宾州，州近混同江，即古之粟末河，黑水也。部落杂处，以其族类之长为千户，统之契丹。（女真）贵游子弟及富家儿，月夕被酒，则相率携樽驰马，戏饮其地。妇女闻其至，多聚观之，间令侍坐，与之酒则饮，亦有起舞歌讴以侑觞者。邂逅相契，调谑往反，即载以归，妇之父母知亦不为之顾。留数岁有子，始具茶食酒数车归宁，谓之"拜门"，因执子婿之礼。其俗谓男女自媒，胜于纳币而婚者。饮食皆以木器，好置蛊，他人欲其不验者，云三弹指于器上则其毒自解，亦间有遇毒而毙者。族多姓李。

渤海国

渤海国，去燕京东北千五百里，以石累城脚，东并海。其王旧以大为姓，右姓曰高、张、杨、窦、乌、李，不过数种，部曲、奴婢无姓者，皆从其主。妇人皆悍妒，大抵与他姓相结十姊妹，迭几察其夫，不容侧室及他游，闻则必谋置毒，死其所爱。一夫有所犯而妻不之觉者，众人则群聚而诟之，争以忌嫉相夸。男子多智谋，骁勇出他国右，至有"三人渤海当一虎"之语。自天祚之乱，金人陷城，虑其难制，转徙他所，其人大怨。富室安居逾二百年，往往为园池，植牡丹，多至三二百本，有数十干丛生者，皆燕地所无，才以十数千或五千贱贸而去。其居故地者，仍（归）契丹，旧为东京，置留守，有苏、扶（复）等州，苏与宋登州、青州相直，每大风顺，隐隐闻鸡犬声。

（宋）叶隆礼撰，李西宁点校：《契丹国志》卷二十六《诸蕃记》，济南：齐鲁书社，2000年，第186—189页。

《高丽史》卷十四《睿宗世家三》

辛卯，辽来远城牒曰："昨为生女真及东京渤海背乱，致不广收得田禾。

官司虽有见在谷粟，所有正军外，平闲民户阙少粮储。权时掇借米货五万石，赡济民户。比候来秋，却具元借米货硕斗还充，必不阙少。"王命两府、台省侍臣、知制诰、文武三品、都兵马判官以上会议中书省，令判兵马事金缘等传谕统军："若归我两城人物，则不须掇借米货。"再三往复，统军不肯从。及金兵攻取辽开州，遂袭来远城及大夫、乞打、柳白三营，尽烧战舰，掳守船人。统军尚书、左仆射、开国伯耶律宁与来远城刺史、检校尚书、右仆射常孝孙等，率其官民载船一百四十艘，出泊江头。移牒宁德城曰："女真背乱，并东京渤海续有背叛，道路不通，统军部内田禾未收，米谷踊贵，致有贫寒人等。为高丽国邻近住坐，已曾借粮推进，不行掇借。为此部内人民赴里面州城，趁逐米粟去。此至回来为相和事。在此州并地分交付去讫，仰行交受已后，准宣命施行。"以来远、抱州二城归于我，遂泛海而遁，我兵入其城，收兵仗及钱货宝物甚多。金缘具状驰奏，王大悦，改抱州为义州防御使，以鸭江为界，置关防。甲午，百官表贺。略曰："鸭绿旧墟，鸡林故壤，越自祖宗之世，本为襟带之防，逮乎中世之陵夷，颇遭大辽之侵蚀，非惟人怒，实作神羞。"又曰："比因两敌之有争，颇虑二城之所属。靺鞨之请献，殆从天启；鲜卑之潜遁，固匪人为。我泉我池，复为内地，实藉实宙，拓大中区。"又曰："惭乏壮猷之助，初闻吉语之传。删石纪功，未奏形容之颂；奉觞称寿，愿伸率舞之怀。"

（朝鲜）郑麟趾等撰，孙晓主编：《高丽史》卷十四《睿宗世家三》，北京：人民出版社；重庆：西南师范大学出版社，2014年，第412—413页。

《高丽史》卷五十七《地理志二》

砺良县，良一作阳。本百济只良肖县。新罗景德王改今名，为德殷郡领县。高丽初，因之。显宗九年，来属。恭让王三年，兼任朗山，又兼公村皮堤劝农使。

（朝鲜）郑麟趾等撰，孙晓主编：《高丽史》卷五十七《地理志二》，北京：人民出版社；重庆：西南师范大学出版社，2014年，第1827页。

云峰县，本新罗母山县。或云阿英城，或云阿莫城。景德王改今名，为天岭郡领县。至高丽，来属。恭让王三年，兼任阿容谷劝农兵马使。要害处有八良岘，自县东至庆尚道。

（朝鲜）郑麟趾等撰，孙晓主编：《高丽史》卷五十七《地理志二》，北京：人民出版社；重庆：西南师范大学出版社，2014年，第1828页。

昌平县，一云鸣平。本百济屈支县，新罗景德王改名祈阳，为武州领县。高丽更今名，来属。谚传：县吏卓自宝有制南贼之功，升为县令。恭让王三年，兼长平甲乡劝农使。

（朝鲜）郑麟趾等撰，孙晓主编：《高丽史》卷五十七《地理志二》，北京：人民出版社；重庆：西南师范大学出版社，2014年，第1833页。

咸丰县，本百济屈乃县。新罗景德王改今名，为务安郡领县，至高丽，来属。明宗二年，置监务。恭让王三年，兼永丰多景海际劝农防御使。别号箕城。

（朝鲜）郑麟趾等撰，孙晓主编：《高丽史》卷五十七《地理志二》，北京：人民出版社；重庆：西南师范大学出版社，2014年，第1835页。

《高丽史》卷六十二《礼志四》

先农籍田坛，方三丈，高五尺，四出陛。两壝，每壝二十五步。瘗陷在内壝之外壬地，南出陛，方深取足容物。祭日：孟春吉亥。神位：设神农氏位于坛上北方，南向，配以后稷氏位于坛上东方，西向，席皆以莞。祝版称："高丽国王臣王某，敢明告。"币以青，长丈八尺。牲牢：正、配座各用牛、羊、豕各一。摄事，无牛羊。献官：同圜丘。

（朝鲜）郑麟趾等撰，孙晓主编：《高丽史》卷六十二《礼志四》，北京：人民出版社；重庆：西南师范大学出版社，2014年，第1967页。

《高丽史》卷七十八《食货志一》

三国末，经界不正，赋敛无艺。高丽太祖即位，首正田制，取民有度，而惓惓于农桑，可谓知所本矣。光宗定州县贡赋，景宗立田柴科，成、显继世，法制愈详。文宗躬勤节俭，省冗官，节费用，太仓之粟红腐相因，家给人足，富庶之治，于斯为盛。毅、明以降，权奸擅国，斲丧邦本，用度滥溢，仓廪殚竭。及至事元，诛求无厌，朝觐、馈遗、国贶等事，家抽户敛，征科万端。由是户口日耗，国势就弱，高丽之业遂衰。叔季失德，版籍不明，而良民尽入于巨室，田柴之科废而为私田，权有力者田连阡陌，标以山川，征租一岁或至再三，祖宗之法尽坏，而国随以亡。当初食货出入之制未为不详，而屡经兵火，不可备考。今采见于史牒者，条分类聚，一曰田制，二曰户口，三曰农桑，四曰货币，五曰盐法，六曰借贷，七曰科敛，八曰漕运，九曰禄俸，十曰常平义仓，十一曰赈恤，具著于篇，作《食货志》。

高丽田制，大抵仿唐，制括垦田，数分膏塉，自文武百官至府兵闲人，莫不科授；又随科给樵采地，谓之田柴科，身没并纳之于公。唯府兵年满二十始受，六十而还，有子孙亲戚则递田丁，无者籍监门卫，七十后给口分田，收余田。无后身死者及战亡者，妻亦皆给口分田。又有功荫田柴，亦随科以给，传子孙。又有公廨田柴，给庄宅宫院，百司州县馆驿皆有差。后又以官吏禄薄，给畿县禄科田。其踏验损实、租税、贡赋之制并附于后。

（朝鲜）郑麟趾等撰，孙晓主编：《高丽史》卷七十八《食货志一》，北京：人民出版社；重庆：西南师范大学出版社，2014年，第2475—2476页。

《高丽史》卷一一一《庆复兴传》

都堂将议呈省书，复兴醉不至，莹呼堂吏曰："可撤禁酒榜，首相乃如是耶。"诸相遂诣复兴第，复兴赧然曰："吾因饮药而醉，未能进也。"尝与亲旧夜饮联句，典客令金七霖曰："予近自外来，民之憔悴莫甚，此岂唱和为乐之时耶？"复兴默然。又尝与莹率私兵大猎东郊，时方旱蝗，识者讥之。六年，国家闻辽东欲攻纳哈出，虑其掠我界，遣人觇之，还言辽东总兵已出师，都堂亟会议，复兴醉又不至，仁任、林坚味忌复兴清直，诉以嗜酒不视事，流清州。又流门下评理薛师德，密直副使表德麟，判事郑龙寿、裴吉、李乙卿、王伯，上护军薛怀，总郎薛群、薛拳，中郎将罗兴俊等，皆复兴酒徒也。师德、乙卿道死，复兴卒于贬所，谥贞烈。

（朝鲜）郑麟趾等撰，孙晓主编：《高丽史》卷一一一《庆复兴传》，北京：人民出版社；重庆：西南师范大学出版社，2014年，第3391—3392页。

《高丽史》卷一一八《赵浚传》

愿今当量田，审其所耕之田，以田多寡，籍其户为上中下，又户分良贱，守令贡于按廉，按廉贡于版图。朝廷凡征兵调役，有所凭依，及时发遣。而守令、按廉如有违者，辄绳以理。诸道鱼盐、畜牧之蕃，国家之不可无者也。我神圣之未平新罗、百济也，先治水军，亲驾楼船，下锦城而有之。诸岛之利，皆属国家，资其财力，遂一三韩。自鸭绿以南，大抵皆山，肥膏之田，在于滨海。沃野数千里，陷于倭奴，蒹葭际天。国家既失鱼盐畜牧之利，又失沃野良田之入。愿用汉氏募民实塞下防凶（匈）奴故事，许于亡邑荒地开垦者，限二十年，不税其田，不役其民。专属水军万户府，修立城堡，屯聚老弱。远斥候，谨烽火。居无事时，耕耘、鱼盐、铸冶而食，以时造船。寇至，清野入堡，而水军击之。自合浦以至义州皆如此，则不出数年，流亡尽还乡邑，而边境州郡既实，诸岛渐次而充。战舰多而水军习，海寇遁而边郡宁，漕转易而仓廪实矣。水军万户、诸道元帅，能置屯田，修战舰，结人心，施号令，灭贼安边者，赐之岛田，世食其入，传之子孙。其失一城堡、亡一州郡者，处以军法，毋得轻宥，以示劝惩。

（朝鲜）郑麟趾等撰，孙晓主编：《高丽史》卷一一八《赵浚传》，北京：人民出版社；重庆：西南师范大学出版社，2014年，第3612—3613页。

《高丽史》卷一三六《辛禑传》

圣旨："你到辽阳，从那里便戴将去！"长寿服帝所赐纱帽团领而来，国人始知冠服之制。以旱，禁酒。辽东漕船漂泊西海诸岛。时有人自宣义门驰入而呼曰："唐船军人尽下岸，将袭京城，已至门矣。"都城大骇，执其人讯之，乃讹言也。遣判司仆寺事任寿、判典客寺事柳克恕、典工判书金承贵押二三四运马三千匹，相继如辽东。

（朝鲜）郑麟趾等撰，孙晓主编：《高丽史》卷一三六《辛禑传》，北京：人民出版社；重庆：西南师范大学出版社，2014 年，第 4111 页。

《辽史拾遗》卷十四《地理志》

南京本幽州地，乃古冀州之域。舜以冀州南北广远，分置幽州，以其地在北方幽阴也。东有朝鲜、辽东，北有楼烦、白檀，西有云中、九原，南有滹沱、易水。唐置范阳节度，临制奚、契丹。自晋割弃，建为南京，又为燕京析津府，户口三十万。大内壮丽，城北有市，陆海百货，聚于其中；僧居佛寺，冠于北方。锦绣组绮，精绝天下。膏腴蔬蓏、果实稻粱之类，靡不毕出，而桑柘麻麦、羊豕雉兔，不问可知。水甘土厚，人多技艺，秀者学读书，次则习骑射、耐劳苦。石晋未割弃已前，其中蕃汉杂斗，胜负不相当；既筑城后，远望数十里间，宛然如带，回环缭绕，形势雄杰，真用武之国也。

（清）杨复吉：《辽史拾遗》卷十四《地理志》，上海：商务印书馆，1936 年，第 275 页。

《金史》卷二十四《地理志上》

蓟州，中，刺史。辽置上武军。户六万九千一十五。产粟。县五、旧又有永济县，大定二十七年以永济务置，未详何年废。

（元）脱脱等：《金史》卷二十四《地理志上》，北京：中华书局，1975 年，第 574 页。

《金史》卷二十七《河渠志》

凡挽漕脚直，水运盐每石百里四十八文，米五十文一分二厘七毫，粟四十文一分三毫，钱则每贯一文七分二厘八毫。陆运佣直，米每石百里百一十二文一分五毫，粟五十七文六分八厘四毫，钱每贯三文九厘六毫。

（元）脱脱等：《金史》卷二十七《河渠志》，北京：中华书局，1975 年，第 683 页。

《金史》卷二十八《礼志一》

光禄卿帅其属入实祭器。昊天上帝、皇地祇、配位每位笾三行，以右为上，形盐在前，鱼鱐糗饵次之，第二行榛实在前，干桃干蒃干枣次之，第三行干菱在前，干芡干栗鹿脯次之。豆三行，以左为上，芹菹在前，笋菹葵菹次之，第二行韭菹在前，菁菹鱼醢兔醢次之，第三行豚胉在前，醓醢酏食鹿臡次之。簠黍，簋稷，登皆大羹。第一等坛上一十位，每位皆实笾三行，以右为上，形盐在前，鱼鱐次之，第二行干蒃在前，桃枣次之，第三行干芡在前，榛实鹿脯次之。豆三行以左为上，芹菹在前，笋菹次之，第二行菁菹在前，韭菹鱼醢次之，第三行豚胉在前，醓醢鹿臡次之。簠黍，簋稷，登大羹。第二、第三等每位笾二，鹿脯、干枣。豆二，鹿臡、菁菹。俎，羊一段。内壝内、内壝外每位笾鹿脯，豆鹿臡，俎羊一段。

（元）脱脱等：《金史》卷二十八《礼志一》，北京：中华书局，1975 年，第 700 页。

《金史》卷二十九《礼志二》

光禄卿帅其属，入实正、配位笾豆。笾三行以右为上，豆三行以左为上，其实并如郊祀。登实以大羹，铏实以和羹。又设从祭第一等神州地祇之馔。笾三行以右为上，豆三行以左为上，其实并如郊祀。登实以大羹，簠实以稷，簋实以黍。第二等每位，左二笾，栗在前，鹿脯次之。右二豆，菁菹在前，鹿臡次之。簠实以稷，簋实以黍。俎，一羊、一豕。内壝内外每位，左笾一，鹿脯。右豆一，鹿臡。簠稷，簋黍，俎以羊。

（元）脱脱等：《金史》卷二十九《礼志二》，北京：中华书局，1975 年，第 715—716 页。

《金史》卷三十《礼志三》

主用栗，依唐制，皇统九年所定也。

（元）脱脱等：《金史》卷三十《礼志三》，北京：中华书局，1975 年，第 730 页。

光禄卿帅其属，入实笾豆。笾之实，鱼鱐、糗饵、粉餈、干枣、形盐、鹿脯、榛实、干藤、桃、菱、芡、栗，以序为次。

（元）脱脱等：《金史》卷三十《礼志三》，北京：中华书局，1975 年，第 734 页。

良酝令以法酒实尊如常，加勺、幂，置爵于尊下，加坫。光禄卿实馔。左二笾，栗在前，鹿脯次之。

（元）脱脱等：《金史》卷三十《礼志三》，北京：中华书局，1975 年，第 735 页。

《金史》卷三十一《礼志四》

荐新。天德二年，命有司议荐新礼，依典礼合用时物，令太常卿行礼。正月，鲔，明昌间用牛鱼，无则鲤代。二月，雁。三月，韭，以卵、以鬯。四月，荐冰。五月，荀、蒲，羞以含桃。六月，麐肉，小麦仁。七月，尝雏鸡以黍，羞以瓜。八月，羞以芡、以菱、以栗。九月，尝粟与稷，羞以枣、以梨。十月，尝麻与稻，羞以兔。十一月，羞以麏。十二月，羞以鱼。从之。大定三年，有司言"每岁太庙五享，若复荐新，似涉繁数。拟遇时享之月，以所荐物附于笾豆荐之，以合古者'祭不欲数'之义"。制可。（牛鱼状似鲔，鲔之类也。）

（元）脱脱等：《金史》卷三十一《礼志四》，北京：中华书局，1975 年，第 761 页。

《金史》卷三十三《礼志六》

神主用栗，依唐制诸侯用一尺，刻谥于背。

（元）脱脱等：《金史》卷三十三《礼志六》，北京：中华书局，1975 年，第 800 页。

《金史》卷三十四《礼志七》

享日丑前五刻，执事者设祝版于神位之右，置于坫，及以血豆设于馔所。次设祭器，皆藉以席，掌馔者实之。左十笾为三行，以右为上，实以干藞、干枣、形盐、鱼鱐、鹿脯、榛实、干桃、菱、芡、栗。

（元）脱脱等：《金史》卷三十四《礼志七》，北京：中华书局，1975 年，第 811 页。

《金史》卷四十《乐志下》

祀事之大，齐栗为先。

（元）脱脱等：《金史》卷四十《乐志下》，北京：中华书局，1975 年，第907 页。

《金史》卷四十一《仪卫志上》

殿庭内仗。左行，自北西向排列。黄麾幡一首，执者三人。碧襕官一，大雉扇二。碧襕官一，中雉扇六。碧襕官一，小雉扇六。碧襕官一，朱团扇六。碧襕官一，睥睨四。碧襕官一，红大伞一。碧襕官一，紫方伞二。碧襕官一，华盖一。右行，东向列者，并同。面北，第一行，牙门旗八，共二十四人，分左右，留中道。第二行，监门校尉十二，分左右。第三行，长寿幢一，押旗大将军一，居中。次东五方龙旗十五，次西五方凤旗十五。第四行，自内而东，青龙旗五，红龙旗二十。自内而西，青龙旗五，红龙旗二十。第五行，同上，又君王万岁旗一，五人居中。日旗一，五人在左。月旗一，五人在右。第六行，自内而东，天下太平旗、苣纹旗、日月合璧旗、苣纹旗、青龙旗、赤龙旗、河渎旗、江渎旗各一，旗五人，排仗通直官一，排仗大将一。未、午、巳、辰、卯、寅旗各一，青天王旗、白天王旗各一。自内而西，祥云旗、五星连珠旗、祥云旗、黄龙旗、白龙旗、黑龙旗、淮渎旗、济渎旗各一，旗五人，通直官一，大将一。申、酉、戌、亥、子、丑旗各一，绯天王旗、皂天王旗各一。第七行，自内而东，孔雀旗一，五人。苍乌旗、兕旗、牦牛旗、骕骦旗、赤熊旗、白狼旗、金鹦鹉旗、驯犀旗、角端旗、鶼鶼旗、驺牙旗、野马旗、瑞麦旗、甘露旗各一，旗五人。自内而西者同。

（元）脱脱等：《金史》卷四十一《仪卫志上》，北京：中华书局，1975年，第923—924 页。

《金史》卷四十七《食货志二》

租赋。金制，官地输租，私田输税。租之制不传。大率分田之等为九而差次之，夏税亩取三合，秋税亩取五升，又纳秸一束，束十有五斤。夏税六月止八月，秋税十月止十二月，为初、中、末三限，州三百里外，纾其期一月。屯田户佃官地者，有司移猛安谋克督之。泰和五年，章宗谕宰臣曰："十月民获未毕，遽令纳税可乎。"改秋税限十一月为初。中都、西京、北京、上京、辽东、临潢、陕西地寒，稼穑迟熟，夏税限以七月为初。凡输送粟麦，三百里外石减五升，以上每三百里递减五升。粟折秸百称者，百里内减三称，二百里减五称，不及三百里减八称，三百里及输本色槁草，各减十称。

（元）脱脱等：《金史》卷四十七《食货志二》，北京：中华书局，1975年，第1055—1056页。

旧制，夏、秋税纳麦、粟、草三色，以各处所须之物不一，户部复令以诸所用物折纳。

（元）脱脱等：《金史》卷四十七《食货志二》，北京：中华书局，1975年，第1059页。

牛头税。即牛具税，猛安谋克部女直户所输之税也。其制每耒牛三头为一具，限民口二十五受田四顷四亩有奇，岁输粟大约不过一石，官民占田无过四十具。天会三年，太宗以岁稔，官无储积无以备饥谨，诏令一耒赋粟一石，每谋克别为一廪贮之。四年，诏内地诸路，每牛一具赋粟五斗，为定制。

（元）脱脱等：《金史》卷四十七《食货志二》，北京：中华书局，1975年，第1062—1063页。

《金史》卷五十《食货志五》

常平仓。世宗大定十四年，尝定制，诏中外行之，其法寻废。章宗明昌元年八月，御史请复设，敕省臣详议以闻。省臣言："大定旧制，丰年则增市价十之二以籴，俭岁则减市价十之一以出，平岁则已。夫所以丰则增价以收者，恐物贱伤农。俭则减价以出者，恐物贵伤民。增之损之以平粜价，故谓常平，非谓使天下之民专仰给于此也。今天下生齿至众，如欲计口使余一年之储，则不惟数多难办，又虑出不以时而致腐败也。况复有司抑配之弊，殊非经久之计。如计诸郡县验户口例以月支三斗为率，每口但储三月，已及千万数，亦足以平物价救荒凶矣。若令诸处，自官兵三年食外，可充三月之食者免籴，其不及者俟丰年籴之，庶可久行也。然立法之始贵在必行，其令提刑司各路计司兼领之，郡县吏沮格者纠，能推行者加擢用。若中都路年谷不熟之所，则依常平法，减其价三之一以粜。"诏从之。

三年八月，敕"常平仓丰籴俭粜，有司奉行勤惰褒罚之制，其遍谕诸路，其奉行灭裂者，提刑司纠察以闻。"又谓宰臣曰："随处常平仓，往往有名无实。况远县人户岂肯跋涉，直就州府粜籴。可各县置仓，命州府县官兼提控管勾。"遂定制，县距州六十里内就州仓，六十里外则特置。旧拟备户口三月之粮，恐数多致损，改令户二万以上备三万石，一万以上备二万石，一万以下、五千以上备万五千石，五千户以下备五千石。河南、陕西屯军贮粮之县，不在是数。州县有仓仍旧，否则创置。郡县吏受代，所籴粟无坏，一月内交割给由。如无同管勾，亦准上交割。违限，委州府并提刑司差官催督监交。本处岁丰，而收籴不及一分者，本等内降，提刑司体察，直申尚书省，至日斟酌黜陟。

九月，敕置常平仓之地，令州府官提举之，县官兼董其事，以所籴多寡约量升降，为永制。

又谕尚书省曰："上京路诸县未有常平仓，如亦可置，定其当备粟数以闻。"四年十月，尚书省奏，"今上京、蒲与、速频、曷懒、胡里改等路，猛安谋克民户计一十七万六千有余，每岁收税粟二十万五千余石，所支者六万六千余石，总其见数二百四十七万六千余石。臣等以为此地收多支少，遇灾足以赈济，似不必置"。遂止。

（元）脱脱等：《金史》卷五十《食货志五》，北京：中华书局，1975 年，第 1120—1121 页。

《金史》卷七十三《宗尹传》

他日，上谓宰臣曰："宗尹治家严密，他人不及也。"顾谓宗尹曰："政事亦当如此矣。"有顷，北方岁饥，军食不足，廷议输粟赈济。或谓比虽不登，而旧积有余，秋成在近，不必更劳输挽。宗尹曰："国家平时积粟，本以备凶岁也，必待秋成，则毙者众矣。人有损瘠，其如防戍何。"上从之。

（元）脱脱等：《金史》卷七十三《宗尹传》，北京：中华书局，1975 年，第 1675 页。

二十四年，世宗将幸上京。上曰："临潢、乌古里石垒岁皆不登，朕欲自南道往，三月过东京，谒太后陵寝，五月可达上京。春月鸟兽孳孕，东作方兴，不必搜田讲事，卿等以为何如？"宗尹曰："南道岁熟，刍粟贱，宜如圣旨。"遂由南道往焉。

（元）脱脱等：《金史》卷七十三《宗尹传》，北京：中华书局，1975 年，第 1675 页。

《金史》卷七十六《杲传》

杲本名斜也，世祖第五子，太祖母弟。收国元年，太宗为谙班勃极烈，杲为国论吴勃极烈。天辅元年，杲以兵一万攻泰州，下金山县，女固、脾室四部及渤海人皆来降，遂克泰州。城中积粟转致乌林野，赈先降诸部，因徙之内地。

天辅五年，为忽鲁勃极烈，都统内外诸军，取中京实北京也，蒲家奴、宗翰、宗干、宗磐副之，宗峻领合扎猛安，皆受金牌，耶律余睹为乡导。诏曰："辽政不纲，人神共弃。今欲中外一统，故命汝率大军，以行讨伐。尔其慎重兵事，择用善谋。赏罚必行，粮饷必继。勿扰降服，勿纵俘掠。见可而进，无淹师期。事有从权，毋烦奏禀。"复诏曰："若克中京，所得礼乐图书文籍，并先次津发赴阙。"

当是时，辽人守中京者，闻知师期，焚刍粮，欲徙居民遁去。奚王霞末则欲视我兵少则迎战，若不敌则退保山西。杲知辽人无斗志，乃委辎重，以轻兵击之。六年正月，克高、恩、回纥三城，进至中京。辽兵皆不战而溃，遂克中京。获马一千二百、牛五百、驼一百七十、羊四万七千、车三百五十两。乃分兵屯守要害之地。驻兵中京，使使奏捷、献俘。诏曰："汝等提兵于外，克副所任，攻下城邑，抚安人民，朕甚嘉之。分遣将士招降山前诸部，计已抚定。山后若未可往，即营田牧，俟秋大举，更当熟议，见可则行。如欲益兵，具数来上。无恃一战之胜，辄自弛慢。善抚存降附，宣谕将士，使知朕意。"

（元）脱脱等：《金史》卷七十六《杲传》，北京：中华书局，1975 年，第1737—1738 页。

《金史》卷八十三《张汝弼传》

诏徙女直猛安谋克于中都，给以近郊官地，皆塉薄。其腴田皆豪民久佃，遂专为己有。上出猎，猛安谋克人前诉所给地不可种艺，诏拘官田在民久佃者与之。因命汝弼议其事。请"条约立限，令百姓自陈。过限，许人首告，实者与赏。"上可其奏，仍遣同知中都转运使张九思拘籍之。

上问："高丽、夏皆称臣。使者至高丽，与王抗礼。夏王立受，使者拜，何也？"左丞襄对曰："故辽与夏为甥舅，夏王以公主故，受使者拜。本朝与夏约和，用辽故礼，所以然耳。"汝弼曰："誓书称一遵辽国旧仪，今行之已四十年，不可改也。"上曰："卿等言是也。"上闻尚书省除授小官多不称职，召汝弼至香阁谓之曰："他宰相年老，卿等宜尽心。"汝弼对曰："材薄不足以副圣意耳。"进拜尚书右丞。于是，户部粜官仓粟，汝弼请使暖汤院得籴之。上让曰："汝欲积阴德邪？何区区如此。"

（元）脱脱等：《金史》卷八十三《张汝弼传》，北京：中华书局，1975 年，第 1869—1870 页。

《金史》卷八十九《梁肃传》

肃上疏论生财舒用八事。一曰，罢随司通事。二曰，罢酒税司杓栏人。三曰，天水郡王本族已无在者，其余皆远族，可罢养济。四曰，裁减随司契丹吏员。五曰，罢榷醋，以利与民。六曰，量减盐价，使私盐不行，民不犯法。七曰，随路酒税许折纳诸物。八曰，今岁大稔，乞广籴粟麦，使钱货流出。

（元）脱脱等：《金史》卷八十九《梁肃传》，北京：中华书局，1975年，第1985页。

《金史》卷九十二《曹望之传》

上书论便宜事：其一，论山东、河北猛安谋克与百姓杂处，民多失业。陈、蔡、汝、颍之间土广人稀，宜徙百姓以实其处，复数年之赋以安辑之。百姓亡命及避役军中者，阅实其人，使还本贯。或编近县以为客户，或留为佃户者，亦籍其姓名。州县与猛安事干涉者无相党匿，庶几军民协和，盗贼弭息。其二，论荐举之法虚文无实。宰相拔擢及其所识，不及其所不识。内外官所举亦辄不用，或指以为朋党，遂不敢复举。宜令宰执岁举三品二人，御史大夫以下内外官终秩举二人，自此以下以品杀为差等。终秩不举者遇转官勒不迁，三品者削后任俸三月。其举者已改除，吏部以类品第，季而上之。三品阙则于类第四品中补授，四品五品以下视此为差。其待以不次者，宰执具才行功实以闻。举当否罪当如律。廉介之士老于令幕无举主者、七考无赃私罪者，准朝官三考劳叙。吏部每季图上外路职官姓名，路为一图，大书赃污者于其名下，使知畏慎。外任五品以上官改除，令代之者具功过以闻。年六十以上者，终更赴调，有司察其视听精力，老疾不堪厘务，给以半禄罢遣。其三，论守边将帅及沿边州县官渔剥军民，擅兴力役，宜岁遣监察御史周行察之。边部有讼，招讨司无得辄遣白身人征断，宜于省部有出身女直、契丹人及县令丞簿中择廉能者，因其风俗，略定科条，务为简易。征断羊马入官籍数，如边部遇饥馑，即以此赈给之。招讨及都监视事，宜限边部馈送驼马。招讨司女直人户或撷野菜以济艰食，而军中旧籍马死则一村均钱补买，往往鬻妻子、卖耕牛以备之。臣恐数年之后边防困弊，临时赈济，费财十倍而无益，早为之所，则财用省而边备实矣。官给军箭用尽，则市以补之，皆朽钝不堪用，可每岁给官箭一分，以补其阙。边民阙食给米，地远负重，往往就仓贱卖而去，可计口支钱，则公私两便。陕西正副，宜如猛安谋克用土人一员，队将亦宜参用土人，久居其任。增弓箭田，复其赋役。以廉吏为提举，举察总管府以下官。农隙校阅，以严武备。则太平之时有经略之制矣。

（元）脱脱等：《金史》卷九十二《曹望之传》，北京：中华书局，1975年，第 2037—2039 页。

《金史》卷九十九《李革传》

是时兴兵伐宋，革上书曰："今之计当休兵息民，养锐待敌。宋虽造衅，止可自备。若不忍小忿以勤远略，恐或乘之，不能支也。"不纳。太原兵后阙食，革移粟七万石以济之。二年，宣差粘割梭失至河东，于是晚禾未熟，牒行省耕毁清野。革奏："今岁雨泽及时，秋成可待。如令耕毁，民将不堪。"诏从革奏。

（元）脱脱等：《金史》卷九十九《李革传》，北京：中华书局，1975 年，第 2198 页。

《金史》卷一〇〇《完颜伯嘉传》

伯嘉至归德，上言，乞杂犯死罪以下纳粟赎免。宰臣奏："伯嘉前在代州尝行之，盖一时之权，不可为常法。"遂寝。俄改签枢密院事。未阅月，改知河南府事。是时，甫经兵后，乏兵食，伯嘉令输枣栗菜根足之，皆以为便。兴定元年，知河中府，充宣差都提控，未几召为吏部尚书。二年，改御史中丞。

（元）脱脱等：《金史》卷一〇〇《完颜伯嘉传》，北京：中华书局，1975年，第 2210 页。

《元史》卷十一《世祖本纪八》

高丽国王王睶（賰）以民饥，乞贷粮万石，从之。

（明）宋濂等：《元史》卷十一《世祖本纪八》，北京：中华书局，1976年，第224页。

《元史》卷一〇〇《兵志三》

浦峪路屯田万户府：世祖至元二十九年十月，以蛮军三百户、女直一百九十户，于咸平府屯种。三十年，命本府万户和鲁古斛领其事，仍于茶剌罕、剌怜等处立屯。三十一年，罢万户府屯田。仁宗大德二年，拨蛮军三百户属肇州蒙古万户府，止存女直一百九十户，依旧立屯，为田四百顷。

（明）宋濂等：《元史》卷一〇〇《兵志三》，北京：中华书局，1976年，第2565页。

《元史》卷一七八《王结传》

（王结字仪伯，易州定兴人。）（泰定二年）除浙西廉访使，中途以疾还。岁余，拜辽阳行省参知政事。辽东大水，谷价翔涌，结请于朝，发粟数万石，以赈饥民。召拜刑部尚书。

（明）宋濂等：《元史》卷一七八《王结传》，北京：中华书局，1976年，第4145页。

《文献通考》卷七《田赋考七》

元和中，振武军饥，宰相李绛请开营田，可省度支漕运，及绝和籴欺隐。宪宗称善，乃以韩重华为振武、京西营田、和籴、水运使，起代北，垦田三百顷，出赃罪吏九百余人，给以耒耜、耕牛，假粮种，使偿所负粟。一岁大熟，因募人为十五屯，每屯百三十人，人耕百亩，就高为堡，东起振武，西逾云州，极于中受降城，凡六百余里，列栅二十，垦田三千八百余顷，岁收粟二十万石，省度支钱二千余万缗。重华入朝，奏请益开田五千顷，法用人七千，可以尽给五城。会李绛已罢，后宰相持其议而止。宪宗末，天下营田皆雇民或借庸以耕，又以瘠地易上地，民间苦之。穆宗即位，诏还所易地，而耕以官兵。耕官地者，给三之一以终身。灵武、邠宁，土广肥而民不知耕。太和末，王起奏立营田。后党项大扰河西，邠宁节度使毕諴亦募士开营田，岁收三十万斛，省度支钱数百万缗。

开元令："诸屯田应用牛之处，山原、川泽，土有硬软，至于耕垦，用力不同，土软处每一顷五十亩配牛一头，强硬处一顷二十亩配牛一头。即当屯之内，有软有硬，亦依此法。其稻田每八十亩配牛一头。诸营田若五十顷外更有地剩配丁牛者，所以收斛斗皆准顷亩折除。其大麦、荞麦、干萝卜等，准粟计折斛斗，以定等级。"天宝八载，天下屯收百九十一万三千六百六十石，关内五十六万三千八百一十石，河北四十万三千二百八十石，河东二十四万五千八百石，河西二十六万八十八石，陇右四十四万九百二石。

（元）马端临：《文献通考》卷七《田赋考七》，北京：中华书局，1986年，第75页。

孝昭帝皇建中，平州刺史嵇晔建议开幽州督亢旧陂（今范阳郡范阳县界）长城左右营屯，岁收稻粟数十万石，此境得以周赡。又于河内置怀义等屯，以给河南之费，自是稍止转输之劳。

武成帝河清三年，诏沿边城守堪耕食者营屯田，置都子使以统之，一子使当田五十顷，岁终课其所入，以论褒贬。

隋文帝开皇三年，突厥犯塞，吐谷浑寇边，转输劳敝，乃令朔方总管赵仲卿于长城以北大兴屯田。

唐开军府以捍要冲，因隙地置营田，天下屯总九百九十二。司农寺因屯三顷，州、镇诸军每屯五十顷，水陆腴瘠、播植地宜与其功庸烦省、收率之多少，皆决于尚书省。苑内屯以善农者为屯官、屯副，御史巡行莅输。上地五十亩，瘠地二十亩，稻田八十亩，则给牛一。诸屯以地良薄与岁之丰凶为三等，具民田岁获多少，取中熟为率。有警，则以兵若夫千人助收。隶司农者，岁二月，卿、少卿循行治不法者，凡屯田收多者褒进之。岁以仲春籍来岁顷亩、州府军镇之远近，上兵部，度便宜遣之。

（元）马端临：《文献通考》卷七《田赋考七》，北京：中华书局，1986年，第 74—75 页。

《文献通考》卷三一六《舆地考二》

霸州本唐幽州永清县地，后置益津关。晋陷契丹。周复，以其地置霸州，以莫州之文安、瀛州之大城来属。古上谷郡地，濒海，皆斥卤沮洳，东北近三百里，野无所掠，非入寇之径。何承矩曰：自陶河至泥姑口，屈曲九百里，天设险阻，真地利也，讲习水战之具，大为要害。政和间，为永清防御。属河北道。靖康间，陷于金。金人属中都大兴府路，以信安军为县来属。贡绢。领县三，治永清。永清（唐县）文安（汉县。宋置八寨）大城（魏平舒县，周改名。有滹沱河）。

（元）马端临：《文献通考》卷三一六《舆地考二》，北京：中华书局，1986年，第 2479 页。

东北曰幽州，其山曰医无闾（唐在辽东，于柳城郡东置祠遥礼），薮曰貕养（貕养泽，在东莱郡昌阳县界），川曰河、泲（河在沧州无棣县界。旧泲合在今北海郡博昌县界，今无。泲，即济水。）浸曰菑、时（菑在今淄川郡淄川县界。时在今北海郡临淄县界。）其利鱼、盐。民一男三女。畜宜四扰（马、牛、羊、豕也），穀宜三种（稷、黍、稻）。初武王定殷，封召公奭于燕。及秦灭燕，以其地为渔阳、上谷、右北平、辽西、辽东五郡。汉高帝分上谷郡置涿郡。

（元）马端临：《文献通考》卷三一六《舆地考二》，北京：中华书局，1986 年，第 2484 页。

《文献通考》卷三二六《四裔考三》

挹娄

挹娄云即古肃慎之国也。周武王及成王时，皆贡楛矢、石砮。尔后千余年，虽秦汉之盛，不能致也。魏常道乡公景元末，来贡献楛矢、石砮、弓甲、貂皮之属。其国在不咸山北，在夫余东北千余里，滨大海，南与北沃沮接，不知其北所极。广袤数千里，土地多山险，车马不通。人形似夫余，而言语各异。有五谷、牛、马、麻布，出赤玉好貂。无君长，其邑落各有大人。处于山林之间，土气极寒，常为穴居，以深为贵，大家接至九梯。好养豕，食其肉，衣其皮。冬以豕膏涂身，厚数分，以御风寒。夏则裸袒，以尺布蔽其前后。其人臭秽不洁，作厕于中，圜之而居。无文墨，以言语为约。坐则箕倨，以足挟肉啖之，得冻肉，坐其上令温暖。土无盐，烧木作灰，灌之取汁而食。俗皆编发，将嫁娶，男以毛羽插女头，女和则持归，然后致礼聘之。妇贞而女淫，贵壮而贱老。死者其日即葬之于野，交木作小椁，杀猪积其上，以为死者之粮。性凶悍，以无忧哀相尚。父母死，男女不哭泣，有哭者谓之不壮。相盗窃，无多少皆杀之，虽野处而不相犯。有石砮、皮骨之甲。国东北有山出石，其利入铁，将取之，必先祈神。其人众虽少，而多勇力，处山险，又善射。弓长四尺，力如弩。矢用楛，长尺八寸，青石为镞，镞皆施毒，中人即死。邻国畏其弓矢，卒不能服也。便乘船好寇盗，邻国患之。东夷饮食类皆用俎豆，惟挹娄独无，法俗最无纲纪。晋元帝初，又诣江左贡其石砮。至成帝时，通贡于石虎，四年方达。虎问之，答曰："每候牛马向西南卧者三年矣，是知有大国所在，故来焉。"

勿吉

勿吉国在高丽北，一曰靺鞨。邑落各有长，不相总一。其人劲悍，于东夷最强，言语独异。常轻豆莫娄等国，诸国亦患之。去洛阳五千里。自和龙北二百余里有善玉山，北行三十日至祁黎山，又北行七日至洛瑰水，水广里余，又北行十五日至太岳鲁水，又东北行十八日到其国。国有大水，阔三里余，名速末水。其部类凡有七种：其一号粟末部，与高丽接，胜兵数千，多骁武，每寇高丽；其二伯咄部，在粟末北，胜兵七千；其三安车骨部，在伯咄东北；其四拂湟部，在伯咄东；其五号室部，在拂湟东；其六黑水部，在安车西北；其七白山部，在粟末东南。胜兵并不过三千，而黑水部尤为劲健。自拂湟以东，矢皆石镞，即古肃慎氏也。东夷中为强国。所居多依山水。渠帅曰大莫弗瞒咄。国南有从太山者，华言太皇，俗甚敬畏之，人不得山上溲污，行经山者，以物盛去。上有熊罴豹狼，皆不害人，人亦不敢杀也。地卑湿，筑土如堤，凿穴以居，开口向上，以梯出入。其国无牛，有马，车则步推，相与耦耕。土多粟麦穄，菜则有葵。水气咸，生盐于木皮之上，亦有盐池。其畜多猪，无羊。嚼米为酒，饮之亦醉。婚嫁，妇人服布裙，男子衣猪皮裘，头插虎豹尾。俗以溺洗手面，于诸夷最为不洁。初婚之夕，男就女家，执女乳。其妻外淫，人有告其夫，夫辄杀妻而后悔，必杀告者。由是奸淫事终不发。人皆善射，以射猎为业。角弓长三尺，箭长尺二寸，常以七八月造毒药，傅矢以射禽兽，中者立死。煮毒药气亦能杀人。其父母春夏死，立埋之，冢上作屋，令不雨湿。若秋冬死，以其尸饵貂，貂食其肉，则多得之。魏孝文延兴中，遣乙力支朝献。太和初，又贡马五百匹。乙力支称：初发其国，乘船溯难河西上，至大泝河，沉船于水，南出陆行，度洛孤水，从契丹西界达和龙。自云其国先破高句丽十落，密共百济谋，从水道并力取高丽，遣乙力支奉使大国，谋其可否。诏敕：三国同是藩附，宜共和顺，勿相侵扰。乙力支乃还。从其来道，取得本船，泛达其国。九年，复遣使侯尼支朝。明年，复入贡。其傍有大莫卢国、覆钟国、莫多回国、库娄国、素和国、具弗伏国、匹黎国、拔大何国、都羽陵国、库伏真国、鲁娄国、羽真侯国，前后各遣使朝献。太和十三年，勿吉复遣使贡楛矢、方物于京师。七年，又遣使人婆非等五百余人朝贡。景明四年，复遣使侯力归朝贡。自此迄于正光贡使相寻。尔后中国纷扰，颇或不至。延兴二年六月，遣使贡方物。至齐朝贡不绝。隋开皇初，相率遣使贡献。

渤海

渤海，本粟末靺鞨附高丽者，姓大氏。高丽灭，率众保挹娄之东牟山，地直营州东二千里，南北新罗，以泥河为境，东穷海，西契丹。筑城郭以居，高丽逋残稍归之。唐万岁通天中，契丹尽忠杀营州都督赵翙反，有舍利乞乞仲象者，与靺鞨酋乞四比羽及高丽余种东走，度辽水，保太白山之东北，阻奥娄河，树壁自固。武后封乞四比羽为许国公，乞乞仲象为震国公，赦其罪。比羽不受命，后诏将军李楷固等击斩之。时仲象已死，其子祚荣引残痍遁去，楷固穷蹑，度天门岭，祚荣因高丽、靺鞨兵拒楷固，楷固败还。于是契丹附突厥，王师道绝，不克讨。祚荣节并比羽之众，恃荒远，乃建国，自号震国王，遣使交突厥，地方五千里，户十余万，胜兵数万，颇知书契，尽得夫余、沃沮、弁韩、朝鲜海北诸国。中宗时，使侍御史张行岌招慰，祚荣遣子入侍。玄宗先天中，遣使拜祚荣为左骁卫大将军、渤海郡王，以所统为忽汗州都督，自是始去靺鞨号，专称渤海。元宗开元七年，祚荣死，其国私谥为高王。子武艺立，斥大土宇，东北诸夷畏臣之，私改年曰仁安。帝赐典册袭王并所领。未几黑水靺鞨使者入朝，帝以其地建黑水州，置长史临总。武艺召其下谋曰："黑水始假道于我与唐通，异时请吐屯于突厥，皆先告我，今请唐官不吾告，是必与唐腹背攻我也。"乃遣弟门艺及舅任雅相发兵击黑水。门艺尝质京师，知利害，谓武艺曰："黑水请吏而我击之，是背唐也。唐，大国，兵万倍我，与之产怨，我且亡。昔高丽盛时，士三十万，抗唐为敌，可谓雄强，唐兵一临，扫地尽矣。今我众比高丽三之一，王将违之，不可。"武艺不从。兵至境，又以书固谏。武艺怒，遣从兄壹夏代将，召门艺，将杀之。门艺惧，谗路自归。诏拜左骁卫将军，武艺使使暴门艺罪恶，请诛之。有诏处之安西，好报曰："门艺穷来归我，谊不可杀，已投之恶死地。"并留使者不遣，别诏鸿胪少卿李道邃、源复谕旨。武艺知之，上书斥言："陛下不当以妄示天下。"意必杀门艺。帝怒道邃、复漏言国事，皆在除，而阳斥门艺以报。后十年，武艺遣大将张文休率

海贼攻登州，帝驰遣门艺发幽州兵击之，使太仆卿全思兰使新罗，督兵攻其
南。会大寒，雪袤丈，士冻死过半，无功而还。武艺望其弟不已，募客入东都
狙刺于道，门艺格之，得不死。河南捕刺客，悉杀之。武艺死，其国私谥武
王。子钦茂立，改元大兴，有诏嗣王及所领，钦茂因是赦境内。天宝末，钦茂
徙上京，直旧国三百里忽汗河之东。讫帝世，朝献者二十九。宝应元年，诏以
渤海为国，钦茂王之，进检校太尉。大历中，二十五来，以日本舞女十一献诸
朝。贞元时，东南徙东京。钦茂死，私谥文王。子宏临早死，族弟元义立一
岁，猜虐，国人杀之，推宏临子华玙为王，复还上京，改年中兴。死，谥成
王。钦茂少子嵩邻立，改元正历，有诏授右骁卫大将军，嗣王。建中、贞元间
凡四来。死，谥康王。子元瑜立，改元永德。死，谥定王。弟言义立，改年朱
雀，并袭王如故事。死，谥僖王。弟明忠立，改年大始，立一岁死，谥简王。
从父仁秀立，改年建兴，其四世祖野野勃，祚荣弟也。仁秀颇能讨伐海北诸
部，开大境宇，有功，诏检校司空、袭王。元和中，凡十六朝献，长庆四，宝
历凡再。大和四年，仁秀死，谥宣王。子新德蚤死，孙彝震立，改年咸和。明
年，诏袭爵。终文宗世来朝十二，会昌凡四。彝震死，弟虔晃立。死，元锡
立。咸通时，三朝献。初，其王数遣诸生诣京师大学，习识古今制度，至是遂
为海东盛国，地有五京、十五府、六十二州。以肃慎故地为上京，曰龙泉府，
领龙、湖、渤三州。其南为中京，曰显德府，领卢、显、铁、汤、荣、兴六
州。秽貊故地为东京，曰龙原府，亦曰栅城府，领庆、盐、穆、贺四州。沃沮
故地为南京，曰南海府，领沃、晴、椒三州。高丽故地为西京，曰鸭渌府，领
神、柏、丰、正四州；曰长领府，领瑕、河二州。夫余故地为夫余府，常屯劲
兵捍契丹，领扶、仙二州；郑颉府领郑、高二州。挹故地为定理府，领定、潘
二州；安边府领安、琼二州。率宾府领华、益、建三州。拂湟故地为东平府，
领伊、蒙、沱、黑、比五州。铁利府领广、汾、蒲、海、义、归六州。越喜故
地为怀远府，领达、越、怀、纪、富、美、福、邪、芝九州；安远府领宁、
郿、慕、常四州。又郢、铜、涑三州为独奏州。涑州以其近涑沫江，盖所谓粟
末水也。龙原东南濒海，日本道也。南海，新罗道也。鸭渌，朝贡道也。长
领，营州道也。夫余，契丹道也。俗谓王曰"可毒夫"，曰"圣主"，曰"基
下"。其命为"教"。王之父曰"老王"，母"太妃"，妻"贵妃"，长子曰"副
王"，诸子曰"王子"。官有宣诏省，中台省，政堂省。有左、右相，左、右平

章，侍中，常侍，谏议。又有左六司，忠、仁、义部，右六司，智、礼、信部，名有郎中、员外。又有武员左右卫大将军之属。大抵宪象中国之度。服章亦有紫、绯、浅绯、绿及牙笏、金、银鱼之制。余俗与高丽、契丹略等。幽州节度府与相聘问，自营、平距京师盖八千里而远。梁开平元年，王大諲撰遣王子来贡方物。二年、三年，及乾化二年，俱遣使来贡。后唐同光二年，遣王子来朝，又遣侄学堂亲卫大元谦试国子监丞。三年，及天成元年，俱遣使入贡，进儿口、女口。先是，契丹大首领邪律阿保机兵力雄盛，东北诸蕃多臣属之，以渤海土地相接，常有吞并之志。是岁，率诸番部攻渤海国夫余城，下之，改夫余城为东丹府，命其子突欲留兵镇之。未几，阿保机死，命其弟率兵攻夫余城，不克而还。四年，及长兴二年、三年、四年，清泰二年、三年，俱遣使贡方物。周显德元年，渤海国乌思罗等三十人归化，其后隔绝不通。宋太平兴国四年，太宗平晋阳，移兵幽州，其酋帅大鸾河率小校李勋等十六人、部族三百骑来降，以鸾河为渤海都指挥使。六年，赐乌舍城浮渝府渤海琰府王诏略曰："蠢兹北戎，犯我封略。今欲鼓行深入，大歼丑类。素闻尔国密迩寇雠，势迫并吞，力不能制，因而服属，困于宰割。当灵旗破虏之际，是邻邦雪愤之日，所宜尽出族帐，佐子兵锋。俟其翦灭，沛然封赏，幽、蓟土宇，复归中朝，朔漠之外，悉以相与。勖乃协力，朕不食言。"时将率兵大举北伐，故降是诏。

（元）马端临：《文献通考》卷三二六《四裔考三》，北京：中华书局，1986年，第2565—2568页。

《文献通考》卷三二七《四裔考四》

女真

女真盖古肃慎氏，世居混同江之东，长白山、鸭渌水之源，南邻高丽，北接室韦，西界渤海、铁甸，东濒海。后汉谓之挹娄，元魏谓之勿吉，隋唐谓之靺鞨，姓拿氏，于夷狄中最微且贱。隋开皇时曾入贡。其族分六部，有黑水部，即今女真。其水掬之，则色微黑，目为混同江，江甚深，然才阔百步。唐贞观中，靺鞨来朝，太宗问其风俗，因言及女真之事，自是中国始闻其名。契丹目之曰虑真。地多山林。俗勇悍，善射，能为鹿鸣以呼群鹿而射之。食生肉，饮麋酒，醉或杀人，不能辨其父母，众为缚之，俟醒而解，谢其缚者，曰："非尔缚我，我族无遗类矣。"兽多野猪、野牛、驴之类，出行以牛驮物，遇雨将生牛革以御之。所居以桦皮为屋。地多良马，常至中国贸易。唐开元中，其酋来朝，拜为勃利州刺史，遂置黑水部，以部长为都督，朝廷为置长史监之，讫唐世贡不绝。五代时，始称女真，后避契丹主宗真讳，更为女直，俗讹为女质。阿保机吞北方三十六蕃，此其一也。阿保机虑其为患，诱迁豪右数千家于辽阳南而著籍焉，分其势，使不得与本国相通，谓之合苏馆。合苏馆者，女真也。又曰黄头女真，其人戆朴勇鸷，不能别死生。自咸州东北分界入宫口，至东沫江，中间所居者，以隶咸州兵马司，与其国往来无禁，谓之回霸。回霸者，非熟女真，亦非生女真也。自东沫江之北，宁江之东，地方千余里，户十余万，无大君长，亦无国名，散居山谷间，自推豪侠为酋渠，小者千户，大者数千，则谓之生女真，僻处契丹东北隅。宋建隆二年，遣使偍突刺朱，三年，遣使只骨，入朝贡方物。四年八月，遣使贡马。因诏真州曰："沙门岛人户等，地居海峤，岁有常租。而女真远涉鲸波，多输骏足，当风涛之利涉，假舟楫以为劳。言念辛勤，所宜蠲复。自今特免逐年夏秋租赋鞠钱，及颜料杂物，州县差役，止令多置舟楫，济渡女真马往来。其在船栈木，自前扣纳，今后给与主驾人力。"乾德二年，又来朝贡。开宝二年，首领悉达理并侄阿里歌，首领马撒�并妻梅伦并遣使献马及貂皮。三年，遣使朝贡，并赍定安国王烈万华表以闻。五年，马撒鞋并首领斫姑来贡马。是年，来寇白沙寨，掠官马五匹，民一百二十八口。于是诏止其贡马者不令还。是夏，首领渤海那三人入贡，奉木刻言三十东部落，令送先被为恶女真所虏白沙寨人马。诏书切责前寇掠之罪，而嘉其效顺之意，先留贡马女真，悉令放还。俄又首领祈违勃来贡马。又有铁利王子五户并母及子弟连没、六温、迪门、没勿罗附其使贡马、布、膃肭脐、紫青貂、鼠皮。太平兴国六年，又来朝贡。雍熙四年，契丹以书招之，首领遣国人阿那乃持其书至登州以闻，诏嘉答之。淳化二年，首领野里鸡等上言，契丹怒其朝贡中国，去海岸四百里置三栅，栅置兵三千，绝其贡献之路。故泛海入朝，求发兵与三十首领共平三栅。若得师期，即先赴本国，聚兵以俟。太宗但降诏抚谕，而不为发兵。是冬，以渤海不通朝贡，诏女真攻之，凡获一级，以绢五匹为赏。其后遂归高丽。先是，契丹伐女真，女真众裁万人，而弓矢精劲，又有灰城，以水淋之为坚冰，不可上，距城三百里，燔其积聚，设伏于山林间。契丹既不能攻城，野无所取，遂引骑去，大为山林之兵掩袭杀戮。大中祥符三年，契丹征高丽，道由女真，女真复与高丽合兵拒之，契丹大丧师而还。其年，国人有为海风飘船至登州者，诏给资粮遣归。七年，将军大千机随高丽使入贡，馆饩宴赐之礼，并与高丽使同。八年，复有使随高丽使至。

天禧三年，首领汝淳达复至。自言在道淹久，所贡马皆死。诏给赐其直。女真外又有五国，曰铁勒，曰喷讷，曰玩突，曰怕忽，曰咬里没，皆与女真接境。自天圣后没属契丹，不复入贡，世袭节度使，兄弟相传。又云其酋本新罗人，号完颜氏，犹汉言王也。女真服其练事，以首领推之，其酋自龛福以下班班可纪，龛福生讹鲁，讹鲁生洋海，洋海生随阔，随阔生实鲁，实鲁生胡来，胡来三子，伯曰核里颇，叔曰蒲刺束，季曰杨割。杨割聚族帐最多，谓之杨割太师，能用其人，遂称强诸部。赋敛调发，刻箭为号，事急者三刻之。官之尊者，以九曜二十八宿为名，职皆曰勃极烈。自五户推而上之，至万户，皆自统兵，缓则射猎。宗室谓之郎君，事无大小皆总之，虽卿相亦拜马前而不为礼，役使如奴隶。凡用兵以戈为前行，号硬军，刀楯自副，弓矢在后，弓力不过七年，箭镞至六七寸，形如凿，入不可出，非五十步不射。其人十五百皆有长，伍长击柝，十长执旗，百长挟鼓，千人将则旗帜、金鼓悉备。伍长战死，四人皆斩，十长死，伍长皆斩，百长死，十长皆斩。将自执旗。其下视所向。无尊卑，皆自驭马。粟粥燔肉为食，上下无异品。有大事，适野环坐，画灰而议，自卑者始议，毕，不闻人声。将军发，大会而饮。使人献策，主帅择而听焉。合者，则为特将，任其事；师还，又大会，问有功者，赏之金帛，先举以示众，众以为少则增之。守一州者，许专决僚属。其有官者，将决，坐之庑间，赐以酒。尊者，杖于堂上，已决，事如故。取民钱者无罪。核里颇四子，长曰吴刺东，次曰阿骨打，次曰吴乞买，次曰撒也。又言阿骨为杨割之子，杨割阴怀二心，契丹主洪基时，识者知其必为东方患。又恃功抑服旁近部族，或诬以叛亡而取之。多持金珠、驵骏，岁时遗赂契丹用事臣，如是十余年，终洪基朝未有以发也。建中靖国元年，杨割死，骨打立。先是女真岁以北珠、貂革、名马、良犬及俊鹰海东青贡于契丹。海东青者，小而健，能擒天鹅，爪白者尤以为异，出于五国之东。契丹酷爱之，然不能自致。女真之东北，与五国邻，每岁大寒，契丹必遣使来趣发甲马数百，入五国界，即巢穴取之，往往争战而得，国人厌苦。及契丹主延禧嗣位，责贡尤苛，至遣鹰坊子千辈，越长白山罗取，岁甚一岁。女真不胜其扰，又并边诸帅，东京留守，黄龙尹，每到官，各邀礼物，无艺极。于是诸部皆有叛意。延禧天庆二年，钓鱼于混同江，凡生女真酋长在千里内者，以故事皆来会，酒酣，使诸酋歌舞为乐。骨打独端立直视，辞以不能，谕之再三，讫不听。延禧欲以事诛之，枢密使萧奉元谏乃止。四年八月，骨打遂叛，用同族粘罕、胡舍为谋主，银术割、移烈、娄宿、阇母等为将帅，败高仙寿、萧嗣先等军。五年，延禧亲征大败。又败高仙寿军，陷宁江州。又破萧嗣先军于白江，走张琳、吴庸，破武朝彦于徕流河。女真之叛，率皆骑兵，刻小木牌系人马为号，每五十人为一队，前二十人被重甲，持戈矛，后三十人轻甲，操弓矢。每遇敌，则两人跃马而出，观阵虚实，然后四面结队驰击。百步之外，弓矢齐发，胜则整阵缓追，败则复聚而不散。其分合出入，应变周旋，人自为战。及延禧亲征，女真甚惧，继闻契丹下诏，有翦除之语，骨打聚众，以刀刲面，仰天而哭曰："吾与汝辈起兵，苦契丹之暴，欲立国耳！今乃欲尽行翦除，非人人效死恐不能当，不如杀我一族而降，可转祸为福。"诸酋罗拜曰："事已然，愿尽死。"以是战无不胜。高永昌以渤海叛契丹，骨打初援之，败张琳，夺沈州。已而复相攻，斩永昌。八年正月，大败邪律淳军于徽州，破乾、显等州而归。是年秋，尽得辽东、长春两路。始用铁州降人杨朴策，称皇帝，建元天辅，以旻为名，改国号大金，以其国产金故也。追尊龛福以下皆为帝。政和七年，朝廷闻女真得辽河地，密遣使寻买马旧好。女真以报书方物同至。又遣使诣契丹，邀十事，欲号大金国，大圣大明皇帝，玉辂，衮冕，玉宝，以弟兄通问，岁分南宋赐币之半，割辽东、长春两路。延禧会群臣议，即备冕旒册宝，册为东怀皇帝。杨朴谓仪物不全用天子之制，却其使，和议遂绝。宣和二年，童贯议欲倚之以复燕，诏赵良嗣等往聘，约夹攻契丹取燕、云。骨打许诺，遂议岁币如契丹旧数。四年正月，取中京至古北口。延禧奔云中，曲夹山。金兵至云中，留守萧查刺出降。乃急追延禧，尽陷朔、应诸州。骨打自其国提兵来，遣使于我，帝待之甚厚，礼过辽使数倍。命赵良嗣等报聘，金以中间讯问断绝责言，但许燕、蓟六州。十二月，分三道入燕。时契丹燕主淳自立于燕，已死，其妻萧后，遣使奉表称臣而固守。骨打至居庸关，契丹弃关走。马扩从军行，骨打谓曰："契丹疆土，我得十九矣，止燕京数州之地，留与汝家，我以大军三面掩之，令汝家俯拾，犹不能取。我初闻南军到卢沟，已有入燕者，我心亦喜，纵令汝家取之，我亦将敛军归国。近乃闻刘延庆一夕烧营而遁，何至此耶？似此丧师有何诛罚。"扩云："兵折将死，将折兵死，延庆果败，虽贵亦诛。"骨打曰："若不行法，何以使人。汝观我家用兵，有走者否？"明日抵燕城，萧后已出奔。宰相左企弓等迎降。骨打遣扩归献捷。童贯既不能下燕，惧获罪，密令赵良嗣祷金人图之。良嗣至燕，虏虽许六州，而欲自取其租赋，良嗣曰："租赋随地，岂有与其地而不与税者。"粘罕曰："燕自我得之，赋当归我，若不见与，请速追涿、易之师，毋留吾疆。"良嗣又往议，至于再，竟于契丹岁币外，增一百万缗而求西京。五年四月，童贯、蔡攸入燕，燕之子女、玉帛、职官、富室皆席卷而东，所得空城而已。骨打由云中西巡，且以朔、武、蔚三州归我，未几病死。粘罕、斡离不遥尊吴乞买为帝，更名晟，改元天会。谥骨打曰大圣武元皇帝，庙号太祖。六年正月，遣使告登位。时朝廷纳平州张觉，金人已怨，及谭稹代童贯宣抚，又不与所许粟，愈益怒，复取蔚州及飞狐、灵邱两县，绝山后交割之议，锐欲败盟。朝廷亟罢稹，复用童贯，使马扩、辛兴宗使粘罕军，至云中。粘罕东归，兀室摄元帅，欲使扩庭参。扩不可，乃不果见。及还，贯问所见，扩曰："虏训习汉兵，增飞狐之戍，数指言张觉事，邀索官民甚峻，其心包藏叵测，当速营边备。"是岁，延禧自夹山领兵出武州，兀室与战，擒之，遂灭契丹。惟大石林牙与延禧之子梁王入于漠北。七年五月，来告捷，假岁币中金帛二十万。诏遣许元宗贺吴乞买登位，至涞流河，所居馆宴，悉用契丹旧礼，彩山倡乐，寻橦、角觝、斗鸡、击鞠与中国不殊。其国初无城郭，四顾莽然，民皆茇舍以居。至是，方营大屋数千间，日役万人，规模稍宏侈矣。九月，河东奏粘罕还云中，经略南寇。诏童贯再行，贯又遣马扩往，使令且交蔚、应州及飞狐、灵邱。及境，粘罕严军以待，止得吏卒三人从，仍趣庭参，首议山后事。粘罕曰："山后疆土，初为大圣皇帝与赵皇跨海交好，各立誓书，万世无斁。不谓授地未毕，贵朝先违约信。今当略辨是非。"时粘罕为余睹辈所怵，谓南朝可图，仍不必以众，因粮就兵可也。又隆德府义胜军，易州常胜军多叛降之，得中国虚实，欲决意入寇。十二月，取朔、武、忻、代四州，遂围太原。靖康元年正月，围京师，遣使约割太原、中山、河间三镇之地，以亲王宰相为质，须金帛以千万计。二月退师。十一月乙酉，复犯京师。丙辰，京城陷。二年三月，立张邦昌为帝。二帝三宫北狩。五月，高宗即位于南京。十二月，幸维扬。粘罕诸酋分道入寇。二年，山东、陕西相继陷没。四年，立刘豫为皇帝，以旧河为界。七年，废豫。九年，归我陕西、河南故地，讲和。十月，背盟入寇，复取陕西、河南，晟死，亶立。亶被弑，亮立。亮被弑，雍立。雍死，璟立。璟死，允济立。允济被弑，珣立。珣死，守绪立。自晟至守绪凡八世而亡，其事迹具见国史，以其既窃有中原，故事迹不入四裔之录云。

定安

定安国本马韩之种，为契丹所攻破，其酋帅纠合余众，保于西鄙，建国改元，自称定安国。宋开宝三年，其国王烈万华因女真遣使入朝，乃附表贡献方物。太平兴国中，太宗方经营远略，讨击胡虏，因降诏其国，令张掎角之势。其国亦怨寇雠，侵侮不已，闻中国方用兵北讨，欲依王师以摅宿忿，得诏大喜。六年冬，会女真遗使朝贡，路由本国，乃托其使附表来上云："定安国王臣乌元明言：臣本以高丽旧壤，渤海遗黎，保据方隅，涉历星纪，仰覆露鸿均之德，被渐渍无外之泽，各得其所，以遂物性。而顷岁契丹恃其强暴，入寇境土，攻破城寨，俘掠人民，臣祖考守节不降，与众避地，仅存生聚，以迄于今。而又夫余府昨背契丹，并归本国，灾祸将至，无大于此。所宜受天朝之密画，率胜兵而助讨，必欲报敌，不敢违命。臣元明诚恳诚愿，顿首顿首。"其末题云："元兴六年十月日，定安国王臣乌元明表上圣皇帝殿前。"上答以诏书，令其发兵协力同伐契丹。以诏付女真使，令赍以赐之。端拱二年，其王子因女真使附献马、雕羽鸣镝。淳化二年，其王子大元因女真使上表，其后不复至。

（元）马端临：《文献通考》卷三二七《四裔考四》，北京：中华书局，1986 年，第 2570—2572 页。

《文献通考》卷三四五《四裔考二十二》

契丹，本东胡种，其先为匈奴所破，保鲜卑山。与库莫奚异种而同类，并为慕容氏所破，俱窜于松漠之间。其俗颇与靺鞨同，父母死而悲哭者为不壮，但以尸置于山树之上。经三年之后，乃收其骨而焚之，因醉酒而祝曰："冬月时，向阳食；夏月时，向阴食。若我射猎时，使我多得猪鹿。"其无礼顽嚚，于诸夷最盛。后魏初，大破之，遂逃迸，与库莫奚分背。经数十年，稍滋蔓，有部落于和龙之北数百里（和龙今柳城郡），多为寇盗。魏太武帝真君以来，岁贡名马。于是东北群狄悉万丹部、阿大何部、伏弗郁部、羽陵部、日连部、匹黎部、比六于部，各以其名马文皮入献，皆得交市于和龙、密云之间（密云今郡）。齐受魏禅，入贡不绝。天保四年，犯塞。文宣北讨，大破之，虏十余万口，杂畜数十万头。其后复为突厥所逼，又以万家寄于高丽。隋开皇末，有别部四千余家，背突厥来降，文帝方与突厥和，重失信远人，乃悉给粮令还本部，敕突厥拊纳之，固辞不去。部落渐众，遂北逐水草畜牧。有征伐，则酋帅相与议之，兴兵动众，合如符契。突厥沙钵略可汗遣吐屯潘垤统之。契丹杀吐屯而遁。隋大业七年，遣使贡方物。唐武德中，其大酋孙敖曹等遣人来朝，而君长或小入寇边。后二年，君长上名马、丰貂。贞观初，摩会相降。突厥不欲外夷与唐合，请以梁师都易契丹。太宗曰："契丹外夷，已降我，不可索。师都我叛臣，讵可易降者，不许。"明年，摩会复入朝，自是有常贡。二十二年，契丹师窟哥率其部内属，以契丹部为松漠都督府，拜窟哥为持节十州诸军事、松漠都督，封无极男，赐姓李。置都督府于营州，兼置东夷都护，以统松漠、饶乐之地。武太后万岁通天元年五月，窟哥曾孙松漠都督（羁縻松漠都督府属，今柳城郡）李尽忠，与其妻兄归诚州刺史孙万荣杀都督赵文翙举兵反，陷营州（今柳城），自号可汗。命左鹰扬将军曹仁师、右金吾将军张元遇、右武威大将军李多祚、司农少卿麻仁节等二十八将讨之。遇贼于西硖石、黄獐谷，官军败绩，元遇、仁节没于贼。李尽忠死，孙万荣代领其众，攻陷冀州（今信都郡），刺史陆宝积死之。又陷瀛州属县（今河间郡），又遣夏官尚书同凤阁鸾台三品王孝杰与苏宏晖率兵十八万，与孙万荣战于东硖石，官军又大败，孝杰没于陈，宏晖弃甲而遁。又命河内王武懿宗为大总管，右肃政御史大夫娄师德为副，沙吒忠义为前军，率兵二十万，以讨破之。万荣为其家奴所杀，其党遂溃，乃附于突厥。开元初，尽忠从父弟都督失活以默啜政衰，率部落来降，元宗赐丹书铁券。五年，以宗女为永乐公主，出降契丹松漠王李失活。失活死，以其弟娑固袭封。后为其酋可突于所杀，奉娑固从父弟郁于为君，诏即拜郁于袭封，以宗室出女慕容氏为公主妻之。郁于死，弟吐于嗣。吐于为可突于所逼来奔。可突于奉其弟邵固统众，诏许袭封。后三年，可突于杀邵固，立屈烈为王，胁奚众共降突厥。诏幽州长史、范阳节度使赵舍章等八总管兵击之，大破其师，可突于走。明年，复寇边，幽州长史张守珪围之。可突于为其下所杀，支党皆散。二十五年，守珪讨契丹，再破之。天宝四载，契丹大酋李怀秀降，拜松漠都督，封崇顺王，以宗室出女独孤为静乐公主妻之。是岁，杀公主叛去，范阳节度使安禄山讨破之。更封其酋楷落为恭仁王，代松漠都督。禄山方幸，表讨契丹以向帝意。发幽州、云中、平卢、河东兵十余万，以奚为乡导，大战潢水南，禄山败，死者数千。自是禄山与相侵掠未尝解，至其反乃已。契丹在开元、天宝间，使朝献者无虑二十。故事，以范阳节度为押奚、契丹使，自至德后，藩镇擅地务自安，障戍斥候益谨，不生事于边，奚、契丹亦鲜入寇，岁选酋豪数十入长安朝会，每引见，赐与有秩，其下率数百皆驻馆幽州。至德、宝应时再朝献。大历中十三，贞元间三，元和中七，大和、开成间凡四，然天子恶其外附回鹘，不复官爵渠长。会昌二年，回鹘破，契丹酋屈戍始复内附，拜云麾将军、守右武卫将军。于是幽州节度使张仲武为易回鹘所与旧印，赐唐新印，曰"奉国契丹之印"。

咸通中，其王习尔之再遣使者入朝，部落浸又强。习尔之死，族人钦德嗣。光启时，方天下盗兴，北疆多故，乃钞奚、室韦，小小部种皆役服之。其居曰枭罗个没里，没里者，河也。是谓黄水之南，黄龙之北，得鲜卑之故地。当唐之末，其地北接室韦，东邻高丽，西界奚国，而南至营州。其部族之大者曰大贺氏，后分为八部，其一曰但利皆部，二曰乙室活部，三曰实活部，四曰纳尾部，五曰类没部，六曰内会鸡部，七曰集解部，八曰奚嗢部。部之长号大人，而常推一大人建旗鼓以统八部。至其岁久，或其国有灾疾而畜牧衰，则八部聚议，以旗鼓立其次而代之。被代者以为约本如此，不敢争。某部大人遥辇次立，时刘仁恭据有幽州，数出兵摘星岭攻之，每岁秋霜落，则烧其野草，契丹马多饥死，以良马赂仁恭求市牧地，请听盟约甚谨。八部之人以为遥辇不任事，选于其众，以阿保机代之。阿保机，亦不知其何部人也，为人多智勇而善骑射。是时，刘守光暴虐，幽、涿之人多亡入契丹，阿保机乘间入塞，攻陷城邑，俘其人民，依唐州县置城以居之。

　　（元）马端临：《文献通考》卷三四五《四裔考二十二》，北京：中华书局，1986 年，第 2701—2702 页。

《文献通考》卷三四六《四裔考二十三》

　　九十里至幽州，伪号燕京。子城就罗郭西南为之，正南曰启夏门，内有元和殿、洪政殿，东门曰宣和，城中坊门皆有楼。有闵忠寺，本唐太宗为征辽阵亡将士所造；又有开泰寺，魏王耶律汉宁造，皆邀朝使游观。城南门内有于越王廨，为宴集之所，门外永平馆，旧名碣石馆，请和后易之，即桑乾河。出北门，过古长城，延芳淀，四十里至孙侯馆，后改为望京馆，稍移故处，望楮谷山、五龙池，过温余河、大夏坡，坡西北即凉淀，避暑之地。五十里至顺州。东北过白屿河，北望银冶山，又有黄罗、螺盘、牛阑山，七十里至檀州。自北渐入山，五十里至金沟馆，川原平广，谓之金沟淀，国主尝于此过冬。自入山，屈曲登陟，无复里候，但以马行记日景而约其里数。过朝鲤河，亦名七渡河，九十里至古北口。两旁峻崖，中有路，仅容车轨；口北有铺，縠弓连绳，本范阳防扼奚、契之所，最为隘束。然幽州东趣营、平州，路甚平坦，自顷犯边，多由斯出。又度德胜岭，盘道数层，俗名思卿岭，八十里至新馆。过雕窠岭、偏枪岭，四十里至卧如来馆，盖山中有卧佛像故也。过乌滦河，东有滦州，因河为名。又过墨斗岭，亦名度云岭，长二十里许。又过芹菜岭，七十里至柳河馆，河在馆旁，西北有铁冶，多渤海人所居，就河漉沙石炼得铁。渤海俗，每岁时聚会作乐，先命善歌舞者数辈前行，士女相随，更相唱和，回旋宛转，号曰"踏追"。所居屋皆就山墙开门。过松亭岭，甚险崄，七十里至打造部落馆，有蕃户百余，编荆为篱，锻铁为兵器。

东南行五十里至牛山馆，八十里至鹿儿峡馆。过虾蟆岭，九十里至铁浆馆。过石子岭，自北渐出山，七十里至富谷馆，居民多造车者，云渤海人。东望马云山，山多鸟兽、林木，国主多于此打围。八十里至通天馆。二十里至中京大定府，城垣库小，方圆才四里许，门但重屋，无筑阁之制。南门曰朱夏，门内夹道步廊，多坊门。又有市楼门，曰天衢、通阛、望阙。次至大同馆，其北正门曰阳德、阆阖。城内西南隅冈山有寺，城南有园圃，宴射之所。自过古口即蕃境。居人草庵板壁，亦务耕种，但有桑柘，所种皆从垄上，盖虞吹沙所壅。山中长松郁然，深谷中多烧炭为业。时见畜牧牛马橐驼，尤多青羊、黄豕，亦有挈车帐，逐水草射猎，食止麋粥、秒糒。自中京至北八十里至临都馆，又四十里至窑馆，又七十里至松山馆，又七十里至崇信馆，又九十里至广宁馆，又五十里至姚家馆，又五十里至咸宁馆。又三十里度潢水石桥，旁有饶州，盖唐朝尝于契丹置饶乐州也，渤海人居。又五十里至保和馆。度黑河，七十里至宣化馆，又五十里至长馆，馆西二十里许有佛寺、民舍，云即祖州，亦有祖山，山中有阿保机庙，所服靴尚在，长四五尺许。又四十里至上京临潢府。自过崇信馆，契丹旧境，盖其南皆奚地也。入西门，门曰金德，内有临潢馆。子城东门曰顺阳，入门北行至景福门，又至承天门，内有昭德、宣政二殿，皆东向，其毡庐亦皆东向。临潢西北二百余里号凉淀，在漫头山南，避暑之处，多丰草，掘丈余即有坚冰。天禧四年，工部员外郎、知制诰宋绶充使，始至木叶山，山在中京东微北。自中京过小河，唱叫山道北，奚王避暑庄，有亭台。由古北至中京北皆奚境，奚本与契丹等，后为契丹所并，所在分奚、契丹、汉人、渤海杂处之。奚有六节度，都省统领，言语风俗与契丹不同，善耕种，步射，入山采猎，其行如飞。凡六十里羖羝河馆。过惠州，城二重，至低小，外城无人居，内城有瓦舍仓廪，人多汉服。七十里至榆林馆，馆前有小河，屈曲北流。自北入山，少人居，七十里至内都乌馆。蕃语谓山为讷，水为乌。七十里至香子山馆，前倚土山，临小河，其东北三十里即长泊也。涉沙碛，过白马淀九十里至水泊馆。度土河，亦云撞撞水，聚沙成墩，少人烟，多林木。其河边平处，国主曾此过冬。凡八十里至张司空馆，七十里至木叶馆。离中京皆无馆舍，但宿穹帐，欲至木叶三十里许，始有居人瓦屋及僧舍。及历荆榛荒草，复度土河，木叶山本阿保机葬处，又云祭天地之所，东向设毡屋，署曰省方殿，无阶，以毡藉地，后有二大帐，次北，又设毡屋，署曰庆寿殿，去山尚远。国主帐在毡屋西北，望之不见。尝出三豹甚驯焉，上附胡人而坐，猎则以捕兽。蕃俗罩鱼，设毡庐于河之上，密掩其门，凿冰为窍，举火照之，鱼尽来凑，即垂钓竿，罕有失者。回至张司空馆，闻国主在土河上罩鱼，以鱼来馈。是岁，隆庆初封常王，及请盟，改梁王，后封秦国王，又加秦晋国王。隆裕有子宗业封广平王，为中京留守。改幽州幽都县为宛平县。

（元）马端临：《文献通考》卷三四六《四裔考二十三》，北京：中华书局，1986 年，第 2709—2710 页。

《文献通考》卷三四七《四裔考二十四》

室韦

　　室韦有五部，后魏末通焉。并在靺鞨之北，路出柳城。诸部不相总一，所谓南室韦、北室韦、钵室韦、深末怛室韦、大室韦，并无君长，人众贫弱。突厥沙钵略可汗常以吐屯潘垤统领之，盖契丹之类也。其南者为契丹，在北者号室韦。南室韦在契丹北三千里（《后魏书》云："自契丹路经啜水、盖、犊子山，其山周回三百里，又经屈利水，始到其国。"），土地卑湿，至夏则移向西贷勃、欠对二山，多草木，饶禽兽，又多蚊蚋，人皆巢居，以避其患。后渐分为二十五部，有余莫不满咄，犹酋长也。死则子弟代立，之嗣绝则择贤豪而立之。盘发，衣服与契丹同。乘牛车，蓬蒢为室，如突厥毡车之状。渡水则束薪为筏，或有以皮为舟者。马则织草为鞯，结绳为辔。寝则屈木为室，以蓬蒢覆上，移则载行。以猪皮为席，编木籍之。气候多寒，田收甚薄，无羊，少马，多猪、牛。造酒、食啖、言语与靺鞨同。婚嫁之法，二家相许，婿辄盗妇去，然后送牛马为聘。妇人不再嫁，以为死人妻难以共居。部落共为大栅，人死则置尸其上，居丧而三年。其国无铁，取给于高丽。自南室韦北行十一日至北室韦，分为九部落，其部落渠帅号乞引莫贺咄。气候最寒，冬则入山居穴中，牛畜多冻死。饶獐鹿，射猎为务。凿冰，没水中而网射鱼鳖。地多积雪，惧陷坑阱，骑木而行。俗皆捕貂为业，冠以狐貉，衣以鱼皮。北行千里至钵室韦，依胡布山而住。人众多于北室韦，不知为几部落，用桦皮盖屋，其余同北室韦。从钵室韦西四日行，至深末怛室韦，因水为号也，冬月穴居，以避太阴之气。又西北数十里至大室韦，径路险阻，言语不通，尤多貂及青鼠。北室韦后魏武定、隋开皇、大业中，并遣使朝献，余无至者。唐所闻有九部：曰岭西室韦、北室韦、黄头室韦、大如者室韦、小如者室韦、讷婆萛室韦、达木室韦、骆驼室韦。并在柳城郡之东，近者三千五百里，远者六千二百里。贞观五年，始来贡丰貂。后再入朝，长寿二年叛，将军李多祚击定之。景龙初复朝献，请助讨突厥。开元、天宝间凡十朝献，大历中十一，贞元四年，与奚共寇振武，杀掠而去。大和中三朝献，大中中一来，咸通时大酋坦烈与奚皆遣使至京师，然非显夷，后史官失传。

地豆于

地豆于国在室韦西千余里，多牛羊，出名马。皮为衣服。无五谷，惟食肉酪。

乌洛侯

乌洛侯亦曰乌罗浑国，后魏通焉，在地豆于之北。其土下湿，多雾气而寒，冬则穿地为室，夏则随原阜。多豕，有谷麦。无大君长，部落莫弗皆代为之。

驱度寐

驱度寐，隋时闻焉。在室韦之北。其人甚长而衣短，不束发，皆裹头。居土窟中。惟有猪，更无诸畜。人轻捷，一跳三丈余，又能立浮、卧浮，履水浸腰，与陆走不异。数乘大船至北室韦钞掠。无甲胄，以石为矢镞。

霫

霫，匈奴之别种，隋时通焉。与靺鞨为邻，理黄水北，亦鲜卑故地。胜兵万余人。习俗与突厥略同，亦臣于颉利，其渠帅号为俟斤。唐贞观中，遣渠帅内附。

流鬼

流鬼在北海之北，北至夜叉国，余三面皆抵大海，南去莫设靺鞨船行十五日。无城郭，依海岛散居，掘地数尺深，两边斜竖木构为屋。人皆皮服，又狗毛杂麻为布而衣之。妇人冬衣豕鹿皮，夏衣鱼皮。制与獠同。多沮泽，有盐鱼之利。地气洹寒，早霜雪，每坚冰之后，以木广六寸、长七尺，施系其上，以践层冰，逐及奔兽。俗多狗。胜兵万余人。无相敬之礼，官僚之法。不识四时节序。有他盗入境，乃相呼召。弓长四尺余，箭与中国同，以骨石为镞。乐有歌舞。死解封树，哭之三年，无余服制。靺鞨有乘海至其国货易，陈国家之盛业，于是其君长孟蚌遣其子可也余志，以唐贞观十四年，三译而来朝贡。初至靺鞨，不解乘马，上即颠坠。其长老人传言：其国北一月行有夜叉人，皆豕牙翘出，啖人。莫有涉其界，未尝通聘。

（元）马端临：《文献通考》卷三四七《四裔考二十四》，北京：中华书局，1986年，第2717—2718页。

《文献通考》卷三四八《四裔考二十五》

后郅支单于破坚昆，于时东距单于庭七千里，南车师五千里，郅支留都之。故后世得其地者，讹为结骨，稍号纥骨，亦曰纥扢斯云。众数十万，胜兵八万，直回纥西北三千里，南依贪漫山。地夏沮洳，冬积雪。人皆长大，赤发皙面、绿瞳，以黑发为不祥。黑瞳者，必曰陵苗裔也。男少女多，以环贯耳，俗躧优，男子有勇黥其手，女已嫁黥项。杂居多淫佚。谓岁首为茂师哀，以三哀为一时，以十二物纪年，如岁在寅则曰虎年。气多寒，虽大河亦半冰。稼有禾、粟、大小麦、青稞，步硙以为面糜。穄以三月种，九月获，以饭，以酿酒，而无果蔬。畜马至壮大，以善斗者为头马，有橐驼、牛、羊为多，富农至数千。其兽有野马、骨咄、黄羊、羱羝、鹿、黑尾者似獐，尾大而黑。鱼，有蔑者长七八尺，莫痕者无骨，口出颐下。乌，雁、鹙、乌鹊、鹰、隼。木，松、桦、榆、柳、蒲。松高者仰射不能及颠，而桦尤多。有金、铁、锡，每雨后必得铁，号迦沙，为兵绝犀利，常以输突厥。其战有弓矢、旗帜，其骑士析木为盾，蔽股足，又以圆盾傅肩，可捍矢刃。其君曰阿热，遂姓阿热氏，建一纛，下皆尚赤，余以部落为之号。服贵貂、豽，阿热冬帽貂，夏帽金扣，锐顶而卷末，诸下皆帽白毡，喜佩刀砺，贱者衣皮不帽，女衣罴毺、锦、蜀、绫，盖安西、北廷、大食所贸售也。阿热驻牙青山，周栅代垣，联毡为帐，号密的支，它首领居小帐。凡调兵，部役属者悉行。

（元）马端临：《文献通考》卷三四八《四裔考二十五》，北京：中华书局，1986年，第2724页。

《明史》卷二十八《五行志一》

秋，彰德、卫辉、开封、南阳、怀庆、太原、济南、东昌、青、莱、兖、登诸府及辽东广宁前、中屯二卫蝗。

（清）张廷玉等：《明史》卷二十八《五行志一》，北京：中华书局，1974年，第437页。

《明史》卷二一一《马永传》

辽东自军变后，首恶虽诛，漏网者众。悍卒无所惮，结党叫呼，动怀不逞。广宁卒佟伏、张鉴等乘旱饥，倡众为乱，诸营军惮永无应者。伏等登谯楼，鸣鼓大噪，永率家众仰攻。千户张斌被杀，永战益力，尽歼之。事闻，进左都督。

（清）张廷玉等：《明史》卷二一一《马永传》，北京：中华书局，1974年，第5577页。

《明史》卷二三六《李植传》

时二十六年也。植垦土积粟，得田四万亩，岁获粮万石。户部推其法九边。以倭寇退，请因师旋，选主、客锐卒，驱除宿寇，恢复旧辽阳。诏下总督诸臣详议，不果行。奏税监高淮贪暴，请召还，不报。后淮激变，委阻挠罪于植。植疏辨乞休，帝慰留之。明年，锦、义失事，巡按御史王业弘劾植及诸将失律。植以却敌闻，且诋业弘。业弘再疏劾植欺蔽，诏解官听勘。勘已，命家居听用，竟不召。卒，赠兵部右侍郎。

（清）张廷玉等：《明史》卷二三六《李植传》，北京：中华书局，1974年，第6145—6146页。

《明史》卷二五七《张凤翼传》

时赵率教驻前屯，垦田、练卒有成效。及袁崇焕、满桂守宁远，关外规模略定。忽有传中左所被兵者，永平吏民汹汹思窜。凤翼心动，亟遣妻子西归。承宗曰："我不出关，人心不定。"遂于四年正月东行。凤翼语人曰："枢辅欲以宁前荒塞居我，是杀我也。国家即弃辽左，犹不失全盛，如大宁、河套，弃之何害？今举世不欲复辽，彼一人独欲复耶？"密令所知居言路者诋马世龙贪淫及三大将建阃之非，以撼承宗。承宗不悦，举其言入告。适凤翼遭内艰，遂解去。承宗复上疏为世龙等辨，因诋凤翼才鄙而怯，识暗而狡，工于趋利，巧于避患。廷议以既去不复问。

（清）张廷玉等：《明史》卷二五七《张凤翼传》，北京：中华书局，1974年，第6631—6632页。

《经济类编》卷三十七《财赋类三·劝农》

晋慕容皝以牧牛给贫家，田于苑中，公收其八，二分入私。有牛而无地者，亦田苑中，公收其七，三分入私。皝记室参军封裕谏曰：臣闻圣王之宰国也，薄赋而藏于百姓。分之以三等之田，十一而税之；寒者衣之，饥者食之，使家给人足。虽水旱而不为灾者，何也？高选农官，务尽劝课，人治周田百亩，亦不假牛力；力田者受旌显之赏，惰农者有不齿之罚。又量事置官，量官置人，使官必称须，人不虚位，度岁入多少，裁而禄之。供百僚之外，藏之太仓，三年之耕，余一年之粟。以斯而积，公用于何不足？水旱其如百姓何！虽务农之令屡发，二千石令长莫有志勤在公、锐尽地利者。故汉祖知其如此，以垦田不实，征杀二千石以十数，是以明、章之际，号次升平。自永嘉丧乱，百姓流亡，中原萧条，千里无烟，饥寒流陨，相继沟壑。先王以神武圣略，保全一方，威以殄奸，德以怀远，故九州之人，塞表殊类，襁负万里，若赤子之归慈父，流人之多旧土十倍有余，人殷地狭，故无田者十有四焉。殿下以英圣之资，克广先业，南摧强赵，东灭句丽，开境三千，户增十万，继武阐广之功，有高西伯。宜省罢诸苑，以业流人。人至而无资产者，赐之以牧牛。人既殿下之人，牛岂失乎！善藏者藏于百姓，若斯而已矣。迩者深副乐土之望，中国之人皆将壶餐奉迎，石季龙谁与居乎！且魏、晋虽道消之世，犹削百姓不至于七八，持官牛田者官得六分，百姓得四分，私牛而官田者与官中分，百姓安之，人皆悦乐。臣犹曰非明王之道，而况增乎！且水旱之厄，尧、汤所不免，王者宜浚治沟浍，循郑白、西门、史起溉灌之法，旱则决沟为雨，水则入于沟渎，上无云汉之忧，下无昏垫之患。句丽、百济及宇文、段部之人，皆兵势所徙，非如中国慕义而至，咸有思归之心。今户垂十万，狭凑都城，恐方将为国家深害，宜分其兄弟宗属，徙于西境诸城，抚之以恩，检之以法，使不得散在居人，知国之虚实。今中原未平，资蓄宜广，官司猥多，游食不少，一夫不耕，岁受其饥。必取于耕者而食之，一人食一人之力，游食数万，损亦如之，安可以家给人足，治致升平！殿下降览古今之事多矣，政之巨患莫甚于斯。其有经略出世，才称时求者，自可随须置之列位。非此已往，其耕而食，蚕而衣，亦天之道也。殿下圣性宽明，思言若渴，故人尽刍荛，有犯无隐。前者参军王宪、大夫刘明并竭忠献款，以贡至言，虽颇有逆鳞，意在无责。主者奏以妖言犯上，致之于法，殿下慈弘苞纳，恕其大辟，犹削黜禁锢，不齿于朝。其言是也，殿下固宜纳之；如其非也，宜亮其狂狷。罪谏臣而求直言，亦犹北行诣越，岂有得邪！右长史宋该等，阿媚苟容，轻劾谏士，己无骨鲠，嫉人有之，掩蔽耳目，不忠之甚。四业者国之所资，教学者有国盛事。习战务农，尤其本也。百工商贾，犹其末耳。宜量军国所须，置其员数，已外归之于农，教之战法，学者三年无成，亦宜还之于农，不可徒充大员，以塞聪俊之路。臣之所言当也，愿时速施行；非也，登加罪戮，使天下知朝廷从善如流，罚恶不淹。王宪、刘明，忠臣也，愿宥忤鳞之愆，收其药石之效。

（明）冯琦、冯瑗等编：《经济类编》卷三十七《财赋类三·劝农》，《景印文渊阁四库全书》第九六一册，台北：商务印书馆，1986 年，第 328—329 页。

《经济类编》卷五十七《武功类三·兵制》

德宗与常侍李泌议复府兵，泌因为德宗历叙府兵自西魏以来兴废之由，且言："府兵平日皆安居田亩，每府有折冲领之，折冲以农隙教习战陈。国家有事征发，则以符契下其州及府，参验发之，至所期处。将士按阅，有教习不精者，罪其折冲，甚者罪及刺史。军还，则赐勋加赏，便道罢之。行者近不逾时，远不经岁。高宗以刘仁轨为洮河镇守使以图吐蕃，于是始有久戍之役。武后以来，承平日久，府兵浸堕，为人所贱，百姓耻之，至蒸熨手足以避其役。又，牛仙客以积财得宰相，边将效之。山东戍卒多赍缯帛自随，边将诱之寄于府库，昼则苦役，夜絷地牢，利其死而没入其财。故自天宝以后，山东戍卒还者什无二三，其残虐如此。然未尝有外叛内侮，杀帅自擅者，诚以顾恋田园，恐累宗族故也。自开元之末，张说始募长征兵，谓之彍骑，其后益为六军。及李林甫为相，奏诸军皆募人为之。兵不土著，又无宗族，不自重惜，忘身徇利，祸乱遂生，至今为梗。向使府兵之法常存不废，安有如此下陵上替之患哉！陛下思复府兵，此乃社稷之福，太平有日矣。"

德宗复问泌以复府兵之策。对曰："今岁征关东戍卒京西者十七万人，计岁食粟二百四万斛。今粟斗直钱百五十，为钱三百六万缗。国家比遭饥乱，经费不充，就使有钱，亦无粟可籴，未暇议复府兵也。"德宗曰："亟减戍卒归之，何如？"对曰："陛下诚能用臣之言，可以不减戍卒，不扰百姓，粮食皆足，粟麦日贱，府兵亦成。"德宗曰："果能如是，何为不用！"对曰："此须急为之，过旬日则不及矣。今吐蕃久居原、兰之间，以牛运粮，粮尽，牛无所用，请发左藏恶缯染为彩缬，因党项以市之，每头不过二三匹，计十八万匹，可致六万余头。又命诸冶铸农器籴麦种，分赐缘边军镇，募戍卒，耕荒田而种之，约明年麦熟倍偿其种，其余据时价五分增一，官为籴之。来春种禾亦如之。关中土沃而久荒，所收必厚。戍卒获利，耕者浸多。边地居人至少，军士月食官粮，粟麦无所售，其价必贱，名为增价，实比今岁所减多矣。"德宗曰："善！"即命行之。泌又言："边地官多阙，请募人入粟以补之，可足今岁之粮。"德宗亦从之，因问曰："卿言府兵亦集，如何？"对曰："戍卒因屯田致富，则安于其土，不复思归。旧制，戍卒三年而代，及其将满，下令有愿留者，即以所开田为永业。家人愿来者，本贯给长牒续食而遣之。据应募之数，移报本道，虽河朔诸帅得免更代之烦，亦喜闻矣。不过数番，则戍卒皆土著，乃悉以府兵之法理之，是变关中之疲弊为富强也。"德宗喜曰："如此，天下无复事矣。"曰："未也。臣能不用中国之兵使吐蕃自困。"上曰："计将安出？"对曰："臣未敢言之，俟麦禾有效，然后可议也。"上固问，不对。泌意欲结回纥、大食、云南与共图吐蕃，令吐蕃所备者多。知上素恨回纥，恐闻之不悦，并屯田之议不行，故不肯言。既而戍卒应募，愿屯田者什五六。

（明）冯琦、冯瑗等编：《经济类编》卷五十七《武功类三·兵制》，《景印文渊阁四库全书》第九六二册，台北：商务印书馆，1986年，第81—82页。

《经济类编》卷六十二《武功类八·战略》

郭子仪以河中军食常乏，乃自耕百亩，将校以是为差，于是士卒皆不劝而耕。是岁，河中野无旷土，军有余粮。德宗问李泌以复府兵之策。对曰："今岁征关东卒戍京西者十七万人，计岁食粟二百四万斛，国家比遭饥乱，经费不充，就使有钱，亦无粟可籴，未暇议复府兵也。"德宗曰："亟减戍卒归之，何如？"对曰："陛下诚能用臣之言，可以不减戍卒，不扰百姓，粮食皆足，粟麦日贱，府兵亦成。今吐蕃久居原、兰之间，以牛运粮，粮尽，牛无所用，请发左藏恶缯染为彩缬，因党项以市之，每头不过二三匹，计十八万匹，可致六万余头。又命诸冶铸农器籴麦种，分赐缘边军镇，募戍卒，耕荒田而种之，约明年麦熟倍偿其种，其余据时价五分增一，官为籴之。来春种禾亦如之，关中土沃而久荒，所收必厚。戍卒获利，耕者浸多。边地居人至少，军士月食官粮，粟麦无所售，其价必贱，名为增价，实比今岁所减多矣。"德宗曰："善！"即命行之。既而戍卒应募，愿耕屯田者什五六。

（明）冯琦、冯瑗等编：《经济类编》卷六十二《武功类八·战略》，《景印文渊阁四库全书》第九六二册，台北：商务印书馆，1986 年，第 285 页。

《名山藏》卷二十四
《典谟记二十四·世宗肃皇帝三》

六月，顺天、永、保、辽东饥，大赈之。开原虏求增贡，不许，大入寇。参将刘大章、赵国忠，指挥李汉与战，胜之。备御指挥金朝许死之。

（明）何乔远：《名山藏》卷二十四《典谟记二十四·世宗肃皇帝三》，福州：福建人民出版社，2010 年，第 671 页。

《名山藏》卷二十七
《典谟记二十七·世宗肃皇帝六》

十二月，祈雪朝天等宫。广东扶藜、葵梅诸山峒贼冯天恩、李汝瑞等平。山西平遥贼田武平。以水灾免辽东诸卫、所税粮，预发太仓银五万优恤之。

（明）何乔远：《名山藏》卷二十七《典谟记二十七·世宗肃皇帝六》，福州：福建人民出版社，2010年，第741页。

《名山藏》卷一〇九《王享记五·东北夷》

海西、建州夷，皆名女直，古肃慎国后。汉曰挹娄，魏曰勿吉，唐、隋曰黑水靺鞨。唐开元中，以其地为蕲州，置黑水府。其后，栗水靺鞨强盛，号渤海，黑水往属之。后渤海为契丹所攻，黑水复擅其地，是金鼻祖之部落也。初号女真，臣属于辽。避辽号，改女直。至阿骨打而大，灭辽为金，以其地为大宁府。元灭金，设军民万户府五，分领混同江、南北黑水、达达及女直之人。有合兰府水达达路，总摄之。

洪武初，归附。高皇帝为设都司、卫所，官其酋长为都督、都指挥、指挥、千百户、镇抚等官。使因其俗，自相役属，不给官禄，听其近边驻牧保塞不为寇，而厚之宴赏。

永乐初，成祖益遣人招谕之。于是，诸夷尽附，皆置卫所，授官如洪武时。成祖又为置马市开原城，给赡其酋长柴、布、米。其有愿居内地者，于开原设安乐州，于辽阳设自在州以处之，皆量授以官，听其耕牧自便。于是，诸酋长闻风麇至。成祖先后为置奴儿干都司一，建州等卫一百八十四，兀者托温千户等所二十。其来贡诸夷，又有速温河地面等三十八地面，哈鲁喜楼里城别里真站等七站，又有巫里阿口等寨凡五十八所。罔不内向归诚，稽首阙下者矣。

（明）何乔远：《名山藏》卷一〇九《王享记五·东北夷》，福州：福建人民出版社，2010年，第3069—3070页。

《皇明经世文编》卷一九〇《毛给谏文集》

十、抚恤边方。近闻宣府被虏杀掠惨酷，十室九空，至凡锅釜等类，尽行毁碎。辽东之害，亦复如之。盖欲困我边方，其为计亦深矣。当此困苦之际，若非安辑，宁不相率从盗乎？况今沿边一带地方，荒旱相仍，谷粟不登，尤宜救济。臣又闻虏中多半汉人，此等或因饥馑困饿、或因官司剥削、或因失事避罪，故投彼中以离此患。合令该部行文前项地方抚巡等官，查将被虏劫杀军民之家，量行抚恤，遇各饥荒去处，量行赈济。仍设法招抚前项逃避之人，赦其前罪。倘肯复业自新，稍加恩惠，以开来者之路。严禁统军官及有司官，毋事刻剥，事发重治，庶军民安固。

（明）陈子龙：《皇明经世文编》卷一九〇《毛给谏文集》，北京：中华书局，1962年，第1972—1973页。

《皇明经世文编》卷二一八《郑端简公文集二》

辽东西（辽东青分营州，辽西翼分幽州）渤碣之外一都会也。西南起山海，历医无闾、长白诸山。东南走海上，海薄盖金，以接卢龙，可渡登莱、泛吴浙（金州旅顺口海运陆路，盖州梁房口海舟入辽）。地饶鱼盐、谷马，马给吏士，或市之葆塞奚夷。彼逐挟以邀我，亦以官市縻之。而奸阑出入，亦不能尽禁。宁远东西两屯颇安给，锦义地瘠寡生理，广宁无屯营之利。率仰给转粟。与辽阳隔河，河两滨防虏，辽阳以北益聚兵，食益窘。开原三城（中固泛河）三面受敌。六堡虽复，二虏辄巢清阳镇夷间，聚而谋我。我失鱼樵之利。又累我男女，易畜产二江外。[松花黑龙]否则絷之耕织。日夜无休时，西马市废。蒲河懿路残破不可言。抚顺通百夷贡市，内外皆山，多伏虏。我难于斥望。沈阳虽有关（上榆林）。虏驰牧外险内夷，不能援。凤凰壁戟东垂鸦鹘锁钥西境，并海四州，恃刘广宁之捷，无海寇。然辽水南注海隘不能泄，患苦沮洳矣。

（明）陈子龙：《皇明经世文编》卷二一八《郑端简公文集二》，北京：中华书局，1962 年，第 2282 页。

《皇明经世文编》卷三五八《庞中丞摘稿二》

窃惟辽东，京师左臂也。一面濒海，三面与虏邻。惟山海关通一线之路，与内地相接。舟车商贾之利，岁不能十一焉。故上之所以给军需，下之所以供岁事。舍耕稼之外，无他策矣。地多沃壤，鲜赋税。常薄种而广收，独其人不习盖藏。一遇荒年，无路乞籴，辄相继填沟壑。且先年既改屯军为操军，兵荒相寻，尺籍消耗，耕作之业，率归舍余，屯军已尽废矣。举千里旷土，皆欲同时兴耒耜，其势能乎？近赖抚臣劳来安集，宽召种之令，人皆翕然就之，始知有生民之乐。但辽河以东，人多辐凑，渐可招狭。惟河西地方，屯堡萧然，十室九空。其间附城而居者，复有操备送迎之苦。劝相开垦，当为渐图。若不因地制宜，曲加存恤，恐岁月迁延，污莱犹旧，虽有良法，亦徒托诸空言而已。臣亲历边陲，从宜计划，及会同抚按衙门，更相考订，共要其成，乞敕该部参酌施行。一设圈台以便收保。辽东沃野千里，凡附近城堡者，无尺寸不耕。惟旷远之地，满目蒿莱，无虑千百顷。盖零贼出没，恐无从遮蔽也。今行该寺道，查各处荒田，凡甚耕获者，督行将领各就其便利，拨军管种。耕则通力合作。收则计亩均分，处给牛种，随便还官，仍相度地宜，督令修筑圈台远近联络，如零骑入境，即收敛人牛。先为防避计，其同田军士，或专耕获，或为哨望，彼此更番，利害同情，耕于此，守于此，食足兵强，而战亦可恃矣。此与营田之法，迹虽近似，而其实大异。一宽粮额以劝开垦。查得该镇最多可耕之地而无其人，或有可耕之人，而无其具，且岁事荒歉。虏患频仍，开垦曾未逾年，而征敛诛求，迄无宁日，往往苦于包赔。虽三尺之童，亦知所趋避矣。孰能强之，今既拨军耕种。凡一应圈台，皆责其并工修筑。以为耕牧之地，用力用劳。非旦夕可以坐享其成也。若仍照额征粮，即虑始之难。已疑信相半，又安保其不终废耶？今议开垦六年后，如果成业，然后酌量分数，定立差等。随其远近肥瘠，从宜起科。使人人皆知其为永久之利，则荒田无不尽垦矣。一开沟洫以备旱潦。辽东地方，多平原易野，而冈阜之高低起伏，亦曲折相寻。其间接连河海者千百十一耳，故旱魃为殃，则赤地千里；（疏浚水利乃屯田之本计也）霖雨弥月，则泛溢成湖，天灾流行，秋成失望，凡以其备之无策耳。今行各寺道，选委有心计文武职官，相度地形，定沟洫之制，河流可导也。则因其势而利导之。其或彼此相隔，疏浚为难，则审视下流，开凿渠堰。远近大小，顺其方隅，使原隰高下水有所归。潦则疏之以为容纳之区，旱则引之以资灌溉之利，而何凶年之足虑乎？剂量既定，揆日程工，举千百人而相率为之。即堑山堙谷，当不劳余力，况兴此役于原野。而督责以考其成，直在举手投足间耳，又何难焉！此不惟可以兴水利，而亦足以御胡马。一别功罪以专责成。辽东地广人稀，岁多零贼，钞掠无常。非以耕种之事属将校任之，则观望畏难，欲士卒各安其业，决不可得也。今行各寺道督同将官，随地分布。多者千人以上，少亦不下数百人。声援相应，合耦而耕，即千百顷可旬日迄工。其地闲旷已久，土膏甚润，菽麦既播，生意勃然。二月而耕，东作在息兵之后；七月而获，西成在防秋之前。并力举之，亦不过浃旬耳。然此必将官亲为提督，察其勤惰而劝惩之，每年以收成之多寡，课将领之殿最，督率有功者，特加奖励，劝相无方者，严行戒饬，分别具题而赏罚行焉，则彼此责成，各以哨队相统率，不令而自行矣。一广召种以辟荒芜。查得国初设屯田，岁征粮草以给操军，实兵农相济之利也。辽东自成化以后，尽将屯军改为操军，而屯田之废坠非一日矣。故有其地而无其人，虽在上者日穷其智力，将安施乎？迩年来惟操军之帮丁，及各该舍余耕种者，犹纳粮不缺，其他丁力单寡者，调操且无宁日，岂暇从事畎亩耶。以臣愚揣之，拨军耕种，固为良策。然东战西守，或无常期，春作秋收，恐无常业。其成效犹难必也。合无示谕各该卫所等衙门，除屯田见种纳粮者，不许纷更外。其余荒芜者，无分官旗舍余，寄籍客户，听其自行认种。各照顷亩告给牛种，待五年之后，若有收成，仍分别上中下办纳屯粮，其有逼临虏穴，及工力繁难者，永不起科。若原主告争，不得追夺，另查荒田给还。此亦多方招狭之法。臣巡历所至，纷纷具告，开垦者，已经批行各寺道衙门，查拨耕种，盖耒耜遍野，则蓄积富饶。军士以折色而籴买供家，商人以盐粮而报中规利，皆随在各足，不待远求，其为塞上之利亦博矣。一清逃丁以便招集。查得该镇行伍空虚，屯田芜秽，多由数年来，或杀虏于强寇，或冻馁于荒年，户口消沉，日益月甚，其间亦有乘时逃窜，所至为家。避差科之劳，惧战斗之苦。相率走匿于穷乡，东南山乃其渊薮也，一二年来，或相继投军，然一姓报名，数姓影射。一丁在册，数丁安闲。若尽法搜查，恐追求太激，或失抚字之宜。今须议行保甲，讥察面生可疑之人，凡见在人丁，户分主客，俱令登报，不许扶同隐漏，待清查既毕，然后下令曰：“凡流寓此地，原日逋负，及各色罪名，通行蠲免，听其各相朋合，每五丁抽一强壮者，守御地方，余四人即为帮丁，给以屯田，尽力开垦，一如拨军耕种事例。”五年之后，果有收成。方量征子粒，或永不起科，则彼得垦田互相存活，而官得壮丁堪备，战守一举而数利具焉。先年抚臣招兵东南山，有愿备鞍马投充报效。不终朝而应募者数千人，彼谓生聚既广，终不能免役于官。故以报效为词，告取壮丁，占据名下。虽曰用命于官，实所以为自全计也。今优以帮丁，给以屯田，惟其情之所欲，而曲遂其私，彼将闻风来归之，恐后矣。此不惟可以垦屯田，而亦可以实军伍也。一议营田以广储蓄。查得该镇屯田抛弃数多，往往缺人佃种。故先年改为营田，拨军耕作，牛具种子，给领于官。终岁以农为专责，而战守不与焉。故人皆争为营田之军，为其有利而无害也，况月粮之外，复给口粮。而岁敛所入，原无常数。百计侵渔、曲事蒙蔽者所至有之。故就其月之所给，计其岁之所收，多寡较量。或有大相悬绝者，田虽不至荒芜，而权其损益，所得几何，今遽行停罢，则其田抛荒，尤为失策，合无令其照旧耕种。先将应纳额粮抵其岁支本折之数，仍查羡余若干。尽入官仓以备支用，如遇警报，虽免其身亲赴敌，而防守城池，皆一体编派，使不得规避苟全，庶无苦乐不均矣。凡此皆为一时权宜之法，若有可耕之人，即改复屯田。尽革营田名色，军回原伍，照常操备，此上策也。　一宽海禁以备接济。辽东地当濒海，土人以力农为本业。自嘉靖三十六七年，灾虏相仍，米价腾涌，人且相食。盖舟楫不通，商贩鲜至。丰年积粟之家，既不能贸易以规利，一遇荒歉又不能称贷于他方。此生计萧条，闾里丘墟，职此故也。查得山东海运，自登莱达金州旅顺口，仅一昼夜，往迹具存，可按也。后以布花解本色，为登莱之累。遂罢海运，而解折色。前后议复者，持论纷然，竟寝不报。夫海道通行，不独商贾辏集，一如通都，且辽东饥则以移粟望山东，山东饥则以移粟望辽东，彼此兼济，岂独辽人之利耶。或谓海禁通，则戍卒逋逃。无从讥察，而倭寇或出没海岛间，祸且不测，况万顷波涛，民其鱼鳖，能勿虑乎。夫验引盘诘，禁例甚严。金州与登莱，原有委官。成法具在，悉举而行之。其孰能飞渡耶。倭寇犯辽东，自望海埚歼其党殆尽。垂二百年，影灭迹绝，估试行之，果海寇至，即行报罢，宁独无策耶。若必念风涛之恶，则成化以前，未闻有覆溺之患，何今日为虑之深也。但议复海运则登莱不免有造船之费而布花征本色，民苦其扰，当事者辄附会他说，以滋群疑。今惟开其禁使商贾通行，所在官司严盘诘之令，重逋逃之罚，不许姑息以长奸。其山东布花，仍旧征折色，由山海关转解，庶乎官不劳而民不扰，辽东山东两利俱全矣。否则饥馑相仍，乃皇皇求活于内帑。是何异引西江之水，而救涸辙之鲋鱼，其势之相及，能几何哉。况辽东一镇，以宁前为咽喉之地，扼宁前，则全镇危矣。所以为应援者，犹幸金州滨海，通道登莱，苦必疑惧而闭之。恐变起不虞，呼号无路，杞人之忧，盖有不忍言者。或曰海道弛其禁，诚利矣。若军士变姓名，望风鼠窜，虽杀之不能禁也。若不先期筹划，著为定例，必待荒年，及事势不容已者，乃间一行之。救时之策庶几可行，夫由前所言者，为百世经久之利，由后所言者，乃一时变通之权，决择取裁，是地方任事诸臣，审图其所便宜云耳。一革关税以资农末。窃惟山海关控扼胡虏，箝制逋逃，凡有附带违禁货物者，悉捕治之。此关法也。各省商人往来于此，百货兼备。而农具亦于是取给焉。先年抽税之例，始于太监李能，后主事邬阅守关，业已奏革，近缘蓟辽二镇以抚夷之费，遂仍旧额抽盘。岁入凡四千两有奇。夫商人冒不测之险而行货绝域，远逾数千里，单骑孤囊，昼有风尘之警，颓垣苇户，夜无衽席之家。彼强颜为此者，欲规十一之利，以自封殖焉耳。若所至关隘，复苦索之，彼揆度于盈缩之间，或得失利害不能相酬，即通都大邑，无往非求售之地，何必屑屑于辽东耶。况宁远、广宁，皆有税课司。去山海关不数程，而征商严密如此，其何以堪。中盐商人，亦多买易于此。以资奇赢之利，纷纷控告，情词怆然，闻近日课程，鲜能盈旧额，而物价腾涌，大异昔年。事固有明验也。乞自今惟查引验货一如祖宗成法，悉免其抽税，即农末获相济之利，而行旅皆愿出其涂矣。一增盐额以实仓庾。辽东屯粮原额二十五万石有奇，该镇官军，共计九万员名，即使正额尽完，犹不足以供三月之本色。况地广人稀，田多芜秽，近年实收米豆，仅十万八千石。三月之给，所济几何，今两淮盐粮，土人争相报中，惟不喜山东之引。而愿增长芦，纷纷向臣言之。案查去年该臣题准新开长芦盐伍万引，就于运司纳折色，听其赴场自买，合无将原开勘合，量减其价，改派辽东，犹为长便。查得该镇隆庆二年，开过以前存剩，及本年额盐共一十七万八千六百九十四引，止得米豆三万九千六百一十三石。隆庆三年分，该额盐一十二万四千三百一十二引，召商上纳米豆，共计九万五千三百九十七石，盖四倍矣。视今日屯粮之数，亦足相当，盐法疏通，于此概见。若再加长芦五万引，岂以壅滞为患耶？况近日两淮停中三分，山东停中四万，引目既少，报中者多，固知其易易也。访得权势之家，及将官嗜利者。每遇开派盐引，多雄据而染指焉。溪壑难填，专利无厌，且险远之地。巧于避难，派纳未完，截给勘合。其末流之弊，必至于买窝卖窝。而且阻坏盐法矣。乞行抚按衙门督同寺道不时查访，如有前弊，严行拿究，庶利归商人，而边储盐法兼济无穷矣。一酌引价以恤边商。据辽商告称两淮引价，见蒙题准则例，官民两便。今岁户部衙门，开派盐引，即大家小户，争报名投纳，以致人多引少。上纳利微，愿革去小户，惟大户各给千引以上，庶不徒劳无益。且山东一引，该官价银一钱五分，及分拨与内商，止得银三四分而已。亏折太多，无地控诉，乞照两淮事例，著为成规。庶无专利偏累之弊，夫广中纳之门。而后盐法疏通，此常理也。查得先臣刘大夏经略边储，凡粮自十石以上，草自百束以上，皆准报官交纳。权势包揽之家，奸弊一扫而尽，至今边人颂之。今辽东中盐者，无论十石五石，皆奔趋恐后。此正上下相须，岂容禁革，听其彼此相萃，共填一勘合，于法何病焉？惟山东之价，原系一钱五分。而分拨内商，不及三分之一，此不容不区处也。乞行长芦巡盐御史，从长酌议，务使边内二商，两利兼全，庶可经久。或谓两淮商人，多亲身报中。惟山东长芦，皆中途接买。原非真正边商，若引价过多，徒资奸人之囊橐，实与边商无与，此其言未为无据也。但引价既定，即揭示辽东地方，在边商必不贱售。而分拨之人，亦不得如往年抑勒矣。内商有新引一百道，方准告掣名下旧盐一百引，则边引之疏通，不疾而速，此两淮近例也，何不可行于山东与长芦耶。

（明）陈子龙：《皇明经世文编》卷三五八《庞中丞摘稿二》，北京：中华书局，1962年，第3861—3866页。

《皇明经世文编》卷四二八《侯给谏奏疏一》

辽左僻居关外，北邻虏，南邻海，仅通一线之路与腹里通衢。有资易以羡补不足者，大径庭也。故岁丰则辽之粟不输于外，其价太贱而伤农；岁凶则外境之粟不通于辽，其价太贵而无所资脱也。再遇虏警有主客数万之集，即斗金不能易一粟，未审司饷者于此如何处也。尝考往牒，如万历元年、万历六年、万历十四年，时值灾荒，米珠薪桂，斗粟银二三钱，有至六七钱者，视今日不啻十倍。当此之时，势甚岌岌。而当事请赈济，请蠲租、请仓粮、请加饷，为一切苟且之计。斯亦晚矣。臣今查阅各仓，间有实支已出，而粮尚未支者，询之则曰今岁粮贱，各军非急赖于此，则视粮曾无爱惜者矣。然岁不常丰，当此粒米狼戾之时，不可不求，所以剂粮盈缩之术矣。今辽中每岁约三个月支本色，八九个月支折色，例也。粟贵银贱，利在得粟，粟贱银贵，利在得银，情也。今米价颇贱，军士利在得银，何不权其时宜而以折银抵给之，免支本色存贮其粟，以备凶年之用，岂非两利之道乎？或以为饷有定数，如无银何，是不然。财之盈缩顾生且节何如耳。能生且节，虽缩亦盈，不生且节，虽盈亦缩，诚如臣议官市马，岁可积子银数万两，免调操，岁可省客兵银几万两，开矿禁，岁可得银几万两，以此抵给本色，绰乎有余，何患无银？或有以为粟米久贮，如浥烂何，是又不然。粟之浥烂，由收贮之无法也。臣见广宁辽阳二仓，廒房甚多且大。每仓不下数十余间，每间可贮千余石。但墙垣不固，甃瓦不密，有不蔽风雨者，有渐就土册颓者，有米堆地上不藉以席者，问之曰："随即支放，无须久贮也。"臣又见东山民家仓房俱用板藉，去地尺许，以通地气。今于各仓之中，酌量修整，仿民间法，藉之以板。收贮之日，仍令簸扬晒晾，务洁净干燥。板上借以谷草，草上加席两三层，而又时时晒晾之。如是而浥烂者，臣弗信也。此计一岁可余三月之食。使天不穷东方，再有三五年之丰。每岁依此法行之，三五年间即有足支一年之余，而塞下之粟将来不患不多矣。粟多则随时丰歉，缓急皆得有资，所以使沿边士常饱，马常腾者，端于此乎可冀矣。至于各仓官攒，听其满日申请交盘，无令受守支之苦可也。曰取地利天下之事，无全利，亦无全害。权其利害而变通之，此足国之良谋，安边之要术矣。

（明）陈子龙：《皇明经世文编》卷四二八《侯给谏奏疏一》，北京：中华书局，1962年，第4688—4689页。

《皇明经世文编》卷四九五《左宫保奏疏》

辽自用兵以来，米粟涌贵，加以荒旱之余，石米四两，石粟二两，其一石尚不及山东之四斗。通计一百万之赏，分十五万之军，每名约为六两，于银不为不多，而此六两者籴米才一石五斗耳。纵是富人，未免抱金饿死。且各丁月粮，河东一两五钱，尚有三斗本色，可以救死。河西一两二钱，尽以市米仅得三斗，而况无市处，日腾日贵，已不能支撑眼下，如何捱过冬春。不及数月，辽必无民，安能有兵？无民无兵，虽积金如山，安所用之。臣所谓非无银之患，而无用银之处也。为今之计，急截漕二十万石，乘风帆之便，运至彼处。令河西与河东，一体分给本色各三斗，仍量扣其折色，俟来春耕作有获。再行区处，昨巡饷之臣已议及之，此今日救饥第一急着也。顷岁征调各兵，皆以春夏起程、夏秋过都。衣裳典尽，赤体瘝形，大类病鹤，非惟无坚甲，乃更无寸缕，久戍客兵，大率类是。凉秋九月，塞外草衰，转盼隆冬，饿死之余，又将冻死。臣愿陛下恻然轸念，发帑银二十万，敕下户部，令廉干司官，作速置买花布，星夜解赴辽东。每军给布二匹，花二斤。一如岁底之给散京军者，其余赶骡赶车，剥皮剥骨之役。亦量加赈恤，庶挟纩之惠适当投水之期，而裹革之忠即在盖帷之内矣，此又救寒第一急着也。臣闻奴酋残极骄极，近又饿极，势不得不决一战。我以饱乃可以待饥，我以暖乃可以待寒。我以饱暖之仁，乃可以待骄且残，此淮阴所谓反其道而用之者也。

（明）陈子龙：《皇明经世文编》卷四九五《左宫保奏疏》，北京：中华书局，1962年，第5477—5478页。

《全辽志》卷二《赋役志》

田赋

辽东都司定辽中等二十五卫、永宁监额田三万八千四百一十五顷三亩，额粮三十七万七千七百八十九石七斗，额草三百五十三万二千六百六十一束，额盐三百七十二万七千一百七十七斤，额铁四十二万一百五十斤，额贡五味子三百斤，人参五百斤，鱼课银六百二十九两，苇炭银六百两，盐课银无定数，课程银无定数，铜钱五十二万二千一百六十文，金、复、盖、海草豆价银一万一千八十两五分，清河等堡开垦荒田科粮，准作年例银四百三十一两九钱四分，马价银一万四千七十两，定辽中卫野猫湖书院官田三顷，佃户岁租粟七十二石，柴三十车。

定辽中卫

额田一千一百五十九顷三亩，
额粮一万五千二百七十一石七斗，
额草一十二万五千一百三十九束，
额盐二十万三千四百七十斤，
额铁三万一千四百一十二斤，
额贡五味子六十斤。

定辽左卫

额田九百三十七顷五十六亩，

额粮一万四千四百七十三石五斗，

额草一十二万三千五百二十束，

额盐二十三万五千二百六十四斤，

额铁二万五千二百九十九斤，

额贡五味子六十斤。

定辽右卫

额田七百七十八顷九十七亩，

额粮一万一千八百二十二石三斗，

额草一十万六千三百九十束，

额盐一十九万七百五十五斤，

额铁二万四千九百一十五斤，

额贡五味子六十斤。

定辽前卫

额田八百九十三顷六十亩，

额粮一万二千五百九十三石五斗，

额草九万一千七百九十束，

额盐一十六万八千三百二十一斤，

额铁二万一千一十二斤，

额贡五味子六十斤。

定辽后卫

额田一千二百三十九顷四十七顷（亩），

额粮一万五千九百九十六石四斗，
额草一十一万四千六百一十一束，
额盐二十七万三千四百一十五斤，
额铁二万二千九十一斤，
额贡五味子六十斤。

东宁卫

额田七百六十三顷三十八亩，
额粮七千七百七十九石三斗九升，
额草四万五千六百二十束，
额盐一十七万一千六百七十九斤，
额铁一万七千六百一十九斤，
额贡人参五百斤。

海州卫

额田二千四百二十九顷八十三亩，
额粮三万六百五十一石八斗，
额草一十六万二千七百束，
额盐一十三万六千七百八斤，
额铁一万四千九百一十斤。

盖州卫

额田二千八百三十二顷三十亩，
额粮三万一千七百六十四石五斗，

额草一万四千五百二十束，

额盐二十二万五千七百二十七斤，

额铁一万四千四百九十六斤。

复州卫

额田三千一百一十顷三十四亩，

额粮二万二千五百三石二斗，

额草一万一千束，

额盐一十九万七千一百一十三斤，

额铁一万三千五百一十三斤。

金州卫

额田五千九百九十六顷七十亩，

额粮三万六千二百三十五石，

额草三万六千五百六十四束，

额盐二十万九千八百三十一斤，

额铁一万二千四百四十斤。

广宁卫

额田七百一十六顷四十一亩，

额粮七千六百六十八石六斗，

额草二万八千四百一十八束，

额盐八万五千八百三十九斤，

额铁一万六千四百六十一斤。

广宁中卫

额田一千二百七十七顷八十二亩，
额粮一万二百五十八石四斗，
额草一十万三千三十一束，
额盐九万五千三百七十七斤，
额铁一万五千三百二十一斤。

广宁左卫

额田一千六百二顷一十二亩，
额粮二万五百九十石九斗，
额草一十六万九千四十四束，
额盐一十三万三百四十六斤，
额铁一万四千九百一十二斤。

广宁右卫

额田一千四百三十顷六十九亩，
额粮一万七千五百三十七石五斗，
额草一十四万四千一百一十九束，
额盐一十二万三千九百九十斤，
额铁一万三千三百八十一斤。

义州卫

额田六百六十一顷五十四亩，

额粮九千五百五十三石二斗，

额草二十万二千四十束，

额盐一十七万一千六百九十九斤，

额铁一万五千斤。

广宁后屯卫

额田三百二十二顷八十五亩，

额粮一万五百五十七石八斗，

额草六万七千六百束，

额盐九万五千三百七十七斤，

额铁一万五千三百八十三斤。

广宁中屯卫

额田一千一百九十三顷四十亩，

额粮一万七千三百六石一斗，

额草八万七千九百六十束，

额盐六万六千七百六十四斤，

额铁一万四千五斤。

广宁左屯卫

额田九百五十一顷九十二亩，

额粮一万三千九百七十一石三斗，

额草七万四千一百六十束，

额盐一十二万八百一十一斤，

额铁一万三百二斤。

广宁右屯卫

额田八百六十二顷六十四亩，
额粮一万七百三十四石一斗，
额草一十三万三千一百八十束，
额盐八万九千一十九斤，
额铁一万二千四百四十斤。

广宁前屯卫

额田六百七十顷四十八亩，
额粮一万八十四石一斗，
额草一十四万束，
额盐五万八百六十八斤，
额铁一万二千六百斤。

宁远卫

额田一千二十顷二十亩，
额粮一万七千九十九石三斗，
额草四十六万六千九百六十束，
额盐二十万二百九十二斤，
额铁九千九百八十斤。

沈阳中卫

额田一千三百九顷四十四亩，
额粮一万七千六百六十六石一斗，
额草一十七万九千一百束，
额盐一十二万七千七十七斤，
额铁一万六千斤。

铁岭卫

额田三百六十六顷九十三亩，
额粮五千九百八十一石，
额草四十三万六千七百七十束，
额盐一十万二千一斤，
额铁六千九百六十八斤。

三万卫

额田三百四十八顷八十四亩，
额粮五千五百五十石，
额草二十一万四千九百二十五束，
额盐一十三万二千七百一十七斤，
额铁二十万四百一十二斤。

辽海卫

额田二百七十四顷四十亩，

额粮四千一百四十石，

额草二十五万二千四百束，

额盐一十二万二千七百一十七斤，

额铁一万九千二百七十八斤。

永宁监

额田三千七百六十二顷一十七亩，

新田一千四百九十九顷。

（明）李辅等修：《全辽志》卷二《赋役志》，金毓黻：《辽海丛书》，沈阳：辽沈书社，1985 年，第 543—546 页。

第四章　清时期东北农业史料

《读史方舆纪要》卷十《北直一·山川险要》

渝关，一名临渝关，亦曰临间关，今名山海关，在永平府抚宁县东百里，辽东广宁前屯卫西七十里。北倚崇山，南临大海，相距不过数里，实为险要。隋开皇三年，城渝关。十八年，命汉王谅将兵伐高丽，出临渝关，值水潦，馈运不继而还。大业九年，杨玄感叛，李密谓玄感曰："天子出征，远在辽外，据临渝之险，扼其咽喉，可不战擒也。"唐贞观十九年征高丽，还自临渝。开元二十年，契丹可突干叛，幽州道副总管郭英杰屯于渝关外，为可突干所败。天宝十五载，安禄山叛，平卢帅刘客奴挈地来归，寻遣先锋使董秦袭渝关，入北平。《唐志》："柳城西四百八十里有渝关守捉城"，所谓卢龙之险也。天复三年，契丹阿保机遣其将阿钵寇渝关，刘仁恭子守光戍平州，诱执之。五代梁乾化中，渝关为契丹所取。薛居正曰："渝关三面皆海，北连陆。自渝关北至进牛口，旧置八防御兵，募士兵守之，契丹不敢轻入寇。及晋王存勖取幽州，使周德威为节度使，而德威恃勇不修边备，遂失渝关之险，契丹刍牧于营、平二州间，大为中国患。"欧阳修曰："渝关东临海，北有兔耳、覆舟山，山皆斗绝。并海东北有路，狭仅通车，其傍可耕植。唐置东硖石、西硖石、绿畴、米砖、长杨、黄花、紫蒙、白狼城以扼之。"后唐清泰末，赵德钧镇卢龙，石敬瑭以太原叛，求援于契丹，耶律德光许之。其母述律后曰："若卢龙军北向渝关，亟须引还，太原不可救也。"盖渝关控据形要，制临蕃、戎，实为天险。幽、平之间，以五关为形胜，而渝关又其最也。宋宣和末建燕山路，而渝关为女真所得，覆败不旋踵焉。《金国节要》云："燕山之地，易州西北乃金坡关，（今名紫荆关）。昌平之西乃居庸关，顺州之北乃古北关，景州东北乃松亭关，平州之东乃渝关。"渝关，金人来路也。自雄州东至渝关，并无保障，沃野千里，北限大山，重冈复岭，中五关惟居庸、渝关可通饷馈，松亭、金坡、古北止通人马，不可行车。其山之南，则五谷良材良木无所不有，出关未数里，则地皆卤瘠，盖天设之险，宋若尽得诸关，则燕山一路可保矣。金人既据平州，则关内之地蕃、汉杂处，故斡离不遂自平州入寇，此当时议割地者不明地理之误也。《志》云：渝关下有渝水通海，自关东北循海有道，道狭才数尺，仅通一轨，傍皆乱山，高峻不可越。明初以其倚山面海，名曰山海关。筑城置卫，为边郡之咽喉，京师之保障。

（清）顾祖禹撰，贺次君、施和金点校：《读史方舆纪要》卷十《北直一·山川险要》，北京：中华书局，2005 年，第 427—429 页。

《读史方舆纪要》卷十一《北直二·顺天府》

督亢陂，（州东南十里。其地沃美，即燕太子丹使荆轲赍图以献秦者。刘向《别录》云："督亢，燕膏腴之地也。"北魏主诩时，幽州刺史裴延俊案旧迹修督亢陂，溉田万余顷。又北齐主高演初，平州刺史稽晔开督亢陂置屯田，岁收稻粟四十万石。《括地志》："督亢陂径五十余里。"《寰宇记》："陂在范阳故城东南，跨连涿州、新城之界。"）

（清）顾祖禹撰，贺次君、施和金点校：《读史方舆纪要》卷十一《北直二·顺天府》，北京：中华书局，2005 年，第 470—471 页。

《读史方舆纪要》卷十八
《北直九·万全行都司开平大宁二卫及诸卫附》

废泰州，（在临潢东南。《辽志》："泰州德昌军，本契丹二十部族牧放之地，因黑鼠族累犯龙化州，民不能御，遂移东南六百里建城居之，曰泰州，治乐康县，兼领兴国一县。"金大定中州、县俱废。承安中改置金安县。又于长春县改置泰州，以金安隶焉。寻废。〇废长春州，在临潢东北。《辽志》："本鸭子河春猎之地，辽主宗真置长春州韶阳军，领长春一县，县本混同江地也。"金废主亮降州为县，隶肇州。承安三年改置泰州于此，领长春县。元废。《金志》："泰州北至边四百里，南至懿州八百里，东至肇州三百五十里。"又《北边纪事》："长春州亦曰长春路。宋政和初辽主延禧如长春州，至混同江钓鱼。五年辽主讨女真，以兵十万出长春路，又分五部兵出北山骆驼口，别以部骑五万南出宁江州。盖长春去女真最近也。边人亦谓之新泰州。明初洪武二十年，命冯胜等讨纳哈出，纳哈出闻之，弃金山，巢穴营于新泰州，去辽阳千八百里，即故长春县矣。自长春而东北有详稳九逼，即营田九区法。今纵横故址犹存。自长春而西北有群牧十二所，盖蕃育处也。今为福余境内地。肇州、宁江，俱见辽东塞外境。）

（清）顾祖禹撰，贺次君、施和金点校：《读史方舆纪要》卷十八《北直九·万全行都司开平大宁二卫及诸卫附》，北京：中华书局，2005 年，第850—851 页。

《读史方舆纪要》卷五十六《陕西五·汉中府》

山河堰，（在今县南二里。横截黑龙江，起自汉相国萧何，而曹参成之。宋绍兴二十二年，利州东路帅臣杨庚奏称："褒斜谷口旧有六堰，灌溉民田。靖康之乱，民力不能修葺，夏月暴水冲坏堰身，请设法修治。"乾道四年宣抚使王炎言："山河堰世传汉萧、曹所作，嘉祐中提举史照上堰法，获降敕书，刻石堰上。中兴以来，堰事荒废。今委知兴元府吴拱修复，尽修六堰，浚大小渠六十有五，凡溉南郑、褒城田二十三万三千亩有奇。"赐诏奖谕是也。今城东南六里曰金华堰，金华上游曰高堰，下流曰舞珠堰、大小斜堰，县南五里为第三堰，皆引褒水之流，即六堰旧址矣。）

（清）顾祖禹撰，贺次君、施和金点校：《读史方舆纪要》卷五十六《陕西五·汉中府》，北京：中华书局，2005 年，第 2678 页。

《廿二史札记》卷二十七《辽燕京》

京师本唐范阳节度使治，府曰幽州，军曰卢龙。辽太宗会同元年，晋主石敬塘（瑭）遣赵莹以幽、蓟、瀛、莫、涿、檀、顺、妫、儒、新、武、云、应、朔、寰、蔚十六州来献，乃诏以幽州为南京。三年三月，至南京，备法驾，入自拱辰门，御元和殿，行入阁礼。又御昭庆殿，宴南京群臣。按石晋才以地来归，太宗驾至，即有拱辰、元和、昭庆等名，则非辽所建之宫殿可知也。是年冬，始诏燕京建凉殿于西南堞。建一凉殿尚特书于本纪，更可知太宗初入时，并未别有改筑。盖幽州自安、史叛乱已称大燕，后历为强藩所据。唐末刘仁恭僭大号于此，必久有宫殿名，辽但仍其旧耳。圣宗统和二十四年，改南京宣教门为元和门，外三门，一为南端，左掖为万春，右掖为千龄（秋）。开泰元年，又改幽都府为析津府，幽都县为宛平县。太平五年，驻跸南京，幸内果园宴。时值千龄节，燕民以年谷丰熟，车驾适至，争以土物来献。上礼高年，惠鳏寡，赐酺饮。至夕，六街灯火如昼，士庶嬉游，上亦微行观之。盖辽以巡幸为主，有东西南北四楼曰捺钵，又有春水、秋山，岁时游猎，从未有久驻燕京者，是年偶度岁于此，故以为仅事也。今其基址亦有可约略者。《辽史·地理志》谓城方三十六里，崇三丈，衡广一丈五尺。八门，东曰安东、迎春，南曰开阳、丹凤，西曰显西、清晋，北曰通天、拱辰。大内在西南隅。其所改之元和门及南端、万春、千龄（秋）等门，则大内之门也。悯忠寺有李匡威所立之碑，曰大燕城内东南隅有悯忠寺，是唐藩镇牙城本在悯忠寺之西。《辽志》云大内在西南隅，宋王曾记契丹事，亦云燕京子城就罗郭西南为之，是辽之南京，即唐幽州镇之旧治，确有明证。金初因之。宋钦宗至金，馆于燕山东南悯忠寺，此寺犹在东南也。海陵始扩东、南二面而大之，（详见《金筑（广）燕京》条内）元世祖又广其西、北而截其东、南，（详见《元筑都城》条内）明徐达又截其西、北，成祖建都则又广之于东，（详见《明筑都城》条内）盖至是凡数改矣。惟王曾记自卢沟河至幽州六十里，今卢沟桥至京不过三十里，辽、金之燕京尚在西北面，其去卢沟宜近，乃较远于今，何也？盖今卢沟桥乃金章宗时始建，辽时卢沟河尚未有桥，其渡河之处或尚在南，故至幽州六十里耳。

（清）赵翼撰，曹光甫校点：《廿二史札记》卷二十七《辽燕京》，南京：凤凰出版社，2008年，第395—396页。

《钦定续通志》卷六三五《四夷传一》

高丽本曰高句骊，汉时扶余别种常居之。其地东至新罗，南至百济皆跨大海，西北渡辽水接营州，而靺鞨在其北，其都平壤城，即汉乐浪郡。

（清）官修：《钦定续通志》卷六三五《四夷传一》，杭州：浙江古籍出版社，2000年，第6723页。

《清朝通典》卷二《食货志二》

国初，以近京各州县无主荒田及前明皇亲、驸马、贵戚、大臣、内监殁于寇乱无主荒田，并百姓带地投充之田，设立庄屯。自王以下及官员兵丁，皆授以土田，俾世为恒产。嗣后生齿日繁，凡盛京、古北口外新辟之壤咸隶焉，其官庄有三：一宗室庄田，一八旗官兵庄田，一驻防官兵庄田。凡牧场地，专隶内务府会计司，掌其牧纳之数。

（清）官修：《清朝通典》卷二《食货志二》，杭州：浙江古籍出版社，1988年，第2029页。

《清朝通典》卷三《食货志三》

国初以盛京为驻防重地，按旗分处，各有定界。继因边内地瘠，粮不足支，展边开垦，移两黄旗于铁岭，两白旗于安平，两红旗于石城，两蓝旗所分张义站、靖远堡地瘠，以大城地与之。又，以外藩蒙古隶入版图，分为五等拨给田土。一等给庄屯三所、园地九十亩，二等给庄屯二所、园地六十亩，三等以下止给庄屯。

（清）官修：《清朝通典》卷三《食货志三》，杭州：浙江古籍出版社，1988年，第2033页。

《钦定八旗通志》卷六十六《土田志五·土田规制五》

盛京满洲新开蒿地，奏言东至抚顺，西至山海关，南至盖州，北至开原，计田万顷有奇，征收钱粮约仅有万两，据将军言若将满洲自开地亩尽撤入官，恐难度日。

（清）官修：《钦定八旗通志》卷六十六《土田志五·土田规制五》，载《景印文渊阁四库全书》第六六五册，台北：商务印书馆，1986年，第339页。

盛京未垦荒地荒田一百五十四万七千六百余晌。

（清）官修：《钦定八旗通志》卷六十六《土田志五·土田规制五》，载《景印文渊阁四库全书》第六六五册，台北：商务印书馆，1986年，第339页。

谕大学士等：黑龙江官兵口粮关系至重，屡次转运米数并黑龙江默尔根地方所种米数，宜加察明，盛京等处运米为久远裨益之计，当周详区画，又发遣彼处游手无事之人甚多，其口粮作何酌给，前至黑龙江一带乃径直通衢，往来转输断不致稍有阻滞，如蔡毓荣等巨富之人并殷实之家概予口粮，殊觉未当，彼处汉军皆着察出披甲当差、游手无事之人，可分设官庄，广开田亩，以为恒产。令户兵二部贤能司员迅往逐一察明确议，具奏。

（清）官修：《钦定八旗通志》卷六十六《土田志五·土田规制五》，载《景印文渊阁四库全书》第六六五册，台北：商务印书馆，1986年，第340页。

遣部员自吉林乌喇至黑龙江以蒙古锡伯达呼尔索伦等人力耕种，田谷大获，夫民食所关至重，来岁仍遣前种田官员，以蒙古锡伯达呼尔索伦等人力耕种，郎中博奇所监种田地，较诸处收获为多，足供驿站人役之口粮，又积贮其余谷，博奇效力视众为优。其令注册，此遣去诸员可互易其地监视耕种，博奇又复大获，则议叙之。

（清）官修：《钦定八旗通志》卷六十六《土田志五·土田规制五》，载《景印文渊阁四库全书》第六六五册，台北：商务印书馆，1986年，第340页。

二十九年，黑龙江将军萨布素疏言：默尔根居住之总管索伦安诸祐等，每年耕种官田二千余晌，令官兵移驻默尔根，请即以此项成熟之田，分给耕种。

（清）官修：《钦定八旗通志》卷六十六《土田志五·土田规制五》，载《景印文渊阁四库全书》第六六五册，台北：商务印书馆，1986年，第341页。

盛京将军所送愿垦官地开户人内选能种地壮丁五十名，增设官庄五所，拨地开垦，其资送及拨给田房、牛种、器具、衣帽、口粮，并应纳粮数均照二年之例，再六年增设官庄五所，合之此次所增官庄五所，已足十庄之数，亦照例增设领催一名管理。

九年二月，议政大臣和硕裕亲王广禄等议得："副都统巴宁阿所奏，开垦拉林地亩移驻满洲一事，以今年出派本处人丁一千五百名尽力开垦，得地七百五十一顷二十一亩。将此地即令原派一千五百人耕种。明年再添派人丁六百名开垦，又可得地三百顷。二年所得共一千五十余顷。给与移驻一千户满洲均分，每户得地一顷有余。再者修造房屋衙署，杂事甚繁，只前所派人丁六百名不足供役。请添派六百名给与盐菜银两及采办牛只、犁铧各费用，即于吉林库存项下动支。"

（清）官修：《钦定八旗通志》卷六十六《土田志五·土田规制五》，载《景印文渊阁四库全书》第六六五册，台北：商务印书馆，1986年，第343—344页。

盛京户部照数归款，如此则一千户满洲地亩、房屋可以按期完成等语。查臣等议政处，原议，一千户满洲每名给地三顷，后经侍郎三和具奏：二年内只能开垦一千六七百顷。臣等续议，且以二年内所垦均给外，其余随其力量递年补垦足额，咨行在案。

（清）官修：《钦定八旗通志》卷六十六《土田志五·土田规制五》，载《景印文渊阁四库全书》第六六五册，台北：商务印书馆，1986年，第344页。

盛京地亩，按则征租每晌三四钱不等，而各属月报粮价每一石米市值七八钱至一两四五钱，是即将地租全征尚不敷买补。则不敷之价又将何出，且不敷之米几及三万，即为年额必需采买之数，设遇年景不齐，市价昂涌，若加价采买，则租数多亏，若停买缓待，则兵丁又无米可支，是不但无裨兵食，反恐有损民仓，与其更张成规，每多掣肘，自不如遵照旧例，较为允协。该将军所奏应毋庸议，至随缺地亩，其中或间有遥远之处，自应就地土之坐落量加筹换，即可使远近田亩一律均齐矣。

（清）官修：《钦定八旗通志》卷六十六《土田志五·土田规制五》，载《景印文渊阁四库全书》第六六五册，台北：商务印书馆，1986 年，第 356 页。

上谕户部议驳宏晌等奏：盛京各城兵丁随缺地亩，请交地方官按则征租，将所得租银折中定价，改给米石一折，所驳甚是，已依议行矣。各城兵丁赏给随缺地亩，俾其自为耕种，以资养赡。所以体恤兵丁者至为周渥，宏晌等乃因其地有远近，辄欲官为征收，按价折米。设或丰歉不齐，采买无资，又将作何筹办？该将军等何未计及于此？至从前定议时，原令将现在闲空荒甸就近均匀分拨。何以兵丁受拨之田，悉皆窎远，是当时已办理不善。即或因地亩不能就近分拨，有断难照办之势，当时即应奏明，另为设法，乃相沿日久，或欲一旦更张，又不计其事之是否可行，徒欲要誉众兵，而未知通盘筹画，有是理乎？着传谕宏晌，将其中有无弊混之处，据实奏覆。

（清）官修：《钦定八旗通志》卷六十六《土田志五·土田规制五》，载《景印文渊阁四库全书》第六六五册，台北：商务印书馆，1986 年，第 356—357 页。

《钦定八旗通志》卷七十六《土田志十五·土田教令》

是年（康熙三十年）十二月，谕户部曰：塞外聚谷，甚属要务，故耕稼土田以广积贮为至切也。达尔湖之地，其田以内府庄屯之人耕之。可令总管内务府，于各庄屯内遣其丁壮，其谷种、耒耜及诸田器、耕牛，皆令预备。于三旗内府官员、新满洲护军、披甲之中熟谙农事者，择而遣之。呼尔湖之地，其田以八旗诸王庄屯之丁壮耕之。其谷种、耒耜及诸田器、耕牛，咸令预备。熟谙农事人员，择而遣之。垦辟耕种之时，稷与大麦、油麦、春麦四种谷，皆可艺植。稷宜多种，春麦宜少种。遣往耕田之人，田既耕种毕，则酌留耘田之人，其余人遣还。谷既熟，则所留耘田之人可以收获。此农人所食之米，于古北口所贮米石中计口而授之。西拉木伦之地，其耕田悉照原议。遣盛京人员前往，俟农毕收成之后，视丰收地方，其治田人员该部议叙。尔等其议以闻。

（清）官修：《钦定八旗通志》卷七十六《土田志十五·土田教令》，《景印文渊阁四库全书》第六六五册，台北：商务印书馆，1986 年，第 468 页。

《钦定八旗通志》卷一三九《人物志十九·大臣传五》

得旨：前因罗刹侵扰内地，是以驻兵黑龙江，设立官堡，遣员屯粮。原欲多积米石，厚备军储。仍令革任总督蔡毓荣经理二十堡，萨布素曾奏其皆有成效，后因其十二堡荒弃无收，复请停止屯种，将壮丁改归驿站。其余官堡，逋课日多，并从前贮存仓米，支散无余，致驻防兵饷匮乏。萨布素难辞其咎，令明白回奏。八月，奏言："官屯耕种，虽未失时，而地气早寒，秋霜损稼。又累经水旱，不能支纳官粮，兵丁糊口无资，因以旧存仓米按丁支放。由臣庸劣，不能远谋所致。至前奏蔡毓荣所管十二屯堡，停止耕种，罪实难辞。今请以齐齐哈尔、墨尔根驻防之兵丁，每年轮派五百人，遣往锡伯等处耕种官田。督令未及霜降，悉行收获。夏秋间以船贮谷，运至齐齐哈尔仓收存。其所买耕牛、田器、籽种先于备存，俸饷内支用。俟次年收获日扣还归款，则粮储裕而兵饷可充。"疏下户部察议。寻议锡伯诸处屯种事宜，应如所请行。其以蔡毓荣荒废之屯地，妄报成效，实属瞻徇。又以贮存谷石，混行给散，不能严饬兵丁屯种纳粮，应令赔偿逋谷一千二百三十余石归仓，并请旨严加治罪。

（清）官修：《钦定八旗通志》卷一三九《人物志十九·大臣传五》，《景印文渊阁四库全书》第六六六册，台北：商务印书馆，1986 年，第 255 页。

《钦定续文献通考》卷五《田赋考·屯田》

永乐中调戍者勿遣时，又屡核各屯以征戍罢耕及官豪势要占匿者，减余粮之半。迤北来归就屯之人，给车牛农器，分辽东各卫屯军为三等：丁牛兼者为上，丁牛有一为中，俱无者为下。

（清）嵇璜、曹仁虎等：《钦定续文献通考》卷五《田赋考·屯田》，《景印文渊阁四库全书》第六二六册，台北：商务印书馆，1986年，第135页。

《钦定续文献通考》卷六《田赋考·官田》

邢州男子赵迪简言："随路不附籍官地及河滩地，皆为豪强所占。而贫民土瘠税重，乞遣官拘籍冒佃者，定立租课，复量减人户税数，庶得轻重均平。"诏付有司，将行而止。寻以近都明安穆昆所给官地率皆薄瘠，豪民租佃官田岁久，往往冒为己业，令拘籍之。又谓省臣曰："官地非民谁种，然女直人户自乡土三四千里移来，尽得薄地，若不拘刷良田给之，久必贫乏，其遣官察之。"又谓参知政事张汝弼曰："先尝遣问女直土地，皆云良田。及朕出猎，问之，则谓自起移至此，不能种莳，斫芦为席，或斩刍以自给。卿等其议之。"省臣奏："官地所以人多蔽匿盗耕者，由罪轻故也。"乃更条约，立限令人自陈，过限则人能告者有赏。遣同知中都路转运使张九思往拘籍之。至十九年十二月，谓宰臣曰："亡辽时所拨地，与本朝元帅府，已曾拘籍矣。民或指射为无主地，其间播种岁久，若遽夺之，恐民失业。"因诏括地官张九思戒之。复谓宰臣曰："朕闻括地事所行极不当，如皇后庄、太子务及秦汉以来，长城燕子城之类止以名称便为官地，此田百姓为己业，不知几百年矣。所执凭验，一切不问，其相邻冒占官地，复有幸免者。能使军户稍给，民不失业，乃朕之心也。"至二十一年十月，帝与张仲愈论冒占田事，又令俟丰年括籍官地。二十二年，省臣复以为奏，帝曰："本为新徙四明安贫，须刷官田与之，若张仲愈等所拟条约太刻，恐民苦之。可为酬直，且先令明安穆昆人户，随宜分处，计其丁壮牛具，合得土田实数，给之。不足，则以前所刷地二万余顷补之。复不足，则续当议。"时有落兀者与婆萨等争懿州地六万顷，以皆无据验，遂没入官。

（清）嵇璜、曹仁虎等：《钦定续文献通考》卷六《田赋考·官田》，《景印文渊阁四库全书》第六二六册，台北：商务印书馆，1986年，第153—

154 页。

《钦定续文献通考》卷十五《职役考》

《辽史·文学传》曰：重熙时诏天下言治道之要，制问："今之徭役何者最重？何者尤苦？何所蠲省则为便益？补役之法何可以复？"彰愍宫使萧䍐嘉努对曰："臣伏见比年以来，高丽未宾，准布独强，战守之备，诚不容已。乃者选富民防边，自备粮糗。道路修阻，动淹岁月；比至屯所，费已过半；只牛单谷，鲜有还者。其无丁之家，倍值佣僦，人惮其劳，半途亡窜，故戍卒之食多不能给。求假于人，则十倍其息，至有鬻子割田，不能偿者。或通役不归，在军物故，则复补以少壮。其鸭渌江之东，戍役大率如此。况渤海、女直、高丽合从连衡，不时征讨。富者从军，贫者侦候。加之水旱，菽粟不登，民以日困。盖势使之然也。方今最重之役，无过西戍。如无西戍，虽遇凶年，困弊不至于此。若能徙西戍稍近，则往来不劳，民无深患。诸部皆有补役之法。昔补役始行，居者、行者类皆富实，故累世从戍，易为更代。近岁边虞数起，民多匮乏，既不任役事，随补随缺。苟无上户，则中户当之。旷日弥年，其穷益甚，所以取代为艰也。非惟补役如此，在边戍兵亦然。欲为长久之计，莫若使远戍疲兵还于故乡，薄其徭役，使人人给足，则补役之道可以复故也。"

（清）嵇璜、曹仁虎等：《钦定续文献通考》卷十五《职役考》，《景印文渊阁四库全书》第六二六册，台北：商务印书馆，1986 年，第 326 页。

《钦定续通典》卷二《食货二》

金之田制量田以营造尺。五尺为步；阔一步，长二百四十步为亩；百亩为顷。民田业各从其便，卖质与人无禁，但令随地输租而已。凡桑枣，民户以多植为勤，少者必植其地十之三，明安穆昆户少者必课种其地十之一，除枯补新，使之不缺。凡讲射荒地者，以最下第五等减半定租，八年始征之。作己业者以第七等减半为税，七年始征之。自首冒此邻地者，输官租三分之二。佃黄河退滩者，次年纳租。海陵天德二年定制，凡职田亩取粟三斗、草一称。仓场随月俸支，正三品三十顷，从三品二十一顷，正四品十七顷，从四品十四顷，正五品十三顷，从五品七顷，正六品、从六品六顷，正七品、从七品五顷，正八品四顷，从八品三顷，正九品、从九品二顷，诸防刺以上女真、契丹司吏、译史、通事，不问千里内外，公田三顷。诸亲王受任朝官兼外官者，职田从职。[金制二品而下无职田，三品而下在京者，亦无职田]

（清）官修：《钦定续通典》卷二《食货二》，杭州：浙江古籍出版社，1988年，第1118页。

《钦定续通典》卷六《食货六》

武宗正德时，辽东屯田较永乐间田赢万八千余顷，而粮乃缩四万余石。初永乐时，屯田米常溢三之一，常操军十九万，以屯军四万供之。而受供者又得自耕。边外军无月粮，以是边饷恒足。及是，屯军多逃死，常操军止八万，皆仰给于仓。而边外数扰，弃不耕。刘瑾擅政，遣官分出丈田责逋。希瑾意者，伪增田数，披括惨毒，至辽卒协众为乱，抚之乃定。

（清）官修：《钦定续通典》卷六《食货六》，杭州：浙江古籍出版社，1988年，第1147页。

《钦定续通典》卷九《食货九》

金制，官地输租，私田输税。其输租之制不传，大率分田之等为九而差次之。夏税亩取三合，秋税亩取五升，又纳秸一束，每束计十有五觔，夏税六月至八月止，秋税十月至十二月止，分为初、中、末三限，州三百里以外者，纾其期一月，屯田户佃官地者，有司移明安穆昆督之。章宗泰和五年，改秋税，以十一月为初限。中都、西京、北京、上京、辽东、临潢、陕西、地寒，稼穑迟熟，夏税以七月为初限。凡输送粟麦，在三百里外者石减五升，以上每三百里递减五升，粟折秸百秤者，百里内减三秤，二百里减五秤，不及三百里减八秤，三百里及输本色稿草各减十秤。计民田园、邸舍、车乘、牧畜、种植之资，藏镪之数，征钱有差，谓之物力钱。遇差科，必按版籍，先及富者，势均则以丁多寡定甲乙。其或不可分析者，率以次户济之。宣宗兴定四年，镇南军节度使温特赫思敬上书言：今民输税，其法大抵有三，上户输远仓，中户次之，下户最近，然近者不下百里，远者数百里，计道路之费倍于所输，而雨雪有稽违之责，遇贼有死伤之患。不若止输本郡，令有司检算仓之所积，称屯兵之数，使就食之，若有不足，则增敛于民，民计所敛不及道里之费，将欣然从之矣。此外又有牛头税，即牛具税，明安穆昆部女直户所输税也。其制：每末牛三头为一具，限民口二十五受田百顷四亩有奇。岁输粟不过一石，官民占田无过四十具。太宗天会三年，以岁稔官无储积，无以备饥馑。诏令一末赋粟一石，每穆昆别为一廪贮之。四年，诏内地诸路每牛一具，赋粟五斗为定制。世宗大定元年，诏诸明安不经迁移者，征牛具税，粟即命穆昆监其仓，有亏损则坐之。二十三年，以版籍岁久，贫富不同。明安穆昆又皆年少，不练时事，一旦军兴，按籍征之，必有不均之患。乃令验实推排，阅其户口畜产之数，尚书省详定入奏。

（清）官修：《钦定续通典》卷九《食货九》，杭州：浙江古籍出版社，1988年，第1159页。

《钦定大清会典则例》卷三十三《户部·户口下》

又覆准吉林等处，有直省百姓情愿入籍者，准其入籍，但不得容匿，逃人重犯改换姓名潜居其地，必行询各原籍，咨覆到日于户口册内照奉天所属民人每民征丁银一钱五分。五年，议奏寄居奉天府流民设法行遣，陆续令回原籍。

（清）官修：《钦定大清会典则例》卷三十三《户部·户口下》，《景印文渊阁四库全书》第六二一册，台北：商务印书馆，1986年，第30—31页。

《钦定大清会典则例》卷三十四《户部·田赋一》

　　二十五年，题准锦州、凤凰城等八处荒地分拨旗民，给牛屯垦，每十六丁内二丁承种，余十四丁助，给口粮农器。又题准黑龙江墨尔根地方，由部各差官一人监看耕种。默尔根令索伦达虎里官兵耕种。黑龙江令盛京官兵耕种。

　　盛京迁移家口，每丁给碾磨银五两，其家口每人给整备行装银二两，沿涂各给口粮，拨驿站车辆送至吉林，由吉林拨运粮船仍给口粮，送至湖兰。初至湖兰每丁给冬夏衣帽，其家大口每月给粮二斗四升九合，小口半之，每开垦地六亩给籽种二斗，每庄给牛六头，如有倒毙，动支库贮牛价银买补。再湖兰安驻兵丁各有垦种地亩，不能代官庄人等助垦，于每庄额给牛六头外，各多给牛二头，令全出己力垦种，此牛如有倒毙，无庸补给，每牛一头月给牛料粮一石二斗，其家口粮给一年，牛料粮给两月皆停止。每丁所受之地岁纳粗细粮三十石，第一年免输，第二年交半，第三年全纳。再委拨官兵采木造屋，每间各给四两饭银，动支库银仓粮，令该将军等分晰归款奏销。

　　盛京将军察送愿垦官地开户人内选能种地壮丁五十名，增设官庄五所，拨地开垦，其资送及拨给田、房、牛、种、器具、衣帽、口粮，并应纳粮数均照二年之例。再六年增设官庄五所，合之此次所增官庄五所，已足十庄之数，亦照例增设领催一名管理。

　　盛京牧场。顺治五年题准奉天中前所、前屯卫、中后所三处地亩，令八旗均分为牧场，自东迤西先给两黄旗，次两白旗，次两红旗，次两蓝旗。康熙二年，题准锦州大凌河牧场，东至右屯卫，西至鸭子厂，南至海，北至黄山堡，仍留备用牧马，不许民间开垦。乾隆十三年，议准大凌河马场，长百余里，宽三四五六十里不等，甚属宽广，今既裁减马群，应于马场西界，横截十里给与官兵就近耕种，以资养赡，但恐伊等日后图利，私行侵占开垦，耕种有碍马场，令差往大臣会同该副都统并总管核明应截牧场地址，编定四至，注册备考。又奏准锦州大凌河马场，东至右屯卫，西至鸭子厂，南至海，北至黄山堡。丈得东西长九十里，南北长十八里，至六十里不等，折算约二百九十余里，计地万七千九百余顷。此内应遵照原议，自西界横截十里，会同该副都统牧群总管丈量，西边自南至北长十八里有奇，东边自南至北长二十里有奇。其自东至西应截地内，南界窄狭，北界有山，有足截十里者，有不足十里者，照依地势裁给，计地已有九百三十八顷有奇。随分定界址，东至杏山，北（至）濠沟，西至鸭子厂，南至七里，河北至金厂堡。将裁截之处，建筑封堆，以杜将来私垦。

（清）官修：《钦定大清会典则例》卷三十四《户部·田赋一》，《景印文渊阁四库全书》第六二一册，台北：商务印书馆，1986 年，第 56—62 页。

《钦定大清会典则例》卷三十五《户部·田赋二》

盛京民赋田每亩科银一分至三分不等，米二升八勺至七升五合不等，退圈地每亩科银一分至三分不等，豆四升三合至一斗不等。

（清）官修：《钦定大清会典则例》卷三十五《户部·田赋二》，《景印文渊阁四库全书》第六二一册，台北：商务印书馆，1986 年，第 64 页。

《钦定大清会典则例》卷四十《户部·积贮》

盛京地方与各省不同，无庸分别州县大小定数，其九州县积贮米粮有多寡不同，锦县见积贮六万石，宁远州见积贮五万余石，为数颇多，承德等七州县止各存万六七千石不等。自四十三年起，将锦宁二州县应征米豆，改为征银解交承德等七州县买粮建仓积贮。

（清）官修：《钦定大清会典则例》卷四十《户部·积贮》，《景印文渊阁四库全书》第六二一册，台北：商务印书馆，1986 年，第 228 页。

《钦定大清会典则例》卷一三九《盛京户部·官庄》

二十四年，特遣大臣督领盛京官兵至黑龙江分给牛种垦地九十顷有奇。二十五年，定锦州府凤凰城等处荒地分拨旗丁给牛屯垦，每十六丁内二丁承种，十四丁助，给口粮农器，合民丁所垦共地一千四百七十九顷。又定锦州府凤凰城等处，遣大臣三人、司官八人前往会同盛京将军、户部侍郎酌量屯垦。二十八年，谕：奉天等处地方旗民杂处，地亩陇界交连耕种者甚多。旗地界内居民有力垦种者，许其耕种，照例征收钱粮，若旗丁有力开垦亦听垦种，不许互相拦阻。

（清）官修：《钦定大清会典则例》卷一三九《盛京户部·官庄》，载《景印文渊阁四库全书》第六二四册，台北：商务印书馆，1986年，第366页。

《钦定大清会典则例》卷一五五《太仆寺》

盛京户部将垦过亩数年终汇册报户部察核。五十八年，定奉天州县官，如因公出差委所属吏目典史等监收民赋，不得私委子弟书吏及私行借给，违者令府尹题参。如府尹徇情不纠，事发一并交部议处。雍正元年，定奉天存贮米豆甚多，仓廒不敷，将每年地丁米豆暂于元二两年酌量征银以作盖仓之费。三年，定自四年为始地亩征米、人丁征银，所收银遇有盖仓州县题请动用，余解盛京户部充饷，俟收贮黑豆需用将完，题请照旧征豆。

（清）官修：《钦定大清会典则例》卷一五五《太仆寺》，《景印文渊阁四库全书》第六二五册，台北：商务印书馆，1986年，第91页。

《钦定大清会典则例》卷一六〇《内务府·会计司》

盛京粮庄所纳粮米，给与三旗人丁口粮外，余于该庄作窖收贮。又奏准涿州稻田旱地征输额数与玉田县同科。三十年，奏准各庄头收存之粮，核明实数或十庄或五庄收聚一处，择殷实之庄作窖收贮。三十四年，奏准归化城十三庄，每庄岁征米二百石，由归化城都统征收贮本处旗仓。四十五年，奏准捕牲乌喇五庄，岁纳粮八百四十斤石八斗。（每斤石合仓石三石六斗）令该处总管征收贮仓备用，其出入数目仍令报府。五十年，奏准各庄交仓额粮送廒草豆，每年委司官一人、催长二人监视，交送如有不收本色勒索迟延者，准其呈堂察参，若徇庇不举，监视官一并议处。五十一年，奏准一等庄岁纳粮二百五十石，二等二百二十石，三等一百九十石，四等一百二十石，均每石折米五斗半分，庄岁纳粮六十石、谷草千束（束重七斤）、秫秸一百四十束（束重十有五斤）。

（清）官修：《钦定大清会典则例》卷一六〇《内务府·会计司》，《景印文渊阁四库全书》第六二五册，台北：商务印书馆，1986年，第187页。

《钦定大清会典则例》卷一六四《内务府·都虞司》

盛京及冷口等处牲丁应交狍、鹿、鹿腊诸物，仍照例交纳，停其折银。三年，奏准停止奖赏珠轩幼丁段袍之例，所得东珠不准抵算合计实数，各珠轩除额征数目外，多得一颗赏毛青布十五匹，多得十五颗以上，作为一分总管，赏备皮鞍马一匹，翼领赏马一匹，骁骑校等各赏绸五匹，领催等各赏毛青布十匹。五年，奏准计捕牲乌喇见设四十二珠轩，应征东珠六百七十二颗，如有额外多得者，每十五颗为一分，按分给赏，岁由该总管将所得珠数呈报本司及工部，俟工部选定日期由司会广储司官赴部公同验视，由广储司呈总管验视编定等次，奏明归类本司，仍移知工部，所赏马由上驷院鞍辔，由武备院段布，由广储司各支领给发。十四年，覆准捕牲乌喇每年额交人参三千两，计本年所交仅八百三十五两，阙额太多，据将军奏称，从前采参均壮丁二百名，兵丁百名，同采兵丁不识路径，有壮丁率领，方能无误。本年只令兵丁前往，是以阙额如此之多，应如所请，于见设采参骁骑三百名，内裁去百名，增委采蜜丁二百名，共四百名，各给票一纸，仍照三千两之额，令每人暂交人参七两五钱，试采一年，多则议赏，少则再议具奏。十五年，奏准采参丁三百名，停止采参，改编为十二珠轩，每珠轩额征东珠十六颗，每岁额征东珠百九十二颗。十七年，奏准新编十二珠轩，每珠轩头目月给银一两五钱，副头目月给银一两，壮丁月给银五钱。又议准捕牲乌喇采蜜丁四百五十名，内除拨采东珠三百名外，其采蜜正丁只有百五十名，嗣后停其轮流采东珠，专令采蜜。又议准司属东安武清之雀户，被水淹没地四十九顷有奇，自乾隆六年以来，均由司委官前往会同地方官察勘，惟有乾隆十年勘出水涸淤地六十六亩有奇，业已升科，余年并未察出，徒滋纷扰，嗣后停止，委官交户部转咨直督，岁于秋成后饬地方官勘明报府。再宛平县尚安村雀户，水田被水冲坏，沟渠水淹成沟，难以耕种田九十五亩，堪种旱地二十四亩，岁委催长一名，察勘以杜隐匿。十九年，议准旧有珠轩头目，每名各月给银二两，每珠轩各有副头目三名，各月给银一两，壮丁每年给食银六两，嗣后旧有采捕东珠四十二珠轩人丁内如滋生加增，仍照旧有珠轩，每珠轩头目一名，副头目三名，珠轩头目每月给银二两，副头目给银一两，照例遵行，外新编十二珠轩人丁内如滋生加增，照依乾隆十七年奏准之例，每珠轩头目一名，副头目一名，珠轩头目每月支给银一两五钱，副头目每月支给银一两。

（清）官修：《钦定大清会典则例》卷一六四《内务府·都虞司》，《景印文渊阁四库全书》第六二五册，台北：商务印书馆，1986年，第313—314页。

《钦定大清会典则例》卷一六八《内务府·武备院》

盛京长宁寺僧，每二年给黑犊皮秋辔鞍一具。分给田庐，沙河司匠给官房十间，笔帖式、领催、库守各给官房六间，毡匠共给官房三百八十八间（今见有房二百四十六门半）内头目二十名各给官地一亩二分，其余匠役各给官地一亩，均令新旧交代相承为业。

（清）官修：《钦定大清会典则例》卷一六八《内务府·武备院》，《景印文渊阁四库全书》第六二五册，台北：商务印书馆，1986年，第397页。

《钦定大清会典则例》卷一七三《八旗都统三·田宅》

十九年，议准由京城迁往盛京当差官兵及安庄人等有将在京地亩退还愿领盛京地亩者，将彼处旗人垦出余地，并未垦荒地酌量拨给。二十五年，题准锦州凤凰城等八处荒地分拨旗民，给牛屯垦，每十六丁内二丁承种，余十四丁助，给口粮农器。又题准黑龙江墨尔根地方，由户部各差官一人监看耕种，墨尔根令索伦达虎里官兵耕种，黑龙江令盛京将军、户部侍郎酌量开垦。

（清）官修：《钦定大清会典则例》卷一七三《八旗都统三·田宅》，《景印文渊阁四库全书》第六二五册，台北：商务印书馆，1986 年，第 474 页。

《清朝文献通考》卷五《田赋考五》

谕旨户部议覆，侍郎英廉请丈出盛京旗民余地，准令无地兵丁闲散人等认买一折，原为旗民生计起见。但此等无地人户贫富不齐，其有余者置产必多，而无力之家未必能一律承买，恐于伊等资计仍无实济。因念该处冬围兵丁一切鞍马之需不无拮据，若将此项余地内酌派征租，每年备赏资装，于该兵等殊有裨益。其应拨用若干及所余地亩，除拨补随缺各项外，或可一体征租存贮动拨，或听旗人认买，毋致有名无实之处。新柱现在出差盛京，着会同该将军府尹等，确勘该地实在情形，妥协定议具奏。嗣据新柱等议言：现在丈出余地四十一万八百余晌，加之移驻塔尔巴哈台兵一千名随缺地七千晌，二共四十一万七千八百余晌，内除应拨随缺官员等地一万六千九百晌，兵丁地四万八千五百七晌，水冲沙压学田水手公产等项地三万九千九百余晌，其余地亩共三十一万二千四百晌有奇，应一并入官，即令原种之旗民照数纳租承种，以裨生计。并按各处地亩之高下肥瘠，粮额之等差，照依上、中、下三则，分别核计。每晌应征租银自四钱八分至二钱四分不等，折中每晌合租银三钱六分，约计每年共征租银十有一万四百两有奇。

（清）官修：《清朝文献通考》卷五《田赋考五》，杭州：浙江古籍出版社，2000 年，第 4906 页。

《清朝文献通考》卷三十七《市籴考六》

盛京城旗民杂处省会要地，除民仓外，旗仓应请添贮粟米六万石。锦州、牛庄、盖州三城，均系沿海商船积聚之地，而锦州尤属冲要，应加贮粟米三万石，牛庄、盖州各加贮粟米二万石，山海关相近之宁远，地方辽阔之广宁、辽阳并临边之义州，均请各加贮粟米一万石。其熊岳、复州、宁海县、秀岩、凤凰城等五城，俱系偏僻，开原距省亦近，此六城应各加贮粟米五千石以上。十四城共请加贮粟米二十万石，并随时查访，价贵则发粜以济民食，价贱则籴补以免伤农。至沿海各仓加贮黑豆，亦可备运赴通仓接济之需，请于沿海之锦州加贮黑豆二万石，盖州、牛庄各贮黑豆一万五千石，共贮五万石以备取用，可免临时采办之繁。其不需运赴之年，随时粜籴，以免霉烂。部议，应如所请。从之。

（清）官修：《清朝文献通考》卷三十七《市籴考六》，杭州：浙江古籍出版社，2000 年，第 5203 页。

《古文辞类纂》卷二十五《苏季子说齐宣王》

苏秦为赵合从说齐宣王曰："齐南有泰山，东有琅邪，西有清河，北有渤海，此所谓四塞之国也。齐地方二千里，带甲数十万，粟如丘山，齐车之良，五家之兵，疾如锥矢，战如雷霆，解如风雨，即有军役，未尝倍泰山，绝清河，涉渤海也。临淄之中七万户，臣窃度之，下户三男子，三七二十一万，不待发于远县，而临淄之卒，固已二十一万矣，临淄甚富而实，其民无不吹竽、鼓瑟、击筑、弹琴、斗鸡、走狗、六博、蹹鞠者；临淄之途，车毂击，人肩摩，连衽成帷，举袂成幕，挥汗成雨；家殷人足，志高气扬。夫以大王之贤，与齐之强，天下不能当。今乃西面事秦，窃为大王羞之。"

（清）姚鼐纂集，胡士明、李祚唐标校：《古文辞类纂》卷二十五《苏季子说齐宣王》，上海：上海古籍出版社，2016 年，第 311—312 页。

《古文辞类纂》卷四十一《韩退之乌氏庙碑》

开元中，尚书管平卢先锋军，属破奚、契丹，从战捔禄，走可突干。渤海扰海上，至马都山，吏民逃徙失业，尚书领所部兵塞其道，堑原累石，绵四百里，深高皆三丈，寇不得进，民还其居，岁罢运钱三千万余。黑水、室韦以骑五千来属麾下，边威益张。其后与耿仁智谋，说史思明降。思明复叛，尚书与兄承恩谋杀之，事发族夷，尚书独走免。李光弼以闻，诏拜冠军将军，守右威卫将军，检校殿中监，封昌化郡王、石岭军使。积粟厉兵，出入耕战。以疾去职。贞元十一年二月丁巳，薨于华阴告平里，年若干，即葬于其地。二子：大夫为长；季曰重元，为某官。

（清）姚鼐纂集，胡士明、李祚唐标校：《古文辞类纂》卷四十一《韩退之乌氏庙碑》，上海：上海古籍出版社，2016 年，第 483 页。

《皇朝经世文编》卷三十四《户政九·屯垦》

奏为请推广成效，以辟荒土，以裕边储事。窃查陕省之榆林、延安二府各属近边无业贫民，均赖出口种地，以资生计，而苦于牛具籽粮无力措办，不得不向富民借贷。富民放债起利，贪得无厌。穷民被其盘剥，终年力作，所获无几。乾隆四年，经前任督臣奏明，每年酌动官银借给穷民，令于秋收照时价还粮。乾隆八九年，又经前任抚臣先后奏请动项分发借领。照例于秋成还粮交官，共发银六万余两，共收粮约十余万石，造报户部在案。此陕省借粮收粮已试之成效也。臣愚以为此法不独陕省可行，凡西北近边之地，似皆可仿而行之。如直隶之永平、宣化等府，晋省之大同、朔平、宁武等府，甘省之宁夏、西宁等府，俱皆邻接边疆，隙地旷土，所在多有。而盛京之奉天、锦州二府，各属壤地沃衍，水泉丰溢，一经开垦，即为膏腴。若令概照陕省之法领银交粮，春借秋还。边民之力能耕种者必无不愿。惟是领银交粮之时，无使勒掯需索，无令守候稽延。而所交之粮，照时价又必须准其略为加增，以劝兴之，民情踊跃。而来岁之领银者，自必云集矣。夫小民不愿与官从事者，惧官府之朘削甚于富民耳。若果体恤民艰，诸弊杜绝，而所交之粮比时价又微有增益，穷民于交官之外，尚有盈余，以资口食。彼何苦避官府而甘受富民之盘剥乎？至于能自备工本，不愿领银者，则听其报垦，限年升科。或官为开垦，而招民承种，照安西哈密佃种官田，官四民六分收之例，变通酌筹，亦似可行。窃谓宜令实心任事之州县，先试之一乡一隅，果有明效，再行推广。其于积粟实边之计，或不为无补也。

（清）贺长龄：《皇朝经世文编》卷三十四《户政九·屯垦》，台北：文海出版社，1966 年，第 1245 页。

《皇朝经世文编》卷三十五《户政十·八旗生计》

臣闻治天下之道，在乎由亲以及疏，由近以及远。果能使根本绵固，则枝叶自茂。臣愚以为八旗者，国家之根本也。我皇上深见乎此，体列祖爱养旗人之圣心，有可利济之处，莫不毕举。两年于兹，裨益多矣。然以久远计之，犹未见其可以无虑也。盖养人之道，在乎因天地自然之利而利之。必使人自为养，斯可以无不养。如若按人按户，给衣给食。虽一州一县，尚不能遍。况八旗之众乎？我朝定鼎之初，八旗生计，颇称丰厚者，人口无多，房地充足之故也。今百年以来，甚觉穷迫者，房地减于从前，人口加有什佰，兼以俗尚奢侈，不崇节俭。所由生计日消，习尚日下，而无所底止也。夫旗人之所赖以为生者，惟有房地，别无他项。若房地不充，虽百计以养之，究不过目前之计，终非久远之谋。我圣祖仁皇帝爱养旗人，不啻父母之于赤子。休养安全，历数十载，可谓深矣，可谓厚矣。而近年以来，尚至如此。此岂可不亟为计虑乎？惟是京师房屋，尚可通融。而地亩则昔时所谓近京五百里者，已半属于民人。前经臣工条奏，动帑收赎，奉旨徐徐办理，尚未举行。臣愚以为即便举行，而八旗之人口太多，亦未必尽能有济。故臣熟思长计，势不得不变通布置，惟使不聚于一方，庶可并得其利益。苟能收效于日后，何必畏难于目前。伏思盛京、黑龙江、宁古塔三处，为我朝兴隆之地。土脉沃美，地气肥厚。闻其闲旷处甚多，概可开垦。虽八旗满洲不可散在他方，而于此根本之地，似不妨迁移居住。且八旗之额兵，将及十万，复有成丁闲散数万。老稚者不在内。若令分居三处，不惟京城劲旅，原无单弱之虞；而根本重地，更添强壮之卒。事属两便。由是合计京师及三处地亩，均匀摊给。务使家有恒产，人有恒心。然后再教以俭朴，返其初风。则根本绵固久远可计矣。但安土重迁，乃情理之固然；而就易避难，实事势之所有。迁之之道，必先料理于数年之前。俟三处一切之规模既定，然后于八旗之愿往者，及生计极穷者，一一筹其起身安家等事。明白晓谕，厚加赏赐，俾各欣然就道，不知有迁徙之苦，方可不碍于事理。若料理稍不合宜，致有抑勒，或有遗漏，乃徒生一番扰累，转伤旗人依恋之心，更复何益之有？是在皇上拣派忠厚明干之大臣，于临期悉心料理，庶可使之无弊耳。至于预筹之道，请密饬三处将军等，令其踏勘所属地方，其为可垦之处，应得若干地亩，可住若干兵丁，作何建造城堡房舍，有无禽鱼水泉之利。逐一审度，据实具奏。俟准行之后，广募民人，择地开垦。其无力者，官给牛具籽种，而不遽行升科。俟地既熟，果有收获，即动帑建造城堡，以居民人商贾。该将军量度情势，如为其人可以迁往之时，即奏闻动帑，酌定移住人数。一面改造房屋，分定区宇，然后自京派往。俟到彼时，即将所垦之地，按户摊给。或即仍令民人耕种，交租给兵，则旗人不过有一往之劳。而较之在京，已得世世之恒产矣。更祈皇上仍照旧例，开设公库。将各省税务，归并旗员。并将旗地典与民者，收购给还本人。其现存公中收租，每年散给穷人之地，一并分偿无地之家。臣请以十年为期，将前项事件，次第举行。将见满洲生计，日增一日，仍复其初。廉耻之风既振，强干之气自生；纲纪益张，根本益固。然后更为因时制宜。则久远之谋，更在于是矣。

　　窃惟人生所赖以生者衣食，衣食所恃以足者农桑。故曰一夫不耕，天下必有受其饥者；一妇不织，天下必有受其寒者。舍农桑而谋生计，其不可以持久也审矣。我国家休养生息，于今百年，户口日繁，生计恒患其绌。而目前所尤宜急筹者，莫若满洲八旗之恒产。盖民生有四，各执厥业。士农工商，皆得以自食其力。而旗人所借以生计者，上则服官，下则披甲，二者皆取给于大官之钱粮。夫国家之经费有定，户口之滋息无涯。于此而欲博施济众，虽尧舜犹有所不能也。我皇上御极以来，仁恩普遍，欲使天下无一夫不得其所。满洲八旗生计，久已上厪宸衷，而恒产至今未定。盖以内地已乏闲田，而满汉总归一视。其间经画，固有甚难者。考之前代，辽之上京中京，金之北京，元之上都，并在边外。其地郡县甚多，建有城郭宫室，遗迹可考。臣夙夜思维，以今日欲为满洲八旗立恒产，惟有沿边屯田一法。昔赵充国屯兵缘边九郡，后至金城。上屯田奏，谓有十二利。其大要在张掖酒泉等郡边外，缮亭障，浚沟渠。春时人予田二十亩，至四月草生，令游兵护田作于以收肥饶之利，资捍卫之功，广积贮之益，省屯兵之费。其初举朝皆疑之，后竟获其效。此往事甚著者。臣窃思近日甘肃等处，开垦已有成效。而安西一镇，孤悬关外，自镇以东，应不乏可耕之地。且闻其处，多汉时故城遗址。臣愚昧之见，以为宜特遣能任事不畏难之大臣，往行周视相度。如果有可以经画垦种之处，似宜移在京无业旗人，往行屯田。官为给道里籽种之费，俾设法开垦，缓其升科。且令三时务农，一时讲武。将来西北军营，不惟可省转运，亦寓兵于农。边防抽调，亦甚便也。如以迤西为远，则辽东边外，原我国家发祥之地。兴京一处，似宜建为都会，择可垦种之地，派旗人前往驻牧。其余如永吉州、宁古塔、黑龙江，幅员不下四五千里，其间地亩或仅设为牧场，或且废为闲田，亦甚可惜。当此全盛之日，正宜不惜一时之劳，以维亿万年之固。至应如何经画如何善后之处，统祈敕下该部及八旗都统，详细妥议具奏。务使旗人之生计有余，而边圉之苞桑永固。此诚因天地自然之利，可为万年不拔之基也。

　　窃惟度支经费，莫大于兵饷之供。惠养深仁，当豫为长久之计。臣奉恩命简佐农部，详查每年经费出入之数。伏见每岁春秋二拨，解部银两，多不过七八百万，少则四五百万不等。而京中各项支销，合计一千一二百万。所入不敷所出，比岁皆然。盖因八旗兵饷浩繁，故所出者每多；各省绿旗兵饷日增，故所入者渐少。是兵饷一项，居国用十分之六七。此各项寻常支给，仅免不敷，而设有额外费用，即不免左支右绌也。夫经制有常，固无可裁之额。而养给太众，渐成难继之形。臣管窥之见，有不可不及时斟酌变通者，为我皇上陈之。

查八旗人，除各省驻防与近京五百里听其屯种外，余并随旗居住，群聚京师，以示居重驭轻之势。而百年休养，户口众多，无农工商贾之业可执，类皆仰食于官。我皇上至仁如天，虑其资生之不赡，特于正赋俸饷外，添设佐领之额，优给养育之粮，免其借扣之银，假以生息之利。且为分置公产，听令认买，拨给地亩，劝谕下屯。凡可为旗人资生计者，无不委曲备至。而旗人之穷乏自若者，不使之自为养，而常欲以官养之。此势有不能者也。臣比年以来，再四为旗人思久远之计。窃谓内地已无闲旷之田，而边塞尚有可耕之土。兴盛二京，实为根本之地，王气所钟。其附近地方，膏腴未尽开辟。钦惟世宗宪皇帝，运独见之明，计万世之利。念旗人生齿日繁，而国帑不足以给也，欲于黑龙江、宁古塔等处，分拨旗人居住耕种，俾得自为生养。雍正十二三年间，闻查办已有定议，未及举行。我皇上御极以来，廷臣亦屡有以此条奏者，惟是人情可与乐成，难与虑始。在旗人生长辇下，一旦迁至边地，必多以为不便。即中外臣工，见事体重大，亦未敢轻主其说，此所以常扞格而不行也。夫人为一身一家之谋，或只顾目前，不存远虑。皇上统一宇宙，涵育群生。自当全局运量，筹及万年。岂得为因循姑息之计。且国家根本之地，既非诸边塞可与比，而为旗人开乐利之休，亦并未尝使受谪戍之苦。此犹盘庚之诰，可独断于君心，而终以共喻于民心也。若虑事有难行，不及时早为之所。虽现在尚可支给，而数十百年之后，旗户更十倍于今。以有数之钱粮，赡无穷之生齿。使仅取给于额饷之内，则兵弁之关支，不足供闲散之坐食。旗人生计日蹙，而民赋断不可加。国用无可减缩，即竭度支之所入，以资养赡，而终苦不敷。不且上下交困乎？且不独此也。待养者众，固无余财以给之，分户者繁，即京师亦无余地以处之。惟有酌派户口，散列边屯，使世享耕牧之利。而以时讲武，兼以充实边防。则蕃衍之余，尽成精锐。陪京增拱卫之势，外藩仰震叠之威。旗人既各有生聚之谋，国帑自无匮乏之虑矣。至沿边地方，何处宽衍肥饶；屯田事宜，作何经理开置，与旗人当作何抽拨安顿之法。臣不能悬空详度，伏乞皇上密查旧档，熟计情形，断自宸衷，特敕定议施行。

　　臣请特派大臣，将户部圈占地亩原册，及陆续给旗地亩档案，逐一查出。令各该旗按册查封，分交各佐领传唤原业主，询问此项地亩曾否典卖。及已经典卖者，在旗在民共若干亩。其在旗者，令原业主辗转查明，现在何旗何人名下为业；其在民者，从前于何年月日典与何人为业，如或年代久远，无从查考，及原业主无人，俱照部册开明咨送，以便查核。除在旗地亩毋庸置议外，其在民者，奏派八旗谙练之参佐领，前往会同各该州县，将民典旗地，逐案查对。如部册之内有坐落该州县地亩，而该州县所造查出旗地数目竟无此项地亩者。即于本州县地丁红串内查对。如系国初以来即在民人名下交纳钱粮者，方系民地。若从前并无红串，忽于康熙年间，托故起有红串，而其地亩段，又与部册仿佛者，即系隐瞒之旗地无疑矣。如此清查之后，再令八旗大臣，会同户部直隶总督，详议动项，陆续官赎。而令原业主取赎于官，或按限交银，或俸饷分扣。如原业主无人，及无项指赎者，即令在旗之人认买。在旗人得地，可以取租，在民间出租，即仍种地，两无所损。以后将民典旗地之弊，永行严禁，则从前旗人原有之房地，尽归旗人矣。至于八旗生息银两，系世宗宪皇帝为赏给兵丁红白事件之用，故每旗发帑金十万两，交该旗王、大臣酌量经营，一分起息，并非令典买房地。占旗人之恒产，为滋生之策也。查康熙年间，宗人府即有生息银两一项。数十年来，滋生者多，拖欠者少。而且利息微薄，便于旗人。嗣后各旗料理生息银两之法，未有善于此者。臣愚以为今日各旗生息银两，俱宜照宗人府之例，亦改为一分起息，借给旗人，所得微息，自足以充赏给之用矣。夫国家之为八旗计长久者，房地两项，今既尽数赎还，而又有历年增添之饷项，所以养赡旗人之策，固已无遗议。然而在京之房与近京之地，不过止有此数。即使人丁滋生倍众，断不能倍增恒产于前数之外。诚欲为旗人万年之恒计，则莫如开垦沿边地方，使民有可耕之田，为八旗无穷之业。一地两养，尤国家第一之良法也。臣近接阅邸抄，见大学士伯张廷玉等，议覆御史柴潮生奏请开垦奉天等处屯田一折。内称查沿边一带，先据调任直督孙嘉淦，奏称独石口气候甚寒，不宜五谷。惟独石口外红城子、开平城，及张家口外兴和城、北城子，可耕之田甚多，约计可驻满兵一万。经特简王公、大臣前往彼处，详勘妥议具奏，嗣据奏称口外地方寒冷，霜降且早。所耕大半皆系糜黍荞麦，耕种五谷者少。即使尽力耕种，不能保其必获。且每年所获，可否足供兵食之处，亦不能预知。其开垦驻兵之处，应请停止在案。臣查从前孙嘉淦所奏，惟独石口一处，气候寒冷，不宜五谷。而独石口外北行三十余里，即系平原旷野。再五十余里，为红城子。墙垣犹在，襟山带河，平畴沃衍，再百余里为开平，即元之上都。其间可耕之田，不下数万顷。再张家口外，西行七十里为兴和城，北行百余里为北城子。川原甚广，一望无际，土脉之肥，过于开平。其间可耕之田，亦不下数万顷。又云或疑口外聚集多人，恐于蒙古滋扰。诸城左右，皆各旗王公大臣牧马之厂，今垦为田，恐旗人有所不便。又或疑天寒霜早，恐其难于收获，山少林木，恐其难于柴薪。凡此疑难之处，臣皆遍观而细访之。口外之山，绵亘千余里，名曰大坝。凡坝内之田，皆已招民垦种。现在征钱粮，此诸城之地，逼近大坝，皆系旗人牧场，与蒙古无涉。旗厂之外，乃太仆寺游牧之地，游牧之外，乃察哈尔居住之处。察哈尔外，乃为扎萨克地方，彼此隔远，无由滋扰。八旗牧场，所占甚大，多有余闲，可以并省。

又游牧之地，方数千里，割其一隅，即可兑给。至柴薪稍远，未尝缺乏。且坝内诸山。多有产煤之所，若招民开采，自可足用。臣于三月在独石口，草芽未青。十四日在红城子，青草长及一寸，气候可以春耕。开平城外陇亩犹存，碾碓尚在，若非种植，何以有此？兴和气较暖于开平，其为可以耕种无疑也等语。是孙嘉淦从前所奏，开平、兴和等处可耕之地，乃伊巡阅边关亲行相度。不但地方之寒暖，降霜之早晚，谷种之相宜，一一筹画详尽。而且将日用之水火煤薪。旗民之相安，蒙古旗厂之无扰，以及山场之可牧，平原之可猎。皆无不悉心区别而声明矣。而原任大学士伯鄂尔泰等，议谓口外地方寒冷，耕种五谷不能保其必获，请停止，乃系约略慎重之辞。惟恐其见功不易，而耗费殊多，固是利不十不变法之意。然旗人之滋生无穷，国家之帑金有数。沿边既有天地自然之利，与其使之就芜，何若垦之为田？若虑其不能见功，何不聊而小试？如其无益，则请停止；如其有益，自当另为筹画。惟孙嘉淦从前所奏，料理区别公田民田之法，有不可行者。其曰兴和、开平等处地亩，令民人垦种。择其近城之地，平方广远者，画为公田，其余皆为民田。每垦民田二顷者，必令垦公田一顷。民田以为世业，公田分给旗人，酌定租粟，加之朝廷月给钱粮，则旗人之衣食，自益宽裕等语。盖旗人原不善于陇田，欲开荒地，必得招民佃种。若三顷之中，取二顷为民人世业，一顷为旗人公田，不但养旗人之田地无多，且此地既有民业，而旗人又不善于耕种，界址相连，易于朦混。不一二十年之间，民典旗地之风，又与京师五百里之内者无异矣。至于月给钱粮一说，尤不可行。盖钱粮乃国家之经费，自有定额，理宜统天下之所入，通盘而合计之。断无随无限滋生之人数，屡屡增添之理。有此二不可行，则其料理之法，自当别筹。臣请我皇上暂派干略之臣，带领善于稼穑之民，于兴和、开平诸城境内，每处分发数十人，量为开地数顷。如彼处天气之寒暖，地脉之肥沃，相宜种植，实如孙嘉淦从前所奏，行之一年，果有成效，明年将彼处但凡可兴稼穑之地，逐一清查。官备牛具籽种，招关内附近居民，有愿往彼处耕种者，令其每丁拨给上地五十亩，中地与下地酌量拨给。每一丁作为一牌，每十牌作为一甲。甲编名号，牌编次第，令其相度土脉相宜之谷粟籽种，即兴东作，与之分粮。如一年得效，明年可以推广地方，加倍行之。明年又复得效，三年更复广开地亩，十倍行之，推而远之，其利无穷。所得之粮，运至关内，平粜于直省歉收之地。所得米价，抵充牛具籽种之公项。行之既久，公项抵清之后，每年所得粮石，平粜于关内，而量积于关外。其粜出粮价，亦存贮彼地，积之数年，可足分拨旗人之后。即动此项银两，在彼地盖造房屋，量彼地之大小，出产之数目，酌定拨兵之多寡。将京师旗人内无恒产之人，陆续拨往驻防，即将彼处地亩，酌量拨给。其愿自行耕种者，听其自便。其不能种植之人，令其佃种于民，分粮食租，以资养赡。如此行之，既有成效，然后将奉天一带可耕之处，亦照此陆续开辟拨兵居住。使其三时力田，岁晚讲武，散则为农，聚则为兵。不但八旗可图久远生计，而民人赖以资养者，亦不可胜数。不一二百年之间，自西至东，绵亘数千里，势如长蛇。可以南视九省，北镇诸狄，威扬西陲，势连东土。实天下之屏藩，神京之保障。此亿万斯年之计，千载一时也。

（清）贺长龄：《皇朝经世文编》卷三十五《户政十·八旗生计》，台北：文海出版社，1966年，第1264—1274页。

《皇朝经世文编》卷八十《兵政十一·塞防上》

窃惟天下大势，京都者，犹人之腹心；盛京者，犹木之根本也。今腹心久已壮实，根本尚然空虚。臣绘图进呈，为国家久远之计。若及时料理，民虽稀少，尚可招聚。地虽荒敝，尚可垦辟。各处城池虽已倾毁，尚可经营。如迁延岁月，民不抚绥则愈少；地不料理则愈荒；城池不照管则愈毁；非所以壮根本而图长久也。臣叨任奉天，在辽言辽，请备陈盛京之形势。自兴京至于山海关，东西千余里。开原至金州，南北亦千余里，又有河东河西之分。以外而言，河东北起开原，由西南至黄泥洼。牛庄，乃明季昔日边防。自牛庄由三岔河南，至盖州、复州、金州、旅顺转而东至红嘴，归复黄骨岛、凤凰城、镇江、鸭绿江口，皆明季昔日海防。此河东边海之大略也，河西自山海关以东，至中前所、前卫、后所、沙河、宁远、连山、塔山、杏山、松山、锦州、大凌河。北面皆边，南面皆海，所为一条边耳。独广宁一城，南至闾阳驿、拾山站、右屯卫、海口，相去百余里。北至我朝新插之边，相去数十里。东至盘山驿、高平、沙岭，以至三岔河之马圈，此河西边海之大略也。合河东河西之边海以观之，黄沙满目，一望荒凉。倘有奸贼暴发，海寇突至，猝难捍御。此外患之可虑者也。以内而言，河东城堡虽多，皆成荒土。独奉天、辽阳、海城三处稍成府县之规。而辽海两县，仍无城池。如盖州、凤凰城、金州不过数百人。铁岭、抚顺，唯有流徒诸人，不能耕种，又无生聚，只身者逃去大半，略有家口者，仅老死此地，实无益于地方。此河东腹里之大略也；河西城堡更多，人民稀少。独宁远、锦州、广宁人民辏集。仅有佐领一员，不知料理地方何如。此河西腹里之大略也。合河东河西之腹里以观之，荒域废堡，败瓦颓垣，沃野千里，有土无人，全无可恃。此内忧之甚者也。臣朝夕思忖，欲弭外患，必当筹画堤防；欲消内忧，必当充实根本；万年长策，不可不早为之图。是以敬陈愚虑，伏祈睿鉴。

（清）贺长龄：《皇朝经世文编》卷八十《兵政十一·塞防上》，台北：文海出版社，1966 年，第 2851—2852 页。

《皇朝经世文编》卷八十一《兵政十一·塞防下》

臣钦奉上谕，前赴斋尔等处地方，赏赉投诚之土尔扈特人等。于八月十五日出嘉峪关，由安西至哈密。九月二十六日过南山口，由东达巴、松树塘、奎苏、石人子而抵巴里坤。时当秋成之后，城州禾稼盈畴，天时、地利、人和，大有等渠。屯田甚广，颇为丰美。城关内外，烟户铺面，比栉而居，商贾毕集，晋民尤多。臣心谘访，其商贾中之有资本者，已多认地开垦。其艺业佣工穷民，因乏生理资本，未经呈垦。而该处地广粮贱，谋生甚易。故各处民人，相率而来，日益辏集。又西行，自苏吉助，巴尔乌图水，噶顺沟，大石头而抵三泉子。计程约六百里。地多戈壁，可垦之地甚少，因系往西大路。经前督臣明山奏明，派兵酌建店房，以便商贾往来栖宿。现在办理，行旅称便。又西行，即木垒河、东西吉尔玛泰奇台、东西格根、吉布库、更格尔等处。南面一带，山如屏障，自春入夏，积雪消融，近山各处，渠水充足，向设八屯。自乾隆三十一年以来，招民垦出良田三万四千余亩。又木垒一带，英格布喇及东中西泉等处，商民种地数千余亩。又奇台东格根吉布库官兵屯田万有余亩。内地商贾艺业民人，俱前往趁食，聚集不少。而该地屯田民人，生齿繁衍，扶老携幼，景象恬熙。此巴里坤所属地方，户民蕃庶情形也。又西行，即吉木萨地方。隶于乌鲁木齐所属三台紫泥泉子特纳格尔。而抵乌鲁木齐，天气和暖，地土肥美，营屯地亩，日以开辟，兵民众多，商贾辐辏。比之巴里坤城内，更为殷繁。又西行，即昌吉瑚图壁玛那斯等处。其地肥水饶，商贾众多，计与乌鲁木齐相似，约计乌鲁木齐所属。连年在外招募户民，及内地送往户民，共垦有营屯田地三十余万亩，颇为殷足。年来往彼贸易之民，日益众多。是以乌鲁木齐特讷格尔等处商民，请移眷来屯。业经乌鲁木齐大臣巴彦弼等奏明，于上冬搬移在案。臣查其所搬父兄子弟，计共八百余口。此外在彼乐业垦田，及佣工艺业之人，连年生聚，日益众多。即在彼为民遣犯，亦无不各安耕凿，积蓄成家，此乌鲁木齐所属地方饶裕情形也。臣往来新疆，时遇负担之民，出外趁工佣食，询之。据称新疆地广粮贱，佣工一月，可得银一二两，积蓄稍多，自请移家。诚如圣谕，关外屯政日丰，所在皆成乐土，小民知利之所在，无不争先往赴。久而相安成习，邀朋携侣，熙攘往来，各自适其谋生之乐。圣主筹虑边氓生计，烛照无遗，洵有如臣途次往来所见者。臣于彼时体察地利，咨询民情，知该处水饶地肥，洵属无穷乐利。惟是屯田虽已广辟，而余地犹未尽垦；泉源虽已疏浚，而沟洫犹未尽开。欲期地无弃壤，民无遗利，必须于内外各处并行招募。除内地贫民，照前劝谕，令其自行前往。其在外之民，目击屯田丰美，或因资本不敷，或因人地生疏，未免迁延观望。令若不拘人数多寡，一经具呈，即便随时指地给垦。借给牛具籽种，俾无守候之劳，自更乐于从事。将见生聚益繁，而地利大兴。营屯增广，而兵威愈壮。自可酌添郡县，以广久远之规。臣以身履其地，目击情形。谨谬抒管见，敬为我皇上陈之。

······

一嘉峪关本属内地。应请每日晨开酉闭。以便农民商贾。前往关外广辟田畴也。查嘉峪关旧例。每日将关门常闭。惟是有人出关。验照方得放行。今仰赖圣威覃被。嘉峪关外，拓地二万余里。安西以外，设官安营，星罗棋布，无异内地矣。乃关吏循照旧例，仍行常闭。凡有经过者，俱查验年貌，询明姓名，注册，方得开关放行。不免守候稽延之累。在关外立业垦田者，既愿招致亲朋，内地无田可种者，亦颇相携出门。乃皆阻于一关，未免趑趄不前。应请饬令该地方文武各官，嗣后将嘉峪关每日晨开酉闭，进关者仍行盘诘。出关者听其前往，不得阻遏农民。将见携朋呼侣，自相招引，民户日增矣。

······

（清）贺长龄：《皇朝经世文编》卷八十一《兵政十一·塞防下》，台北：文海出版社，1966年，第2884—2887页。

《皇朝经世文编》卷八十九《兵政二十·剿匪》

今之川楚乱民，固赤子弄兵于潢池中耳。欲其急平而转缓者何也？按龚遂传，载渤海左右郡岁饥，盗贼并起，二千石不能擒制。上选能治者，丞相御史举遂可用。召见曰："海濒遐远，不沾圣化，民困于饥寒而吏不恤，故使陛下赤子盗弄陛下之兵于潢池中耳。今欲使臣胜之耶？将安之也。上曰：选用贤良，固欲安之也。"遂曰："臣闻治乱民，犹治乱绳，不可急也。唯缓之，然后可治。臣愿丞相御史，且毋拘臣以文法，得一切便宜从事。"上许焉。至渤海界，郡闻新太守至，发兵以迎，遂皆遣还。移书敕属县，悉罢捕逐盗贼吏，诸持鉏钩田器者，皆为良民，吏毋得问。持兵者乃为盗贼。遂单车独行至府，郡中翕然，盗贼亦皆罢。渤海又多劫略相随，闻遂教令，即时解散，弃其兵弩而持钩鉏。盗贼于是悉平。

（清）贺长龄：《皇朝经世文编》卷八十九《兵政二十·剿匪》，台北：文海出版社，1966年，第3219—3220页。

《皇朝经世文编》卷一〇八《工政十四·直隶水利中》

臣今不敢泛引，请即以河间、天津二府之事言之。查二郡之地，经流之大河三：曰卫河，曰滹沱河，曰漳河。其余河间府分水之支河十有一，潴水之淀泊十有七，蓄水之渠三。天津府分水之支河十有三，潴水之淀泊十有四，受水之沽六。是水道之至多，莫如此二处。故河间号为瀛海。山东之水，皆于此而委输。天津名曰直沽，畿辅之流，皆于是而奔汇。向若河渠深广，蓄泄有力，即逢旱岁不能全收。而灌溉之功，亦可得半。即不然，而平日之蓄积，亦可撑持数月，以需大泽之至也。何至抛田弃宅，挈子携妻，流离道路哉？水利之废，即此可知矣。人方苦饥，而与之谈水利，是可谓之迂图。然上方赈饥，而即借以兴水利，不可谓非善策也。今甘霖一日不足，则赈费固不可已。臣窃以为徒费之于赈恤，不如大发帑金，遴遣大臣，将畿辅水利，尽行经理。既可接济赈民，又可潜消旱涝。且转贫乏之区为富饶，一举两得。似救时之急务，筹国之远谟，莫以易此。臣请考之于古，证之于今，为皇上一一陈之。考直隶为禹贡冀州之域，田称中中。今土壤乃至瘠薄，东南农民，家有五十亩，十口不饥。此间虽拥数顷之地，常虞不给。虽其土燥人惰，风气异宜，亦不应悬殊至此。汉张堪为渔阳太守，于狐奴开稻田八千顷，民有麦穗之歌，狐奴今之昌平也。北齐裴延儁为幽州刺史，修古督亢陂，溉田百万余亩，为利十倍。督亢即今之涿州也。宋何承矩为河北制置使，于雄鄚霸州兴堰六百里灌田，初年无功，次年大熟。承矩辇稻米入都，示朝臣。谤者乃息，边民之食以充。明汪应蛟为天津巡抚，欲兴水田，将吏皆不欲。应蛟乃捐俸自开二千亩，亩收四五石，惟早稻以碱立槁。于是军民始信闽浙治田之法可行。今东西二淀，即承矩之溏泺；天津十字围，即应蛟水田之遗址。垂之竹册，非比荒唐。又查国朝李光地为巡抚，请兴河间水田。言涿州水占之地，每亩售钱二百，尚无欲者。一开成水田，亩易银十两。上年直督高斌请开永定河灌田，亦云查勘所至，众情欣悦。又臣闻石景山有庄头修姓，家道殷实。能自引浑河灌田，比常农亩收数倍，旱涝不致为灾。又闻蠡县亦有富户自行凿井灌田，每逢旱岁，其利益饶。

又闻现任霸州知州朱一蜚,于二三月间,曾劝民开井二十余口。今颇赖之。证之近事,复确有据,则水利之可兴也决矣。今请特遣大臣,赍帑金数十万两,前往河间天津二府,督同道府牧令,分委佐贰杂职。除运道所关,及滹沱正流,水性暴急,慎勿轻动。其余河渠淀泊,凡有故迹可寻者,皆重加疏浚。而又于河渠淀泊之旁,各开小河,小河之旁,各开大沟。皆务深广,度水力不及则止。节次建立水门,递相灌注。旱则引水入沟以溉田,涝则放闸归河以泄水。其离水寥远之处,每田一顷,掘井一口,十顷掘大塘一口,亦足供用。其中有侵及民田,并古陂废堰为民业已久者,皆计亩均匀拨还。如此办理,民情自无不踊跃乐从。即将现在之赈民,与外来递回之流民,停其赈给,按地分段,派令就工。逐日给与工值,酌济二三人口粮,宁厚无减。一人在役,停其赈粮二口;二人就役,停其家赈粮四口。其余口与一户皆不能执役者,仍照例给赈。其疏浚之处,有可耕种者,即借予工本,分年征还。更请另简大臣,赍帑金分巡直隶各府,一如河间、天津二府办理。虽所费繁多,而实为畿辅无穷之利。或曰北土高燥。不宜稻种也。土性沙碱,水入即渗也。挖掘民地,易起怨声也。且前朝徐贞明行之而立败,怡贤亲王与大学士朱轼之经理,亦垂成而坐废,可为明鉴。臣请又一一言之。九土之种异宜,未闻稻非冀州之产,现今玉田丰润,秔稻油油。且今第为之兴水利耳,固不必强之为水田也。或疏或浚,则用官资;可稻可禾,听从民便。此不疑者一也。土性沙碱,是诚有之,不过数处耳。岂遍地皆沙碱乎?且即使沙碱,而多一行水之道。比听其冲溢者,犹愈于已乎?不疑者二也。

（清）贺长龄:《皇朝经世文编》卷一〇八《工政十四·直隶水利中》,台北:文海出版社,1966年,第3806—3808页。

《皇朝经世文续编》卷四十《户政十二·八旗生计》

货源既开,食源尤不可不阜。阜食莫大于屯垦,屯垦莫急于八旗生计。以君养人,不如使人自养。虽尧舜犹病博施而济众,国朝列圣之厚八旗者至矣。康熙三藩初定,诏发帑金六百四十余万,代偿八旗债负。每家获赏数百金,未置寸产，徒糜衣食，一二载荡然无余。其后又颁赏六百五十五万金，亦立时费尽。雍正初，屡赏兵丁一月钱粮，每次三十余万，亦不逾旬而罄。岂独八旗之不善节啬？亦其食指浩繁矣哉。世祖时，八旗定甲八万，甲岁饷银若干两，米若干石。圣祖时，增为十二万甲，额兵十万，养育兵二万。一甲之丁，积久而为数十丁，数百丁。非复一甲之粮所能赡。计八旗丁册，乾隆初已数十万，今则数百万。而所圈近京五百里之旗地，大半尽典于民。聚数百万不士不农不工不商不兵不民之人于京师，而莫为之所。虽竭海内之正供，不足以赡。且八旗有蒙古，有汉军，不尽满洲。满洲又皆收服辽东诸部落，非宗室天潢也。汉唐有养兵之费，宋明有宗禄之费，未闻举龙兴之地丰沛晋阳凤泗之民，而世世赡养之者。国初定鼎中原，居重驭轻。故圈近京五百之地，重逃旗出外之禁，以固根本而滋生聚。自乾隆中叶，已有人满之患。于是诸臣条奏。舒赫德则言："盛京宁古塔黑龙江沃壤数千里，仅为牧场闲田，请移八旗散丁数万，屯东三省，以实旧郡而还淳朴，分京师生齿之繁矣。"孙嘉淦则言："独石口外七十里之红城子，再百里之开平，即元上都地。襟山带河，城堞犹在，膏腴不下数万顷。张家口外七十余里之兴和城，又西百余里之新平城。川原广沃，更胜开平，可耕亦不下数万顷。明初置卫，旋弃归蒙古。我朝平察哈尔，复置为牧场。致东路之热河八达沟，即大宁卫旧境。西路之归化、绥远二城，即丰川、东胜二卫旧境。声势中隔。应请于开平、兴和各驻满兵三千，红城、新平二城各驻满兵二千，共驻防一万。屯垦牧猎，先为经营，五年规模可定矣。"

又请旗人情愿下乡种地者，将八旗公产及赎回旗产，每人一二百亩，给其自种，不受佃奴之挟制矣。又请汉军罢仕，情愿在外成家者，许其呈明置买田产，听其地方官吏约束矣。张若渟则请广驻防之制，谓各省有城守营之处，绿旗兵不下数万，应请将省会及道员驻扎之处，其城守营皆改为八旗驻防矣。沈起元则谓汉军本系汉人，莫若于汉军之内，每甲以一人承占。或以行辈，或以材武，食其祖粮。其余闲散，则听之出旗归入四民矣。诸臣条画，有未准行，有准行而下未奉行。窃谓满蒙汉三者，宜因地因人而徙。东三省，满洲旧地也，宜专以徙满洲之余丁；开平、兴和，国初平察哈尔、蒙古之地也，宜专以徙在京蒙古之余丁。至外省驻防，难以再增。而外任留寓占籍，本汉人之俗也。宜专以安置汉军之人，各因其地，各还其俗。或曰："近日盛京将军富俊，曾经理双城堡之屯田矣。每人愿移者，许给地二顷，房屋牛种器用旅费毕具。初奏定每年移二百户。行之数年，每年仅五十户、七十户。无乃势不可行乎。"曰："怀土重迁，民难图始。"汉初列侯不愿就国，至诏丞相为朕先就国以倡率之。唐时京官轻外任，至令宗室分授刺史郡守以重之。元魏自平城迁都洛阳，至借伐齐之师以行之。然国初各省分设驻防，距京师远者数千里，南北异俗。乾隆中新疆移兵驻防，距京师万里，东西异向。而八旗闻命就道，所至如归，从未闻有难色者，何哉？八旗骑射成俗，语以为兵，则万里不辞；语以为农，则故乡裹足。今宜仍以驻防为名，并择宗室觉罗中奉恩将军之练悫者，使每人率一佐领或二佐领以重其行。至彼之后，打牲射猎屯种，各从其愿。兼许雇汉农以为之助，则旗人无不喜然矣。汉唐中叶以后，宗室苗裔，散处郡国，列为四民。今设择京师闲散宗室，得率一二牛录还旧都。有土有民，世食其利，尤厚于古矣。开平、兴化四城，亦宜设蒙古驻防。使游牧屯种，各从其便，并许雇汉农以为之助。则初年不习于农，数载后农牧相安，即可裁其兵粮，以归禁旅之籍矣。满洲、蒙古，每移一驻防，即可徙数千户。何至每岁徙二百户而不能？至汉军外任留籍，特未允行，允之必无不愿。既免回京亲友之需索，又得适乐土以长其子孙，又安有不慊者哉？若夫兴京东之水利，清旗民之赎产，清入官之籍产，以兼屯满洲、蒙古、汉军无业之旗民。地尤近，利尤切，其扈本固基尤厚。化而导之，宜而通之。是在得人哉，是在得人哉。

先是乾隆间御史舒赫德、范咸、户部侍郎梁诗正，请于盛京黑龙江宁古塔沿边开屯，议者多以为不便。至嘉庆十一年。谕曰："京旗户口日增，生计拮据，乾隆间以八旗人众，分拨拉林地方，给田垦种迄今，甚享其利。今若将在京闲散陆续资送吉林，以旷地拨给。或自耕，或召佃取租，足资养赡。"乃命松筠、富俊与盛京将军和瑛会勘议行，会吉林将军赛冲阿奏秋收不丰而止。十九年富俊为吉林将军，乃始奏于双城堡设立中左右三屯，为移驻京旗之计。双城堡者，吉林辖境也。南北七十里，东西百三十里。西南为拉林河，北为松花江。地势平衍，土沃泉甘。其地俗以晌计，一日可犁之地为一晌。大晌十亩，得粮四五石，多者七八石。一石准仓石二石有半。四年十月，富俊奏，挑派吉林奉天旗人三千户为屯丁，官给耕牛农具籽种。分中左右三屯，为百二十屯。每屯凿井二。每井给银十八两，每户给盖窝棚银四两。拨荒地九万数千晌，每丁给地三十晌，先开熟二十晌。五年后征粮二十石。移驻京旗到日，拨给熟地十五晌。荒地五晌，通二十晌，余十晌。荒熟各半。给屯丁为恒产，不征其租。后道光三年，松筠奏改为两户屯丁。原分二地六十晌内，照原议荒熟地亩之数，两户屯丁，拨给一户京旗二十晌，各屯丁每户留二十晌为恒产。每屯屯丁三十户，京旗三十户，中左右三大屯。议移驻京旗三千户，每岁移驻二百户。愿移之户，十月报部，次年正月起程。每户户部给治装银三十两，本旗津贴银十五两，车马皆官给。到屯后，每户给屋四间，皆官建。自道光二年始移驻二十八户，三年移驻三十一户，四年移驻五十三户，五年移驻七十七户。时垦熟之地，已三万三千一百余晌。四年，容照耆英奏，盖富松两公前后数任始终其事，阅时最久，故规画倍详。二公殁，而当事者不能无懈，京旗安土重迁，往者益少。其后协办大学士英和犹以为言，以为经始维艰，宜推广以竟成功，而任事无其人矣。方双城堡之兴屯也。富俊欲推其法于伯都讷围场，以为募民开垦，可得地二万余晌，较双城堡事半功倍。前后奏至六七上，廷议以双城堡屯务未竣，且经费不足，不能更及，竟寝其事。而松筠于道光三年任吉林将军，亦请开养什牧及大凌河马厂，皆嘉庆十七年故所勘地也。良法美意，虽未果施行。而老成谋国之心，条议区处之密，与营平之在金城何异？若夫成功，则岂人之所能为者哉。

国初近京五百里内，圈给八旗。而别拨他州县之闲田，以为民地。计近畿凡宗室王贝勒贝子将军之庄园，共万有三千三百三十八顷有奇；凡勋戚世爵职官军士庄田，十有四万百二十八顷有奇。其内府庄田，以待皇子分封公主赠嫁者，不在此数。而盛京东北，及诸边口外，腴壤日辟。八旗滋生户口，咸取给焉。嘉庆十八年，户部尚书英和奏言："自乾隆年间以来，入官地亩甚多。他不具论，即如和珅、福康安两家入官地亩，不下二三千顷，至今并未升科。屡次查催，地方官奉行不力，尽饱胥吏之橐。且有以硗瘠换膏腴者，请严敕直隶总督作速升科，无令隐匿侵蚀抵换，于国用亦有裨益。"

……

《西域水道记》曰："乾隆三十年，自盛京移锡伯部官兵千，驻伊犁河南岸，去河数里。旧有一渠，东西长二百余里。渠北地隘，虑在无田；渠南阻崖，患在无水。嘉庆初，有部人图默特，创议于察布察尔山口引水。自崖上凿渠，亦东西长二百余里。功费繁巨，部人嗟怨。图默特卒排众议，数年乃成。既浚新渠，辟田千顷，遂大丰殖，雄视诸部。郑白之沃，不足云也。新渠东北有积水潭广数里，环潭皆回民田。将军松筠因新渠成，以潭西南二面田二千亩，界锡伯屯之，界遂东移。两渠相去十余里，新渠高于旧渠六七丈。新渠之南，并南山下，皆回民田。"此锡伯营屯田水利，同于内地者。

八旗，国家之爪牙也。我朝龙兴东土，虎视中原，一时附风云而依日月者，有满洲之八旗，蒙古之八旗，汉军之八旗。其人为天之所生，人之所选，以为疏附后先奔走御侮之用。类皆汗马功高，旗常绩着。以视汉祖之丰沛子弟；光武之南阳宗亲；唐家之太原义从；明代之徐凤英贤。有过之无不及。顺治元年，世祖章皇帝定鼎燕京，酬庸赏功，列五等之爵，而不分三等之土，圈环京五百里之地以居之。以为居重驭轻之势，亦较汉之徙郡国豪杰以实关中，明祖之取江南富人以居凤阳，其义为更有进。但五百里之地，虽尽膏腴。而土则不能加辟。八旗之人，虽皆食禄，而丁则逐代增添。恭逢神功圣德，累世承平，休养之余，渐生奢侈。驯至雍正末年，八旗生计渐蹙。于是圣天子畴咨于上，诸臣建策于下。类皆渊谋远想，为十世百世之计，而不在取济于一时者。所以为之救也，以予所知。乾隆二年，监察御史舒赫德，即有密陈愚虑之疏。谓旗人之赖以为生，惟有房地，别无他项。房地不充，虽百计以养之，究非久远之谋。惟使不聚于一方，庶可并得其利益，伏思盛京、黑龙江、宁古塔三处，我朝兴隆之地，土脉沃美，闻其闲旷处甚多。虽八旗满洲，不可散处他方，而此根本之地，似不妨迁移居住。务使家有恒产，人有恒心。然后再教以俭朴，返其初风，则根本绵固，久远可计矣。但须料理于数年之前，然后于八旗之愿往者，及生计极困者，为一一筹其起身安家等事，则各欣然就道矣。此一说也。至乾隆六年，户部侍郎梁诗正，复有军国大用不敷，敬陈变通之法。疏谓："臣蒙恩简佐计部，详查每年经费，所入不敷所出。盖以八旗兵饷浩繁，故所出者每多；各省绿营兵饷日增，故所入者渐少。设有额外费用，即不免左支右绌矣。查八旗人，除各省驻防与近京五百里听其屯种外，余并随旗居住，毕聚京师，无农工商贾之业，类皆仰食于官。我皇上其仁如天，于正赋俸饷外，添设佐领之额。优给养育之粮，而旗人犹穷苦自若。以不使人自为养，而常欲以官养之也。窃谓非屯田断无以给，今内地已无闲旷之田。世宗显皇帝欲于黑龙江宁古塔等处，分别旗人住居耕种，而未及行。我皇上御极以来，廷臣屡有以此言进者，若虑其难行，而不及时早为之所。数十百年之后，旗户必十倍于今。以有数之钱粮，赡无数之生齿。使仅取给于额饷之内。则兵弁之关支，不足供闲散之坐食，旗人之生计必日蹙；欲添给于额饷之外。则民赋之常制，断不可加；而国用所必需，又无可缩。即竭度支之力，不足以供。不将上下交困乎？惟有酌派闲散列边屯，使自食其耕牧之利。而以时讲武，则旗人有生聚之资，国帑亦无匮乏之虑矣。"此又一说也。

（清）盛康：《皇朝经世文续编》卷四十《户政十二·八旗生计》，载《近代中国史料丛刊》第八十四辑，台北：文海出版社，1966 年，第 4327—4341 页。

《皇朝经世文续编》卷四十一《户政十三·农政上》

土黑者沃，而白最多瘠。顾地不一其色，惟以柔且疏者为宜谷。冀土白薄而壤轻，厥性较为平，洵黍稷之乡，然此其概耳。冀以东为周幽州，则宜三种。说者谓兼稻焉，大抵田之美恶，视人力为转移。三壤者别于垦功，初不与庶土限也。土纹纵而不蓄水者，惟利旱种。他凡谷隰之区，无不可以稻矣！苏秦称燕民不田作，而亦有黍谷之温。督亢之腴，民习惰于枣栗之产，地不任责也。尝读汉书张堪，传其守渔阳日，于狐奴开稻田八千顷，非今之檀顺间境耶？地为潮潞水所径，汇流綦多。今之丰润玉田，产多玉秔。而顺义以北，相距不远，游其地者，率惟禾黍，不免土俗近乎塞上耳。明徐御史贞明，谙求于西北水利，尝奉命垦荒畿甸，募南人为导。先自永平辟地三四万亩，未及广所志而沮，时恒惜之。然其条议至详，于漕运兵屯地险宗禄诸政，其所以相济者，尤拳拳焉。古有言，非知之实难，将在行之。敏练而任事如贞明，世胡可多觏哉。

（清）盛康：《皇朝经世文续编》卷四十一《户政十三·农政上》，载《近代中国史料丛刊》第八十四辑，台北：文海出版社，1966 年，第 4419—4420 页。

《皇朝经世文续编》卷八十九《兵政十五·塞防下》

自古制戎狄之道，无不以通西域为事。汉置西域都护，断匈奴右臂，而单于入朝。唐平高昌，灭焉耆，取龟兹、于阗、疏勒等属国于突厥，列为安西四镇，扼诸蕃走集。则北不患突厥，南不患吐蕃。建武时，西域请复内属，光武辞不许，意非不美也。而永平中，匈奴卒胁诸国，共寇河西。明帝命将讨匈奴，取伊吾卢地，卒通西域，而后寇息。武后时，吐蕃将论钦陵请罢四镇兵，后从郭震言，不许。逮上元后，河西陇右皆陷没。而李元忠守北庭，郭昕守安西，与沙陀回鹘相依，吐蕃百计攻之不下。是时唐时多难，强臣方命，而吐蕃兵终不能逾陇而东。固由凤翔泾原，皆屯设重兵，亦未始非畏安西北庭之议其后，有所牵制而不敢逞也。元定西域，而后取中国如拉朽。宋堕夏州，不救灵州。于是西域为党项隔断，而契丹不能制矣。明不陁玉门阳关，而守嘉峪。于是中叶以后，蒙古诸部北扰延绥宁夏者，遂逾凉甘，绝瓜沙，据青海，而东扰河洮岷矣。然则隔绝羌胡奸通之路，使不得并力东寇。西域诚要地哉。而论者或谓竭内地以事外夷，散有用以资无用。不知外夷不守，防守将移在内地，而费益不赀。西域地广，饶水草。其处温和田美，种五谷与中国同时熟。诚广行屯田积粟之法，即有军兴，可无需中国馈运。然则谓西域绝远，得之不为益，弃之不为损，真迂士之论，而不审于汉唐之已事者矣。然汉之都护，虽统率南北二道，固非有其地也。唐所有者，仅车师前后国及焉耆地。而龟兹以西，为国如故也。我国家皇灵远曁，威德遐宣，风行所及，日入以来，皆慕化输诚，愿为臣妾。高宗皇帝平伊犁，定回疆，辟地二万余里。汉唐所谓乌孙西突厥及葱岭东城郭诸国，均编入内地，有重臣镇守。则昔之羌种塞种，今皆天子生全长育之民；昔之穷荒极远界在区外之国，今皆国家出贡赋列亭障之地矣。夫汉不有西域地，然弃西域，则河西受敌。唐不有龟兹以西地，然弃四镇，则伊西庭三州单弱。故当时君臣深谋远虑，悉力与匈奴吐蕃争，而不弃也。况地皆王土，民皆王臣。隶版图已久，涵濡浓化已深者哉。前年逆回张格尔叛，攻陷喀什噶尔等四城。西垂自荡平后，休养生息，六十余年。一旦逆贼猖獗，调兵筹饷，羽书旁午，加以地界穷边，冰雪满山，戈壁匝地，挽粟飞刍，转运艰阻。大臣以其悬远难守，欲弃四城。皇上深仁覃覆，不忍置远方于域外。谓英吉沙尔为外蕃，各国入回疆之总道，弃之则朝贡路断。和阗南通后藏叶尔羌等城，岁解伊犁铜布棉数万，弃之则伊犁经费有缺。夫回部诸城，北界雪山，西戎葱岭。四城据葱岭之要。无四城，是西面无门户也。由喀什噶尔而东，据乌什而北钞。则伊犁之兵，列城障而守。由和阗而东，渡河而北，则库车以东诸城危。渡河而东，据故曲先卫。历白龙堆而东钞，则安西敦煌诸州县，尽城守矣。四城不可不复，非一劳不能永逸。

（清）盛康：《皇朝经世文续编》卷八十九《兵政十五·塞防下》，载《近代中国史料丛刊》第八十五辑，台北：文海出版社，1966年，第3185—3188页。

《皇朝经世文续编》卷九十五《兵政二十一·剿匪三》

然则何为而可？曰：在用豪民制莠民抚良民而已。用豪民若何？曰：长淮以北，迄于齐鲁，坞长民豪，皆曰围主。围主号令，百倍于有司。战伐攻守，习其风土地势，百倍于客兵。诚得良牧长勍之剔之，驾之驭之，护其田庐，保其子弟。动以利害，激以忠愤，信赏以劝，必罚以惩。择其地之简要。众之强弱，请命于朝，给以告身。自参游至于都守，（即以所处之地，名其官曰某处参将游击之类。）壁垒之外，加筑碉堡。山林依阻，一依苗疆之式。平原广漠，则筑土堡。（土堡式详后）三五错纵，声势联络。星罗棋布，铳炮相及。空其中数百里，以为贼薮，以次渐逼。贼虽骁健，不能冲越。选精骑数千，出没驰骤，东西贯穿，雷轰电掣，一击辄反，（此仿田纶霞巡抚贵州雕剿苗疆之法。）贼降则三五编籍，递解远省，使垦荒秽，以助边饷。（如东三省内蒙古诸牧场，及伊犁塔尔巴哈台，及回疆之西四城皆可安置。毋使助军，既足糜饷，又易生内变。）贼平则官兵归伍，民兵归农。擢围主之有功者，量加升调。次此则荣以职衔，使终其身焉。夫碉堡不立，村落之外，贼骑所掀跳，则耕获辍。民失所天则几于盗，官诛盗则疑民，官民猜则民折而为盗，官不得并民与盗而尽坑之。五省之地，根蟠尽燃，而官厕其间，危矣哉。碉堡立，盗死咋不能入。则民得野处而耕获安，耕获安则不思为盗，不思为盗则盗源绝，源绝则盗可数。以可数之盗，合五省之官与民牿而嗛之。而盗不平者，未之有也。

（清）盛康：《皇朝经世文续编》卷九十五《兵政二十一·剿匪三》，载《近代中国史料丛刊》第八十五辑，台北：文海出版社，1966年，第3933—3935页。

《皇朝经世文续编》卷一一三《工政十·水利通论》

　　尝考之古谋臣良吏，欲求利民莫不亟亟讲求水利。西门豹引漳水灌邺，魏之河内以富。郑国说秦凿泾水，自中山西抵瓠口，并北注洛以溉田，关中称沃野。汉大司农郑当时穿渭渠，起长安南山下至河，溉田万余顷。河东守番系穿渠引汾，溉皮氏汾阴。庄熊罴穿洛溉重泉以东，赵中大夫白公穿渠引泾水，起谷口入栎阳注渭中，皆大利民，歌讴迄今不绝。嗣后如裴延儁浚幽州督亢渠，何承矩引滹沱河溉稻，阎承翰引唐河至定州，引保州赵彬堰徐河入鸡距泉以通漕利民。若是者，难更仆数，无不著效。岂施之昔而不能施之今哉？患在无人经略之耳，患在牧民者无兴利除害之实心耳。今能仿古沟洫畎浍之制，相度土宜，师其意勿拘其迹，变通行之。令民各就其所有之田，掘沟引水。有百亩者掘二面沟，广四尺深四尺；有千亩者掘三面沟，广八尺深八尺，中复掘一沟横贯其中。至万亩，则通力合作，共掘一大沟，广一丈深一丈二尺，方圆曲折，随田形势。总以大小流通，辗转挹注，互相灌溉。不得专利曲防为主。掘去之田，丈量确实，豁免粮赋。所掘之土，即以筑田之四堰，仿南方圩田之法，以备盈溢枯涸。至十万亩，则求一大川引而注之。或邑中并无川泽可注，则觅故河道之淤垫者，少疏浚而决水以灌之，否则即就车路之深者掘而注之，以为众流之宗。县达之府，府达之省。水有本源，不致涸竭，亢旱既免赤地千里之灾；水有自泄，不致泛滥，淫雨亦无万顷汪洋之虑。秫麻杂种，易为米谷，就近运输神仓，可备缓急仓卒之用，可省津贴水脚之费，可无海道风波之忧，可免折耗陈腐之弊。而黄沙宿莽，尽成膏腴。民见其利，各自奋力，治田益勤，治水益力。民有所赖，自不至流入匪类，且种稻之勤劬，百倍于秫麦，终年水耨火耕，常恐不及，非僻之心无由以生。而沟道纵横，水田复沓，一旦即有仓卒，戎马不得逞其驰突。更可设平地之险，而巩京师门户。万世之业，窃以为莫是过也。然议者必曰，斯事体大，弥年累月，不能奏绩。且兵燹之后，民困未苏，创此大举，必至骚扰。恐有难行者，不知天下事奚有难易，亦惟问有利于国，有益于民否耳。果其实有利于国，实有益于民，特以其难而不为，将国与民谁赖以利益邪？夫八年四载，手胝足胼，其难莫过于此。然圣人不以其难而辍之。盖意见游移，易者犹难；精神所注，难者亦易。况今日之事，本无有所谓难者。水利训农，本为牧令专责，亦系民生切己利害。各邑各治其邑之水，各家各治其田之水，不必别派员役，不必动用公帑。各省长吏即各责成牧令，牧令责成里正绅耆，复躬自巡行劝导，相度形势，顺土之宜，随民之便。勿为豪右所惑，勿使胥役扰累。俟农工毕后，督率兴工，以三年为限。里正等能出力者，破格奖叙。牧令亦以勤惰为黜陟，长吏即以牧令之能否为优劣，一劳永逸。为北省计，实为天下社稷计也。若夫散遣兵士，安插降众，抚恤难民诸事，想当事者固已熟筹之矣。鲰生复何敢赘哉？

（清）盛康：《皇朝经世文续编》卷一一三《工政十·水利通论》，载《近代中国史料丛刊》第八十五辑，台北：文海出版社，1966 年，第 5915—5919 页。

《皇朝经世文续编》卷一一四《工政十一·直隶水利》

天下有大计，可以宽东南之民力，而后国家裕足食之源者。莫如行西北之水利，而尤莫切于畿辅。然欲兴其利者，必先有以操其根本，而达乎神明变化之权，然后可以成大功，而传之久远。昔北魏裴延儁为幽州刺史，立渠溉田万余顷。唐瀛州刺史卢晖引滹沱溉田五百余顷。宋何承矩于雄莫霸州兴堰六百里。元丞相脱脱立分司农司。西自西山，南至保定河间，北抵檀顺，东至迁安镇。立法佃种，给钞五百万锭。期年大稔。明徐贞明水田议尤详，尝以九月任事，至明年二月，已垦至三万九千余顷。卒为浮议所挠，论者惜之。此古营田之尤著也。本朝雍正三年。上命怡亲王周履三辅，大兴营田。五年分立四局。一曰京东局，辖丰润玉田诸州县，自白河以东咸隶焉；二曰京西局，辖宛平涿州诸州县，自苑口以西咸隶焉；三曰京南局，辖磁州永年诸州县，自滹滏以西咸隶焉；四曰天津局，辖天津静海沧州及兴国富国二场，自苑口以东咸隶焉。其所引水，小则诸山泉。大则拒马河、子牙河、白洋淀、小清河、滏阳河、滹沱河、永定河及海口潮水、运河潮水。自五年至七年，得田六千顷有奇。此尤近事之可征也，迄今甫及百年，遗迹多湮，岂无望于修明其绪者欤？余尝遍历直隶诸府，考其志书，乃知北方水利固可行，然亦有难于南方，而不当一概施之者。徐贞明反谓北易于南，夫岂其然？盖南方土黏而固，故田塍厚仅数寸，而开畎出水之川，终岁不毁；北方土瘠多沙，虽寻丈之堤，水入则坏，此土质之异也。南方多水之委，且旁有所束，故源远而流不甚激，终岁不竭；北方多水之源，冬春水涸，虽近河之田常不赡，而远者益难及。夏潦一至，则势激而多壅，近河之地，先受其害。其去易涸，故下流所资亦无多，此水性之异也。南方气暖，春雨常多，蓄秧莳田得及时；北方雨泽常稀，值雨则又忧水潦，此气候之异也。且如史起引漳，传为美谈，而今志书谓漳水决不可引。亦犹郑国引泾，而泾阳县志言泾水决不可引也。非又古今之异宜哉？然则欲兴水利，必先相其土宜。仿南方筑圩蓄水之法，或开支河之流，或为潴水之塘。而又参用古人沟洫浍川之法，旱则引水以至沟洫，潦则引水以达浍川。然后水之便者可以代雨，而又以防其泛溢之虞。其余粪田之物，播种之具，一切募南方人为之。其土之必不宜稻者，仍使之艺旱谷。旱谷不可以久藏，则于近地产稻之处，易谷以为积贮。又使多植枣栗以供食。要使地无旷土，民无余力。即不必尽为水田，而所得者已不少。则无论可省南方之输运，而先有以裕北方之食用矣。由畿辅而推之于秦晋齐鲁，其利皆可兴也。然今之田，皆民间世业，岂可夺其自前自有之利以供我之开渠筑岸，相其水势而行之哉？是必厚偿其直，而募人以耕作之，随时以修治之，则公帑之耗其可以省乎。故徐贞明亦言惮于费财，而欲举力田之科，开赎罪之条，吾恐尚不足以劝也。善乎。许力臣先生之言曰：虞集之议，不行于当日。而丞相脱脱能行之于至正间，以其时钞法盛行，内帑不亏而国用足也。然则欲行水田，必先讲求钞法，而后为之，不忧其无成，成之不忧其旋废，斯诚万世永赖之利也夫。

（清）盛康：《皇朝经世文续编》卷一一四《工政十一·直隶水利》，载《近代中国史料丛刊》第八十五辑，台北：文海出版社，1966年，第5931—5935页。

《皇朝经世文续编》卷一一八
《工政十五·各省水利中》

今又询于刍荛，议兴水利，是欲嘉与三秦士民，臻于长治。举人虽梼昧，敢不仰副宪心哉。尝稽晋史王猛仕苻坚，见关中水旱不时，发三万人开泾水上源，通渠引渎，民赖其利。魏裴延儁当幽州水旱，民多饥馁，疏督亢渠，得利十倍。宋欧阳修当颍州大饥，大修陂塘以溉民田。汪仲举当兰溪苦旱，劝富民大浚塘堰，以活饥民。此外如明林希元、钟化民均于饥年举湮塞之当浚，役饥民而代赈，此岂仅云安贫哉？实兼以保富耳。踵而行之，与诸公后先辉映矣。但非常之举，黎民滋惧。范文正公以工代赈，尚遭监司劳民伤财之劾。何承矩知雄州，初年劝民种稻，值霜不成。后纳闽人黄懋言，改种旱稻，七月可熟，阻之者颇众，至稻熟，承矩载稻数车辇至都下，议者始息。且关中士民不谙稻利倍他谷，谓食之腹阴。则今日举此政，保无谤书盈箧耶？窃请持志勿摇，壹意必行。但得习水利巧思过人如元郭守敬者数人，赞襄上下，善政必兴。况今日方伯廉访德星聚于一堂，同心共济，尤易集事。至素问称稻得天地之和，高下皆宜。尔雅翼谓稻味尤美，故食稻衣锦，为生人极乐。若如关中人言食稻腹阴，何以两湖三江食此不病耶？大抵水利之赋，较陆粮加重。每见兴水利者，数年后田淤不登。而升科如故。关中陆粮较南北二山不啻加倍，所以关中致富，皆从商贾起家。其多种地者则否。富民种地无过百亩者，且畏一兴水利，后必升科，以此遵者百无一二。合无出示告以永不升科。藏富于民，与在官奚异。去其疑团，则水利兴也必力。况雍正元年上谕，户部膏腴荒弃，岂不可惜？嗣后凡有可垦之处，听民相度自垦。地方官不得勒索，胥吏不得阻挠，百姓开垦多者，准令议叙，此成宪也。如果率祖攸行，定知野无旷土，家给人足。且今鳌鄂咸长，种稻者，均渐至小康。民知稻价较他谷加倍，何至弃水利不修，大抵不谙水利，且惮种稻，有沾体涂足之苦。习于逸而弃其利。南山士民，睹八水东流，代为扼腕者久矣。今必议兴水利。请先奏明使经理者久于其事。如必须交卸，责成后任，先后同心。至经费一项，大人必有成算，但当停工请帑之年，又值屡次劝捐之后，若再劝富室，恐观望逃避者，所在皆是。易云：穷则变、变则通、通则久，变通之法，请详言之。虞伯生集兴水利，召富人予官，周用则集军流徒诸罪人以功赎罪，第其大小久暂而分之。今之议叙，与伯生似同实异，盖彼实予之秩。今则止博虚荣，窃恐议叙无人出应，所以然者何也？今之富室，不但老壮皆得议叙，其少者襁褓者类皆有之，数见不鲜，此虚荣所以民不愿博也。合无请奏明招富民垫垦，每亩每年议租若干，则应者必众。今日水利如兴，实关中长治久安之基。关中久安，则天下大势均如磐石。举人年近七十，功名望绝，闻大人集水利议，觉平日讲求之心，怦怦然动，所以冒昧议此。专丁赍投，报皇上养士之恩，酬大人延访之意。倘以水利繁，有言未尽者。召之出山，面罄一切。举人即长归南山，为圣世闲散山臞，永享食利千年之泽，此心如古井，久无热中时，合并声明。不胜待命之至，谨议。

（清）盛康：《皇朝经世文续编》卷一一八《工政十五·各省水利中》，载《近代中国史料丛刊》第八十五辑，台北：文海出版社，1966年，第6231—6235页。

《皇朝经世文统编》卷一《文教部一·学术》

书未发又得来教，喜足下议论渐确实，多可采者。虽然，足下殆未明于今日之大势也。传曰高言不止于众人之心，又曰法后王可也。为其论卑而易行，昔盖宽饶刚直高节，好犯上意，王生伤之。寓目见规，以为数进不用难听之言，匡拂左右。夫言不取高，务在切时。高而不切，犹乖时用，况于匪高。足下之言曰国家取利多途，政源不清，下流易浊。于是欲罢乌喇探珠之军，止吉林采参之贡，革三姓征貂之官，辞叶羌搜玉之使，却波斯珊瑚之探，去关市之征，开鱼盐之禁，绝外洋之商。清心寡欲，以风天下。陈议甚高伟，纠时甚直切。抑足下徒观前世之失，未睹今日之弊。若陈此论于汉太初、宋大观、明万历之世，岂不识时务明政体豪俊士哉。惜乎献闇王之规于有道之世，绳墨虽切，肯綮未得。譬奏刀于无用之地，虽不缺折，亦无解焉。国家列圣相承，世德继美。皇上御极以来，躬行节俭。为天下先，闻诸近臣。皇上御澣濯之衣，郄珍奇之味。后宫无盛宠，外戚鲜恩私。匪颁有节，出入有常，可谓恭俭矣。未明而视朝，既晡乃罢。纲纪庶政一日万几，可谓兢业矣。且今吉林三姓叶尔羌之属，昔称绝远，悉隶版图。物贡其方，何有费帑劳人、上困下敝哉，天下大利所在。圣人必操其权，节其出入而救其敝。关市有征，盐利有禁，外夷有市。所以权衡百货，消息万物。历汉唐宋明千数百年，踵沿不改。今乃欲引隆古迂远之事，一切罢去。不知天下地丁杂税岁入四千余万，灾荒停缓在其中。而户部奏岁出至三千三四百万，脱田赋之外，悉取裁革。军国事体重大，匪如足下匹夫小家，可以拮据补苴，僶俛卒岁。此真经生之迂谈，宜吾不敢服也。古人之税民，有田有口。周官九赋，汉有口率，唐称两税，所以警游手、恤南亩也。今天下之丁，皆并于田，法取简捷。农夫重困，游民滋多，足下又议去杂税，农人焉得不流亡，奸民焉得不滋横。钱之与银，流通货物而已，非可煮而食之，裁而衣之也。不在于此，则在于彼。上下转输，无关息耗。足下以银贵为外洋通商之故，此朝士已议之矣。不思天下之困不专银少，由衣食之源不足。衣食不足，由物力之艰。物力之艰，由糜费之众。糜费之众，由风俗之奢。风俗之奢，由百官之侈。官侈于上，士华于下。工作于市，农效于野。斫朴为雕，皆官之由。

（清）邵之棠：《皇朝经世文统编》卷一《文教部一·学术》，台北：文海出版社，1980年，第49—50页。

《皇朝经世文统编》卷二十一《地舆部六·水利》

直隶为禹贡冀州之域，田称中中。今日土壤，乃至瘠薄。东南农民，家有五十亩，十口不饥。此间虽拥数顷之地，常虑不给，可怪之甚也。虽其土燥人怠，风气异宜，亦不应悬殊至此。汉张堪为渔阳太守，于狐奴开稻田八千顷，民有两歧之歌。狐奴，今之昌平也。北齐裴延俊为幽州刺史，修古督亢陂，溉田百万余亩，为利十倍。督亢，今之涿州也。宋何承矩为河北制置使，于雄鄚霸州一带，兴堰六百里灌田。初年无功，人咸病之。次年大熟，承矩辇稻米入都示朝臣，谤者乃息，边民之食以充。明汪应蛟为天津巡抚，欲兴水田，将吏皆不欲。应蛟乃捐俸自开二千亩，亩收四五石。惟旱稻以磵立槁，于是军民始信。今东西二淀，即承矩之溏泺，天津十字围，即应蛟水田之遗址。又查国朝李光地为巡抚，请兴河间水田，言涿州水占之地，每亩售钱二百，尚无欲者。一开成水田，亩易银十两。上年直督高斌，请开永定河灌田，亦云查勘所至，众情欣悦。又臣闻石景山有庄头修姓，家道殷实。能自引浑河灌田，比常农亩收数倍，旱潦不致为灾。又闻蠡县亦有富民，自行凿井灌田。愈逢旱岁，其利益饶。又闻现在霸州知州朱一蜚，于二三月间曾劝民开井二千余口。今颇赖之，则水利之可兴也决矣。今请特遣大臣一员，赍帑金数十万两，前往河间、天津二府。督同道府牧令，分委佐贰杂职，除运道所关。及滹沱正流，水性暴急，慎勿轻动。其余河渠淀泊，凡有故迹可寻者，皆重加疏浚。而又于河渠淀泊之旁，各开小河。小河之旁，各开大沟。皆务深广，度水力不及则止。节次建立水门，递相灌注。旱则引水入沟以溉田，潦则放闸归河以泄水。其离水寥远之处，每田一顷，掘井一口。十顷，堀大塘一口，亦足供用。其中有侵及民地，并古陂废堰，为民业已久者，皆计亩均匀拨还。民情自无不踊跃乐从，即将现在之赈民，与递回之流民，停其赈给，按地分段，派令就工。逐日给与工值，酌济二三人口粮，宁厚毋减。一人在役，停其家赈粮二口。二人在役，停其家赈粮四口。其余口与一户皆不能执役者，仍照例给赈。其疏浚之后，有可耕种者。即借予工本，分年征还。更请另简大臣一员，赍帑分巡直隶各府，一如河间、天津二府办理。虽所费繁多，而实为畿辅兴无穷之利，与议赈迥然不同。然而或曰北土高燥，不宜稻种也。土性沙碱，水入即渗也。挖掘民地，易起怨声也。且前明徐贞明行之而立败，怡贤亲王与大学士朱轼之经理，亦垂成而坐废，可为明鉴。臣窃以为九土之种异宜，未闻稻非冀州之产。现今玉田、丰润粳稻油油，且今第为兴水利耳。固不必强之为水田也。或疏或浚，则用官资。可稻可禾，听从民便。此不疑者一也。土性沙碱不过数处耳，且即使沙碱而多一行水之道，比听其冲溢者，犹愈于已乎！不疑者二也。若以沟渠为损地，此尤非知农事者，凡力田务尽力而不贵多。今但使十亩之地，损一亩以蓄水，而九亩倍收，与十亩皆薄入孰利？况损地者，又予拨还，不疑者三也。至于前人之屡行屡罢，此亦由徐贞明有干济之才，所言亦百世之利。其时御史王之栋参劾，出于奄人勋戚之意，其疏载在省志，不过言滹沱不可开耳，未尝言水利不可行也。但其募南人开垦，即以其地予之，又许占籍，是夺北人之田，而又塞其功名之路也，其致人言也必矣。至营田四局，则成绩具在，公论难诬。但当日效力差员，不无奉行不善之处。所以贤王一没，遂尔废之。非深识长算者之所出也。凡始事难，成事易。赓续以终之则是，中道而弃之则非，不疑者四也。今日生齿日繁，民食渐绌，苟舍此不为经理，其余皆为末节。臣愚以为尽兴西北之水田，尽辟东南之禁地，则米价自然平减，阊右立致丰盈。但其事体至大，请先就直隶为端，俟行之有效，次第举行。得旨，大学士会同九卿速议具奏。

（清）邵之棠：《皇朝经世文统编》卷二十一《地舆部六·水利》，台北：文海出版社，1980年，第794—795页。

《皇朝经世文统编》卷二十五《地舆部十·屯垦》

奏为请推广成效，以辟荒土，以裕边储事。窃查陕省之榆林、延安二府各属近边无业贫民，均赖出口种地，以资生计。而苦于牛具、籽粮无力措办，不得不向富民借贷。富民放债起利，贪得无厌。穷民被其盘剥，终年力作，所获无几。乾隆四年，经前任督臣奏明，每年酌动官银，借给穷民，令于秋收照时价还粮。乾隆八九年，又经前任抚臣先后奏请动项分发借领，照例于秋成还粮交官。共发银六万余两，共收粮约十余万石。造报户部在案，此陕省借粮收粮已试之成效也。臣愚以为此法不独陕省可行，凡西北近边之地，似皆可仿而行之。如直隶之永平、宣化等府，晋省之大同、朔平、宁武等府，甘省之宁夏、西宁等府，俱皆邻接边疆。隙地旷土，所在多有。而盛京之奉天、锦州二府，各属壤地沃衍，水泉丰溢，一经开垦即为膏腴。若令概照陕省之法领银交粮，春借秋还，边民之力能耕种者必无不愿。惟是领银交粮之时，无使勒掯需索，无令守候稽延。而所交之粮，照时价又必须准其略为加增。以劝兴之，民情踊跃。而来岁之领银者，自必云集矣。夫小民不愿与官从事者，惧官府之朘削甚于富民耳。若果体恤民艰，诸弊杜绝，而所交之粮比时价又微有增益，穷民于交官之外，尚有盈余，以资口食，彼何苦避官府而甘受富民之盘剥乎？至于能自备工本，不愿领银者。则听其报垦，限年升科。或官为开垦，而招民承种。照安西哈密佃种官田，官四民六分收之例。变通酌筹，亦似可行。窃谓宜令实心任事之州县先试之一乡一隅。果有明效，再行推广。其于积粟实边之计，或不为无补也。

昨报述俄人以亚西亚之中，旷地甚多。现将设法开垦，迁其本国之人民。以居之议，每人给以旷地三百亩，使之种植各物。拟将实六万人于其间，画界分区，已有头绪。俄人之蓄意，于富强有如此者。按俄国在亚西亚洲内之东北境者，曰西伯利亚。西起乌拉岭，东距大洋海，北距北冰洋，南抵外兴安岭界乎！黑龙江索伦喀尔喀乌梁海，蒙古哈萨克回部，其长约有一万三千里，宽约五千余里。自前明中叶，俄国有商舶至西伯利亚。以洋货易皮归，日渐稔熟，愈自夸其富强。西伯利亚之土人，有率其户口，前赴俄国者，见其国都壮丽，归向益诚，咸贡方物为藩属。俄国乃筑炮台于乌深河口，又徙罪人供力役，筑城以戍。于是西伯利亚东西诸部咸为俄有，而俄国遂寖以大矣。然西伯利亚之地，虽多为俄有，而地土颇极荒寒，竟有数百里无人者。盖地广人稀，荒芜不治，则虽有壤，地如同石田，此俄人所以终不得志于亚洲。今一旦奋发有为，首先计及于此。则富强之基，即在乎此。夫徙人民，以实旷土。古时中国，亦所常有，惟秦祖龙徙洛阳富人以实关中，最为无道之尤。其他如汉武之徙富民以实边，武帝之徙户口于边。历代以来，指不胜屈，大都以内地人民生聚日繁，未免有人多地狭，实不能容之势。而边徼荒地，广远苦无人为之垦辟，乃有此徙民之举。所谓因地制宜，一转移间，而两俱便益者也。俄人此举深合我中国古先王之遗意。吾知十年生聚，十年教训。俄之富国在此，俄之强兵亦在此矣。惟每人给以地三百亩，则未免过多，俄国家之意，殆以荒寒之地人，所视为畏途，不有以厚给之，恐被徙者不免有所怨。咨夫所谓徙民以实边者，非强勒使徙也，亦非威胁以去也。非可以刑驱而势迫之也，必也招募人民有愿往者，报明造册既满额数全，数皆至则按名给以土地使之，各自管业种植其法，固至善也。

（清）邵之棠：《皇朝经世文统编》卷二十五《地舆部十·屯垦》，台北：文海出版社，1980年，第1063—1064、1083—1084页。

《皇朝经世文统编》卷三十八《内政部十二·养民》

奏为请禁赋外之赋，差外之差，关外之关，税外之税，以苏农困，以拯商病事。窃惟天下之人，无逾四民，民之俊秀者为士，士仅处十之一耳，而农与商贾则大半。天下农有田则有赋，有赋则有差；商贾有货，则设关以稽之，立税以敛之，此自古以来之常法，圣主所不废也。而今日之农，不苦于赋，而苦于赋外之赋；不苦于差，而苦于差外之差。何谓赋外之赋？即如江南扬州府属，国家正赋每亩二钱四分五厘零，田有高下，约数亩拆一亩，每亩纳银不过四五分，其取之于民者，固有定则矣。今也不然，船厂、炮厂须用铁则赋，筑河堤须用夯木则赋，决口卷扫须用稻草则赋，下桩须用柳则赋，扎扫须用白则赋。夫民以其土之所有为上用，犹易办耳，若采铁于不出铁之乡，责于不产之地，旱暵草枯，水潦木坏，徒肆苛索，只费缗钱，或倍价以相鬻，或干折以幸免，岁凡数供，追呼不息，此苦于赋外之赋也。

何谓差外之差？国家赋役全书，定为经制，是赋之中已兼有役。今臣见扬州府江都县，每岁一里贴浅夫工食银二十四两，则田已役其二矣。顷河流溃决，复按亩起夫，则田已役其三矣。挑河夫之外，又有帮工夫，则田已役其四矣。四役之不已，而又有所谓庄差。庄差者，取之耕田之穷农也。农人代人出力以耕田，其所耕之田，即里地已起差之田也，在里地起差者此田，今起庄差者亦此田，即令田系农夫所自有，而田已在里地起差之内，若更加以庄差，不一田而二差也哉？自庄差之名一设，则有供土船之害，有供土箩、土基之害，有供车辆之害，卖妻鬻女，尚不足以应其求，敲骨擂筋，惟恐不获终其役。嗟此疲劳告瘁之民，即我皇上捐赈啜哺之民也！差一及身，进无以邀廪饩，退不能就粥糜，有转死沟壑已耳。此苦于差外之差也。

今日之商贾，不苦于关，而苦于关外之关；不苦于税，而苦于税外之税。何谓关外之关？国家设关，通天下凡十三处，皆相隔三四百里，然后有一关，所以明禁纲疏，不欲多为之制，以妨商旅也。又定例：船不抵关，货不抽税，料亦如之。自有攒典之设，而各踞口隘，横行村落，处处皆关，则处处有税与料矣。顺治十八年，台臣郑为先具疏极陈典之害，奉旨裁革，然典之名去，而典之实犹存。监督诸臣借查税名色，私用家人及书役，散布各方，重抽税料。夫果在通江滨海之处，扼守隘口，犹可也，已非朝廷务存宽大、不尚烦苛之意；况近在数十里内，又无旁港支河，而可多设私人以滋扰害乎？即如扬有扬关，淮有淮关，其中一漕堤有何渗漏，而于邵伯一镇必又加拦阻？夫邵伯乃商贾卸载之地，自南而北者，扬关税之，自北而南者，淮关税之。已税之货，已税之船，则可听其所之矣；而所以拦阻者，将禁其不及内地乎？将今其屯聚一处，而不散而之州县乎？无非留难揸索，重重剥征，是咫尺不百里之间而再税也。近闻浒墅关于无锡地方，亦私立老人关，置设水栅，拦截河干，又用两橹快船，遍历乡村，昼夜巡逻，遇物索诈，稍不遂意，指漏税报官。其它睹闻所不及者，何可殚述？商贾举足罹网，移步触禁，莫施其征贱征贵之智，徒乎顾左顾右之忧，风雨停而伤心，衣囊质钱以输税，此苦于关外之关也。

何谓税外之税？国家立关，有税货之关，有抽料之关，大小各有定制，轻重悉载成书。顺治二年奉旨，凡民间米麦，税课概行禁革。今则农船小艇，一米一豆，莫不征税。甚至乡民驴背肩挑，不免悉索。又有货本无多，而所税之数，反过其本数倍，至愿弃其货以逃而不可得。此甚可悯也！若船料各关不同，如扬州钞关，满料不过二两六钱七分，浒墅关满料不过十两五钱，今正数一倍，纳至四五倍。而于正数之外，又名曰加仓，一仓至十仓，听其增益，莫敢谁何。夫船料则固有经制矣，加仓之说何自来也？且既税船，则不税货，而又有落地之税，有寄钞之税，是兼船与货而两税之矣。商贾之力几何，而堪此朘削耶，此苦于税外之税也！

伏读康熙十八年恩诏一款："各处关差，将不应纳税之物，额外横征，差役四出，把守关隘，扰害商民者，该部严行察禁，一有觉发，从重治罪。"仰见圣虑渊微，无遐不瞩。又屡经部议，凡滥派小民钱粮差徭，俱有处分，即督抚亦曾行文申饬，不啻再三。而积习难破，病窦日深，不得天语重申，何以令诸弊悉革？伏乞敕下督抚，严饬各府州县，及各关监督，务使将赋外之赋、差外之差、关外之关、税外之税，概行禁止。勒石立碑于通衢处所，纵不能尽绳已往，犹可永戒将来，庶农民无困敝之忧，商旅有贸易之便矣。

（清）邵之棠：《皇朝经世文统编》卷三十八《内政部十二·养民》，台北：文海出版社，1980年，第1506—1508页。

《皇朝经世文统编》卷三十九
《内政部十三·八旗生计》

夫国家之为八旗计长久者，房地两项，今既尽数赎还。而又有历年增添之饷项，所以养赡旗人之策固已无遗议。然而在京之房与近京之地，不过止有此数。即使人丁滋生倍众，断不能倍增恒产于前数之外。诚欲为旗人万年之恒计，则莫如开垦沿边地方，使民有可耕之田，为八旗无穷之业，一地两养，尤国家第一之良法也。臣近接阅邸抄，见大学士伯张廷玉等议覆御史柴潮生奏请开垦奉天等处屯田一折，内称查沿边一带。先据调任直督孙嘉淦，奏称独石口气候甚寒，不宜五谷。惟独石口外红城子、开平城，及张家口外兴和城、北城子，可耕之田甚多，约计可驻满兵一万。经特简王公大臣前往彼处，详勘妥议具奏。嗣据奏称口外地方寒冷，霜降且早，所耕大半皆系穈黍荞麦，耕种五谷者少。即使尽力耕种，不能保其必获。且每年所获，可否足供兵食之处，亦不能预知。其开垦驻兵之处，应请停止在案，臣查从前孙嘉淦所奏，惟独石口一处，气候寒冷，不宜五谷。而独石口外北行三十余里，即系平原旷野，再五十余里，为红城子，墙垣犹在，襟山带河，平畴沃衍，再百余里为开平，即元之上都，其间可耕之田，不下数万顷。再张家口外，西行七十里为兴和城，北行百余里为北城子。川原甚广，一望无际，土脉之肥过于开平。其间可耕之田亦不下数万顷。又云或疑口外聚集多人恐于蒙古滋扰。诸城左右，皆各旗王公大臣牧马之厂。今垦为田，恐旗人有所不便。又或疑天寒霜早，恐其难于收获。山少林木，恐其难于柴薪。凡此疑难之处，臣皆遍观而细访之。口外之山，绵千余里，名曰"大坝"。凡坝内之田，皆已招民垦种，现在征钱粮。此诸城之地。逼近大坝，皆系旗人牧厂，与蒙古无涉。旗厂之外，乃太仆寺游牧之地，游牧之外，乃察哈尔居住之处。察哈尔外，乃为内扎萨克地方。彼此隔远，无由滋扰。八旗牧厂，所占甚大。多有余闲，可以并省。又游牧之地，方数千里。割其一隅，即可兑给。至柴薪稍远，未尝缺乏。且坝内诸山，多有产煤之所。若招民开采，自可足用。臣于三月在独石口，草芽未青，十四日在红城子，青草长及一寸。气候可以春耕，开平城外陇亩犹存，碾碓尚在。若非种植，何以有此。兴和气较暖于开平，其为可以耕种无疑也等语，是孙嘉淦从前所奏，开平、兴和等处可耕之地，乃伊巡阅边关亲行相度，不但地方之寒暖，降霜之早晚，谷种之相宜，一一筹画详尽。而且将日用之水火煤薪，旗民之相安，蒙古旗厂之无扰，以及山场之可牧，平原之可猎，皆无不悉心区别而声明矣。而原任大学士伯鄂尔泰等，议谓口外地方寒冷，耕种五谷，不能保其必获，请停止。乃系约慎重之辞，惟恐其见功不易，而耗费殊多。固是利不十不变法之意，然旗人之滋生无穷，国家之帑金有数，沿边既有天地自然之利与其使之就芜。何若垦之为田，若虑其不能见功。何不聊尔小试，如其无益，则请停止。如其有益，自当另为筹画。惟孙嘉淦从前所奏，料理区别公田民田之法，有不可行者。其曰兴和、开平等处地亩。令民人垦种择其近城之地。平方宽远者，画为公田。其余皆为民田，每垦民田二顷者。必令垦公田一顷，民田以为世业。公田分给旗人，酌定租粟，加之月给钱粮，则旗人之衣食，自益宽裕等语。盖旗人原不善于陇田，欲开荒地，必得招民佃种。若三顷之中，取二顷为民人世业，一顷为旗人公田。不但养旗人之田地无多，且此地既有民业而旗人又不善于耕种，界址相连易于朦混。不一二十年之间，民典旗地之风，又与京师五百里之内者无异矣！至于月给钱粮一说，尤不可行，盖钱粮乃国家之经费，自有定额，理宜统天下之所入，通盘而合计之，断无随无限滋生之人数，屡屡增添之理，有此二不可行。则其料理之法，自当别筹。臣请我皇上暂派干略之臣，带领善于稼穑之民于兴和、开平诸城境内，每处分发数十人，量为开地数顷，如彼处天气之寒暖，地脉之肥沃，相宜种植，实如孙嘉淦从前所奏。行之一年，果有成效。明年将彼处但凡可兴稼穑之地，逐一查清。官备牛具籽种，招关内附近居民。有愿往彼处耕种者，令其每丁拨给上地五十亩，中地与下地酌量拨给。每一丁作为一牌，每十牌作为一甲。甲编名号，牌编次第。令其相度土脉，相宜之谷粟籽种即兴东作，与之分粮如一年得效，明年可以推广地方，加倍行之。明年又复得效，三年更复广开地亩，十倍行之，推而远之其利无穷。所得之粮，运至关内，平粜于直省歉收之地。所得米价，抵充牛具籽种之公项。行之既久，公项抵清之后每年所得粮石，平粜于关内，而量积于关外，其粜出粮价，亦存贮彼地。积之数年，可足分拨旗人之后，即动此项银两，在彼地盖造房屋。量彼地之大小，出产之数目，酌定拨兵之多寡。将京师旗人内无恒产之人，陆续拨往驻防。即将彼处地亩，酌量拨给。其愿自行耕种者听其自便。其不能种植之人令其佃种于民，分粮食租，以资养赡如此行之，既有成效，然后将奉天一带可耕之处，亦照此陆续开辟拨兵居住，使其三时力田，岁晚讲武，散则为农，聚则为兵。不但八旗可图久远生计，而民人赖以资养者亦不可胜数。不一二百年之间，自西至东，绵数千里，势如长蛇。可以南视九省，北镇诸狄，威扬西陲，势连东土，实天下之屏藩，神京之保障，此亿万斯年之计，千载一时也。

英和《会筹旗人疏通劝惩四条疏》

一双城堡屯田经始维艰，宜推广以竟成功也。查双城堡移驻京旗，自将军富俊条奏：经理数年，糜帑数十万两，良非易易。原定每年移驻二百户，查上年移驻五十三户，本年移驻七十六户，总未及一百户。诚恐此后愿往者少，又不便勒派，虚费以前经始之力，致善政无成功，实属可惜。况伯都讷等处，亦多可垦之地。如能源源而往，则京师贫苦旗人，既可得有产业资生。而该处以荒僻之区，渐成巨镇，实属法良意美。查各旗满洲蒙古，原有屯居之例，在数百里外居住百余年、数十年者。道光元年，臣等议覆原任大学士伯麟条奏案内，准令旗人屯居种地。数年以来，呈请者尚少。总原有地者，先须自往清查，而告假甚难，回京甚紧。以致如前条所陈，刁奴恶佃，借端挟制不得自种。今告假之例限既宽，则往查得以自由。嗣后呈请者必，臣等各饬所属，再将前例剀切申明。如近京并盛京等处，有地可种者，准其告假自往清查。如愿自种，准其呈明迁徙居住。或与原佃之人，伙种分粮，或撤出一半，自行耕种，仍一半与原佃种。如此，则旗产可获实利。而民人亦不致失业，以示公平而杜讼端。其地亩久经典卖，力不能赎，无地可种者。臣即饬所属参佐领，将移驻双城堡之利，详细开示。谕以尔等贫苦难以度日，皇上施恩，将双城堡处地亩，赏给耕种。尔等并无产业，今得地二顷，又有房屋家具牛种。临行路费，沿途供应，此系何等厚恩。尔等到彼，安分种地，可丰衣足食。两年移驻者，现俱有信来京，称为乐土。尔等何尚犹疑。况现在奏准一切不安本分之人。将来滋事，俱照乾隆年间例销除旗档。尔等若有不安分者，倘被参佐领查出送部销档，岂不后悔？今将利害明白宣示，刊成谕单。将家无产业，年已成丁之闲散，并三两以下钱粮。实在贫苦之人，逐户谕知，嗣后每年移驻，务期足敷原奏二百户之数。如有多者，陆续分年移驻。仍令每年将移驻数目，先期行知该将军，预为办理。如此，则善政可告成功，旗人永叨乐利之福，而双城堡地亩房间帑项均归实用。借人以尽地利，即借地利以养人，我国家亿万斯年，户口日增，土地亦日辟，此则旧例之必应推广而两有益者也。

英和《会筹旗人疏通劝惩四条疏》

世宗宪皇帝欲于黑龙江宁古塔等处，分别旗人住居耕种，而未及行。我皇上御极以来，廷臣屡有以此言进者。若虑其难行，而不及时早为之所。数十百年之后，旗户必十倍于今。以有数之钱粮，赡无数之生齿。使仅取给于额饷之内，则兵弁之关支，不足供闲散之坐食，旗人之生计必日蹙。欲添给于额饷之外，则民赋之常制，断不可加，而国用所必需。又无可缩。即竭度支之力，不足以供，不将上下交困乎。惟有酌派闲散列边屯，使自食其耕牧之利，而以时讲武，则旗人有生聚之资，国帑亦无匮乏之虑矣。此又一说也。

（清）邵之棠：《皇朝经世文统编》卷三十九《内政部十三·八旗生计》，台北：文海出版社，1980 年，第 1540—1546 页。

《皇朝经世文统编》卷四十六《外交部一·交涉》

吾人拟观察东方现情，以卜其将来如何，须考察俄国版图及其地势。何则？其国接壤于中国北位，蚕食邻邦，拓地于亚细亚洲者，三百余年矣。中国焉不知设法抵御，即如千八百六十年，中国割与黑龙江及浦里莫斯克洲等。于俄国又如千八百七十年，俄人取中国属土克儿沙亚洲，盖昭昭在人耳目。虽质之中国大员，其辞亦不能逃遁。西伯利亚一带之地，平原广漠，气候寒冷，未垦拓之地极广。其面积有五百五十八万九千二百八十九方里，而既垦之地，不过十二分之一，人口有六百五十三万九千五百三十一之多，然俄种居其十分之六。在黑龙江岸一带地方，每年夏季三个月多淫雨，不宜耕作，谷不甚登。在东方接境于满洲之地，一岁之中，多浓雾深锁，湿气太重。故当植物茂盛之时，农民不得不远离其田圃，而去如西伯利亚之地。无有毛革矿山等之天然美利，又俄人无放囚徒于此地之事。则虽管有此地，未见能收其利也。唯至满洲则不似西伯利亚之瘠。北边有山脉联绵，可以遮断北面之烈风。在十年前，其人口约二千二三百万。即齐齐哈尔人口约二百万，吉林约八万，而辽东地方则约一千二三百万人。产物不独出谷禾，又能产棉花蓝靛及草等。盖以农产之物为主，莫斯克报访事云俄国沿黑龙江岸七百五十余里，凡物皆取资于满洲。即如兽肉及谷禾等，多系满洲所产之物，而以爱珲为商货聚散之要地，不得不着意于此。由是观之，俄人垂涎于满洲，岂偶然哉。盖洵不得已也。

（清）邵之棠：《皇朝经世文统编》卷四十六《外交部一·交涉》，台北：文海出版社，1980年，第1822—1823页。

《皇朝经世文统编》卷七十《经武部一·武备》

道光年间，克复新疆四城、擒获首逆张格尔之役，著绩以吉林索伦马队为最。次则招集伊梨等处遣犯，用作头敌，立功赎罪。此辈强悍之徒，久戍边庭，风土习惯。且有生还之望，是以临敌思奋，奏捷尤速。其各省所调征兵，疲于远道，不过借壮声威。良以南方地暖，既不能耐西域严寒。且骑射驰驱，非其所长，奔走绝漠，动辄千里，虽有健者，尚未临敌，而已疲惫。况川楚产米之区，人非谷食不饱，关外偶有杂粮，人众尚且难继，经过沙碛之中，往往以牛渲马肉，借充饥渴。风土异宜，饮食异俗，用违其地，不能尽其所长，此川楚兵勇远征西域甚非所宜也。内地用兵，只须筹给饷项。兵勇有资，随处可以买食。即或偶有乏粮之区，裹带转输，尚易筹办。关外则人稀土旷，戈壁水草不生，寻常行旅往来，尚须预备糇粮。道光年间，新疆南路之役，于兰州肃州暨口外，节节设立粮台。派员转运，并由内地多购驼只，以备沿途运麦，源源供送大营，尚闻偶因途中稍有延，军中即不免枵腹以待。维时甘省无事，麦既易采办，关外哈密、乌鲁木齐亦皆安静，尚可转输。今则新疆各城，屡报失陷，抢掠已空，而甘肃贼氛遍地，半遭蹂躏，盖藏既罄，播种失时。虽河西甘、凉、肃三郡，尚称完善，而欲日供数万军之粮粮，转输不绝，诚恐难继。且关外自哈密而前，中途不能梗阻，一旦粮运不继，非同内地尚可择近就食，师悬绝漠，进退维艰，虽有劲旅，不战自困，此用兵西域运粮更难于筹饷也。

且鲍超所部万余人，每月各省筹解饷银十余万两。若在内地，固敷支用，既出关外，所费不赀。无论各省现值筹防筹剿，款项皆非充裕。即使勉力凑解，道途通塞无定，难期随时接济。而鲍超行营每月纵有十余万两，所有粮粮行装，皆须于关内预为购备。沿途转运，所费甚巨。出关后，即无处可以采办。师无宿饱，何以言战。欲再增饷，力更不及。此关外用兵非饷项充足不可也。至于酌调川兵四千名随鲍超前赴新疆，现在川北上自龙安，下至城太，皆难松防。川东则酉秀彭涪綦南江合，皆与黔境毗连。寇如毛，窜扰几无虚日。建昌则西防会理盐源，东剿越嶲夷匪，时劳征缮。松潘则各营新复，番务未平。峨马夷匪，时萌蠢动。省标尤以根本为重，前抽调制兵一千五百名，交鹤龄统带赴甘，已属勉为凑集，此川兵所以再难抽调也。窃更通筹大局，以用兵缓急次第而论。伪侍逆康逆等，以残败之余，遁入闽疆，凶焰复炽。若不大合兵力，及早扑灭，则浙江、江西、广东，皆虞窜越。筹兵筹饷，东南民困，仍未能苏。鲍超之霆字营，剿办此股，前在江西，既已屡挫逆锋。贼中闻风丧胆，似不宜遽行抽调，正可借此以靖余逆。且发捻大股，窜扰鄂豫之间。往来飘忽，附近各省，均须戒严。亟宜添调劲旅，面面兜围，除此腹地之患。至若滇南叛服靡常，贵州全省糜烂。川省介居其间，沿边在在设防，日久师疲，百密倘有一疏，黔境盗数十万，迫于饥驱，日谋来川掠食，设被阑入边界，蜀中即不堪设想。是川中先将甘境阶州踞寇翦除，少纾北顾之力，即宜抽调各营，由东南分道越剿，先将黔界肃清，并将西南会理一带布置周密。方可进规滇南，而无回顾之忧。至于新疆各城沦陷，固宜早为收复。窃维广漠之外，非内地之寇可比，即或稍稽天讨，所肆扰者仅止回疆。不至裹胁愈众，蔓延愈广。日久寇心自懈，且分踞各城，势已涣散。此时西路，只须严扼嘉峪关，断其勾结之路，回部绝不敢轻窥内地。至于北路，本有蒙古为之屏藩。朝廷加意抚绥，沿边借资保障，逆回曷敢侵犯。一俟甘肃各路回匪荡平之后，即于现在所调各省兵勇内，选其精悍，加以重饷，预备粮粮，统师出关，节节扫荡。其兵勇在甘从征日久，于西陲风土，渐加习惯，自能得力。兼之尔时内地余逆概就除，声威远播，外域震詟。而各省元气渐复，筹饷较易，转输不竭，士马饱腾，鼓行而前，以击其懈，蠢兹回众，曷能抗拒，天戈所指，不异拉朽摧枯，新疆立见底定矣。此内患既平，然后从事西域，方可操其胜算也。

（清）邵之棠：《皇朝经世文统编》卷七十《经武部一·武备》，台北：文海出版社，1980年，第2888—2889页。

《皇朝经世文统编》卷七十九《经武部十·边防》

　　今俄人在混同江、松花江中行船，事同一例，即当仿照办理。《崇德会典则例》载：顺治十八年，设吉林水师营，又康熙十三年，自吉林移驻水师营于黑龙江，夫吉林、黑龙江在祖宗朝为腹地，尚有水师防营，今为边地又值多事之秋，则水师营之不可缓亦明矣。参酌旧制，不必甚费更张，而于边务，大有裨益。至吉省拉林、阿勒楚喀地方，江省齐齐哈尔、呼兰地方，皆有膏腴可耕之地，核计不下二千余里。雍正十三年、乾隆六年、十年皆有屯垦成案，其地在混同江两岸。若办理陆团不特与水师有辅车犄角之势，又可扼守嫩江、松花江两口，兵食胥足，节节有防，东徼可以安枕无忧。若黑龙江与俄划中流为界，此与三国时吴蜀距江为守情事相类。所谓沿江上下，所在皆险，而尤以额尔古纳河通入黑龙江口一处为最要，俄若拦入额尔纳河，进踞呼伦贝尔，则江省与蒙古声息中断，俄得以纵横自如。江省既无自全之策，蒙古亦大有危机矣。

　　（清）邵之棠：《皇朝经世文统编》卷七十九《经武部十·边防》，台北：文海出版社，1980年，第3182页。

《皇朝经世文统编》卷九十《考工部四·铁路》

　　满洲南方铁路所经之地，极为富饶，矿产亦多，迩来已有数处开办者。该处百姓皆务农为业，其所耕种如大麦、小麦、三角麦、稻、粱、黍、菽，崇墉比栉，甡然冯冯，叶鸦片出产亦盛，其种之佳，人所共知。蓄养牲口，亦小民一大生计，至于矿产则以铁为最，金矿亦佳，现已开采铁路，所经之地，有极大贸易。商市数处，吉林科拉苏、齐齐哈尔尤为著名者，佛兰卡一年一市，贸贩于此者，类皆北蒙古及俄国脱朗司培拉耳人。

　　（清）邵之棠：《皇朝经世文统编》卷九十《考工部四·铁路》，台北：文海出版社，1980 年，第 3603 页。

《皇朝经世文编五集·时务分类文编》 卷十八《牛庄贸易情形论》

满洲地土之肥，宝藏之多，凡读威立姆孙君之《游历中国北省日记》者，固无不知之悉矣。惟此书为时已久，兹何君所述尤属近事。盖自威君游历后，满洲开垦各处，又加整顿。现在拓殖之人，大半系山西、山东省人迁居该处之后裔，威君游历时，沿大路各处，已有人居住，嗣因国家格外鼓励，所定地价甚廉，百姓纷纷购地，颇称兴旺，景象为之一新。近何君游历吉林，其所经之处，计七百八十英里，绝少荒田，类皆膏腴之地，其通省情形，颇似加拿大之平原，间有似苏考脱北省之土地者，所垦之田广大无比，与中国南中各省之田陌阡短小适不相同，其游历时虽系冬季，地冻无草，而田中所遗之物皆高粱秸麻皮屑，足见开垦之费工，所产之茂盛也。

（清）求是斋：《皇朝经世文编五集·时务分类文编》卷十八《牛庄贸易情形论》，台北：文海出版社，1987 年，第 594—595 页。

《皇朝经世文编五集·时务分类文编》 卷二十三《边事》

疆场之事，一彼一此，因宜制变，无旧例之可循也，就地取材，无成规之可守也。国家当全盛之世，边民乐业，强敌息心，谨守约章，罔敢越畔。问有恃强凌弱者乎？无有也。问有以众暴寡者乎？无有也。今日万国通商，彼乃乘隙逞志，图们江东二千里之地，拱手而让之，蹂躏我门庭，窥伺我堂奥，无一事为先朝所有，而我独拘拘然谨守成宪以限制华民，是犹狼虎在门，乃束缚家人之手足肢骸以恣其吞噬也。譬家有美产良田，分授之于爱子，其后嗣不知垦种，日渐荒芜。他族虎视眈眈，垂涎于侧，为之祖父者将使人经理，转授之同宗乎？抑忍听沦亡，甘授之于异姓乎？此中得失之数，愚者知之矣。黑龙江自兵燹以来，凋敝摧残，户不满万，老弱妇孺喘息仅存，而呼兰通肯负山带河数百里腴疆，荒废榛芜，徒为马贼出没往来之地，漠河一区金苗畅旺，古所称东金山也。兹幸金矿已开，宝藏日出，而呼兰开垦之事屡经条奏，废格不行。前将军恭镗熟察情形，奏请举办，部议调停，两可惑于浮言，奏上之时仍然封禁，能禁良民，而不能禁马贼，能禁中国，而不能禁外人。闻黑龙江旗民亦自知户少人稀，不能久有其地也。遂有宁与外人，不愿开垦之说，并心一志，阖户闭关，见外人则退避不遑，见汉民则拒绝益甚。在江省旗民效忠屡世，原不忍夺其土地，乘人于危。然以旗民为主，而佃以汉民可也，视汉民如雠而甘弃之于外人马贼不可也。仅弃一黑龙江犹之可也。黑龙江失而奉天、吉林亦唇亡齿寒，危如累卵，万一有失，则大不可也。宜请先几独断，招垦兴屯，先令黑龙江将军清丈稽查何业何主。无主者作为官地，有主者岁补租金，广招闲民一律垦种，征其岁入以实边储，设立屯官经理其事。择明练者为之长，三时务农，一时讲武，勒以军法，编以部伍，守以堡砦，教之技能，无事则资耕稼之丰而部帑可以渐省，有事则任干城之寄而敌国不敢相凌。即此日之老弱旗民亦得食税衣租，优游卒岁，以渐复其元气而长保其故疆。夫黑龙江者，东三省之上游，而奉吉之藩篱门户也，根本至计、腹心隐忧未有曲徇私情而听其贻误大局者，蝮蛇螫臂，壮士断腕，施薪若一，火就燥也，平地若一，水就湿也，是以君子谨之于微而辨之于早也。

比年奉、吉两省改定章程，开屯练兵，建立郡县，榛芜垦辟，渐启文明，商旅往来，日臻富庶，边疆气象，迥不侔矣。惟是陪都廪给，悉仰南方，承平无事之时，转运艰难，已多劳费，又况经涉辽沈，山海阻深，设边衅偶开，敌以一旅舟师截之，关外则储胥隔绝，哗溃时虞，重地要区，何堪设想，所谓千里馈粮，士有饥色者也。尔日应募开垦，大率京东山左游手无业之民，愿受一廛，已成土著。然而性情桀骜，风俗浇漓，殷富者蔑视典章，贫窭者流为盗贼，教化未立，政令不齐，外患方滋，内忧已伏，异日边陲有警，何能执鞭弭、卫社稷、同仇敌忾以壮我干城哉？

夫依人不如自立，而善教可以得民。比闻吉省边陲，业已广开金矿，第立法或未尽善，利于私者不利于官，聚众易于为非，有大利者将有大害。况闻奉天各属，金苗显露，日光返照，黄色烂然，天运之所闻，地宝其能终蕴耶？彼敌人眈眈逐逐，游历之使，不绝于涂，铁路既成，兵端将启，与其深藏以诲盗，何如尽出以予民。明季云南波童矿丁万人，遂足以捍御缅夷，屏蔽滇省，利之所在，人所必争，势之既成，寇不能往，其明效大验有如此者。

宜专派矿务大臣督理此事，自陵寝重地循例封禁外，其他各山各矿一律弛禁，招商严定章程，束以军法，所征岁课，拨济饷需，则司农无仰屋之嗟，边境有自然之利矣。两省增设郡县，大都新造之区，宜筹款募捐，广建书院。边民稚朴，向少藏书，并立书楼，博收典籍，院中膏火，务极丰饶，山长必须得人，规制宜加整肃，无论军民人等，咸务向学，以渐化其犷悍而大启其灵明。庶有勇知方，既富且教，奇才辈出而隐患潜销也。奉天、吉林既有端绪，然后变通推暨，渐及于黑龙江，务使就地生财，而百万帑金无待仰求于他省，尽人向学而三千髦士无难媲美于中区。国计充盈，民情纯固，无穷之泉府溢于有限之度支也，无形之金汤坚于有形之壁垒也。

夫乃厚德音以先之，明礼义以道之，致忠信以爱之，尚贤使能以次之，爵服庆赏以申之，时其事、轻其任以调齐之、长养之，是强国之本也，功名之总也，古帝王之所以威天下而抚四夷也。区区敌人又何患焉？

（清）求是斋：《皇朝经世文编五集·时务分类文编》卷二十三《龙江》《奉吉》，台北：文海出版社，1987年，第753—756页。

呜呼！有明之衰，其竭蹶于宗禄一项者为不少也。国朝龙兴辽沈，满蒙汉各建八旗凭定中原，除驻防各省与近京五百里内，圈地屯种者，余皆依旗萃处，土著京师。二百五十年来，子又生子，孙又生孙，生齿日蕃一日，生计日蹙一日。盖自定鼎时增开此耗费之窟，几几等明之宗禄矣。汉军八旗，乾隆初已奉有出旗之令，宜再申明其例，而更用乾隆九年御史柴潮生所奏，统已仕未仕，提给饷项，皆令出旗。所急宜安顿者，独满蒙之闲散者耳，置产营运有禁，无事他出有禁，局促一隅之地，徒令嗷嗷待哺于大官，殆不常给之势矣。

列圣焦劳于上，群先哲毗赞于下，罔不以移驻边屯，为补救之上策。顾议而未行，或行而未竟，当事心力不齐，意见互异，坐使良法美意，道谋洎今，何也？心劫于烦难，而势格于辽远也。今将就易且近者，为京旗辟一永永之生计。莫如仿圈地之遗制而推广之。考吉林双城堡（嘉庆十九年将军富俊奏）、黑龙江呼兰河（光绪四年将军文绪奏）之办法而变通之，拟不移户而移丁，酌给以近畿之田地。昔李光地之抚直隶也，言涿州水占之地，每亩鬻钱二百文，尚无售者。查直隶行粮地六十四万余顷，荒废洼下，在在有之，照给其价以为官地。

朝廷不忍从龙旧裔，肘腋相依，啼号交迫，请简重臣之习知水利农田者，为旗屯大臣，就所购每圩每围，先为调集防营，如法捍筑，不便水田，即为地亦可区画□□。奏令各都统饬各旗正身，披甲充差，如其旧余，凡及岁能任佃作愿往屯垦者，官给办装银四两，由驿以车载往垦所，按丁拨田，或地十亩。就近由官募用老农为之导，垦成与为世业，随移随垦，岁移千丁，可垦百顷，十年树人，满蒙闲散旗丁从此一无闲散，利孰大焉，事孰便焉。初往无所出，势不能枵腹力田，自应宽为筹备。俾先到者所至如归，后来者闻风兴起。查呼兰河章程，每户给小米一石，高粮一石，粳米五斗，秫秸千束，以资半年之用。今以近故，减去粳米余给如其数，每丁需十两，千丁需一万两。车千辆，每车需三两，计三千两。一百顷地价，计银千数百两。约十顷为一圩或一围，以防营捍筑，每圩、围津贴五百两，计五千两。择高平日原，官为建屋，屋容二丁，千丁屋五百间，筑土盖茅，间需二十两，计一万两。顷置砖井二，王心敬谓地不带沙石者，浅井六七金，深者井需十金以上，今以一井八两为中数，二百井计一千六百两。器具以耕地汲水者为最费，北方牛种少，驴马日糜刍豆无算，今不用，每圩围置泰西耕地汲水机器各一具，具各需百两，百顷各十具，计二千两，不敷则倍之，亦不过四千两。所募老农，顷各一人。耕作收获，无他谬巧。一经导引，旗丁即优为之，不过半年，导者可去，人需费二十两，百人计银二千两，防营中老农亦多有，募以来，人津贴十两已足。其他籽种杂项，约略筹备计银一万两，合计得银五万两，即敷千丁移屯之用，分计得银五两，即敷开垦一亩之用，不必强为水田，不必强植禾稻，随其高下而营之，视其土宜而树之，但薪足供糊口。查天津咸水沽等处水田，奏定初年亩输米三升三合，次年五升，三年一斗八升，市斛一斗，准仓斛二斗五升，又一亩五分，岁缴草五十勖。今不征其草，酌中厘定，岁令亩输仓斛四斗，粮米以其便，以每亩五两之费，岁永永可得四斗之值，即操奇计赢，亦宜乐于从事，而况潴蓄灌溉，水害自蠲，即不为安顿京旗，亦当为朝廷谋万年根本之计哉。虽然部署定矣，仅一大臣而襄理无人如之何。雍正时营田之不久而废也，固由趾美无人，亦由制未尽善。田分四局，长副效用，十羊九牧，丛弊薮奸，不可究诘，识者不待，贤王之逝而已忧其堕地矣。此次不别设水利衙门，以免纷扰，疏附奔走，仍以旗制为之，距京不远，侨寄焉可。一圩或一围，则十顷得旗丁百，以朴实耐劳之佐协以下各员，设正副各一，分投钤束，呼应既灵，责成尤易，本有额俸，可无损帑也。虽然襄理得矣，而经费无出如之何。部库诚罄悬，五万金筹垫，当易易也。岁收四千石，无论粮米，均拨京仓，即以四千石之漕折价续垦。次第招徕，司农纡仰屋之嗟，旗丁有恒产之乐。数年后所垦较多，所输粮米亦较多，即可酌提归款。一转移间，京旗安堵，库款清完，不待再计决也。畿辅数百里间，风景犹是，水土无殊，非如边屯之远涉东陲，安土重迁，致多疑畏，其父兄当差在京，家属可以依住，咫尺都门，宁家良便，即母视其子，妇省其夫，亦不数日可达也。有力足自赡、挈眷偕徙者听，人情既无不顺，乐郊谁不争趋。且寒饿迫之于后，羡利欣之于前，如兽走圹，如蛇赴壑，行见昔时墟莽，烟火万家矣。岁晚务闲，令该管正副，督令改肄枪炮，无事则秉耒，有事则荷戈，寓兵于农，天然拱卫，非特不竭之常平，而实暗合之井田，足兵足食，以富以强，古制不可复而可复也。汉迁豪杰实关中，明徙富民实凤阳，谋国者深意存焉，见睫蔽远者，食肉之浅谋，有备无患者，经邦之要旨，东三省之边屯，既屡行屡废，不克为神京巩其肩背，又胡弗为畿辅固其腹心，区区之愚，筹旗民之生计，正不仅筹旗民之生计已也。

（清）求是斋：《皇朝经世文编五集·时务分类文编》卷二十三《内旗》，台北：文海出版社，1987 年，第 771—774 页。

《清史稿》卷五十五《地理志二·奉天》

奉天：《禹贡》青、冀二州之域。（舜析其东北为幽、营。夏仍青、冀。商改营州。周，幽州。明，辽东都指挥使司。）清天命十年三月，定都沈阳。天聪八年，尊为盛京。顺治元年，悉裁明诸卫所，设内大臣、副都统，及八旗驻防。三年，改内大臣为昂邦章京，给镇守总管印。康熙元年，改昂邦章京为镇守辽东等处地方将军。四年，改镇守奉天等处地方将军。光绪三十三年三月，罢将军，置东三省总督、奉天巡抚，改为行省。北至洮南；（与黑龙江界）南至旅顺口；（海界东南，以鸭绿江与朝鲜界）西至山海关；（与直隶界）东至安图。（与吉林界）广一千八百里，袤一千七百五十里。北极高三十九度四十分至四十四度十五分。京师偏东四度至十二度。宣统三年，编户一百六十五万五百七十三，口一千六十九万六千零四。共领府八，直隶厅五，厅三，州六，县三十三。（案：盛京，天聪五年因明沈阳卫城增修。城周九里三百三十二步，高三丈五尺，厚一丈，女墙高七尺五寸，垛口凡六百五十一。门八：东之左曰抚近，右曰内治，南之左曰德盛，右曰天祐，西之左曰怀远，右曰外攘，北之左曰地载，右曰福胜。门各有楼闉，加之角楼。四城之中为大政殿，太宗听政之所也。殿西为大内。南向曰大清门，门内曰崇政殿，殿前东飞龙阁，西翔凤阁。崇政殿直北为凤凰楼，楼北清宁宫。宫之东曰衍庆宫、关雎宫，西曰永福宫、麟趾宫。凤凰楼之前，东为师善斋，斋南日华楼，西协中斋，斋南霞绮楼。崇政殿东颐和殿，殿后介祉宫，宫后为敬典阁。崇政殿西为迪光殿，殿后保极宫，宫后继思斋，斋后崇谟阁。大内之西文溯阁，藏书之所也。东南太庙。银库在大政殿南，织造库在大内南。户部、礼部、工部在银库东，刑部、兵部在织造库西。御史公署在城东北隅。其外关城则康熙十九年建，高七尺五寸，周三十二里四十八步。门八：东之左曰小东关，右曰大东关，南之左曰大南关，右曰小南关，西之左曰大西关，右曰小西关，北之左曰小北关，右曰大北关。关城内南为天坛，东为地坛、为堂子，西南隅为社稷坛、为雷雨坛，东南隅为先农祠、为耤田。耤田西南隅设水门二，导小沈水自门出焉，下流注于浑河。其名山为医巫闾、松岭。其巨川为辽河、浑河。其重险：山海关、凤凰城、威远堡。其船路：自营口西南通天津，南通之罘，东南通朝鲜仁川。其铁路：内属者，营榆；属日者，俄筑东清枝路。其电线：西通天津，西南旅顺，东南凤凰、安东，东北吉林。）

（清）赵尔巽等：《清史稿》卷五十五《地理志二·奉天》，北京：中华书局，1976年，第1925—1926页。

海龙府：（冲，繁，难。省东北六百里。明，海西女真辉发、哈哒、叶赫三部。）光绪五年，以流民垦鲜围场地置海龙厅。二十八年，升府。领县四。（府境居英额边门外。西：纳噜窝集果尔敏珠敦，与兴京分山脉，唐谓之长岭。辉发江在南，导源纳噜窝集东麓，北流屈东，左受横道河、梅河、沙河、大沙河，右受押鹿、一统河，入辉南，国语曰辽吉善河，入松花江。英额河导源英额边门东,当果尔敏珠敦西麓,西南入开原,即浑河北源。东:朝阳镇。
西:山城子镇。旧设马拨十:自城西沙河口、大黑嘴子、山城子、二龙山、郭
家店、土口子、孤家子、李家店、八棵树、貂皮屯,至尚阳堡入开原。又有道
由城东奶子山至托佛入吉林城;东北马家船户至康大营入吉林伊通;牛心顶子
至郭大桥入吉林磐石。)东平(繁,难。府西六十里。明,梅赫卫,后属辉发
部。光绪二十八年,分海龙属之东围场地,设治大度川,置县隶府。东北:库
呼纳窝集,山脉连绵,与果勒敏珠敦接。其南横道河、梅河、沙河、大沙河,
皆东南入府。其北小伊通河,西北入吉林。县治居沙河北,西有鹕鹰河,东有
柳树河,南入沙河。官商路四:一,由县南渡沙河、秀水河赴府;一,西渡鹕
鹰河赴西丰;一,北赴西安;一,东北渡柳树河,过黄泥河,赴吉林伊通。)
西丰(繁,难。府西二百二十里。明,塔山左卫、罕达河卫,后属叶赫部及哈
达部。光绪二十八年,以大围场西流水垦地之澜鹿,置县隶府。县境居威远堡
边门外。达扬阿岭在东南,清河所出,即哈达河,西入开原。南:扣河即瞻
河,又南碾盘河,俱西入开原。东北:东辽河自西安入,北入吉林伊通,名赫
尔苏河。扣河上游有双河镇。官商路四:南由六马架至老坡沟赴开原;西南由
平岭赴铁岭;由东南赴府及山城子;由东北赴吉林。)西安(繁,难。府西北
百六十里。明,珠敦河卫、塔鲁木卫,后属叶赫部。光绪二十八年,分海龙属
之西围场地,设治老虎嘴,置县隶府。二十九年移治大兴镇。库呼讷窝集在
东,与东平分山脉。东:辽河导源窝集之转心湖,西径县南,屈西北入西丰。
左受渭津河、大小梨树河,右受登杵、二道、头道诸河,入辽河。北:杨树
河,西北入吉林。老虎嘴今名安吉镇,在县西北。官商路四:东由龙首山至东
冈赴东平;南由梨树社至望儿楼赴西丰;北由双马架至大台房赴吉林伊通;又
由仙人洞、沟岭子至北庙子赴吉林。)柳河(冲,难。府西南一百二十里。
明,建州卫地。光绪二十八年,分通化县柳树河县丞地,置县隶府。南:龙
冈,与通化分山脉。一统河导源西南龙冈之金厂岭,东北入府境。三统河导源
西南龙冈之青沟子山,东流屈北入辉南境。县治居一统河南。东:柳树河,西
流屈北入一统河。东北:窝集河,北入一统河。东:样子哨,巡司,光绪三十
二年置。官商路五:北渡一统河赴府;南由小堡赴通化;西由南山城子赴开
原;西南由碗口沟赴兴京;东由孟家店赴府。县境东至吉林濛江。)

　　(清)赵尔巽等:《清史稿》卷五十五《地理志二·海龙府》,北京:中华

书局，1976年，第1938—1939页。

洮南府：（繁，疲，难。省北九百里。明属泰宁卫。）光绪三十年，以科尔沁右翼前札萨克图王旗垦地，设治双流镇，置府。领县五。（西北：敖牛山、野马图山，皆内兴安岭东南迤出支山，过此山脉伏行。洮尔河导源乌珠穆沁旗索岳尔济山，南流，径本旗郡王府东流；交流河导源右翼中旗，左合那金河，自西来汇，东流入靖安。府治当汇口之南少西，地势平原，河泡错列。西北：乾安镇，西与右翼中旗毗连，亦系乌珠穆沁往来大道。有照磨，光绪三十三年置。官商路七：一，府北八仙套海赴本旗郡王府；一，府北德勒顺昭至高平镇赴靖安；一，府西抱林昭至海庙西赴热河绥东；一，府西五家子赴右翼中旗；一，府南叉干他拉赴开通；一，府东英哥窝棚赴右翼后旗；一，府东金山堡至报马吐冈赴安广。旧有蒙古站曰奎逊布喇克，在府西。）靖安（繁，疲，难。府东北九十里。古东室韦地。明属泰宁卫。光绪三十年，以右翼前旗垦地置县隶府。西北：七十七岭。南：洮尔河自府入，东屈，东北流，入镇东。官商路三：一，南英哥套赴府；一，东北赴黑龙江；一，东南撮伦坡达右翼后旗赴吉林。旧有蒙古站诺木齐伯里额尔格，在县西北。）开通（繁，疲，难。府南一百四十里。明属泰宁卫。光绪三十年，以右翼前旗垦地，设治哈拉乌苏，移治七井子，置县隶府。地皆平原井泉，无山水。县治当洮辽驿路之东，由巴彦昭北行六十里至县治。又北行百里至叉干他拉入府境。设有文报站四。又由巴彦昭南行，历达尔罕王旗至辽源，为洮辽驿路，设站。惟中经达尔罕旗二百余里荒地。宣统元年，始勘放旗界站荒，沿站两旁各划十里垦放，以利交通。又道由县东南巷鹰沟出境，经郭尔罗斯前旗，直达吉林农安之新集厂。）安广（冲，繁，疲，难。府东南百六十里。明属泰宁卫。光绪三十一年，以科尔沁右翼后镇国公旗垦地，设治解家窝堡，置县隶府。北：太平岭。南：长岭。西：朝阳山。东北：沙坨子。东南：双龙山、大黑山。山皆无木石。洮尔河自府入，受黄花硕泊水，东北流，屈东南，入黑龙江大赉厅，其北岸为镇东境。官商路六：西包马图赴府；西南赴开通；西北六家子赴河北镇国公本旗；东北托托寺赴黑龙江；东王赉屯赴黑龙江大赉厅；东南大榆树入郭尔罗斯前旗赴吉林农安。）醴泉（冲，繁。府西北一百八十里。古鲜卑地。明属泰宁卫。宣统元年，以科尔沁右翼中图什业图王旗垦地，设治醴泉镇，置县隶府。北：茂改吐山。南：霍勒河，导源札鲁特旗，曰哈古勒河，曰阿噜坤都伦河，合流入本旗境，东南至县。有开化镇城基，光绪三十二年，与醴泉镇同时勘定。官商路四：县东罗窝棚历青阳镇赴府；北渡交流河达黑龙江景星镇；南赴本旗亲王府；西赴乌珠穆沁旗。旧有蒙古站曰希嫩果尔，曰三音地哈希，在县东，南达喜峰口，即蒙古草地也。）镇东（府东北二百里。古东室韦地。明属泰宁卫。宣统二年，以科尔沁右翼后镇国公旗北段垦地，设治南叉干挠，置县隶府。南：洮尔河自靖安入，东北流，屈东南，入黑龙江大赉会嫩江，所谓"与那河合"也。官商路四：西南薛家店赴府；南金圈窝铺渡洮尔河赴安广；西麻力洪茅头赴靖安；东北利顺昭赴黑龙江之大来气镇。县西北旧有蒙古站哈沙图。）

（清）赵尔巽等：《清史稿》卷五十五《地理志二·洮南府》，北京：中华书局，1976 年，第 1942—1943 页。

《清史稿》卷五十七《地理志四·黑龙江》

呼兰府：（冲，繁，难。省东南八百四十里。即呼兰副都统城。明为呼兰山卫。）光绪三十年，移呼兰厅治呼兰城，升为府。广一千二百余里，袤四百二十余里。北极高四十六度十二分。京师偏东九度五十九分。领州一，县二。（西南：松花江自肇州入，东流入巴彦。呼兰河自兰西入，南流，大城沟自西来注之。屈东南，径府城南入松花江。东：漂河自巴彦入。又东，少陵河，则绰罗河亦自巴彦入，右受韩沟河，南流，同入松花江。北：濠河自绥化入，左受大荒沟河，西流入呼兰河。府境据呼兰河下游水域，松花襟其南，长河支港，足资灌溉，土味膏沃，号为产粮之区。雍正十三年后，移屯设庄，日事开辟。咸丰、同治之际，直隶、山东游民流徙关外者，竞赴屯庄佣工，积日既久，私相售卖，占地日广，聚徒日繁，历任将军乃奏办民垦，增改民官，行省规模，府为先导焉。旧设台三：察哈和硕；呼兰城，即府城；新安。官商路二：西北经兰西赴省城；东北经巴彦赴绥化。有康家井、朝阳堡文报局。旧设卡伦四：曰珊延富勒，曰绰罗河口，曰诺敏河，曰布勒嘎哩。西南：东清铁路对青山车站，南六十里至哈尔滨。呼兰河口有轮船埠。）巴彦州（繁，难。府东一百五十里。原名巴彦苏苏。光绪元年设呼兰厅，三十年改隶府。北：青顶

山、双牙。西：少陵、泥马尔。东北：黑山，绵亘百余里，与木兰青山接，故
布特哈人虞猎场也，又名蒙古尔山，呼兰民屯自山前后始。南：松花江自府境
入，东入木兰。北：少陵河自东兴镇入，西流，纳布尔嘎里河、小柳树河、朱
克特河，屈西南，漂河分支曰韩沟，东流注之，为绰罗河口。又东：五岳河，
出枣拉拉屯，西流屈南，径府城西，入松花江。东：大黄泥河，左会小黄泥，
又东小石头河，皆南入松花江。北：濠河由余庆入，合拉三太河、大荒沟入府
境。西北：兴隆镇州判。旧设台一：呼兰厅，即州城。官商路三：东至木兰；
北至余庆；北由小猪蹄山屯西行，经兴隆镇达绥化。五岳河口有轮船埠。）兰
西县（冲，繁，难。府西北一百里。原名双庙子，光绪三十年置，隶府。东呼
兰河自绥化缘海伦界，会通肯河入，屈南，右大城沟河，左濠河，入府境。官
商路四：东榆树林达府；北至青冈；西达肇州；西北至安达。有小榆树镇。）
木兰县（疲，难。府东二百五十四里。明，木兰河卫。光绪三十年置，隶府。
北：青山，山势与巴彦黑山接，旧称呼兰青、黑二山。西北：骆驼砬子、砚
台、蒙古山。东北有玉皇阁山，皆在县北境。南：松花江自巴彦入，东入大
通。西：白杨木河；又西，大小木兰达河，左会镇阳河；又西，万宝、柳树、
杨树、大小石头诸河，皆南入松花江。东：头道河，左会二道河，南入大通。
北：木兰镇巡检协领驻。官商路三：西至巴彦；东至大通，有五站，文报局
一；循大木兰达河北东兴镇达绥化。）

（清）赵尔巽等：《清史稿》卷五十七《地理志四·黑龙江·呼兰府》，北
京：中华书局，1976 年，第 1967—1968 页。

瑷珲直隶厅：（省东北八百二十里。即黑龙江副都统城。明，考郎兀卫。）
光绪三十四年，以黑龙江城改置。瑷珲兵备道驻厅。广一千三百余里，袤六百
余里。北极高五十度四分。京师偏东十一度。（西：托列尔哈达、坤安岭、大
横、桦皮、答俨、青泉山。南：札克达齐、博克里。东南：吉里尔哈达。黑龙
江自黑河合乌克萨河入，南屈西，右受五道、四道、三道、二道诸沟，屈南，
右受头道沟，径厅城东。又南，右合坤河，折东南，右合康达罕、霍尔穆勒
津、博科里，左纳伯勒格尔沁河，合博尔和里鄂模水，又东南合逊河，入兴
东。江东六十四屯在焉。精奇里江以南，黑龙江以北，东以光绪九年封堆为
界，有伯勒格尔沁河、博尔和里鄂模，南北一百四十里，东西五十里至七十
里，咸丰八年条约，本旗民永住之业。庚子之变。俄人违约驱夺，且扰及江

右，胁耆民为官沈江者至数万。和约成，光绪三十二年仅收回江右地，六十四屯迄未索还，今厅境仅西南北三乡耳。有逊别拉荒段十余万晌，光绪末放垦。旧设站三：自嫩江之额勒塔尔奇东北八十五里至厅属之库木尔；又三十五里至额雨尔；又百里至黑龙江城，即厅治。此省城北路十站。又由厅南行至毕拉尔会海毕新道。又北穿森林达漠河，有新设霍尔莫津、奇勒克二卡伦。商埠，在城北头道沟、二道沟间，光绪三十一年中日约开。按雍正中，旧设卡伦十三。咸丰八年，中、俄分江为界，如伊玛毕拉昂阿、精奇里河、乌鲁穆苏丹、纽勒们河、黑龙混同两江会口，五卡伦归左岸俄境，而右岸境东增八、西增三。光绪十二年，以防护漠河金厂，增西尔根土哈达等二十三，接呼伦贝尔城之珠尔特依。又东南增车勒山、逊河、阔尔斐音河口、吉普逊河、提音河，凡五，共卡伦三十九处。庚子乱后，卡伦尽毁。逊河以南，划归兴东道。三十四年，乃上自额尔古讷河口起，下迄逊河口止，新设卡伦二十：曰洛古河，曰讷钦哈达，曰漠河，曰乌苏里，曰巴尔嘎力，曰阿穆尔，曰开库康，曰安罗，曰依西肯，曰倭西门，曰安干，曰察哈彦，曰望哈达，曰呼玛尔，曰西尔根奇，曰奇拉，曰札克达霍洛，曰霍尔沁，曰霍尔莫津，曰奇克勒。每卡弁一、兵三十。五卡设卡官一，十卡设一总卡官。卡兵三十，以十人巡查，以二十人给荒垦种，更番轮替，所得粮即作弁兵津贴。地熟年丰，给地停饷。）

（清）赵尔巽等：《清史稿》卷五十七《地理志四·黑龙江·瑷珲直隶厅》，北京：中华书局，1976年，第1971—1972页。

黑河府：（省东北九百里。原名大黑河屯。）光绪三十四年置府，属瑷珲道。（西：内兴安岭支山之著者，烟筒、白石、库穆尔室韦山、额勒克尔山。黑龙江自北来，与俄分界，右受呼玛尔河，入境。南至西尔伊奇卡伦，合丹河、宽河、奇拉、喀尼、库伦、克鲁伦、达彦、霍力戈必、法别拉、额尼、阿勒喀木诸河。又东径城北，又南，左受精奇里江，右受乌克萨河，入瑷珲。北呼玛尔河，导源伊勒呼里山，南北四源，合而东流入境，有倭力克、库勒郭里、绰诺、札克达齐河自西来注。又东呼尔哈，东入黑龙江。源委约七八百里，两岸为库玛尔部贡貂之使马鄂伦春人等渔猎处。南岸有呼玛尔古城。府治旧为中、俄通商口岸，初时互市不及江海各口千分之一。分江以后，贸易遂繁。自彼锐意经营海兰泡，又值庚子之变，华商趋附彼境，商务日兴，而我骤减。然府治南屏瑷珲，实边防要冲。有法别拉荒段十余万晌，光绪三十四年放垦。官商路一：南八十里至瑷珲城。余皆水路，附俄轮以往。有新设卡伦四：曰西尔根奇，曰奇拉札克达，曰霍洛，曰霍尔沁。）

（清）赵尔巽等：《清史稿》卷五十七《地理志四·黑龙江·黑河府》，北京：中华书局，1976年，第1972—1973页。

呼伦直隶厅：（省西北八百六十里。即呼伦贝尔副都统城。古室韦国。有室韦山。明属朵颜三卫。）光绪三十四年，以呼伦贝尔城改置。呼伦兵备道驻厅。广一千一百余里，袤一千六百里。北极高四十九度三十五分。京师偏东二度二分。（内兴安岭在东。山脉自索岳尔济山北走，为伊勒呼里阿林，乃旋而东，余脉西络海拉尔河南北岸；额尔古讷河右岸为厅境，诸水源此。海拉尔河出岭西麓，西径绰罗尔，北察尔巴奇山，南纳都尔、西札敦，又西特诺克，又西伊敏河，同来注。径城北，合墨尔根河，入胪滨。西北合额尔古讷入室韦。北：根河西受鄂罗诺尔诸河，又西入额尔古讷河。南有达尔彬池，哈尔哈河出，西汇为贝尔池。乌尔顺河自池出，北入呼伦池。厅境为索伦、新巴尔虎、厄鲁特、陈巴尔虎诸旗牧场。又海拉尔河北有托河路协领，统鄂伦春人。旧设台八：自西布特哈之牙尔伯克台西五十里至厅之依尔克特，又五十里呼耳各特伊，又五十里舒都克依，又六十里牙克萨，又五十里哈拉合硕，又六十五里札拉木太，又五十二里哈克鄂模，又六十里呼伦贝尔城，即厅治。为省城西路十七台。庚子之变，台站毁，往来皆由东清铁路。又西南三百二十里布野图布尔都之野寿宁寺，道出张家口。寺北八里有大市场，岁八月，内外蒙古走集焉。新设卡伦三：曰孟克锡里，曰额尔得尼托罗辉，曰库克多博，为总卡伦。西南有珠尔博特盐池。东清铁路自胪滨入境，径城北，入西布特哈境。有完工、乌古诺尔、海拉尔、哈克、札尔木、牙克什、免渡河、乌诺尔、伊立克都九车站。商埠，光绪三十一年十一月中日约开。按呼伦沿边卡伦，自雍正五年与俄勘界，设察汗敖拉、苏克特依等卡伦十有二，名外卡伦。十一年，复于外卡伦以内设库里多尔特勒、墨勒津等卡伦十有五，与各外卡伦相距一二百里不等，名曰内卡伦。咸丰七年，因内外相距远，量为迁移，各三四十里，以便互巡。改三卡为三台，另立新名，后并圮废无考。光绪十年，防俄人越界挖金，由黑龙江城于呼伦珠尔特依卡伦北沿额尔古讷右岸，增莫里勒克等五，前后共外卡伦十有七。庚子并毁。三十四年，重行整顿，首塔尔巴幹达呼山，讫额尔古讷河口，复设二十有一，沿旧名者十有五，新命名者六：曰塔尔巴幹达呼，曰察罕敖拉，曰阿巴该图，以上属胪滨；曰孟克西里，曰额尔得尼托罗辉，曰库克多博，库克多博为总卡伦，以上属呼伦；曰巴图尔和硕，曰巴雅斯胡郎图温都尔，曰胡裕尔和奇，曰巴彦鲁克，曰珠尔特依，莫里勒克，曰毕拉尔河，曰牛尔河，曰珠尔干河，珠尔干河为总卡伦；曰温河，曰长甸，曰伊穆河，曰奇乾河，曰永安山，曰额勒哈达，以上属室韦。先是俄人越界垦地刈草，至是驱逐，呼伦设边垦总局，胪滨设分局，俄人遵章纳税，华人领票经商者，络驿不绝。此光绪三十四年冬月事也。又呼伦西南旧十六卡伦，凡以防喀尔喀也。）

（清）赵尔巽等：《清史稿》卷五十七《地理志四·黑龙江·呼伦直隶厅》，北京：中华书局，1976 年，第 1973—1974 页。

兴东道：（省东北一千五百里。明为黑龙江地面，及速温河卫、真河所等地。）光绪三十二年，移绥化城之绥兰海道驻内兴安岭迤东，更名兴东兵备道，专办垦务、林、矿各事宜。三十四年，建署托萝山北，为道治。领县二。（内兴安岭脉自瑷珲入，南行为嫩江与黑龙江之分水岭，至海伦东北迤东为黑龙江与松花江之分水岭，曰布伦山，曰佛斯亨山，尽于黑龙、松花两江汇处，谓之小兴安岭。黑龙江自瑷珲合逊河入境，东南流，科尔芬河上源曰额尔皮河，又东南，右受噶其河，西都里、古勒库拉、毕罕嘎、其达、莫里、乌云诸河，自西南来注。又东南，右受佳勒河、辅河，屈南，嘉荫河自西来注。又南径道治东而南，有秋台河自西曲折来注。屈东，右受斐尔法鄂模水、布占河、伊里河，会松花江。北有逊河，东流有占河，右合阿尔沁，汇入黑龙江。其左岸为瑷珲境。西：都鲁，又西汤旺，右合伊春札里河，又西巴兰河，东流屈南，皆入汤原。道治濒黑龙江右岸，与俄屯松由子隔江对峙。西北：占河、逊河汇流，上段有毕拉尔、鄂伦春协领。鄂伦春本打牲部落，不识文字稼穑，为俄人诓诱。光绪末年，始议收抚。兴东道兼署协领，创设垦务局、学堂。兴安岭岭西有龙门镇，黑龙江南岸有兆兴镇、裕兴镇，垦务皆盛。官商路三：旧有由齐齐哈尔至观音山路；光绪三十四年，新开自兴东径烟筒山赴汤原，为西南路；又由观音山经汤原境至三姓，为西路。宣统二年，新开海毕道，可由毕拉尔达海伦。）大通县（道治西南五百二十里。原为崇古尔库站，吉林江北五站之一。光绪三十一年置，为吉林依兰属县。三十四年改隶。北有内兴安岭山脉萦带，南皆平野。南：松花江自木兰入，东流迤东北入汤原，其右岸为吉林方正。西：岔林、小桥子、富拉浑、头道、二道、三道、四道沙河、转心湖、二道河子，皆南入松花江。二道河子右岸为木兰境，东有大通河，县以此名。又东乌拉珲、大古洞、小古洞河，亦南入松花江。小古洞河左岸为汤原境。乌拉珲河西流，汇为二泊，曰三捷泡，曰二龙潭，泊旁地肥饶。站路一。乾隆二十七年，吉林借江北地设五站，由今宾州渡江东行入县，曰佛斯恒，曰富拉浑，曰崇古尔库，即县治，曰鄂尔国木索，又东接今汤原之妙噶山站，以达三姓城。光绪末，各站改隶，皆设文报局。）汤原县（道治西南三百五十里，明，屯河卫。屯河即汤旺河，光绪三十一年置，为吉林依兰属县，三十四年改隶。北当小兴安岭山脉南麓，南近松花江，地坦平。松花江自大通入，东北流，径县治东，会黑龙江。松花江在县境流甚曲，岸树深杂，航路如蚓行。其右岸为吉林依兰、富锦、临江。南：汤旺河自兴东入，南流，受如意河，洼丹、苏拉巴兰、小古洞河，皆东南流入松花江。小古洞河右岸为大通境。东北香兰，西半节、赫金、各节、花尔布、阿凌达、鹤立诸河，左合梧桐、蒲鸭、额勒密十二入代河，皆东南入松花江。黑龙江有沱流决出，入松花江，西小黑河入之。港汊萦回，形同沟洫，为奥区上腴。有高家屯巡司。宣统二年，置额勒密河招徕镇，有东益公司，鹤立河有兴东公司，皆营垦务。县境自西南至东北，狭长千余里，若尽开辟，可设十县。西南稍繁庶，东北权舆而已。站路自妙噶山站渡江至三姓，又有自兴东烟筒山达县西南，自观音山历县境至三姓之西路。光绪末，新开有各节河、洼丹河文报局。）

（清）赵尔巽等：《清史稿》卷五十七《地理志四·黑龙江·兴东道》，北京：中华书局，1976年，第1975—1977页。

武兴直隶厅：（光绪三十四年，拟设治多耐站，在省城南二百零五里，嫩江东路四五里，与温托欢、他拉哈两站首尾相接。南北长，东西窄，成一半规长梭形。向为杜尔伯特旗境。光绪三十二年，设局放荒五万六千四百余晌。）

（清）赵尔巽等：《清史稿》卷五十七《地理志四·黑龙江》，北京：中华书局，1976年，第1979—1980页。

室韦直隶厅：（光绪三十四年，拟设治吉拉林，隶呼伦道。在道治北四百余里，额尔古讷河右岸。对岸为俄卧牛、槐敖、洛气等屯疆域。额尔古讷河自胪滨之阿巴该图北流，至呼伦之库克多博，东北流，合根河、特勒布尔、胡裕尔和奇、珠鲁克图即约罗、珠尔格特依、布鲁、色木特勒克诸河，皆自东南山来注，此在吉拉林以南者也。中根河最大，出内兴安岭，西北流，两岸沃野膏原，为殖民善地。额尔古讷河径厅治西，又东北流，有哈拉尔即吉拉林河，眉勒喀即尼布楚约内之河、逊河、额尔奇木、毕拉尔、毕拉克产、古尔布奇、吉林子、阿木毗、牛尔、珠尔干、温诸河，皆自东南山来注。额尔古讷河至是屈西北流，有乌玛、大吉嘎达、小吉嘎达，复有小河入，皆自东南来注。再折而东北流，有伊穆河，复有小河二十余，皆自东南来注。此在吉拉林以北者也。中牛尔河最大，出内兴安岭，河口左右有平地两区，田土肥美。额尔古讷河自受根河、牛尔河，水大而急，直注黑龙江，而吉拉林为适中地，故厅治在焉。新设防边卡伦，在境内者十有五，自库克多博总卡伦以北，曰巴图尔和硕，曰巴雅斯胡郎图温都尔，曰胡裕尔和奇，曰巴彦珠鲁克，曰珠尔格特依，曰莫里勒克，曰毕拉尔河，曰牛尔河，曰珠尔干河总卡伦，曰温河，曰伊穆河，曰奇乾河，曰永安山，曰额勒哈达。珠尔干、额勒哈达为鄂伦春与俄人交易之所。尤要道路自吉拉林南至塔尔巴幹达呼山七百余里，其北至珠尔干河三百五十余里，则小径不通车马。自珠尔干至额尔古讷河口五百五十余里，则悬崖壁立，非假道于俄，不能飞越。根河口新立官渡，为华、俄商旅必趋之路。根河上源有道出西布特哈达墨尔根，额尔古讷民船祗达吉拉林，以下溜急，民船可顺流而下，不能溯流而上，非轮船不为功。冬令，河上可驾驶冰橇，每一日夜行三四百里。）

（清）赵尔巽等：《清史稿》卷五十七《地理志四·黑龙江》，北京：中华书局，1976 年，第 1980—1981 页。

大赉直隶厅：（冲，疲，难。省西南二百一十里。古靺鞨、室韦交界。明，洮儿河卫及卓儿河地面。）光绪三十年，以札赉特旗莫勒红冈子垦地置。（北有索伦山脉，蜿蜒数百里，境内东流之水皆导源焉，所谓索伦围场也。东：嫩江自龙江入，南流，汇松花江。其左岸为安达、肇州境。北：洮尔河自奉天东镇入，东流，汇为纳蓝撒蓝池，犹言日月池也，下流入嫩江。又北瑚尔达河、绰尔河、雅尔河，皆东南流入嫩江。雅尔河左岸为龙江境。北：塔子城、景星镇分防二经历。旧有蒙古站二：自卜魁站起，西至绰尔河，曰哈代罕站，曰绰罗站。又入今奉天之克尔苏台站。官商路三：一北出景星镇赴省城；一东渡嫩江接茂兴站；一西由二龙锁口入奉天境，历镇东、靖安达洮南。嫩江沿岸哈喇和硕，有陆军退伍兵屯田，一夫授田百亩，以火犁耕种。）

（清）赵尔巽等：《清史稿》卷五十七《地理志四·黑龙江·大赉直隶

厅》，北京：中华书局，1976 年，第 1977—1978 页。

《清史稿》卷一一六《职官志三·外官》

其带兵备者，黑龙江兴东道，（兼营务、垦务、木植、矿产，驻内兴安岭。）

（清）赵尔巽等：《清史稿》卷一一六《职官志三·外官》，北京：中华书局，1976 年，第 3353 页。

《清史稿》卷一二〇《食货志一·田制》

田制，曰官田。初设官庄，以近畿民来归者为庄头，给绳地，一绳四十二亩。其后编第各庄头田土分四等，十年一编定。设粮庄，庄给地三百晌，晌约地六亩。庄地坐落顺、保、永、宣各属，奉天、山海关、古北口、喜峰口亦立之，皆领于内务府。此外有部、寺官庄，分隶礼部、光禄寺。又设园地，植瓜果蔬菜，选壮丁为园头。世宗初，设总理专官，司口外报粮编审。南苑本肄武地，例禁开田。宣宗尝谕前已开者并须荒弃。而咸、同间，嵩龄、德奎、刘有铭、铁祺先后疏陈开放，均严旨诘斥。然至光绪季年，仍赋予民。自后承地者乃接踵矣。

考各旗王、公、宗室庄田，都万三千三百余顷。分拨各旗官兵，都十四万九百余顷。凡王公近属，分别畀地，大庄给地亩四百二十至七百二十，半庄二百四十至三百六十，园给地亩六十至百二十或百八十，王府管领及官属壮丁人三十六亩，不支粮。凡拨地以现在为程，嗣虽丁增不加，丁减不退。

顺治元年，定近京荒地及前明庄田无主者，拨给东来官兵。圈地议自此始。于是巡按御史柳寅东上满、汉分居五便。部议施行。二年，令民地被指圈者，速筹补给，美恶维均。四年，圈顺直各州县地百万九千余晌，给满洲为庄屯。八年，帝以圈地妨民，谕令前圈占者悉数退还。十年，又令停圈拨。然旗退荒地，与游牧投来人丁，仍复圈补。又有因圈补而并圈接壤民地者。康熙初，鳌拜专柄，欲以正白旗屯庄予镶黄旗，而别圈民地圈补。户部尚书苏纳海、总督朱昌祚、巡抚王登联咸以不如指，罪至死。圣祖亲政，谕停止圈地。本年所圈房地俱退还。又以张家口、山海关等处旷土换拨各地，并令新满洲以官庄余地拨给，其指圈之地归民。是为旗退地亩。

凡官地，例禁与民交易。然旗人不习耕种，生齿日繁，不免私有质鬻。雍正初，清理旗地，令颁帑赎回。凡不自首与私授受者，胥入官为公产。旗地，令宗人府、内务府八旗具各种地亩坐落四至，编制清册，是为红册，以备审勘旗民田土之争。乾隆初，定回赎旗地仍归原佃承种，庄头势豪争夺者罪之。凡赎入官地并抵帑、籍没等田，皆征租，曰旗租。旧查交入官地定租，由旗员主之。三十四年，以直督杨廷璋言，停其例。民租旗地，本限三年。或私行长租，业户、租户科以违禁律。八旗地主，久禁夺佃增租。自和珅管大农，奏改前章，于是旗人及府庄头率多撤地别佃，贫民始多失业。嘉庆五年，部臣请复申前禁。诏纂入定例通行。咸丰初元，又申令如额征租，主佃皆不得以意赢缩。若典鬻旗地，从盗卖官地律，授受同惩。顾日久法疏，或指地称贷，或支用长租，阳奉阴违，胥役讹索句结，弊遂丛生。虽屡申明诚，往往因他故，禁弛靡常。洎光绪中，乃定此业无论旧圈自置，概不准售与民人。惟从前民购升科者，仍予执业。

（清）赵尔巽等：《清史稿》卷一二〇《食货志一·田制》，北京：中华书局，1976年，第3494—3496页。

盛京官庄，于顺治初即定八旗屯界。旋令沙河以外、锦州以内，旗员家丁给地，人三十六亩。康熙中，定以奉天所属地界新满洲迁来者，凡丈出地为顷三十二万九千余，以二十七万六千三百余顷为旗地，按旗分界。又设各旗官员庄屯，各城兵丁，均酌给随缺地亩。旋令索伦、达呼尔官兵耕种墨尔根地，奉天官兵耕种黑龙江地。乾隆初，设黑龙江屯庄，呼兰立庄四十所，选盛京旗丁携家往，官为资装筑屋庀具，丁给地亩六十，十丁一庄，每六亩给籽种二斗，庄给牛六头，口粮并给。温德亨、都尔图亦如之。凡随缺官地归旗入册，禁职官侵占。嘉庆间，令盛京入官地亩，应招无地贫民领租，职官子弟不得承种。管界各官，并不得于所管区以子弟之名置房地。道光中，宁古塔、伯都讷、三姓、阿勒楚喀、拉林各官庄，共原额地万二百晌，吉林八旗与各处旗地暨乌拉旗地，共三十六万五千九十二晌。而光绪初，拨三姓荒为官兵随缺地，计晌二万九千余。宣统时，以奉省各旗地多盗典隐占之弊，令通稽确核，毋与清赋溷淆，先城旗，后外城，依次厘定。此官庄之属东三省者。

（清）赵尔巽等：《清史稿》卷一二〇《食货志一·田制》，北京：中华书局，1976年，第3496页。

曰屯垦。康熙中，招垦天津两翼牧地，计亩二万一千五百余。乾隆时，丈直隶马厂地振业贫民，命曰恩赏官地。在盛京者，奉天屯卫各地，八旗分作牧厂，自东迤西，本禁民垦，于定界所筑封堆制限之。然大凌河东厂、西厂荒地三十一万八百余亩，养息牧余地万四千六百晌，乾、嘉中陆续放垦。后又综各城旗马厂可垦地三十八万九千余亩，悉归城旗承种，并令八旗王公及闲散宗室，于所分牧地愿垦者，得自呈报。惟松筠请于养息闲壤移驻旗人，以费绌而罢。咸丰中，以大凌西岸垦妨马政，申禁如前。而同治二年，变通锦州、广宁、义州厂荒，西厂留牧，东厂招佃；其东北隅之高山子地数万亩，义州教场闲地万余亩，并行租佃，以为城兵伍田。然是时西厂有旗领旧地，久而越垦妨牧。八年，命划弃之。于是大凌河垦议遂沮。而吉、黑山荒多牧猎场，益严杜奸民揽售矣。养息牧地，初放时判东西界，置专官掌其租入。彰武本官牧，旋亦劝垦议科。于是养息牧生熟地共放六十一万八千八百余亩，其余荒八万九千六百余亩，余地三万五千三百余亩，即以为蒙、汉杂居牧佃，兼拊畜穷黎。吉林之乌拉，康熙时，于五屯分庄丁地，遂为五官牧场，颇富零荒。宣统时，拨充学田，放垦实地二千三百余晌。

（清）赵尔巽等：《清史稿》卷一二〇《食货志一·田制》，北京：中华书局，1976年，第3498页。

口外牧场，隶独石者为御马厂。此外礼部、太仆寺、左右翼及八旗，均有牧场在张家口外。而杀虎口之议亩租，察哈尔属之戢私垦，大青山之宽免民占，奕兴地之招商领耕，列朝因时制宜，不拘成例。其后密云、热河同时放荒。热河宽旷，于留牧外得地千四五百顷，更以三一留牧，余咸招垦。地利辟而耕牧不相妨，甚善政也。

（清）赵尔巽等：《清史稿》卷一二〇《食货志一·田制》，北京：中华书局，1976年，第3499页。

关外土旷人稀，蒙古地尤广袤，利于屯垦。清初分旗有定界，继因边内壤瘠粮亏，拓边移垦。天聪中，令各牛录就各屯近地，择种所宜。以沈佩瑞言，于广宁东西、闾阳驿，选壮农充步卒屯田，分八固山，厘牛录为二等，备牛种农具，令材敏者率屯兵往耕。崇德五年，官兵于义州筑城开屯。康熙二十五年，以锦州、凤凰城等八处荒地分给旗民营垦，又遣徒人屯种盛京闲壤。二十八年，定奉天等处旗、民各守田界，不得互相侵越。乾隆五年，侍郎梁诗正请置八旗闲散屯边，以广生计，命阿里衮往奉天相度地宜。于时吉林宁古塔、伯都讷、阿勒楚喀、三姓、珲春及长春，俱事垦殖，贫无力者，发官帑相贷。四十年，流人偷垦岫岩牧场地亩，遂定例使入官纳租。四十二年，以大凌河西北杏山、松山地丰美，徙闲散宗室，资地三顷，半官垦，半自垦，筑屋编屯，助其籽具。五十五年，令奉天自英额至瑷阳边止，丈荒分界城旗之无田者，除留围场参山，余均量肥瘠配给，禁流民出口私垦，而积久仍予编户。嘉庆十六年，令各关隘诘禁之。

（清）赵尔巽等：《清史稿》卷一二○《食货志一·田制》，北京：中华书局，1976年，第3513—3514页。

奉天大围场分东西流二围，自国初拨留是荒，有鲜围十五以捕鲜，大围九十以讲武。日久防弛，流人私垦历年。光绪初，将军岐元奏以二十围增海龙治，就地升科。至三十年，海龙两翼升科者，已达百二十九万八百余亩。余八十五围。西四十五围，于二十二年议垦，至三十年放讫，共正零山荒树川草甸三百二万二千余亩。其荒价亩纳银一两二钱，山场熟地六钱，生三钱，城镇基地亩二十两。其久年私垦土地则倍纳二两四钱，中下差减，原户领回，不愿则撤放。东四十围，以安置金州迁户，开禁拨荒，迄三十一年，共放百十二万七千二百余亩。城地上者亩二十五两，中二十两，下十五两。荒地亩收正课二分，耗十分。其始两流围荒地听民择，所余夹荒，往往侵垦，吏缘为奸。自廷杰重勘，一清积弊。东流围即东平全境，隐并殆过西流，讼阅滋繁。三十二年，覆丈两流山荒，俱十亩作七亩。至浮多地已先纳价，未及折合，则限八年升科，以平剂之。大率熟地当年起科，荒地四年为限。时日、俄构兵，奉省税滞帑虚，复查东边海龙各属私垦余荒，收价集资，藉维新政。又丈放锦州属海退河淤及各滋生地亩共三十二处云。

（清）赵尔巽等：《清史稿》卷一二○《食货志一·田制》，北京：中华书局，1976年，第3516—3517页。

黑龙江地，当光绪十八年，于绥化之北团林子设屯田旗户千二百，巴兰苏苏之山林设户六百有余，计户授田，户四十五晌，中以十五晌归屯丁永业，三十晌起科。拳匪乱作，流徙频年，续于铁山包招户，又招抚瑷珲各屯，久乃稍还其旧。然是时江省以东，民户日蕃，污莱攘剔，十才二三，富豪包揽居奇，零户无力分领，放荒速而收价迟，领地多而开地少。三十三年，乃议变通，令闲退兵愿农者，分年给垦，寓殖于屯。宣统元年，又令广招徕，定奖章，杜包承，赏经费。户仍领地十五晌，晌收公费四钱，大都荒价量地为等差。木兰、绥化晌收银七钱，通肯二两一钱，呼兰、墨尔根押租则一两四钱，赢胂不齐，均加征一五经费，其大较也。时又酌留嫩江迤西未放各荒为无地官兵生业。拨兵助屯之策，始自哈拉火烧试行，而地鲜上腴，兵惰不耐耕，亩仅获斗粮，甚且无颗粒收入，口食仍仰给于官，因复议缓。二年，仍改招民佃。

（清）赵尔巽等：《清史稿》卷一二〇《食货志一·田制》，北京：中华书局，1976年，第3517—3518页。

初，奉省厉行清赋，凡浮多地限令民户首实，纳价起科，历三岁余，仅得荒熟地八十余万亩。已而议局建，用分年免价法。东督锡良上言："清赋重升科不重收价，其利久暂悬殊。又东省为八旗根本，旗、民杂居皆土著，异于各省驻防，内外城旗随缺伍田，向有定额，即计口授田遗意。数百年来，户口增而地不给，口分体大难举，垦种事便易行。今长白新设治，移殖最宜，如以实边之策，资厚生之利，所谓两益者也。夫必先去其待食于人之习，然后渐为人自为养之谋，给田则奋于力农，徙地则除其依赖，为八旗计，无要于此。"三年，奉天各属大放民荒，共得十二万亩。

（清）赵尔巽等：《清史稿》卷一二〇《食货志一·田制》，北京：中华书局，1976年，第3518页。

蒙古当康熙时，喀喇沁等旗地，以民种而利其息入，辄廉募之，致妨游牧。乾隆初，亦令察哈尔蒙、民易居，但杂处积年，户众垦蕃，难归徙而轻生衅，议者数称驱斥之便。至嘉庆初，土谢图汗各旗地，常有游民栖息。蒙人负民债不能偿，而贫民复苦无归，则为之明界设限，不咎前失，倘将来私开一垄，增迁一人，坐所管盟长等罪，其租课官不之问，各扎萨克自征之。时郭尔罗斯熟地亩二十六万五千余，粮亩四升为定率。至十一年，垦者踵相属，因伸关禁，并谕禁私与民授受，违者台吉连坐之。然流人私种成习，莫能格也。初令归化种地人按编甲例，岁上其籍，而口外绥远等地，仅容孑身商贩往来，挈室者有禁。其后科尔沁属达尔汗、宾图二王旗，卓哩克图、冰图二旗所招垦户，亦均编甲社，置乡长焉。

（清）赵尔巽等：《清史稿》卷一二〇《食货志一·田制》，北京：中华书局，1976年，第3519—3520页。

光绪七年，创乌里雅苏台垦田十顷六十亩为一屯，凡为屯七，浚渠、建居、牛、籽诸费，亦官为补助。八年，选库伦土著于图什、车臣西部落学试屯垦，从喜昌请也。当蒙古生息浸盛时，于地之不妨牧者垦之，曰牧地，又有租地、养赡地、香火地，皆自种自租。九年，山西巡抚张之洞言："丰、宁二厅、归绥五厅，自招垦蒙荒而户日蕃，所在余荒，时亦畀无业佃民租种，其租所入，除例与蒙旗外，凡开地基本薪公岁耗弥补一切，皆取给其间，为益匪细。"

（清）赵尔巽等：《清史稿》卷一二〇《食货志一·田制》，北京：中华书局，1976年，第3520—3521页。

科布多及乌兰古木试行屯垦，肇自康熙末年。时参赞连魁陈办科属新政，谓"乌兰古木、巴雅特均科属杜尔伯特牧地，宜广营垦。科布多属虽积沙漠，而札哈沁旗、明阿特左右翼各旗及厄鲁特旗，各临其所属河泊，沿河田陌可耕者多，兴垦实边，于是乎在"。廷议允行。若乌梁海属布伦托海蒙地，自同治时开屯，颁帑金十万。嗣李云霖以操切激兵变，垦事中停。至是修渠告成，以上渠屯兵并合下渠，从其便也。阿尔泰旗高寒稀雨泽，仅成官屯四、民屯一云。札萨克图王公旗荒，每晌上等四两四钱，中二两四，下一两四，均收一五经费。凡依次领地，熟地百晌，须兼生荒二百晌。王旗至十一年放竣，都六十二万五千余晌。其明年，续放旗界山余各荒，设洮南属县二。公旗自招之户曰红户，台吉壮丁等私招者曰黑户。洮南沿荒段放齐后，河北荒段，至宣统元年，共丈十九万四千余晌。图什业图蒙荒，亦仿札萨克图成案。

（清）赵尔巽等：《清史稿》卷一二〇《食货志一·田制》，北京：中华书局，1976年，第3522—3523页。

热河蒙荒，喀喇沁东旗已成良沃，敖汉半硗确，巴林较富。都统廷杰建言八事，以渐兴举。其蒙旗荒之隶奉属者，约放八万九千余晌，而昭乌达盟阿鲁科尔沁、东西扎鲁特三旗可耕地，共八千顷，上则顷收价七十两，中五十，下三十。扎赉特蒙旗新旧放荒综六七万晌，置大赉厅，捆出本旗蒙屯四十七所，外旗五十九所，近地余荒，晌收押租一两四钱。时复丈科尔沁公旗地二十四万一千四百余晌，郭尔罗斯后旗沿江地荒而实腴，晌加收公费三十两，蒙地及学务各半之。及是开放无余。翌年，城甸余荒亦毕放。长春本前旗蒙地，凡四十一万九千余晌。宣统二年，复放新荒，以公费资办府属审判，拓荒务以裨新政。更定巴林荒价，上则顷七十两，中五十，下三十。达尔汗王旗采哈新甸荒地分三则，上则晌六两，中四两，下二两。二共放实荒六万二百余晌。三年，复放达尔罕洮、辽站荒，备置驿通道焉。

（清）赵尔巽等：《清史稿》卷一二〇《食货志一·田制》，北京：中华书局，1976年，第3523—3524页。

清丈芦洲田亩，前允行之九江滨江芦地，原定下则起科，是后芦洲征粮，普令以一分以下为率。奉天、广宁一带荡田垦殖旧矣，嗣以将军弘晌言，开鹌、鹰二河荡田三十八万二千余顷，令三年后升科，五年后丈量。而牛庄等处苇塘，近年河徙荒出，苇商大半匿垦，往往召争，先后订变通章程，迥别于故荒旧例。寻又丈放凤凰、岫岩、安东苇塘约十余万亩，按地编号，具鱼鳞图册，事在光绪末年。江南苇营草地，向由大河卫子领垦纳租，而江北则置樵兵备河务，左右两营，当海州、阜宁间，共地八千五百余顷，而续涸新涨不与焉。自河道改而樵兵虚设。宣统时部议裁汰，改为放荒，任人入赘承业云。

（清）赵尔巽等：《清史稿》卷一二〇《食货志一·田制》，北京：中华书局，1976年，第3524—3525页。

同治时，陕西西安、同州等属设局厘荒产，兴营田。洎光绪中，次第招垦至三万四千余亩，改局为所，州县领理之。时直属营田半荒弃，三晋洊灾，台臣夏献馨、唐树楠、彭世昌、刘瑞祺等先后疏言水利，华辉亦陈八事。直督王文韶谓"轻租价以恤民艰，疏沟渠以利水道，则乐垦者多"，因是天津营田征租至四万九百余亩。山东巡抚张汝梅亦请疏河道，浚沟渠，以兴水利为农政本源；陕甘总督升允则请于陕西募水利新军左右两旗，将来拨归屯所，授地使耕，藉广屯政。其后奉天以东西辽河、大凌河诸川无涓滴水利，亦奏定采内地引渠灌地诸法，先就小河枝水凿渠试办焉。

（清）赵尔巽等：《清史稿》卷一二〇《食货志一·田制》，北京：中华书局，1976年，第3526页。

《清史稿》卷一二一《食货志二·赋役》

　　直隶、奉天多无粮之地，名曰黑地，或旗产日久迷失，或山隅海涘新垦之田。咸丰季年，宝鋆等查出昌平黑地四百四十余顷，试办升科。诏直隶总督、盛京将军、顺天、奉天各府尹一体办理。同治初，令黑地业户各赴所管官署呈报升科，许永远为业。御史陈俊奏："直隶、奉天除昌平外，呈报升科者寥寥，盖由地方官吏征收入己，延不具报，甚有将报地人抑勒刑逼诸弊。"帝遣大臣分查。大学士倭仁疏陈黑地升科，州县畏难苟安，请申明赏罚。寻定州县查出隐地逾二十顷优叙，升科地多者奖之；有徇隐匿垦、吏胥诈赇，以溺职论；其无赖假称委员，恐吓得赃，照例严惩。

　　（清）赵尔巽等：《清史稿》卷一二一《食货志二·赋役》，北京：中华书局，1976年，第3542页。

《清史稿》卷一三〇《兵志一·八旗》

　　其在黑龙江，当康熙初年，自吉林移水师营来驻齐齐哈尔等处，水手一千有奇。盛京壮丁散处者，随时编入八旗。巴尔呼人、锡伯人居近吉林，卦勒察人居近伯都讷，库尔喀人居近珲春，并设佐领、骁骑校等分驻。其东北最远者，索伦、达呼尔二部，天命、天聪间，相率内附，其后分充各城额兵。至鄂伦春所居益远，使马、使鹿部分处山林，业捕貂，皆审户比丁，列于军伍。二十二年，初置黑龙江将军，原水师营总管等并属之，设副都统二，协领四，佐领、骁骑校各二十四，防御八，满洲兵千，索伦、达呼尔兵五百，驻爱珲城。二十三年，设打牲处总管一，副总管二，以索伦、达呼尔壮丁编设佐领、骁骑校。寻于墨尔根城设驻防兵。二十九年，移将军驻墨尔根，又增协领四，佐领、骁骑校各七，索伦、达呼尔兵四百余，以副都统一人统兵驻爱珲。寻设兵千余驻防齐齐哈尔。三十八年，将军复自墨尔根移驻齐齐哈尔。四十九年，设墨尔根副都统一人。雍正六年，增设打牲处总管三，满洲、索伦、达呼尔副总管十六，索伦、达呼尔佐领、骁骑校各六十二。十年，设呼伦贝尔统领一，索伦、巴尔呼总管、副总管各二，佐领、骁骑校各五十，兵三千，寻增兵二千有奇。厄鲁特总管、副总管各一。乾隆八年，改呼伦贝尔统领为副都统。嘉庆九年，以齐齐哈尔等处承种官田马甲归各本旗，所垦新田，改增养育兵耕种。咸丰八年，增黑龙江马甲千。光绪八年，将军文绪请由黑省至茂兴设七站，由茂兴至呼兰设五台，共台站六十人，置掌路记防御一，骁骑校二，领催六，分隶钤束。黑龙江八旗兵约分五类：曰前锋，共百四十六人，佩橐鞬，负旗帜，为先导；曰领催，供会计书写，马甲之长也，共七百四十八人；曰马甲，又称披甲，共九千二百十三人；曰匠役，为鸟枪、弓、铁、鞍诸匠，共一百五十二人；曰养育兵，康熙季年，始以旗兵屯田，至嘉庆中，改屯田马甲为养育兵，共八百人。别有未入伍者曰西丹，译言控马奴，不得预征伐之事。此东三省驻防制也。

（清）赵尔巽等：《清史稿》卷一三〇《兵志一·八旗》，北京：中华书局，1976年，第3867—3868页。

《清史稿》卷一三七《兵志八·边防》

黑龙江凡大城六，新旧卡伦七十一。中、俄接界，向以尼布楚与恰克图为重地，故斥堠之设，多在北徼。旧制于岁之五、六月间，齐齐哈尔、墨尔根、黑龙江三处疆吏，各遣协领、佐领等官，率兵分三路，至格尔毕齐、额尔古讷、墨里勒克、楚尔海图等处巡视，岁终具疏以闻。康熙二十三年，始设将军以下各官以镇守之。凡前锋、领催、马甲、匠役、养育兵，咸归统率，额设之兵，一万三千余人。光绪元年，以正兵六千人，西丹四千人，合练步队万人。时俄骑东略，沿边自北而东，列戍防秋，遂无宁岁。六年，加练西丹五千人，分布爱珲、呼伦贝尔、布特哈、墨尔根、呼兰、齐齐哈尔等处。原有马队二千人，加练千人，秋冬之际，招集打牲人等，加以训练，以佐兵力。八年，筹备黑龙江边防，在奉天调教习，在天津运炮械，共练马队五千人，分驻各城。裁旧设卡伦二十六处，以新练之队伍巡防。十一年，命奉天、吉林、黑龙江三省疆吏各练劲兵，为东西策应之师，并垦辟荒地，开采矿山，为实边之计。黑龙江复增练马步各营。盖自俄人侵食黑龙江以北，及乌苏里江、兴凯湖以东各地，处处与我连界，边防日重。及俄筑东清铁道，日占南满，于是防不胜防云。

（清）赵尔巽等：《清史稿》卷一三七《兵志八·边防》，北京：中华书局，1976年，第4065—4066页。

至光绪间，新疆大定，西顾无虞，而北境俄患渐逼。光绪六年，调宣化练军、直隶步队赴库伦防俄。七年，因乌城三面邻俄，边防重要，而原有防军，技艺生疏，乌城共驻蒙古练军及黑龙江、察哈尔马队二千五百人，由京营派教习前往教练，俾成劲旅。十八年，李鸿章以热河东境山谷丛杂，毗连奉天，拨直隶练军马步队各一营择要驻防。二十四年，以热河、察哈尔为蒙边要地，令各都统等选练兵丁，整备军实。三十二年，以热河马步队三营改编为常备军，其兵额均次第补足。时内外蒙古兵日益孱弱，俄人遂骎骎阑入，乌梁海以南受其牢笼，喀鲁伦河以东恣其垦牧，鄂博、卡伦遂同虚设矣。

（清）赵尔巽等：《清史稿》卷一三七《兵志八·边防》，北京：中华书局，1976年，第4078—4079页。

《清史稿》卷三〇八《胡宝瑔传》

胡宝瑔，字泰舒，江南歙县人。父廷对，尝官娄县训导，因居青浦。宝瑔，雍正元年举人。乾隆二年，考授内阁中书，充军机处章京。六年，大学士查郎阿、侍郎阿里衮清察黑龙江、吉林乌喇开垦地亩，以宝瑔从。八年，迁侍读，考选福建道御史。是岁直隶旱，上命治赈。宝瑔疏言："直隶被旱，民多流亡，请敕总督宣示上意，使民静以待赈。流民愿归耕而无力得归者，资送还里，俾及时艺麦，于来岁民食有益。"九年，上命大学士讷亲阅河南、山东、江南诸省营伍，宝瑔疏言："营伍积玩，器械坚脆，粮马盈亏，各处不一。势必闻风修整买补，不肖营员或借端苛派，或坐扣月粮，请敕督抚提镇严饬查察。"十年，山东、江南水灾，宝琭疏言："方冬水涸，应劝谕农民引流赴塈，俾田不久浸，以便春耕，尤当预防螟子。"诸疏皆议行。十一年，转户科给事中，迁顺天府府丞。大学士傅恒视师金川，以宝琭从。授府尹，历宗人府丞、左副都御史。擢兵部侍郎，兼府尹如故。河南民傅毓俊告张天重谋逆，遣宝琭按治，毓俊服诬，论如律。

（清）赵尔巽等：《清史稿》卷三〇八《胡宝琭传》，北京：中华书局，1977年，第10591—10592页。

《清史稿》卷三四二《富俊传》

垦事既定，复召为理藩院尚书，协办大学士，兼镶黄旗汉军都统。次年，京察，以在吉林宣劳，予议叙。疏言："京、外竞尚浮奢，官民服饰及冠婚、丧祭，任意逾制，有关风俗人心。请依《会典》仪制，刊布规条，宣谕民间。"诏下有司议行。时富俊年逾八十，渥被优礼，遇常朝免其入直。迭谳狱盛京、吉林，俱称旨。十年，调工部，拜东阁大学士，管理理藩院。十二年，复请禁僭用服色，犯者拿捕，诏斥徒滋扰累，寝其议。寻以天时亢旱，自称奉职无状，引年乞罢，不许。授内大臣。疏言："科举保荐，并认师生，馈遗关通，成为陋习。请严禁，以端仕进。"诏嘉纳，申诫臣工务除积习。十四年，卒。帝悼惜，称其"清慎公勤，克尽厥职"，赠太子太傅，亲临奠醊，谥文诚，入祀贤良祠。

（清）赵尔巽等：《清史稿》卷三四二《富俊传》，北京：中华书局，1977年，第11121—11122页。

心传，山西人。以进士官奉天宁海知县，坐东巡治御道有误，罢职。富俊知其才，辟佐垦务，规画悉出手定，始终在事，以劳复官。世比诸陈潢之佐靳辅治河。

（清）赵尔巽等：《清史稿》卷三四二《富俊传》，北京：中华书局，1977年，第11122页。

《清史稿》卷四五一《李金镛传》

李金镛，字秋亭，江苏无锡人。少为贾，以试用同知投效淮军。光绪二年，淮、徐灾，与浙人胡光镛集十余万金往赈，为义赈之始。后遂赈直隶、山东，皆躬其役。五年，晋秩知府。调直隶，修西淀堤。吴大澂督防吉林，金镛任珲春招垦事。界外苏城沟垦户数千，苦俄人侵略，相率来归，咸得奠居。海参崴既通商，俄人援例要请东三省要地设领事，严拒之。又力争八道河民被俄焚掠，抵俄官于法。将军铭安以为才，疏留吉林任用。中俄界约，自瑚布河口循珲春河至图门江口，以海中之岭为界岭，以西属中国，距江口二十余里立土字碑。界图疏略，致岭西之罕奇、毛琛崴等盐场置线外。俄复于黑顶子地私设卡伦，距江口几百里矣。大澂使金镛会勘，据约争还侵地，重立界碑。署吉林知府，整钱法，开沟洫，摊丁于地，以苏民困。

（清）赵尔巽等：《清史稿》卷四五一《李金镛传》，北京：中华书局，1977年，第12567—12568页。

《清史稿》卷四六七《寿山传》

三姓、呼伦贝尔又纷纷告警，寿山亟电吉林将军长顺会攻哈尔滨，然犹嘱其语俄总监工，谓若罢兵，愿以全家质。当是时，诸路军皆溃败，北路统领崇玉，营官德春、瑞昌，西路统领保全，东路营官保林，并陷阵死，于是俄遂逼齐齐哈尔省城。既而闻联军媾和，乃遣同知程德全往商和议，而自守"军覆则死"之义，命妻及子妇先裁，手缮遗疏，犹惓惓于垦政，并致书俄将领嘱勿戕民。阅日，具衣冠，饮金，卧枢中，不死；呼其属下材官击以枪，不忍，手颤机动，弹出中左胁，犹不死；更呼材官击小腹，仍不死；呼益厉，又击之，气始绝。先是诏责其开边衅，部议夺职。后以总督徐世昌请复官，予骑都尉兼云骑尉世职，附祀富明阿祠。

（清）赵尔巽等：《清史稿》卷四六七《寿山传》，北京：中华书局，1977年，第 12771—12772 页。

《清史稿》卷四七六《循吏传一》

荫爵，字子和，奉天铁岭人，隶汉军。康熙初，谒选，授直隶蠡县知县。县多旗屯，居民田之半，佃者倚勋贵为奸利，持吏长短。河数决孟尝村，岁比不登，民大饥。荫爵至，曰："吾未暇理他政，且活民。"仓有粟二万石，请发以赈。牍再上，不许；请解官，乃许之五千石。荫爵曰："若今岁又恶，民不能偿，二万石、五千石等死耳，吾且活吾民。"乃尽发之。更出帑五百金贷民种麦。夏旱，蝗起，捕蝗尽。秋又大霖雨，河暴溢，率吏民冒风雨捍御，堤完而岁大熟，民乃安。某甲以财雄诸佃，多为不法，诬诸生为奴，而籍其田。按治得实，置之法。豪猾慑服，莫敢犯令。于是设义仓，置乡学，尊礼贤士，民大和悦。调三河，一以简易为治。或问之，曰："前令已治矣，何纷更为？"前令，彭鹏也。圣祖校猎至三河，问父老："高令与彭令孰贤？"对曰："彭廉而毅，高廉而和。"上称善，擢顺天府南路同知。于成龙问以捕盗方略，条上三事，略言："盗以旗屯为逋逃薮，请严保甲首实之令，使无所匿，而平日能使之衣食粗足，则可不至为盗。"成龙韪之。会丁父艰归。成龙总督南河，筑界首堤，以属荫爵。堤成，上南巡阅工，召见，赐克食。起复补湖北德安府同知，累擢四川松茂道、直隶口北道，皆有惠政，卒于官。子其倬，官至大学士，自有传。

（清）赵尔巽等：《清史稿》卷四七六《循吏传一·高荫爵》，北京：中华书局，1977 年，第 12991 页。

《清史稿》卷五一八《藩部传一》

初，科尔沁诸旗以距奉天近，皆招佃内地民人开垦。乾隆四十九年，盛京将军永玮等奏："宾图王旗界内所留民人近铁岭者，达尔汉王旗所留民人近开原者，即交铁岭县、开原县治之。"嘉庆十一年十月，盛京将军富俊等以左翼后旗昌图额勒克地方招垦闲荒，经历四载，人民四万有奇，请增置理事通判治之。达尔汉王旗界内所留人民，亦交通判就近并治，时诸旗扎萨克、王、公等多招民人垦荒，积欠抗租，则又请驱逐。廷议非之，严定招垦之禁，已佃者不得逐，未垦者不得招。道光元年，左翼中旗扎萨克达尔汉亲王布彦温都尔瑚竟以垦事延不就鞫，夺扎萨克。然私放私垦者仍日有所增，流民游匪于焉麕集。同治中，以昌图匪乱，通判秩轻，升为理事同知。光绪二年，署盛京将军崇厚奏设官抚治，以清盗源。遂升昌图同知为府，以原垦达尔汉王旗之梨树城、八面城地置奉化、怀德二县隶之。七年，又设康平县于康家屯，隶之。二十八年，盛京将军增祺奏设辽源州于苏家屯，隶之。皆治左翼三旗垦民。

（清）赵尔巽等：《清史稿》卷五一八《藩部传一·科尔沁部》，北京：中华书局，1977年，第14325页。

是年，右翼前旗扎萨克图郡王乌泰以放荒事屡被劾，命礼部尚书裕德会增祺勘治。四月，覆奏言："乌泰已放荒界南北长三百余里，东西宽一百余里，外来客民有一千二百六十余户。乌泰不谙放荒章程，以致嗜利之徒，任意垦占，转相私售，实已暗增数千余户，新开荒地又增长三百余里，宽一百余里。梅楞齐莫特、色楞等复袒护荒户，阻台吉壮丁在新放荒地游牧。协理台吉巴图济尔噶勒遂以敛财聚众，不恤旗艰，控之理藩院。经传集乌泰等亲自宣导，均各悔悟，愿湔洗前愆，驱除逸愆，和同办理旗务。请将乌泰、巴图济尔噶勒暂革，仍准留任，勒限三年，限满经理得宜，由阖旗呈请开复，否则永远革任；齐莫特、色楞等均分别屏黜，不准干预旗务。并为定领荒招垦章程，荒价则一半报效国家，一半归之蒙旗。升科则每晌以中钱二百四十为筹饷设官等经费，以四百二十作蒙古生计，自王府至台吉、壮丁、喇嘛，各有得数。仍酌留余荒，讲求牧养。"均报可。十月，增祺又奏勘明是旗洮尔河南北已垦未垦之地，约有一千余万亩，派员设局丈放。三十年，以其地置洮南府，并置靖安、开通二县隶之。三十一年，盛京将军赵尔巽以右翼后镇国公旗垦地置安广县，而法库门旧为左翼中达尔汉王诸旗招垦地，亦置同知治之。三十四年，东三省总督徐世昌以右翼中旗和硕土谢图亲王垦地置醴泉等县。于是科尔沁六旗垦地几遍，郡县亦最多，诸扎萨克王公等得租丰溢，而化沙砾为膏沃，地方亦日臻富庶。

（清）赵尔巽等：《清史稿》卷五一八《藩部传一·科尔沁部》，北京：中华书局，1977 年，第 14325—14326 页。

　　是部布木巴一旗为前旗，近吉林。嘉庆五年，吉林将军秀林奏以郭尔罗斯垦地置长春理事通判，并请分征其租，上以非体斥之。十传至喀尔玛什迪，于光绪九年削扎萨克，公爵如故。以其族等台吉巴雅斯呼朗代为扎萨克。光绪十三年，复升长春厅为府。于是旗界内辽黄龙府旧地置农安县，隶之。三十四年，又以垦地增广，分置长岭县。宣统二年，分长春府地置德惠县。旋又定国家与蒙古分收民租例。是旗置郡县凡四，皆隶吉林。

　　（清）赵尔巽等：《清史稿》卷五一八《藩部传一·郭尔罗斯部》，北京：中华书局，1977 年，第 14330 页。

《清史稿》卷五二○《藩部传三》

　　所部一旗，驻牧彻特塞哩，隶乌兰察布盟。爵二：扎萨克一等台吉一，附多罗贝勒一。道光十二年，与土默特争界，命松筠往勘。八月，覆奏茂明安及达尔汉贝勒等所争土默特游牧，有乾隆年间原案、原图，并所设封堆鄂博，向该台吉等逐加指示，心俱输服。令按旧定界址各守游牧，毋相侵越。同治中，回匪东窜，是部被扰。九年十二月，绥远城将军定安奏获茂明安等旗肆掠马贼巴噶安尔等，诛之。十年，茂明安扎萨克绰克巴达尔琥等，以违悮台站议处。是年，肃州回匪东窜乌拉特境，定安遣侍卫成山统吉林马队驻是部。光绪末，绥远城将军贻谷督垦，劝谕报地。三十三年，呈交水壕、帐房塔两处地段认垦。实则是部租给商民垦地颇多，境内汉民村落亦众。有佐领四。

　　（清）赵尔巽等：《清史稿》卷五二○《藩部传三·茂明安部》，北京：中华书局，1977 年，第 14367 页。

《清史稿》卷五二六《属国传一》

　　先是光绪初元，吉林鄂多哩开放荒田，朝鲜茂山对岸外六道沟诸处，间有朝鲜人冒禁私垦者，渐次蔓延。至是，吉林将军铭安、督办边防吴大澂奏言："据珲春招垦委员李金镛禀称，土门江北岸，由下嘎牙河至高丽镇约二百里，有闲荒八处，前临江水，后拥群山，向为人迹不到之区，与朝鲜一江之隔。其国边民屡被水灾，连年荒歉，无地耕种，陆续渡江开垦，已熟之地，不下二千晌，其国穷民数千人赖以糊口。有朝鲜咸镜道刺史发给执照、分段注册等语。臣等查吉林与朝鲜毗连之处，向以土门江为界。今朝鲜贫民所垦闲荒在江北岸，其为吉林辖境无疑。边界旷土，岂容外藩任意侵占？惟朝鲜寄居之户，垦种有年，并有数千余众。若照例严行驱逐出界，恐数千无告穷民同时失所，殊堪怜悯。拟请饬下礼部，咨明朝鲜国王，派员会同吉林委员查勘明确，划清界址。所有其国民人，寄居户口，已垦荒地，恳恩准其查照吉林向章，每晌缴押荒钱二千一百文，每年每晌完佃地租钱六百六十文，由臣铭安饬司给领执照，限令每年冬季应交租钱，就近交至珲春，由放荒委员照数收纳。或其国铸钱不能出境，议令以牛抵租，亦可备吉省垦荒之用。其咸镜道刺史所给执照，饬令收回销毁。"从之。

（清）赵尔巽等：《清史稿》卷五二六《属国传一·朝鲜》，北京：中华书局，1977年，第14599—14600页。

是年，吉林设通商局于和龙峪，设分卡于光霁峪、西步江，专司吉林与朝鲜通商事。又设越垦局，划图们江北沿岸长约七百里、宽约四十五里，为越垦专区。

（清）赵尔巽等：《清史稿》卷五二六《属国传一·朝鲜》，北京：中华书局，1977年，第14607页。

是年，吉林有朝鲜勘界之案。十六年，总理衙门疏言："吉林将军奏称：'朝鲜流民占垦吉林边地，光绪七年经将军铭安、督办边防吴大澂奏将流民查明户籍，分归珲春及敦化县管辖。嗣因朝王恳请刷还流民，咨由礼部转奏。经将军覆准，予限一年，由伊国地方官设法收回。复因限满而流民仍未刷还，反纵其过江侵占，经将军希元咨由总理衙门奏准派员会勘。乃其国始误以豆满、图们为两江，继误指内地海兰河为分界之江，终误以松花江发源之通化松沟子有土堆如门，附会"土门"之义，执意强辩。续经希元派员覆勘石乙水为图们正源，议于长水分界，绘具图说，于十三年十一月奏奉谕旨咨照国王遵办在案。乃国王不加详考，遽信勘界使李重夏偏执之词，坚请以红土山水立界，龃龉难合，然未便以勘界之故，遂置越垦为缓图。现在朝鲜茂山府对岸迤东之光霁峪、六道沟、十八崴子等地方，韩民越垦约有数千，地约数万晌。此处既有图们江天然界限，自可毋庸再勘。其国迁延至今，断难将流民刷还，应亟饬令领照纳租，归我版籍，先行派员清丈，编甲升科，以期边民相安'等语。臣等查吉林、朝鲜界务，前经两次会勘，其未能即定者，特茂山以上直接三汲泡二百余里之图们江源耳。至茂山以下图们江巨流，乃天然界限。江南岸为朝鲜咸镜道属之茂山、会宁、钟城、庆源、庆兴六府地方，江北岸为吉林之敦化县及珲春地方，朝鲜勘界使亦无异说。韩民越垦多年，庐墓相望，一旦尽刷还，数千人失业无依，其情实属可矜。若听其以异籍之民日久占住，主客不分，殊非久计。且近年垦民叠以韩官边界征租，种种苛扰，赴吉林控诉，经北洋大臣李鸿章咨臣衙门有案。现在江源界址既难克日划清，则无庸勘办处所，似宜及时抚绥。拟请饬下将军，遴派贤员清丈升科，领照纳租，归地方官管辖，一切章程奏明办理。"于是将军长顺颁发执照，韩民愿去者听其自便，愿留者剃发易服，与华人一律编籍为氓，垦地纳租。

（清）赵尔巽等：《清史稿》卷五二六《属国传一·朝鲜》，北京：中华书局，1977年，第14608—14609页。

《续资治通鉴》卷二《宋纪二》

女真国遣使贡名马。女真之先，居古肃慎地，元魏时号勿吉，至隋，改号靺鞨，唐初，有黑水、粟末两部，后粟末盛强，号渤海国，黑水因役属之。五代时，辽尽取渤海之地，黑水部民居混同江之南者，系籍于辽，号熟女真；居江之北者，不系籍于辽，号生女真。至是以马入贡。诏蠲登州沙门岛居民租赋，令专治舟船渡所贡马。

（清）毕沅：《续资治通鉴》卷二《宋纪二》，太祖建隆二年条，北京：中华书局，1957年，第37页。

《续资治通鉴》卷三《宋纪三》

诏蠲登州沙门岛居民租赋，令专治舟渡女真所贡马。

（清）毕沅：《续资治通鉴》卷三《宋纪三》，太祖乾德元年条，北京：中华书局，1957年，第67页。

《续资治通鉴》卷四十《宋纪四十》

制诏问治道之要。罕嘉努对曰："臣伏见比年以来，高丽未宾，准布犹强，战守之备，诚不容已。乃者选富民防边，自备粮糗，道路修阻，动淹岁月，比至屯所，费已过半，只斗筲谷，鲜有还者。其无丁之家，倍其佣僦，人倍其劳，半途亡窜，故戍卒之食，多不能给，求假于人，则十倍其息，至有鬻子割田不能偿者。或逋役不归，在军物故，则更补以少壮。其鸭绿江之东，戍役大率如此。况渤海、女直、高丽，合从连横，不时征讨，富者从军，贫者侦候，加之水旱，菽粟不登，民以日困，盖势使之然也。"

（清）毕沅：《续资治通鉴》卷四十《宋纪四十》，仁宗景祐二年条，北京：中华书局，1957年，第937—938页。

《续资治通鉴》卷一四五《宋纪一四五》

丙午，范成大奏关外麦熟，倍于常年，缘朝廷免和籴一年，民力稍舒，得从事于耕作。帝曰："免和籴一年，民间已如此，乃知民力不可以重困也。"王淮曰："去岁止免关外，今从李蘩之请，尽免蜀中和籴一年，为惠尤广。"

（清）毕沅：《续资治通鉴》卷一四五《宋纪一四五》，孝宗淳熙四年条，北京：中华书局，1957年，第3880页。

《续资治通鉴》卷一八五《元纪三》

高丽国王晫，以民饥乞贷粮万石，许之。

（清）毕沅：《续资治通鉴》卷一八五《元纪三》，世祖至元十七年条，北京：中华书局，1957年，第5044页。

《续资治通鉴》卷一九〇《元纪八》

（十月）癸未，高丽国饥，给米二十万斛。

（清）毕沅：《续资治通鉴》卷一九〇《元纪八》，世祖至元二十八年条，北京：中华书局，1957年，第5184页。

从辽阳行省言，以纳颜、哈坦相继叛，给蒙古人内附者及开元、南京、硕达勒达等三万人牛畜田器。

（清）毕沅：《续资治通鉴》卷一九〇《元纪八》，世祖至元二十八年条，北京：中华书局，1957年，第5185页。

《续资治通鉴》卷一九一《元纪九》

辽阳行省所属九处大水，民饥，或起为盗贼，命赈恤之。

（清）毕沅：《续资治通鉴》卷一九一《元纪九》，世祖至元三十一年条，北京：中华书局，1957年，第5224页。

《清稗类钞·朝贡类》

吉林所贡方物，岁有数次。四月，进油炸白肚鱼肉丁十坛。七月，进窝雏鹰鹞各九只。十月，进二年野猪二口，一年野猪一口，鹿尾四十盘，鹿尾骨肉五十块，鹿肋条肉五十块，鹿胸岔肉五十块，晒干鹿脊条肉一百束，野鸡七十只，稗子米一斛，铃铛米一斛。十月，由围场先进鲜味，计二年野猪一口，一年野猪一口，鹿尾七十盘，野鸡七十只，树鸡五十只，稗子米一斛，铃铛米一斛。十一月，进七里香九十把，公野猪二口，母野猪二口，二年野猪二口，一年野猪二口，鹿尾三百盘，野鸡五百只，树鸡三十只，鲟鳇鱼三尾，翘头白鱼一百尾，鲫鱼一百尾，稗子米四斛，铃铛米一斛，山查十坛，梨八坛，林檎八坛，松塔三百个，山韭菜二坛，野蒜苗二坛，柳木枪鞘八根，柳木线枪鞘八根，驳马木线枪鞘八根，驳马木枪鞘八根，枢梨木虎枪杆三十根，桦木箭杆二百根，椴木箭杆二百根，白桦木箭杆二百根，杨木箭杆二百根，海青芦花鹰、白色鹰俱无额数，窝集狗五条，（系奉旨之年赉进）贺哲匪雅喀奇勒哩官貂鼠皮二千五百八十二张。（隔一年赉送进御览）紫桦皮二百张，上用紫桦皮一千四百张，白桦皮改为紫桦皮一千四百张，（隔一年进御览）官紫桦皮二千张，又交下五旗官紫桦皮一万二千张，白桦皮三千张，暖木皮四百五十斤，莝草四百五十斤，又交下五旗，每旗暖木皮各五十斤，莝草各五十斤。（以上俱赉送武备院查收）接驾及恭贺万寿进贡物产，貂鼠，白毛梢黑狐狸，倭刀，黄狐貉，梅花鹿，角鹿，鹿羔，麂，麂羔，獐，虎，熊，玄狐皮，倭刀皮，黄狐皮，猞猁皮，水獭皮，海豹皮，虎皮，豹皮，灰鼠皮，鹿羔皮，雕鹳翎，海参，白肚鳟鱼肉丁，烤干白肚鳟鱼肚囊肉，油炸鲟鳇鱼肉丁，（以鱼油炸鱼，满语名黑伙）烤干细鳞鱼肚囊肉，草根鱼，鳊头鱼，鲤鱼，花鲦鱼，鱼油，晒干鹿尾，晒干鹿舌，鹿后腿肉，小黄米，炕稗子米，高粱米粉面，玉秫米粉面，小黄米粉面，荞麦糁，小米粉面，稗子米粉面，和的水馏饽饽，搓条饽饽，豆面饟子股饽饽，打糕肉夹搓条饽饽，炸饺子饽饽，打糕饽饽，撒糕饽饽，豆面饽饽，豆粟产糕饽饽，蜂糕饽饽，叶子饽饽，水子饽饽，鱼儿饽饽，野鸡蛋，葡萄，杜李，羊桃，山核桃仁，松仁，榛仁，核桃仁，杏仁，松子，白蜂蜜，蜜脾，蜜尖，生蜂蜜，山韭菜，贯众菜，藜蒿菜，枪头菜，河白菜，黄花菜，红花菜，蕨菜，芹菜，丛生磨菇，鹅掌菜。

（清）徐珂：《清稗类钞》第一册《朝贡类·吉林岁贡》，北京：中华书局，1984年，第410—411页。

《清稗类钞·爵秩类》

会计司掌领皇庄田亩事。田各有等，盛京庄八十有四：一等庄三十五，二等庄十，三等庄八，四等庄三十四。山海关外庄二百十一：一等庄六十六，二等庄四，三等庄二十，四等庄百二十一。喜峰口、古北口外庄百三十八，均一等。归化城庄十有三。畿辅庄三百二十二：一等五十七，二等十六，三等三十八，四等二百十一，半庄七十一。每庄设庄长一人，瓜田菜圃置长亦如之。各庄共地一万三千二百七十二顷八十亩有奇，赋粮九万三千四百四十石，菽二千二百二十五石，刍八万一千九百四十束有奇。编比壮丁，三年一次，盛京及关外、口外各庄由总管、将军、都统等，畿辅由内府委官，各具册至府，由府汇册奏闻。皇子分封，各按爵秩，给以庄地、人丁，公主、郡主赠嫁亦如之。宫女选内府三旗佐领、管领下女子年十三以上者，造册送府，奏交宫殿监督领侍等引见。入选者留宫，余令父母择配，留宫之女，至二十五岁遣还择配。收录内监，由礼部册列姓名、籍贯移府，总管太监察其来由无异，委年老内监一人验实具奏，候旨分拨。年老者听其回籍为民。支领内监月费，执事人匠役饩廪皆隶之。

（清）徐珂：《清稗类钞》第三册《爵秩类·内务府》，北京：中华书局，1984年，第1327页。

《清稗类钞·农商类》

奉天洮南，居民不满七万人，业种植者较多，畜牧次之，工商尤居少数。

宣统时，已放荒地凡五十万晌，（每晌十亩）熟者仅四万余。盖频年荒旱，而近河之处又时被水灾也。惟北境土壤膏腴，然领荒者多不开垦，必俟地价增涨时转售。而农人自领之地，亦以贪多务得，无复余财以充常年经费，故开垦之熟地绝少。植品以元豆、高粱为大宗。其月亮泡之鱼，每年可值银二十四万圆。

（清）徐珂：《清稗类钞》第五册《农商类·洮南农事》，北京：中华书局，1984 年，第 2259 页。

《经史百家杂钞》卷二十四《典志之属一》

职方氏掌天下之图，以掌天下之地，辨其邦国、都鄙、四夷、八蛮、七闽、九貉、五戎、六狄之人民，与其财用、九谷、六畜之数要，周知其利害。

乃辨九州之国，使同贯利：东南曰扬州，其山镇曰会稽，其泽薮曰具区，其川三江，其浸五湖，其利金、锡、竹、简，其民二男五女，其畜宜鸟、兽，其谷宜稻。正南曰荆州，其山镇曰衡山，其泽薮曰云梦，其川江、汉，其浸颍、湛，其利丹、银、齿、革，其民一男二女，其畜宜鸟、兽，其谷宜稻。河南曰豫州，其山镇曰华山，其泽薮曰圃田，其川荧、洛，其浸波、溠，其利林、漆、丝、枲，其民二男三女，其畜宜六扰，其谷宜五种。正东曰青州，其山镇曰沂山，其泽薮曰望诸，其川淮、泗，其浸沂、沭，其利蒲、鱼，其民二男二女，其畜宜鸡、狗，其谷宜稻、麦。河东曰兖州，其山镇曰岱山，其泽薮曰大野，其川河、沛，其浸庐、维，其利蒲、鱼，其民二男三女，其畜宜六扰，其谷宜四种。正西曰雍州，其山镇曰岳山，其泽薮曰弦蒲，其川泾、汭，其浸渭、洛，其利玉、石，其民三男二女，其畜宜牛、马，其谷宜黍、稷。东北曰幽州，其山镇曰医无闾，其泽薮曰貕养，其川河、沛，其浸淄、时，其利鱼、盐，其民一男三女，其畜宜四扰，其谷宜三种。河内曰冀州，其山镇曰霍山，其泽薮曰杨纡，其川漳，其浸汾、潞，其利松、柏，其民五男三女，其畜宜牛、羊，其谷宜黍、稷。正北曰并州，其山镇曰恒山，其泽薮曰昭余祁，其川虖池、呕夷，其浸涞、易，其利布帛，其民二男三女，其畜宜五扰，其谷宜五种。

乃辨九服之邦国：方千里曰王畿，其外方五百里则曰侯服，又其外方五百里曰甸服，又其外方五百里曰男服，又其外方五百里曰采服，又其外方五百里曰卫服，又其外方五百里曰蛮服，又其外方五百里曰夷服，又其外方五百里曰镇服，又其外方五百里曰藩服。

凡邦国千里，封公以方五百里则四公，方四百里则六侯，方三百里则七伯，方二百里则二十五子，方百里则百男，以周知天下。凡邦国，小大相维，王设其牧。制其职，各以其所能；制其贡，各以其所有。王将巡守，则戒于四方，曰："各修平乃守，考乃职事，无敢不敬戒！"国有大刑，及王之所行，先道，帅其属而巡戒令。王殷国，亦如之。

（清）曾国藩：《经史百家杂钞》卷二十四《典志之属一·职方氏》，北京：西苑出版社，2009年，第140—141页。

墓志资料

（一）唐代高英淑墓志（唐武周延载元年）

渤海源长，高云胤昌。不空邦国，必复侯王。剖符露冕，代棘临棠。锵金响玉，裂土封疆。降生淑媛，凝规孟光。誉隆四德，训治七章。恭承令问，作配贤良。合响琴瑟，均仪凤凰。浮云千骑，流水七香。采欢儷阁，缔赏歌堂。母仪克著，嫔则逾彰。桑田易变，舟壑难藏。娥销月魄，婺落星芒。桃李掩茂，芝桂摧芳。安仁思切，奉蒨神伤。缅惟安厝，肇构便房。守阊桐梗，摽埏石羊。旐旖戒路，辒轩启行。佳城郁郁，平野芒芒。念彼年兮何促，嗟此夜兮何长。

《大周游骑将军左金吾卫辽西府折冲都尉故夫人高氏墓志铭》，王连龙、丛思飞：《唐代〈高英淑墓志〉考释——兼论辽西地区高句丽移民问题》，程章灿主编：《古典文献研究》第二十一辑下卷，南京：凤凰出版社，2018年。

（二）渤海贞孝公主墓志（唐贞元九年）

丕显烈祖，功等一匡，明赏慎罚，奄有四方；爰及君父，寿考无疆，对越三五，囊括成康。惟主之生，幼而洵美，聪慧非常，博闻高视；北禁羽仪，东官之姊，如玉之颜，瑛华可比。汉上之灵，高唐之精，婉娈之态，闻训兹成；嫔于君了，柔顺显名，鸳鸯成对，凤凰和鸣。所天早化，幽明殊途，双鸾忽背，两剑远孤；笃于洁信，载史应图，惟德之行，居贞且都。愧桑中诵，爰柏舟诗，玄仁匪悦，白驹疾辞；奠殡已毕，即还灵辒，魂归人逝，角咽笳悲。河水之畔，断山之边，夜台何晓，荒陇几年；森森古树，苍苍野烟。泉扃俄闷，空积凄然。

《贞孝公主墓志并序》，干志耿、孙秀仁：《黑龙江古代民族史纲》，哈尔滨：黑龙江人民出版社，2015 年，第 191 页。

（三）耶律羽之墓志（辽会同五年）

比至班师倒载，又加太傅、判盐铁，封东平郡开国公，食邑一千户。天显二年丁亥岁，迁升左相，及总统百揆，庶绩咸熙。以天显四年己丑岁，人皇王乃下诏曰："朕以孝理天下，虑远晨昏，欲效盘庚，卿宜进表。"公即陈："辽地形便，可建邦家。"于是允协帝心，爰兴基构。公夙夜勤恪，退食在公。民既乐于子来，国亦期年成矣。天显十三年戊戌岁，嗣圣皇帝受大晋之册礼也，即表公通敏博达启运功臣，加特进阶，上柱国，食邑二千五百户。身为冢宰，手执国钧。于辅政之余，养民之暇，留心佛法，耽味儒书。入箫寺则荡涤六尘，退庙堂则讨论五典。而又为政尚于激浊，举士不滥抡材。朝推正人，国赖良相。无何，祸罹梦奠，衅起涉洹。人之云亡，邦国殄瘁。以会同四年岁次辛丑八月十一日戊戌，薨于官，春秋五十有二。於戏！皇上轸悼，僚属歔欷！痛天道之不仁，于忠良而降祸，哀诏爰下，有司备仪，送终之礼既伸，易号之彝无废，谥曰文惠公，礼也。以壬寅年三月六日庚申，葬于裂峰之阳。夫人重衮，故实六宰相之女也，升天皇帝之甥。淑德传芳，柔仪显誉。深谐瀚濯之规，颇味丝萝之义。始自相国薨后，痛孤鸾之独处，增别鹤之悲伤，日夜哀号，殆将灭性。泊营葬具，用尽身心。因兹积气成痾，内攻腠理，虽加医药，渐至沉绵。去相国葬后一十八日戊寅，倾逝。呜呼！生死之期，荣瘁之分，在修短而不定，于因缘而或差，未有如相国与夫人同缘同会者焉。即以当年五月十一日甲午，祔葬于旧茔。夫人生子一十人，诸夫人生子四人。嫡子佛奴，幼年谢世，其余诸子，并有仁孝，俱怀器能。女四人，二人早亡，二女皆幼。仲子阙等于哀酷之余，攀号之际，虑人移世改，谷变陵迁，徽猷不振于将来，盛德篯闻于远裔，乃勒贞石，用传不朽。铭曰：

伟哉天道，玄妙莫穷。降生旄杰，以正时风。为辟为士，立德立功。宰割区宇，制御英雄。其一。吾皇应运，君临东丹。征求辅相，保乂国艰。公叶卜兆，乃登礼坛。风云会合，鱼水相欢。其二。位居冢宰，礼绝百僚。于宠思辱，在上不骄。公平无党，义均更昭。养民以惠，扶俗不劳。其三。卓尔相国，怀文怀武。归敬释门，遵行孔矩。了果知因，明今识古。寿限何差，华年不与。其四。良人才逝，哲妇又殂。生既同乐，死愿共居。爰遵古制，祔葬旧墟。儿女虽恸，铭志宜书。其五。积善无应，天祸屡钟。马鬣长往，风池永空。君亲恸哭，僚宷失容。贞珉纪德，来裔钦风。其六。

《耶律羽之墓志》，向南、张国庆、李宇峰辑注：《辽代石刻文续编》，沈阳：辽宁人民出版社，2010 年，第 3—4 页。

（四）重修范阳白带山云居寺碑（辽应历十五年）

风俗以四月八日，共庆佛生。凡水之滨，山之下，不远百里，仅有万家，预馈供粮，号为义仓。是时也，香车宝马，藻野缛川，灵木神草，䄄赫芊绵，从平地至于绝巅，杂沓驾肩，自天子达于庶人，归依福田。维摩互设于香积，焉将通戒于米山。面丹□者，熙熙怡怡，谓□阇于斯。俯清流者，意夺神骇，谓殑伽无碍。醵施者，不以食会而由法会。巡礼者，不为食来而由法来。观其感于心，外于身，所燃指续灯者，所炼顶代香者，所堕岩舍命者，所积火焚躯者，道俗之间，岁有数辈。噫！佛之下生，人即如是。先是庚子年，寺主谦讽和尚为门徒之时，会仆自皇后台操觚之暇，被褐来游，论难数宵，以道相得。和尚与仆约曰："夫人入仕，则竭忠以事君，均赋以利国，平征以肃民；出家，则庄严以奉佛，博施以待众，斋戒以律身。尽此六者，可谓神矣！可谓神矣！"自兹以别，迨今十五年矣！复与和尚会于此寺。仆以职倅于瀛，掌记于武定，廉察于奉圣，陟在宪台，迁在谏署，佐兹邦计有日矣！和尚则历纲维典寺事，见风雨之坏者，及兵火之残者，请以经金遂有次序。以坛物毕萃于十方，故建库堂一座，五间六架；以庖人可供于四众，故建厨房一座，五间五架；以我佛方转于法轮，故建转轮佛殿一座，五间六架；以待宾不可以无位，次建暖厅一座，五间五架。又化助前燕主侍中兰陵公建讲堂一座，五间七架。

又化助公主建碑楼一座，五间六架，并诸腰座。建饭廊二十三间四架，次又建东库四间五架，次建梵网经廊房八间四架，次盖后门屋四座。余有舍短从长，加朱施粉，周而复始，不可殚论。于戏！小人入仕之风，不足畏也！和尚出家之理，亦以至矣！乙丑岁，天顺皇帝御宇之十五载，丞相秦王统燕之四年，泰阶平格择明，八风草偃，四海镜清。魑魅魍魉，即其鬼以不神；凤凰麒麟，亦背伪以归真。一金之施，期功德以绝伦；一介之士，欲风声之不泯。和尚庆此得时，恳求作记。仆以静琬漂木涌泉之异，在唐临冥报记。诸公举续刊助之日，在太原智邈碑。燕国土风之状，在室尚父昉文。更或润词，终成诞说。今之所纪，但以谦讽等同德经营，协力唱和，结一千人之社，合一千人之心，春不妨耕，秋不废获，立其信，导其教。无贫富后先，无贵贱老少，施有定例，纳有常期，贮于库司，补兹寺缺。维那之最者，有若前涿牧天水公珣，当举六条，甚敬三宝。次则三傅陇西疑佳披法服，亦笃佛乘。说无缘为有缘，化恶果为善果。和尚则生生世世，应报宿缘；施者则子子孙孙，共酬前愿。故寺不坏于平地，经不坠于东峰。古者，庐岳莲花，尚存芳躅；近者，恒山铁塔，亦录前身。夫如是，有客稽首灵岩，载为铭曰：

佛灭法往兮□□堪哀，凿空刊石兮静琬有才。仙衣拂兮尽不尽，劫火焚兮灰不灰。山河未坏兮几人见，乾坤相轧兮知谁开。龙神护兮有道则见，天人归兮求福不回。经五百年千仞上，夫何有于岁月？和尚曰："善哉！善哉！"敬佩斯语，敢告将来。

盐铁判官、朝议郎、行右补阙、赐绯鱼袋王正述。前乡贡进士郑熙书。

《重修范阳白带山云居寺碑》，向南：《辽代石刻文编》，石家庄：河北教育出版社，1995 年，第 33—34 页。

（五）王仲福墓志（辽应历十七年）

寻厝于本贯。有男三人：长曰廷珪，充蓟州衙内军使；次曰廷芝，充盖造军都指挥使；次曰廷美，未仕。有女一人，适陇西董氏。孙男三人：长曰守荣，已婚；次曰守赟，才冠；次曰九哥，方童。孙女三人：长曰婆孙，次曰不怜，次曰喜孙，并未笄。诸孤等念劬劳义重，固宅增营，去辽应历十七年三月二日，迁祔于蓟州北渔阳县界高村管，礼也。次子廷芝□仕和门，早兴时理，虽知深藏为妙，实虑谷变忘名，爰求贞珉，固兹刊勒。铭曰：

奇艺府君，贞善夫人。奇艺有度，贞善无伦。生前齐体，殁亦同尘。收之此地，祔之安神。宅窀既毕，刊动仍新。陵迁谷变，万古□春。

《王仲福墓志》，向南、张国庆、李宇峰辑注：《辽代石刻文续编》，沈阳：辽宁人民出版社，2010 年，第 8 页。

（六）耿崇美墓志（辽保宁二年）

时推干济事之能，众谓方园之器。军府以甲兵甚众，军储是忧。遂委为营田使。仓廪既盈，渥恩继降。又迁为卢龙军使节度押衙，兼御史中丞。旋值契丹国雄图大振，奇锋莫当。一旦深犯边疆，遂遭虏掠。因兹将家入国，乃为近臣。公则中丞之令子也，架海灵峰，倚天长剑。蕴情田而无畔，吐行叶以殊芳。又以上国之言与中华迥异，公善于转译，克副金求。大圣皇帝自谓得人，选为通事。恩泽时降，官职日新。旋值嗣圣皇帝应援并汾，大兴甲马。送大晋之新帝，南上晟门；收全燕之霸王，北归上国。自此万方入贡，中夏来朝。星轺则叠迹摩肩，玉帛则充庭牣府。宣传圣旨，引领使车。并自英聪，全由接纳偏荷明朝之泽，盖酬缓颊之功。会同六年，授同州节度使，检校太保。委寄弥深，勋庸渐著。又授武定军节度使、检校太尉，仍赐推忠翊圣功臣，食邑一千户。会同十年，先皇帝以嗣晋少主靡思报德，惟务享恩。遂乃领立骁雄，平定凶丑。公首为扈从，众伏英雄。又除昭义军节度使、检校太师，行潞州大都督府长史、潞泽等州观察使、侍卫亲军副都指挥使、上谷郡开国侯，仍加推忠佐命平乱功臣。至天禄二年，再授武定军节度使、奉圣可汗濡妫化蔚州观察使、使持节奉圣州诸军事、上谷郡开国侯、食邑二千户，实封一百户。公一自分茅，频加食菜。绥民集事，克己奉公。远至迩安，家给人足。五州生聚，咸兴多袴之谣；千里提封，迥致覆盂之泰。无何，遽萦美痾，施至弥留，越人无针砭之功，秦缓有膏肓之语。以天禄二年十一月二十五日薨于奉圣州之廨署，享年五十有六。高位发叹，道路兴嗟，里巷为之辍舂，时俗比之埋玉。是以皇情悼念，朝议悲伤。加赙赠以非轻痛股肱而遄逝，敕其元子葳以葬仪。安其马鬣之封，得以牛眠之地。以天禄三年十月二十五葬于霸州西北二十里。卫国夫人耶律氏，盖国家奖以忠良，特有降匹痛恩情之中断，伤孀幼以何依。卫国夫人耶律氏，保宁二年五月十六日薨，享年五十有五。嗣子五人：长曰绍基，太后宫通事，检校司空。悲结匪莪，恸兴陟岵，寝苦枕缶，无以尽其哀诚；泣血绝浆，殆欲至于灭性。皇太后辍以近臣之假，令终孝子之情。次曰绍忠，上京副留守、金紫崇禄大夫、检校太傅、兼御史大夫、上柱国、上谷县开国子，食邑五百户。幼闻孝悌，长许公忠，不图钟考之忧，果委继先之政。次曰绍纪，保忠守节功臣、户部副使、金紫崇禄大夫、检校太保、使持节郑州诸军事、行郑州刺史、充本州防御史、御使大夫、上柱国、上谷县开国男，食邑三百户。次曰绍邑，国通事、贡物库使、银青崇禄大夫、检校尚书右仆射、兼御史大夫、上柱国。次曰绍矩，西头供奉官、银青崇禄大夫、检校右散骑常侍、兼殿中侍御史、云骑尉。俱以年当幼孺，悲感里闾，虑其陵谷易迁，桑田或改，令搜荒拙，略纪徽猷，晓自到明朝，迴叨殊念，既承旨命，焉敢让辞，遂整芜音，乃为铭曰：

秦失帝道，汉整皇纲。慕纯继踵，社稷其昌。分枝布叶，因地随方。移家燕国，陈力贤良。弈世翰忠，传家竭节。干事绥民，远年迩悦。降泽降恩，酬恸酬哲。苹苹弥芳，绵绵不歇。魏得其虎，晋实用材。萍梗难驻，忠良北来。帝之心腹，客之梯媒。雄图赫矣，庶士康哉。转译使言，宣传帝语。难把身当，国将心许。烈镇节旄，生灵父母。功盖古今，声飞区宇。方忻无恙，遽染沉痾。虚求扁鹊，漫访医和。旋随隙影，奄逐川波。辍春罢市，恸哭哀歌。阖国兴悲，明朝降旨。备以葬仪，委其长子。霸州之西，翠微之里。玄寝巍峨，明灵居止。事君殊列，刊在贞珉。处世美行，播在与人。寒来暑往，是物成尘。周庙黍离兮，吴公荆棘。懿迹长存兮，令誉弥新。

侄绍勋，节度押衙，充利和军使。孙大悲奴，秃哥。长孙，前儒州衙内指挥使延弼。次孙，前儒州山河指挥使延煦，次延赞，次延玉，次延寿，次后槽史延昭，次延训，次延斌，次仙留哥，次丑奴哥，次七哥。后于保宁二年岁次庚午十月己巳朔十七日乙酉重移旧墓，别就新坟，公与夫人合葬焉，礼也。

《耿崇美墓志》，向南、张国庆、李宇峰辑注：《辽代石刻文续编》，沈阳：辽宁人民出版社，2010年，第13—15页。

（七）耶律琮神道碑（辽保宁间）

皇帝饮马汴河，兵屯梁苑，嗣晋伏罪，大□□□□。□（斯）时乃发仓廪，开府库，搜宝器，取珍玩，子女、玉帛、药草、羽毛、难得之货，雾集云屯，稀代之宝，山高岳积，人竟贪取，以实私家。□□（贱）略无所取，公之少俭必若此乎？吴祐说意□（以）之□□□，□□匡谏；贾谊□河南之举，岂解从军。逮至天授、天顺二帝之朝，优游自得，不拘官爵，而乐之以琴棋歌酒，玩之以八索九丘。雪落西园，□□□王之赋；花开南馆，□□宋玉之诗。□宗子之中，贵□□□□之弟，富又富焉，富贵在身，曾无荒怠，泊然澹薄，乃世代之乐夫也。自天赞皇帝嗣位二年秋七月，以公鳌柱材高，龙宫种贵，起家□□崇禄大夫、检校太保、右羽林军大将军、兼御史大夫、上□□（柱国）。及期年，复迁右龙虎卫大将军，以为环烈之师，羽衡乎皇宫。保宁癸酉夏六月，皇帝以公任内既送往事生，偶□无猜，处外可继，□□利□。家国复汴，□□□□（绚综），重加□宠，赐委特使，□□涿郡。符授推忠奉国功臣、昭武军节度、利、□等州观察处置等使、特进、检校太傅、兼涿州刺史、西南面招安巡□（检）使、契丹、奚、渤海、汉儿兵马都□□、开国伯、食邑七百户。旋加左卫上将军。俾赏□□，□□巡检涿郡也。仁政俱行，宽猛兼济，戢彼干戈，用兴民利。况涿郡也，地迫敌封，境连疆场，盗贼公行，天疠时降，内奸殊冗，出入难虞，雀角□□情□。由是民心难一，诈伪不端，道□逍遥，聚散无常，豺狼满野，蛇虺盈郊，□□（唾毒）乡川，骤残井邑，边人畏惧，斥候日警，夫妇男女，不遑启处。诚无周、召之材，伊、皋之德，斯郡也难臻于理乎。□□以仁惠，示之以赏罚，以□土□□□不刚上……（靡草布政优不刚□百……为未三载俄变柴效褰祛露员）之徒，去兽还珠（不殊），功□□（侣虽）云□理，讵有惠能。公之所理徒□一□（徒非涿郡），□□□□即大□亲殊见□□持教之礼……高眠狎□□军人□往道□□走□（节大捆□咻……持教之礼……用威不轨……远结欢盟玉帛交通须为政道路无壅烽候不壃高眠……）

　　《耶律琼神道碑》，向南：《辽代石刻文编》，石家庄：河北教育出版社，1995年，第56—59页。

（八）高嵩墓志（辽统和十八年）

　　十四年，加检校太保。得士者昌，载行纶命，干父之□□，俾辖宫司。袁安初任于司徒，推其忧念，卫权复升于太保，许以笃诚，思何代以无人，故应彼而取此。我则正而能直，精而能勤，公而能忠，谨而能愿。推四者可以奉于上，宽则有猛，清则有通，谦则有光，慈则有惠，推是四者可以纠于下八者，不乱然后能保其禄位而和其民人。由是诏佞之徒率服于德，□□之辈，激慕于□□，置□之升，技术与进，以事系日，通商惠农，十年之间使宫之廪实，实如太仓，宫之库盈，盈如御府，主之经略也，我之运动也，如此，则又何袁安冲瓘得称于往行哉。此以同年皆云惭德，而况于轻财重义，见善能迁。有酒如渑，爱延宾客，不贪为宝，上乐贤良，每鹏□以践新恩，常莺鸣而求旧交，将致阴功及物政誉，闻天金印□悬，好为师傅，彤弓手赐，宜列藩垣，使昌大于家门，见荣传（于）闾里。俄逢皇太妃专征之事，贵左右有人，南北东西，资机筹而扈跸云川云水，积劳役而成痾，公念光我庭阶，向余二纪，慰其识虑□休□旌命还家其□愈，奈何百药无疗，二竖为□以至藏舟，因而辞世。嗟呼！东山魂往，贞魄难追，西国使回，神香莫得，于统和十七年四月二十四日薨于白石山之西行次，享年六十。皇太妃闻而以谓人之云亡，钟于心呼？哭之有恸，惜以清贞。遂给其赙赠之仪□以宝玉之送。仍命保静军节度一州官吏，设礼飨以祭之。□追慕□□□。公有二妻，故夫人则都承郦公之女，功容备著，贞顺弥高，□露朝凝，□聆珠结，娈星星殒，竟见光□□。子元则今黔州刺史。□而夫人先于公之逝。今夫人石氏，则晋之孙，曹州太保之女。以贤□之德，奉忠孝之门，□之齐至□既睦，当公伏枕之际，几愿分映。泊公属纩之时，惟思灭性，耻同□而先往，寡守以何为。而□奉彼，灵帏远来，千里痛甚严□采□将隔皇泉。□遣促程徐令报。子黔州闻而号天叩地，饮恨吞声杳绝浆。但任□于古制，三年泣血，计未止于孝思，遂奔以亲丧，莫肯见星而止，迎于□梓当疏足而行，呜呼！生我身兮荣北堂，舍我身兮没异乡，才□来□兮甘旨，虽将昊天罔极兮罪逆何当，素车轧轧兮歧路遥长，丹旐飞飞兮烟水飞□□，到此众园兮人断愁肠，即成丘陇兮鸟怨鸣伤。越其年九月五日，归葬于晋王城之北众岗之中，移故夫人之枢合祔焉，礼也。神归蒿里□，永闭于佳城，茂及子孙，更可书于遗廉。则黔州懔而其状端然有恭，袭庆间爱学箕叶，匡身之要，益播弓声。静观筮士之□□协出蓝之语。初，皇太妃择为小底行首，后于统和十三年遥任黔州刺史、银青崇禄大夫、检校国子祭酒，兼监察御史、武骑尉。智□□□未赐，懿施行□□□□□印绶□□官而今职，应自迎以陟□，矧立节以素□殊期即真而何耽。而早娶于武卫上将军、太尉、天水赵公之第三女，为妇容华，绝代懿行，无伦当百□两少言、归正三星而见朗，漆室有忧蔡之德，□娥传咏，□之才传悦，以成家□□兰而感薨。其奉舅姑之礼，则妇道可光于而外矣。生二子□□□□家奴，皆克于歧嵬，居以绮纨将□□卯之龄，早有成人之□心。所以明臧孙之有后，表陈敬之有昌者也。噫！平生之行执已来□□乱神不□□□也。身体□□□不□者孝也，继光之本尽矣，垂范名备矣。□子之为人终矣，瑜□零之即也，学谢操□才非满□寻。公之外戚，受公之□□□□□□□□□□□□□将至气恒噎于□□不得临丧空成永刑以芳，蹰之事远托撰论，是故从何得而言于铭焉。用代于行路难之□□□□□公之□而□□公之□也。以□杖以歌期，声名以显，□以贻二魂招者，合祔营之。封以其树，坟以其园，有天□□，□□□□，□□□□，我公而在兹。

《高嵩墓志》，向南、张国庆、李宇峰辑注：《辽代石刻文续编》，沈阳：辽宁人民出版社，2010 年，第 37—39 页。

（九）耶律隆祐墓志（辽统和二十九年）

公有仪可象，嵇中散之风表也；非道不行，张安世之畏慎也；志气如神，宋遄之人龙也；清明在已，乐广之水镜也。慕刘超之清苦，掩毛玠之公方。严令则孙武连衡，抚士则陈安并辔。言泉决去，蔺先生之辩河；信胄攒来，王将军之武库。非饮食田园为务，非服玩车马相高。奇兽珍禽，宴注于意；吴歌楚舞，不介其怀。府绝庸寮，门无杂旅。恩施挟纩，惠布投醪。行不徒行，所攀者，兴云致雨；动不妄动，所附者，戴义含仁。徒自雾豹出潜，风鹏得势，兴变三纪，夹辅两朝。奈以披甲横戈不得同平大寇，泥金检玉不得共视成功。噫！八翼俄摧，九霄斩远。龙欲兴而云忽散，虎正啸而风不生。修短有期，纵富贵而何免；晦明自定，任贤智以难逃。悲夫！白鹤来空，青鸟告吉，将临远日，挽动灵车。周尚父丘垅初营，郑子产松楸乍起。虽巍巍麟阁，已不坠于声猷；而默默泉宫，又须凭于刊勒，可举忝尘幕职，幸掌军书，才磬走之参禆，俄属公之倾谢。恻情挥涕，念知遍对于虹旌；承命纪年，实状聊符于青史。谨为铭曰：

伟人生兮，玉羊禀粹。至公出兮，金龟同瑞。运偶登三，忠推不二。立天下功，成天下利。邦国宗枝，皇王昆季。门有良材，府无杂吏。已不示长，人不求备。宜将相材，居将相位。大道方行，流年莫系。二竖忽来，百神斯弃。气逐冥关，魂沉逝水。圣主辍朝，都人罢市。远日载临，茂族俱至。马鬣爰封，牛眠得地。伺苍海兮为田，假泰山兮如砺。耶律公之佳城，劫未坏而长闭。

绩赠益州大都督沔国公。时统和二十九年五月十日记。

《耶律隆祐墓志》，向南、张国庆、李宇峰辑注：《辽代石刻文续编》，沈阳：辽宁人民出版社，2010年，第51—53页。

（十）韩绍娣墓志（辽太平二年）

大契丹国故黔州仓库都监韩公墓志铭并序。

公河图表瑞，岳渎钟典。伤嗟恶露之生，不等灵龟之寿。用旌实规，故镌美石。公本姓王氏，讳绍娣，字仁保，檀州琅耶人也。其先出自王子比干，当纣末之子孙避难于河东，以王者之乃命氏焉。高曾祖三世，早坠洪勋，无能备说。昔遭离乱，今致漂流。星散燕南，蓬飞蓟北。因偶妻于韩氏，遂依托于刘公。古琅耶今昌黎，虽上下之郡名各异，奈五音之姓利攸同。公先奉本宫指挥勾在衙充左都押。然后穆宗皇帝娘子勾在长面小底祗侯及监当银院，后奉本宫兰保监当黔州仓库及□赋税三百户，公致仕，宁□□心募善，修田苗而益广，颂经业以无涯。希霜糣□□庭，何风灯而易灭。于太平二载仲春月冥生五叶，不禄于利州管内永乐乡之私第，享年七十有一。其年九月冥生二十九叶，卜葬于余庆之原也。公先娶二妻，先曰李氏，后曰吴氏，并以三从式修，四德洞闲。温怀班女之诚，丽蕴潘妃之质。俱先公而逝。公有三男，孟曰愚，字大辩，年四十有七岁，仕郎行济州长事。仲曰贞，年三十有三，应进士举。季曰化年，十有七。曾进（家）公（以）中（北风）真威，咨任乡间而顾问，尽内外以兴吏，发雷霆之先成吊念具之痛。□今则青轓载枢，白马引度。葬彼林源，消紫沆忽坟楸它山之妙，神门旌不朽名。谨为铭曰：神公之先，比干之苗。善计优游，清谈慷慨。本自雄燕，今居紫戀。病消尽省，□闲骨犁。石金之内□刊斯大，庶存千载。

《韩绍娣墓志》，向南、张国庆、李宇峰辑注：《辽代石刻文续编》，沈阳：辽宁人民出版社，2010年，第63—64页。

（十一）耶律遂正墓志（辽太平七年）

大契丹国故忠勤守节功臣、辽兴军节度、平、滦、营等州观察、处置、巡检、屯田、劝农等使，崇禄大夫、检校太师、同政事门下平章事、使持节平州诸军事、平州刺史、上柱国、漆水郡开国侯、食邑一千户、食实封壹伯户耶律公墓志并序。

谨按：公讳遂正，世出昌黎郡人也。幼而歧嶷，长乃倜傥。本汉檀英胤，实燕国名家者也。曾祖讳知古，久赞内庭，获拜内令。祖皇讳匡嗣，加至尚父秦王。国之柱石，王之爪牙。生九子，并袭箕裘，皆为将相。第四子讳隆运，官至大丞相，以位极人臣，上赐国姓，兼连御署，故与天子同姓耶律。烈考讳德威，勋业至六字功臣，履历至五押招讨。屡亲貔虎，累赠貂蝉。母岐国夫人。三代之志备录，此不复叙。公即侍中第二子也。娶兰陵王之女，后加薛国夫人。可谓日观分峰，天潢演派。一斗胆万人无敌，三尺剑四海知名。临危而竭力输忠，未□变志；率下而忧民恤物，恒切介怀。上每执于友干，公愈专于臣节。爰从壮室，方遂起家。之官不逾于周年，在任斯毕于能事。当暂忧□□直便沐朝恩，初授卫将军，次硬寨监军。升十二卫之崇□，□□□重城之圣主。岁□□□，□见精诚，擢授契丹户部使兼飞龙院事。才守地官，俄□□□。□□□□岁，知上京副留守事。寻授北院宣徽使，转南面都部署。喜陪凤辇，又捧龙纶。权东京留守，迁上京留守，改中京留守。岁未□□，□□浩穰。尹京而三年有成，设法而四方是则。入授枢密副使，再任南面都部署，改除顺义军节度使。未□□□□，授宣徽北院使。内登四贵，外寄十连。改武定军节度使，移镇辽兴军。所行教化，随处民咏矣。移彰武军节度五州制置使，同政事门下平章事。皇恩数被，守汉郡之山河；帝泽弘敷，作殷庭之霖雨。迁大内惕隐，出改忠顺军节制焉。未及周星，移镇彰国军节度。才逾期月，复授辽兴军节度使。千里咸从于善□，□□□□于□风。所至之乡，化而成俗。或延宾介，或恤刑名。事简民安，政清吏肃。水一盏而蘸一本，悉去强豪；钱如粟而马如羊，从来富盛。公剸繁剧之务，亦以多矣；启报效之心，亦以深矣。噫！人生到此，天道何知。陶侃八都，虚征梦卜；晋公二竖，已据膏肓。因染沈痾，来夺永寿，以太平七载三月二十四日薨于辽兴军廨宇焉。享年五十有三。国人闻之，咸云“罢市”；天子闻之，谓曰“辍朝”。薛国夫人，结发为姻，如宾起敬。当夜台忽奄，而昼哭无休。益叹未亡，旋谋归葬。因服勿药，已止半涂。夫人每听诵佛经，颇悟于教理，行果归依法宝，求离于地水火风。虽穷生死之根，已卜窀穸之事。又曰："生则异室，死则同穴。存则与子偕老，没则携手同归。"方从灵辒，渐加美疹。以当年七月二十一日薨于行次，享年五十有一。生四子：长曰元佐，敦睦宫使；次曰宗福，崇德宫使；次曰元亨，将军；次曰□，早亡。咸毁脊过礼，孝思出伦。绝曾子之浆，泣高柴之血。生八女：长曰□，适奚太师为夫人，先亡；次曰□，适大国舅为妇也；次二女在室；次曰□，适兰陵王第二子也。余皆早亡。所痛者，二亲俱丧，七子含酸。肆荼毒之灾，叠钟家祸；报劬劳之德，□同天高。周勃箫箫，临风凄怆；田横薤露，入夜哀吟。以当年十月二十八日备礼葬于上京西北□屈劣山，祔焉，礼也。国家遣使赗赠敕祭焉。莫不受国恩知，举族健羡，谅达冥寞，毕尽欢呼。仆本谀闻，君今见托，虽片文只字，敢征翠琰之辞；而万代千龄，式表佳城之志。铭曰：

乃祖乃皇，为相为王。一匡天下，五世其昌。惟公多闻，起家将军。润身德业，盖代功勋。出入高位，阀阅其门。惟忠惟孝，传子传孙。邦国珍瘁，天不愁遗。秦晋婚姻，人百其身。生不满百，相公夫人。地卜牛眠，山占龙耳。封树送终，蒸尝不匮。从者哀歌，行人坠泪。天子赗赠，敕葬于此。太平七年岁次丁卯十月丁卯朔二十八日。

《耶律遂正墓志》，向南、张国庆、李宇峰辑注：《辽代石刻文续编》，沈阳：辽宁人民出版社，2010年，第68—70页。

（十二）新赎大藏经建立香幢记（辽咸雍二年）

奉为圣文神武全功大略聪仁睿孝天佑皇帝特建香幢。

大辽国涿州范阳县歧沟关天王院大众等，各舍净财，赎杂宝大藏经，圆满周毕。欲集英鉴，具列如后：首座晓能、晓伦、晓寂、讲经律弘幽、晓进、晓俊、诵经晓赟、□□晓临、弘净、道□、法俊、讲经律论方□、前监寺观尚座讲论□□法□、□□讲论弘宾、弘纪、弘晟、道□、□□□讲经论道□、弘□、□□讲经弘关、讲经追祥、院主道信、□□道□、道□讲经弘远、弘源、弘清、□□□□寺讲经论沙门晓□书□□□刘司□□。咸雍二年十月日大通田免税至四年六月七日。新赎大藏经建立香幢记。

《新赎大藏经建立香幢记》，向南、张国庆、李宇峰辑注：《辽代石刻文续编》，沈阳：辽宁人民出版社，2010年，第123页。

（十三）萧德恭墓志（辽咸雍九年）

会以贼气方盛，军粮屡空舆，兵皆溃以偷生，惟公执战而示死。丙戌年，尽降虏首，未返阙庭，尚父于越晋王以状闻于上，嘉叹不已。是夏，驾幸公之私第。三按考易，符康俟锡属之祯；十叶稽诗，享元戎启行之贵。极其功，授忠正军节度留后，朝野忻然而谓当矣！将内恃政柄，外付兵权。何期咸雍九年朝觐回遘寝疾于行路，七月二十九日薨于松山州近郊之行帐，享年三十有八。呜呼，天赋其德，不赋其寿，其谁知之乎？夫人漆水郡耶律氏，即北王府提不里太师之女也。在家以和顺奉其亲焉，既笄以柔正从其夫焉，及嫁以孝敬侍其姑焉，可谓三从无阙于一。有子名善光，幼而未冠。有二女，娇而未笄。自公捐馆，触地无容，仰天无告，精修蕴藻极乎可荐之心，仰视梧桐甚矣。半洞之苦，攀辕引軘，号护灵辒，以冬十一月二十一日葬于奉先军北黑山，从先茔也。如介者，智不如葵，慧无辨菽。学不足以烛于古，才不足以华于时，识不足以鉴于隐。徒以大国舅驸马顾怜之下，曲付行状，强以编之。噫！书不尽言，言不尽意，公之宗族、德行、功略、容仪，刻郡山之石，不可殚记，聊以纲举，万一而言，其文也，实而不华，其辞也，直而无愧。精心报思，黯而铭曰：中宫三后（之）侄，列国十王之子，闾山北兮狼水东，萧公之魂兮葬于此。

《萧德恭墓志》，向南、张国庆、李宇峰辑注：《辽代石刻文续编》，沈阳：辽宁人民出版社，2010年，第154页。

（十四）李文贞墓志（辽大康三年）

帛粟虽殷愈励收□□□□□□□□□心；次十一曰崇□，□□蕴宽柔之德，临财盛饶益之仁；次十二曰崇慈，公（之季子）也，壮年□□□□□；（次十三）曰崇让，挺冰雪之充姿，缊江河之宏量；次十四曰崇禧；次十五曰崇祐，皆□□□□志成人。有孙十二人：长曰遘，□修进士业有文格以鼓于时，名有气岸即足于仕路；其二曰遽，□□□□都押衙；其三曰道，其四適，各知货赂；其五曰逾，亦习进士，颇有文性；其六曰迪，时尊庭训；（其七曰）□□，儿年未冠而奄逝；其八曰法花奴，志□仕籍，文动番汉；其九曰花严奴，方童戏而蚤天；其十（曰）□□；（其十一）曰普贤奴；其十二曰千儿，时皆幼稚。有曾孙四人：长曰合儿，次曰和儿，三曰吉祥奴，四曰□□□

□□已来承□祖之资荫，五世同居，百□共食。其有祖母父叔皆已远逝，咸归一茔，以至□□□□□。近岁闻复有尊灵辞世，并在外丘，若皆葬于斯茔。虑有乱于□交不惟已葬之灵。渐至褊□□□□□灵不宁安处。故公之次侄崇孝，主家众议，别选吉地，遂于南山之谷，特建新茔。虽□术□□□□□奇。今请公员外娘子栖止于天穴，公第四叔叔婶婶栖止于生穴，公之小弟五叔叔婶婶□□□□□悉归栖止于人穴，花严奴祔于生穴。选定通年利月吉日良时迁葬于新茔之吉穴，则□□□□□□政已申于豪门，实公之所致也。不其伟欤。安卿志在栖梧迹尘东榻怀恩深涕倍胜于□□□□□□征于实录，故乃直书为志，刻石于墓。其铭曰：

故坟奄葬兮霜白几秋，贞魂何逝（兮）□□□□。新茔奄葬兮天苍有期，灵魂潜归，云叠高岸。秀峰奇于□，生有休声，殁有盛□。维大康三年岁次丁巳六月己卯朔十九丁酉坤时，故辽州都孔目、征仕郎、守临潢府文学、骁骑（尉）□□□□□□□。乡贡进士刘意书，孙女婿殿试进士虞安卿撰，□□□□□□□□。

《李文贞墓志》，向南、张国庆、李宇峰辑注：《辽代石刻文续编》，沈阳：辽宁人民出版社，2010 年，第 163 页。

（十五）谷积山院读藏经之记碑（辽大康四年）

妻田氏，皆性钟纯，吉名闻乡间。家有余资，靡好奢华之乐；身惟积善，颇信浮图之法。越一日，谓亲族曰：我兴佛刹，飰僧徒修植善根，鸠集福聚固亦多矣。然于藏典，似阙胜经。乃启白司空大师，议于谷积山院，请众僧侣读大藏经，便从今季四月十五日为启读之始，他时亦然。乃将县北公村别墅一所，田土园林约近陆柒顷，庄院房舍依旧住佃。掳所收地利斛粟果实等，并元买券契，共壹拾陆道，并分付院，同常住收附，以充逐岁苫流蒲塞之费。约曰：若僧徒不怠，经课无阙，及不别将货卖典质他，后子孙无得取索，苟或反此，取之可也。仍刻贞珉，以贻后来者，实于院之文绚地。噫！凡人帑稟盈溢，衣食丰足甚不以声色弋猎自娱，而张君能去此取彼，□难事矣。是知富而不奢，积而能施，义也；舍今生爱，求过去福，智也；虑身后事，立石为约，信也。五常之中而有三焉，所谓淑德善人者矣！觉京邑居实多暇，因恭谒司空大师，坐次从容话及张君看读藏教，借给资缘，以文见托，余亦美其为人，故不复牟让，信笔直书，杨君子之风，且旌于善道。辨外孙之字□，乏于好辞。时大康四年岁次戊午四月甲辰朔十五日戊午。行中书舍人、前知营州军州事陈觉题。南昌村张文绚、妻田氏、故男□、妻□李张氏、次孙女贾张氏、孙男观音奴。将仕郎、守均州参军张惟白书并篆额。河南郡宫十金刻。

《谷积山院读藏经之记碑》，向南、张国庆、李宇峰辑注：《辽代石刻文续编》，沈阳：辽宁人民出版社，2010年，第164—165页。

（十六）刘祜墓志（辽寿昌五年）

少府少监、充史馆修撰扬□撰。

夫天赋人以性命，其率有四：性充焉之谓良，命与焉之谓达，性不充命不与之谓庸，性命善之谓完。噫！完人之于天下，其鲜矣。夫公德硕而力果，忠于上，孝于亲，仁于民。少承之家家克人，幼事之官官克办，性也；一门三铖，富厥家克，寿考厥胄蕃以肖，命也。性与命具匪，完人欤！公讳祜，字示古，其先遵化人也。高祖奉殷，先仕唐，后以部曲归本朝，诏赐田宅若干，累官拜同政事门下平章事。及薨，葬于保静军之北金柜山，遂隶安德县，籍家于金原。曾祖存义，青州节度使。祖延宁，入内东头供奉官。考匡善，内寄班祗侯，皆早世。公幼孤，昆弟四人，公最幼。重熙中，伯兄柬，季兄祁从兴庙征夏台时，公留家事太夫人。乃力农蓄谷，方岁欠减直，以市人不远数百里，负乘求籴，日往来者千百人。又以里人合釜无食，尽发所有以贷。会秋熟，皆感惠相率趋纳，若官廪然。比二兄还，财富甲于乡邑。既壮，仕历诸道商榷官，连奏最为第一，累功迁内府杂支使。岁满，积羡帛三万五千，他物称是。后再督榷盐院，聚帛锾五十余万。内外更践，几十数任，所在称治。寿昌四年冬，自知营州军州事，授奉陵军节度，公至镇奉诸庙，以礼遇僚属，以信约胥吏，以法折狱蔽，讼事无留月。削过籍之赋，弛不急之役，一岁之间民怡然有余力。越明年十月疾作，既笃有司以状闻，上诏长子起居郎、枢密院主事公著，驰驿以视。比至，公薨于官署，时年七十有四。属圹之日，怀陵之民无远近少长，奔走吊哭，如失怙恃，暨丧车行，皆拥道号送，哀动城野。以其十二月二十九日葬于金原县之先茔，以故夫人耿氏祔。公性笃友悌，幼事诸兄，讫老愈厚，每宦游以告归，必与兄同寝处。出则联驷以游，入则接袂以燕，诙狎笑语若髫童时，以至浃旬，不一蹑私室然。沉厚有谋勇，于度事必豫决其可否，而卒合若符契。曾有盗数十骑过其邑，以剽人财物，公与诸兄力逐，斩数级以还。自是，闾里无复寇扰。妣马氏，以荫封扶风郡太夫人，即故彰武军节度使讳廷美之女，枢密副使至柔之姊，少寡居，治家事以严格，教育四子皆有立。兄三人，长曰柬，故安州团练使，知惠州军事，魁伟善骑射，材力绝人；次曰裕，贞壮严密，治内府殆三十年，无毫忽私吝，虽当世权戚，亦敬惮之。出历兴中府尹，宜、建、川、懿等州节度使，治绩居最；次曰祁，故奉陵军节度使，廉果有时誉。公先娶守太师耿绍忠之孙女，封巨鹿县君，生子四人；次娶天平军节度使王守拙之女，封太原县君，生子七人；后娶夫人马氏，封扶风郡夫人，即太夫人之犹女也，纯谨语，动有礼法，视诸子犹己出。子男八，曰公著，即左史君也，敏干有气决，累于莅事；曰公育，擢进士第，授秘书省校书郎；曰公锐，左班殿直；曰公直、公贞，仕三班院；曰公衡，举进士；曰金累、兴化，尚幼。皆志力端毅，有克家之望。女三人，长适故秘书少监王仲舆，早卒；次适前韶阳军节度副使韩绛；次未嫁。余与左史君有旧，故见属以铭曰：

维公硕方，躬富厥祉。德罔克孤，众昆韡韡。既好既良，朱金皇皇。朝阴于堂，载弁委裳。离其鸿行，夕游之间。百驷翼张，鋬衡镂□。三旌晻阳，里门之光。宵宴于室，错以珮珰。拊瑟鼓簧，尔属我歌。我酬尔觞，衍衍翼翼。乃家之详，生克有裕。殁亦有归，宛其西山。金原逶迤，公宅虏间。有麓有汦，前公考妣。后公昆弟，既殁与同。岂左之异，蔼蔼诸子。既众孔似，长必尔友。幼必尔悌，允迪先风。以永厥祀，毋阋于家。以□公累，监哉铭辞，刻石以志。

《刘祜墓志》，向南、张国庆、李宇峰辑注：《辽代石刻文续编》，沈阳：辽宁人民出版社，2010 年，第 236—237 页。

（十七）韩师训墓志（辽天庆元年）

故昌黎韩公墓志碣铭并序。

公讳师训，其先祖、考，世居雄武人也。生而淳良，长而智巧。有慈和柔顺美善之名，无强暴凶荒欺凌之性，养父母而顺颜色，结兄弟而存友恭。虽不深习翰墨，而善分别世务，怀忠孝纯诚，得商贾之良术。栉风沐雨，贸贱鬻贵，志切经营，不数十载，致家肥厚，改贫成富，变俭为丰，田宅钱谷，咸得殷厚。娶当郡任氏为偶，生二子一女。长男文坦，干父之蛊。幼仕公侯职事，渐转充当州客都之任，有果决之誉，闻于众听。妻李氏，复生二孙男一女。长男庆孙，娶王氏。次男韩哥。一女小字毕哥。爱弟文询，娶上谷常氏。志慕儒术，好穷经史，备进士举业，有俊逸之名闻于乡里；优攻笔札，时辈咸推其美。公之一女，长适彭城氏。公自幼及耄，志崇佛教，延供苾刍，读经六藏，金光明经一百部，法华经五百部，及请名师开金光明经讲一十席，金刚、药师、弥陀、菩萨戒经等各数席，躬读大花严经五十部，及读金刚经、行愿、观音、药师、多心经等□不记其数。每月一日、八日、十五日、十八日、二十八日常辍，已□钱散施贫者，不限多少，四十余年未尝有阙。及设僧尼无遮大会一。享龄六十有八，无何，泊乾统十年十一月七日，因染小疾，弥渐于雄武私第。未出殡时，顶上隐隐有五色云气；及发引日，天色晴霁。合郡士女，不期而会，盈途塞陌，咸云聚于坟所。焚殡讫，至人众分散，倏然飞雪，行路涂墁，车马难通。公从生逮终，发最胜心，求无上道，愿与缘助有若干果与报获如是，实可谓积善必有余庆，福不唐捐，诚非虚矣。以天庆元年岁次辛卯九月辛酉，其生十叶，庚午日巽时掩闭，瘗其神柩，爰命庸才，备为实录，用传将来，难果辞让，谨为铭曰：

伟欤贤公，抱孝怀忠。干父之裕，扬名厥躬。自贫致富，变俭为丰。生二令子，克家益隆。志重佛教，常坚信心。修众善法，成功德林。设贫延讲，悲敬弥深。命殒一旦，天垂百祥。积善余庆，享龄殄殃。美事前造，嘉名后扬。孙承子继，功业无忘矣！

《韩师训墓志》，向南、张国庆、李宇峰辑注：《辽代石刻文续编》，沈阳：辽宁人民出版社，2010 年，第 280—281 页。

（十八）韩□□神道碑（金天德之后）

会宋国贺生辰使……□□宴以严饰见□大夫士皆以为宜，方京师阙馈饷，以公驰传发运河北东西路廪粟，始议取民物力均以陆运……□不阙，民用不扰。未几，海陵议公材干，不可以秩次，外用大臣亦荐公，不可弃之，于外将以户部尚书授公命巳……□岁六月甲申，葬大兴府宛平县房仙乡鲁郭里，从先域也。迨□□者辄喻以义，使归思之狱，以故少闻人疾苦欲去之如在己，其处事无细，大皆尽其心，故民乐其不扰。凡……□之甲族，勤孝柔仁，动无违德，故内外□姻，莫不嘉其行，累封南阳郡夫人。有子六人：曰湛、曰淳，皆举进士业……□副使；曰激，祗候内承奉班监苏门河平县早生镇酒税，卒于官；曰温，敦武校尉，监涿州税，病卒。女二人：长适……□伯益祗候承奉班知潞王府印深二子也。曾孙一人，合喜。女孙五人：长早卒，次为尼，次适辅国上将军镇西……辅国上将军勋□□军爵，至开国侯，食邑至一千户，实封至壹佰户，宜有墓隧之碑。□得次而铭之曰：

弱冠筮仕，□□廉清。人治惟勤，出长惟□。副节济平，化行□郡。教导刑威，□邪为正。授赴关右，□□□辕。天都肇建，百甲□□。日受万计，日□□□。□才何优，毫厘同□。□何不淑，一病莫兴。皇天丧我，万人之英。□孝于家，□□□□。□□以廉，化民以德。鲁郭之里，房仙之乡。山水长远，永固公茂。□□乡贡，□□□□。□□□□，杨□刊□。节度判官、轻车都尉、济阳县开国男食邑三百户、紫金鱼袋孙□之书丹。举常□仓事护军、南阳郡开国侯、食邑一千户、食实封壹百户□□立石。

《韩□□神道碑》，向南、张国庆、李宇峰辑注：《辽代石刻文续编》，沈阳：辽宁人民出版社，2010年，第368—369页。

（十九）兴城缐补衮墓志铭（明嘉靖四十五年）

戊午，辽东饥，郡人饿莩相食，公尝奉檄鞫查侵冒储备米八万石。悉举正其罪，以所侵盗米得助赈济。未几，朝廷敕御史京运赈贷辽东米四十万斛，能设法输挽无留滞，瘗埋饿死，诸暴露者为哀丘掩之。数断疑狱，释刘岳之罪，服张让之辜，正栾程背盟之婚，革军伴脂韦之旧。凡数十事大。虏乘虚犯宁远，公督率内防甚力，虏薄城下，惮其有备而去。

《兴城缐补衮墓志铭》，王晶辰主编：《辽宁碑志》，沈阳：辽宁人民出版社，2002年，第158页。

参考文献

专著资料

[1]（汉）班固：《汉书》，北京：中华书局，1962 年。

[2]（晋）陈寿撰，陈乃乾校点：《三国志》，北京：中华书局，1959 年。

[3]（南朝宋）范晔撰，（唐）李贤等注：《后汉书》，北京：中华书局，1965 年。

[4]（南朝梁）沈约：《宋书》，北京：中华书局，1974 年。

[5]（北齐）魏收：《魏书》，北京：中华书局，1974 年。

[6]（唐）李延寿：《北史》，北京：中华书局，1974 年。

[7]（唐）房玄龄等：《晋书》，北京：中华书局，1974 年。

[8]（唐）李百药：《北齐书》，北京：中华书局，1972 年。

[9]（唐）姚思廉：《梁书》，北京：中华书局，1973 年。

[10]（唐）李延寿：《南史》，北京：中华书局，1975 年。

[11]（唐）魏征、令狐德棻：《隋书》，北京：中华书局，1973 年。

[12]（唐）王溥：《唐会要》，北京：中华书局，1955 年。

[13]（唐）杜佑：《通典》，北京：中华书局，1988 年。

[14]（后晋）刘昫等：《旧唐书》，北京：中华书局，1975 年。

[15]（宋）徐天麟：《西汉会要》，上海：商务印书馆，1936 年。

[16]（宋）徐天麟：《东汉会要》，上海：上海古籍出版社，2006 年。

[17]（宋）欧阳修、宋祁：《新唐书》，北京：中华书局，1975 年。

[18]（宋）司马光编著，（元）胡三省音注：《资治通鉴》，北京：中华书局，1956 年。

[19]（宋）李焘撰，上海师范大学古籍整理研究所、华东师范大学古籍研究所点校：《续资治通鉴长编》，北京：中华书局，1995 年。

[20]（宋）王钦若等编纂，周勋初等校订：《册府元龟》，南京：凤凰出版社，2006 年。

[21]（宋）叶隆礼撰，李西宁点校：《契丹国志》，济南：齐鲁书社，2000 年。

[22]（宋）李昉编纂，夏剑钦校点：《太平御览》，石家庄：河北教育出版社，1994 年。

[23]（宋）乐史撰，王文楚等点校：《太平寰宇记》，北京：中华书局，2007 年。

[24]（宋）郑樵：《通志》，北京：中华书局，1987 年。

[25]（宋）徐梦莘：《三朝北盟会编》，上海：上海古籍出版社，1987 年。

[26]（元）脱脱等：《宋史》，北京：中华书局，1977 年。

[27]（元）陈邦瞻：《宋史纪事本末》，北京：中华书局，1977 年。

[28]（元）脱脱等：《辽史》，北京：中华书局，1974 年。

[29]（元）脱脱等：《金史》，北京：中华书局，1975 年。

[30]（元）马端临：《文献通考》，北京：中华书局，1986 年。

[31]（明）宋濂等：《元史》，北京：中华书局，1976 年。

[32]（明）官修：《明太祖实录》，台北："中央研究院"历史语言研究所，1962 年。

[33]（明）官修：《明英宗实录》，台北："中央研究院"历史语言研究所，1962 年。

[34]（明）官修：《明宪宗实录》，台北："中央研究院"历史语言研究所，1962 年。

[35]（明）官修：《明世宗实录》，台北："中央研究院"历史语言研究所，1962 年。

[36]（明）官修：《明穆宗实录》，台北："中央研究院"历史语言研究所，1962 年。

[37]（明）官修：《明神宗实录》，台北："中央研究院"历史语言研究所，1962 年。

[38]（明）官修：《明熹宗实录》，台北："中央研究院"历史语言研究

所，1962 年。

[39]（明）冯琦、冯瑷等编：《经济类编》，台北：商务印书馆，1986 年。

[40]（明）何乔远：《名山藏》，福州：福建人民出版社，2010 年。

[41]（明）陈子龙：《皇明经世文编》，北京：中华书局，1962 年。

[42]（明）李辅等修：《全辽志》，金毓黻：《辽海丛书》，沈阳：辽沈书社，1985 年。

[43]（清）徐松辑：《宋会要辑稿》，北京：中华书局，1957 年。

[44]（清）杨复吉：《辽史拾遗》，上海：商务印书馆，1936 年。

[45]（清）张廷玉等：《明史》，北京：中华书局，1974 年。

[46]（清）计六奇撰，魏得良、任道斌点校：《明季北略》，北京：中华书局，1984 年。

[47]（清）嵇璜、曹仁虎等：《钦定续文献通考》，台北：商务印书馆，1986 年。

[48]（清）徐乾学：《资治通鉴后编》，台北：商务印书馆，1986 年。

[49]（清）赵尔巽等：《清史稿》，北京：中华书局，1977 年。

[50]（清）官修：《钦定八旗通志》，台北：商务印书馆，1986 年。

[51]（清）官修：《清朝文献通考》，杭州：浙江古籍出版社，2000 年。

[52]（清）官修：《清朝通典》，杭州：浙江古籍出版社，1988 年。

[53]（清）官修：《清朝通志》，杭州：浙江古籍出版社，1988 年。

[54]（清）贺长龄：《皇朝经世文编》，台北：文海出版社，1966 年。

[55]（清）盛康：《皇朝经世文续编》，台北：文海出版社，1966 年。

[56]（清）邵之棠：《皇朝经世文统编》，台北：文海出版社，1980 年。

[57]（清）顾祖禹撰，贺次君、施和金点校：《读史方舆纪要》，北京：中华书局，2005 年。

[58]（清）赵翼撰，曹光甫校点：《廿二史札记》，南京：凤凰出版社，2008 年。

[59]（清）官修：《钦定续通志》，杭州：浙江古籍出版社，2000 年。

[60]（清）官修：《钦定续通典》，杭州：浙江古籍出版社，1988 年。

[61]（清）官修：《钦定大清会典则例》，台北：商务印书馆，1986 年。

[62]（清）姚鼐纂集，胡士明、李祚唐标校：《古文辞类纂》，上海：上海

古籍出版社，2016 年。

　　[63]（清）毕沅：《续资治通鉴》，北京：中华书局，1957 年。

　　[64]（清）徐珂：《清稗类钞》，北京：中华书局，1984 年。

　　[65]（清）曾国藩：《经史百家杂钞》，北京：西苑出版社，2009 年。

　　[66]（清）官修：《世祖章皇帝实录》，北京：中华书局，1985 年。

　　[67]（清）官修：《圣祖仁皇帝实录》，北京：中华书局，1985 年。

　　[68]（清）官修：《世宗宪皇帝实录》，北京：中华书局，1985 年。

　　[69]（清）官修：《高宗纯皇帝实录》，北京：中华书局，1985 年。

　　[70]（清）官修：《仁宗睿皇帝实录》，北京：中华书局，1986 年。

　　[71]（清）官修：《宣宗成皇帝实录》，北京：中华书局，1986 年。

　　[72]（清）官修：《文宗显皇帝实录》，北京：中华书局，1986 年。

　　[73]（清）官修：《穆宗毅皇帝实录》，北京：中华书局，1987 年。

　　[74]（清）官修：《德宗景皇帝实录》，北京：中华书局，1987 年。

　　[75]（清）官修：《宣统政纪》，北京：中华书局，1987 年。

　　[76]（朝鲜）郑麟趾等撰，孙晓主编：《高丽史》，北京：人民出版社；重庆：西南师范大学出版社，2014 年。

　　墓志资料

　　[77]《大周游骑将军左金吾卫辽西府折冲都尉故夫人高氏墓志铭》，王连龙、丛思飞：《唐代〈高英淑墓志〉考释——兼论辽西地区高句丽移民问题》，程章灿主编：《古典文献研究》第二十一辑下卷，南京：凤凰出版社，2018 年。

　　[78]《贞孝公主墓志并序》，干志耿、孙秀仁：《黑龙江古代民族史纲》，哈尔滨：黑龙江人民出版社，2015 年。

　　[79]《耶律羽之墓志》，向南、张国庆、李宇峰辑注：《辽代石刻文续编》，沈阳：辽宁人民出版社，2010 年。

　　[80]《重修范阳白带山云居寺碑》，向南：《辽代石刻文编》，石家庄：河北教育出版社，1995 年。

　　[81]《王仲福墓志》，向南、张国庆、李宇峰辑注：《辽代石刻文续编》，沈阳：辽宁人民出版社，2010 年。

　　[82]《耿崇美墓志》，向南、张国庆、李宇峰辑注：《辽代石刻文续编》，沈阳：辽宁人民出版社，2010 年。

[83]《耶律琮神道碑》，向南：《辽代石刻文编》，石家庄：河北教育出版社，1995 年。

[84]《高嵩墓志》，向南、张国庆、李宇峰辑注：《辽代石刻文续编》，沈阳：辽宁人民出版社，2010 年。

[85]《耶律隆祐墓志》，向南、张国庆、李宇峰辑注：《辽代石刻文续编》，沈阳：辽宁人民出版社，2010 年。

[86]《韩绍娣墓志》，向南、张国庆、李宇峰辑注：《辽代石刻文续编》，沈阳：辽宁人民出版社，2010 年。

[87]《耶律遂正墓志》，向南、张国庆、李宇峰辑注：《辽代石刻文续编》，沈阳：辽宁人民出版社，2010 年。

[88]《新赎大藏经建立香幢记》，向南、张国庆、李宇峰辑注：《辽代石刻文续编》，沈阳：辽宁人民出版社，2010 年。

[89]《萧德恭墓志》，向南、张国庆、李宇峰辑注：《辽代石刻文续编》，沈阳：辽宁人民出版社，2010 年。

[90]《李文贞墓志》，向南、张国庆、李宇峰辑注：《辽代石刻文续编》，沈阳：辽宁人民出版社，2010 年。

[91]《谷积山院读藏经之记碑》，向南、张国庆、李宇峰辑注：《辽代石刻文续编》，沈阳：辽宁人民出版社，2010 年。

[92]《刘祜墓志》，向南、张国庆、李宇峰辑注：《辽代石刻文续编》，沈阳：辽宁人民出版社，2010 年。

[93]《韩师训墓志》，向南、张国庆、李宇峰辑注：《辽代石刻文续编》，沈阳：辽宁人民出版社，2010 年。

[94]《韩□□神道碑》，向南、张国庆、李宇峰辑注：《辽代石刻文续编》，沈阳：辽宁人民出版社，2010 年。

[95]《兴城线补衮墓志铭》，王晶辰主编：《辽宁碑志》，沈阳：辽宁人民出版社，2002 年。